BIBLIOTHÈQUE LATINE-FRANÇAISE

— 1 —

ŒUVRES

COMPLÈTES

D'HORACE

PARIS. — ÉDOUARD BLOT ET FILS AÎNÉ, IMPRIMEURS, RUE BLEUE, 7

OEUVRES

COMPLÈTES

D'HORACE

TRADUCTION DE LA COLLECTION PANCKOUCKE

NOUVELLE ÉDITION, REVUE AVEC LE PLUS GRAND SOIN

PAR

M. FÉLIX LEMAISTRE

ET PRÉCÉDÉE

D'UNE ÉTUDE SUR HORACE

PAR

M. H. RIGAULT

Professeur de rhétorique au lycée Louis-le-Grand

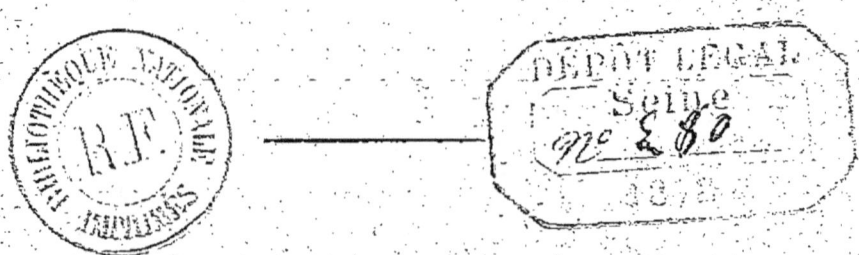

PARIS

GARNIER FRÈRES, LIBRAIRES-ÉDITEURS

6, RUE DES SAINTS-PÈRES, ET PALAIS-ROYAL, 215

1872

ÉTUDE
SUR HORACE [1]

Je me propose d'étudier dans Horace l'homme et l'écrivain, et dans l'écrivain le poëte lyrique, le satirique, le moraliste surtout, car, sous les formes variées des œuvres d'Horace, il y a partout le même fond de morale qui nous explique mieux que tout le reste le caractère et le génie du poëte. Commençons par ses œuvres lyriques.

Il est heureux que, pour étudier et traduire les hommes, il ne soit pas nécessaire de définir les choses : s'il avait fallu définir la poésie lyrique, Horace n'aurait pas été cent fois traduit, et je n'essaierais pas, en l'étudiant, de répéter ici ce qui a été dit cent fois avant moi. La poésie lyrique est une de ces choses qu'on ne croit pas avoir besoin d'expliquer, quoiqu'elle serve à désigner les œuvres les plus différentes. Elle est comme le rendez-vous des esprits les plus opposés sur tous les points de l'espace, à tous les moments de l'histoire, malgré les plus grandes diversités de mœurs, de religion, de gouvernement. Comme le Panthéon antique, c'est un temple aux cent portes ouvert à tous les hommes dont l'imagination a régné sur le monde, aux prophètes hébreux comme aux élégiaques païens, aux chansons d'Anacréon comme aux hymnes du christianisme, aux poésies sacerdotales qui fondent les religions comme aux poésies panthéistes qui les détruisent,

---

[1]. La première moitié de ce morceau a déjà paru en 1850, à la tête de la remarquable traduction en vers des œuvres lyriques d'Horace, par M. Anquetil. La seconde partie, où j'étudie les *Satires*, les *Épîtres* et l'*Art poétique*, est entièrement nouvelle, et n'avait pas encore été publiée. — H. R.

aux lyriques législateurs comme aux lyriques révolutionnaires, à ceux qui jadis ont gouverné les républiques comme à ceux que la sagesse antique en voulait bannir. La poésie lyrique est la patrie de tous les poëtes ; c'est sous son nom que s'abritent toutes les grandeurs et toutes les grâces, toutes les faiblesses et toutes les folies de l'imagination poétique de l'homme. Ce nom, chacun de nous le prononce avec la confiance qu'il le comprend, et cela fait goûter davantage la pensée si consolante de Pascal : « Il y a des mots d'autant plus clairs qu'ils sont moins définis.» Depuis qu'il n'y a plus de lyre, la poésie lyrique est un de ces mots-là.

L'idée qu'on s'est faite de la poésie et du poëte lyrique a dû varier beaucoup selon les temps et selon les hommes. Je voudrais rappeler ici deux de ces changements : l'un regarde les écrits, l'autre regarde les écrivains.

Aux époques appelées classiques, la poésie, c'est la traduction en beaux vers des idées raisonnables, c'est l'embellissement de la raison par le concours régulier de l'imagination et de la sensibilité : la raison commande en souveraine, les autres ne font qu'obéir. C'est là le caractère de notre ancienne littérature, c'est celui de la littérature romaine. L'esprit romain est essentiellement raisonnable comme le nôtre ; aussi la poésie latine s'éloigne-t-elle beaucoup moins de l'éloquence que la poésie grecque, et Lucain n'est pas le seul dont Quintilien aurait pu dire : *magis oratoribus quam poetis annumerandus*. Beaucoup de prosateurs latins font des vers ; de grands orateurs sont de médiocres poëtes, Cicéron par exemple, quoi qu'en puisse penser Voltaire. Son imagination, très-brillante en prose, quand elle sert de décoration à la raison, pâlit et s'efface en poésie, quand elle devrait resplendir de tout son éclat. On ne déplace pas comme on veut la hiérarchie des facultés de l'esprit. Lorsqu'elles ont pris leur rang, elles le gardent : dans l'orateur, l'imagination sujette ne se fait pas souveraine avec bonne grâce ; dans le poëte, l'imagination souveraine ne devient pas suivante avec docilité et discipline.

Mais la poésie aussi a ses révolutions, et nos poëtes contemporains ont émancipé l'imagination et la sensibité du joug de la raison : il est même arrivé que les esclaves de la veille sont devenues les privilégiées du lendemain ; cette indépendance de deux facultés, autrefois opprimées, constitue maintenant le génie lyrique, le vrai génie poétique de notre temps, qui du reste a produit des œuvres admirables ; car telle est la vertu de la liberté, que ses excès mêmes ont leur grandeur. Sans doute les poëtes ont été très-logiques dans leurs prétentions, quand ils ont revendiqué l'indépendance absolue de l'inspiration poétique : la théorie de l'art pour l'art est, je crois, la vraie ; mais il s'agit de savoir si l'art est dans la souveraineté capricieuse des deux facultés les plus mobiles de l'esprit, ou dans leur heureuse union avec la plus ferme et la plus solide. Si je pose cette question, c'est qu'Horace me paraît la résoudre. Nul plus que lui n'a possédé le grand art d'être à la fois lyrique et raisonnable ; nul n'a su accorder dans un plus merveilleux équilibre les trois pouvoirs de l'esprit, et laisser aux deux plus remuants un plus libre jeu sous la discipline exacte du plus sage et du plus fort ; nul n'a été plus respecté du XVIIe siècle et plus aimé du nôtre, parce qu'il peut donner à la fois des leçons de raison à l'école du bon sens, et des leçons d'imagination à l'école de la fantaisie ; nul ne nous enseigne mieux à mesurer le chemin qu'a parcouru la poésie lyrique, quand, du haut de ces arcs de triomphe que se sont à leur tour dressés nos poëtes, nous tournons nos yeux vers ce monument plus éternel que l'airain, *monumentum ære perennius*, qu'ont élevé ses mains.

Une seconde remarque, c'est qu'en même temps que l'idée qu'on se faisait de la poésie lyrique a changé, l'idée que les poëtes lyriques se faisaient d'eux-mêmes a changé également. Quand la raison était reine au logis, le poëte s'arrangeait pour vivre heureux, s'il pouvait ; pour aimer, s'il était jeune ; pour prier, s'il était pieux ; pour chanter, toujours :

Aimer, prier, chanter, voilà toute sa vie.

Mais quand, ainsi qu'on l'a dit,

La folle du logis en fut la souveraine ;

quand l'imagination et la sensibilité s'émancipèrent jusqu'à l'usurpation, le poëte dut naturellement, non plus *chanter et prier*, mais régner par le droit que lui conféraient ces deux nouvelles reines du monde. A côté des vers d'Horace, la modeste abeille qui va butinant son miel sur les coteaux, l'homme des champs qui se croit un des heureux du monde, parce qu'il a une petite maison et un bon ami, *tu me fecisti locupletem* ; le philosophe qui veut que personne n'étende des ailes plus grandes que son nid, *majores nido pennas;* le poëte qui, lorsqu'il a mis un instant le pied sur les cendres brûlantes de la politique, revient à la hâte sous la grotte de Vénus, *dioneo sub antro*, pour recommencer ses chansons. Lisez les vers d'un auteur moderne sur la fonction du poëte :

> Le poëte en des jours impies
> Vient préparer des jours meilleurs :
> Il est l'homme des utopies,
> Les pieds ici, les yeux ailleurs,
> Etc.

Chose singulière! voilà le poëte lyrique qui prétend redevenir ce qu'il fut au berceau de la civilisation : le confident des Dieux, l'initiateur, l'hiérophante des sociétés théocratiques! Qu'aurait dit Montesquieu, s'il avait lu ces vers, lui qui prétend, en parlant des poëtes, que les Français enferment un certain nombre de fous dans des Petites-Maisons pour donner à croire que le reste ne l'est pas?

C'est après de pareils excès d'indiscipline dans la poésie et chez les poëtes qu'on repose volontiers les yeux sur une poésie d'ambition qui s'est toujours tenue sage, quoique si brillante et si hardie; sur un poëte, homme de génie, qui a vécu modeste et simple, et n'a revendiqué pour lui que le bonheur d'une condition libre où il pût se livrer en paix à l'étude des hommes. C'est une lecture charmante que celle d'un poëte lyrique qui n'a prétendu gouverner que lui-même; d'un écrivain qui a mieux aimé obéir aux règles que d'en inventer, et qui, dans un genre où l'on se met si aisément hors de soi, n'a pas séparé le beau du simple ni l'original du naturel; d'un philosophe qui n'a pas été *l'homme des utopies;* qui, tout en levant quelquefois les yeux *ailleurs*, les a tournés vers ce monde avec bienveillance; qui s'est moqué doucement des hommes plus ridicules que méchants, et leur a donné les conseils d'un ami, non les oracles d'un prophète; d'un politique enfin, si l'on peut appliquer ce nom à Horace, qui a vécu honnête homme dans un temps de révolution, qui a eu le courage de changer franchement d'opinion quand il a cru s'être trompé, qui a été une des inspirations, mais non un des agents d'Auguste, qui a exercé une influence, mais n'a pas demandé de fonctions, qui a prêché la concorde des opinions et la réconciliation des citoyens, qui, après avoir servi la liberté parce qu'il l'aimait, a servi l'autorité parce qu'il l'a cru nécessaire, et a passé de Brutus à Auguste, sans qu'on ait pu sérieusement l'accuser d'apostasie ou d'ambition.

Octave était le neveu d'un homme qui, dictateur temporaire d'une république mourante, voulut se faire empereur pour perpétuer son pouvoir et sauver la société. César était tombé sur les marches du trône, frappé par quelques républicains qui existaient encore; mais il ne suffit pas de donner à propos un coup de poignard et de faire une révolution pour savoir gouverner. Le vieux parti républicain se composait d'hommes honnêtes, mais incapables, et d'hommes capables, mais malhonnêtes. Brutus, un des plus grands cœurs qui aient honoré le monde, était un politique médiocre et un médiocre général; Cassius, plus habile, était moins estimé; quant à Caton, ce qu'il avait su faire le mieux, c'était de mourir en lisant une page de Platon. Du reste, la république était perdue. Montesquieu a dit vrai : « Les républiques périssent par le luxe. » Le luxe avait tué les vieilles vertus romaines; et les Romains n'étaient plus républicains que par leurs vices. Octave eut pour lui leur corruption, son nom et surtout l'impuissance des derniers républicains. Avant et après son avénement, il eut soin de ménager les susceptibilités de l'opinion. Triumvir, il n'avait pris le pouvoir que sous le prétexte de continuer la république; empereur, il n'en prononçait le nom qu'avec respect. Le rapide affermissement d'Auguste, après la bataille d'Actium, prouve combien peu de racines la république conservait encore dans la société romaine. Le parti Pompéien fut inoffensif et se tint à l'écart; les républicains, plus remuants, conspirèrent sans succès; Auguste régna, et Rome pacifiée retrouva sa grandeur.

Je voudrais retracer le rôle politique d'Horace sans donner dans un travers de notre temps, la manie de classer les morts parmi les partis qui divisent les vivants. C'est dans cette espèce de dictionnaire posthume à l'usage des générations ensevelies qu'on trouve rangés si spirituellement Corneille parmi les républicains, Fénelon parmi les libéraux, Voltaire parmi les démocrates; quant à Horace, on en a fait un *conservateur*. Essayons, en nous préservant d'un néologisme barbare, de raconter tout simplement ce qu'il fut.

Né sous une république, il fut républicain d'abord. La crainte d'un maître, quel qu'il soit, n'est-elle pas toujours le commencement de la sagesse politique? Il étudiait à Athènes, quand la nouvelle du meurtre de César y parvint. Ce fut un long cri de joie : on se représentait la république délivrée, la liberté renaissant, les chaînes du peuple brisées, l'autorité du sénat reconquise ; car la jeunesse romaine d'Athènes, c'étaient généralement les fils des sénateurs. On lisait, on relisait avec enthousiasme cette page du *Traité des Devoirs* que Cicéron venait d'envoyer à son fils, compagnon du jeune Horace, et où l'auteur du *Pro Marcello*, le lendemain de la mort de César, proclamait comme un devoir l'assassinat du tyran. Horace vit les statues de Brutus et de Cassius dressées par l'enthousiasme de ses amis à côté de celles d'Harmodius et d'Aristogiton ; et quand Brutus traversa Athènes pour se rendre dans son gouvernement, le poëte s'enrôla sous ses drapeaux, et prit le bouclier qu'il devait laisser à Philippes. Il n'avait pas encore vingt-deux ans.

Quatre ans plus tard, il était présenté à Mécène, et le tribun de Brutus se préparait à chanter l'empereur Auguste. Ni sa gloire de poëte ni sa réputation d'honnête homme n'ont souffert de ce changement aux yeux de la postérité. La postérité est sage et n'a point de passion : elle comprend qu'on puisse abjurer une opinion sans être un apostat. C'est surtout à l'égard des hommes qui ont vécu dans les temps de révolution qu'elle redresse le jugement des contemporains ; elle relève la dignité humaine, que ceux-ci rabaissent toujours en s'obstinant à n'expliquer les conversions que par l'intérêt personnel. Elle tient compte de cette éducation soudaine et irrésistible que donnent les grands événements, et ne confond pas avec l'égoïsme des petites âmes qui veulent conserver ou acquérir la sincérité des esprits désintéressés qui ne cherchent, en se renouvelant, qu'un nouveau moyen de servir leur patrie. La postérité a donc été juste pour Horace : elle n'a point dit qu'il avait chanté Mécène et Auguste, après avoir combattu et composé des épigrammes contre eux, pour se faire une fortune ; elle n'a point dit qu'il avait vendu sa plume au pouvoir pour une terre dans la Sabine ou pour une maison à Tibur. Horace changea d'opinion, mais sans arrière-pensée, et surtout sans cette intolérance des néophytes contre leurs croyances passées, qui est le signe des apostasies véritables. Il ne prit pas de service dans l'armée des Triumvirs, comme beaucoup de ses compagnons d'armes ; il ne renia jamais ses vieilles amitiés, il rappela toujours avec reconnaissance le nom de Brutus, avec orgueil celui de Caton, il loua dans ses vers ceux de ses anciens amis qui restèrent les ennemis politiques d'Auguste ; seulement, quand il vit la république perdue, il crut qu'on pouvait vivre sous un empereur sans essayer de le tuer ou sans se tuer soi-même : il n'était pas stoïcien, et ne désespérait pas de la vertu. Il pensa même que, si le souverain de Rome était un homme de génie, s'il rendait la paix à l'Italie déchirée, s'il refoulait les Barbares, s'il respectait les lois, s'il pardonnait à ses ennemis, s'il effaçait à force de sagesse et de gloire tous les crimes du passé, lui poëte pourrait sans rougir chanter la grandeur de l'empereur et le bonheur de Rome. Ce qui explique le mieux le changement d'Horace, c'est le génie d'Auguste. Auguste fut tout-puissant ; mais chacun des priviléges qu'il s'arrogea fut moins une usurpation à son profit qu'un bienfait pour tout le monde, et la liberté n'y perdit pas ce qu'y gagna la grandeur de Rome. L'homme qui l'a le mieux jugé, c'est Saint-Évremont : « Auguste se fit appeler empereur pour conserver son autorité sur les légions, créer tribun pour disposer du peuple, prince du sénat pour gouverner ; mais s'il réunit en sa personne tant de pouvoirs différents, il se chargea de divers soins, et il devint l'homme des armées, du peuple et du sénat, quand il s'en rendit le maître. Le peuple ne fut moins libre que pour être moins séditieux ; le sénat ne fut moins puissant que pour être moins injuste ; la liberté ne perdit que les maux qu'elle peut causer, rien du bonheur qu'elle peut produire. » Faut-il s'étonner qu'Horace ne soit pas resté républicain ?

Auguste acquit donc, grâce à Mécène, un nouvel ouvrier de sa gloire ; mais Horace se fit quelque temps prier pour le devenir. De son ode à la Fortune, écrite l'année même où le sénat décerna le titre d'Auguste à Octave, et où l'empereur, prêt à abdiquer, ne garda le pouvoir que sur les instances du sénat, date le culte plus respectueux et plus assidu du poëte. C'est un honneur pour Horace de ne s'être fait le poëte d'Auguste que lorsque les Romains se firent véritablement ses sujets. Les dernières traces de la guerre civile et de la tyrannie étaient effacés : Horace put devenir l'ami de l'empereur sans trahir ses propres souvenirs ; et s'il est vrai qu'il choisit Pollion en même temps que Mécène pour le présenter au prince, le patronage d'un homme éminent qui ne voulut être d'aucun parti, et garda son indépendance inflexible entre la république éteinte et l'empire naissant, fut pour Horace la plus délicate et la plus fière des professions de foi ; ce fut le symbole de son double sentiment : affection pour le présent, respect fidèle pour le passé.

C'est avec cette réserve qu'Horace sut se prêter à l'empereur ; il ne se donna point à lui. Il refusa, par amour de la paix et de l'indépendance, et aussi par modestie, toutes les fonctions qui l'eussent mêlé aux affaires ; il ne voulut pas même être secrétaire d'Auguste, comme Racine et Boileau furent historiographes de Louis XIV. Toutes les fois qu'en chantant il touche à ces grands sujets qui intéressaient alors le monde, poëte lyrique, il semble demander pardon de s'être élevé si haut, *tenuis grandia*. Il assiste au grand spectacle du règne d'Auguste et des destinées de Rome renaissante, comme le chœur de la tragédie antique aux destinées des héros ; il chante les merveilles qui s'accomplissent sous ses yeux, et qu'il explique en beaux vers à cette foule de spectateurs qui remplissent le monde ; il dirige l'opinion, comme le chœur dirigeait les sentiments du public ému. De même que les héros, sans cesse mêlés aux Dieux qui les persécutent ou les défendent, semblent placés par ce commerce divin entre le ciel et la terre, et se confondent souvent aux yeux du chœur avec les divinités, Auguste, le fils de César et le descendant de Vénus, le protecteur de Rome et le protégé des Dieux, semble dans Horace planer au-dessus des hommes et grandir jusqu'à l'apothéose : c'est l'Hercule de Sophocle, c'est le fils de Jupiter, qui, dépouillant sa nature mortelle, s'élève jusqu'aux cieux.

Toutefois ce n'est là qu'une image du poëte, et non pas un dogme politique : ne nous y trompons pas, Horace déifie Auguste, mais non pas le pouvoir absolu. On lui a reproché ces vers :

Regum timendorum in proprios greges,
Reges in ipsos imperium est Jovis.

Prétendre qu'Horace ait voulu faire par là de la monarchie terrestre une délégation de l'autorité divine, comme l'a fait Bossuet dans la *Politique tirée de l'Histoire sainte*, c'est tomber dans une étrange erreur. Horace parle de l'égalité de tous les hommes devant la mort, des riches et des pauvres, des sujets et des rois qui sont les pasteurs des peuples comme les Dieux sont les pasteurs des rois : c'est une image, ce n'est pas une opinion. Horace n'est pas le poëte du pouvoir absolu. Après la guerre civile et la chute de la république dans le sang, il avait beau jeu pour immoler la liberté sur l'autel où il déifiait Auguste : il n'a point mis la main à ce sacrifice que viennent consommer d'ordinaire le lendemain des révolutions, dans la ferveur de leur repentir, les anciens amis de la liberté; et, de la même voix qui chante les louanges d'Auguste, il vante l'âme inflexible de Caton debout au milieu de l'univers subjugué. Il a cru que la liberté peut survivre à toutes les formes politiques, il a mêlé ce qu'Auguste, avant Nerva, sut mêler dans le gouvernement, *principatum ac libertatem*, et ce qui devint trop souvent incompatible sous ses successeurs : *res olim dissociabiles*. Il n'attaque pas l'autorité du sénat, il ne calomnie pas les dispositions du peuple, et ne cherche pas à exciter les jalousies ou les défiances de l'empereur.

C'est un beau rôle que celui de conciliateur : s'il n'est pas le plus brillant en ce monde, où l'on estime plus la gloire que la vertu, il est le plus honnête, mais aussi le plus difficile; car il place celle de nos vertus qui est la plus désarmée en face de passions encore frémissantes. Ce fut le rôle d'Horace. Sa philosophie l'y portait comme son caractère : l'épicuréisme s'éloigne également de tous les excès, aussi Horace s'efforce-t-il sans cesse de rallier au gouvernement d'Auguste et au séjour de Rome tous les mécontents. Le lieutenant d'Antoine, Munatius Plancus, serait bien fou de ne pas finir sa vie guerrière, la coupe à la main, sous les ombrages de Tibur; qu'il se confie à Teucer, le fondateur d'une Salamine nouvelle :

Nil desperandum Teucro duce et auspice Teucro,

et Munatius passe à César, dit Velleius, *transfugit ad Cæsarem*. Licinius, un autre ami d'Antoine, revient d'Orient et trouve ses biens confisqués : Horace lui vante, non sans malice peut-être, les douceurs de la médiocrité, *auream mediocritatem*. Licinius résiste : beau-frère de Mécène, il conspire avec Cépion, et son crime lui coûte la vie. Horace l'avait averti : *feriunt summos fulmina montes*. Dellius, l'ancien soldat de Cassius et l'ami de Cléopâtre, pourrait, s'il était sage, jouir avant sa mort de ces gazons, de

Ces bois dont le silence et l'ombre sont à lui,

comme l'a dit M. de Lamartine dans un vers charmant, de ces ruisseaux murmurants, de ces couronnes de roses, de cette maison qu'attend l'impatience d'un héritier : car il faut mourir, et Dellius vivrait si bien sous la clémente autorité d'Auguste, si Dellius voulait oublier comme lui. Dellius oublia, vécut et retrouva le silence et l'ombre de ses bois. Un affranchi de Pompée, Grosphus, riche et trembleur, a peur de tout, d'une guerre sociale, d'un pillage peut-être, car, même sous l'empire, les Romains se rappellent Spartacus et le craignent encore ; il veut quitter Rome, partir avec sa fortune pour les pays lointains. Pourquoi partir ? pour sauver un or inutile ? On vit si bien de peu. Pour fuir l'inquiétude ?

> *Scandit æratas vitiosa naves*
> *Cura*, etc.

Grosphus ne quittera pas Rome. Lisez les odes à Torquatus, à Postume, à Quintius, à Thaliarque et l'Épode : *A mes amis*, etc., partout vous verrez Horace prêcher la confiance, le courage, l'égalité d'âme qui fait supporter les revers, et cette sagesse qui permet de goûter les bienfaits d'un ordre nouveau, tandis que la vieillesse ridée ne vient pas nous avertir encore de la mort prochaine, que les roses sont si belles, les vins si vieux, et qu'un Dieu nous rend le bonheur. Ainsi la philosophie est de moitié dans la politique d'Horace : Épicure achève ce qu'Auguste commence.

L'épicuréisme n'est pourtant pas pour Horace la philosophie de l'indifférence : on se tromperait, si l'on voulait chercher dans l'égoïsme seul, lui donnât-on le nom par lequel on adoucit d'ordinaire le reproche, le nom d'égoïsme aimable, le secret de sa conduite. Sans doute il n'a pu s'oublier tout à fait lui-même dans ses actions, mais enfin qui s'oublie ? Il est certain qu'il a été intéressé au triomphe de l'ordre et de la paix par les douceurs de sa propre fortune. S'il eût perdu tous ses biens dans les guerres civiles, s'il n'eût trouvé pour les lui rendre ni protecteur ni ami, si ses vers ne lui eussent pas fait un nom, probablement il eût grossi le parti des mécontents ; mais qu'on montre donc un homme tellement détaché de lui-même, que dans ses opinions il ne puisse absolument rien entrer de sa situation personnelle. La nature humaine n'est pas ainsi faite, et il n'y a que les géomètres de la politique qui la considèrent comme une abstraction : ils croient opérer sur des idées, et ne se doutent pas qu'ils opèrent nécessairement sur des passions.

Horace a donc réglé sa conduite, non pas uniquement d'après ses intérêts personnels, mais d'après ses opinions, et ce qui vaut mieux encore, d'après des opinions justes et généreuses; car tel est l'amour de la paix, quand un pays a souffert de l'anarchie et de la guerre civile. Qu'on lise, entre toutes les odes où éclate la passion d'Horace pour la paix, celle qu'il adresse à Pollion; il est là tout entier : on y trouve le protégé reconnaissant d'Auguste, ingénieux à détourner sur la guerre elle-même le jugement sévère d'un historien qui menace de son arrêt les hommes qui l'ont faite; on y trouve l'homme habile qui, se rencontrant avec d'anciens adversaires sur le terrain commun de la paix publique, honore leur défaite et ménage leur orgueil; mais on y trouve aussi le bon citoyen à qui le souvenir de la patrie sanglante arrache un cri de douleur. Tel est Horace; mais le monde est ainsi fait que, lorsqu'on voit un homme habile, on se demande s'il est honnête. Aussi bien des soupçons ont offensé la mémoire du poëte; et cependant, pour qui l'étudie, Horace n'a pas la servilité d'un écrivain mercenaire chargé d'être le héraut du pouvoir, mais la clairvoyante indépendance d'un esprit ouvert à toutes les idées élevées. Quand il croit qu'une opinion est salutaire pour la société, il n'hésite pas à la défendre, même si c'est une opinion qu'il a combattue autrefois, et il s'expose sans frayeur au double reproche de s'être fait apostat pour rester courtisan. Les esprits incorruptibles, qui traitent avec un suprême dédain des hommes prêts à se réconcilier avec une religion qu'ils ont attaquée autrefois, parce qu'ils croient à cette religion quelque vertu pour guérir une société malade, trouveront qu'Horace fut un flamine très-digne de mépris. Horace a tenu la conduite de ces hommes qui, en face de la situation morale de leur pays, demandent du secours aux idées mêmes qu'ils ont combattues, au lieu de persévérer dans une rancune héroïque qui pourrait perdre leur pays, mais qui préserverait leur renommée. Horace avait négligé Jupiter, nous avons sa confession : *Parcus Deorum cultor et infrequens*. C'était la légèreté du jeune homme, c'était l'incrédulité moqueuse de l'épicurien. Qu'arrive-t-il? Horace ne se borne pas au repentir; il prêche le respect des Dieux, de leurs temples et de leurs autels; il montre les nations impies expirant dans le malheur, tandis que les peuples fidèles deviennent par la faveur des Dieux les conquérants du monde (III, 6). L'impiété, c'est l'épée de Damoclès, qui, suspendue sur nos têtes, éloigne de nous la joie et le sommeil

(III, 1). Aussi l'empereur, qui est aussi le grand pontife, récompense les sentiments religieux d'Horace en le choisissant pour composer le *Chant séculaire*. C'est lui qui, par la bouche des vierges choisies et des chastes enfants, appellera les bienfaits des Dieux sur la ville aux sept collines; c'est lui qui dira d'une voix attendrie à Diane et à Phébus : « Donnez à la jeunesse un cœur pur, donnez à la vieillesse un doux repos, donnez à la race de Romulus la gloire et l'éternité. »

Comment expliquer le scandale de cette conversion? Dira-t-on que les Dieux ont fait tout exprès un miracle? Je sais que Jupiter a tonné par un ciel serein; un arbre est tombé et n'a point écrasé le poëte qui passait; un loup a fui devant lui, tandis qu'il se promenait en rêvant. Mais ces prodiges sont-ils suffisants? Le P. Sanadon remarque, à propos d'une autre ode consacrée tout entière à la piété, qu'Horace avait alors cinquante-cinq ans : c'est une manière de rappeler qu'à un certain âge on se fait ermite. Mais pourquoi ne pas songer simplement qu'Horace ne fut jamais un impie? Il n'a jamais dit avec Lucrèce : « La race des Dieux, séparée de la terre, n'a pas besoin de nous, *nihil indiga nostri* »; il a gardé, au contraire, dans le fond du cœur la confiance poétique que les Dieux veillent sur lui; jamais il n'est tombé dans le scepticisme réfléchi qui entraîne la négation de toute croyance et qui fait rompre avec le ciel. Il a été railleur et religieux tout ensemble, comme Aristophane et tant d'autres. Mais la raison mûrit, la réflexion vient, et quand on a le malheur d'assister aux grandes secousses du monde, quand on a vu ce long ébranlement des idées morales qui suit les révolutions dans la conscience des peuples, on se prend à respecter davantage, fût-on déiste et même épicurien, tout ce qui peut être pour une nation l'aliment d'une foi sérieuse, et réprimer l'anarchie des opinions. Éclairé par la conduite d'Auguste, qui avait si bien compris la puissance morale d'une religion, Horace finit par dire des Romains ce qu'avait écrit Polybe (VI, 56) : « Ce qui fait la supériorité des Romains, c'est l'opinion qu'ils ont des Dieux », et par confondre la piété de Rome avec sa grandeur. Il sert ainsi les desseins de l'empereur, parce qu'ils sont conformes aux intérêts de Rome : c'est un homme sage que l'expérience des temps malheureux a instruit, c'est un ami de son pays qui travaille à lui rendre les principes qu'il a perdus. Pourquoi le croire servile et hypocrite plutôt que sincère et intelligent? Chose étrange! les hommes qui crient si fort contre l'apostasie, crient sans doute au nom de la vertu. Or, peut-on faire si peu d'honneur à la vertu que de la nier toujours, et de supposer le mal, quand on peut croire au bien? On a dit d'Horace qu'il avait été lui aussi un instrument de règne, *instrumentum regni;* j'accepte le mot comme un éloge : il a été l'ouvrier d'un des plus grands hommes de l'histoire, il a son humble part dans une œuvre immortelle.

S'il est vrai que tout se tient dans l'homme, la conduite d'Horace est l'éloge de sa philosophie. Sa philosophie est suspecte cependant : le nom d'épicurien est à peu près devenu synonyme de voluptueux et d'égoïste. Aujourd'hui surtout nous avons peu de bienveillance pour les hommes qui vivent couronnés de fleurs, et le siècle goûte médiocrement les douceurs impertinentes du système de l'oisiveté. Au XVIIIe siècle, les honnêtes gens, comme on disait, gâtés par la fortune et par la paix publique, pouvaient, en relisant le *Mondain,* se pénétrer avec délices de cette morale épicurienne, science élégante du bonheur, qui n'exigeait qu'un peu de richesse et beaucoup d'esprit. Mais quand la société a souffert et qu'elle souffre encore, l'épicuréisme est mesquin comme l'égoïsme et niais comme un non sens : on ne se couche pas au bord des ruisseaux ou sous l'ombre des arbres pour chanter ou dormir, quand la terre tremble. L'épicuréisme a cessé d'être une manière honnête de vivre, le jour où Condorcet, s'empoisonnant, fit ses adieux au petit volume d'Horace qu'il portait toujours avec lui. Il y a encore des épicuriens, je le sais, parce qu'il y a des hommes à qui les incertitudes de l'avenir paraissent d'excellentes raisons pour jouir de la vie. Ne comptant guère sur le lendemain, ils profitent du jour; par les calamités publiques, ils se démontrent la nécessité d'être heureux; ils cherchent le plaisir avec conviction, et se croient des sages, parce qu'ils sont égoïstes à propos. Si c'est là la sagesse, c'est la sagesse païenne tout au plus. Le christianisme aussi proclame la fragilité des biens de ce monde; mais, au lieu d'en conclure le plaisir à outrance, il en conclut le détachement absolu. Les épicuriens de notre temps sont des contemporains de Lucrèce : ils se sont endormis à quelque souper de Catulle, et ils se réveillent aujourd'hui la même coupe à la main, mais avec leur cœur éteint, leur philosophie ridée et leurs roses flétries.

Que le dédain qu'ils inspirent ne nous rende pas trop sévères pour Horace : vivant sous Auguste, il avait le droit d'être ce qu'il fut. On comprend d'ailleurs qu'avec le goût de modération qui fait le fond de son caractère, il ait, parmi les philosophies de son temps, choisi celle qui ressemblait le moins à un excès. Le stoïcisme exagérait le devoir, le platonisme la spéculation, l'épicuréisme bien compris, sans le scepticisme absolu de Lucrèce et la mollesse d'Aristippe, faisait au corps et à l'esprit leur part, non toutefois sans une complaisance peu déguisée pour le premier. Le stoïcisme disait: Abstiens-toi; le platonisme : Contemple; l'épicuréisme : Jouis. De ces trois doctrines qui décomposaient l'homme, et dont aucune ne l'embrassait tout entier, la moins exclusive, la moins excessive surtout, c'était celle d'Épicure. Elle ne méconnaissait pas le devoir, puisqu'elle proclamait que, si le bonheur est la fin de l'homme, le bonheur ne peut être que dans la vertu : c'était la doctrine du plaisir tempérée par une définition. Le bonheur était le but; la vertu, le moyen. La vertu se trouvait abaissée sans doute, mais encore vaut-il mieux pour elle jouer le second rôle que de n'en point avoir. Il est vrai qu'on oubliait volontiers le moyen pour ne songer qu'à la fin. C'est là l'inconvénient de la philosophie du bonheur : on n'accepte d'elle que le but qu'elle indique, on se réserve de choisir le chemin. Horace prit le bon, celui du maître, la modération en toutes choses. Ce qui l'encourageait d'ailleurs à suivre cette route aplanie et charmante, c'étaient les ridicules des philosophes du devoir qu'il rencontrait sur sa route, marchant au but de la vie, l'œil farouche, la barbe hérissée, la besace à la main, et sur l'épaule le manteau troué d'Antisthène (Sat. I, 3). Le stoïcisme, a dit Montesquieu dans une page admirable de *l'Esprit des Lois*, n'outrait que les choses dans lesquelles il y a de la grandeur; cela est vrai. Mais cette frontière presque invisible qui sépare le sublime du ridicule, le stoïcisme la franchissait souvent. Horace l'admirait sincèrement, quand il restait en deçà; il le raillait sans pitié, quand il s'élançait au delà; et, en général, il se défiait d'une doctrine qui donne à l'homme plus d'ambition qu'il n'a de force. S'il n'a pas écrit la fable de la Grenouille qui crève pour avoir voulu trop s'enfler, il a raconté la Souris naissant de la montagne; il a recommandé, au nom d'Icare, de ne pas tomber du ciel.

L'excès des sévérités ne lui plaisait pas plus du reste que l'excès des prétentions. Horace ne peut comprendre qu'il n'y ait pas de milieu entre le vice et la vertu, que toutes les fautes soient égales, que tous les plaisirs soient coupables, et que l'idéal de la vie morale soit l'absence de toute passion, même des bonnes, comme l'idéal de la vie physique, le régime du pain et de l'eau. La Fontaine a dit du philosophe scythe qui faisait mourir son arbre en coupant indistinctement toutes les branches :

> Ce Scythe exprime bien
> Un indiscret stoïcien.
> Celui-ci retranche de l'âme
> Désirs et passions, le bon et le mauvais,
> Jusqu'aux plus innocents souhaits.
> Contre de telles gens, quant à moi, je réclame :
> Ils ôtent à nos cœurs le principal ressort ;
> Ils font cesser de vivre avant que l'on soit mort.

Horace ne disait pas autre chose aux Scythes de Rome, ces ombres de vivants, et se contentait d'émonder de son arbre les branches mauvaises ou parasites, afin qu'au lieu de mourir il fleurît. Il cultivait soigneusement les affections que les stoïciens purs étouffaient, et s'abandonnait, comme à des sentiments naturels, à celles que les plus sages d'entre eux prescrivaient comme des devoirs. Car il faut le remarquer, les vertus stoïciennes sont plutôt des conceptions de l'esprit que des penchants du cœur ; Sénèque arrive à la charité par la conception de l'égalité, Horace y arrive par l'humanité naturelle. Horace, comme Sénèque, attaque les riches de son temps, toujours avides de s'étendre et comblant la mer elle-même pour y bâtir leur palais. Pendant que le riche envahit jusqu'aux ondes, le pauvre fuit de sa cabane avec ses dieux Pénates dans son sein, traînant après lui sa femme et ses enfants demi-nus :

> . . . . . . *Pellitur paternos*
> *In sinu ferens Deos*
> *Et uxor et vir sordidosque natos,* (*Od.* II, 18.)

C'est par ces images éloquentes qu'Horace plaide la cause éternelle du pauvre auprès du riche : c'est un cri de pitié qui s'échappe de son cœur, ce n'est point un raisonnement de son esprit.

Ce qu'Horace poursuit dans le stoïcisme, ce sont les violences qu'il fait à la nature ; ce qu'il recherche dans l'épicuréisme, ce sont ses conformités avec elle : *vivere naturæ convenienter.* Quand Épicure s'en écarte, il abandonne Épicure et se proclame indépendant :

Nullius addictus jurare in verba magistri.

J'ai dit qu'en religion il repousse l'athéisme ; en morale, il substitue à l'égoïsme et à l'indifférence habituelle des Épicuriens une sociabilité aimable, une bienveillance sans banalité, car elle sait choisir, et par conséquent préférer ; une tolérance commode pour les indifférents, un dévouement à l'épreuve pour ses amis, enfin toutes les qualités d'un Philinte qui a du cœur, le Philinte de Molière sans l'épilogue de Fabre d'Églantine. En politique, les Épicuriens sont à peine des citoyens ; ils ne s'occupent pas des affaires publiques ; ils n'ont pas de patrie ; la patrie, c'est où ils vivent bien : Horace aime à chanter la gloire de Rome, et la sert comme il peut. En un mot, sauf quelques faiblesses où il retombe quelquefois,

Nunc in Aristippi furtim præcepta relabor,

il ne prend de l'épicuréisme que son précepte le plus général et le plus élevé, la conciliation du plaisir avec la vertu dans l'intérêt du bonheur, et il rejette le reste, incrédulité ou ataraxie. C'est ainsi qu'il corrige l'hyperbole des doctrines en écoutant les instincts naturels, et qu'en lui l'homme tempère le philosophe : c'est ce qui fait sa force, c'est là le bienfait que lui accordent les Dieux :

Vis consili expers mole ruit sua ;
Vim temperatam Di quoque provehunt
In majus. . . . . . (*Od.* III, 4.)

Nous avons vu Horace sensible aux misères du pauvre : on a voulu aussi le trouver rêveur, et sans doute il rêvait quand il se glissait en silence sous les ombrages :

Aut inter silvas tacitum reptare salubres,

il rêvait aux grandes questions que l'esprit humain peut se poser, surtout à celles qui offrent l'attrait du mystère, comme la Fontaine à l'âme des bêtes ou à l'influence des astres :

Stellæ sponte sua jussæne vagentur et errent. (*Epp.* I, 11).

De la rêverie à la mélancolie, il n'y a pas loin ; et par un travers d'esprit, trop commun dans notre époque féconde en paradoxes qui s'évertue à retrouver le christianisme partout avant Jésus-Christ, on a voulu qu'Horace fût mélancolique, afin de présenter un nouveau symptôme de ce christianisme anticipé, et celui de tous qui, depuis Chateaubriand, passe pour le plus significatif. Nous avons quelque répugnance à réfuter un tel paradoxe; expliquons-nous cependant. L'épicuréisme et le christianisme s'accordent pour faire ressortir l'extrême fragilité des biens de ce monde et de la vie : nous en conviendrons volontiers; mais l'un conclut qu'il faut s'en détacher, l'autre qu'il en faut jouir; le dernier mot de l'un est le bonheur en Dieu, celui de l'autre est le bonheur dans le plaisir. Horace a des strophes chrétiennes, je le veux bien, sur la jeunesse qui passe comme la rose ou l'herbe des champs, sur la beauté éphémère, sur les vicissitudes de la vie; seulement, au bout de ces strophes édifiantes, revient l'éternel refrain : *Carpe diem;* l'on se retrouve en face d'Épicure, et d'un Épicure fort peu mélancolique. Ce n'est pas que les poëtes épicuriens n'aient leur tristesse; on trouve souvent chez eux l'amertume au sein des plaisirs :

Surgit amari aliquid medio de fonte leporum.

Cela est naturel; ils arrivent à la tristesse par la satiété; c'est par ce côté que l'épicuréisme tient au christianisme, c'est en ce sens seulement que Catulle et Tibulle sont les prédécesseurs des poëtes chrétiens. Quand l'âme humaine a épuisé toutes les voluptés et qu'elle se sent encore vide, elle se tourne vers les seules pensées qui la puissent remplir. Cette révolution insensible qui la conduit des bras d'Épicure aux pieds du Christ est un des phénomènes les plus intéressants que présente l'histoire morale de de l'humanité. L'étonnement de ne pas trouver le repos dans le plaisir, le mécontentement de la déception, puis le dégoût, puis les vagues désirs, puis cette inquiète recherche d'un aliment plus salutaire et plus nourrissant, forment un des tableaux les plus saisissants, qui expliquent le mieux dans les individus les fréquentes conversions des hommes blasés, dans l'histoire du monde la chute du paganisme et l'irrésistible progrès de la religion chrétienne.

Horace n'a ni dégoût des plaisirs ni frayeur de la mort. Il n'est rassasié de rien, parce qu'il n'abuse de rien; quant à la mort, il ne la craint ni ne la brave : il se moque des fanfaronnades stoïciennes; il ne croit pas qu'on puisse approcher de la mort avec indifférence, et il sait bien que le fond de la constance des philosophes, c'est là sage idée qu'il faut aller de bonne grâce où l'on ne saurait s'empêcher d'aller. Le soleil ni la mort ne sauraient se regarder fixement, dit La Rochefoucauld.

> Qu'un stoïque aux yeux secs vole embrasser la mort!

s'écrierait-il volontiers comme la Jeune Captive; il n'ajoute pas : moi, je pleure et j'espère; mais je me résigne, et, en attendant, je jouis; s'il y a quelque légère tristesse dans la première pensée, elle s'efface dans la seconde : le secret d'Horace est dans ces vers d'une pièce charmante de Ronsard :

> Incontinent tu mourras;
> Lors tu te repentiras
> De m'avoir été farouche.

Voilà le langage qu'Horace tient à la jeunesse, au plaisir, à toutes les belles choses de la vie. Il fait servir au bonheur ce qui pour d'autres le détruit : et de même que dans ses actions, ainsi dans ses pensées, dans ses vœux, dans ses rêves, il s'arrête toujours là où la modération cesse, où la sérénité de l'esprit s'altère, où la tristesse commence. Qu'on lise la sixième satire du second livre : il a son champ, son jardin, son ruisseau d'eau vive et son bouquet des bois; à quoi songe-t-il? à remercier les Dieux et à se moquer de son prochain qui ne sait pas comme lui se contenter de peu et dire : *nil amplius oro*. Se sentir et s'avouer heureux, railler doucement ceux qui ne savent pas l'être, voilà le fond des pensées d'Horace, quand il rêve dans son jardin. André Chénier, lui aussi, écrit son *Hoc erat in votis* :

> Quand pourrai-je habiter un champ qui soit à moi;
> Et, villageois tranquille, ayant pour tout emploi
> Dormir et ne rien faire, inutile poëte;
> Goûter le doux oubli d'une vie inquiète !...
> Oh! oui, je veux un jour, en des bords retirés,
> Sur un riche coteau ceint de bois et de prés,
> Avoir un humble toit, une source d'eau vive
> Qui parle, et dans sa fuite et féconde et plaintive,
> Nourrisse mon verger, abreuve mes troupeaux...

Voilà le *modus agri*, le *paulum silvæ*, le *jugis aquæ fons* : c'est de là que part Chénier; où arrive-t-il?

> Douce mélancolie! aimable mensongère,
> Des antres, des forêts Déesse tutélaire,
> Qui vient d'une insensible et charmante langueur
> Saisir l'homme des champs et pénétrer son cœur,

Quand, sorti vers le soir des grottes reculées,
Il s'égare à pas lents au penchant des vallées,
Et voit des derniers feux le ciel se colorer,
Et sur les monts lointains un beau jour expirer !
Dans sa volupté sage et pensive et muette,
Il s'assied, sur son sein laisse tomber sa tête.
Il regarde à ses pieds, dans le liquide azur
Du fleuve, qui s'étend comme lui calme et pur,
Se peindre les coteaux, les toits et le feuillage...

Qui va s'asseoir ainsi au déclin du jour sur le penchant de la montagne pour voir le soleil se coucher dans la plaine

Dont le tableau changeant se déroule à ses pieds?

Qui décrit avec une simplicité si pénétrante le charme du soir? Qui surprend une ressemblance entre le calme du fleuve et la paix de l'âme? Qui cherche ainsi les secrètes harmonies de la nature et de l'homme? Ce n'est pas Horace, c'est plutôt M. de Lamartine. Chénier, parti du *hoc erat in votis*, aboutit à la première *Méditation*. Voilà la rêverie véritable, voilà la mélancolie.

N'allons donc pas, par une prédilection toute moderne pour certains penchants plus secrets et plus poétiques de l'âme, chercher dans un poëte ancien ce qui ne s'y trouve pas, ce qui ne saurait s'accorder ni avec son caractère ni avec ses idées. Horace a tâché, comme tous les sages, de simplifier sa vie ; ne la compliquons pas de sentiments empruntés surtout aux habitudes de notre temps si ami des rêveurs. Dût-il nous paraître moins poëte, laissons-lui sa gaieté. S'il a vécu le sourire sur les lèvres, c'est qu'il a évité tout ce qui dérange l'équilibre de l'âme ; c'est qu'il a fui l'absolu, et qu'il n'a été excessif ni dans ses idées ni dans ses penchants.

Horace doit sans doute à la supériorité de son génie le rang qu'il occupe parmi les poëtes lyriques ; mais, quand on analyse le mérite de ses œuvres, il faut tenir compte des avantages qui les lui ont rendues plus faciles. Le premier, le plus important de tous pour un poëte, c'est l'instrument même de la pensée, c'est la langue, plus ou moins riche, plus ou moins flexible, dans laquelle il écrit. Qu'il me soit permis de transcrire ici un excellent jugement de M. Walckenaer, où sont indiqués avec précision les priviléges lyriques de la poésie latine :

« La poésie est un art qui se propose de satisfaire le plus complétement aux besoins moraux et intellectuels de l'homme. C'est l'art du langage poussé au plus haut degré de perfection ; c'est la parole humaine investie de tout son prestige et armée de toute sa puissance ; par elle, l'imagination féconde la pensée, fait revivre le sentiment, donne des sensations à l'âme et à l'esprit d'ineffables jouissances.

« Le sens de l'ouïe et celui de la vue sont les agents principaux par lesquels le monde extérieur agit sur l'homme. C'est donc par l'harmonie des sons, la beauté et la vivacité des images, que le langage peut prétendre à maîtriser l'intelligence et le cœur. Plus le poëte trouve dans sa langue des moyens d'harmonie, plus les temps où il a vécu lui suggèrent d'images fortes, grandes et variées, plus il est placé dans des circonstances favorables au développement du talent poétique.

« Les langues anciennes présentaient des moyens d'harmonie que n'ont pas les langues modernes, que n'a pas surtout la langue française. Dans la langue latine, les mots fortement accentués se composent de syllabes longues et brèves, dont la prosodie, parfaitement distincte dans la manière de les prononcer, ne peut échapper à l'oreille la moins exercée et la moins sensible. Par la réunion ou le mélange de ces syllabes longues et brèves, on forme un rhythme ou une cadence marquant, comme dans la musique, un même intervalle de temps ; l'ordre des rhythmes constitue le mètre ou pied, et le nombre de ces pieds ou mètres, les différentes sortes de vers. Horace a, dans ses odes, employé jusqu'à vingt-deux sortes de vers. Qu'on juge d'après cela que de moyens de varier l'harmonie fournissait au poëte cette belle langue latine.

« Il n'en est pas de même pour les poëtes modernes, et particulièrement pour les poëtes français. Notre langue n'a point dans ses mots une prosodie assez marquée, pour qu'on puisse établir le mètre ou le pied, élément primitif du vers, d'après l'intervalle du temps produit par le mélange ou la réunion des syllabes brèves ou longues. Les pieds ou mètres se mesurent donc par le nombre des syllabes, et non par le temps qu'on met à les prononcer. Aussi notre poésie n'étant point rhythmique, mais seulement métrique, n'a d'autre moyen de varier l'harmonie que le mouvement de la phrase ou de la période poétique, qui ne manquait pas non plus aux anciens. Pour suppléer au rhythme des anciens, on a introduit dans les vers modernes la césure et la rime. Sans la césure ou la rime, nous n'aurions que des vers plus ou moins longs, mais toujours une même espèce de vers; c'est le retour plus ou moins prompt de la césure et de la rime qui, formant à l'oreille des cadences obligées, constitue réellement nos différentes espèces de vers. On voit donc par là que la rime est aussi essentielle à notre versification moderne qu'elle eût été inutile et même nuisible à la versification des anciens. Mais ce moyen de varier l'harmonie introduit le retour trop fréquent des mêmes sons et fatigue l'oreille; il ne produit que quatre ou cinq sortes de vers, ce qui est loin du nombre de vingt-deux qu'Horace, ainsi que je l'ai dit, a employé dans sa poésie lyrique. Ajoutez à cela que chez les Latins chacun des mots devait être prononcé avec emphase, et de manière à bien marquer les longues et les brèves, et l'ordre des rhythmes ou les mètres. La déclamation était donc une espèce de chant, une musique imitative, qui charmait l'oreille en même temps qu'elle frappait l'imagination.

« De tous les genres de poésie, celui qui exige une plus grande variété de rhythmes et de mètres, une harmonie plus complète et plus savante, c'est l'ode, ou plutôt la poésie lyrique; car les divers emplois et les différents modes de ce genre de poésie ont fait donner aux différentes pièces dont il se compose les noms de psaumes, d'hymnes, de cantates, d'odes, de chansons, compositions que les Latins désignaient toutes par le mot général de *carmen*, c'est-à-dire des vers destinés à être chantés, *carmina ad lyram*. Dans ce seul genre de poésie, le poëte a droit de dire avec vérité : Je chante, parce qu'en effet les premiers poëtes chantaient et s'accompagnaient de la lyre. On voit donc que dans la différence de la langue on trouve une explication toute naturelle de la supériorité d'Horace sur tous les poëtes lyriques des temps modernes. » (II, 456).

Mais une langue riche, souple, des rhythmes, des mètres nombreux, ne suffisent pas. Il faut au poëte un fond d'idées et de sentiments sans lesquels cette langue resterait oisive, comme une lyre sans mélodie. Et comme cette langue lyrique est la plus éclatante et la plus harmonieuse de toutes, c'est au service des plus vifs sentiments et des plus brillantes pensées qu'il faut la consacrer. Ce qui nous scandalise dans les lyriques modernes, c'est la mésalliance d'une langue faite pour exprimer les grandes choses avec la vulgarité des idées. Un autre avantage d'Horace, un vrai bonheur littéraire, c'est d'avoir vécu dans des temps malheureux. L'agitation politique, les révolutions, les guerres civiles, les grandes catastrophes, les calamités sociales conviennent à la poésie lyrique, parce qu'elles produisent les sentiments profonds, l'exaltation de l'esprit, les émotions violentes, les grands vices et quelquefois les grandes vertus, enfin parce qu'elles ouvrent à l'âme humaine une veine nouvelle d'énergie pour le mal comme pour le bien, et ne la laissent point s'attiédir dans une tranquillité plus morale sans doute, mais moins poétique. Ce que Messala, dans le *Dialogue des Orateurs*, dit de l'éloquence, est vrai de la poésie lyrique : elle est comme le feu qui a besoin d'aliments, que le mouvement allume, et qui brille en embrasant. Il est triste sans doute, comme le remarque La Harpe, d'être obligé d'avouer que ce qui favorise le plus la poésie et l'éloquence, c'est ce qui trouble le plus un État; mais enfin c'est une vérité. Telle est la nature des choses humaines. D'ailleurs, l'éloquence et la poésie peuvent servir les passions, mais il faut aussi de la poésie et de l'éloquence pour les combattre : la médecine ne serait pas un art, s'il n'y avait pas de maladies. Les siècles troublés produisent les odes héroïques d'Horace, les *Méditations* et les *Feuilles d'automne*; les siècles paisibles, l'*Ode sur la prise de Namur*. M. de Chateaubriand a raison : « Les poëtes lyriques ne sont pas les compagnons des jours heureux. »

Mais si leur génie se développe dans toute sa puissance, c'est surtout quand le caprice des événements leur a fait rapidement traverser des situations contraires, et parcourir toutes les phases désirables d'agitation et de calme, de bonheur et d'adversité, soit privés, soit publics, qui peuvent composer une étude complète de la vie. La nature humaine se révèle à eux dans toute sa fécondité pour les contradictions : les différences innombrables des caractères, et dans chaque caractère la succession des métamorphoses, la facilité de notre cœur à parcourir tous les degrés des passions, ces perpétuels contrastes de vigueur et de défaillance, ces prodigieux efforts et cette incomparable lassitude, ces enthousiasmes qui montent jusqu'au délire, et ces découragements qui tombent jusqu'au désespoir, en un mot, toute cette vie fébrile de l'âme humaine, pendant les temps mêlés d'orage, passe devant le regard du poëte, et lui révèle, mieux que l'heureuse monotonie des siècles paisibles, la variété infinie de l'ouvrage de Dieu. « Horace fut le témoin de crimes inouïs, d'actions héroïques, de fanatisme républicain et de fureurs *liberticides*. Sa vie s'est écoulée dans un temps où les principes de la morale la plus sévère contrastaient avec la licence la plus effrénée ; où sa patrie n'avait jamais été aussi avilie ; où jamais elle ne s'était élevée à un plus haut degré de gloire, de puissance et de prospérité. Rome libre et fière, Rome esclave, Rome agitée, Rome tranquille, Rome sévère, Rome voluptueuse, enfin Rome maîtresse du monde, heureuse sous le sceptre d'Auguste, inspire tour à tour la muse du poëte latin..... Il résulte des inspirations poétiques si diverses d'un siècle si fécond en événements prodigieux que l'austère moraliste, l'homme passionné pour les plaisirs, le guerrier, l'orateur, le sage ami de la médiocrité, l'ambitieux et l'avare, et celui qui aime les champs et la retraite, et celui qui ne se plaît que dans le tumulte des villes, et l'âme sévère et stoïque, et le cœur tendre et sensible, et la jeunesse qui fleurit, et la vieillesse qui décline, trouvent dans les Odes de notre poëte des pensées assorties à leur situation, des sentiments qui répondent aux leurs. Les réflexions que lui ont suggérées les choses, les hommes, les événements, les grandes révolutions de ces temps si calamiteux et si propices, ainsi que les goûts et les passions qui lui étaient propres, ne peuvent se retrouver dans un autre. » (Walckenaer, II, 460.)

On a reproché souvent à Horace de n'avoir chanté dans ses Odes que des lieux communs. Il est certain qu'il ne se pique pas d'être ce qu'on appelle de nos jours un poëte individuel. Il exprime à son tour les idées et les sentiments cent fois exprimés avant lui ; il cherche à se faire, non pas une âme artificielle, non pas un cœur original qui n'appartienne qu'à lui, mais une forme exquise et nouvelle pour des idées qui lui sont communes avec le genre humain. Sur deux cents fragments qui nous restent des lyriques grecs, les érudits en comptent plus de cent imités, ou plutôt comme dit Goethe, *repensés* par Horace. J.-B. Rousseau a écrit : « Le fond de la poésie, ce sont les idées de tout le monde, traduites dans le langage de quelques-uns. » Cela est vrai. Je ne conçois guère ce que la poésie gagnerait à passer pour un enclos réservé, pour un parc de grand seigneur, où l'esprit de tout le monde n'aurait pas un libre accès. De notre temps, où l'on a inventé la poésie individuelle, on lui a créé une sorte d'*île escarpée et sans bords*, un domaine imaginaire, composé de sentiments qu'il a fallu exagérer pour les rendre exceptionnels, et d'idées qu'il a fallu fausser pour les rendre originales. Au milieu de ces œuvres bizarres d'une poésie mensongère, nous avons produit, je le sais, des œuvres admirables : mais à quelle condition? C'est en désertant ce terrain aventureux, c'est en redescendant de ce sol de nuages sur le sol populaire, sur la patrie des idées communes, pour y retrouver, comme Antée touchant terre, la force maternelle.

Le mot de Rousseau est donc vrai : le fond de la poésie est le même que celui de l'éloquence, l'expression seule diffère. Mais dans les aspects généraux de la nature humaine dont s'inspirent la prose et les vers, et qui sont les lieux communs, pris dans leur sens le plus élevé, il y en a de permanents, il y en a d'accidentels. Les uns ne se modifient pas selon les époques avec les événements, avec l'état politique ou moral de la société. Ce sont des manières d'être si naturelles, si nécessaires, de l'espèce humaine, que le temps qui change tout ne les change pas, et que les idées qui les représentent sont l'héritage inaltérable des siècles ; ou plutôt, ce sont des grandes routes éternelles par où les générations qui se mettent en marche sont tenues de passer : telles sont les idées sur la grandeur et sur la petitesse de l'homme, sur la brièveté de la vie, sur les vicissitudes de la fortune, sur la fragilité des biens de ce monde, etc... Les autres se rattachent à l'état présent de la société ; ils dépendent du degré de civilisation, de la nature des croyances, enfin des divers accidents qui se produisent dans la vie des peuples. La poésie lyrique peut les prendre successivement pour sujets : elle intéresse avec les premiers, parce que rien n'est plus nouveau que ce qui est éternel ; mais elle frappe, elle pénètre surtout avec les seconds, parce que les hommes, lors même qu'ils ont les yeux fixés sur l'immobile éternité, ne sauraient pourtant les détacher complétement de sa mobile image, de leur temps, de leur propre vie, d'eux-mêmes. La vie est courte, jouissons : voilà un de ces lieux communs qu'affectionne Horace et qui nous intéressent. Mais combien nous pénètre plus profondément une poésie qui, répondant à des idées moins permanentes, s'approprie à l'état actuel de nos âmes! On est d'accord sur le caractère de notre poésie lyrique contemporaine, c'est la tristesse. Elle est née d'une société dont elle a reproduit avec une exactitude singulière les secrets tourments; on y retrouve ce monde inquiet qui, sur les débris du XVIIIe siècle, attend une foi nouvelle, comme un pâtre couché sur des ruines attend l'aurore qui ne vient pas. Ce regard de tristesse jeté vers le passé, ce regard d'anxiété tourné vers l'avenir, cette malédiction éloquente contre les destructeurs d'autrefois, cette fervente prière aux révélateurs futurs, enfin cet ennui ardent et vague, comme a si bien dit M. Villemain, maladie de l'extrême civilisation, qui a mieux exprimé toutes ces angoisses de notre temps que la poésie lyrique, qu'un philosophe mélancolique, un grand esprit, M. Jouffroy, proclamait la plus vraie des poésies? Et d'où vient sa beauté, sinon de ce qu'elle s'est faite l'interprète de tout le monde, et le lieu commun éloquent d'un siècle malheureux?

On retrouve dans Horace ces deux sortes de sujets; il a exprimé tantôt des idées générales éternelles, tantôt des idées générales plus particulières à son temps; on distingue très-bien en lui la partie immuable, pour ainsi dire, et la partie mobile de l'âme humaine, les passions de tous les temps et l'impression des événements sur l'imagination contemporaine; on peut même diviser ainsi ses odes : celles où sont rajeunis avec une variété inépuisable les lieux communs de la doctrine d'Épicure, et qui offrent une peinture ou plutôt une confession charmante du cœur humain; et les odes plus élevées où les événements de chaque jour, l'état d'esprit de la société sous Auguste, retracés avec le mouvement et l'éclat de la poésie, forment une étude politique intéressante pour l'histoire. On ne saurait dire cependant que les premières soient moins originales que les autres, parce qu'il est impossible que là où l'expression est parfaite, il n'y ait pas d'originalité; mais elles sont peut-être moins intéressantes pour nous. L'exquise beauté de la forme produit une jouissance délicieuse : ce sont des images qui charment les yeux, c'est une harmonie savante qui ravit l'oreille; mais les idées elles-mêmes, ces conseils répétés de l'épicuréisme, ces franches définitions d'une existence païenne bien entendue, ont moins de prix pour nos esprits élevés par une philosophie plus pure. Quant à certaines odes inspirées par des affections volages, elles n'expriment rien d'assez sérieux pour qu'on puisse s'y arrêter. Les lyriques et les élégiaques latins n'offrent aucune image de la passion qui soit comparable au quatrième livre de l'*Énéide;* ils ne peignent guère que la galanterie et souvent que la débauche. Encore Catulle et Tibulle laissent-ils échapper parfois quelques accents d'affection vraie qu'on chercherait vainement dans Horace. Peut-être la poésie ne vaut-elle pas la prose pour donner une idée précise et complète des mouvements profonds du cœur; et comme l'a finement remarqué M. de Stendhal, quand on peint la passion, on n'émeut que par la clarté.

Les vraies chefs-d'œuvre d'Horace, ce sont ces grandes odes inspirées par les événements de chaque jour : c'est alors que les plus hautes idées prennent la forme la plus éclatante que puisse revêtir la pensée humaine ; le cœur du citoyen échauffe le génie de l'homme ; et Horace remplit ce rôle admirable de la poésie, d'être la voix entière d'un peuple parlant le plus beau des langages. Le Tibre déborde ; le feu du ciel renverse les statues du Panthéon ; Rome effrayée croit que les Dieux ont parlé et réclament la dictature d'Auguste ; le Sénat veut le forcer à l'accepter. Horace, dans des vers sublimes, se fait l'interprète de ces vœux, et supplie Auguste, le jeune Dieu caché sous les traits de Mercure, de sauver Rome du courroux des Dieux et de l'invasion des Parthes :

> *Hic ames dici pater atque princeps,*
> *Neu sinas Medos equitare inultos,*
> *Te duce, Cœsar.*

Un bruit se répand dans Rome : Auguste part pour l'Orient ; on dit qu'il va transporter en Asie, à Troie, le siége de l'empire. L'orgueil de Rome s'alarme, les vieux souvenirs se réveillent : on se rappelle cette antique tradition qui défend, au nom des Dieux, la résurrection de la cité condamnée par Junon. Horace rassure sa patrie et avertit Auguste. Par un élan incomparable de sa pensée, il s'élève jusqu'au ciel dont il ouvre les portes, et fait assister le monde au conseil souverain des Dieux. Ce n'est plus seulement la tradition populaire qui parle, c'est Junon elle-même ; c'est elle qui prononce sur Ilion l'anathème éternel ; il faut que la mer continue ses orages entre Rome florissante et Pergame en poussière ; il faut, pour le salut du Capitole, que les bêtes fauves insultent le tombeau de Priam et de Pâris. Je pourrais citer quelques exemples encore. Ainsi le poëte prend la parole chaque fois qu'un événement, qu'une nouvelle intéresse la grandeur de son pays : il interroge le sentiment public, il recueille la pensée de Rome, il assiste en témoin et en juge à l'histoire de chaque jour, les yeux fixés sur le Capitole étincelant, *Capitolium fulgens*, emblème des destinées de la ville éternelle. Quand Rome veut parler, Horace chante. C'est en son nom qu'il flétrit les soldats de Crassus qui ont livré leurs armes à l'ennemi, et qui vivent honteux époux de femmes étrangères, quand l'autel de Vesta est encore debout; c'est au nom de Rome qu'il attaque Rome elle-même, sa corruption, son impiété, son luxe, sa mollesse, et qu'il rappelle à la jeunesse le courage, la vertu, la religion dans des vers plus beaux que les plus belles pensées stoïciennes; car il prescrit l'obéissance aux Dieux :

Dis te minorem quod geris, imperas.

Quel empire ne devait pas exercer sur les esprits éclairés de Rome un poëte qui osait se faire l'écho de la pensée romaine, le défenseur des traditions nationales, le soutien des vieilles mœurs et des vertus guerrières, le conseiller de sa patrie ! Un rare poëte qui, modeste malgré la grandeur de sa tâche, ne demandait pour prix de ses chants ni la richesse ni le pouvoir, et qui, après s'être élevé si haut, redescendait en souriant et en s'écriant : *Quo, musa, tendis?* ma muse, où vas-tu? comme les vieux Romains qu'il chantait, après leur dictature, retournaient à leurs sillons [1].

Ce n'est donc pas la diversité qui manque dans les odes d'Horace : elles sont variées comme la vie même de Rome. Si, après en avoir considéré l'ensemble, on étudie les détails de chacune d'elles, on est frappé d'admiration pour le mélange incomparable de hardiesse et d'habileté, de liberté et de discipline qu'on y rencontre dans la composition. On s'étonne alors de ces idées accréditées autrefois sur la démarche aventureuse, sur les égarements volontaires, sur le *beau désordre* enfin de la poésie lyrique. Il semble en effet qu'à une certaine époque, on se soit accordé à regarder l'ode comme un accès de folie méthodique, avec quelques moments lucides artistement distribués pour que le lecteur pût se reconnaître. Elle devait être un élan à perte de vue dans le ciel, une ascension du poëte sur les cimes d'un Parnasse voilé de nuages, pendant laquelle le fil de ses idées semblait se briser, et où des points d'interrogation et d'exclamation multipliés marquaient seuls les traces de son itinéraire. On trouve sans doute cette fureur savante, ce sacré délire, ces

Ravissements d'une âme au céleste séjour

1. La modestie est une qualité assez rare chez les poëtes lyriques, et l'évêque de Vence, Godeau, était si charmé de la trouver dans Horace, qu'il s'en autorisa pour le mettre au-dessus des trois principaux lyriques grecs, qui sont Sapho, Anacréon et Pindare (Discours sur les œuvres de Malherbe). — Le P. Rapin (Réfl. partic. sur la Poétique) accorde à Horace la même supériorité.

dans J.-B. Rousseau et dans ses médiocres imitateurs, mais non pas dans Horace, pas même lorsque Horace compose ces odes appelées pindariques, ce qui a longtemps passé pour synonyme de désordonnées. La marche de Pindare lui-même, puisqu'en empruntant son nom on le rend responsable, n'est pas si difficile à suivre. La Harpe, que son excessive bienveillance pour J.-B. Rousseau, « le premier, dit-il, des poëtes lyriques, » ne rend pas injuste pour les anciens, démontre qu'on ne se perd pas toujours dans les ténèbres de Pindare, ténèbres visibles, comme dit Milton. Lorsque

> Aux athlètes dans Pise il ouvre la barrière,
> Chante un vainqueur poudreux au bout de la carrière,

il ne célèbre d'abord que la gloire d'un homme; mais comme en Grèce les victoires dans les jeux sont des événements publics, et que la gloire du citoyen se confond avec celle de la cité, il ne fait, en chantant avec le vainqueur la ville qu'illustre son triomphe, que laisser à son sujet sa véritable grandeur. Et alors, dans cette Grèce si féconde en traditions religieuses pleines de poésie, dans cette patrie des dieux antiques, où chaque ville a sa mythologie originale et charmante, ses origines pleines de fables et de mystères, ses héros devenus sacrés comme des Pénates, quelle richesse d'inspiration infinie! Pindare, cet entrepreneur de poésie lyrique, à qui l'on commandait une Pythique ou une Néméenne, éprouve des sentiments vrais, malgré la vénalité beaucoup trop accusée de sa Muse; c'est son imagination seule qui chante, j'y consens, mais son imagination émue, parce qu'il a pour sujet véritable, non

> Les chevaux de quelques bourgeois,

comme a dit Voltaire, mais l'histoire poétique de la Grèce tout entière. Dans les agrandissements perpétuels de sa pensée première, les transitions sont souvent supprimées; mais l'esprit les supplée facilement; entraîné par la vitesse du poëte, il franchit comme lui les distances. C'est le caractère des odes pindariques d'Horace. Dans l'ode citée plus haut, par exemple, il part de cette idée : l'homme juste et ferme dans desseins est invincible, *justum et tenacem*, etc. Il cite les héros à qui la persévérance a ouvert le chemin du ciel, Hercule, Pollux, Bacchus, et enfin

Romulus. Ce nom et cette apothéose lui rappellent l'ancienne tradition de Rome, la haine de Junon contre les descendants de Troie, et il explique à quelle condition Junon a pu oublier sa haine ; c'est que les murs de Pergame ne doivent pas se relever. Horace a atteint son but, il voulait dire à Auguste : Ne transportez pas en Asie le siège de l'empire, que Rome reste dans Rome, intrépide et confiante dans ses destinées. Entre cette idée, but véritable de l'ode que l'on découvre peu à peu, et l'éloge de la persévérance inébranlable, qui est le point de départ, il y a un intervalle sans doute ; mais la grandeur même du cercle où se développe la pensée, fait à la fois la majesté de la poésie et l'indépendance du poëte ; de même il existe un rapport d'idée suffisant entre le commencement et la fin, et c'est ce rapport qui fait la méthode du poëte et la logique de la poésie.

Mais il ne faut pas s'exagérer non plus ce bon ordre dans la déduction : là où l'ordre serait trop rigoureux, la liberté serait compromise, et la liberté lyrique n'est pas de celles qu'on sacrifie. Un des commentateurs d'Horace, Thomas Freigius, a découvert au fond de chacune de ses odes un syllogisme en forme. C'est là, selon lui, leur beauté, jusqu'alors mal comprise. Voici son analyse littéraire de l'ode si touchante à Virgile :

1° *Qui non horret tempestates, monstra marina, et scopulos infames, is audax est;*

2° *Qui navigavit primus, nihil horum horruit;*

3° *Fuit igitur audacissimus.*

Sachons éviter tous les excès : on faisait autrefois du poëte lyrique une espèce particulière d'aliéné ; n'en faisons pas un géomètre.

Dans l'ode : *Cœlo tonantem credidimus Jovem*, la première strophe ne paraît pas conduire directement au but. Horace veut rappeler aux Romains que la grandeur de Rome est dans ses vertus militaires. Cependant, peut-il frapper plus fortement leur pensée qu'en représentant au début, comme le souverain du monde, Auguste, qui manifeste sa toute-puissance par des conquêtes, de même que Jupiter signale sa souveraineté céleste par les éclats du tonnerre ? Les conquêtes de Rome, ce sont les coups de foudre qui avertissent l'univers que Rome est reine et que l'univers est sujet. Mais cette toute-puissance des armes, sur laquelle repose la royauté de Rome, sa racine est dans le cœur même du soldat romain ; c'est la discipline. Honte aux lâches qui ont jeté leurs épées pour oublier leur patrie entre les bras des femmes barbares ! La transition n'est pas exprimée ; mais à quoi bon les idées intermédiaires, quand la pensée principale suffit à la clarté de l'ensemble ? Ce mépris pour des cœurs dégénérés rappelle à Horace, par l'analogie des contraires, les vertus de l'ancienne Rome. Comme il avait emprunté aux croyances religieuses le personnage de Junon, il prend à l'histoire ou du moins à la légende celui de Régulus, et c'est Régulus qui prononce la condamnation de l'infidélité au devoir, c'est lui que dans un tableau héroïque Horace donne à Rome guerrière pour un modèle du dévouement à la patrie.

Ces deux odes, où le poëte exprime sa pensée propre par la bouche de Régulus et de Junon, résolvent peut-être mieux que bien des préfaces contemporaines une question qui a soulevé des orages, celle de l'alliance du lyrisme et du drame : elles sont dramatiques. Je ne veux pas dire qu'Horace fût capable de composer une tragédie : le drame et la tragédie ne portent pas bonheur aux poëtes lyriques. Mais je comprends que Diderot, à qui un poëte de son temps apportait une tragédie de *Régulus*, l'ait effacée vers par vers, et lui en ait improvisé une autre avec l'Ode d'Horace développée, divisée en cinq actes et mise en vers alexandrins ; car il y a dans cette Ode une tragédie tout entière [1].

J'ai essayé d'indiquer les points de vue les plus intéressants dans les Œuvres lyriques d'Horace.

En passant des *Odes* aux *Satires* et aux *Epîtres*, je ne change pas de sujet. Quelle que soit la forme qu'Horace donne à sa pensée, c'est partout un moraliste ; qu'il s'élance sur les fiers sommets de la poésie lyrique ou qu'il se glisse dans les sentiers plus humbles de la poésie familière, au bout de son vol sur la montagne, au terme de sa promenade dans la vallée, il atteint toujours le même but, l'observation de l'homme et le spectacle de la vie. Mais dans ses odes composées avec un soin plus étudié, Horace emprunte volontiers aux Grecs leurs idées, leurs sentiments et leurs formes lyriques. Dans ses Épîtres et ses Satires, d'un mouvement plus libre, et d'un abandon plus sincère, il traduit moins souvent la Grèce, et en développant encore les mêmes pensées, il y met plus de son esprit et de son cœur. C'est là qu'il me paraît vraiment original. La morale

---

1. Voir le plan de la tragédie tirée de l'ode d'Horace. Grimm, *Corresp.*, t. IV, p. 367.

est représentée dans ses odes par des idées générales et éternelles, qui sont pour lui des sources de poésie, comme elles sont des sources d'éloquence pour les grands orateurs : l'inconstance de la fortune, la fragilité de la vie, la douceur du plaisir, la folie des hommes, la vanité du luxe, le bonheur de la médiocrité, la beauté de la justice et de la vertu, les malheurs du vice inévitablement puni par les Dieux. Dans les épîtres, les préceptes de morale forment un traité de sagesse pratique, un règlement de conduite, qu'Horace rapproche sans cesse de ses propres actions pour les contrôler sans faiblesse, et pour amener l'aveu sincère, sinon très-pénitent, de ses perpétuels écarts. C'est un examen de conscience et une confession. Dans les satires, la morale devient une espèce de code dont Horace applique les divers articles moins à sa propre conduite, pour en punir les erreurs, qu'à celle de l'humanité, pour en châtier les folies ; châtiment doux et bienveillant dont nul ne peut s'offenser, puisque Horace ne fait, après tout, que défendre la règle contre les désobéissances des hommes, et qu'il ne reproche à tout le monde que les fautes dont il s'accuse lui-même.

J'ai examiné, en parlant des odes, la valeur de la règle morale adoptée par Horace ; je voudrais étudier dans ses satires et ses épîtres l'application qu'il en a faite à la conduite de sa vie.

Ce travail d'Horace sur lui-même, dont je parlais plus haut, cet examen de conscience qu'il s'imposait chaque jour, ce n'est pas une coutume chrétienne que je prête gratuitement à un païen ; c'est une habitude philosophique que le père du poëte, homme sage et honnête, lui avait de bonne heure enseignée. « Quand mon père, dit Horace, voulait me recommander la tempérance et l'économie, il prenait un exemple et me disait : Vois le fils d'Albius, il vit mal, ne vis pas comme lui [1]. » Il personnifiait ainsi par des noms propres, méprisés de l'opinion publique, chacun des vices dont il cherchait à protéger son fils ; il l'habituait à mettre toujours les hommes et surtout à se mettre lui-même en regard des préceptes de la morale, afin de comparer la vie telle qu'elle est à la vie telle qu'elle doit être. Je n'affirmerai pas que cette éducation, qui échappe aux généralités abstraites par le choix des exemples, ne contribua pas à fortifier dans Horace l'inclination satirique, en lui donnant le goût de placer un nom propre au-dessous de chaque vice ; mais elle produisit d'excellents

---

1. Satire 4, l. Ier, p. 199.

effets ; elle grava dans le cœur d'Horace le plus profond respect et le plus tendre amour pour le père qui l'instruisait avec tant de soin et de confiance. Quand Voltaire, dans *Mérope*, met dans la bouche d'Égisthe ces beaux vers qu'il adresse à Narbas :

> Je respectai, j'aimai jusqu'à votre misère ;
> Je n'aurais point aux dieux demandé d'autre père [1].

Voltaire traduit Horace, qui avait dit le premier, avec un sentiment exquis de piété filiale : Si la nature permettait aux hommes de recommencer leur vie, d'autres pourraient se choisir une famille au gré de leur orgueil ; moi, je garderais la mienne, et je ne prendrais pas des aïeux consulaires [2]. Le second effet des leçons paternelles fut d'inspirer à Horace une confiance absolue dans la puissance de l'éducation et le désir de travailler chaque jour au perfectionnement de son âme. « La fougère, dit-il, ne pousse que dans les champs qu'on néglige. Les natures les plus rebelles s'améliorent par l'éducation [3]. » Aussi voyez-le chaque matin, quand il se promène, ou le soir, quand il se met au lit, se demander si la journée a été bonne, s'il n'a pas de mauvaise action, de mauvaise pensée à se reprocher, si ses amis sont contents de lui, s'il est content de lui-même. Il prend des notes sur sa conduite : il consigne sur ses tablettes l'emploi du jour avec un blâme ou un éloge. Ne diriez-vous pas Franklin avec ce tableau si correctement dressé des treize vertus qui composent la perfection morale, et ces petites croix dont il marquait soigneusement celles qu'il avait violées pendant la semaine, pour mieux les observer à l'avenir [4]. Sans doute Horace, malgré son examen quotidien de conscience, comme Francklin, malgré son tableau, commit souvent dans sa conduite ce que le jeune imprimeur de Boston appelait des *errata*. Les œuvres d'Horace sont pleines d'aveux, qui ont dû coûter à sa franchise, surtout en

---

1. *Mérope*, acte V, scène Ire.
2.   *Nam si natura juberet*
    A certis annis ævum remeare peractum,
    Atque alios legere ad fastum quoscumque parentes
    Optaret sibi quisque : meis contentus, honestos
    Fascibus et sellis nolim mihi sumere....
                                    (*Sat.* 6, l. Ier, v. 93.)
3. *Neglectis urenda felix innascitur agris....*
   Nemo adeo ferus est ut non mitescere possit,
   Si modo culturæ patientem commodet aurem.
4. Voir M. Mignet, *Vie de Francklin*, chap. 4.

ce qui touche la tempérance [1], qu'assurément il ne place pas, comme Francklin, au premier rang des vertus, et en ce qui touche la chasteté, qu'il met franchement au dernier. Mais enfin à ses yeux, l'amour était une faiblesse, et non une vertu, selon la recommandation de Boileau; aussi Horace a-t-il mérité l'honneur d'être exclu de la bibliothèque qu'Ovide, dans l'*Art d'aimer*, composé pour les femmes. C'était faiblesse permise, un passe-temps véniel, excusable chez le sage, qui songe à la brièveté de la vie. Horace confesse toutes ses rechutes avec un abandon plein de grâce. Il y a plusieurs manières de faire sa confession publique : à genoux, en se frappant la poitrine avec des pleurs et des sanglots, comme saint Augustin; debout, la tête haute, la voix assurée, l'œil fier, comme Jean-Jacques; ou bien, enfin, comme Sancho, en se donnant des étrivières sur l'arbre voisin, en se flagellant sur les épaules d'autrui. Horace n'appartient à aucune de ces écoles de pénitence : il n'a ni la componction, ni l'impudence, ni l'hypocrisie des dérivatifs. Il dit tout simplement : j'ai péché, je le regrette, et je ne recommence pas moins, parce que je suis faible. Son dernier mot, c'est le *video meliora proboque, deteriora sequor*; c'était chez les anciens la confession des plus honnêtes gens. Ils rendaient hommage au devoir, sans avoir la force de n'y pas désobéir. La gymnastique morale à laquelle Horace s'est constamment exercé ne put le fortifier jusqu'à le rendre impeccable; il vécut toujours loin de la perfection. Mais elle affermit du moins dans son âme le sentiment de la règle qui, même à l'époque de ses plus grands écarts, demeura toujours présente devant ses yeux avec une autorité inflexible :

Hic murus aheneus esto,
Nil conscire sibi, nullâ pallescere culpâ.

Ce que je viens de dire suffirait à démontrer qu'Horace n'a pas été un faux moraliste et qu'il a tâché sincèrement d'appliquer dans sa conduite les principes qu'il professait. Cependant on a contesté sa sincérité; on l'a classé parmi ces philosophes bien rentés qui vantent les douceurs de l'indigence, et célèbrent la tempérance après un bon dîner. Il a chanté la médiocrité, dit-on; le beau mérite! il était riche. Il a décrit en vers modestes sa maison de campagne, son petit bouquet de bois et son ruisseau

---

1. *Illusique pedes vitiosum ferre recusant Corpus*...... (Sat. 7. l. II.)

limpide. Plaisante modestie! Il avait une villa magnifique, un parc admirable, un nombreux domestique, et force beaux écus sonnants. Il n'a pas tenu aux ennemis d'Horace (car, qui le croirait? il a eu des ennemis), qu'il ne passât aux yeux des modernes pour un grand seigneur, ou au moins pour un gros propriétaire. Quel bonheur de prendre un philosophe en flagrant délit d'opulence! Mais on s'est trop pressé d'opposer sa fortune à ses maximes. Horace n'était pas riche. Le seul héritage qu'il dut à son père, ce fut, on le sait, l'éducation excellente dont il se montra si reconnaissant. Il avait raison d'être content de son lot : riche, il n'eût peut-être été qu'un mondain spirituel; pauvre, il devint poëte; c'est la pauvreté qui, en lui imposant ses premiers vers, lui révéla son génie [1]. C'est souvent une bonne fortune en ce monde que de n'être pas heureux trop tôt. Aussi Horace s'est-il comparé à ce soldat de Lucullus qu'on avait volé pendant qu'il dormait : furieux à son réveil, il se précipite sur les ennemis et les met en déroute. A quelques jours de là, son général veut l'envoyer à l'assaut d'une forteresse; le soldat refuse et répond : Envoyez-y un camarade à qui on ait pris sa ceinture.—Horace sentait le prix de son ancienne pauvreté. Plus tard l'amitié de Mécène lui valut une place et une terre. La place, ce fut la charge de scribe du trésor qu'Horace acheta, comme on achetait en France autrefois les places de finance. Les scribes du trésor formaient une corporation qui, sous la direction du questeur, administrait le trésor public; ils veillaient à l'observation des lois financières et à la reddition des comptes; il leur advenait quelquefois d'être prévaricateurs, comme à nos fermiers généraux. Mais rien n'autorise à penser qu'Horace ait dilapidé la fortune publique, et personne ne l'en a jamais accusé. D'ailleurs, Auguste supprima bientôt, par mesure d'économie, la corporation des scribes du trésor, et le protégé de Mécène perdit ses fonctions.

Il lui restait son domaine. A écouter les médisants, il lui restait même plusieurs propriétés d'un excellent revenu. On ne sait sur quoi ils se fondent pour donner à Horace des maisons de campagne de tous les côtés, à Baies, à Tibur, à Tarente, à Préneste, etc.; sinon sur quelques vers du poëte, qui a témoigné plusieurs fois son goût pour ces divers séjours. Mais il y habitait probablement

---

[1]. *Paupertas impulit audax*
Ut versus facerem. (*Ep.* 2, 1. II.)

chez Auguste et chez Mécène. Son unique domaine, il le déclare lui-même, était situé dans la vallée de Sabine¹. Cette propriété de Sabine était-elle si magnifique? La maison était modestement montée : peu d'esclaves, sept ou huit tout au plus²; un fermier, un jardinier (Boileau, qui n'était pas riche, avait bien Antoine, gouverneur de son jardin d'Auteuil); voilà l'état de maison de l'opulent Horace! Dans son mobilier, rien de fastueux (*Persicos, odi, puer apparatus*); une table frugale; le menu qu'il offre à Mécène découragerait les moins gourmets de lui demander à déjeuner; du vin médiocre; il n'en buvait de bon qu'au bord de la mer, par raison de santé, comme chez nous les malades boivent du bordeaux³; une vaisselle plus que modeste; un équipage de voyage des moins compliqués, car il se compose d'un mulet, qui porte à la fois le maître et le bagage; enfin, quant à la maison de campagne elle-même, ce n'était rien moins qu'un palais⁴. Il existait, au XVIII° siècle, un abbé fort spirituel et fort savant, l'abbé Capmartin de Chaupy, qui, comme un autre abbé bien plus spirituel encore, Galiani, aimait Horace à la folie. Il le savait par cœur et le citait sans cesse, quelquefois très-heureusement; il parlait de lui à tout propos, comme de son meilleur ami; quand on lui disait du bien d'Horace, il remerciait; il aurait volontiers répondu, comme un peintre de notre temps, passionné pour Raphaël, un jour qu'on louait devant lui l'amant de la Fornarina : Ah! si vous l'aviez connu!... L'abbé de Chaupy appelait Canidie les vieilles femmes qui lui déplaisaient. Comme on lui présentait une jeune fille dont on lui vantait la beauté : elle a quelque chose de Lalagé, dit-il. En 1793, un ecclésiastique, principal du collége de Sens, sommé d'opter entre sa place et le serment à la constitution civile du clergé, le consulta sur la conduite qu'il devait tenir. L'abbé de Chaupy, citant son propre exemple, lui répondit :

Non ego perfidum dixi sacramentum.

1. *Nec potentem amicum*
    Largiora flagito
    Satis beatus unicis Sabinis.
2. *Accedes opera agro nona Sabino*, dit Horace à Dave. (*Sat.* 7, liv. II.)
3. *Rure meo possum quidvis perferre patique;*
    Ad mare quum veni generosum et lene requiro. (*Ep.*, 15, l. Ier.)
4. Voir l'agréable morceau intitulé : Recherches sur la maison de campagne d'Horace. *Œuvres d'Horace*, édition de Campenon et Desprez, t. Ier.

Las d'entendre répéter qu'Horace, ce prédicateur de l'*aurea mediocritas*, avait été millionnaire, l'abbé de Chaupy résolut d'entreprendre une enquête sur ces fameuses propriétés dont on faisait tant de bruit. Il se mit en chemin, à cheval, avec son bagage derrière lui, comme Horace lui-même; il visita toutes les parties de l'Italie où l'on supposait qu'Horace avait été propriétaire; et il constata, de la façon la plus irrécusable, qu'il n'avait jamais possédé que le domaine de Sabine; puis, dans trois gros volumes in-8°, imprimés à Rome, les deux premiers en 1767, le troisième en 1769, l'abbé donna les détails les plus précis sur le domaine; il en avait découvert l'emplacement, dressé le plan, déterminé l'étendue. Cette campagne se nommait Ustica; elle était située dans un coin de la Sabine, près du bourg de Varia et du mont Lucrétile, au fond d'une vallée où coule la Digence. L'abbé retrouva les traces de la maison, dont le soleil éclairait la droite à son lever, et la gauche à son coucher, telle enfin qu'Horace la décrit [1]. Il découvrit la place du jardin, les collines où mûrissent encore, comme autrefois, les olives, les poires, et d'assez mauvais raisins; la source du ruisseau, et ce petit bois, ce *paulum silvæ*, qu'Horace avait souhaité comme le bonheur suprême; et il put, en se promenant, à l'ombre de ces arbres qui survivaient à leur maître, répéter ces beaux vers :

> *Linquenda tellus, et domus, et placens*
> *Uxor; neque harum, quas colis arborum,*
> *Te præter invisas cupressus*
> *Ulla brevem dominum sequetur* [2].

Enfin, grâce au bon abbé de Chaupy, il est maintenant prouvé qu'Horace ne fut pas un riche déclamateur, un fanfaron de médiocrité, et qu'il mit un parfait accord entre ses préceptes et sa vie. Cela valait bien la peine de passer plusieurs années en Italie, et d'écrire trois gros volumes. Grâces soient rendues à l'abbé de Chaupy ! Il a délivré la réputation du moraliste d'une objection qui la compromettait gravement : Horace n'est pas plus suspect maintenant, quand il célèbre la médiocrité dans la vie, que lorsqu'il vante le juste-milieu dans les opinions; sa fortune, qui n'a jamais dépassé l'aisance, ne l'a pas exposé à démentir ses prin-

---

1. *Ep.* 16, 1. Ier.
2. *Ode* 14, 1. II.

cipes, non plus que son génie lyrique, qui a inspiré ses vers, sans pénétrer dans sa vie, ne l'a entraîné à des écarts peu philosophiques; car, ne l'oublions pas, Horace n'est pas de ces écrivains, comme nous en connaissons, qui portent le lyrisme dans leur conduite, et vivent comme ils composent, avec une liberté pindarique. Horace ne confondait pas les deux mondes distincts de l'imagination et de la vie : il n'a pas regardé son existence comme une ode, il ne s'est pas pris lui-même comme un personnage de poëme, il n'a pas copié dans la vie réelle les êtres de raison qui s'agitent dans le monde imaginaire de la poésie; il a écrit en poëte et agi en philosophe : là est le secret de son bonheur.

On voit, par ce qui précède, que le fond moral des satires et des épîtres est à peu près le même. C'est pour cela que plusieurs commentateurs, Casaubon par exemple, ne veulent reconnaître aucune différence entre les satires et les épîtres, alléguant d'ailleurs que les unes et les autres ont été composées sous le titre commun de *Sermones*. Dacier enchérit encore sur l'opinion de Casaubon : il divise les *Sermones* en deux chapitres, un de dialectique, où Horace s'efforce de faire table rase des vices et des travers de l'humanité, l'autre de théorie où il édifie son système de morale. D'après cette interprétation, les satires sont la partie polémique, et les épîtres la partie dogmatique de l'ouvrage d'Horace, et il ne tient plus qu'à nous de considérer les *Sermones* comme un système complet de morale, conçu d'après un plan régulier et profond. Cette idée singulière, adoptée par Wieland, ne supporte pas l'examen. Il suffit d'une lecture superficielle pour s'apercevoir qu'une distinction si tranchée est arbitraire : Horace est satirique dans ses épîtres, et dogmatique (si l'on peut lui donner ce nom un peu pédantesque) dans ses satires. Les *Sermones* ont été composés au jour le jour, à des époques différentes, puisque les satires datent de la jeunesse d'Horace et les épîtres de sa maturité. Enfin, un plan si savamment prémédité et suivi avec tant de persévérance pendant une vie tout entière, est contraire au caractère d'Horace, assez inconstant, nullement systématique, et trop peu disposé à jurer sur la parole d'un maître pour avoir la prétention de faire jurer sur la sienne. A paraître si profond, Horace perdrait quelque chose de sa nonchalance, de sa grâce et de son amabilité : il ne gagnerait que l'air emprunté d'un professeur de sagesse.

Il y a entre les satires et les épîtres quelques différences plus saisissables et plus vraies : d'abord une différence de fond. L'épître et la satire sont deux variétés de la poésie didactique. La satire a pour objet essentiel de dénoncer les vices et les ridicules de l'humanité. L'épître peut être accidentellement satirique, mais elle se propose aussi d'autres buts, et les sujets qu'elle traite sont infiniment plus variés ; elle a donc un point commun avec la satire, elle s'en distingue par bien des côtés, et surtout, comme l'a remarqué Schoëll, en ce qu'elle s'adresse à une personne déterminée, dont le caractère connu du poëte exerce une influence directe sur les idées mêmes de l'épître, et lui donne une couleur particulière. En effet, la première règle de l'épître, c'est d'intéresser la personne à qui elle est destinée, et le choix des idées qu'elle renferme est déterminé par le choix même du correspondant du poëte. De là résulte une très-grande variété d'idées dans la correspondance d'Horace avec ses amis ; de là, pour chacune de ses épîtres, un caractère particulier, qui dépend de celui de la personne à qui l'épître s'adresse. Dans la lettre à Mécène (Ép. 7, liv. 1er), je reconnais le protecteur affectueux, mais un peu exigeant du poëte, le bienfaiteur aimable et impérieux, contre qui Horace, malgré sa reconnaissance, est obligé de défendre sa liberté. A peine ai-je lu la lettre à Celsus, je vois Celsus devant moi ; c'est ce jeune impertinent, grand faiseur de petits vers, grand coureur de lectures publiques, étourdissant le monde du bruit de son crédit, de sa fortune et de son talent, et prenant pour un triomphe littéraire le demi-succès de son premier ouvrage, dérobé à la bibliothèque d'Apollon Palatin.

Ut tu fortunam, sic nos te, Celse, feremus!

Quelle bonne leçon de modestie ! Et Tibulle ! comme Horace le peint en quinze vers ! Pauvre Tibulle ! c'est lui, c'est le rêveur ennuyé, paresseux, ne sachant user ni de son esprit ni de sa richesse pour être heureux, s'amollissant dans la solitude, et se laissant battre par sa maîtresse ! Que de personnages curieux et merveilleusement dessinés les épîtres font ainsi passer devant nos yeux ! Dans les satires, c'est mieux encore. Horace n'y parle pas toujours en son propre nom : il met en scène des acteurs choisis, il invente un dialogue. Par là, la satire se rapproche du genre dramatique ; c'est un fragment de comédie : Ofellus, Dave,

Ulysse, Tirésias, voilà des caractères tout tracés qu'on applaudirait au théâtre. Damasippe surtout est un chef-d'œuvre. Nous connaissons tous Damasippe, un intrigant, un faiseur d'affaires qui s'est enrichi et ruiné à la Bourse, je veux dire sur le Forum, entre les deux statues de Janus, qui marquaient les extrémités de la Bourse de Rome. Il avait envie de se jeter dans le Tibre; après mûre réflexion, il s'est fait philosophe : il a pris l'enseigne du métier, les longs cheveux et la grande barbe; et comme on n'est jamais plus pressé de prêcher que lorsqu'on vient de se convertir, le voilà précepteur de vertu. Il vante les douceurs du travail et les beautés de la tempérance. Lisez les vers charmants où il raconte à Horace ses malheurs et sa conversion; n'est-ce pas une vraie exposition de comédie, et Horace n'a-t-il pas deviné l'art du poëte comique, qui fait révéler par ses personnages le secret de leurs caractères? Les jeux de scène eux-mêmes, la physionomie, le geste, sont indiqués par Horace avec une précision exquise; dans ce passage de la satire de Tirésias :

> *Qui testamentum tradet tibi cumque legendum,*
> *Abnuere, et tabulas à te removere memento :*
> *Sic tamen, ut limis rapias quid prima secundo*
> *Cera velit versu.* . . . . .

il y a une leçon de pantomime excellente. S'il n'avait pas chéri l'oisiveté et craint l'effort, si le théâtre, qu'il aimait tant, ne l'avait pas effrayé par les peines qu'il coûte aux écrivains, et dégoûté par le spectacle de la grossièreté populaire, Horace aurait été l'un des grands poëtes comiques de l'Italie [1]. Mais il avait trop de délicatesse d'esprit et trop peu de vaillance de caractère pour affronter les dédains d'un public qui préférait aux poëtes les ours et les gladiateurs. Quand on n'aime que l'élite et quand on hait la foule, on écrit des satires et des épîtres, on ne fait pas de comédies.

Enfin, il y a entre les épîtres et les satires une différence de forme. Dans celles-ci, soit à cause du genre plus familier et plus libre, soit parce qu'Horace était plus jeune quand il les a composées, les idées sont moins bien enchaînées, le plan est moins net, la composition moins régulière : il semble que, dans les épîtres, la perfection plus grande du talent poétique s'ajoute à la matu-

---

1. *Ep.* 1, L. II : *Quem tulit ad scenam ventoso gloria curru,* etc.

rité plus complète de la raison, et que le progrès de la versification, plus pure, plus élégante, plus soignée, s'accorde avec celui des idées, encore plus justes et plus profondes. On a signalé, dans les satires, des négligences de style que je ne veux pas contester. Mais dans cet abandon que de grâce! J.-C. Scaliger, un des plus grands ennemis d'Horace, comme on sait, avouait que le style des satires, avec ses imperfections, est un style délicieux, et Lancelot, un des meilleurs amis du poëte, pensait que la négligence y est volontaire, et qu'Horace y a ménagé quelques défauts ingénieux pour rendre ses vers plus semblables à la conversation (*Sermones*) [1]. Quoi qu'il en soit, plus étudié ou plus abandonné, le style d'Horace est toujours charmant : « Jamais écrivain, dit Fénelon, n'a donné un tour plus heureux à sa parole pour lui faire signifier un beau sens avec brièveté et délicatesse. » Et Montaigne : « Horace ne se contente point d'une superficielle expression; elle le trahirait; il voit plus clair et plus outre dans les choses. Son esprit crochète et furète tout le magasin des mots et des figures pour se représenter, et les lui faut outre l'ordinaire, comme sa conception est outre l'ordinaire [2]. » On ne doit admettre, ce me semble, qu'avec de grandes réserves la seconde moitié de cet éloge de Montaigne. Fénelon est bien plus exact. Horace fait signifier un beau sens aux mots par le tour qu'il donne à sa parole; mais il ne cherche pas des mots outre l'ordinaire. Son exemple servirait alors à justifier bien des écrivains qui se croient un tel nombre d'idées, que la langue doit ployer sous eux, et qui inventent de nouveaux mots, parce qu'ils pensent ce que personne encore, selon eux, n'a pensé. La langue classique du siècle d'Auguste suffisait aux idées d'Horace, et il s'en est contenté; il n'a pas pris de mots outre l'ordinaire, il a pris les mots de tout le monde; mais, suivant son précepte [3], il les a marqués de son empreinte. Personne ne vise moins qu'Horace à l'archaïsme ou au néologisme; nul écrivain n'est plus simple et plus naturel; nul n'est plus neuf et plus hardi : il ne s'est pas créé un vocabulaire personnel en inventant des termes nouveaux ou en ressuscitant des mots oubliés; il a renouvelé, par le tour qui lui est propre, la langue universelle, la langue de son temps, et c'est là sa véritable originalité.

---

1. Lancelot, nouvelle méthode pour étudier la langue latine.
2. *Essais*, l. 3, chap. 5.
3. *Signatum præsente nota procudere nomen.*

Aussi ne pardonne-t-il pas à ces zélateurs du passé qui vont recherchant les vieux mots, et prônant les vieux auteurs, comme si le style et la poésie ressemblaient au vin que le temps rend meilleur. Son bon goût s'offense de cette affectation; sa justice se révolte contre cette iniquité. La querelle des anciens et des modernes est aussi vieille que le monde; sous Auguste, comme au XVIIe siècle, il y eut une rencontre entre les deux partis, avec cette différence qu'au XVIIe siècle les plus grands hommes, Racine et Boileau, par exemple, étaient dans le camp des anciens, et que sous Auguste, Horace destiné à devenir un des anciens défendus par Boileau et Racine, combattait dans le camp des modernes. Cela donne raison à l'argument qu'Horace employait contre ses adversaires : Qu'appelez-vous un ancien, qu'appelez-vous un moderne? disait-il aux coteries qui faisaient profession de n'admirer qu'Ennius, Pacuvius, et les rustiques chansons des frères Arvales, et les cantiques des prêtres saliens, et ces traités des premiers rois, que Polybe lui-même, un siècle avant Horace, avouait ne pas comprendre. Combien faut-il d'années pour faire un ancien? Cent? Si je n'ai que quatre-vingt-dix-neuf ans, suis-je un ancien ou un moderne? Et s'il ne manque à la centaine qu'un mois, qu'un jour, qu'une heure? Avouez donc que ces mots d'ancien et de moderne ne sont que des mots, que ce qui est moderne aujourd'hui sera ancien demain, que le génie ne dépend pas d'une date, et que la gloire littéraire n'est pas une affaire de chronologie. Admirez donc Virgile et Varius, concluait Horace, quoiqu'ils soient des modernes; et il avait raison. Mais ne pouvait-on lui répondre : Admirez vous-même Plaute et Lucilius, quoiqu'ils soient des anciens? Voilà l'effet de l'esprit de parti dans la littérature; il parvient à rendre injustes les esprits les plus modérés. A force de dénigrer Virgile, Varius et Horace peut-être, les coteries littéraires du temps d'Auguste ont excité la mauvaise humeur d'Horace, qui a rendu dédain pour dédain aux partisans du passé, et maltraité leurs favoris plus que de raison. Je regrette le silence d'Horace à l'égard de Lucrèce et de Catulle; je regrette surtout ses jugements trop sévères sur Lucile et sur Plaute. On a tenté de le justifier : Horace, a-t-on dit, avait le goût trop fin et l'oreille trop délicate pour n'être pas sincèrement blessé de la rudesse et de la grossièreté de ces vieux poètes. La délicatesse d'Horace était fort tolérante au besoin; elle ne l'empêchait pas de se plaire aux lazzis peu raffinés de Messius Cicirrus et de Sarmentus[1]; elle ne lui interdisait pas certaines plaisanteries assez crues dont les contemporains de Plaute auraient été charmés. La véritable excuse d'Horace, c'est l'injustice des coteries : il n'a été moderne à l'excès, que parce qu'autour de lui on était ancien à outrance.

C'est là l'écueil des esprits modérés; ils aiment tellement l'équilibre, que lorsqu'ils s'aperçoivent qu'on fait trop incliner l'un des plateaux de la balance, ils se jettent immédiatement de l'autre côté, ce qui la fait quelquefois chavirer en sens contraire. Aussi Horace, qui est moderne en littérature, parce qu'on exalte outre mesure le génie des anciens, est ancien en morale, et vante les vertus du passé pour humilier les vices contemporains. Ici peut-être est-il plus ancien qu'il ne faudrait, comme tout à l'heure il était trop moderne : il fait aux anciens une trop grosse part de vertu, parce qu'il est moraliste, et que les moralistes vantent toujours le passé aux dépens du présent, comme il leur faisait une trop petite part de gloire littéraire, parce qu'il était poëte; et il mérite que Dave lui dise avec à-propos :

Laudas
Fortunam et mores antiquæ plebis, et idem,
Si quis ad illa deus subito te agat, usque recuses

« Tu vantes le bonheur et les mœurs des anciens jours : si quelque dieu voulait t'y ramener soudain, tu refuserais bien vite. » Nous en sommes presque tous là; nous vantons le bon vieux temps sincèrement; combien de nous voudraient avoir vécu il y a deux cents ans plutôt qu'aujourd'hui? Horace aurait-il mieux aimé être le contemporain de Fabricius que celui de Mécène? J'en doute; et pourtant je ne lui reproche pas d'avoir vanté les vertus d'autrefois; l'excès de son admiration était salutaire : il faisait contrepoids à l'estime hyperbolique de ses contemporains pour eux-mêmes et à leur dédain pour le passé.

Aussi Horace, dans ses peintures, n'a-t-il jamais flatté la société romaine. Je disais plus haut qu'il aurait été un grand poëte comique. Dans l'abaissement de l'art dramatique, ses satires ont été la vraie comédie de Rome, dont Rome elle-même était le sujet, et dont l'élite du grand monde romain était le public. Un de

---

1. *Sat.* 5, l. 1er.

nos érudits les plus ingénieux, un écrivain très-distingué, qui a vécu de longues années dans l'intimité d'Horace, nous a donné l'analyse vive et fidèle de cette comédie « aux cent actes divers » dont Horace, dit-il, fait part à ses amis et à ses confidents, *fidis sodalibus*. Comme M. Patin est au premier rang parmi ceux-ci, personne n'était mieux placé que lui pour nous expliquer le théâtre d'Horace : il a été admis dans les coulisses ; et il me permettra de citer ici un fragment de son spirituel feuilleton :

« Que de personnages jouent un rôle dans cette comédie, sous leur propre nom, avec leurs traits véritables : ces libertins fameux, coureurs d'illustres et périlleuses aventures, ou qui se déshonorent et se ruinent plus modestement, plus sûrement, en mauvaise compagnie ; ces amateurs de bonne chère, qui ont fait de l'art de manger une théorie, une philosophie, qui se croient les vrais disciples, les représentants légitimes de la doctrine d'Épicure ; ces donneurs d'excellents dîners qu'ils gâtent par leurs ridicules, en *s'y servant* [1] *eux-mêmes* ; les parasites, bouffons complaisants, qui font à la table de leur *roi* l'histoire et l'éloge des morceaux, et les suivent à d'autres tables en qualité d'*ombres* ; ces dissipateurs en lutte avec d'immenses fortunes dont ils viennent à bout par toutes sortes de profusions, par des constructions insensées, par la coûteuse manie des raretés, des antiquités, quelquefois par les dépenses qu'entraîne la fantaisie de devenir homme d'État ; ces cupides, futurs avares qui courent à la fortune par toutes les voies, honnêtes ou non, qu'enrichissent ou la ferme des revenus publics, ou l'intendance des grandes propriétés, ou les profits de la guerre, ou les rapines de l'usure, ou la chasse aux héritages des célibataires et aux dots des veuves, et qui, en possession, à force d'intrigues et de bassesses, de l'objet de leur convoitise, se retirent, se reposent dans les habitudes d'une lésine sordide, parfumant leur tête avec l'huile de leur lampe, et se refusant toutes choses, jusqu'à leur dernière tisane ; ces poëtes, car le satirique accorde naturellement une attention particulière à la littérature, ces poëtes ivres dès le matin, échevelés, hérissés, pour contrefaire l'inspiration, laborieux plagiaires des écrits que garde la bibliothèque palatine, assidus concurrents aux couronnes qui s'y distribuent en commerce réglé de compliments flatteurs

---

[1] Molière, *Misanthrope*, acte II, sc. V.

avec leurs confrères qu'ils jalousent et qu'ils détestent; et le peuple des connaisseurs, des jugeurs, le peuple grammairien, avec ses bureaux d'esprit, ses cabales, ses admirations de commande, ses dénigrements convenus, tous ses mouvements pour faire et défaire les réputations; bien d'autres acteurs encore que j'oublie, héros d'anecdotes piquantes qu'Horace conte à merveille, et qui nous offrent comme un supplément à ces journaux, à ces feuilletons de Rome, récemment retrouvés, rendus au jour par une spirituelle érudition [1]. »

L'esprit comique est partout dans ces tableaux piquants où le poëte ne ménage personne. C'est une arme bien difficile à manier que la plaisanterie, mais entre les mains d'Horace elle frappe avec une légèreté et une justesse infinies. Pour que la plaisanterie soit bonne dans la satire, il faut qu'elle ne ressemble ni à la bouffonnerie, ni à l'injure; qu'elle ne se confonde pas avec la vanité surtout, car le moqueur serait moqué s'il affectait de faire montre de son esprit, au lieu de paraître en état de légitime défense contre les ridicules et les vices; il faut encore que la plaisanterie ne soit pas suspecte d'indifférence, et qu'elle prenne ouvertement parti pour le vrai contre le faux, pour le bien contre le mal. Démocrite, qui riait de toutes choses, était un mauvais plaisant : son rire misanthropique ne me paraît pas plus gai que les larmes d'Héraclite. Je veux que la plaisanterie, dans la satire, ne soit pas tout simplement un divertissement qu'on se donne aux dépens du genre humain; je veux, dans la raillerie du mal, sentir l'amour vif et sincère du bien, sinon la raillerie m'attriste, parce que la malveillance est le contraire de la gaieté. Je veux enfin qu'en raillant le genre humain on se montre soi-même supérieur à la raillerie, et qu'on ne laisse pas deviner qu'on serait blessé plus grièvement que personne par les flèches qu'on a lancées, si quelqu'autre main nous les lançait mieux que nous-mêmes; c'est ce qui arrive tous les jours : personne ne hait plus un bon railleur qu'un moins bon.

Je viens de définir la supériorité d'Horace dans la plaisanterie : l a toutes les qualités que l'on exige, avec une pointe de malice un peu trop vive peut-être : Perse l'a flatté quand il a dit : Horace se joue autour du cœur. Horace ne se contente pas de se

---

1. Des journaux chez les Romains, par J.-V. Leclerc. — PATIN, Mélanges de littérature ancienne et moderne, p. 137.

jouer autour, il pénètre dedans, et quand il veut blesser, les blessures qu'il fait saignent longtemps. Il ne procède pas seulement par des allusions, il nomme, et il incruste aux noms propres des épithètes qui ne s'en séparent plus. C'est là le seul défaut de sa plaisanterie ; encore s'est-il rarement permis ces exécutions, comme nous disons aujourd'hui, et ne les inflige-t-il qu'à ceux qui les méritent.

A part ces accidents de sévérité légitime, le satirique épicurien n'a ni l'âpreté vertueuse d'un représentant des vieilles mœurs comme Lucilius, ni l'indignation oratoire d'un Juvénal. Parmi ses contemporains, si quelques-uns l'accusaient d'être violent et amer, d'autres se plaignaient de sa faiblesse et de sa fadeur. « Entre ces deux reproches, que faut-il que je fasse, disait Horace à Trébatius ? — Tiens-toi tranquille, répondait son ami. — Quoi ! ne plus faire de vers ? — Pas un seul ! — Que je meure, si cela ne vaut pas mieux ; mais enfin je ne puis passer ma vie à dormir. » — Et de plus belle, Horace recommençait. Il avait raison : *on ne peut contenter tout le monde et son père*. Quand on reçoit en même temps des reproches contradictoires, on a chance de n'en apprécier aucun. C'est un lot honorable en ce monde, sinon un lot heureux, d'être attaqué de deux côtés opposés : la modération est toujours entre deux feux. Quand on est d'un parti, d'une coterie, d'un corps, la belle gloire que d'attaquer l'ennemi ! On ne fait que son devoir de soldat, et d'ailleurs on a le gros de l'armée derrière soi. Mais quand on se place au milieu des opinions extrêmes, quand on dit la vérité à tout le monde, quand on réprouve tout excès, quand on combat toute violence, on sert de point de mire à tous les coups. Rôle difficile et digne de louange, qui exige le désintéressement, la fermeté et la force véritable ! J'aime et j'admire Horace de ne pas s'être laissé décourager par toutes ces clameurs, parties de deux camps opposés, et d'avoir maintenu fièrement son droit dans ces beaux vers :

Seu me tranquilla senectus
Exspectat, seu mors atris circumvolat alis,
Dives, inops, Romœ, seu fors ita jusserit, exsul,
Quisquis erit vitœ, scribam, color.....[1]

Noble leçon pour quiconque a l'honneur d'être écrivain et ne veut appartenir qu'au parti de la vérité.

---

1. Liv. 2, *Sat*. 1re.

Les devoirs du poëte, et j'entends par là non-seulement les règles de composition et de style, mais des obligations d'un ordre plus élevé, les préceptes qui embrassent la pensée et la conduite du poëte, et forment pour ainsi dire la morale de la littérature, Horace les a tracés dans l'*Épître aux Pisons*. Cette lettre charmante, improprement nommée *Art poétique*, n'est pas un poëme didactique sur l'art de devenir poëte : on n'enseigne pas la poésie, et ni Aristote, ni Horace, ni Boileau, n'ont eu cette prétention ; ils ont voulu seulement résumer, l'un en prose, les autres en vers, les principales règles de la composition, et surtout nous faire aimer la poésie en nous la montrant dans son plus beau jour. Lorsque Virgile écrit les *Géorgiques*, son véritable but, ce n'est pas de nous apprendre à labourer, à semer, à élever les abeilles ; c'est de nous faire aimer la nature, les champs, la vie rustique et ses travaux, en nous en peignant les douceurs et la beauté. Prise en ce sens, la poésie didactique s'adresse au cœur aussi bien qu'à l'esprit, et je ne puis partager cette opinion de l'abbé Du Bos : « On ne lit pas deux fois un poëme didactique comme on lit deux fois tout autre ouvrage en vers, parce que l'esprit ne saurait jouir deux fois du plaisir d'apprendre, comme le cœur peut jouir deux fois du plaisir de sentir [1]. » Le cœur s'intéresse à la poésie didactique quand celle-ci parvient à s'éprendre, à s'émouvoir, et à nous émouvoir nous-mêmes de la beauté de ce qu'elle chante. C'est là ce que j'admire dans l'*Épître aux Pisons*, c'est là ce ce j'y cherche : l'idée qu'Horace se fait de la poésie et du poëte. Si je ne voulais recueillir dans ce prétendu *Art poétique* qu'un assemblage de préceptes littéraires, peut-être finirais-je par être désappointé comme Scaliger, qui, après avoir divisé l'*Épître aux Pisons* en trente-six chapitres pour y mettre de l'ordre, dit-il, et y mieux trouver ce qu'il cherchait, s'impatiente des lacunes qu'il rencontre, et conclut par une pointe, que l'*Art poétique* est un ouvrage sans art. En se plaçant au point de vue pédagogique de Scaliger, on a signalé dans le poëme d'Horace de nombreux défauts : le défaut de plan, le brusque passage d'une idée à une autre, l'absence de proportion dans les développements, des omissions graves, des détails inutiles [2]. Mais si l'on considère l'*Épître*

---

1. Du Bos, Réflexions sur la poésie.
2. M. Pierron, par exemple, dans son excellente histoire de la littérature latine, reproche justement à Horace d'avoir déduit les règles du drame satirique à l'usage de poëtes qui n'avaient peut-être jamais vu de satires sur la scène. (P. 426.)

aux Pisons comme une causerie où le poëte cherche sinon à faire craindre les difficultés de son art pour en détourner les Pisons, comme le suppose Galiani, du moins à en faire admirer la beauté, plutôt qu'à en tracer les règles, on avoue alors que ce poëme didactique, si imparfait, est une épître achevée. Le goût dont Horace donne des leçons, c'est le goût élevé, large et pur, qui tient de l'âme autant que de l'esprit, et qui suppose non-seulement de l'intelligence, mais l'amour du beau et du vrai. C'est le goût éternel et invariable de tous les grands écrivains depuis Homère jusqu'au siècle d'Auguste, depuis le siècle d'Auguste jusqu'à nous, car, malgré la perpétuelle mobilité des opinions littéraires, il est des lois générales de composition et de style qui n'ont pas changé depuis l'*Iliade*; il y a une manière orthodoxe de comprendre et de sentir le beau, qui s'est perpétuée, en dépit de toutes les sectes, dans la communauté des bons esprits, et c'est là le goût véritable. L'idée qu'Horace se forme du poëte n'est peut-être pas exactement celle que nous avons aujourd'hui : on ne peut exiger qu'un épicurien du temps d'Auguste ait deviné Byron et Lamartine, et qu'il ait demandé à la poésie la passion, le rêve, la souffrance, la mélancolie que nous aimons en elle. Cet idéal du poëte, où l'imagination et la sensibilité ont la plus grande part, est l'idéal moderne; dans l'idéal ancien, l'idéal classique, qui est celui d'Horace et du XVIIe siècle, ce qui domine, c'est la raison;

Scribendi recte sapere est et principium et fons,

a dit Horace, plus tolérant que Boileau comme on voit; car Boileau, agrandissant à l'excès la part de la raison dans la poésie, a traduit par ces vers exclusifs le précepte plus modéré d'Horace :

Aimez donc la raison; que toujours vos écrits
Empruntent d'*elle seule* et leur lustre et leur prix.

Horace n'a pas été si loin : son poëte ne ferait asssurément ni le *Corsaire* ni les *Méditations;* mais pour l'imagination et la sensibilité, il irait au delà du *Lutrin*. Aimer le vrai et le beau, chérir la perfection [1] (la médiocrité est défendue aux poëtes), et par suite, chérir le travail et travailler sans cesse, dédaigner le

---

1. *Mediocribus esse poetis*
Non Di, non homines, non concessere columnæ.

jugement de la foule, n'écrire que pour l'élite des esprits, fuir les suggestions de l'orgueil, écouter les sages conseils, tenir toujours les yeux fixés sur les antiques modèles, sur ces vieux poëtes, interprètes des dieux, dont les premiers vers ont civilisé le genre humain, se dévouer tout entier à son œuvre, lui tout sacrifier, ses passions et ses plaisirs[1], voilà l'idéal qu'Horace se forme de la poésie; voilà les conditions qu'il impose aux poëtes, en donnant lui-même, dans la mesure de sa faiblesse, l'exemple d'obéir. C'est pour avoir conçu une si haute idée de son art, c'est pour s'être fait admirer par ses chefs-d'œuvre, aimer par son caractère, qu'Horace est aujourd'hui le plus vivant des écrivains de l'antiquité. On cultive encore pendant la première jeunesse d'autres poëtes grecs et latins; mais le plus souvent on prend congé d'eux à la fin des études; ce sont des précepteurs dont on se souvient avec respect quand on a le cœur reconnaissant, mais dont on se sépare une fois l'éducation achevée. Horace est un ami, dont on peut se trouver éloigné longtemps; mais il vient un jour où, soit dans la solitude et le repos, soit dans le trouble des affaires, nous avons besoin d'un conseiller affectueux, qui nous fasse mieux connaître les autres et nous-mêmes; qu'Horace se présente alors! avec quelle joie on lui tend les bras, comme à un vieil ami perdu et retrouvé! Horace n'est pas un de ces auteurs d'école, avec qui l'on vit tant bien que mal sur les bancs des universités, mais qui ne passe pas le seuil du collége. C'est le poëte des gens du monde : il n'y a pas de magistrat, de diplomate, ou de général en retraite, qui ne le traduise au moins une fois avant de mourir. Il est le premier Mentor des jeunes gens, il est le dernier Mentor des vieillards : notre vie s'écoule entre deux exemplaires d'Horace, celui de notre adolescence, feuilleté avec insouciance, quelquefois avec ennui, par des mains impatientes; et celui de notre vieillesse, relu avec délices par des yeux plus clairvoyants. L'admiration à l'égard d'Horace est de tradition et presque de foi, mais de foi libre et volontaire. M. de Maistre, dans un opuscule intitulé : *Paradoxe sur le beau*, s'est amusé un jour à soutenir que le beau est un dieu qui n'existe pas, mais qui a ses dogmes, ses oracles, ses prêtres, ses conciles provinciaux et même œcuméniques, où tout se décide par l'autorité,

---

1. *Qui studet optatam cursu contingere metam*
Multa tulit fecitque puer. . . . . etc.

de telle sorte qu'une fois un dogme littéraire décrété par le clergé du beau, une fois qu'il a proclamé qu'un ouvrage d'esprit mérite l'admiration, le genre humain est tenu de l'admirer, et l'admire. Il arrive quelquefois, en effet, que l'admiration est un acte pur de crédulité : il y a des grands prêtres de l'opinion qui prescrivent volontiers à l'humanité d'admirer tel ou tel objet, et l'humanité s'empresse d'obéir. Mais de telles admirations sont éphémères : le lendemain défait ce qu'avait fait la veille ; on se détache sur un mot d'ordre, comme on s'était attaché ; on critique comme on avait loué, par obéissance, par imitation. La routine a pu faire des réputations ; elle n'a jamais fait une gloire. Les renommées durables sont celles qui commencent par l'estime d'un petit nombre ; peu à peu l'opinion de l'élite se propage et se communique à tous les hommes de goût. « Les chrétiens, a dit Grimm très-spirituellement, ont établi entre eux une communion qu'ils appellent l'Église invisible ; elle est composée de tous les fidèles répandus sur la terre, qui, sans se connaître, sans être liés entre eux, sont unis cependant par le même esprit, par les mêmes espérances, et forment le petit troupeau des élus. Il en est des gens de goût comme de ces élus : ils forment une nation rare et éparse qui se perpétue de siècle en siècle, et qui conserve sans tache la pureté de son origine. C'est elle qui met le prix aux ouvrages, c'est pour elle seule que les grands hommes ont travaillé. C'est le petit nombre d'élus qui forment le jugement éternel, lequel, confirmé de siècle en siècle par cette Église invisible, devient bientôt universel. » Voilà l'histoire de la gloire d'Horace. Il a eu d'abord pour admirateurs un petit nombre d'amis, Mécène, Virgile, Varius, Tibulle, Pollion, Valgius ; l'élite de chaque siècle s'est ajoutée successivement à ces premiers fidèles, et depuis dix-huit cents ans, Horace reçoit l'hommage des esprits délicats du monde entier ; les âges peuvent s'écouler, ils ne déroberont pas à sa mémoire le culte soigneusement entretenu dans la petite église des hommes de goût : quand on a vécu si longtemps, on est sûr de ne jamais mourir.

H. RIGAULT.

HORACE

ODES

LIVRE PREMIER

I

A MÉCÈNE.

Mécène, fils des rois, ô mon appui, mon bonheur et ma gloire ! tu le sais, des mortels élancés sur un char rapide soulèvent la poussière des champs d'Olympie, et, de leur brûlante roue effleurant la borne qu'ils évitent, recueillent la noble palme qui les élève jusqu'aux dieux, dominateurs du monde.

Ceux-ci, avides de captiver la faveur populaire, montent triomphants aux suprêmes honneurs ; d'autres entassent, joyeux, dans leurs vastes greniers, les moissons de la féconde Libye.

L'ami des champs cultive dans une douce paix la terre paternelle ; et, dans son timide bonheur, tous les trésors d'Attale ne le contraindraient pas à franchir, même sur un vaisseau de Chypre, le plus faible détroit.

I

AD MÆCENATEM.

Mæcenas, atavis edite regibus,
O et præsidium et dulce decus meum !
Sunt quos curriculo pulverem Olympicum
Collegisse juvat ; metaque fervidis
Evitata rotis, palmaque nobilis,
Terrarum dominos evehit ad Deos.
Hunc, si mobilium turba Quiritium
Certat tergeminis tollere honoribus ;
Illum, si proprio condidit horreo
Quidquid de Libycis verritur areis,
Gaudentem patrios findere sarculo
Agros, Attalicis conditionibus
Nunquam dimoveas ut trabe Cypria
Myrtoum pavidus nauta secet mare.

Le marchand, effrayé de la lutte des flots icariens et des vents de l'Afrique, exalte le repos de la cité et le calme des champs; mais bientôt, indocile au joug de la pauvreté, il dispose ses vaisseaux à braver la tempête.

L'un remplit sa coupe d'un vieux et savoureux massique, se plaît à couler une partie de ses jours, mollement étendu, tantôt sous de verdoyants rameaux, tantôt près de la source d'une onde sacrée;

L'autre aime le tumulte des camps, le bruit des clairons, les rumeurs de Bellone, abhorrée des tendres mères.

Le chasseur, oublieux de sa jeune épouse, endure le froid nocturne pour épier sa proie, ou, sur les traces de ses limiers fidèles, poursuit le cerf timide et le farouche sanglier qui rompit ses filets.

Et moi, ceint du lierre, parure des doctes fronts, je me rapproche des dieux suprêmes. Sous la fraîche épaisseur des bois, témoin de la danse légère des Satyres et des Nymphes, déjà je me sépare du vulgaire; puisse Euterpe ne point m'interdire la modulation de sa flûte, ni Polymnie me défendre d'accorder le luth de Lesbos!

Mais si Mécène daigne me compter parmi les fils de la lyre, j'élèverai ma tête radieuse jusqu'au plus haut des cieux.

DE PONGERVILLE.

Luctantem Icariis fluctibus Africum
Mercator metuens, otium et oppidi
Laudat rura sui : mox reficit rates
Quassas, indocilis pauperiem pati.
Est qui nec veteris pocula Massici,
Nec partem solido demere de die
Spernit; nunc viridi membra sub arbuto
Stratus, nunc ad aquæ lene caput sacræ.
Multos castra juvant, et lituo tubæ
Permixtus sonitus, bellaque matribus
Detestata. Manet sub Jove frigido
Venator, teneræ conjugis immemor;
Seu visa est catulis cerva fidelibus,
Seu rupit teretes Marsus aper plagas.
Me doctarum hederæ præmia frontium
Dis miscent superis; me gelidum nemus,
Nympharumque leves cum Satyris chori,
Secernunt populo; si neque tibias
Euterpe cohibet, nec Polyhymnia
Lesboum refugit tendere barbiton.
Quod si me lyricis vatibus inseres,
Sublimi feriam sidera vertice.

II

A CÉSAR AUGUSTE.

Assez longtemps le père des dieux a fait tomber sur la terre la neige et la grêle funeste; assez longtemps, de sa main étincelante, frappant les temples sacrés, il a rempli Rome de terreur.

Il a fait craindre aux nations le retour de ce siècle désastreux, où Pyrrha, déplorant des prodiges inconnus, vit Protée chasser devant lui ses troupeaux sur le sommet des montagnes, les poissons se suspendre au faîte des ormes, demeure habituelle de la colombe, et les daims épouvantés nager sur l'onde envahissante.

Nous avons vu le Tibre, ramenant avec violence du rivage étrusque ses flots jaunissants, aller renverser le tombeau du roi Numa, le temple de Vesta, et, se proclamant ainsi le vengeur d'Ilia, son épouse désolée, répandre sur sa rive gauche ses flots déchaînés sous la volonté de Jupiter.

Ils apprendront que nos citoyens ont aiguisé contre eux-mêmes le fer qui devait frapper le Perse redoutable; ils apprendront nos guerres parricides, ces jeunes Romains trop peu nombreux, grâce aux fureurs de leurs pères.

Quel dieu le peuple invoquera-t-il au secours de cet empire qui

II

AD AUGUSTUM CÆSAREM.

Jam satis terris nivis atque diræ
Grandinis misit Pater, et, rubente
Dextera sacras jaculatus arces,
    Terruit Urbem.
Terruit gentes, grave ne rediret
Seculum Pyrrhæ, nova monstra questæ;
Omne cum Proteus pecus egit altos
    Visere montes;
Piscium et summa genus hæsit ulmo,
Nota quæ sedes fuerat columbis;
Et superjecto pavidæ natarunt
    Æquore damæ.
Vidimus flavum Tiberim, retortis
Littore Etrusco violenter undis,
Ire dejectum monumenta regis,
    Templaque Vestæ:
Iliæ dum se nimium querenti
Jactat ultorem, vagus et sinistra
Labitur ripa, Jove non probante, U-
    xorius amnis.
Audiet cives acuisse ferrum
Quo graves Persæ melius perirent;
Audiet pugnas, vitio parentum
    Rara juventus.
Quem vocet divum populus ruentis

s'écroule ? de quelle prière nos vierges saintes fatigueront-elles Vesta, sourde à leurs plaintes ? qui chargeras-tu, Jupiter, d'expier nos crimes ?

Viens, nous t'en supplions, Apollon, dieu des augures ; voile d'un nuage tes blanches épaules ! ou toi, si tu le préfères, riante Vénus, autour de qui voltigent les Jeux et l'Amour !

Ou toi-même, père des Romains, si tu veux jeter encore un regard sur ce peuple, sur tes enfants oubliés, si nos longues fureurs t'ont rassasié, terrible Mars, toi que réjouissent le bruit des armes, l'éclat des casques, ou l'aspect du guerrier maure mesurant d'un regard enflammé son ennemi sanglant.

Ou plutôt, dieu aux ailes rapides, fils de la bienfaisante Maïa, voudras-tu, quittant ta forme céleste pour les traits d'un jeune héros, être appelé parmi nous le vengeur de César ?

Diffère longtemps encore ton retour aux cieux ! prolonge avec joie ton séjour au sein du peuple de Quirinus ! et qu'un vent rapide ne t'emporte pas loin de nous, courroucé de nos fautes !

Préfère plutôt, au milieu de nous, de glorieux triomphes ! Qu'il te soit doux d'être appelé ici le prince et le père de la patrie. Ne souffre pas que le coursier du Mède foule impunément la terre où règne César !

LÉON HALÉVY.

Imperî rebus ? prece qua fatigent
Virgines sanctæ minus audientem
    Carmina Vestam ?
Cui dabit partes scelus expiandi
Jupiter ? tandem venias, precamur,
Nube candentes humeros amictus,
    Augur Apollo.
Sive tu mavis, Erycina ridens,
Quam Jocus circumvolat, et Cupido ;
Sive neglectum genus et nepotes
    Respicis, auctor,
Heu ! nimis longo satiate ludo !
Quem juvat clamor, galeæque leves,
Acer et Mauri peditis cruentum
    Vultus in hostem :
Sive mutata juvenem figura,
Ales, in terris imitaris, almæ
Filius Maiæ, patiens vocari
    Cæsaris ultor :
Serus in cœlum redeas, diuque
Lætus intersis populo Quirini ;
Neve te nostris vitiis iniquum
    Ocior aura
Tollat. Hic magnos potius triumphos,
Hic ames dici Pater atque princeps :
Neu sinas Medos equitare inultos,
    Te duce, Cæsar.

III

AU VAISSEAU QUI PORTAIT VIRGILE.

Que la déesse qui règne à Chypre, que les frères d'Hélène, astres lumineux, te dirigent; que le père des vents les enchaîne tous, excepté l'Yapix, et favorise ta course, ô vaisseau, qui nous dois Virgile! Rends sain et sauf au rivage de l'Attique le dépôt qui t'est confié, et conserve, je t'en conjure, la moitié de moi-même.

Il avait autour du cœur une cuirasse de chêne et un triple airain, celui qui, le premier, confia aux flots irrités une barque fragile, et ne craignit point le vent impétueux d'Afrique, luttant contre l'Aquilon, ni les funestes Hyades, ni la rage du Notus, le maître le plus puissant de l'Adriatique, dont il soulève ou calme à son gré les ondes.

Quelle mort put-il craindre, celui qui, le premier, vit d'un œil tranquille les monstres bondissants sur les flots, la mer gonflée par la tempête, et les rochers Acrocérauniens, fameux par tant de naufrages? En vain la prudence du ciel avait séparé les terres par l'Océan, barrière inviolable : nos vaisseaux impies franchissent les mers où devaient s'arrêter nos pas.

III

AD NAVEM QUA VEHEBATUR VIRGILIUS.

Sic te Diva potens Cypri,
Sic fratres Helenæ, lucida sidera,
Ventorumque regat pater,
Obstrictis aliis præter Iapyga,
Navis, quæ tibi creditum
Debes Virgilium; finibus Atticis
Reddas incolumem, precor,
Et serves animæ dimidium meæ.
Illi robur et æs triplex
Circa pectus erat, qui fragilem truci
Commisit pelago ratem
Primus, nec timuit præcipitem Africum
Decertantem Aquilonibus,
Nec tristes Hyadas, nec rabiem Noti,
Quo non arbiter Adriæ
Major, tollere seu ponere vult freta.
Quem mortis timuit gradum,
Qui siccis oculis monstra natantia,
Qui vidit mare turgidum, et
Infames scopulos Acroceraunia?
Nequicquam Deus abscidit
Prudens Oceano dissociabili
Terras, si tamen impiæ
Non tangenda rates transiliunt vada.
Audax omnia perpeti,
Gens humana ruit per vetitum nefas.

Audacieuse à tout braver, la race humaine s'élance dans le crime et brise tout frein : l'audacieux fils de Japet, par un impie larcin, apporte aux mortels le feu du ciel. Du jour où cet élément fut ravi aux demeures éthérées, la pâle maigreur, l'essaim meurtrier des Fièvres brûlantes, couvrirent la Terre étonnée, et l'inévitable Mort, autrefois lointaine et tardive, précipita sa marche fatale.

Dédale s'élance dans le vide de l'air sur des ailes refusées à l'homme; l'infatigable Hercule force les barrières du Tartare. Rien n'est difficile aux mortels; nous attaquons le ciel même dans notre démence, et nos crimes ne permettent pas à Jupiter irrité de déposer sa foudre vengeresse. LÉON HALÉVY.

IV

A SESTIUS.

Le printemps renaît : à la brise rigoureuse succède le doux zéphyr; le câble entraîne loin de la rive la barque que ne mouillaient plus les flots; le troupeau ne regrette plus son étable, et le laboureur la chaleur de son foyer; le givre ne blanchit plus les prairies.

La lune, à son lever, éclaire de nouveau les danses conduites par Cythérée. Réunies aux Grâces modestes, les Nymphes frappent

> Audax Iapeti genus
> Ignem fraude mala gentibus intulit.
> Post ignem ætherea domo
> Subductum, Macies et nova Febrium
> Terris incubuit cohors;
> Semotique prius tarda necessitas
> Leti corripuit gradum.
> Expertus vacuum Dædalus aera
> Pennis non homini datis.
> Perrupit Acheronta Herculeus labor.
> Nil mortalibus arduum est:
> Cœlum ipsum petimus stultitia; neque
> Per nostrum patimur scelus
> Iracunda Jovem ponere fulmina.

IV

AD SESTIUM.

> Solvitur acris hiems grata vice veris et Favoni,
> Trahuntque siccas machinæ carinas;
> Ac neque jam stabulis gaudet pecus, aut arator igni;
> Nec prata canis albicant pruinis.
> Jam Cytherea choros ducit Venus, imminente luna;
> Junctæque Nymphis Gratiæ decentes

en mesure la terre d'un pied léger, tandis que l'ardent Vulcain embrase de ses feux l'atelier du laborieux Cyclope.

Voici le moment de couronner de myrte ou de fleurs nouvelles nos têtes parfumées ; voici le moment d'immoler à Faune, dans les forêts ombreuses, une brebis, ou un chevreau, s'il le préfère.

La Mort heurte indifféremment à la cabane du pauvre et au palais des rois. O fortuné Sestius ! la brièveté de la vie ne nous permet pas de nous livrer à de longues espérances. Déjà t'environne cette nuit où la Fable a placé les Mânes et le misérable séjour de Pluton. Là, tu ne tireras plus aux dés la royauté des festins, et tes regards ne se reposeront plus sur ce jeune Lycidas, qui bientôt ne sera pas moins chéri des jeunes filles qu'il ne l'est aujourd'hui des jeunes garçons. A. V. ARNAULT.

V

A PYRRHA.

Quel est l'adolescent délicat qui, couché dans les touffes de roses, parfumé d'essences odoriférantes, te presse, Pyrrha, sous cette grotte délicieuse ? C'est pour lui que tu relèves ta blonde chevelure, que tu revêts ce négligé simple et élégant.

Hélas ! combien de fois il va pleurer et ta trahison et le changement de ses dieux ! avec quel étonnement il verra le spectacle

Alterno terram quatiunt pede, dum graves Cyclopum
    Vulcanus ardens urit officinas.
Nunc decet aut viridi nitidum caput impedire myrto,
    Aut flore, terræ quem ferunt solutæ.
Nunc et in umbrosis Fauno decet immolare lucis,
    Seu poscat, agnam, sive malit, hædum.
Pallida mors æquo pulsat pede pauperum tabernas
    Regumque turres. O beate Sesti,
Vitæ summa brevis spem nos vetat inchoare longam !
    Jam te premet nox, fabulæque Manes,
Et domus exilis Plutonia : quo simul mearis,
    Non regna vini sortiere talis,
Nec tenerum Lycidam mirabere, quo calet juventus
    Nunc omnis, et mox virgines tepebunt.

V

AD PYRRHAM.

Quis multa gracilis te puer in rosa
  Perfusus liquidis urget odoribus,
    Grato, Pyrrha, sub antro ?
      Cui flavam religas comam
Simplex munditiis ? Heu ! quoties fidem
Mutatosque Deos flebit, et aspera

nouveau des vagues irritées par les noirs autans ! lui qui, maintenant, jouit, dans sa crédulité, de tes paroles dorées ; lui qui t'espère toujours fidèle, toujours aimante, il ne sait pas que tu changes comme le souffle des vents.

Malheur à ceux qu'a séduits ta candeur ! Pour moi, un tableau votif, suspendu aux lambris sacrés du temple du puissant dieu des mers, atteste que j'y ai déposé mes vêtements humides du naufrage.

C. L. F. PANCKOUCKE.

VI

A AGRIPPA.

C'est à Varius, l'aigle de la poésie lyrique, de célébrer ton courage, tes triomphes et les hauts faits de nos marins et de nos soldats, guidés par toi à la victoire.

Pour moi, Agrippa, je ne saurais m'élever à de pareils sujets ; je ne saurais chanter ni le courroux de l'inflexible Achille, ni les courses de l'artificieux Ulysse errant sur les mers, ni les crimes de la maison de Pélops : ma lyre est trop faible pour ces chants sublimes.

Une juste défiance de mes forces, et la muse qui règle mon luth timide, me défendent de flétrir, par mes impuissants accords, la gloire du grand César et la tienne.

Nigris æquora ventis
Emirabitur insolens,
Qui nunc te fruitur credulus aurea ;
Qui semper vacuam, semper amabilem
Sperat, nescius auræ
Fallacis ! Miseri quibus
Intentata nites ! Me tabula sacer
Votiva paries indicat uvida
Suspendisse potenti
Vestimenta maris Deo.

VI

AD AGRIPPAM.

Scriberis Vario fortis, et hostium
Victor, Mæonii carminis aliti,
Quam rem cumque ferox navibus aut equis
Miles, te duce, gesserit.
Nos, Agrippa, neque hæc dicere, nec gravem
Pelidæ stomachum cedere nescii,
Nec cursus duplicis per mare Ulixei,
Nec sævam Pelopis domum,
Conamur tenues grandia : dum pudor,
Imbellisque lyræ Musa potens vetat
Laudes egregii Cæsaris, et tuas
Culpa deterere ingeni.

Qui pourrait, en effet, chanter dignement Mars, couvert de sa tunique d'acier? Mérion, tout noir de la poussière troyenne? ou le fils de Tydée, l'égal des dieux par la protection de Pallas?

Pour moi, la gaieté des festins, les joyeux combats des jeunes filles repoussant un amant d'une main sans colère, voilà les sujets de mes chants, soit que mon cœur soit libre, ou qu'il brûle, selon sa coutume, d'un amour éphémère et volage.   LÉON HALÉVY.

VII

A MUNATIUS PLANCUS.

D'autres vanteront la célèbre Rhodes, Mitylène, Éphèse, les murs de Corinthe, baignés par deux mers, Thèbes, Delphes, illustrées par Bacchus et par Apollon, ou les vallons de Tempé, gloire de la Thessalie.

Il est des poètes dont l'unique soin est de célébrer d'un hymne perpétuel la ville de la chaste Pallas, et de placer sur leur front les rameaux tant de fois cueillis de l'olivier. D'autres, en l'honneur de Junon, chanteront Argos aux nombreux coursiers, ou la riche Mycènes. Pour moi, ni l'austère Lacédémone, ni les chants fertiles de Larisse, n'ont autant frappé mon âme que la grotte de l'Albunée sonore, les cascades de l'Anio, les bois de Tibur, et ces frais vergers où serpente une onde si pure.

Quis Martem tunica tectum adamantina
Digne scripserit? aut pulvere Troico
Nigrum Merionem? aut ope Palladis
　　Tydiden Superis parem?
Nos convivia, nos prœlia virginum
Sectis in juvenes unguibus acrium
Cantamus, vacui, sive quid urimur,
　　Non præter solitum leves.

VII

AD MUNATIUM PLANCUM.

Laudabunt alii claram Rhodon, aut Mitylenen,
　　Aut Ephesum, bimarisve Corinthi
Mœnia, vel Baccho Thebas, vel Apolline Delphos
　　Insignes, aut Thessala Tempe.
Sunt quibus unum opus est intactæ Palladis arces
　　Carmine perpetuo celebrare, et
Undique decerptam fronti præponere olivam.
　　Plurimus, in Junonis honorem,
Aptum dicit equis Argos, ditesque Mycenas.
　　Me nec tam patiens Lacedæmon,
Nec tam Larissæ percussit campus opimæ,
　　Quam domus Albuneæ resonantis,
Et præceps Anio, ac Tiburni lucus, et uda
　　Mobilibus pomaria rivis....

Souvent le Notus chasse les nuages du ciel obscur, et il n'enfante pas toujours les pluies : ainsi, Plancus, si tu veux être sage, souviens-toi de mettre un terme à la tristesse, et de noyer dans un doux flacon les maux de la vie, soit que les camps te retiennent sous les aigles étincelantes, soit que tu vives sous les doux ombrages de ton Tibur.

Teucer, fuyant Salamine et son père, ceignit, dit-on, d'une couronne de peuplier ses tempes humides de vin, et parla ainsi à ses tristes amis : « En quelque lieu que nous porte une fortune moins cruelle que mon père, nous irons, ô mes amis et mes compagnons ! ne désespérez de rien, sous la conduite de Teucer, sous les auspices de Teucer ! Apollon, qui ne trompe jamais, nous a promis une nouvelle Salamine sur une terre nouvelle. O braves amis, qui avez souvent supporté avec moi de plus rudes épreuves, aujourd'hui chassez vos soucis par le vin ! demain nous reprendrons notre course sur les vastes mers. »   LÉON HALÉVY.

VIII

A LYDIE.

Lydie, je t'en conjure au nom de tous les dieux, dis-moi pourquoi, par ton amour, précipiter Sybaris à sa perte ? pourquoi

Albus ut obscuro deterget nubila cœlo
    Sæpe Notus, neque parturit imbres
Perpetuos; sic tu sapiens finire memento
    Tristitiam vitæque labores
Molli, Plance, mero; seu te fulgentia signis
    Castra tenent, seu densa tenebit
Tiburis umbra tui. Teucer Salamina patremque
    Quum fugeret, tamen uda Lyæo
Tempora populea fertur vinxisse corona,
    Sic tristes affatus amicos :
« Quo nos cumque feret melior fortuna parente,
    Ibimus, o socii, comitesque!
Nil desperandum Teucro duce, et auspice Teucro.
    Certus enim promisit Apollo
Ambiguam tellure nova Salamina futuram.
    O fortes, pejoraque passi
Mecum sæpe viri! nunc vino pellite curas:
    Cras ingens iterabimus æquor. »

VIII

AD LYDIAM.

Lydia, dic per omnes
Te Deos oro, Sybarin cur properes amando

fuit-il le champ de Mars, dont il brava tant de fois le soleil et la poussière ?

Pourquoi ce jeune guerrier ne vient-il plus, avec ses compagnons, aux exercices de cavalerie ? pourquoi ne dompte-t-il plus un coursier gaulois avec le mors à dents de loup ?

Pourquoi craint-il de toucher les ondes du Tibre jaunissant ? pourquoi l'huile des athlètes lui inspire-t-elle plus d'effroi que le poison de la vipère ?

Déjà ses bras n'ont plus les marques livides de l'armure, il ne s'enorgueillit plus d'avoir lancé le disque ou le javelot au delà du but.

Pourquoi est-il caché comme le fut autrefois le fils de Thétis, déesse des mers, peu de temps avant les funérailles lamentables de Troie, pour qu'un habillement viril ne l'exposât pas au carnage et aux fureurs des troupes troyennes ? C. L. F. PANCKOUCKE.

IX

A THALIARQUE.

Vois comme le Soracte est blanchi par la neige épaisse ; déjà les forêts fatiguées ne peuvent plus supporter le poids des frimas, et les fleuves, saisis par l'âpre gelée, ont suspendu leurs cours.

Désarme la froidure, cher Tharliarque, en prodiguant le bois à

   Perdere ? cur apricum
  Oderit campum, patiens pulveris atque solis ?
   Cur neque militaris
  Inter æquales equitat, Gallica nec lupatis
   Temperat ora Frenis ?
  Cur timet Flavum Tiberim tangere ? cur olivum
   Sanguine viperino
  Cautius vitat ? neque jam livida gestat armis
   Brachia, sæpe disco,
  Sæpe trans finem jaculo nobilis expedito ?
   Quid latet, ut marinæ
  Filium dicunt Thetidis, sub lacrymosa Trojæ
   Funera, ne virilis
  Cultus in cædem et Lycias proriperet catervas ?

IX

AD THALIARCUM.

  Vides ut alta stet nive candidum
  Soracte, nec jam sustineant onus
   Sylvæ laborantes, geluque
    Flumina constiterint acuto
  Dissolve frigus, ligna super foco

ton foyer, et que ton amphore sabine te verse plus libéralement un vin de quatre années.

Laisse aux dieux tout le reste : dès qu'ils auront enchaîné les vents qui se combattent sur l'onde écumante, ni les cyprès, ni les ormes antiques ne seront plus agités.

Ce qui doit arriver demain, garde-toi de le chercher, et chaque jour que le destin t'accorde, mets-le bien à profit : ne méprise pas les tendres amours ni les danses, tandis que tu es jeune et que la vieillesse morose n'a pas abattu ta vigueur.

Viens au champ de Mars, au Gymnase ; viens au doux murmure des entretiens, où, sur le soir, t'appelle l'heure indiquée.

Viens, attiré par ce rire charmant qui trahit ta maîtresse, cachée dans un réduit mystérieux, lui ravir ces gages d'amour, ornements de son bras ou de son doigt qui résiste à regret.

C. L. F. PANCKOUCKE.

X

A MERCURE.

Mercure, éloquent petit-fils d'Atlas, toi qui sus adoucir les mœurs sauvages des premiers hommes par ta parole et par les

> Large reponens; atque benignius
> Deprome quadrimum Sabina,
>   O Thaliarche, merum diota.
> Permitte Divis cetera : qui simul
> Stravere ventos æquore fervido
>   Depræliantes, nec cupressi,
>   Nec veteres agitantur orni.
> Quid sit futurum cras, fuge quærere ; et
> Quem fors dierum cumque dabit, lucro
>   Appone, nec dulces amores
>   Sperne, puer, neque tu choreas,
> Donec virenti canities abest
> Morosa. Nunc et campus, et areæ,
>   Lenesque sub noctem susurri
>   Composita repetantur hora.
> Nunc et latentis proditor intimo
> Gratus puellæ risus ab angulo,
>   Pignusque dereptum lacertis,
>   Aut digito male pertinaci.

X

AD MERCURIUM.

> Mercuri, facunde nepos Atlantis,
> Qui feros cultus hominum recentum

nobles exercices du corps, je te chanterai, messager du grand Jupiter et des dieux, inventeur de la lyre aux formes arrondies, habile aussi à dérober tout ce qui te plaît, par un joyeux larcin.

Pour se faire rendre ses génisses que lui avait dérobées ta ruse, Apollon veut t'effrayer, faible enfant, de sa voix menaçante ; mais son carquois disparaît tout à coup, et il rit de ton adresse.

C'est sous ta conduite que le riche Priam, abandonnant Ilion, échappe aux superbes Atrides, et traverse le camp fatal à sa patrie, malgré la clarté des feux thessaliens.

C'est toi qui conduis les âmes pieuses à leur séjour fortuné, et de ta verge d'or tu diriges la troupe légère des Ombres, également chéri des dieux de l'Olympe et des divinités infernales.

LÉON HALÉVY.

XI

A LEUCONOÉ.

Leuconoé, ne recherche point, ce serait un malheur de le savoir, quelle fin les dieux nous ont réservée à toi ou à moi : n'interroge pas non plus les nombres magiques ; il sera mieux, quoi qu'il arrive, de se soumettre, soit que Jupiter t'accorde encore plusieurs hivers, soit que celui qui, maintenant, fatigue la mer de

<pre>
        Voce formasti catus, et decoræ
            More palestræ :
    Te canam, magni Jovis et Deorum
    Nuntium, curvæque lyræ parentem,
    Callidum, quidquid placuit, jocoso
            Condere furto.
    Te, boves olim nisi reddidisses
    Per dolum amotas, puerum minaci
    Voce dum terret, viduus pharetra
            Risit Apollo.
    Quin et Atridas, duce te, superbos
    Ilio dives Priamus relicto,
    Thessalosque ignes, et iniqua Trojæ
            Castra fefellit.
    Tu pias lætis animas reponis
    Sedibus, virgaque levem coerces
    Aurea turbam, superis Deorum
            Gratus et imis.
</pre>

XI

AD LEUCONOEN.

<pre>
Tu ne quæsieris, scire nefas, quem mihi, quem tibi
Finem Di dederint, Leuconoe ; nec Babylonios
Tentaris numeros. Ut melius, quidquid erit, pati !
Seu plures hiemes, seu tribuit Jupiter ultimam,
</pre>

Tyrrhène entre les rochers qui l'entourent, indique ta dernière année. Sois sage, filtre tes vins, et retranche les longs espoirs du court espace de la vie. Tandis que nous parlons, l'heure envieuse s'enfuit. Profite du jour présent, et fie-toi le moins possible au lendemain.

C. L. F. PANCKOUCKE.

XII

A AUGUSTE.

Muse des héros, quel mortel, quel demi-dieu vont célébrer les accords de ta lyre ou les fiers accents de ta trompette ? quel nom sacré vont répéter les échos du Pinde, de l'Hélicon ou de l'Hémus ? l'Hémus, d'où les forêts émues se précipitaient pour suivre les chants d'Orphée, qui, fidèle aux doctes leçons de sa mère, arrêtait, par la puissance magique de ses accords, les fleuves dans leur course, le vent dans son vol rapide, et prêtait aux chênes même une oreille pour l'écouter ?

Payons d'abord le tribut accoutumé de nos hommages au Père de la nature, à l'arbitre souverain des hommes et des dieux, à celui qui règne sur la terre et sur les mers, et qui règle le cours des astres et des saisons. Rien de plus grand que lui, rien de

---

Quæ nunc oppositis debilitat pumicibus mare
Tyrrhenum. Sapias, vina liques, et spatio brevi
Spem longam reseces. Dum loquimur, fugerit invida
Ætas : carpe diem, quam minimum credula postero.

XII

AD AUGUSTUM.

Quem virum aut heroa lyra vel acri
    Tibia, sumes celebrare, Clio ?
Quem Deum ? cujus recinet jocosa
        Nomen imago,
Aut in umbrosis Heliconis oris,
Aut super Pindo, gelidove in Hæmo,
Unde vocalem temere insecutæ
        Orphea sylvæ,
Arte materna rapidos morantem
Fluminum lapsus, celeresque ventos,
Blandum et auritas fidibus canoris
        Ducere quercus ?
Quid prius dicam solitis Parentis
Laudibus, qui res hominum ac Deorum,
Qui mare ac terras, variisque mundum
        Temperat horis ?
Unde nil majus generatur ipso,

pareil, rien qui en approche! Toutefois, la guerrière Pallas a mérité, après lui, les honneurs du second rang.

Vous ne serez point oubliés dans mes chants, Bacchus, chaste Diane, la terreur des forêts; et toi, Apollon, dont la flèche redoutable n'a jamais manqué son but. Je veux chanter aussi le grand Alcide, les deux fils de Léda, Castor et Pollux, invincibles tous deux, l'un à la course des chevaux, et l'autre au pugilat. A peine leur étoile propice a brillé aux yeux du matelot, soudain la vague agitée cesse de battre le rocher : les vents tombent, les nuages fuient; et, dociles à la voix toute-puissante de ces demi-dieux, les flots menaçants reprennent au sein des mers la place qu'ils leur assignent.

Chanterai-je, après ces héros, Romulus ou le pacifique Numa? les faisceaux de l'orgueilleux Tarquin, ou l'héroïque trépas de Caton? Non : plus agréables pour les Romains, et mieux inspirés, mes chants leur rediront Regulus, les deux Scaurus, ce Paul-Émile qui prodigue sa grande âme pour ne pas survivre au triomphe du Carthaginois. C'est à l'école sévère de la pauvreté, c'est à l'ombre du modeste foyer de leurs pères, que se formèrent et Fabricius, et Curius à la longue et inculte chevelure, et Camille le sauveur de la patrie.

La gloire des Marcellus revit et s'élève de jour en jour avec le jeune et digne rejeton de cette noble famille : l'astre des Jules se

  Nec viget quidquam simile aut secundum;
  Proximos illi tamen occupavit
    Pallas honores.
  Prœliis audax, neque te silebo,
  Liber, et sævis inimica Virgo
  Belluis; nec te, metuende certa,
    Phœbe, sagitta.
  Dicam et Alciden, puerosque Ledæ,
  Hunc equis, illum superare pugnis
  Nobilem; quorum simul alba nautis
    Stella refulsit,
  Defluit saxis agitatus humor,
  Concidunt venti, fugiuntque nubes,
  Et minax, qua sic voluere, ponto,
    Unda recumbit.
  Romulum post hos prius, an quietum
  Pompili regnum memorem, an superbos
  Tarquini fasces, dubito, an Catonis
    Nobile letum?
  Regulum, et Scauros, animæque magnæ
  Prodigum Paulum, superante Pœno
  Gratus insigni referam camœna,
    Fabriciumque.
  Hunc, et incomptis Curium capillis,
  Utilem bello tulit, et Camillum,

fait remarquer au milieu des corps célestes, comme la lune parmi les feux nocturnes qu'elle éclipse.

Fils de Saturne ! père et protecteur des humains ! c'est à toi que les destins ont remis le soin de veiller sur César. Qu'il soit, après toi, le maître de l'univers, soit qu'il nous ramène, enchaîné à sa suite, le Parthe, déjà prêt à envahir nos frontières ; soit qu'il porte ses armes triomphantes chez les Sères et les Indiens, aux portes du jour. Qu'il fasse, sous tes auspices, régner et chérir ses lois ici-bas, tandis que l'Olympe tressaillera au bruit de ton char, et que ton bras lancera le foudre vengeur sur les bois sacrés que l'impiété a profanés.

AMAR.

XIII

A LYDIE.

Lydie, quand tu loues la figure de rose de Télèphe, quand tu loues ses bras de neige, grands dieux ! quelle bile âcre bouillonne dans mon cœur embrasé !

Alors mon esprit s'égare, mes joues pâlissent et rougissent tour

> Sæva paupertas, et avitus apto
>   Cum lare fundus.
> Crescit, occulto velut arbor ævo,
> Fama Marcelli ; micat inter omnes
> Julium sidus, velut inter ignes
>   Luna minores.
> Gentis humanæ pater atque custos,
> Orte Saturno, tibi cura magni
> Cæsaris fatis data ; tu secundo
>   Cæsare regnes.
> Ille, seu Parthos Latio imminentes
> Egerit justo domitos triumpho,
> Sive subjectos Orientis oræ
>   Seras et Indos ;
> Te minor latum reget æquus orbem :
> Tu gravi curru quaties Olympum,
> Tu parum castis inimica mittes
>   Fulmina lucis.

XIII

AD LYDIAM.

> Quum, tu, Lydia, Telephi
> Cervicem roseam, cerea Telephi
>   Laudas brachia, væ ! meum
> Fervens difficili bile tumet jecur.
>   Tunc nec mens mihi, nec color
> Certa sede manet ; humor et in genas

à tour, la sueur en découle goutte à goutte et témoigne assez de quels feux lents je suis intérieurement consumé.

Je suis enflammé de rage, soit que tes blanches épaules aient rapporté quelque marque honteuse des excès et de l'ivresse d'une orgie, soit que ce jeune furieux ait imprimé sur tes lèvres la marque trop durable de ses dents.

Non, Lydie, si tu veux me bien écouter, n'attends pas une constance éternelle du barbare dont les baisers déchirent ces lèvres charmantes que Vénus humecta de la quintessence de son nectar.

Heureux, trois fois heureux, et plus, les amants que lie une chaîne indissoluble, et dont la tendresse, à l'abri de cruels débats, ne sera rompue qu'à leur dernier jour !

C. L. F. PANCKOUCKE.

XIV

AU VAISSEAU DE LA RÉPUBLIQUE.

O vaisseau chéri ! quoi, les flots t'entraînent encore au sein des mers ! Que fais-tu ? demeure, demeure au port ! Ne vois-tu pas tes flancs dégarnis de rameurs ; et ton mât mutilé par l'autan rapide ? tes antennes gémissent ; nef dépouillée de cordages, tu

Furtim labitur, arguens
Quam lentis penitus macerer ignibus.
Uror, seu tibi candidos
Turparunt humeros immodicæ mero
Rixæ; sive puer furens
Impressit memorem dente labris notam.
Non, si me satis audias,
Speres perpetuum dulcia barbare
Lædentem oscula, quæ Venus
Quinta parte sui nectaris imbuit.
Felices ter, et amplius,
Quos irrupta tenet copula, nec malis
Divulsus querimoniis,
Suprema citius solvet amor die !

XIV

AD REMPUBLICAM.

O navis, referent in mare te novi
Fluctus ! O quid agis ? fortiter occupas
Portum. Nonne vides ut
Nudum remigio latus,
Et malus celeri saucius Africo,
Antennæque gemant, ac sine funibus
Vix durare carinæ
Possint imperiosius

résistes à peine aux vagues impérieuses. Tes voiles ne sont plus entières ; aucun dieu n'écoute ta voix suppliante ; noble fille des forêts, du Pont, tu vanteras vainement ton origine et ton nom illustre. Les images divines dont ta poupe est colorée ne rassurent point ton timide nocher. Ah ! si tu ne veux être le jouet des vents, demeure.

Naguère tu excitais mon inquiète sollicitude ; maintenant de douloureuses alarmes se mêlent encore à mes vœux. Ah ! du moins, puisses-tu éviter les ondes que les Cyclades parsèment de scintillants rochers !

DE PONGERVILLE.

XV

NÉRÉE PRÉDIT A PARIS LA RUINE DE TROIE.

Le berger phrygien, trahissant l'hospitalité, entraînait Hélène sur ses vaisseaux, sortis des forêts de l'Ida, lorsque Nérée enchaîna dans un fatal repos les vents rapides, pour prédire au ravisseur ses affreux destins.

« C'est sous un funeste auspice que tu conduis à Troie celle que viendra te redemander, avec ses nombreuses cohortes, la Grèce entière, qui a juré de briser tes nœuds et le trône antique de Priam.

Æquor ? Non tibi sunt integra lintea ;
Non Di, quos iterum pressa voces malo.
Quamvis Pontica pinus,
Sylvæ filia nobilis,
Jactes et genus et nomen inutile,
Nil pictis timidus navita puppibus
Fidit. Tu, nisi ventis
Debes ludibrium, cave.
Nuper sollicitum quæ mihi tædium,
Nunc desiderium, curaque non levis,
Interfusa nitentes
Vites æquora Cycladas.

XV

NEREI VATICINIUM DE EXCIDIO TROJÆ.

Pastor quum traheret per freta navibus
Idæis Helenen perfidus hospitam,
Ingrato celeres obruit otio
Ventos, ut caneret fera
Nereus fata : Mala ducis avi domum
Quam multo repetet Græcia milite,
Conjurata tuas rumpere nuptias,
Et regnum Priami vetus.

« Hélas ! quels flots de sueur inondent les coursiers et les soldats ! que de funérailles tu prépares aux descendants de Dardanus ! Déjà Pallas prépare son casque, son égide, son char, sa fureur !

« En vain, fier de l'appui de Vénus, tu tresseras ta chevelure, et ta lyre efféminée partagera ses accords aux beautés avides de t'entendre ; en vain, sur ta couche criminelle, tu fuiras l'atteinte des lourds javelots et de la flèche crétoise, en vain tu fuiras le fracas des armes et la poursuite impétueuse d'Ajax ; un jour cependant, mais trop tard, tu traîneras dans la poussière tes cheveux adultères.

« Ne vois-tu pas derrière toi le fils de Laërte, fléau de ta race ; ne vois-tu pas Nestor, le roi de Pylos ? Déjà te poursuivent, bravant tous les dangers, Teucer de Salamine, et Sthenelus, habile à combattre, comme à guider un coursier. Tu connaîtras aussi Mérion. Voici l'implacable fils de Tydée, plus vaillant encore que son père, qui frémit à l'espoir de t'atteindre. Mais toi, comme le cerf, oubliant le pâturage, fuit le loup qu'il a vu de l'autre côté du vallon, tu fuiras tout haletant, tout éperdu. Ce n'est point là ce que tu avais promis à ton amante.

« La flotte immobile d'Achille courroucé reculera le jour fatal de Troie et des femmes phrygiennes. Mais il viendra le jour

Eheu ! quantus equis, quantus adest viris
Sudor ! quanta moves funera Dardanæ
Genti ! jam galeam Pallas et ægida
    Currusque et rabiem parat.
Nequicquam, Veneris præsidio ferox,
Pectes cæsariem, grataque feminis
Imbelli cithara carmina divides ;
    Nequicquam thalamo graves
Hastas et calami spicula Gnossii
Vitabis, strepitumque, et celerem sequi
Ajacem ; tamen, heu ! serus adulteros
    Crines pulvere collines.
Non Laertiaden, exitium tuæ
Gentis, non Pylium Nestora respicis ?
Urgent impavidi te Salaminius
    Teucer, te Sthenelus sciens
Pugnæ, sive opus est imperitare equis,
Non auriga piger. Merionem quoque
Nosces. Ecce furit te reperire atrox
    Tydides, melior patre.
Quem tu, cervus uti vallis in altera
Visum parte lupum, graminis immemor,
Sublimi fugies mollis anhelitu,
    Non hoc pollicitus tuæ.
Iracunda diem proferet Ilio
Matronisque Phrygum classis Achillei.

marqué par le ciel où le feu des Grecs brûlera les palais d'Ilion. »

LÉON HALÉVY.

XVI

A SON AMIE.

PALINODIE.

D'une mère si belle, fille plus belle encore, pour arrêter le cours de mes vers coupables, précipite-les à ton gré, ou dans les flammes, ou dans la mer Adriatique.

Bacchus, Cybèle, la Pythie dans son antre, ébranlent l'âme des prêtres qu'ils possèdent, avec moins du fureur; les boucliers retentissants des Corybantes font moins de fracas que la triste Colère. Elle brave le fer des Barbares, la mer et ses écueils, la flamme et sa furie, Jupiter même se précipitant avec le bruit de ses foudres redoutables.

On dit que Prométhée fut forcé d'ajouter au limon, principe de notre être, une parcelle recueillie dans tous les autres animaux, et qu'il plaça dans notre cœur la violence du lion dans toute sa rage.

De là ces colères qui frappèrent Thyeste d'une fin si terrible; elles sont la cause dernière qui fait tomber de fond en comble les cités les plus superbes, et qui imprime sur leurs remparts le soc

Post certas hiemes uret Achaicus
Ignis Pergameas domos.

XVI

AD AMICAM.

PALINODIA.

O matre pulchra filia pulchrior,
    Quem criminosis cumque voles modum
        Pones iambis, sive flamma,
            Sive mari libet Adriano.
Non Dindymene, non adytis quatit
Mentem sacerdotum incola Pythius,
        Non liber æque, non acuta
            Sic geminant Corybantes æra,
Tristes ut Iræ; quas neque Noricus
Deterret ensis, nec mare naufragum,
        Nec sævus ignis, nec tremendo
            Jupiter ipse ruens tumultu.
Fertur Prometheus addere principi
Limo coactus particulam undique
        Desectam, et insani leonis
            Vim stomacho apposuisse nostro.
Iræ Thyesten exitio gravi
Stravere, et altis urbibus ultimæ
        Stetere causæ, cur perirent
            Funditus, imprimeretque muris
Hostile aratrum exercitus insolens.

ennemi d'une armée étrangère. Apaise ton courroux : dans la douce saison de la jeunesse, cette fièvre m'a aussi persécuté, et des vers trop prompts reçurent mes fureurs. Aujourd'hui, je te demande à échanger ces tristes moments contre de plus doux rapports, pourvu que, pardonnant à mes injures rétractées, tu deviennes mon amie et me rendes ton cœur.

C. L. F. PANCKOUCKE.

XVII

A TYNDARIS.

Le Faune aux pieds légers échange souvent le séjour du mont Lycée contre celui de mon habitation à Lucrétile ; il y vient défendre mes chèvres des feux de l'été ou des vents pluvieux.

Ces épouses d'un mari mal parfumé s'égarent alors sans crainte, et cherchent à travers les bois paisibles le thym et l'arbousier cachés sous le feuillage.

Leurs chevreaux n'ont plus à craindre ni les vertes couleuvres, ni les loups belliqueux, dès que le dieu a fait retentir des doux sons de sa flûte les vallées et les roches polies où s'incline le mont Ustique.

Tyndaris, les dieux me protégent, les dieux ont adopté mon culte et ma muse. C'est ici que l'abondance, riche de tous les biens

Compesce mentem. Me quoque pectoris
  Tentavit in dulci juventa
    Fervor, et in celeres iambos
  Misit furentem ; nunc ego mitibus
Mutare quæro tristia, dum mihi
  Fias recantatis amica
    Opprobriis, animumque reddas.

XVII

AD TYNDARIDEM.

Velox amœnum sæpe Lucretilem
Mutat Lycæo Faunus, et igneam
  Defendit æstatem capellis
  Usque meis, pluviosque ventos.
Impune tutum per nemus arbutos
Quærunt latentes et thyma, deviæ
  Olentis uxores mariti ;
  Nec virides metuunt colubras,
Nec Martiales hæduleæ lupos,
Utcumque dulci, Tyndari, fistula
  Valles et Usticæ cubantis
  Lævia personuere saxa.
Di me tuentur ; Dis pietas mea
Et musa cordi est. Hic tibi copia

des champs, s'épanchera tout entière pour toi de sa corne féconde.

C'est ici que, dans une vallée écartée, tu éviteras les chaleurs brûlantes de la Canicule, et que, sur la lyre du poëte de Téos, tu chanteras Pénélope et la trompeuse Circé, toutes deux soupirant pour le même héros.

Ici, tu rempliras, sous l'ombrage, nos coupes du vin innocent de Lesbos; ici, tu ne craindras pas que le fils de Sémélé amène avec Mars la confusion et les combats, ni que l'audacieux Cyrus, outrageant ta faiblesse, porte sur toi une main insolente, arrache la couronne fixée dans ta chevelure, et déchire ta robe virginale.

C. L. F. PANCKOUCKE.

XVIII

A VARUS.

Varus, ne plante rien, avant la vigne sacrée, sur le sol fertile de Tibur et près des murs de Catilus; car Dieu n'a réservé que des maux à ceux qui ne boivent pas, et le vin seul met en fuite les soucis rongeurs. Quel homme, après avoir bu, s'est jamais plaint des fatigues de la guerre, ou de la pauvreté? On ne songe alors qu'à te rendre grâces, Bacchus, père des plaisirs, et à toi, riante Cythérée! Mais, pour ne point abuser des faveurs du dieu

Manebit ad plenum benigno
    Ruris honorum opulenta cornu.
Hic, in reducta valle, Caniculæ
    Vitabis æstus, et fide Teia,
Dices laborantes in uno
    Penelopen, vitreamque Circen.
Hic innocentis pocula Lesbii
    Duces sub umbra; nec Semeleius
Cum Marte confundet Thyoneus
    Prœlia; nec metues protervum
Suspecta Cyrum, ne male dispari
    Incontinentes injiciat manus,
Et scindat hærentem coronam
    Crinibus, immeritamque vestem.

XVIII

AD VARUM.

Nullam, Vare, sacra vite prius severis arborem
Circa mite solum Tiburis, et mœnia Catili.
Siccis omnia nam dura Deus proposuit; neque
Mordaces aliter diffugiunt sollicitudines.
Quis post vina gravem militiam aut pauperiem crepat?
Quis non te potius, Bacche pater, teque, decens Venus?

du vin, souvenons-nous de cette sanglante querelle des Centaures et des Lapithes, survenue pendant l'ivresse; songeons au courroux de Bacchus contre les Thraces, lorsque le délire des orgies ne sépare plus à leurs yeux le mal que par une étroite limite. Dieu de la vérité, de la franchise, on ne me verra point, malgré toi, soulever ta statue, ni traîner au grand jour ce que tu caches sous un mystérieux feuillage. Mais éloigne à jamais de moi tes cymbales bruyantes et terribles, et la trompe aiguë de Bérécynthe: à leur suite marche toujours l'Amour-propre aveugle, la Vanité, levant superbement sa tête vide; et l'Indiscrétion, prodigue de ses secrets et plus transparente que le verre. LÉON HALÉVY.

XIX

A GLYCÈRE.

La mère barbare de Cupidon, et le fils de Sémélé, et mes sens trop faciles aux voluptés, m'ordonnent de rendre mon cœur à des amours que je croyais finies.

Je brûle à la vue de Glycère, plus blanche, plus brillante que le marbre de Paros. Je suis enflammé par ses dédains attrayants, et par les charmes de ce visage qu'il est trop dangereux d'avoir vu.

Vénus a quitté Chypre pour se jeter en moi tout entière; elle ne me permet plus de chanter ni les Scythes, ni les Parthes,

At, ne quis modici transiliat munera Liberi,
Centaurea monet cum Lapithis rixa super mero
Debellata; monet Sithoniis non levis Evius,
Quum fas atque nefas exiguo fine libidinum
Discernunt avidi. Non ego te, candide Bassareu,
Invitum quatiam, nec variis obsita frondibus
Sub divum rapiam. Sæva tene cum Berecynthio
Cornu tympana, quæ subsequitur cæcus amor sui,
Et tollens vacuum plus nimio gloria verticem,
Arcanique fides prodiga, perlucidior vitro.

XIX

DE GLYCERA.

Mater sæva Cupidinum,
Thebanæque jubet me Semeles puer,
Et lasciva Licentia,
Finitis animum reddere amoribus.
Urit me Glyceræ nitor
Splendentis Pario marmore purius;
Urit grata protervitas,
Et vultus nimium lubricus aspici.
In me tota ruens Venus
Cyprum deseruit; nec patitur Scythas,
Et versis animosum equis

fuyant sur leurs coursiers et toujours redoutables, ni rien d'étranger aux amours.

Enfants, apportez ici le lierre verdoyant; apportez la verveine et l'encens, et une coupe d'un vin de deux années : quand la victime sera immolée, Vénus sera peut-être moins inexorable.

C. L. F. PANCKOUCKE.

XX

A MÉCÈNE.

Tu boiras dans de modestes coupes un mauvais vin de Sabine que j'ai moi-même scellé dans les amphores grecques, le jour où les applaudissements qui t'accueillirent au théâtre, cher Mécène, illustre chevalier, ébranlèrent les rives du fleuve natal, et firent répéter tes louanges aux joyeux échos du mont Vatican.

Chez toi, tu boiras le Cécube et les raisins foulés par les pressoirs de Calès; mais moi, jamais les vignes de Falerne ou les coteaux de Formie n'ont corrigé mon vin. LÉON HALÉVY.

XXI

A DIANE ET A APOLLON.

Jeunes filles, chantez Diane! jeunes Romains, chantez Apollon

Parthum dicere, nec quæ nihil attinent.
Hic vivum mihi cespitem, hic
Verbenas, pueri, ponite, thuraque,
Bini cum patera meri :
Mactata veniet lenior hostia.

XX

AD MÆCENATEM.

Vile potabis modicis Sabinum
Cantharis, Græca quod ego ipse testa
Conditum levi, datus in theatro
Quum tibi plausus,
Care Mæcenas, eques, ut paterni
Fluminis ripæ, simul et jocosa
Redderet laudes tibi Vaticani
Montis imago.
Cæcubum, et prælo domitam Caleno
Tu bibes uvam; mea nec Falernæ
Temperant vites, neque Formiani
Pocula colles.

XXI

IN DIANAM ET APOLLINEM.

Dianam, teneræ, dicite, virgines :
Intonsum, pueri, dicite Cynthium,

à la longue chevelure, et Latone, tendrement aimée du grand Jupiter!

Vous, jeunes filles, chantez la déesse qui se plaît aux bords des fleuves et sous l'ombrage des forêts dont se couronne le frais Algide, ou sous les noirs feuillages de l'Érymanthe et du verdoyant Cragus.

Vous, jeunes Romains, célébrez par d'égales louanges la vallée de Tempé, Délos, berceau du dieu, et le carquois qui orne son épaule, avec la lyre, présent fraternel.

C'est lui qui détournera sur les Perses et les Bretons, loin du peuple romain et de César, la guerre, féconde en larmes, l'horrible famine et la peste : il accordera cette grâce à vos prières.

LÉON HALÉVY.

XXII

A ARISTIUS FUSCUS.

Irréprochable dans sa vie, celui dont la main est pure de crime n'a besoin, cher Fuscus, ni de l'arc, ni des javelots du Maure, ni du carquois chargé de flèches empoisonnées, soit qu'il ait à franchir les Syrtes mouvantes, ou les rochers inhospitaliers du Caucase, soit qu'il erre dans les déserts que baignent les eaux si fameuses de l'Hydaspe. Je l'ai éprouvé moi-même. Un jour, égaré sans

> Latonamque supremo
> Dilectam penitus Jovi.
> Vos lætam fluviis et nemorum coma,
> Quæcumque aut gelido prominet Algido,
> Nigris aut Erymanthi
> Sylvis, aut viridis Cragi :
> Vos Tempe totidem tollite laudibus,
> Natalemque, mares, Delon Apollinis,
> Insignemque pharetra,
> Fraternaque humerum lyra.
> Hic bellum lacrymosum, hic miseram famem,
> Pestemque, a populo et principe Cæsare, in
> Persas atque Britannos
> Vestra motus aget prece.

XXII

AD ARISTIUM FUSCUM.

> Integer vitæ, scelerisque purus,
> Non eget Mauris jaculis, neque arcu,
> Nec venenatis gravida sagittis
> Fusce, pharetra;
> Sive per Syrtes iter æstuosas,
> Sive facturus per inhospitalem
> Caucasum, vel quæ loca fabulosus
> Lambit Hydaspes.

défiance dans la forêt de Sabine, loin des lieux fréquentés, occupé de chanter ma Lalagé, je vis tout à coup devant moi un loup qui prit la fuite, quoique je fusse sans armes. C'était un monstre prodigieux, tel que n'en voient jamais ni la guerrière Daunie, ni les sables de l'Afrique, cette aride patrie des lions.

Placez-moi dans ces champs paresseux, où jamais l'haleine des vents d'été n'a ramené la verdure, à cette extrémité du monde qu'assiégent les frimas et la colère de Jupiter; placez-moi dans ces plaines inhabitables qu'embrase le char trop voisin du Soleil : j'aimerai toujours Lalagé à la voix douce, Lalagé au doux sourire.

DARU.

XXIII

A CHLOÉ.

Tu m'évites, Chloé, semblable à un jeune faon qui cherche, à travers les monts escarpés, sa mère inquiète; le vain bruit des Zéphyrs ou du feuillage le remplit d'effroi :

Le printemps, à son retour, fait-il frémir les feuilles qui éclosent? le vert lézard agite-t-il les buissons? son cœur, ses genoux frémissent de crainte.

Namque me sylva lupus in Sabina,
Dum meam canto Lalagen, et ultra
Terminum curis vagor expeditis,
    Fugit inermem.
Quale portentum neque militaris
Daunia latis alit esculetis;
Nec Jubæ tellus generat, leonum
    Arida nutrix.
Pone me pigris ubi nulla campis
Arbor æstiva recreatur aura,
Quod latus mundi nebulæ malusque
    Jupiter urget;
Pone sub curru nimium propinqui
Solis, in terra domibus negata :
Dulce ridentem Lalagen amabo,
    Dulce loquentem.

XXIII

AD CHLOEN.

Vitas hinnuleo me similis, Chloe,
Quærenti pavidam montibus aviis
    Matrem, non sine vano
    Aurarum et sylvæ metu :
Nam seu mobilibus veris inhorruit
Ad ventum foliis, seu virides rubum
    Dimovere lacertæ,
    Et corde et genibus tremit.

Mais moi, comme un tigre féroce, ou comme un lion de Gétulie, t'ai-je poursuivie pour te déchirer? Chloé, quitte enfin ta mère, tu es dans la saison d'aimer.

C. L. F. PANCKOUCKE.

XXIV

A VIRGILE.

Pleurons : pourquoi rougir et pourquoi nous contraindre? pleurons une tête si chère. Inspire-moi des chants de deuil, ô Melpomène, à qui ton père a donné une voix mélodieuse et la lyre!

C'en est donc fait! Quintilius dort pour jamais enseveli dans la tombe. Honneur, incorruptible Bonne-Foi, sœur de la Justice, et toi, Vérité sans fard, quand trouverez-vous un mortel qui l'égale?

Sa mort doit arracher des pleurs à tous les gens de bien, à toi surtout, ô Virgile!

Hélas! en vain, dans ta confiance aux dieux qui ne te l'avaient pas accordé pour toujours, tu leur demandes Quintilius!

Quand, sur ta lyre harmonieuse, tu modulerais des sons plus touchants que les accords dont jadis Orphée attendrissait les arbres : non, jamais le souffle de la vie ne vient ranimer une ombre vaine, une fois que, la touchant de sa verge terrible, un

Atqui non ego te, tigris ut aspera,
Gætulusve leo, frangere persequor.
Tandem desine matrem
Tempestiva sequi viro.

XXIV

AD VIRGILIUM.

Quis desiderio sit pudor aut modus
Tam cari capitis? Præcipe lugubres
Cantus, Melpomene, cui liquidam Pater
Vocem cum cithara dedit.
Ergo Quintilium perpetuus sopor
Urget! Cui Pudor, et Justitiæ soror
Incorrupta Fides, nudaque Veritas,
Quando ullam invenient parem?
Multis ille bonis flebilis occidit,
Nulli flebilior, quam tibi, Virgili.
Tu frustra pius, heu! non ita creditum,
Poscis Quintilium Deos.
Quod si Threicio blandius Orpheo
Auditam moderere arboribus fidem,
Non vanæ redeat sanguis imagini,
Quam virga semel horrida,

dieu, inflexible aux prières qu'on lui fait pour changer les destinées, Mercure l'a poussée au milieu du noir troupeau. Sort cruel ! mais la résignation peut alléger les maux qu'on ne saurait guérir.

CH. DU ROZOIR.

XXV

A LYDIE.

Tes fenêtres, bien jointes, ne sont plus frappées à coups redoublés par de jeunes insolents ; ils ne t'enlèvent plus ton sommeil ; ta porte aime son seuil, ta porte qui naguère roulait sans cesse sur ses gonds si faciles : tu entends moins et tu entendras moins encore ton amant, durant les longues nuits, répéter : « Lydie ! Lydie ! dors-tu ? »

Devenue vieille, tu pleureras, à ton tour, les mépris orgueilleux des plus vils libertins ; tu pleureras solitaire, dans ta petite rue, exposée au vent de Thrace, dont les fureurs redoublent à la nouvelle lune.

Alors des désirs brûlants, tels que ceux qui rendent furieuses les mères des coursiers, dévoreront ton cœur ulcéré, et tu pousseras des gémissements, en voyant la jeunesse joyeuse se cou-

Non lenis precibus fata recludere,
Nigro compulerit Mercurius gregi.
Durum! sed levius fit patientia,
    Quidquid corrigere est nefas.

XXV

AD LYDIAM.

Parcius junctas quatiunt fenestras
Ictibus crebris juvenes protervi ;
Nec tibi somnos adimunt ; amatque
    Janua limen,
Quæ prius multum facilis movebat
Cardines. Audis minus et minus jam :
« Me tuo longas pereunte noctes
    Lydia, dormis ! »
Invicem mœchos anus arrogantes
Flebis in solo levis angiportu,
Thracio bacchante magis sub inter-
    lunia vento :
Quam tibi flagrans amor, et libido,
Quæ solet matres furiare equorum,
Sæviet circa jecur ulcerosum,
    Non sine questu :
Læta quod pubes hedera virenti

ronner de lierre et de myrte verdoyant, et abandonner les couronnes flétries aux ondes glacées de l'Hèbre.

C. L. F. PANCKOUCKE.

XXVI

A SA MUSE, SUR LAMIA.

Chéri des muses, je laisse les vents orageux emporter loin de moi, sur les mers de Crète, la tristesse et les soucis. Peu m'importe quel tyran se fait craindre sous les régions glacées de l'Ourse, ou quelles terreurs assiégent Tiridate. O toi qui aimes les sources où l'on n'a pas puisé encore, Muse de Pimplée, tresse les plus brillantes fleurs, tresse une couronne pour mon cher Lamia! Sans tes doux accents, mes hommages seraient stériles. C'est à lui que tu dois consacrer des accords nouveaux; c'est lui que tu dois célébrer avec tes sœurs sur le luth divin de Lesbos. LÉON HALÉVY.

XXVII

A SES AMIS.

Il n'appartient qu'aux Thraces de combattre avec les coupes nées pour la joie. Loin de nous cet usage barbare! Que Bacchus n'ait pas à rougir d'une rixe sanglante! Au milieu des vins et des

Gaudeat, pulla magis atque myrto;
Aridas frondes hiemis sodali
  Dedicet Hebro.

XXVI

AD MUSAM, DE LAMIA.

Musis amicus, tristitiam et metus
Tradam protervis in mare Creticum
  Portare ventis; quis sub Arcto
  Rex gelidæ metuatur oræ,
Quid Tiridaten terreat, unice
Securus. O, quæ fontibus integris
  Gaudes, apricos necte flores,
  Necte meo Lamiæ coronam,
Pimplea dulcis! Nil sine te mei
Possunt honores. Hunc fidibus novis,
  Hunc Lesbio sacrare plectro
  Teque, tuasque decet sorores.

XXVII

AD SODALES.

Natis in usum lætitiæ scyphis
Pugnare Thracum est. Tollite barbarum
  Morem, verecundumque Bacchum
  Sanguineis prohibete rixis.

flambeaux, quel hideux contraste forme le cimeterre du Méde! Étouffez les clameurs impies, compagnons! restez à table appuyés sur le coude.

Vous voulez que, moi aussi, je prenne ma part de ce brûlant Falerne! Eh bien! que d'abord le frère de Mégille d'Opuntia nous dise de quelle blessure il est frappé, de quelle flèche il est heureux de mourir! — Il balance! — Je ne boirai qu'à ce prix. Quelle que soit la beauté qui t'enchaîne, elle ne te brûle point de feux dont tu doives rougir, et tu ne peux pécher que par un amour honnête et pur. Quel que soit ton secret, allons, confie-le à des oreilles discrètes. — Ah! malheureux, qu'entends-je? dans quel abîme t'es-tu jeté? Tu méritais une flamme plus heureuse.

Quelle magicienne, quel enchanteur, avec tous les philtres de la Thessalie, quel dieu pourra te délivrer? A peine Pégase lui-même pourrait-il t'arracher à la triple Chimère qui t'enlace de ses replis.

LÉON HALÉVY.

XXVIII

ARCHYTAS ET LE MATELOT.

LE MATELOT.

Toi qui mesuras la mer et la terre, et le sable innombrable,

>Vino et lucernis Medus acinaces
>Immane quantum discrepat! impium
>   Lenite clamorem, sodales,
>   Et cubito remanete presso.
>Vultis severi me quoque sumere
>Partem Falerni? Dicat Opuntiæ
>   Frater Megillæ, quo beatus
>   Vulnere, qua pereat sagitta.
>Cessat voluntas? non alia bibam
>Mercede. Quæ te cumque domat Venus,
>   Non erubescendis adurit
>   Ignibus, ingenuoque semper
>Amore peccas. Quidquid habes, age,
>Depone tutis auribus... Ah! miser!
>   Quanta laborabas Charybdi,
>   Digne puer meliore fiamma!
>Quæ saga, quis te solvere Thessalis
>Magnus venenis, quis poterit Deus?
>   Vix illigatum te triformi
>   Pegasus expediet Chimæra.

XXVIII

ARCHYTAS ET VIATOR.

VIATOR.

Te maris et terræ, numeroque carentis arenæ

Archytas, te voilà retenu près du rivage de Matinum, parce qu'on te refuse le bienfait de quelques grains de poussière. De quoi te sert-il maintenant d'avoir pénétré jusqu'aux célestes demeures, et embrassé de ton génie l'univers immense ? Tu devais mourir.

ARCHYTAS.

Il est mort aussi, le père de Pélops, convive des dieux, et Tithon, enlevé dans les airs, et Minos, admis aux secrets de Jupiter. Il est aux enfers, le fils de Panthoüs, descendu une seconde fois aux sombres demeures, quoiqu'il attestât, par un bouclier détaché du temple de Junon, son existence aux temps troyens, et qu'il se vantât de n'avoir cédé que son corps au trépas; il est mort : ce fut (tu en conviens toi-même) un interprète sublime de la nature et de la vérité. Mais la même nuit nous attend tous, et il faut fouler une fois le sentier de la mort. Les uns meurent, donnés par les Furies en spectacle au terrible Mars; la mer avide est le tombeau du nautonier; les funérailles de la vieillesse et de l'enfance se pressent, se confondent; la cruelle Proserpine n'épargne aucune tête. Moi aussi, le vent du midi, compagnon rapide d'Orion à son coucher, m'a englouti dans les ondes illyriennes. Matelot, ne sois pas assez impitoyable pour refuser à mes os et à ma tête sans sépulture quelques grains de ce sable mouvant. En retour, que

Mensorem cohibent, Archyta,
Pulveris exigui prope litus parva Matinum
Munera; nec quidquam tibi prodest
Aerias tentasse domos, animoque rotundum
Percurrisse polum, morituro.

ARCHYTAS.

Occidit et Pelopis genitor, conviva Deorum,
Tithonusque remotus in auras,
Et Jovis arcanis Minos admissus; habentque
Tartara Panthoïden, iterum Orco
Demissum, quamvis, clypeo Trojana refixo
Tempora testatus, nihil ultra
Nervos atque cutem morti concesserat atræ;
Judice te, non sordidus auctor
Naturæ verique. Sed omnes una manet nox,
Et calcanda semel via leti.
Dant alios Furiæ torvo spectacula Marti;
Exitio est avidum mare nautis :
Mixta senum ac juvenum densantur funera : nullum
Sæva caput Proserpina fugit.
Me quoque devexi rapidus comes Orionis
Illyricis Notus obruit undis.
At tu, nauta, vagæ ne parce malignus arenæ
Ossibus et capiti inhumato

tous les orages préparés par l'Eurus aux flots d'Hespérie, tombent sur les forêts de Venuse, et qu'ils épargnent ta tête ! Puissent l'équitable Jupiter, source de tout bonheur, et Neptune, gardien de la ville sacrée de Tarente, verser sur tes jours de nombreux bienfaits ! Ne craindras-tu point de commettre un crime qu'expieraient plus tard tes fils innocents ? Peut-être toi-même auras-tu à subir un juste châtiment et de superbes retours. Mes prières, si tu me délaisses, ne resteront point sans vengeance, et nulle expiation ne pourra racheter ta faute... Quoique tes moments te soient chers, je ne te demande qu'un court délai : jette trois fois sur moi un peu de poussière, et reprends ta course sur les flots.

LÉON HALÉVY.

XXIX

A ICCIUS.

Iccius, tu portes donc maintenant envie aux riches trésors de l'Arabe ; tu prépares une guerre sanglante aux rois, encore indomptés, de Saba ; tu forges des chaînes au Mède redoutable ! Quelle est la jeune vierge étrangère qui, pleurant son fiancé, servira sous tes lois ? Quel est le jeune enfant, élevé dans le luxe des cours, qui, les cheveux parfumés, se tiendra debout pour remplir ta coupe, habile, naguère, à diriger la flèche sérique sur l'arc

Particulam dare : sic, quodcumque minabitur Eurus
    Fluctibus Hesperiis, Venusinæ
Plectantur sylvæ, te sospite ; multaque merces,
    Unde potest, tibi defluat æquo
Ab Jove, Neptunoque sacri custode Tarenti.
    Negligis immeritis nocituram
Postmodo te natis fraudem committere ? Fors et
    Debita jura, vicesque superbæ
Te maneant ipsum ; precibus non linquar inultis,
    Teque piacula nulla resolvent.
Quanquam festinas, non est mora longa ; licebit
    Injecto ter pulvere curras.

XXIX

AD ICCIUM.

Icci, beatis nunc Arabum invides
  Gazis, et acrem militiam paras
    Non ante devictis Sabææ
      Regibus, horribilique Medo
Nectis catenas. Quæ tibi virginum,
  Sponso necato, barbara serviet ?
    Puer quis ex aula capillis
      Ad cyathum statuetur unctis,
Doctus sagittas tendere Sericas

paternel? Qui niera désormais que les ruisseaux, descendant des hautes montagnes, ne puissent remonter vers leurs sommets, et le Tibre refluer vers sa source, puisque tu aspires aujourd'hui à échanger contre des cuirasses d'Ibérie ces nobles écrits de Panétius que tu avais rassemblés de toutes parts, et les leçons de l'école socratique, à qui tu promettais un sage ? LÉON HALÉVY.

XXX

A VÉNUS.

O Vénus, reine de Gnide et de Paphos, quitte l'île chérie de Chypre et transporte-toi dans la demeure élégante de Glycère! elle t'invoque en prodiguant son encens.

Amène-nous ton fils toujours brûlant, les Grâces sans ceinture, les Nymphes, Mercure et la déesse de la Jeunesse, qui, sans toi, est dénuée de charmes. C. L. F. PANCKOUCKE.

XXXI

A APOLLON.

Que demande le poëte à Apollon, à qui l'on érige un temple? que lui demande-t-il en répandant de sa coupe le vin nouveau? ce

Arcu paterno? Quis neget arduis
  Pronos relabi posse rivos
    Montibus, et Tiberim reverti;
Quum tu coemptos undique nobiles
Libros Panæti, Socraticam et domum
  Mutare loricis Iberis,
    Pollicitus meliora, tendis?

XXX

AD VENEREM.

O Venus, regina Gnidi Paphique,
Sperne dilectam Cypron, et vocantis
Thure te multo Glyceræ decoram
  Transfer in ædem.
Fervidus tecum puer, et solutis
Gratiæ zonis, properentque Nymphæ,
Et parum comis sine te Juventas,
  Mercuriusque.

XXXI

AD APOLLINEM.

Quid dedicatum poscit Apollinem
Vates? quid orat, de patera novum
  Fundens liquorem? non opimas

ne sont ni les riches moissons de la Sardaigne féconde, ni les magnifiques troupeaux de la brûlante Calabre, ni l'or ou l'ivoire indien, ni les champs que mord de son onde paisible le Liris, fleuve silencieux.

Qu'ils fassent tomber sous leur serpe le raisin de Calès, ceux que la Fortune a favorisés de ses dons! qu'il épuise dans sa coupe d'or les vins échangés contre les parfums de Syrie, le riche marchand que les dieux protègent, puisque trois et quatre fois, chaque année, il affronte impunément la mer Atlantique! Pour moi, l'olive, la chicorée, la mauve légère, suffisent à mes festins. Accorde-moi, fils de Latone, de jouir, sain de corps et d'esprit, du peu de bien que m'ont acquis mes travaux; fais que ma vieillesse ne soit pas sans gloire et puisse encore toucher la lyre!

LÉON HALÉVY.

XXXII

A SA LYRE.

On me demande des chants... Si jamais, dans mes loisirs, je me suis joué avec toi sous l'ombrage, ô ma lyre, inspire-moi des chants latins qui puissent vivre une année et quelques autres encore! Je t'invoque, toi qui dus tes premiers accords à ce citoyen

>   Sardiniæ segetes feracis;
> Non æstuosæ grata Calabriæ
>   Armenta; non aurum, aut ebur Indicum;
> Non rura, quæ Liris quieta
>   Mordet aqua taciturnus amnis.
> Premant Calena falce, quibus dedit
>   Fortuna, vitem; dives et aureis
>   Mercator exsiccet cullulis
>   Vina Syra reparata merce,
> Dis carus ipsis : quippe ter et quater
> Anno revisens æquor Atlanticum
>   Impune. Me pascunt olivæ,
>   Me cichorea levesque malvæ.
> Frui paratis, et valido mihi,
>   Latoë, dones, ac, precor, integra
>   Cum mente; nec turpem senectam
>   Degere, nec cithara carentem.

XXXII

AD LYRAM.

> Poscimur... Si quid vacui sub umbra
> Lusimus tecum, quod et hunc in annum
> Vivat et plures; age, dic Latinum,
>   Barbite, carmen;
> Lesbio primum modulate civi,
> Qui ferox bello, tamen inter arma,

de Lesbos qui, terrible dans la guerre, savait, au milieu des armes, ou lorsqu'il attachait au rivage humide sa barque battue par l'orage, chanter Bacchus, les Muses, Cythérée et l'enfant qui l'accompagne sans cesse, et Lycus aux yeux noirs, Lycus à la noire chevelure.

O lyre, gloire d'Apollon, toi, chère aux banquets du grand Jupiter, douce consolatrice des chagrins de l'homme, réponds à la voix pieuse de ton poëte qui t'invoque.   LÉON HALÉVY.

XXXIII

A ALBIUS TIBULLE.

Ne gémis plus, Albius, trop sensible au souvenir de cette cruelle Glycère; ne soupire plus d'élégies plaintives, parce qu'un plus jeune amant l'emporte sur toi dans son cœur infidèle!

Lycoris, au joli petit front, brûle pour Cyrus; Cyrus est entraîné vers Pholoé, qui le repousse; et l'on verra les chèvres s'unir aux loups de l'Apulie, avant que Pholoé cède à un indigne amour. Ainsi l'ordonne Vénus, qui se plaît, dans ses jeux cruels, à enchaîner sous un joug d'airain les esprits les plus divers, les êtres les plus opposés.

    Sive jactatam religarat udo
        Litore navim,
    Liberum et Musas, Veneremque, et illi
    Semper hærentem puerum canebat,
    Et Lycum nigris oculis nigroque
        Crine decorum.
    O decus Phœbi, et dapibus supremi
    Grata testudo Jovis! o laborum
    Dulce lenimen, mihi cumque salve
        Rite vocanti!

XXXIII

AD ALBIUM TIBULLUM.

Albi, ne doleas plus nimio, memor
Immitis Glyceræ; neu miserabiles
Decantes elegos, cur tibi junior
    Læsa præniteat fide.
Insignem tenui fronte Lycorida
Cyri torret amor, Cyrus in asperam
Declinat Pholoen; sed prius Appulis
    Jungentur capreæ lupis,
Quam turpi Pholoe peccet adultero.
Sic visum Veneri, cui placet impares
Formas atque animos sub juga ahenea
    Sævo mittere cum joco.

Moi-même, lorsqu'une femme plus digne de moi briguait mon amour, Myrtale l'affranchie me retint sous une chaîne que je chérissais; Myrtale, plus emportée que les flots de l'Adriatique qui creuse les golfes de la Calabre.
LÉON HALÉVY.

XXXIV

PALINODIE.

Moi qui n'honorais les dieux que par de faibles et rares offrandes, égaré par les leçons d'une folle sagesse, je suis obligé maintenant de tourner ma voile, et de reprendre la route que j'avais abandonnée. Car j'ai vu Jupiter, qui, jusqu'à ce jour, ne lançait qu'à travers un ciel chargé de nuages sa foudre étincelante, pousser au milieu d'un ciel pur ses chevaux tonnants et son char rapide. A ce bruit, tout s'ébranle, et la terre insensible, et les fleuves errants, et le Styx, et l'horrible séjour du Ténare odieux, et les sommets de l'Atlas. Oui, le dieu peut élever ce qui est humble, abaisser ce qui est fort, faire briller ce qui est obscur. La Fortune, avec un bruyant éclat, dépouille violemment du diadème un front superbe, et court, joyeuse, le poser sur une autre tête.
LÉON HALÉVY.

Ipsum me melior quum peteret Venus,
Grata detinuit compede Myrtale
    Libertina, fretis acrior Adriæ
        Curvantis Calabros sinus.

XXXIV.

PALINODIA.

    Parcus Deorum cultor, et infrequens
Insanientis dum sapientiæ
    Consultus erro, nunc retrorsum
        Vela dare, atque iterare cursus
Cogor relictos. Namque Diespiter,
Igni corusco nubila dividens
    Plerumque, per purum tonantes
        Egit equos volucremque currum,
Quo bruta tellus et vaga flumina,
Quo Styx, et invisi horrida Tænari
    Sedes, Atlanteusque finis
        Concutitur. Valet ima summis
Mutare, et insignem attenuat Deus,
Obscura promens; hinc apicem rapax
    Fortuna cum stridore acuto
        Sustulit, hic posuisse gaudet.

XXXV

A LA FORTUNE D'ANTIUM.

Déesse qui gouvernes la riante cité d'Antium, toi qui peux élever un mortel du rang le plus obscur, ou changer d'orgueilleux triomphes en funérailles !

C'est toi qu'assiége d'une inquiète prière le pauvre habitant des champs ; c'est toi, maîtresse des mers, qu'invoque le nautonier qui, de sa carène bithynienne, fatigue les flots de Carpathie.

C'est toi qu'implorent le Dace cruel, le Scythe errant, les villes, les nations, le fier habitant du Latium, les mères des rois barbares ; c'est toi que craignent les tyrans couverts de pourpre !

Ils ont peur que, d'un pied injurieux, tu ne renverses leur superbe colonne, et qu'une multitude furieuse, appelant aux armes le citoyen paisible, ne brise leur puissance éphémère !

Devant toi marche toujours la cruelle Nécessité, portant dans sa main d'airain des clous énormes, des coins, le croc fatal et le plomb liquide, instruments de torture.

On voit, près de toi, l'Espérance, et la fidélité si rare, couverte d'un voile blanc, qui ne refuse pas d'accompagner le malheur,

XXXV

AD FORTUNAM ANTIATEM.

O Diva, gratum quæ regis Antium,
Præsens vel imo tollere de gradu
   Mortale corpus, vel superbos
     Vertere funeribus triumphos :
Te pauper ambit sollicita prece
Ruris colonus ; te dominam æquoris,
   Quicumque Bithyna lacessit
     Carpathium pelagus carina.
Te Dacus asper, te profugi Scythæ,
Urbesque gentesque, et Latium ferox,
   Regumque matres barbarorum, et
     Purpurei metuunt tyranni,
Injurioso ne pede proruas
Stantem columnam, neu populus frequens
   Ad arma cessantes, ad arma
     Concitet, imperiumque frangat.
Te semper anteit sæva Necessitas,
Clavos trabales et cuneos manu
   Gestans ahena ; nec severus
     Uncus abest, liquidumque plumbum.
Te Spes et albo rara Fides colit
Velata panno ; nec comitem abnegat,

lorsque, quittant tes somptueux vêtements, tu abandonnes en ennemie la demeure de la puissance.

Mais le perfide vulgaire et la courtisane parjure se retirent alors, avec tous les faux amis, qui se gardent bien de porter ton joug avec les malheureux, et qui s'enfuient quand il n'y a plus de Falerne au fond des coupes.

Conserve-nous les jours de César, prêt à marcher contre les Bretons, aux extrémités du monde! conserve ce nouvel essaim de guerriers qui doivent porter l'effroi dans l'Orient et sur les bords de la mer Rouge!

Hélas! nous rougissons de nos cicatrices, de nos crimes, de nos frères immolés! Age exécrable! devant quel forfait avons-nous reculé? quel crime nous reste-t-il à commettre? de quel objet sacré la crainte des dieux a-t-elle détourné le bras de nos guerriers? quel autel ont-ils épargné?... Oh! puisses-tu reforger sur une enclume nouvelle nos glaives émoussés, et les tourner contre les Massagètes et les Arabes!

LÉON HALÉVY.

XXXVI

SUR LE RETOUR DE PLOTIUS NUMIDUS.

Que l'encens, les chants de la reconnaissance, le sang d'une victime nous acquittent envers les dieux protecteurs qui nous

<pre>
        Utcumque mutata potentes
      Veste domos inimica linquis.
   At vulgus infidum, et meretrix retro
    Perjura cedit; diffugiunt cadis
        Cum fæce siccatis amici,
      Ferre jugum pariter dolosi.
   Serves iturum Cæsarem in ultimos
    Orbis Britannos et juvenum recens
        Examen Eois timendum,
      Partibus Oceanoque rubro.
   Eheu! cicatricum et sceleris pudet,
    Fratrumque! Quid nos dura refugimus
        Ætas? quid intactum nefasti
      Liquimus? unde manum juventus
   Metu Deorum continuit? quibus
    Pepercit aris?... O utinam nova
        Incude diffingas retusum in
      Massagetas Arabasque ferrum!
</pre>

XXXVI

IN REDITUM PLOTII NUMIDÆ

<pre>
      Et thure et fidibus juvat
    Placare, et vituli sanguine debito
</pre>

rendent Numidus. Il revient sain et sauf des extrémités de l'Hespérie. Le voilà qui prodigue ses embrassements à ses amis et surtout à son cher Lamia. Il se souvient qu'ils ont pris ensemble la robe virile. Que ce beau jour soit marqué parmi les jours heureux. De grandes coupes, des danses saliennes, point de repos : que la bacchante Damalis défie Bassus, et que Bassus lui tienne tête. Des roses, des lis, de l'ache toujours verte pour orner la table du festin. Tous les yeux déjà remplis d'ivresse se tourneront vers Damalis, qui enlacera de ses bras son nouvel amant, comme le lierre amoureux ceint le tronc d'un chêne. DARU.

XXXVII

A SES AMIS.

Maintenant il faut boire, amis; maintenant il faut d'un pied libre frapper la terre; maintenant il faut charger de mets dignes des Saliens les tables consacrées aux festins des dieux.

Avant ce jour, pouvions-nous sans rougir tirer le vieux Cécube du cellier paternel, tandis qu'éblouie par sa fortune, une reine,

    Custodes Numidæ Deos,
Qui nunc Hesperia sospes ab ultima,
    Caris multa sodalibus,
Nulli plura tamen dividit oscula
    Quam dulci Lamiæ, memor
Actæ non alio rege puertiæ,
    Mutatæque simul togæ.
Cressa ne careat pulchra dies nota;
    Neu promptæ modus amphoræ,
Neu morem in Salium sit requies pedum;
    Neu multi Damalis meri
Bassum Threicia vincat amystide :
    Neu desint epulis rosæ,
Neu vivax apium, neu breve lilium.
    Omnes in Damalin putres
Deponent oculos ; nec Damalis novo
    Divelletur adultero,
Lascivis hederis ambitiosior.

XXXVII

AD SODALES.

Nunc est bibendum, nunc pede libero
Pulsanda tellus; nunc Saliaribus
    Ornare pulvinar Deorum
        Tempus erat dapibus, sodales.
Antehac nefas depromere Cæcubum
Cellis avitis, dum Capitolio

assemblant une horde de vils guerriers rongés d'ulcères hideux, se préparait follement à régner sur les ruines du Capitole, et assistait en espoir aux funérailles de l'empire? Mais sa fureur s'évanouit lorsqu'elle vit à peine un seul de ses vaisseaux échapper à l'incendie qui dévora sa flotte immense. L'effroi remplaça dans son cœur l'ivresse audacieuse dont l'avait enflammé le vin maréotique. Tel qu'un vorace épervier se précipite sur de faibles colombes, ou tel qu'un chasseur fond sur un lièvre timide à travers les champs neigeux de la Thessalie, César, excitant ses rameurs, s'élance des bords de l'Italie, triomphe, et charge de chaînes ce monstre fatal.

Cependant, supérieure à son sexe, cette femme ambitionne le plus noble trépas; elle voit le glaive sans pâlir; elle ne va point, se confiant à la vitesse des rames, s'ensevelir dans une retraite lointaine : d'un front serein, elle ose revoir son palais consterné : elle s'empare de hideux serpents, les presse, et fait couler dans ses veines un mortel venin. Fière d'une mort qu'elle-même a choisie, elle dérobe au vainqueur la gloire de traîner en triomphe une femme que le sort ne peut humilier. DE PONGERVILLE.

<blockquote>
Regina dementes ruinas,
 Funus et imperio parabat,
Contaminato cum grege turpium
Morbo virorum, quidlibet impotens
 Sperare, fortunaque dulci
  Ebria. Sed minuit furorem
Vix una sospes navis ab ignibus;
Mentemque lymphatam Mareotico
 Redegit in veros timores
  Cæsar, ab Italia volantem
Remis adurgens (accipiter velut
Molles columbas, aut leporem citus
 Venator, in campis nivalis
  Hæmoniæ), daret ut catenis
Fatale monstrum. Quæ generosius
Perire quærens, nec muliebriter
 Expavit ensem, nec latentes
  Classe cita reparavit oras:
Ausa et jacentem visere regiam
Vultu sereno, fortis et asperas
 Tractare serpentes, ut atrum
  Corpore combiberet venenum,
Deliberata morte ferocior:
Sævis Liburnis scilicet invidens
 Privata deduci superbo
  Non humilis mulier triumpho.
</blockquote>

XXXVIII

A SON JEUNE ESCLAVE.

Jeune esclave, je hais le faste des Perses; je n'aime pas ces couronnes enlacées de l'écorce du tilleul. Dispense-toi de chercher en quel lieu tu trouveras la rose tardive.

Trop jaloux de me plaire, n'ajoute rien au simple myrte. Le myrte sied bien à ton front, lorsque tu remplis ma coupe; et au mien, lorsque je bois sous l'épais ombrage de la vigne.

LÉON HALÉVY.

XXXVIII

AD PUERUM.

Persicos odi, puer, apparatus;
Displicent nexæ philyra coronæ:
Mitte sectari rosa quo locorum
    Sera moretur.
Simplici myrto nihil allabores
Sedulus curæ; neque te ministrum
Dedecet myrthus, neque me sub arcta
    Vite bibentem.

ODES

LIVRE DEUXIÈME

I

A ASINIUS POLLION.

Nos troubles civils nés sous le consulat de Metellus, les causes de la guerre, ses résultats coupables, ses vicissitudes, les jeux de la Fortune, les funestes amitiés des chefs, nos armes teintes d'un sang qui n'est pas encore expié, tel est le sujet plein de dangers et d'écueils que choisit ton courage : tu marches sur des feux recouverts d'une cendre trompeuse.

Que la muse sévère de la tragédie manque un instant à nos théâtres ! bientôt, quand tu auras tracé le tableau de nos grands événements, tu reprendras le cothurne de Cécrops et la noble tâche du poëte, ô Pollion, illustre appui de l'accusé gémissant, lumière du sénat dans ses conseils, toi que les trophées de Dalmatie ont couvert d'un immortel laurier.

I

AD ASINIUM POLLIONEM.

Motum ex Metello consule civicum,
Bellique causas, et vitia, et modos,
 Ludumque Fortunæ, gravesque
  Principum amicitias, et arma
Nondum expiatis uncta cruoribus,
Periculosæ plenum opus aleæ
 Tractas, et incedis per ignes
  Suppositos cineri doloso.
Paulum severæ musa tragœdiæ
Desit theatris : mox, ubi publicas
 Res ordinaris, grande munus
  Cecropio repetes cothurno,
Insigne mœstis præsidium reis,
Et consulenti, Pollio, curiæ;
 Cui laurus æternos honores
  Dalmatico peperit triumpho

Déjà tu frappes nos oreilles du son menaçant de la trompette ; déjà résonnent les clairons ; déjà l'éclat des armes effraie le coursier qui veut fuir, et fait pâlir le guerrier.

Déjà je crois entendre la voix de ces grands capitaines tout couverts d'une noble poussière ; je vois l'univers entier soumis, excepté l'âme inflexible de Caton.

Junon et tous les dieux amis de l'Afrique s'étaient retirés impuissants de cette terre qu'ils ne vengeaient pas ; mais ils y ont ramené les petits-fils des vainqueurs pour les immoler en hécatombes à Jugurtha.

Quelle terre ne s'est engraissée du sang latin? quel champ n'atteste par ses tombeaux nos combats sacrilèges, et la chute de l'Hespérie, qui a retenti jusque chez le Mède?

Quel gouffre ou quels fleuves ont ignoré nos funestes guerres? quelle mer ne s'est pas rougie de nos carnages? quel rivage manque de nos cadavres?

Mais, ô Muse imprudente, n'abandonne pas tes modestes jeux, pour t'élever au ton plaintif du chantre de Céos! Viens avec moi dans l'antre de Vénus, apprendre à tes cordes de plus légers accords!

LÉON HALÉVY.

Jam nunc minaci murmure cornuum
Perstringis aures; jam lituï strepunt;
    Jam fulgor armorum fugaces
        Terret equos, equitumque vultus.
Audire magnos jam videor duces
Non indecoro pulvere sordidos,
    Et cuncta terrarum subacta,
        Præter atrocem animum Catonis
Juno, et Deorum quisquis amicio
Afris, inulta cesserat impotens
    Tellure, victorum nepotes
        Rettulit inferias Jugurthæ.
Quis non Latino sanguine pinguior
Campus sepulcris impia prœlia
    Testatur, auditumque Medis
        Hesperiæ sonitum ruinæ?
Qui gurges, aut quæ flumina lugubris
Ignara belli? quod mare Dauniæ
    Non decoloravere cædes?
        Quæ caret ora cruore nostro?
Sed ne, relictis, Musa procax, jocis,
Ceæ retractes munera næniæ :
    Mecum, Dionæo sub antro,
        Quære modos leviore plectro.

II

A CRISPE SALLUSTE.

Quel éclat peut avoir l'argent, dis-moi, Crispe Salluste, toi l'ennemi des lingots enfouis sous la terre avare, s'il ne brille par le sage emploi qu'on en sait faire?

Il vivra dans un long avenir, ce Proculeius connu pour avoir eu un cœur paternel envers ses frères ; et son nom sera porté sur les ailes infatigables de la Renommée, quand il ne sera plus.

Vous aurez un empire plus vaste, en maîtrisant vos désirs ambitieux, que si votre domination s'étendait de la Libye aux extrémités de l'Espagne, et que l'une et l'autre Carthage obéît à vous seul.

Il enfle davantage, cruel envers lui-même, en cédant à sa soif, ce malheureux hydropique : pourra-t-il chasser l'ardeur qui le dévore, tant que le principe du mal n'aura pas abandonné ses veines, et qu'une lymphe indolente entretiendra la pâleur de son corps?

Au trône de Cyrus est remonté Phraate : malgré l'opinion du vulgaire, il est exclus du nombre des mortels fortunés par l'auguste vertu qui enseigne aux peuples à ne point se payer de mots vides de sens. Elle n'assure l'empire et le diadème, elle n'accorde

II

AD CRISPUM SALLUSTIUM.

Nullus argento color est, avaris
Abditæ terris inimice lamnæ,
Crispe Sallusti, nisi temperato
  Splendeat usu.

Vivet extento Proculeius ævo,
Notus in fratres animi paterni :
Illum aget penna metuente solvi
  Fama superstes.

Latius regnes avidum domando
Spiritum, quam si Libyam remotis
Gadibus jungas, et uterque Pœnus
  Serviat uni.

Crescit indulgens sibi dirus hydrops,
Nec sitim pellit, nisi causa morbi
Fugerit venis, et aquosus albo
  Corpore languor.

Redditum Cyri solio Phraaten,
Dissidens plebi, numero beatorum
Eximit virtus, populumque falsis
  Dedocet uti

Vocibus; regnum et diadema tutum
Deferens uni, propriamque laurum,

III

A DELLIUS.

Souviens-toi de conserver une âme toujours égale, inébranlable sous les coups du malheur, inaccessible à la folle ivresse qui suit la prospérité! car tu dois mourir, Dellius! soit que ta vie entière s'écoule dans la tristesse, soit que, toujours en fêtes, et mollement couché à l'écart sur un frais gazon, tu fasses couler à longs flots le plus vieux Falerne.

Hâte-toi donc! dans ce lieu charmant, où le pin superbe et le pâle peuplier se plaisent à confondre l'ombre hospitalière de leurs rameaux, où l'onde fugitive lutte avec un doux murmure contre les obstacles qui arrêtent son cours, fais porter du vin, des parfums, et ces roses, hélas! qui ont si peu de temps à vivre! Profite du temps où ta fortune, ton âge, et le noir fuseau des trois Sœurs te le permettent encore.

Il faudra les quitter, ces vastes domaines achetés à grands frais; cette jolie maison des champs, dont le Tibre vient baigner les murs, il faudra la quitter! et d'avides héritiers jouiront de tant de trésors, si péniblement accumulés!

> Quisquis ingentes oculo irretorto
> Spectat acervos.

III

AD DELLIUM.

Æquam memento rebus in arduis
Servare mentem, non secus in bonis
　Ab insolenti temperatam
　　Lætitia, moriture Delli:
Seu mœstus omni tempore vixeris,
Seu te in remoto gramine, per dies
　Festos, reclinatum bearis
　　Interiore nota Falerni.
Qua pinus ingens, albaque populus
Umbram hospitalem consociare amant
　Ramis, et obliquo laborat
　　Lympha fugax trepidare rivo;
Huc vina, et unguenta, et nimium breves
Flores amœnos ferre jube rosæ;
　Dum res et ætas et Sororum
　　Fila trium patientur atra.
Cedes coemptis saltibus, et domo,
Villaque flavus quam Tiberis lavit;
　Cedes, et exstructis in altum
　　Divitiis potietur hæres.

Riche ou pauvre, fils du puissant Inachus, ou du dernier des citoyens, sans autre abri que les cieux, tu n'en seras pas moins la victime de l'inexorable Pluton. Une loi commune nous pousse tous vers le même terme : agité par la main du Sort dans l'urne redoutable, tôt ou tard le nom de chacun de nous en sortira, et la fatale barque nous conduira aux lieux de l'exil qui ne connaît point de retour. AMAR.

IV

A XANTHIAS.

Ne rougis pas, Xanthias, de l'amour que t'a inspiré ta jeune esclave ! Briséis, au teint d'albâtre, n'a-t-elle point touché le cœur indomptable d'Achille ?

Tecmesse, cette autre captive, n'a-t-elle point séduit par sa beauté son maître Ajax, fils de Télamon ? Agamemnon lui-même, au milieu de son triomphe, n'a-t-il pas brûlé pour une vierge prisonnière, lorsque les bataillons barbares furent tombés sous le Thessalien vainqueur, et que la chute d'Hector eut livré aux Grecs fatigués la conquête, alors facile, de Pergame ?

Que sait-on ? peut-être la blonde Phyllis a-t-elle d'illustres parents dont tu seras fier d'être le gendre. Sans doute, elle est d'un sang royal, et pleure ses foyers trahis par ses dieux.

Divesne, prisco natus ab Inacho,
Nil interest, an pauper et infima
   De gente, sub divo moreris,
      Victima nil miserantis Orci.
Omnes eodem cogimur : omnium
Versatur urna, serius ocius
   Sors exitura, et nos in æternum
      Exilium impositura Cymbæ.

IV

AD XANTHIAM.

Ne sit ancillæ tibi amor pudori,
Xanthia Phoceu ! Prius insolentem
   Serva Briseis niveo colore
      Movit Achillem.
Movit Ajacem Telamone natum
Forma captivæ dominum Tecmessæ.
Arsit Atrides medio in triumpho
      Virgine rapta,
Barbaræ postquam cecidere turmæ,
Thessalo victore, et ademptus Hector
Tradidit fessis leviora tolli
      Pergama Graiis.
Nescias an te generum beati
Phyllidis flavæ decorent parentes :
Regium certe genus, et penates
      Mœret iniquos.

Crois qu'elle n'est point d'un sang vil et coupable, la femme qui a conquis ton amour; et qu'une amante d'une fidélité si rare, d'un désintéressement si pur, ne doit pas avoir à rougir de sa mère.

Je puis louer sans crime ses bras, son visage, sa jambe arrondie. Soupçonneras-tu un ami dont l'âge vient de compter son huitième lustre ?
LÉON HALÉVY.

V

SUR LALAGÉ.

Elle ne peut pas encore supporter le joug, y ployer sa tête, partager les travaux d'un compagnon, ni soutenir le choc amoureux du taureau pesant.

Le cœur de ta génisse est tout entier aux verdoyants pâturages; elle n'a d'autres désirs que d'aller, tantôt se soustraire dans les ondes à la chaleur accablante, tantôt folâtrer avec ses jeunes compagnes au milieu des saules humides.

Ne cueille pas la grappe encore verte; bientôt l'automne aux couleurs variées t'offrira ses noirs raisins teints de pourpre.

Bientôt elle-même te recherchera : car le temps, qui fuit sans pitié, lui donnera les années qu'il t'aura enlevées.

Bientôt, le front moins timide, elle demandera un époux, et elle

   Crede non illam tibi de scelesta
   Plebe dilectam, neque sic fidelem,
   Sic lucro adversam potuisse nasci
    Matre pudenda.
   Brachia et vultum, teretesque suras
   Integer laudo; fuge suspicari,
   Cujus octavum trepidavit ætas
    Claudere lustrum.

V

IN LALAGEN.

   Nondum subacta ferre jugum valet
   Cervice, nondum munia comparis
    Æquare, nec tauri ruentis
     In Venerem tolerare pondus.
   Circa virentes est animus tuæ
   Campos juvencæ, nunc fluviis gravem
    Solantis æstum, nunc in udo
     Ludere cum vitulis salicto
   Prægestientis. Tolle cupidinem
   Immitis uvæ : jam tibi lividos
    Distinguet autumnus racemos
     Purpureo varius colore.
   Jam te sequetur : currit enim ferox
   Ætas, et illi, quos tibi dempserit,
    Apponet annos; jam proterva

sera adorée plus que ne le furent jamais et Chloris et la coquette Pholoé.

Lalagé, aux blanches épaules, aura l'éclat de la lune brillante qui se réfléchit au sein des mers, ou de Gygès beau comme l'Amour, et qui, mêlé à un groupe de jeunes filles, par sa chevelure flottante et par la délicatesse de ses traits, abuserait les yeux les plus clairvoyants.

C. L. F. PANCKOUCKE.

VI

A SEPTIME.

Septime, toi qui me suivrais jusqu'à la lointaine Gadès chez le Cantabre indocile à porter notre joug, et jusqu'au milieu des Syrtes barbares, où bouillonnent sans cesse les flots de Mauritanie; puisse Tibur, cette ville fondée par une colonie d'Argiens, être la demeure de ma vieillesse! puissé-je y trouver le repos, après mes courses sur terre et sur mer, après la fatigue des camps!

Si la Parque cruelle me défend ce riant séjour, j'irai chercher le fleuve Galésus, cher aux brebis couvertes d'une riche toison; j'irai vers ces campagnes où régna Phalante le Laconien.

Ce coin de terre me sourit par-dessus tous les autres; là je trouve

> Fronte petet Lalage maritum,
> Dilecta, quantum non Pholoë fugax,
> Non Chloris; albo sic humero nitens,
> Ut pura nocturno renidet
> Luna mari, Gnidiusve Gyges;
> Quem si puellarum insereres choro,
> Mire sagaces falleret hospites
> Discrimen obscurum, solutis
> Crinibus ambiguoque vultu.

VI

AD SEPTIMIUM.

> Septimi, Gades aditure mecum, et
> Cantabrum indoctum juga ferre nostra, et
> Barbaras Syrtes, ubi Maura semper
> Æstuat unda;
> Tibur, Argeo positum colono,
> Sit meæ sedes utinam senectæ!
> Sit modus lasso maris, et viarum,
> Militiæque!
> Unde si Parcæ prohibent iniquæ,
> Dulce pellitis ovibus Galæsi
> Flumen, et regnata petam Laconi
> Rura Phalanto.
> Ille terrarum mihi præter omnes
> Angulus ridet, ubi non Hymetto

un miel qui ne le cède point à celui du mont Hymette ; le fruit de l'olivier le dispute à la verte olive de Vénafre ;

Là se prolonge un doux printemps, et Jupiter n'impose aux champs qu'un tiède hiver ; et les coteaux d'Aulon, chers à Bacchus qui les enrichit de ses dons, n'ont rien à envier aux vignes de Falerne.

Ce beau lieu, cette heureuse retraite, t'appellent avec moi, Septime ! Là, tu arroseras ma cendre, chaude encore des larmes que tu dois à un ami.   LÉON HALÉVY.

VII

A POMPÉE VARUS.

O toi, qui souvent crus toucher avec moi à ta dernière heure, lorsque nous suivions les drapeaux de Brutus, qui t'a rendu à la vie civile, aux dieux de la patrie, et au ciel de l'Italie, Pompée, le premier de tous mes amis, toi avec qui tant de fois j'ai abrégé, la coupe en main, la lenteur du jour, couronnant de fleurs mes cheveux tout brillants des parfums de la Syrie ?

Avec toi j'ai partagé la défaite de Philippes ; et, dans notre fuite rapide, j'oubliai, j'en rougis, mon bouclier en ce jour fatal où fut écrasé le courage, où l'on vit le front des plus braves honteusement toucher la poussière !

Mella decedunt, viridique certat
  Bacca Venafro ;
Ver ubi longum, tepidasque præbet
Jupiter brumas, et amicus Aulon
Fertili Baccho minimum Falernis
  Invidet uvis.
Ille te mecum locus et beatæ
Postulant arces ; ibi tu calentem
Debita sparges lacryma favillam
  Vatis amici.

VII

AD POMPEIUM VARUM.

O sæpe mecum tempus in ultimum
Deducte, Bruto militiæ duce,
  Quis te redonavit Quiritem
    Dis patriis Italoque cœlo,
Pompei, meorum prime sodalium,
Cum quo morantem sæpe diem mero
  Fregi, coronatus nitentes
    Malobathro Syrio capillos ?
Tecum Philippos et celerem fugam
Sensi, relicta non bene parmula,
  Quum fracta virtus, et minaces
    Turpe solum tetigere mento.

Mais le léger Mercure m'enleva tout tremblant dans un épais nuage à travers les ennemis ; tandis que l'onde orageuse, dans ses gouffres bouillonnants, t'entraînait de nouveau vers les combats.

Offre donc à Jupiter le festin que tu lui dois; viens reposer sous mon laurier ton corps fatigué de tes longues guerres, et n'épargne point ces tonneaux qui te sont destinés.

Remplis ces coupes si brillantes, du Massique qui fait tout oublier; fais couler les parfums de ces larges conques! Qui songe à nous tresser sans retard de fraîches couronnes d'ache ou de myrte? qui sera nommé par Vénus roi du festin? Je veux aujourd'hui n'être pas plus sage qu'un Thrace : il m'est doux de perdre la raison quand je retrouve un ami. LÉON HALÉVY.

VIII

A BARINES.

Barines, si tu avais subi quelque châtiment de tes parjures; si une seule de tes dents eût été noircie, si un seul de tes ongles eût été déformé, je te croirais.

Mais à peine ta perfidie t'a-t-elle engagée par de nouveaux serments, tu parais plus belle que jamais, et tu t'avances adorée de toute notre jeunesse.

Sed me per hostes Mercurius celer
- Denso paventem sustulit aëre :
Te rursus in bellum resorbens
Unda fretis tulit æstuosis.
Ergo obligatam redde Jovi dapem ;
Longaque fessum militia latus
Depone sub lauro mea; nec
Parce cadis tibi destinatis.
Oblivioso lævia Massico
Ciboria exple; funde capacibus
Unguenta de conchis. Quis udo
Deproperare apio coronas
Curatve myrto? quem Venus arbitrum
Dicet bibendi? Non ego sanius
Bacchabor Edonis : recepto
Dulce mihi furere est amico.

VIII

AD BARINEN.

Ulla si juris tibi pejerati
Pœna, Barine, nocuisset unquam;
Dente si nigro fieres, vel uno
Turpior ungui,
Crederem. Sed tu, simul obligasti
Perfidum votis caput, enitescis
Pulchrior multo, juvenumque prodis
Publica cura.

Il te réussit d'insulter à l'urne qui couvre les cendres d'une mère, aux astres silencieux de la nuit, au ciel et aux dieux suprêmes, exempts de la froide mort.

Mais que dis-je ! Vénus elle-même en rit, et les Nymphes faciles, et Cupidon, qui aiguise sans cesse sur une pierre ensanglantée ses flèches brûlantes.

Enfin c'est pour toi que grandissent tous nos adolescents, ce sont de nouveaux esclaves à toi seule réservés ; et tes anciens amants, si souvent chassés, ne peuvent quitter le toit d'une maîtresse impie.

Les mères te redoutent pour leurs fils, les vieillards économes te craignent, et les vierges nouvellement mariées tremblent, dans leur inquiétude, que ton souffle ne leur enlève leurs époux.

C. L. F. PANCKOUCKE

IX

A VALGIUS.

Les nuages ne versent point sans cesse la pluie sur les champs attristés ; la mer Caspienne n'est point tourmentée par d'éternelles tempêtes ; et sur les plaines de l'Arménie, cher Valgius, ne pèse point toute l'année la glace immobile ; les chênes du Gargane

Expedit matris cineres opertos
Fallere, et toto taciturna noctis
Signa cum cœlo, gelidaque Divos
    Morte carentes.
Ridet hoc, inquam, Venus ipsa ; rident
Simplices Nymphæ, ferus et Cupido,
Semper ardentes acuens sagittas
    Cote cruenta.
Adde quod pubes tibi crescit omnis,
Servitus crescit nova ; nec priores
Impiæ tectum dominæ relinquunt,
    Sæpe minati.
Te suis matres metuunt juvencis ;
Te senes parci ; miseræque nuper
Virgines nuptæ, tua ne retardet
    Aura maritos.

IX

AD VALGIUM.

Non semper imbres nubibus hispidos
Manant in agros, aut mare Caspium
    Vexant inæquales procellæ
      Usque ; nec Armeniis in oris,
Amice Valgi, stat glacies iners
Menses per omnes ; aut Aquilonibus
    Querceta Gargani laborant,

ne sont point toujours battus par l'Aquilon, et l'orne ne pleure pas toujours son feuillage.

Pour toi, tu poursuis d'éternels regrets Mystès que la mort t'a enlevé. Tes plaintes ne s'apaisent, ni quand se lève l'étoile de Vénus, ni quand elle fuit devant le soleil rapide.

Mais le vieux Nestor, qui vécut trois âges, ne pleura pas toujours l'aimable Antiloque ; le jeune Troïle fut-il pleuré toujours par ses parents, et par les Phrygiennes, ses sœurs désolées?

Cesse donc ces plaintes peu dignes de ton courage ! Célèbre plutôt avec moi les nouveaux trophées de César Auguste, le Niphate glacé, et le fleuve de Médie, ajoutés à nos conquêtes, et roulant des flots moins superbes ; célèbre le Gélon retenant son coursier dans les étroites limites que lui prescrivent nos victoires.

LÉON HALÉVY.

X

A LICINIUS.

Dans la traversée de la vie, cher Licinius, il ne faut ni braver toujours les périls de la pleine mer, ni, par une crainte excessive des tempêtes, serrer de trop près le rivage semé de perfides écueils.

Celui qui chérit la médiocrité, plus précieuse que l'or, vit sans

Et foliis viduantur orni.
Tu semper urges flebilibus modis
Mysten ademptum; nec tibi, Vespero
  Surgente, decedunt amores,
    Nec rapidum fugiente solem.
At non ter ævo functus amabilem
Ploravit omnes Antilochum senex
  Annos, nec impubem parentes
    Troïlon, aut Phrygiæ sorores
Flevere semper. Desine mollium
Tandem querelarum, et potius nova
  Cantemus Augusti tropæa
    Cæsaris, et rigidum Niphaten,
Medumque flumen gentibus additum
Victis, minores volvere vortices,
  Intraque præscriptum, Gelonos
    Exiguis equitare campis.

X

AD LICINIUM.

Rectius vives, Licini, neque altum
Semper urgendo; neque, dum procellas
Cautus horrescis, nimium premendo
  Litus iniquum.
Auream quisquis mediocritatem

inquiétude et sans ambition; il n'habite ni sous un toit délabré qu'attriste la hideuse misère, ni sous des lambris fastueux dont on envie la magnificence.

La cime élevée des pins est sans cesse battue par les vents; les hautes tours sont celles qui s'écroulent avec le plus de fracas; et la foudre frappe le sommet des montagnes.

L'âme préparée aux coups du sort, dans la bonne ou la mauvaise fortune, craint ou espère un changement; Jupiter chasse et ramène tour à tour les sombres hivers.

Si nous sommes mal aujourd'hui, peut-être serons-nous mieux demain; Apollon ne tient pas toujours tendu son arc terrible; quelquefois, prenant sa lyre, il réveille la muse silencieuse.

Montrez-vous ferme et courageux dans le malheur; mais si le vent trop favorable vient avec force enfler vos voiles, soyez sage et hâtez-vous de les replier.

ANDRIEUX.

XI

A QUINCTIUS HIRPINUS.

Ne t'occupe pas, Quinctius, à prévoir ce que peuvent méditer le Cantabre belliqueux ou le Scythe, puisque l'Adriatique nous en sépare; ne t'agite pas sans cesse pour les besoins d'une vie qui

   Diligit, tutus caret obsoleti
  Sordibus tecti, caret invidenda
    Sobrius aula.
  Sæpius ventis agitatur ingens
  Pinus, et celsæ graviore casu
  Decidunt turres, feriuntque summos
    Fulmina montes.
  Sperat infestis, metuit secundis
  Alteram sortem bene præparatum
  Pectus. Informes hiemes reducit
    Jupiter, idem
  Summovet. Non, si male nunc, et olim
  Sic erit: quondam cithara tacentem
  Suscitat musam, neque semper arcum
    Tendit Apollo.
  Rebus angustis animosus atque
  Fortis appare; sapienter idem
  Contrahes vento nimium secundo
    Turgida vela.

XI

AD QUINCTIUM HIRPINUM.

  Quid bellicosus Cantaber, et Scythes,
  Hirpine Quincti, cogitet, Adria
    Divisus objecto, remittas

demande si peu ! Rapidement s'enfuient la jeunesse brillante et la beauté ; la triste vieillesse arrive, chassant les amours folâtres et le sommeil facile.

Les fleurs du printemps ne conservent pas toujours leur fraîcheur ; la lune voit souvent pâlir l'éclat de son disque lumineux. Pourquoi fatigues-tu par d'éternels soucis ton âme trop faible pour les supporter ?

Pourquoi ne viens-tu pas plutôt, couché comme moi nonchalamment sous ce haut platane ou sous ce pin, mêlant la rose odorante aux cheveux blancs, et le parfum de Syrie à la rose, boire le Falerne, tandis que nous le pouvons encore ?

Bacchus dissipe les soucis rongeurs. Quel jeune esclave va rafraîchir ces amphores brûlantes en les plongeant dans ce ruisseau qui s'enfuit ?

Qui arrachera pour nous la courtisane Lydé à sa mystérieuse demeure ? Cours, enfant, qu'elle se hâte ; qu'elle vienne avec sa lyre d'ivoire, les cheveux relevés par un simple nœud, à la manière des filles de Sparte !

LÉON HALÉVY.

XII

A MÉCÈNE.

N'exige point, Mécène, que ma lyre, aux faibles accords, essaie

  Quærere, nec trepides in usum
Poscentis ævi pauca. Fugit retro
Levis juventas, et decor, arida
  Pellente lascivos amores
   Canitie, facilemque somnum.
Non semper idem floribus est honos
Vernis, neque uno Luna rubens nitet
  Vultu. Quid æternis minorem
   Consiliis animum fatigas?
Cur non sub alta vel platano, vel hac
Pinu jacentes sic temere, et rosa
  Canos odorati capillos,
   Dum licet, Assyriaque nardo
Potamus uncti? Dissipat Evius
Curas edaces. Quis puer ocius
  Restinguet ardentis Falerni
   Pocula, prætereunte lympha?
Quis devium scortum eliciet domo
Lyden? Eburna dic age cum lyra
  Maturet, incomptam, Lacænæ
   More, comam religata nodo.

XII

AD MÆCENATEM.

Nolis longa feræ bella Numantiæ

de chanter les longues guerres de la superbe Numance, le terrible Annibal, la mer de Sicile, rouge du sang carthaginois; ou les cruels Lapithes, l'ivresse d'Hylée, et les géants, fils de la Terre, qui avaient fait trembler la demeure radieuse du vieux Saturne, domptés par la main d'Hercule.

Tu sauras mieux que moi, Mécène, dans ta noble prose, chanter les combats de César, et ces rois, naguère menaçants, conduits dans les rues de Rome, chargés de fer.

Pour moi, ma muse m'ordonne de chanter la douce voix de Licymnie, ta souveraine, ses yeux pleins d'un si vif éclat, et votre cœur, si fidèle à vos mutuelles amours.

Elle brille par sa légèreté dans nos danses, par son esprit dans nos jeux; par sa grâce, lorsqu'aux fêtes de Diane, ses mains s'entrelacent aux mains de ses riantes compagnes.

Voudrais-tu, dis-moi, contre tous les biens d'Achéménès, contre les richesses de la féconde Phrygie et tous les trésors de l'Arabe, échanger un seul des cheveux de Licymnie,... lorsqu'elle tourne sa tête vers tes brûlantes caresses, ou que sa facile rigueur te refuse le baiser qu'elle voudrait plus que toi se voir ravir, et qu'une autre fois elle te ravira la première ?

LÉON HALÉVY.

> Nec durum Annibalem, nec Siculum mare
> Pœno purpureum sanguine, mollibus
>   Aptari citharæ modis;
> Nec sævos Lapithas, et nimium mero
> Hylæum, domitosque Herculea manu
> Telluris juvenes, unde periculum
>   Fulgens contremuit domus
> Saturni veteris. Tuque pedestribus
> Dices historiis prœlia Cæsaris,
> Mæcenas, melius, ductaque per vias
>   Regum colla minantium.
> Me dulces dominæ musa Licymniæ
> Cantus, me voluit dicere lucidum
> Fulgentes oculos, et bene mutuis
>   Fidum pectus amoribus:
> Quam nec ferre pedem dedecuit choris,
> Nec certare joco, nec dare brachia
> Ludentem nitidis virginibus, sacro
>   Dianæ celebris die.
> Num tu, quæ tenuit dives Achæmenes,
> Aut pinguis Phrygiæ Mygdonias opes,
> Permutare velis crine Licymniæ,
>   Plenas aut Arabum domos ?
> Dum flagrantia detorquet ad oscula
> Cervicem, aut facili sævitia negat
> Quæ poscente magis gaudeat eripi;
>   Interdum rapere occupet?

XIII

CONTRE UN ARBRE QUI, DANS SA CHUTE, AVAIT FAILLI L'ÉCRASER.

Ce fut dans un jour néfaste qu'on te planta, arbre fatal ; ce fut une main sacrilége qui te fit croître pour le malheur de la race future et l'opprobre du hameau.

Sans doute il avait brisé la tête de son vieux père, et pendant la nuit arrosé ses foyers du sang de son hôte ; sans doute il avait manié les poisons de la Colchide, et conçu tout ce que l'esprit peut enfanter de forfaits, celui qui te plaça dans mon champ, arbre maudit, qui devais tomber un jour sur la tête de ton maître innocent !

L'homme ne peut jamais assez prévoir les dangers qu'il doit éviter. Le matelot carthaginois craint le Bosphore, et ne pense pas aux périls que lui garde ailleurs l'aveugle destin ; le soldat romain craint la flèche du Parthe et sa fuite rapide ; le Parthe redoute les chaînes et le bras robuste du Romain, mais toujours une mort inattendue a frappé et frappera les humains.

Que j'ai été près de voir le royaume de la sombre Proserpine, Éaque et son tribunal, les demeures écartées des âmes pieuses, et

XIII

IN ARBOREM CUJUS CASU PÆNE OPPRESSUS FUERAT.

Ille et nefasto te posuit die,
  Quicumque primum, et sacrilega manu
    Produxit, arbos, in nepotum
      Perniciem, opprobriumque pagi :
Illum et parentis crediderim sui
Fregisse cervicem, et penetralia
    Sparsisse nocturno cruore
      Hospitis ; ille, venena Colcha,
Et quidquid usquam concipitur nefas,
Tractavit, agro qui statuit meo
    Te, triste lignum, te caducum
      In domini caput immerentis.
Quid quisque vitet, nunquam homini satis
Cautum est in horas. Navita Bosphorum
    Pœnus perhorrescit, neque ultra
      Cæca timet aliunde fata ;
Miles sagittas et celerem fugam
Parthi, catenas Parthus et Italum
    Robur ; sed improvisa leti
      Vis rapuit rapietque gentes.
Quam pene furvæ regna Proserpinæ,
Et judicantem vidimus Æacum,

Sapho se plaignant sur les cordes éoliennes des jeunes filles de sa patrie ; et toi, Alcée, faisant répéter aux mâles accents de ta lyre d'or les dangers de la mer, les maux de l'exil, les maux des combats !

Les Ombres les écoutent toutes deux, et admirent ces chants dignes d'un religieux silence ; mais la foule épaisse du vulgaire prête une oreille plus avide aux récits des combats et des tyrans détrônés.

Faut-il s'en étonner, puisqu'à ces chants divins, le monstre aux cent têtes, immobile, stupéfait, baisse ses noires oreilles ; puisque les serpents enlacés aux cheveux des Euménides tressaillent de ravissement ?

Prométhée et le père de Pélops trouvent dans ces doux accents l'oubli passager de leurs maux ; Orion lui-même ne songe plus à poursuivre les lions et les lynx timides.

LÉON HALÉVY.

XIV

A POSTUME.

Postume, hélas ! cher Postume, les années fugitives s'écoulent, disparaissent ; et nos prières ne peuvent retarder les rides de la vieillesse qui nous presse, et la mort que rien ne peut dompter.

   Sedesque discretas piorum, et
    Æoliis fidibus querentem
   Sappho puellis de popularibus;
   Et te sonantem plenius aureo,
    Alcæe, plectro, dura navis,
     Dura fugæ mala, dura belli !
   Utrumque sacro digna silentio
    Mirantur Umbræ dicere ; sed magis
    Pugnas, et exactos tyrannos
     Densum humeris bibit aure vulgus.
   Quid mirum, ubi illis carminibus stupens
    Demittit atras bellua centiceps
    Aures, et intorti capillis
     Eumenidum recreantur angues ?
   Quin et Prometheus et Pelopis parens
    Dulci laborum decipitur sono ;
    Nec curat Orion leones
     Aut timidos agitare lyncas.

XIV

AD POSTUMUM.

Eheu ! fugaces, Postume, Postume,
 Labuntur anni ; nec pietas moram
  Rugis et instanti senectæ
   Afferet indomitæque morti.

En vain, ami, chaque jour, par trois hécatombes, tu tenterais de fléchir l'implacable Pluton, qui enchaîne de ses tristes ondes Tityus et le triple Géryon; rois ou pauvres laboureurs, nous tous qui vivons sur cette terre, il nous faudra passer ce fleuve redoutable.

En vain éviterons-nous le glaive sanglant de Mars et les flots de l'Adriatique qui se brisent en mugissant; en vain, pendant l'automne, chercherons-nous un abri contre le souffle empoisonné de l'Auster : il nous faudra visiter le noir Cocyte et ses ondes languissantes, et la coupable race de Danaüs, et Sisyphe fils d'Éole, condamné à un éternel labeur.

Il te faudra quitter cette terre, ta maison, ton épouse chérie, et, de tous ces arbres que ta main cultive; l'odieux cyprès est le seul qui suivra son maître d'un jour.

Un héritier plus sage boira le Cécube que tu renfermes sous cent clefs; et sur tes marbres magnifiques, il fera ruisseler ce vin qu'envierait la table d'un pontife. ERNEST PANCKOUCKE.

XV

CONTRE LE LUXE DE SON TEMPS.

Déjà les édifices somptueux ne laissent plus qu'un faible espace

Non, si trecenis, quotquot eunt dies,
Amice, places illacrymabilem
Plutona tauris, qui ter amplum
Geryonem Tityonque tristi
Compescit unda, scilicet omnibus,
Quicumque terræ munere vescimur,
Enaviganda, sive reges,
Sive inopes erimus coloni.
Frustra cruento Marte carebimus,
Fractisque rauci fluctibus Adriæ;
Frustra per autumnos nocentem
Corporibus metuemus Austrum :
Visendus ater flumine languido
Cocytus errans, et Danai genus
Infame, damnatusque longi
Sisyphus Æolides laboris.
Linquenda tellus, et domus, et placens
Uxor; neque harum, quas colis, arborum
Te, præter invisas cupressos,
Ulla brevem dominum sequetur.
Absumet heres Cæcuba dignior
Servata centum clavibus, et mero
Tinget pavimentum superbum,
Pontificum potiore cœnis.

XV

IN SUI SECULI LUXURIAM.

Jam pauca aratro jugera regiæ

au soc agriculteur. De tous côtés s'étendent des bassins plus spacieux que le lac Lucrin ; le platane, orgueilleux de son célibat, remplace l'utile ormeau ; les berceaux de myrte, la violette et mille touffes de fleurs, embaument de leurs doux parfums les lieux où naguère le fertile olivier enrichissait un autre maître.

Les épais rameaux du laurier déroberont bientôt à la terre les ardents rayons qui la fécondent. Il n'en était pas ainsi sous l'empire des lois prescrites par Romulus, et révérées par nos sages et par l'austère Caton.

Alors les fortunes privées étaient modiques, la fortune publique était immense : le citoyen n'élevait pas de vastes portiques où le souffle du nord éternise la fraîcheur. Les lois ne souffraient point qu'un Romain dédaignât un gazon naturel ; elles faisaient orner les villes aux frais du public, et consacraient aux temples divins le marbre fastueux.

DE PONGERVILLE.

XVI

A CROSPHUS.

C'est le repos que demande aux Immortels le matelot surpris au milieu de la mer Égée, lorsque d'épais nuages ont caché la lune, et que les astres obscurcis ne peuvent plus servir de guide au pilote.

C'est le repos que demandent et le Thrace furieux dans les com-

Moles relinquent, undique latius
   Extenta visentur Lucrino
     Stagna lucu, platanusque cœlebs
Evincet ulmos : tum violaria, et
   Myrtus, et omnis copia narium ;
     Spargent olivetis odorem
   Fertilibus domino priori ;
Tum spissa ramis laurea fervidos
   Excludet ictus. Non ita Romuli
     Præscriptum, et intonsi Catonis
   Auspiciis, veterumque norma.
Privatus illis census erat brevis,
   Commune magnum : nulla, decempedis
     Metata, privatis opacam
   Porticus excipiebat Arcton ;
Nec fortuitum spernere cespitem
   Leges sinebant, oppida publico
     Sumptu jubentes, et Deorum
   Templa novo decorare saxo.

XVI

AD GROSPHUM.

Otium Divos rogat in patenti
Prensus Ægeo, simul atra nubes
Condidit lunam, neque certa fulgent
   Sidera nautis ;
Otium bello furiosa Thrace,

bats, et le Mède paré de son carquois ; le repos, cher Grosphus, que les pierreries, la pourpre et l'or ne sauraient acheter.

Non, les trésors des rois, les faisceaux consulaires ne peuvent chasser de l'âme les chagrins qui l'assiégent et les soucis qui voltigent sous les lambis dorés.

Heureux dans sa médiocrité, celui qui, sur sa table frugale, voit briller la salière de ses aïeux ; celui dont le paisible sommeil n'est troublé ni par la crainte ni par une fatale ambition !

Pourquoi, présomptueux que nous sommes, nous épuiser en de si longs projets dans une si courte vie ? pourquoi chercher des terres échauffées par un autre soleil ? En fuyant sa patrie, peut-on se fuir soi-même ?

Le souci, compagnon du vice, monte avec nous sur les navires armés d'airain ; il suit les escadrons dans la plaine, plus léger que le daim, plus léger que l'Eurus qui chasse les nuages.

Content du présent, que notre esprit évite de s'inquiéter de l'avenir ; que, par une douce gaieté, il tempère l'amertume de la vie : ici-bas il n'est point de parfait bonheur.

Une mort prématurée enlève Achille couvert de gloire : une longue vieillesse mine le faible Tithon ; et le temps peut-être m'accordera ce qu'il t'aura refusé.

> Otium Medi pharetra decori,
> Grosphe, non gemmis neque purpura ve-
>   nale, neque auro.
> Non enim gazæ neque consularis
> Summovet lictor miseros tumultus
> Mentis, et curas laqueata circum
>   Tecta volantes.
> Vivitur parvo bene cui paternum
> Splendet in mensa tenui salinum,
> Nec leves somnos timor aut cupido
>   Sordidus aufert.
> Quid brevi fortes jaculamur ævo
> Multa? quid terras alio calentes
> Sole mutamus? Patriæ quis exúl
>   Se quoque fugit?
> Scandit æratas vitiosa naves
> Cura, nec turmas equitum relinquit,
> Ocior cervis et agente nimbos
>   Ocior Euro.
> Lætus in præsens animus, quod ultra est,
> Oderit curare et amara lento
> Temperet risu. Nihil est ab omni
>   Parte beatum.
> Abstulit clarum cita mors Achillem,
> Longa Tithonum minuit senectus ;
> Et mihi forsan, tibi quod negarit,
>   Porriget hora.

Cent troupeaux, cent génisses de Sicile mugissent autour de toi ; pour toi hennit ce cheval digne de l'attelage d'un quadrige ; pour toi la laine est trempée deux fois dans la pourpre d'Afrique : mais quant à moi, j'ai reçu du destin des faveurs moins trompeuses, un petit champ, une étincelle de ce feu qui animait les Muses de la Grèce, et la force de mépriser les clameurs du vulgaire.

C. L. F. PANCKOUCKE

XVII

A MÉCÈNE MALADE.

Pourquoi me déchirer l'âme de tes plaintes ? les dieux ne veulent pas plus que moi, Mécène, que tu me devances au tombeau, toi qui fais ma gloire et mon soutien.

Ah ! si une mort prématurée t'enlevait, toi, la moitié de mon âme, que ferais-je sur la terre, privé de la plus chère partie de mon être, et me survivant à moi-même ?

Le même jour amènera notre mort commune. Ce n'est pas un serment perfide que je profère : nous irons, nous irons ensemble, en quelque lieu que tu me précèdes, compagnons prêts à faire le dernier voyage.

Ni la Chimère au souffle de feu, ni Gyas aux cent mains, s'il se

> Te greges centum, Siculæque circum
> Mugiunt vaccæ ; tibi tollit hinnitum
> Apta quadrigis equa ; te bis Afro
>   Murice tinctæ
> Vestiunt lanæ : mihi parva rura et
> Spiritum Graiæ tenuem Camenæ
> Parca non mendax dedit, et malignum
>   Spernere vulgus.

XVII

AD MÆCENATEM ÆGROTUM.

> Cur me querelis exanimas tuis ?
> Nec Dis amicum est nec mihi, te prius
>   Obire, Mæcenas, mearum
>   Grande decus columenque rerum.
> Ah ! te meæ si partem animæ rapit
> Maturior vis, quid moror altera,
>   Nec carus æque, nec superstes
>   Integer ? Ille dies utramque
> Ducet ruinam. Non ego perfidum
> Dixi sacramentum : ibimus, ibimus,
>   Utcumque præcedes, supremum
>   Carpere iter comites parati.
> Me nec Chimæræ spiritus igneæ,
> Nec, si resurgat, centimanus Gyas

4

relevait, ne pourraient m'arracher d'auprès de toi : ainsi l'ont décidé les Parques et la Justice toute-puissante.

Soit que la Balance, ou le redoutable Scorpion, témoin funeste à l'heure fatale, ou le Capricorne, tyran des flots d'Hespérie, aient présidé à ma naissance, une merveilleuse alliance unit nos deux astres.

Toi, l'éclat tutélaire de Jupiter t'arracha à l'impie Saturne, et enchaîna les ailes de la Mort rapide, lorsque le peuple en foule fit retentir trois fois le théâtre de ses cris joyeux. Moi, un arbre tombé sur ma tête m'aurait enlevé à ton amitié, si le dieu Faune, gardien des favoris de Mercure, n'eût amorti le coup de sa main protectrice. N'oublie pas d'immoler les victimes, d'ériger le temple promis par tes vœux ! Moi, j'offre en sacrifice un modeste agneau.

LÉON HALÉVY.

XVIII

A UN RICHE AVARE.

Ni l'ivoire ni les lambris dorés ne brillent dans ma maison, et les poutres de l'Hymette n'y chargent pas des colonnes arrachées aux extrémités de l'Afrique. Héritier inconnu, je n'ai pas pris

<pre>
        Divellet unquam : sic potenti
          Justitiæ placitumque Parcis.
    Seu Libra, seu me Scorpius aspicit,
      Formidolosus, pars violentior
          Natalis horæ, seu tyrannus
        Hesperiæ Capricornus undæ ;
    Utrumque nostrum incredibili modo
    Consentit astrum. Te Jovis impio
          Tutela Saturno refulgens
            Eripuit, volucrisque fati
      Tardavit alas, quum populus frequens
      Lætum theatris ter crepuit sonum .
          Me truncus illapsus cerebro
            Sustulerat, nisi Faunus ictum
        Dextra levasset, Mercurialium
        Custos virorum. Reddere victimas
            Ædemque votivam memento :
              Nos humilem feriemus agnam.
</pre>

XVIII
AD AVARUM.

<pre>
        Non ebur neque aureum
      Mea renidet in domo lacunar,
          Non trabes Hymettiæ
      Premunt columnas ultima recisas
            Africa, neque Attali
        Ignotus hæres regiam occupavi;
</pre>

possession du palais d'Attale, et de nobles clientes ne tissent point pour moi des laines de Laconie.

Une lyre, une verve assez heureuse, voilà mes biens; et, malgré ma pauvreté, le riche me recherche. Je n'importune pas les dieux, et je ne fatigue point mon puissant ami de demandes ambitieuses : ma petite terre de Sabine suffit à mon bonheur.

Le jour chasse le jour, les lunes se succèdent et s'évanouissent; et toi, si près de la mort, tu fais tailler le marbre; oublieux de la tombe, tu élèves des palais. La terre que tu possèdes ne satisfait pas ton ambition, et tu travailles à envahir le rivage où la mer de Baïa vient se briser avec furie.

Pourquoi sans cesse arracher les bornes du champ voisin? Pourquoi ta cupidité te fait-elle franchir les limites de tes clients? Vois l'époux et l'épouse que tu chasses emporter leurs Pénates et leurs jeunes enfants couverts de haillons.

Cependant pour toi, riche possesseur, il n'est pas de palais plus certain que l'inévitable demeure de l'avide Pluton. Que chercherais-tu au dela? La terre s'ouvre également pour le pauvre et les fils des rois; le gardien incorruptible des enfers n'a point ramené

Nec Laconicas mihi
Trahunt honestæ purpuras clientæ,
At fides et ingeni
Benigna vena est, pauperemque dives
Me petit : nihil supra
Deos lacesso, nec potentem amicum
Largiora flagito,
Satis beatus unicis Sabinis.
Truditur dies die,
Novæque pergunt interire lunæ.
Tu secanda marmora
Locas sub ipsum funus, et, sepulcri
Immemor, struis domos;
Marisque Baiis obstrepentis urges
Summovere littora,
Parum locuples continente ripa.
Quid? quod usque proximos
Revellis agri terminos, et ultra
Limites clientium
Salis avarus? pellitur paternos
In sinu ferens Deos,
Et uxor, et vir, sordidosque natos.
Nulla certior tamen,
Rapacis Orci sede destinata,
Aula divitem manet
Herum. Quid ultra tendis? Æqua tellus
Pauperi recluditur
Regumque pueris, nec satelles Orci
Callidum Promethea
Revexit auro captus : hic superbum

sur l'autre bord l'ingénieux Prométhée, et il y retient aussi le superbe Tantale et son exécrable race : qu'on l'appelle ou qu'on le fuie, il vient délivrer le pauvre en finissant ses peines.

ERNEST PANCKOUCKE.

XIX

SUR BACCHUS.

Dans un antre écarté, j'ai vu Bacchus, croyez-moi, races futures, enseignant de nouveaux chants aux Nymphes avides de ses leçons ! j'ai vu les Satyres aux pieds de chèvre, dressant leurs oreilles pointues !

Évoé ! mon cœur palpite encore d'une crainte récente ; une joie confuse remplit mon sein, plein de Bacchus. Évoé ! épargne-moi ; Bacchus, épargne-moi ! dieu du thyrse redoutable !

Tu m'as permis de chanter les Thyades indomptables, les sources du vin, les ruisseaux d'un lait abondant, le miel coulant, sans se tarir, du creux des arbres.

Tu m'as permis de chanter la gloire de ton heureuse épouse, admise parmi les astres, et le palais de Penthée, couvrant la terre de son horrible ruine, et la mort du Thrace Lycurgue.

Tu domptes les fleuves, tu domptes les mers lointaines ; et, sur

Tantalum atque Tantali
Genus coercet; hic, levare functum
Pauperem laboribus,
Vocatus atque non vocatus, audit.

XIX

IN BACCHUM.

Bacchum in remotis carmina rupibus
Vidi docentem — credite, posteri ! —
    Nymphasque discentes et aures
        Capripedum Satyrorum acutas.
Evoe ! recenti mens trepitat metu,
Plenoque Bacchi pectore, turbidum
    Lætatur. Evoe ! parce, Liber !
        Parce, gravi metuende thyrso !
Fas pervicaces est mihi Thyiadas,
Vinique fontem, lactis et uberes,
    Cantare rivos, atque truncis
        Lapsa cavis iterare mella ;
Fas et beatæ conjugis additum
Stellis honorem, tectaque Penthei
    Disjecta non leni ruina,
        Thracis et exitium Lycurgi.
Tu flectis amnes, tu mare barbarum ;

les monts solitaires, tout humide du jus de la vigne, tu enlaces dans les cheveux des Bacchantes les vipères qui pour toi n'ont point de dards.

On t'a vu aussi, lorsque la cohorte impie des Géants se frayait un dangereux chemin jusqu'au royaume de ton père, empruntant au lion ses griffes redoutables et ses dents terribles, précipiter Rhétus du haut des airs.

On disait cependant qu'ami de la danse, des jeux et de la gaieté, tu étais moins propre aux combats; mais tu te montres le dieu de la guerre aussi bien que le dieu de la paix.

Cerbère lui-même, désarmé à l'aspect de ton front rayonnant de cornes d'or, caressa doucement la terre de sa queue; et, quand tu sortis de l'enfer, il lécha tes pieds de sa triple gueule.

LÉON HALÉVY.

XX

A MÉCÈNE.

Sur des ailes vigoureuses et que ne vit jamais l'œil des hommes, je m'élancerai, poëte et dieu, dans les plaines de l'air; je ne resterai point sur la terre plus longtemps; et, plus grand que l'envie, j'abandonnerai le séjour des villes.

Non, je ne mourrai pas, moi issu de pauvres parents, moi que

Tu separatis uvidus in jugis,
  Nodo coerces viperino
    Bistonidum, sine fraude, crines.
Tu, quum parentis regna per arduum
Cohors Gigantum scanderet impia,
  Rhœtum retorsisti leonis
    Unguibus, horribilique mala;
Quamquam choreis aptior et jocis
Ludoque dictus, non sat idoneus
  Pugnæ ferebaris; sed idem
    Pacis eras mediusque belli.
Te vidit insons Cerberus aureo
Cornu decorum, leniter atterens
  Caudam, et recedentis trilingui
    Ore pedes tetigitque crura.

XX

AD MÆCENATEM.

Non usitata nec tenui ferar
Penna biformis per liquidum æthera
  Vates, neque in terris morabor
    Longius, invidiaque major
Urbes relinquam. Non ego, pauperum
Sanguis parentum, non ego, quem vocas,

tu appelles ton ami, Mécène! je ne serai pas enchaîné par l'onde du Styx.

Déjà sur mes jambes s'étend une peau plus dure; le haut de mon corps prend la forme et la blancheur du cygne; un léger plumage naît sur mes doigts et sur mes épaules.

Bientôt, plus rapide que le fils de Dédale, je visiterai, chantre ailé, les rivages du Bosphore aux flots gémissants, les Syrtes de Gétulie et les chants Hyperboréens.

L'habitant de la Colchide, le Dace qui redoute la cohorte marse et veut cacher son effroi, les Gélons, aux confins du monde, connaîtront mes chants; je les apprendrai à la docte Ibérie, au peuple qui boit les eaux du Rhône.

Écarte de mes vaines funérailles les chants lugubres, le deuil stérile, de honteux gémissements! retiens tes plaintes, et épargne-moi les honneurs superflus du tombeau! LÉON HALÉVY.

Dilecte Mæcenas, obibo,
Nec Stygia cohibebor unda.
Jam jam residunt cruribus asperæ
Pelles, et album mutor in alitem
Superna; nascunturque leves
Per digitos humerosque plumæ.
Jam Dædaleo ocior Icaro
Visam gementis litora Bosphori,
Syrtesque Gætulas, canorus
Ales, Hyperboreosque campos.
Me Colchus, et qui dissimulat metum
Marsæ cohortis Dacus, et ultimi
Noscent Geloni; me peritus
Discet Iber, Rhodanique potor.
Absint inani funere næniæ,
Luctusque turpes et querimoniæ:
Compesce clamorem, ac sepulcri
Mitte supervacuos honores.

ODES

LIVRE TROISIÈME

I

Je hais le profane vulgaire, et je le chasse. Prêtez un silence favorable! Prêtre des Muses, je vais chanter à nos vierges et aux jeunes Romains des vers qui n'ont pas encore été entendus.

Devant les rois tremblent les peuples, troupeau docile et soumis; devant Jupiter, illustre par son triomphe sur les Géants, et qui ébranle le monde de son sourcil, tremblent à leur tour tous les rois.

Que l'un voie s'étendre au loin ses plants d'arbrisseaux; que celui-ci, fier de sa noblesse, descende au champ de Mars briguer les honneurs; que tel autre les lui dispute par la vertu et la renommée; que celui-là marche environnée de nombreux clients: la nécessité soumet à une égale loi le puissant et le faible; dans la même urne s'agitent tous les noms.

I

Odi profanum vulgus, et arceo.
Favete linguis : carmina non prius
    Audita, Musarum sacerdos,
       Virginibus puerisque canto.
Regum timendorum in proprios greges,
Reges in ipsos imperium est Jovis,
    Clari Giganteo triumpho,
       Cuncta supercilio moventis.
Est ut viro vir latius ordinet
Arbusta sulcis; hic generosior
    Descendat in campum petitor;
       Moribus hic meliorque fama
Contendat; illi turba clientium
Sit major : æqua lege necessitas
    Sortitur insignes et imos;
       Omne capax movet urna nomen.

Pour celui qui voit l'épée nue suspendue sur sa tête impie, les mets exquis de la Sicile perdent leur douce saveur ; le chant des oiseaux et les accords de la lyre ne lui rendront pas le sommeil. Le sommeil, ami du pauvre laboureur, ne dédaigne point son humble demeure ; il aime une rive ombragée, une riante vallée où se berce le Zéphyr.

L'homme qui borne ses vœux au nécessaire, n'a rien à redouter de la mer féconde en tempêtes, ni des coups orageux de l'Arcture à son coucher, ni du Chevreau qui se lève.

Il ne déplore point des vignes battues par la grêle, un sol qui trompe son espoir, des arbres qui accusent les pluies abondantes, ou la brûlante ardeur du soleil, ou les rigueurs de l'hiver.

Les poissons sentent les flots se resserrer sous les môles étendus au loin. Là, de nombreux constructeurs, des milliers d'esclaves, entassent la pierre, sous les yeux du maître que la terre fatigue. Mais partout où il s'élance, la crainte, la menace montent avec lui ; la noire inquiétude le suit sur sa trirème où brille l'airain, ou s'attache à la croupe de son coursier.

Puisque les marbres de Phrygie, la pourpre plus éclatante que les astres, le doux Falerne, et les parfums de la Perse, ne peuvent

Districtus ensis cui super impia
Cervice pendet, non Siculæ dapes
   Dulcem elaborabunt saporem ;
    Non avium citharæque cantus
Somnum reducent. Somnus agrestium
Lenis virorum non humiles domos
   Fastidit, umbrosamve ripam,
    Non Zephyris agitata Tempe.
Desiderantem, quod satis est, neque
Tumultuosum sollicitat mare,
   Nec sævus Arcturi cadentis
    Impetus, aut orientis Hædi,
Non verberatæ grandine vineæ,
Fundusque mendax, arbore nunc aquas
   Culpante, nunc torrentia agros
    Sidera, nunc hiemes iniquas.
Contracta pisces æquora sentiunt,
Jactis in altum molibus ; huc frequens
   Cæmenta demittit redemptor
    Cum famulis, dominusque terræ
Fastidiosus : sed timor et minæ
Scandunt eodem quo dominus ; neque
   Decedit ærata triremi, et
    Post equitem sedet atra cura.
Quod si dolentem nec Phrygius lapis,
Nec purpurarum sidere clarior
   Delenit usus, nec Falerna
    Vitis, Achæmeniumque costum ;

apaiser les maux du riche ; pourquoi voudrais-je offrir aux yeux de l'envie un palais exhaussé de ces somptueux portiques, besoin nouveau de notre luxe ? Pourquoi changerais-je mon vallon de Sabine contre des richesses si fécondes en tourments ?

LÉON HALÉVY.

II

A SES AMIS.

Amis, que le jeune Romain, endurci aux fatigues de la guerre, apprenne à supporter l'extrême pauvreté ; que, la lance à la main, cavalier redoutable, il harcèle le Parthe belliqueux ; qu'il affronte les injures de l'air, et que sa jeunesse se passe au milieu des dangers ! En l'apercevant du haut de ses remparts ennemis, que l'épouse du tyran qui nous résiste, que sa fille à la veille de l'hymen s'écrie avec douleur : « Hélas ! puisse mon royal époux, novice encore dans l'art des combats, éviter ce lion terrible, qu'une rage sanglante entraîne au milieu du carnage ! »

Il est doux, il est glorieux de mourir pour la patrie. La mort poursuit aussi le lâche qui la fuit, et n'épargne pas la jeunesse sans courage, qui tourne à ses coups un dos timide.

La vertu ne connaît point de honteux refus, elle brille d'un

Cur invidendis postibus et novo
Sublime ritu moliar atrium ?
Cur valle permutem Sabina
Divitias operosiores ?

II

AD AMICOS.

Angustam, amici, pauperiem pati
Robustus acri militia puer
Condiscat ; et Parthos feroces
Vexet, eques metuendus, hasta ;
Vitamque sub divo, et trepidis agat
In rebus. Illum ex mœnibus hosticis
Matrona bellantis tyranni
Prospiciens, et adulta virgo,
Suspiret : « Eheu ! ne rudis agminum
Sponsus lacessat regius asperum
Tactu leonem, quem cruenta
Per medias rapit ira cædes. »
Dulce et decorum est pro patria mori :
Mors et fugacem persequitur virum,
Nec parcit imbellis juventæ
Poplitibus timidoque tergo.
Virtus, repulsæ nescia sordidæ,
Intaminatis fulget honoribus ;

éclat pur et solide, et ce n'est pas au gré d'un peuple capricieux qu'elle prend ou dépose les faisceaux.

La vertu, ouvrant les cieux aux héros dignes de l'immortalité, s'élance par des chemins inconnus, et, dans sa fuite dédaigneuse, méprise cette fange terrestre où rampe le vulgaire.

Il est aussi pour le fidèle silence une récompense assurée : je me garderais bien de rester sous le même toit, de monter sur le même esquif que le profane qui aurait révélé les mystères de Cérès. Jupiter outragé frappe souvent du même coup l'innocent et le coupable : rarement la Peine au pied boiteux manque d'atteindre le scélérat qui la fuit. ERNEST PANCKOUCKE.

III

L'homme juste, l'homme inflexible dans ses principes, est sourd à la voix séditieuse d'un peuple égaré qui conseille le crime. En vain un tyran le menace de son regard farouche ; en vain l'Auster soulève contre lui les flots de l'Adriatique : la main puissante de Jupiter s'arme en vain de son tonnerre..... Que l'univers s'écroule autour de lui ; ses débris le frapperont sans l'ébranler.

C'est ainsi, c'est par cette héroïque fermeté, que Pollux et l'intrépide Hercule ont mérité l'honneur de briller aux demeures

  Nec sumit aut ponit secures
   Arbitrio popularis auræ.
  Virtus, recludens immeritis mori
  Cœlum, negata tentat iter via;
   Cœtusque vulgares et udam
    Spernit humum fugiente penna.
  Est et fideli tuta silentio
  Merces : vetabo, qui Cereris sacrum
   Vulgarit arcanæ, sub isdem
    Sit trabibus, fragilemque mecum
  Solvat phaselum. Sæpe Diespiter
  Neglectus incesto addidit integrum :
   Raro antecedentem scelestum
    Deseruit pede Pœna claudo.

III

  Justum et tenacem propositi virum
  Non civium ardor prava jubentium,
   Non vultus instantis tyranni
    Mente quatit solida, neque Auster,
  Dux inquieti turbidus Adriæ,
  Nec fulminantis magna Jovis manus :
   Si fractus illabatur orbis,
    Impavidum ferient ruinæ.
  Hac arte Pollux, et vagus Hercules
  Iunixus, arces attigit igneas,

célestes, et qu'admis près d'eux au banquet des dieux, Auguste s'abreuve du divin nectar; c'est ainsi, Bacchus, que tu méritas d'être porté sur un char attelé de tigres impatients de leur joug; c'est ainsi qu'entraîné par les coursiers du dieu Mars, le grand Romulus triompha de l'Achéron, grâce à l'éloquent plaidoyer de Junon en sa faveur, dans l'assemblée des dieux.

« Ilion! Ilion! un infâme adultère, né pour le malheur de son pays, et les attraits d'une perfide étrangère, l'ont réduit en cendres! Du moment où Laomédon osa frustrer les dieux du salaire convenu, Troie, son peuple et son roi, furent dévoués à ma vengeance, et à celle de la chaste Minerve. — Il n'étale plus sa pompe et sa mollesse, l'hôte trop fameux de l'adultère Lacédémonienne, et la race parjure de Priam n'a plus d'Hector à opposer aux Grecs victorieux. Elle est terminée enfin, cette guerre trop prolongée par nos fatales dissensions.

« C'en est assez : je consens à sacrifier mon trop juste ressentiment, en faveur du dieu Mars; à lui pardonner ce fils, qu'une mère troyenne m'avait rendu si odieux. Que le brillant Olympe s'ouvre donc devant lui, j'y consens: qu'il vienne y boire le nectar, y prendre son rang parmi nous, pourvu qu'un long espace de mer mugisse entre Ilion et Rome; que ses enfants portent leur

> Quos inter Augustus recumbens
> Purpureo bibit ore nectar;
> Hac te merentem, Bacche pater, tuæ
> Vexere tigres, indocili jugum
> Collo trahentes; hac Quirinus
> Martis equis Acheronta fugit;
> Gratum elocuta consiliantibus
> Junone Divis : « Ilion, Ilion,
> Fatalis incestusque judex,
> Et mulier peregrina vertit
> « In pulverem, ex quo destituit Deos
> Mercede pacta Laomedon, mihi
> Castæque damnatum Minervæ,
> Cum populo et duce fraudulento.
> « Jam nec Lacænæ splendet adulteræ
> Famosus hospes, nec Priami domus
> Perjura pugnaces Achivos
> Hectoreis opibus refringit;
> « Nostrisque ductum seditionibus
> Bellum resedit. Protinus et graves
> Iras, et invisum nepotem,
> Troica quem peperit sacerdos,
> « Marti redonabo : illum ego lucidas
> Inire sedes, ducere nectaris
> Succos, et adscribi quietis
> Ordinibus patiar Deorum.
> « Dum longus inter sæviat Ilion
> Romamque pontus, qualibet exules

exil et trouvent le bonheur partout ailleurs, pourvu que les troupeaux bondissent sur les tombeaux de Priam et de Pâris, et que la lionne y cache impunément ses petits; que le Capitole brille d'un éternel éclat, et que Rome donne des lois au Mède vaincu; que la terreur de son nom franchisse les mers qui séparent l'Europe de l'Afrique, et parvienne jusque dans les contrées que le Nil arrose et féconde de ses eaux. Qu'elle mette surtout plus de courage à dédaigner cet or que recèle la terre, et qui devait y rester à jamais enseveli, que d'industrie à l'asservir à des usages profanes et sacriléges. Que ses armes victorieuses étendent ses conquêtes jusqu'aux bornes du monde, et son empire, des lieux qu'embrasent les feux du ciel, jusqu'à ceux que désole un hiver éternel.

« Mais je ne présage ces glorieuses destinées aux braves enfants de Romulus qu'à une condition : que jamais une pitié mal entendue, et trop de confiance dans leurs forces, ne les porte à relever les murs proscrits de leur ville natale. Relevée sous de funestes auspices, Troie éprouverait bientôt un pareil destin : c'est moi qui dirigerais contre elle les phalanges victorieuses, moi, l'épouse et la sœur de Jupiter! En vain Apollon lui-même la ceindrait trois fois d'un mur d'airain : trois fois mes Grecs le

In parte regnanto beati :
 Dum Priami Paridisque busto
« Insultet armentum, et catulos feræ
Celent inultæ; stet Capitolium
 Fulgens, triumphatisque possit
  Roma ferox dare jura Medis.
« Horrenda late nomen in ultimas
Extendat oras, qua medius liquor
 Secernit Europen ab Afro,
  Qua tumidus rigat arva Nilus.
« Aurum irrepertum, et sic melius situm,
Quum terra celat, spernere fortior,
 Quam cogere humanos in usus,
  Omne sacrum rapiente dextra.
« Quicumque mundo terminus obstitit,
Hunc tangat armis, visere gestiens,
 Qua parte debacchentur ignes,
  Qua nebulæ pluviique rores.
« Sed bellicosis fata Quiritibus
Hac lege dico, ne, nimium pii,
 Rebusque fidentes, avitæ
  Tecta velint reparare Trojæ.
« Trojæ renascens alite lugubri
Fortuna tristi clade iterabitur,
 Ducente victrices catervas
  Conjuge me Jovis et sorore.
« Ter si resurgat murus aheneus,
Auctore Phœbo, ter pereat meis

renverseraient, et trois fois les veuves troyennes pleureraient leurs époux et leurs fils ravis à leur tendresse.... »

Mais où s'égare ton vol, Muse téméraire? de pareils sujets conviennent-ils à une lyre badine? Cesse de profaner, en essayant de les rapporter, les entretiens des dieux, et d'attenter à leur majesté par la faiblesse de tes accords. AMAR.

IV.

A CALLIOPE.

Descends du ciel, et fais entendre sur ta flûte, ô Calliope, reine des Muses, un chant de longue haleine. Si tu le préfères, n'emploie que ta voix brillante, ou marie tes accents aux cordes sonores et à la lyre d'Apollon!

L'entendez-vous? ou est-ce une aimable illusion qui me trompe?... Oui, je crois l'entendre, je crois errer dans les bois sacrés, où la fraîcheur des ruisseaux se mêle à la douce haleine du zéphyr.

Dans mon enfance, un jour que fatigué de mes jeux, je dormais sur ce coteau du Vultur qui s'étend hors de l'Apulie, ma terre natale, des colombes, messagères divines, vinrent me couvrir de feuillage nouveau.

> Excisus Argivis; ter uxor
>   Capta virum puerosque ploret.
> Non hæc jocosæ conveniunt lyræ:
>   Quo, Musa, tendis? Desine pervicax
> Referre sermones Deorum, et
>   Magna modis tenuare parvis.

IV.

AD CALLIOPEN.

Descende cœlo, et dic, age, tibia,
Regina, longum, Calliope, melos,
    Seu voce nunc mavis acuta,
        Seu fidibus citharave Phœbi.
Auditis? an me ludit amabilis
Insania? audire et videor pios
    Errare per lucos, amœnæ
        Quos et aquæ subeunt et auræ.
Me fabulosæ, Vulture in Apulo,
Altricis extra limen Apuliæ,
    Ludo fatigatumque somno,
        Fronde nova puerum palumbes

Ce fut un prodige pour les habitants des hauteurs escarpées d'Achérontie, pour ceux qui peuplent les forêts de Bantia et les fertiles vallons de Férente.

« Voyez, disait-on, comme il dort sans craindre l'ours et la vipère! voyez comme il repose, couché sous cet amas de myrte et de laurier, cet enfant céleste qui doit son courage à la protection des dieux! »

C'est sous vos auspices, Muses, que je m'élève sur les monts du pays sabin; c'est sous vos auspices que je dirige mes pas capricieux vers la fraîche Préneste, ou les collines de Tibur, ou les rivages fertiles de Baïes.

C'est parce que j'aime vos sources pures, vos chœurs harmonieux, que j'ai échappé au désastre de Philippes, à la chute d'un arbre maudit, et aux rochers de Palinure, battus par les flots de Sicile.

Partout où vous serez avec moi, j'affronterai, pilote audacieux, le Bosphore en fureur : je m'élancerai, hardi voyageur, dans les sables brûlants du rivage assyrien;

Je visiterai sans péril le Breton si cruel pour ses hôtes, le Concanien qui boit avec délices le sang des coursiers, le Gélon armé du carquois, et le fleuve de Scythie.

C'est vous qui charmez le grand César, lorsqu'il ramène dans le sein de nos villes ses cohortes fatiguées des combats; lorsqu'il

> Texere; mirum quod foret omnibus,
> Quicumque celsæ nidum Acherontiæ,
> Saltusque Bantinos, et arvum
> Pingue tenent humilis Ferenti;
> Ut tuto ab atris corpore viperis
> Dormirem et ursis, ut premerer sacra.
> Lauroque collataque myrto,
> Non sine Dis animosus infans.
> Vester, Camœnæ, vester in arduos
> Tollor Sabinos, seu mihi frigidum
> Præneste, seu Tibur supinum,
> Seu liquidæ placuere Baiæ.
> Vestris amicum fontibus et choris
> Non me Philippis versa acies retro,
> Devota non extinxit arbor,
> Nec Sicula Palinurus unda.
> Utcumque mecum vos eritis, libens
> Insanientem navita Bosphorum
> Tentabo, et arentes arenas
> Litoris Assyrii viator;
> Visam Britannos hospitibus feros,
> Et lætum equino sanguine Concanum;
> Visam pharetratos Gelonos,
> Et Scythicum inviolatus amnem.
> Vos Cæsarem altum, militia simul
> Fessas cohortes abdidit oppidis,

cherche à oublier ses travaux, c'est vous qui le délassez sous vos grottes riantes.

C'est vous qui lui conseillez la clémence, et qui vous réjouissez de lui donner de si douces leçons.

Nous savons comment il écrasa sous sa foudre vengeresse les impies Titans et leur sacrilége cohorte, ce dieu puissant qui gouverne seul, dans son équité, la terre immobile, la mer agitée, les villes, les royaumes sombres, les dieux et la foule immense des mortels.

Ils avaient rempli Jupiter d'un profond effroi, ces enfants de la Terre, fiers de leur force, agitant leurs bras monstrueux, et s'efforçant d'entasser Pélion sur les sombres sommets de l'Olympe.

Mais que pouvaient Typhée, le robuste Mimas, Porphyrion à la menaçante stature, Rhétus, Encelade lançant d'un bras audacieux les arbres déracinés ? que pouvaient-ils, dans leur choc aveugle, contre l'égide retentissante de Pallas ?

Près d'elle se tenaient Vulcain, avide de carnage, la majestueuse Junon, et ce dieu dont l'épaule est toujours armée d'un carquois, ce dieu qui baigne ses cheveux flottants dans l'onde pure de Castalie, qui habite les bois de Lycie et la forêt qui le vit naître, Apollon, dieu de Patare et de Délos.

La force sans prudence succombe sous son propre poids ; la

  Finire quærentem labores,
   Pierio recreatis antro :
Vos lene consilium et datis, et dato
  Gaudetis, almæ... Scimus ut impios
   Titanas immanemque turmam
    Fulmine sustulerit caduco,
Qui terram inertem, qui mare temperat
  Ventosum, et urbes, regnaque tristia,
   Divosque, mortalesque turbas
    Imperio regit unus æquo.
Magnum illa terrorem intulerat Jovi
  Fidens juventus, horrida brachiis,
   Fratresque tendentes opaco
    Pelion imposuisse Olympo :
Sed quid Typhœus, et validus Mimas,
  Aut quid minaci Porphyrion statu,
   Quid Rhœtus, evulsisque truncis
    Enceladus jaculator audax,
Contra sonantem Palladis ægida
  Possent ruentes? Hinc avidus stetit
   Vulcanus; hinc matrona Juno, et
    Nunquam humeris positurus arcum,
Qui rore puro Castaliæ lavit
  Crines solutos, qui Lyciæ tenet
   Dumeta natalemque sylvam,
    Delius et Patareus Apollo.
Vis consili expers mole ruit sua :

force que la sagesse modère, s'accroît chaque jour par la protection des dieux : les dieux détestent le pouvoir qui ne médite que des forfaits.

Je prends à témoin de mes paroles Gyas aux cent bras, et le trop fameux Orion, qui osa porter sur la chaste Diane une main sacrilége, et tomba sous les traits de la vierge divine.

La terre pèse avec douleur sur ces monstres qu'elle enfanta; elle pleure ses fils lancés par la foudre dans le noir Tartare : le feu rapide que vomit Encelade ne peut dévorer l'Etna qui l'écrase.

Le vautour, vigilant gardien du crime, n'abandonne pas les entrailles de l'impudique Titye; et trois cents chaînes d'airain retiennent à jamais Pirithoüs, l'audacieux amant de Proserpine.

LÉON HALÉVY.

V.

Jupiter règne aux cieux, les éclats de son tonnerre nous l'annoncent; mais Auguste est le dieu de la terre, lui qui a soumis le fier Breton et le Perse redoutable.

Quoi! le soldat de Crassus a formé de honteux liens et a pu vivre avec la femme étrangère! O sénat! quel changement fatal dans les mœurs! Le Marse, l'Apulien, alliés aux familles enne-

    Vim temperatam Di quoque provehunt
    In majus : idem odere vires
        Omne nefas animo moventes.
    Testis mearum centimanus Gyas
    Sententiarum, notus; et integræ
        Tentator Orion Dianæ,
           Virginea domitus sagitta.
    Injecta monstris Terra dolet suis,
    Mœretque partus fulmine luridum
        Missos ad Orcum : nec peredit
           Impositam celer ignis Ætnam;
    Incontinentis nec Tityi jecur
    Relinquit ales, nequitiæ additus
        Custos : amatorem trecentæ
           Pirithoum cohibent catenæ.

V.

    Cœlo tonantem credidimus Jovem
    Regnare; præsens divus habebitur
        Augustus adjectis Britannis
           Imperio gravibusque Persis.
    Milesne Crassi conjuge barbara
    Turpis maritus vixit? et hostium
        (Proh curia, inversique mores!)
           Consenuit socerorum in arvis,
    Sub rege Medo, Marsus et Apulus,
    Anciliorum, et nominis, et togæ

mies, ont vieilli dans leurs champs; ils ont oublié les ancilles, leur nom, la toge, l'éternelle Vesta, et ils obéissent à un roi mède, quand Rome et le Capitole sont encore debout!

Voilà ce que voulait prévenir la grande âme de Régulus, en s'opposant à des conditions déshonorantes, et en empêchant un exemple qui deviendrait fatal pour l'avenir, si on ne laissait périr une jeunesse captive, indigne de pitié.

« Les enseignes, disait-il, les armes que nos lâches soldats ont rendues sans combattre, je les ai vues attachées en trophées aux murailles des temples carthaginois; j'ai vu des citoyens, des hommes nés libres, se laisser honteusement lier les mains derrière le dos. Les portes de Carthage sont ouvertes, et on cultive les champs que nos guerres avaient ravagés.

« Le soldat racheté par votre or reviendra-t-il plus courageux? Non: vous ajoutez le dommage à l'ignominie. Une fois teinte, la laine ne peut reprendre sa blancheur première; une fois banni, l'honneur ne daigne plus rentrer dans un cœur lâche.

« Quand la biche, échappée aux filets du chasseur, osera combattre, il deviendra brave celui qui s'est livré à nos perfides ennemis; et, dans de nouveaux combats, il écrasera le Carthaginois, ce lâche qui, craignant la mort, a senti sans résister la courroie se serrer sur ses bras; celui qui, pour sauver sa vie au milieu de

> Oblitus, æternæque Vestæ,
> Incolumi Jove et urbe Roma?
> Hoc caverat mens provida Reguli,
> Dissentientis conditionibus
> Fœdis, et exemplo trahenti
> Perniciem veniens in ævum,
> Si non periret immiserabilis
> Captiva pubes: « Signa ego Punicis
> Affixa delubris, et arma
> Militibus sine cæde, dixit,
> « Direpta vidi: vidi ego civium
> Retorta tergo brachia libero,
> Portasque non clausas, et arva
> Marte coli populata nostro.
> « Auro repensus scilicet acrior
> Miles redibit? flagitio additis
> Damnum. Neque amissos colores
> Lana refert medicata fuco :
> « Nec vera virtus, quum semel excidit,
> Curat reponi deterioribus.
> Si pugnat extricata densis
> Cerva plagis, erit ille fortis,
> « Qui perfidis se credidit hostibus,
> Et Marte Pœnos proteret altero,
> Qui lora restrictis lacertis
> Sensit iners timuitque mortem;
> « Hic, unde vitam sumeret inscius,

la guerre, a imploré la paix. O déshonneur! ô superbe Carthage, plus grande encore par la ruine honteuse de l'Italie! »

On dit que ce héros se regardant comme un citoyen dégradé, repoussa les embrassements de sa chaste épouse et de ses jeunes enfants; il tint ses regards fixés sur la terre avec un mâle et farouche courage, jusqu'au moment où, par un héroïsme inouï, ses conseils entraînèrent le sénat chancelant : alors l'illustre exilé s'échappa du milieu de ses amis consternés.

Il sait quelles tortures lui réservent ses bourreaux, et cependant il éloigne ses parents qui le retiennent, et le peuple qui veut s'opposer à son départ.

On dirait qu'après avoir terminé les affaires de ses clients, et concilié leurs longs procès, il part pour sa campagne de Vénafre ou pour la cité de Tarente.   ERNEST PANCKOUCKE.

VI

AUX ROMAINS.

Tu subiras, sans le mériter, le châtiment des crimes paternels, ô Romain! tant que tu n'auras pas relevé les sanctuaires, les

Pacem duello miscuit. O pudor!
O magna Carthago, probrosis
    Altior Italiæ ruinis! »
Fertur pudicæ conjugis osculum,
Parvosque natos, ut capitis minor,
    A se removisse, et virilem
        Torvus humi posuisse vultum,
Donec labantes consilio patres
Firmaret auctor nunquam alias dato,
    Interque mœrentes amicos
        Egregius properaret exul.
Atqui sciebat, quæ sibi barbarus
Tortor pararet : non aliter tamen
    Dimovit obstantes propinquos,
        Et populum reditus morantem,
Quam si clientum longa negotia
Dijudicata lite relinqueret,
    Tendens Venafranos in agros
        Aut Lacedæmonium Tarentum.

VI.

AD ROMANOS.

Delicta majorum immeritus lues,
Romane, donec templa refeceris,

temples qui s'écroulent, et les statues des dieux que souille une noire fumée.

C'est dans ta soumission aux dieux que ta puissance réside; c'est là qu'il faut chercher les causes de ta grandeur ou de ta ruine : les dieux méprisés ont déchaîné les maux sur la malheureuse Italie.

Déjà deux fois les guerriers de Monèse et de Pacorus ont repoussé nos efforts, que désavouait le ciel; deux fois ils ont, avec orgueil, paré de nos dépouilles leurs étroits colliers.

Livrée à la fureur des divisions, Rome a presque succombé sous les coups du Dace et de l'Éthiopien, qui la menaçaient, l'un de sa flotte, l'autre de ses flèches, plus redoutables encore.

Notre siècle, fécond en crimes, a souillé d'abord les mariages, les générations, les familles; découlant de cette source, tous les maux se sont répandus sur le peuple et sur la patrie.

La vierge à peine adolescente apprend avec joie les danses voluptueuses de l'Ionie; elle y ploie ses membres dociles, et dès l'enfance rêve d'incestueuses amours.

Bientôt, femme adultère, à la table même d'un époux, elle cherche de plus jeunes amants, et, sans choix, dans les ténèbres, prodigue furtivement de scandaleux plaisirs.

Mais son époux devient son complice; elle se lève en sa pré-

  Ædesque labantes Deorum, et
   Fœda nigro simulacra fumo.
Dis te minorem quod geris, imperas;
 Hinc omne principium: huc refer exitum.
  Di multa neglecti dederunt
   Hesperiæ mala luctuosæ.
Jam bis Monæses et Pacori manus
 Non auspicatos contudit impetus
  Nostros, et adjecisse prædam
   Torquibus exiguis renidet.
  Pæne occupatam seditionibus
Delevit Urbem Dacus et Æthiops,
 Hic classe formidatus, ille
  Missilibus melior sagittis.
Fecunda culpæ sæcula nuptias
Primum inquinavere, et genus et domos :
 Hoc fonte derivata clades
  In patriam populumque fluxit.
Motus doceri gaudet Ionicos
Matura virgo, et fingitur artubus:
 Jam nunc et incestos amores
  De tenero meditatur ungui.
Mox juniores quærit adulteros
Inter mariti vina, neque eligit,
 Cui donet impermissa raptim
  Gaudia, luminibus remotis;
Sed jussa coram non sine conscio

sence et à son ordre, pour suivre quelque vil agent d'infamie, ou le maître d'un navire ibérien, qui paie avec de l'or tant d'opprobre !

Ils n'étaient point nés de tels parents, ces jeunes Romains qui rougirent les mers du sang carthaginois, qui domptèrent Pyrrhus, le grand Antiochus et le terrible Annibal.

Mais c'était une mâle jeunesse, robustes enfants de soldats rustiques : habiles à remuer la terre avec le hoyau sabin, et dociles à la voix d'une mère rigide, ils rapportaient le bois coupé dans les forêts quand le soleil, allongeant l'ombre des montagnes, délivrait du joug les bœufs fatigués, et, fuyant sur son char, ramenait l'heure chérie du repos.

Que n'altère point le cours désastreux du temps? Nos pères, moins vertueux que leurs aïeux, ont enfanté des fils plus coupables, qui donneront le jour à une race plus dépravée encore.

LÉON HALÉVY.

VII

A ASTÉRIE.

Astérie, pourquoi pleurer Gygès, que les zéphyrs propices te rendront au retour du printemps, avec sa foi constante, et les richesses qu'il rapporte de la Bithynie?

> Surgit marito, seu vocat institor,
>   Seu navis Hispanæ magister,
>   Dedecorum pretiosus emptor.
> Non his juventus orta parentibus
> Infecit æquor sanguine Punico;
>   Pyrrhumque et ingentem cecidit
>   Antiochum, Annibalemque dirum;
> Sed rusticorum mascula militum
> Proles, Sabellis docta ligonibus
>   Versare glebas, et severæ
>   Matris ad arbitrium recisos
> Portare fustes, sol ubi montium
> Mutaret umbras, et juga demeret
>   Bobus fatigatis, amicum
>   Tempus agens abeunte curru.
> Damnosa quid non imminuit dies?
> Ætas parentum, pejor avis, tulit
>   Nos nequiores, mox daturos
>   Progeniem vitiosiorem.

VII.

AD ASTERIEN

> Quid fles, Asterie, quem tibi candidi
> Primo restituent vere Favonii,
>   Thyna merce beatum,
>   Constanti juvenum fide

Poussé par les autans vers l'Épire, il a éprouvé les caprices de la constellation du Bélier; et, sans goûter aucun sommeil, il a passé de froides nuits, tout baigné de pleurs.

Et cependant, un astucieux émissaire lui annonce que Chloé, qui l'a accueilli, soupire, qu'elle brûle des mêmes feux que toi : par mille artifices il cherche à le séduire.

Il lui raconte qu'une épouse perfide a poussé le crédule Prétus, par de fausses accusations, à hâter le trépas du trop chaste Bellérophon.

Il lui raconte que Pélée fut sur le point d'être précipité dans le Tartare, pour avoir, dans sa chasteté, repoussé la belle Hippolyte, reine de Magnésie. Enfin, le trompeur lui cite maints exemples pour lui apprendre à faillir.

C'est en vain : plus sourd que les rochers d'Icare, Gygès écoute, et n'est pas ébranlé. Mais toi, Astérie, prends garde que le voisin Énipéus ne te plaise plus qu'il ne convient; il est vrai que personne ne se montre, sur les gazons du champ de Mars, plus habile à maîtriser un coursier; que personne ne traverse plus rapidement à la nage les ondes du Tibre.

Aux premières ombres de la nuit, ferme bien ta maison, et ne va pas, attirée par les soupirs de sa flûte, regarder dans la

Gygen? Ille Notis actus ad Oricum
Post insana Capræ sidera, frigidas
  Noctes sine multis
 Insomnis lacrymis agit.
Atqui sollicitæ nuntius hospitæ
Suspirare Chloen, et miseram tuis
  Dicens ignibus uri,
 Tentat mille vafer modis.
Ut Prœtum mulier perfida credulum
Falsis impulerit criminibus, nimis
  Casto Bellerophonti
 Maturare necem, refert.
Narrat pæne datum Pelea Tartaro,
Magnessam Hippolyten dum fugit abstinens;
  Et peccare docentes
 Fallax historias movet :
Frustra: nam scopulis surdior Icari
Voces audit, adhuc integer. At, tibi
  Ne vicinus Enipeus
 Plus justo placeat, cave :
Quamvis non alius flectere equum sciens
Æque conspicitur gramine Martio,
  Nec quisquam citus æque
 Tusco denatat alveo.
Prima nocte domum claude, neque in vias
Sub cantu querulæ despice tibiæ,

VIII

A MÉCÈNE.

Célibataire, m'appartient-il de célébrer les calendes de mars? Que veulent donc ces fleurs, ces vases remplis d'encens, ce brasier placé sur le vert gazon? voilà ce que tu demandes, Mécène, mon savant ami, si versé dans les lettres grecques et latines.

Apprends donc que j'avais promis à Bacchus un doux festin et un blanc chevreau, le jour où un arbre en tombant faillit m'écraser.

Ce jour de fête, que l'année ramène, verra sauter la résine et le liége de cette vieille amphore qui, depuis le consulat de Tullus, boit la fumée de mon âtre.

Mécène, prends cent fois la coupe des mains de ton ami sauvé par les dieux; prolonge jusqu'au jour la vigilante clarté des flambeaux : loin de nous les cris et la colère!

Bannis toute inquiétude sur les destins de Rome : Cotison et ses Daces sont écrasés; le Mède, acharné contre lui-même, se déchire, se détruit de ses propres mains.

Et te sæpe vocanti
Duram difficilis mane.

VIII.

AD MÆCENATEM.

Martiis cælebs quid agam calendis
Quid velint flores et acerra thuris
Plena, miraris, positusque carbo in
    Cespite vivo,
Docte sermones utriusque linguæ.
Voveram dulces epulas et album
Libero caprum, prope funeratus
    Arboris ictu
Hic dies, anno redeunte, festus
Corticem adstrictum pice dimovebit
Amphoræ, fumum bibere institutæ
    Consule Tullo.
Sume, Mæcenas, cyathos amici
Sospitis centum, et vigiles lucernas
Profer in lucem : procul omnis esto
    Clamor et ira.
Mitte civiles super Urbe curas :
Occidit Daci Cotisonis agmen;
Medus, infestus sibi, luctuosis
    Dissidet armis.

Notre vieil ennemi du rivage espagnol, le Cantabre, se soumet enfin et se courbe sous une tardive chaîne. Déjà le Scythe, l'arc détendu, songe à s'éloigner de nos frontières.

Simple particulier, néglige un instant les intérêts de ce peuple qui te cause trop d'alarmes; saisis avec joie les plaisirs de l'heure présente, et fais trêve pour un jour aux sévères travaux qui t'accablent.
LÉON HALÉVY.

IX

DIALOGUE ENTRE HORACE ET LYDIE.

HORACE.

Tant qu'à toi j'avais su plaire, et qu'aucun jeune amant préféré n'entourait de ses bras ton cou d'albâtre, je vivais plus heureux que le roi des Perses.

LYDIE.

Tant que tu n'as brûlé pour nulle autre que moi, et que Lydie ne fut point sacrifiée à Chloé, Lydie, partout célébrée, a vécu plus glorieuse qu'Ilie, mère des Romains.

HORACE.

Sur moi règne aujourd'hui Chloé, que la Thrace a vue naître,

> Servit Hispanæ vetus hostis oræ,
> Cantaber, sera domitus catena;
> Jam Scythæ laxo meditantur arcu
>   Cedere campis.
> Negligens, ne qua populus laboret,
> Parce privatus nimium cavere;
> Dona præsentis rape lætus horæ, ac
>   Linque severa.

IX.

HORATII ET LYDIÆ DIALOGUS.

HORATIUS.
Donec gratus eram tibi,
Nec quisquam potior brachia candidæ
    Cervici juvenis dabat,
Persarum vigui rege beatior.

LYDIA.
Donec non alia magis
Arsisti, neque erat Lydia post Chloen,
    Multi Lydia nominis,
Romana vigui clarior Ilia.

HORATIUS.
Me nunc Thressa Chloe regit,

savante à mêler à son luth les doux accords de sa voix. Pour elle je ne craindrais pas de mourir, si les destins épargnaient sa précieuse vie !

LYDIE.

Il me brûle de feux qu'il partage, Calaïs, le fils d'Ornythius de Thurium. Pour lui je consentirais à mourir deux fois, si les destins épargnaient cet amant si chéri.

HORACE.

Eh quoi! si la Vénus de nos premières amours revenait, et ramenait nos cœurs désunis dans des liens indissolubles ; si l'on bannissait la blonde Chloé, et que ma porte s'ouvrît pour Lydie que j'ai repoussée?...

LYDIE.

Quoiqu'il soit plus beau qu'un astre, mon Calaïs, et toi plus léger que le liége, plus prompt à t'irriter que les flots de l'Adriatique, vivre avec toi ferait mon bonheur, et mourir avec toi comblerait mes vœux.

DU ROZOIR.

X

A LYCÉ.

Quand tu boirais les ondes les plus reculées du Tanaïs, quand

> Dulces docta modos et citharæ sciens,
>   Pro qua non metuam mori,
> Si parcent animæ fata superstiti.
>
> ###### LYDIA.
> Me torret face mutua
> Thurini Calaïs filius Ornythi,
>   Pro quo bis patiar mori,
> Si parcent puero fata superstiti.
>
> ###### HORATIUS.
> Quid? si prisca redit Venus,
> Diductosque jugo cogit aheneo?
>   Si flava excutitur Chloe,
> Rejectæque patet janua Lydiæ?
>
> ###### LYDIA.
> Quanquam sidere pulchrior
> Ille est, tu levior cortice et improbo
>   Iracundior Adria,
> Tecum vivere amem, tecum obeam libens.

X.

AD LYCEN.

Extremum Tanaim si biberes, Lyco,

tu aurais pour époux un Scythe cruel, non, Lycé, tu ne me verrais point, sans pleurer, étendu devant ton seuil inflexible, en proie aux fureurs de l'Aquilon, hôte terrible de ces climats!

Entends-tu comme cette porte s'agite avec fracas, comme ce bois qui ombrage et embellit ta demeure, mugit sous les efforts des vents? vois-tu comme Jupiter durcit ces neiges qui se glacent sous un ciel d'azur?

Quitte un orgueil dont Vénus s'irrite; crains un juste retour du sort : ton père, fils de la Toscane, n'a pu enfanter une Pénélope, rebelle aux vœux de l'amour.

Oh! je t'en conjure, quoique rien ne puisse te toucher, ni les présents, ni les prières, ni la langueur de tes amants plus pâles que la violette, ni les infidélités de ton époux, épris d'une courtisane thessalienne; quoique tu sois plus dure que le chêne, plus cruelle que les serpents de l'Afrique, épargne les malheureux qui te supplient; épargne-moi : ce corps n'endurera pas toujours les injures de l'air, immobile devant ton seuil inhumain.

LÉON HALÉVY

XI

A MERCURE.

Divin Mercure, par qui la pierre docile apprit à se mouvoir aux chants d'Amphion, et vous, lyre sacrée, lyre aux sept cordes

> Sævo nupta viro, me tamen asperas
> Porrectum ante fores objicere incolis
>   Plorares Aquilonibus.
> Audis quo strepitu janua, quo nemus
> Inter pulchra statum tecta remugiat
> Ventis, et positas ut glaciet nives
>   Puro numine Jupiter?
> Ingratam Veneri pone superbiam,
> Ne currente rota funis eat retro.
> Non te Penelopen difficilem procis
>   Tyrrhenus genuit parens.
> O quamvis neque te munera, nec preces,
> Nec tinctus viola pallor amantium,
> Nec vir Pieria pellice saucius
>   Curvat; supplicibus tuis
> Parcas, nec rigida mollior æsculo,
> Nec Mauris animum mitior anguibus.
> Non hoc semper erit liminis, aut aquæ
>   Cœlestis patiens latus.

XI.

AD MERCURIUM.

Mercuri (nam te docilis magistro
Movit Amphion lapides canendo),

harmonieuses, autrefois impuissante et muette, maintenant le charme des festins et des temples des dieux, venez et apprenez-moi des chants qui captivent l'oreille de la farouche Lydé.

Telle qu'une cavale errant dans les vastes prairies, elle folâtre en liberté, trop jeune encore pour connaître l'amour ; mais vous savez entraîner à votre suite les tigres et les forêts, vous savez arrêter les flots rapides des fleuves.

Mercure, la douceur de tes chants dompta l'horrible gardien des portes infernales, ce Cerbère, dont la tête, comme celle des Furies, est hérissée de serpents, dont la triple langue distille le sang et les poisons. Ixion lui-même et Titye sourient malgré eux à tes accords, et les Danaïdes émues, laissèrent un moment reposer leurs urnes infidèles.

Que la cruelle Lydé apprenne le crime de ses filles barbares, et leur supplice ! qu'elle les voie penchées sur ces vases sans fond d'où l'eau s'échappe sans cesse ! qu'elle contemple le sort que les enfers eux-mêmes gardent aux cœurs implacables.

Les impies (quel plus horrible forfait?), les impies purent plonger le poignard au cœur de leurs époux ! Une seule, digne

    Tuque, testudo, resonare septem
        Callida nervis,
Nec loquax olim, neque grata, nunc et
Divitum mensis et amica templis;
Dic modos, Lyde quibus obstinatas
        Applicet aures.
Quæ, velut latis equa trima campis,
Ludit exsultim metuitque tangi,
Nuptiarum expers, et adhuc protervo
        Cruda marito.
Tu potes tigres comitesque sylvas
Ducere, et rivos celeres morari;
Cessit immanis tibi blandienti
        Janitor aulæ,
Cerberus, quamvis furiale centum
Muniant angues caput ejus, atque
Spiritus teter saniesque manet
        Ore trilingui.
Quin et Ixion Tityosque vultu
Risit invito; stetit urna paulum
Sicca, dum grato Danai puellas
        Carmine mulces.
Audiat Lyde scelus, atque notas
Virginum pœnas, et inane lymphæ
Dolium fundo pereuntis imo,
        Seraque fata,
Quæ manent culpas etiam sub Orco.
Impiæ (nam quid potuere majus?),
Impiæ sponsos potuere duro
        Perdere ferro!

du flambeau nuptial, trompa son père parjure par un mensonge sublime, et mérita l'admiration de la postérité.

« Lève-toi, dit-elle à son jeune époux, lève-toi, de peur qu'une main dont tu ne saurais te méfier ne te plonge dans un sommeil éternel ; trompe la fureur d'un beau-père et de mes barbares sœurs.

« Telle que les lionnes acharnées sur de jeunes faons, chacune, hélas ! déchire en ce moment son époux. Pourrais-je être aussi cruelle ? te frapper ? te retenir ? Non. Que mon père me charge de chaînes pour avoir épargné un époux malheureux ; qu'il m'exile au delà des mers, aux extrémités de la Numidie !

« Fuis, va où te porteront et les vents et tes pas, pendant que la nuit et Vénus te favorisent ; fuis sous un heureux auspice ; n'oublie pas ton épouse, et, à ton retour, grave nos malheurs sur mon tombeau. »

DARU.

XII

À NÉOBULÉ.

Que je plains la jeune beauté, privée des doux jeux de l'amour, et qui, redoutant sans cesse la voix menaçante d'un tuteur rigide, n'ose pas même verser sur ses peines le vin consolateur.

> Una de multis, face nuptiali
> Digna, perjurum fuit in parentem
> Splendide mendax, et in omne virgo
>   Nobilis ævum :
> « Surge, quæ dixit juveni marito,
> Surge, ne longus tibi somnus, unde
> Non times, detur ; socerum et scelestas
>   Falle sorores ;
> Quæ, velut nactæ vitulos leænæ,
> Singulos, eheu ! lacerant. Ego, illis
> Mollior, nec te feriam, nec intra
>   Claustra tenebo.
> Me pater sævis oneret catenis,
> Quod viro clemens misero peperci :
> Me vel extremos Numidarum in agros
>   Classe releget.
> I, pedes quo te rapiunt et auræ,
> Dum favet nox et Venus ; i secundo
> Omine, et nostri memorem sepulcro
>   Sculpe querelam. »

XII

AD NEOBULEN.

> Miserarum est nec amori dare ludum neque dulci
> Mala vino lavere, aut exanimari, metuentes
>   Patruæ verbera linguæ.

L'enfant ailé de Cythère, charmante Neobulé, fait tomber les fuseaux de ta main. Le jeune et brillant Hebrus te force de laisser imparfaits les travaux de Minerve.

Il est vrai que toujours invincible dans les luttes du ceste et de la course, on le voit, l'épaule encore humectée de l'huile des athlètes, s'élancer dans les flots du Tibre. Mieux que Bellérophon, il dompte un ardent coursier. Son trait inévitable frappe les troupes fugitives des cerfs; et le farouche sanglier se cache en vain sous les épais buissons pour se dérober à ses coups victorieux.

DE PONGERVILLE.

XIII

A LA FONTAINE DE BLANDUSIE.

O Blandusie! un doux tribut de vin et de fleurs est dû à ta source plus limpide que le cristal. Demain je te ferai don d'un chevreau. Sur son front s'élèvent des cornes naissantes; non moins lascif que ceux de sa race, il se prépare à l'amour et aux combats. Mais en vain : bientôt il aura rougi de son sang les flots glacés qui baignent tes rives.

Les feux dévorants de l'impitoyable canicule ne sauraient t'atteindre; ils ne sauraient altérer la fraîcheur délicieuse que tu offres aux taureaux fatigués du labourage, et aux troupeaux errants.

Tibi qualum Cythereæ puer ales, tibi telas,
Operosæque Minervæ studium aufert, Neobule,
Liparæi nitor Hebri :
Simul unctos Tiberinis humeros lavit in undis,
Eques ipso melior Bellerophonte, neque pugno,
Neque segni pede victus;
Celer idem per apertum fugientes agitato
Grege cervos jaculari, et catus alto latitantem
Fruticeto excipere aprum.

XIII

AD FONTEM BLANDUSIÆ.

O fons Blandusiæ, splendidior vitro,
Dulci digne mero, non sine floribus,
Cras donaberis hædo,
Cui frons turgida cornibus
Primis, et Venerem et prœlia destinat.
Frustra : nam gelidos inficiet tibi
Rubro sanguine rivos
Lascivi soboles gregis.
Te flagrantis atrox hora Caniculæ
Nescit tangere; tu frigus amabile
Fessis vomere tauris
Præbes et pecori vago.

Et toi aussi, tu deviendras célèbre parmi les fontaines, dès que j'aurai chanté le chêne qui s'asseoit sur les rochers du fond desquels s'échappent en murmurant tes eaux jaillissantes.

A. V. ARNAULT.

XIV

SUR LE RETOUR D'AUGUSTE VAINQUEUR.

Peuple romain, ce héros que tu comparais à Hercule, et qui, comme lui, cherchait des lauriers au prix de ses jours, César a quitté la rive espagnole; victorieux, il revient dans ses foyers.

Que son épouse, qui met tout son bonheur à l'aimer, vienne à sa rencontre, après avoir rendu grâces aux justes dieux! Viens aussi, sœur de ce chef illustre, et vous, mères de nos vierges et de ces jeunes guerriers qu'il nous ramène! venez, le front paré des bandelettes des suppliants! Et vous, jeunes garçons, jeunes Romaines déjà soumises aux lois d'un époux, abstenez-vous de toute parole de sinistre présage!

Ce jour, qui est pour moi un vrai jour de fête, chassera loin de mon cœur les noirs soucis! Je ne craindrai ni le tumulte des combats, ni le fer d'un meurtrier, tant que César tiendra l'empire de l'univers.

Va, jeune esclave, cherche-moi des parfums, des couronnes,

> Fies nobilium tu quoque fontium,
> Me dicente cavis impositam ilicem
>   Saxis, unde loquaces
>   Lymphæ desiliunt tuæ.

XIV

IN AUGUSTI VICTORIS REDITUM.

> Herculis ritu modo dictus, o plebs,
> Morte venalem petiisse laurum,
> Cæsar, Hispana repetit Penates
>   Victor ab ora.
> Unico gaudens mulier marito
> Prodeat, justis operata Divis,
> Et soror clari ducis, et decoræ
>   Supplice vitta
> Virginum matres juvenumque nuper
> Sospitum. Vos, o pueri, et puellæ
> Jam virum expertes, male ominatis
>   Parcite verbis.
> Hic dies vere mihi festus atras
> Eximet curas : ego nec tumultum,
> Nec mori per vim metuam, tenente
>   Cæsare terras.
> I, pete unguentum, puer, et coronas,

et une amphore de ce vin qui a vu la guerre des Marses, s'il en est échappé quelques flacons aux courses de Spartacus.

Dis aussi à Nééra, cette habile chanteuse, qu'elle se hâte de relever par un simple nœud ses cheveux parfumés de myrrhe. Si son odieux portier t'oppose quelque obstacle, reviens sans retard.

Mes cheveux blanchissants ont bien calmé mes esprits, naguère si avides de querelles et de violents débats. Je n'aurais point supporté un pareil refus, quand j'étais bouillant de jeunesse, lorsque Plancus était consul. LÉON HALÉVY.

XV

A CHLORIS.

Épouse du pauvre Ibycus, mets enfin un terme à tes excès et à tes scandaleux amours! Lorsque pour toi la mort s'avance, cesse de jouer au milieu de nos vierges, et de mêler un nuage aux blanches étoiles!

Ce qui sied à Pholoé, ne te sied plus, Chloris! Que ta fille brise les portes des jeunes Romains, pareille à la Bacchante excitée par le bruit des tymbales; éprise de Nothus, qu'elle se joue comme une chèvre lascive : son âge l'excuse. Mais toi, Chloris,

> Et cadum Marsi memorem duelli,
> Spartacum si qua potuit vagantem
>   Fallere testa.
> Dic et argutæ properet Neæræ
> Myrrheum nodo cohibere crinem;
> Si per invisum mora janitorem
>   Fiet, abito.
> Lenit albescens animos capillus
> Litium; et rixæ cupidos protervæ
> Non ego hoc ferrem, calidus juventa,
>   Consule Planco.

XV

IN CHLORIM.

> Uxor pauperis Ibyci.
> Tandem nequitiæ fige modum tuæ
>   Famosisque laboribus :
> Maturo propior desine funeri
>   Inter ludere virgines,
> Et stellis nebulam spargere candidis.
>   Non, si quid Pholoen satis
> Et te, Chlori, decet : filia rectius
>   Expugnat juvenum domos,
> Pulso Thyas uti concita tympano.
>   Illam cogit amor Nothi,

ce qui te convient aujourd'hui, c'est la laine recueillie près de l'illustre Lucérie ; ce sont les fuseaux, et non la lyre, ni la rose aux couleurs de pourpre, ni les joyeux festins où les tonneaux de vin vieux se vident jusqu'à la lie.

LÉON HALÉVY.

XVI

A MÉCÈNE.

Une tour d'airain, des portes inébranlables, la garde fidèle de chiens vigilants suffisaient bien pour garantir la triste Danaé des tentatives nocturnes de ses amants, si Vénus et Jupiter ne se fussent joués d'Acrisius, gardien timide de la vierge prisonnière : au dieu métamorphosé en or, le chemin devait être sûr et facile.

A travers les soldats l'or se fraie un passage ; et, plus puissant que la foudre, il perce les rochers. L'or causa la perte du devin d'Argos et détruisit sa famille. Les trésors ouvraient les portes des cités au roi de Macédoine et renversaient ses rivaux. Les trésors enchaînent jusqu'aux farouches marins.

Les soucis suivent de près une fortune croissante, et la soif des richesses ne fait qu'augmenter. Honneur de nos chevaliers,

> Lascivæ similem ludere capreæ :
> Te lanæ prope nobilem
> Tonsæ Luceriam, non citharæ, decent·
> Nec flos purpureus rosæ,
> Nec poti, vetulam, fæce tenus cadi.

XVI

AD MÆCENATEM.

Inclusam Danaen turris ahenea,
Robustæque fores, et vigilum canum
Tristes excubiæ munierant satis
   Nocturnis ab adulteris ;
Si non Acrisium, virginis abditæ
Custodem pavidum, Jupiter et Venus
Risissent : fore enim tutum iter et patens
   Converso in pretium Deo.
Aurum per medios ire satellites,
Et perrumpere amat saxa, potentius
Ictu fulmineo. Concidit auguris
   Argivi domus ob lucrum
Demersa excidio ; diffidit urbium
Portas vir Macedo, et subruit æmulos
Reges muneribus ; munera navium
   Sævos illaqueant duces.
Crescentem sequitur cura pecuniam
Majorumque fames. Jure perhorrui

Mécène, c'est avec raison que j'ai toujours craint d'élever trop haut la tête et d'attirer les regards.

Plus nous nous refusons, plus les dieux nous accordent; transfuge du parti des riches, je m'empresse de le quitter, et, avec ma pauvreté, je gagne le camp de ceux qui ne désirent rien : plus glorieux du petit bien que je possède, que si je passais pour entasser dans mes greniers toutes les moissons que produisent les terres du laborieux Apulien, pauvre, hélas! au milieu de tant de richesses.

Un ruisseau d'une onde pure, un petit bois de quelques arpents, une moisson qui ne trompe pas mon attente, me rendent plus heureux que le dominateur de la fertile Afrique.

Quoique ce ne soit pas pour moi que l'abeille de Calabre distille son miel, que dans les amphores de Formies vieillit un nectar délicieux, que les brebis dans les champs de la Gaule nourrissent leurs épaisses toisons, je ne connais point l'importune pauvreté; et si je désirais quelque chose, je n'aurais pas à craindre de toi un refus. Mais en bornant mes vœux, j'augmente plus mon revenu, que si je possédais le riche royaume d'Alyatte et les champs phrygiens. Tout manque à qui tout fait envie. Heureux le mortel à qui les dieux, d'une main économe, n'ont accordé que le nécessaire!

ERNEST PANCKOUCKE.

Late conspicuum tollere verticem,
    Mæcenas, equitum decus.
Quanto quisque sibi plura negaverit,
    A Dis plura feret. Nil cupientium
Nudus castra peto, et transfuga divitum
    Partes linquere gestio;
Contemptæ dominus splendidior rei,
    Quam si quidquid arat non piger Appulus
Occultare meis dicerer horreis,
    Magnas inter opes inops.
Puræ rivus aquæ, sylvaque jugerum
Paucorum, et segetis certa fides meæ,
Fulgentem imperio fertilis Africæ
    Fallit sorte beatior.
Quanquam nec Calabræ mella ferunt apes,
Nec Læstrigonia Bacchus in amphora
Languescit mihi, nec pinguia Gallicis
    Crescunt vellera pascuis;
Importuna tamen pauperies abest,
Nec, si plura velim, tu dare deneges.
Contracto melius parva cupidine
    Vectigalia porrigam,
Quam si Mygdoniis regnum Alyattei
Campis continuem. Multa petentibus
Desunt multa : bene est, cui Deus obtulit
    Parca, quod satis est, manu.

XVII

A ÉLIUS LAMIA.

Élius, toi dont la noblesse remonte au vieux Lamus (car ce fut lui, dit-on, qui transmit son nom aux premiers Lamia, et, s'il faut en croire nos fastes fidèles, votre race glorieuse tire son origine de ce chef qui régna sur les murs de Formies, et établit son empire sur le Liris, qui baigne les champs de Marica); demain, une tempête déchaînée par l'Eurus jonchera le bois de feuilles sans nombre et le rivage d'algues inutiles, ou bien la vieille corneille qui annonce la pluie m'aura fait un présage trompeur.

Pendant que tu le peux, rassemble un bois sec dans ton foyer; demain offre à ton dieu familier un vin pur et un porc de deux mois, au milieu de tes esclaves que tu affranchiras pour un jour de leurs travaux.

LÉON HALÉVY.

XVIII

AU DIEU FAUNE.

Faune, amant des nymphes qui fuient tes poursuites, visite en dieu clément mes enclos modestes et mes champs brûlés par le

XVII

AD ÆLIUM LAMIAM.

Æli, vetusto nobilis ab Lamo,
  (Quando et priores hinc Lamias ferunt
    Denominatos, et nepotum
      Per memores genus omne fastos;
Auctore ab illo ducis originem,
Qui Formiarum mœnia dicitur
    Princeps, et innantem Maricæ
      Litoribus tenuisse Lirin
Late tyrannus); cras foliis nemus
Multis, et alga litus inutili
    Demissa tempestas ab Euro
      Sternet, aquæ nisi fallit augur
Annosa cornix. Dum potes, aridum
Compone lignum; cras genium mero
    Curabis, et porco bimestri,
      Cum famulis operum solutis.

XVIII

AD FAUNUM.

Faune, Nympharum fugientum amator,
Per meos fines et aprica rura

soleil; sois favorable, en partant, aux jeunes élèves de mes troupeaux!

Ne rejette pas ma prière, s'il est vrai qu'à la fin de chaque année un tendre chevreau tombe en ton honneur, si le vin coule avec largesse dans la coupe chère à Vénus; si ton antique autel se voile sous les épaisses fumées de l'encens!

Tous les troupeaux se jouent dans les herbes de la prairie, quand revient ta fête avec les nones de décembre; et tout le hameau se livre aux jeux dans la plaine, au milieu des bœufs libres du labourage.

On voit alors le loup errer parmi les agneaux exempts de crainte; la forêt se dépouille sur ton passage de son agreste parure; et trois fois, de son pied joyeux, le laboureur frappe cette terre, qu'il maudit en l'arrosant de ses sueurs.

LÉON HALÉVY.

XIX

A TÉLÈPHE.

Tu nous dis quel intervalle de temps sépare Inachus et ce Codrus, mort si noblement pour sa patrie; tu nous parles des descendants d'Éaque; tu nous racontes les combats livrés sous les murs sacrés d'Ilion: mais ce que tu oublies de nous apprendre, c'est à quel prix nous aurons la tonne de vin de Chio, qui fera

> Lenis incedas, abeasque parvis
>   Æquus alumnis:
> Si tener pleno cadit hædus anno,
> Larga nec desunt Veneris sodali
> Vina crateræ, vetus ara multo
>   Fumat odore.
> Ludit herboso pecus omne campo,
> Quum tibi nonæ redeunt decembres;
> Festus in pratis vacat otioso
>   Cum bove pagus:
> Inter audaces lupus errat agnos;
> Spargit agrestes tibi sylva frondes;
> Gaudet invisam pepulisse fossor
>   Ter pede terram.

XIX

AD TELEPHUM.

> Quantum distet ab Inacho
> Codrus, pro patria non timidus mori,
>   Narras, et genus Æaci,
> Et pugnata sacro bella sub Ilio;
>   Quo Chium pretio cadum

chauffer notre bain, chez quel hôte et à quelle heure nous braverons à table le froid qui souffle des montagnes de Péligne.

Verse, enfant, pour la lune nouvelle!... Hâte-toi!... Verse maintenant pour la nuit, et pour l'augure Murena!... Trois fois ou neuf fois le vin se mêle sans danger au cristal des coupes; l'ami des neuf Muses, dans son délire, videra neuf fois la sienne; mais les Grâces, ennemies des querelles, défendent de dépasser jamais le nombre trois.

Je veux aujourd'hui perdre la raison.... Pourquoi les flûtes phrygiennes cessent-elles de retentir? pourquoi ce hautbois suspendu près de la lyre muette? Je hais les mains paresseuses.... Enfant, répands des roses! Que l'envieux Lycus, que notre aimable voisine, son épouse, trop jeune pour lui, entendent nos folles clameurs!

Heureux Télèphe! ta noire chevelure, tes yeux brillants comme l'astre du soir, ont embrasé d'amour la jeune Chloé; moi je brûle pour ma Glycère d'un feu qui me consume lentement.

LÉON HALÉVY.

XX

A PYRRHUS.

Tu ne vois pas, Pyrrhus, à quel danger tu t'exposes, en ravis-

Mercemur, quis aquam temperet ignibus,
    Quo præbente domum, et quota
Pelignis caream frigoribus, taces.
    Da lunæ propere novæ,
Da noctis mediæ, da, puer, auguris
    Murenæ : tribus aut novem
Miscentur cyathis pocula commodis.
    Qui Musas amat impares,
Ternos ter cyathos attonitus petet
    Vates; tres prohibet supra,
Rixarum metuens tangere Gratia
    Nudis juncta sororibus.
Insanire juvat : cur Berecynthiæ
    Cessant flamina tibiæ?
Cur pendet tacita fistula cum lyra?
    Parcentes ego dexteras
Odi : sparge rosas. Audiat invidus
    Dementem strepitum Lycus,
Et vicina seni non habilis Lyco!
    Spissa te nitidum coma,
Puro te similem, Telephe, vespero
    Tempestiva petit Chloe :
Me lentus Glyceræ torret amor meæ.

XX

AD PYRRHUM.

Non vides quanto moveas periclo,

sant ses petits à une lionne de Gétulie. Mais bientôt faiblira ton courage, et tu finiras une lutte inégale, quand tu verras ton ennemie, perçant la foule de tes défenseurs, te redemander le beau Néarque. Combat terrible, qui laissera au vainqueur cette précieuse conquête !

Pendant que tu tires de ton carquois tes flèches rapides, et qu'elle aiguise ses dents redoutables, on dit que le juge du combat foule avec dédain la palme sous ses pieds nus, et abandonne au souffle caressant du zéphyr ses épaules où flottent ses cheveux parfumés. Tel fut autrefois Nirée, ou Ganymède enlevé aux humides sommets de l'Ida.

LÉON HALÉVY

XXI

A SA BOUTEILLE.

Amphore respectable, née, comme moi, sous le consulat de Manlius, soit que tu portes en ton sein les pleurs ou les ris, les querelles, les amours insensés, ou le facile sommeil, descends, Corvinus l'ordonne.

Que nous importe le nom du consul sous lequel ton Massique a été recueilli? pour un aussi beau jour, tu es bien digne de

Pyrrhe, Getulæ catulos leænæ?
Dura post paulo fugies inaudax
    Prœlia raptor;
Quum per obstantes juvenum catervas
Ibit insignem repetens Nearchum :
Grande certamen, tibi præda cedat
    Major, an illi.
Interim, dum tu celeres sagittas
Promis, hæc dentes acuit timendos,
    Arbiter pugnæ posuisse nudo
Sub pede palmam
Fertur, et leni recreare vento
Sparsum odoratis humerum capillis :
Qualis aut Nireus fuit, aut aquosa
    Raptus ab Ida.

XXI

AD AMPHORAM.

O nata mecum consule Manlio,
Seu tu querelas sive geris jocos,
    Seu rixam et insanos amores,
        Seu facilem, pia testa, somnum;
Quocumque lectum nomine Massicum
Servas, moveri digna bono die,

paraître au milieu de nous. Nos coupes attendent le vin vieux que tu renfermes.

Corvinus, tout imbu qu'il est des préceptes de Socrate, n'est pas encore assez sévère pour te négliger : ne sait-on pas d'ailleurs que la vertu du vieux Caton était souvent réchauffée par le vin?

Au cœur le plus dur tu fais une douce violence ; ta joyeuse liqueur rend indiscret le sage, et lui fait découvrir ses secrètes pensées.

Dans les âmes inquiètes tu fais renaître l'espérance; au pauvre tremblant tu inspires la force et l'audace; et avec toi, il brave la colère des rois et le glaive du soldat.

Si la riante Cythérée et les Grâces inséparables daignent se joindre à Bacchus, nous prolongerons nos plaisirs à la clarté des flambeaux, jusqu'à ce que le retour de Phébus ait chassé les astres de la nuit.
ERNEST PANCKOUCKE.

XXII

A DIANE.

Gardienne des montagnes et des bois, vierge puissante, qui, trois fois invoquée, exauces la jeune épouse dans les douleurs de

> Descende, Corvino jubente,
>   Promere languidiora vina.
> Non ille, quanquam Socraticis madet
> Sermonibus, te negliget horridus :
>   Narratur et prisci Catonis
>   Sæpe mero caluisse virtus.
> Tu lene tormentum ingenio admoves
> Plerumque duro; tu sapientium
>   Curas, et arcanum jocoso
>   Consilium retegis Lyæo.
> Tu spem reducis mentibus anxiis;
> Viresque, et addis cornua pauperi;
>   Post te neque iratos trementi
>   Regum apices, neque militum arma.
> Te Liber, et, si læta aderit, Venus,
> Segnesque nodum solvere Gratiæ,
>   Vivæque producent lucernæ,
>   Dum rediens fugat astra Phœbus.

XXII

AD DIANAM.

> Montium custos nemorumque, virgo,
> Quæ laborantes utero puellas
> Ter vocata audis adimisque leto,

l'enfantement, et l'arraches au trépas, déesse à triple forme, je te consacre ce pin qui domine ma maison des champs ; et, chaque année, tu me verras joyeux l'arroser en ton honneur du sang d'un jeune sanglier, dont le regard oblique médite une attaque imprévue.

LÉON HALÉVY.

XXIII

A PHIDYLÉ.

Quand la lune renaît, bonne Phidylé, lève vers le ciel tes mains suppliantes ; qu'un peu d'encens et de grain nouveau, que le sacrifice d'une truie avide, te rendent tes lares propices ; et tu n'auras à redouter, ni pour ta vigne le souffle mortel de l'Africus, ni pour tes épis la nielle stérile, ni pour tes tendres élèves l'influence maligne de la saison des fruits.

Le taureau qui paît sur l'Algide, au-dessous des frimas, parmi les yeuses et les chênes, ou qui grandit dans les pâturages albains pour être immolé, teindra de son sang la hache des pontifes.

Mais toi, tu ne dois pas égorger des troupeaux pour tenter la faveur de ces humbles dieux que tu couronnes de romarin et de myrte fragile.

Il suffit qu'une main pure touche l'autel ; ce n'est pas la magni-

Diva triformis;
Imminens villæ tua pinus esto,
Quam per exactos ego lætus annos
Verris obliquum meditantis ictum
Sanguine donem.

XXIII

AD PHIDYLEN.

Cœlo supinas si tuleris manus,
Nascente Luna, rustica Phidyle,
Si thure placaris et horna
Fruge Lares avidaque porca,
Nec pestilentem sentiet Africum
Fecunda vitis, nec sterilem seges
Rubiginem, aut dulces alumni
Pomifero grave tempus anno.
Nam, quæ nivali pascitur Algido
Devota, quercus inter et ilices,
Aut crescit Albanis in herbis
Victima, pontificum secures
Cervice tinget. Te nihil attinet
Tentare multa cæde bidentium
Parvos coronantem marino
Rore Deos fragilique myrto.
Immunis aram si tetigit manus,
Non sumptuosa blandior hostia

ficence de l'offrande qui fléchira les Pénates en courroux, et qui rendra plus agréables le sel pétillant et l'orge sacrée.   NAUDET.

XXIV

CONTRE L'AVARICE.

Quand tes richesses surpasseraient les trésors encore intacts de l'Arabe et de l'Inde opulente; quand tu envahirais de tes vastes constructions toute la mer de Tyrrhène et les flots d'Apulie; si la cruelle Nécessité enfonce dans ton front superbe ses clous de diamant, tu ne pourras dérober ton âme à la crainte, ni ta tête aux filets de la mort!

Plus heureux le Scythe sauvage, dont le grossier chariot traîne la demeure vagabonde! plus heureux le Gète aux mœurs rustiques! Pour eux une terre sans limites produit de libres moissons et tous les dons de Cérès. Ils ne cultivent qu'un an le même sol; leur tâche accomplie, un successeur les remplace, qui suivra leur exemple.

Là, une seconde épouse traite avec bonté des enfants qui n'ont plus de mère; là, une femme n'exerce point, fière de sa dot, un empire insolent sur son époux, et n'affiche point l'adultère. La

Mollibit aversos Penates
Farre pio, et saliente mica.

XXIV

IN AVAROS.

Intactis opulentior
Thesauris Arabum et divitis Indiæ,
  Cæmentis licet occupes
Tyrrhenum omne tuis et mare Apulicum;
  Si figit adamantinos
Summis verticibus dira Necessitas
  Clavos, non animum metu,
Non mortis laqueis expedies caput.
  Campestres melius Scythæ,
Quorum plaustra vagas rite trahunt domos,
  Vivunt, et rigidi Getæ,
Immetata quibus jugera liberas
  Fruges et Cererem ferunt,
Nec cultura placet longior annua,
  Defunctumque laboribus
Æquali recreat sorte vicarius.
  Illic matre carentibus
Privignis mulier temperat innocens,
  Nec dotata regit virum
Conjux, nec nitido fidit adultero.

plus riche dot, chez ces peuples, c'est la vertu des parents, c'est le respect craintif de l'alliance jurée, et la chaste horreur de la trahison. Là, l'infidélité est un crime, et la mort en est le prix.

O qui que tu sois, dont la pensée généreuse veut mettre un terme à nos meurtres impies, à nos fureurs intestines, si tu veux que le titre de *Père de la patrie* soit gravé sur tes statues, ose réprimer la licence indomptée de nos mœurs: tu seras cher à nos descendants; car nous (peut-on l'avouer sans rougir?), nous haïssons la vertu vivante; a-t-elle cessé de frapper nos yeux, c'est alors seulement que notre basse envie la divinise.

Mais à quoi bon de tristes plaintes, si le supplice n'extirpe pas le crime dans sa racine? Que feront de vaines lois, sans les mœurs? Est-il un remède à tant de maux, quand on voit l'avidité du marchand braver les feux de la zone brûlante, et le souffle de Borée dans les contrées où il règne sur un sol de neige et de glace; quand l'adresse du nautonier triomphe de la fureur des flots; quand la pauvreté, qui n'est plus qu'un grand déshonneur, ordonne de tout faire, de tout souffrir, et quitte les sentiers trop difficiles de la vertu?

Portons au Capitole, où nous appellent les cris de la foule qui nous applaudit d'avance, ces pierreries, ces diamants, cet or inutile, source de tous nos maux; ou précipitons dans la mer

> Dos est magna parentium
> Virtus, et metuens alterius viri
> Certo fœdere castitas;
> Et peccare nefas, aut pretium est mori.
> O quisquis volet impias
> Cædes et rabiem tollere civicam,
> Si quæret Pater Urbium
> Subscribi statuis, indomitam audeat
> Refrænare licentiam;
> Clarus postgenitis, quatenus, heu nefas!
> Virtutem incolumem odimus,
> Sublatam ex oculis quærimus invidi.
> Quid tristes querimoniæ,
> Si non supplicio culpa reciditur?
> Quid leges sine moribus
> Vanæ proficiunt, si neque fervidis
> Pars inclusa caloribus
> Mundi, nec Boreæ finitimum latus,
> Durataeque solo nives
> Mercatorem abigunt, horrida callidi
> Vincunt æquora navitæ,
> Magnum pauperies opprobrium jubet
> Quidvis et facere pati,
> Virtutisque viam deserit arduæ?
> Vel nos in Capitolium,
> Quo clamor vocat et turba faventium;
> Vel nos in mare proximum

voisine ces trésors corrupteurs! Si nous sommes pénétrés d'un vrai repentir, il faut anéantir les germes de nos honteuses passions, et retremper, par de plus rudes travaux, nos âmes énervées par le plaisir. Le jeune Romain, inhabile aux mâles exercices, ne sait se tenir sur un coursier, et redoute le noble plaisir de la chasse.... Le cerceau rapide des Grecs, ou le dé proscrit par les lois, voilà les jeux où il excelle.. Son père cependant, parjure à son ami, à son associé, à son hôte, le trompe, le dépouille, et amasse à la hâte une immense richesse pour son indigne héritier. Ses trésors, acquis par le crime, s'accroissent chaque jour; et pourtant je ne sais quoi manque à cette fortune qui ne comblera jamais ses vœux.

LÉON HALÉVY.

XXV

A BACCHUS.

Bacchus, où m'entraînes-tu, tout plein de ta divinité? dans quels bois, dans quelles cavernes, me transporte un enthousiasme inconnu? sous quels antres va-t-on m'entendre célébrant la gloire immortelle du grand César, le plaçant parmi les astres et dans le conseil de Jupiter?

Gemmas, et lapides, aurum et inutile,
    Summi materiem mali,
Mittamus. Scelerum si bene pœnitet,
    Eradenda cupidinis
Pravi sunt elementa, et teneræ nimis
    Mentes asperioribus
Firmandæ studiis. Nescit equo rudis
    Hærere ingenuus puer
Venarique timet, ludere doctior,
    Seu Græco jubeas trocho,
Seu malis vetita legibus alea:
    Quum perjura patris fides
Consortem socium fallat, et hospitem,
    Indignoque pecuniam
Hæredi properat. Scilicet improbæ
    Crescunt divitiæ; tamen
Curtæ nescio quid semper abest rei.

XXV

AD BACCHUM.

Quo me, Bacche, rapis tui
    Plenum? quæ nemora, aut quos agor in specus
        Velox mente nova? quibus
Antris egregii Cæsaris audiar
    Æternum meditans decus
Stellis inserere et concilio Jovis?

Je dirai des chants merveilleux, nouveaux, qui n'ont jamais été proférés par aucune bouche.... Telle la Bacchante, s'éveillant tout à coup au sommet des monts, voit avec stupeur au-dessous d'elle l'Hèbre glacé, la Thrace blanchie par la neige, le Rhodope foulé par un pied barbare.... Que j'aime à m'égarer sur ces rochers!... que j'admire ces bois solitaires! O dieu des Naïades et des Bacchantes, dont la main peut briser les chênes les plus élevés, mes accents n'auront rien de terrestre, rien d'humble, rien de mortel. C'est un doux péril, ô Bacchus, de suivre le dieu qui ceint d'un pampre vert son front céleste. LÉON HALÉVY.

XXVI

A VÉNUS.

J'ai vécu naguère, sachant plaire aux belles, et j'ai combattu non sans gloire. Maintenant je consacre à Vénus, fille des mers, mes armes et ce luth qui a fini ses campagnes; je les suspends à sa gauche, au mur de son temple.... Amis, posez ici ces brillants flambeaux, ces leviers, ces arcs si menaçants naguère pour les portes qui se fermaient à notre approche!

Dicam insigne, recens, adhuc
Indictum ore alio. Non secus in jugis
Exsomnis stupet Evias,
Hebrum prospiciens, et nive candidam
Thracen, ac pede barbaro
Lustratam Rhodopen. Ut mihi devio
Rupes et vacuum nemus
Mirari libet! O Naïadum potens,
Baccharumque valentium
Proceras manibus vertere fraxinos!
Nil parvum aut humili modo,
Nil mortale loquar: Dulce periculum est,
O Lenæe, sequi Deum
Cingentem viridi tempora pampino.

XXVI

AD VENEREM.

Vixi puellis nuper idoneus,
Et militavi non sine gloria:
Nunc arma defunctumque bello
Barbiton hic paries habebit,
Lævum marinæ qui Veneris latus
Custodit. Hic, hic ponite lucida
Funalia, et vectes, et arcus
Oppositis foribus minaces.

O Déesse, qui gouvernes l'heureuse Chypre, et Memphis qui ne connut jamais les neiges dont se couvre la Thrace; ô reine puissante, touche seulement de ton fouet divin l'orgueilleuse Chloé qui me brave!

LÉON HALÉVY.

XXVII

A GALATÉE.

Que l'impie emporte pour présages les cris répétés de l'oiseau sinistre, la rencontre d'une lice prête à mettre bas, d'une louve qui descend des champs lanuviniens, ou de la femelle d'un renard, suivie de ses petits : qu'obliquement lancé comme un trait, au travers de sa route, un serpent arrête tout à coup ses coursiers épouvantés. Pour moi, augure prévoyant, et justement alarmé pour ce que j'aime, ma prière invoquera, du côté de l'orient, le corbeau favorable, avant que l'oiseau précurseur de l'orage regagne ses marais fangeux.

Quel que soit le séjour que tu préfères, ma Galatée, que le bonheur et le souvenir d'Horace t'y accompagnent; que la corneille vagabonde et le sinistre pivert n'arrêtent point tes pas!

Vois cependant de quels orages nous menace le coucher de

O quæ beatam, Diva, tenes Cyprum, et
Memphim carentem Sithonia nive,
   Regina, sublimi flagello
     Tange Chloen, semel, arrogantem.

XXVII

AD GALATEAM.

Impios parræ recinentis omen
Ducat, et prægnans canis, aut ab agro
   Rava decurrens lupa Lanuvino,
     Fœtaque vulpes:
Rumpat et serpens iter institutum,
Si, per obliquum, similis sagittæ
   Terruit mannos. Ego, cui timebo
     Providus auspex,
Antequam stantes repetat paludes
Imbrium divina avis imminentum,
   Oscinem corvum prece suscitabo,
     Solis ab ortu.
Sis licet felix, ubicumque mavis,
Et memor nostri, Galatea, vivas;
   Teque nec lævus vetet ire picus,
     Nec vaga cornix.
Sed vides quanto trepidet tumultu

l'Orion! Qui connaît mieux que moi les fureurs de l'Adriatique et la perfide sérénité de l'Iapyx? Que les femmes, que les enfants de nos ennemis éprouvent seuls le courroux de l'Auster déchaîné sur les flots, et le mugissement des vagues, qui frappent le rivage à coups redoublés.

Ainsi, lorsque la crédule Europe eut osé se confier au taureau séducteur, bientôt pâle et tremblante, son audace l'abandonna, à l'aspect des monstres marins qui bondissaient autour d'elle, et des nombreux écueils qui l'environnaient.

Naguère encore, au milieu des prés et des fleurs, elle tressait la couronne vouée aux Nymphes; et maintenant, à la faveur d'une clarté douteuse, elle ne voit plus que la vaste étendue des cieux et des mers. A peine elle eut touché les bords de la Crète aux cent villes puissantes :

« O mon père, s'écria-t-elle, qu'ai-je fait! J'ai donc abjuré le doux nom de fille, et un moment de délire a triomphé de ma tendresse pour toi! D'où viens-je?... où suis-je?... Non, une seule mort est trop peu pour expier ma faute! Veillé-je? et mon crime n'est-il qu'un rêve pénible, une vaine mais innocente illusion, échappée de la porte d'ivoire? fallait-il donc préférer une course lointaine, à travers les flots, au doux passe-temps de cueillir des

Pronus Orion! Ego, quid sit ater
Adriæ, novi, sinus, et quid albus
 Peccet Iapyx.
Hostium uxores puerique cæcos
Sentiant motus orientis Austri, et
Æquoris nigri fremitum, et trementes
 Verbere ripas.
Sic et Europe niveum doloso
Credidit tauro latus, et scatentem
Belluis pontum, mediasque fraudes
 Palluit audax.
Nuper in pratis studiosa florum, et
Debitæ Nymphis opifex coronæ,
Nocte sublustri, nihil astra præter
 Vidit et undas;
Quæ simul centum tetigit potentem
Oppidis Creten : « Pater, o relictum
Filiæ nomen, pietasque, dixit,
 Victa furore.

« Unde? quo veni? Levis una mors est
Virginum culpæ. Vigilansne ploro
Turpe commissum? an vitiis carentem
 Ludit imago

« Vana, quæ porta fugiens eburna
Somnium ducit? meliusne fluctus
Ire per longos fuit, an recentes
 Carpere flores?

fleurs nouvelles? Oh! que ne le livre-t-on à mon courroux, ce perfide taureau! avec quel plaisir je plongerais le fer dans ses flancs, et briserais les cornes du monstre qui m'a séduite un moment! Au mépris de la pudeur, j'ai abandonné le foyer paternel.... et j'hésite encore à mourir! O dieux! s'il en est qui m'entendent, que ne suis-je errante et nue au milieu des lions? Avant que l'affreuse maigreur ait altéré mes traits et décharné d'avance leur proie, que ne suis-je, belle encore, exposée à la dent vorace des tigres? Fille indigne de lui, entends-tu les reproches d'un père absent? — Que tardes-tu encore à mourir? ta ceinture ne t'a heureusement point quittée, et l'arbre voisin secondera ton désespoir. Préfères-tu la pointe de ces rochers; veux-tu chercher une mort plus prompte au milieu de ces écueils; n'hésite pas plus longtemps : élance-toi avec la tempête, à moins que tu n'aimes mieux, digne sang des rois, tourner un fuseau servile, sous les lois d'une maîtresse étrangère. »

Cependant Vénus, et son fils incliné sur son arc détendu, écoutaient en souriant malignement les plaintes d'Europe. Quand ils se furent assez longtemps joués de son erreur : « Calme, lui dit Vénus, calme ce grand courroux; cet odieux taureau va de lui-même livrer à ta colère ces armes que tu veux briser. Épouse,

« Si quis infamem mihi nunc juvencum
Dedat iratæ, lacerare ferro et
Frangere enitar modo multum amati
Cornua monstri.
« Impudens liqui patrios Penates,
Impudens Orcum moror! O Deorum
Si quis hæc audis, utinam inter errem
Nuda leones!
« Antequam turpis macies decentes
Occupet malas, teneræque succus
Defluat prædæ, speciosa quæro
Pascere tigres.
« Vilis Europe! pater urget absens:
Quid mori cessas? potes hac ab orno
Pendulum zona bene te secuta
Lædere collum.
« Sive te rupes, et acuta leto
Saxa delectant, age : te procellæ
Crede veloci; nisi herile mavis
Carpere pensum,
« Regius sanguis, dominæque tradi
Barbaræ pellex. » Aderat querenti
Perfidum ridens Venus, et remisso
Filius arcu.
Mox, ubi lusit satis : « Abstineto,
Dixit, irarum calidæque rixæ,
Quum tibi invisus laceranda reddet
Cornua taurus.

sans le savoir, du puissant Jupiter, cesse de plaindre ton sort;
familiarise-toi avec l'éclat de la haute fortune qui t'appelle : l'une
des parts de l'univers s'honorera désormais de porter ton nom. »

DARU.

XXVIII

A LYDÉ.

Que ferai-je de préférence en ce jour consacré à Neptune?...
Allons, Lydé, hâte-toi de tirer le Cécube de sa prison! Emporte
d'assaut le rempart où se réfugie ta sagesse!... Tu vois le midi
pencher vers son déclin; et, comme si le jour s'arrêtait dans son
vol, tu tardes à enlever du grenier l'amphore qui depuis le
consulat de Bibulus attend un buveur! Nous chanterons tour à
tour Neptune, et les vertes chevelures des Néréides. Toi, tu
célébreras sur ta lyre recourbée Latone, et les flèches rapides de
Diane. Nous saluerons de nos derniers accents la déesse qui règne
à Cnide, sur les brillantes Cyclades, et qui visite Paphos sur son
char attelé de cygnes. Nous donnerons aussi à la nuit les chants
qui lui sont dus.

LÉON HALÉVY

« Uxor invicti Jovis esse nescis.
Mitte singultus, bene ferre magnam
Disce fortunam : tua sectus orbis
Nomina ducet. »

XXVIII

AD LYDEN.

Festo quid potius die
Neptuni faciam? Prome reconditum,
Lyde strenua, Cæcubum,
Munitæque adhibe vim sapientiæ.
Inclinare meridiem
Sentis; ac, veluti stet volucris dies,
Parcis diripere horreo
Cessantem Bibuli consulis amphoram!
Nos cantabimus invicem
Neptunum, et virides Nereidum comas
Tu curva recines lyra
Latonam, et celeris spicula Cynthiæ:
Summo carmine, quæ Cnidon
Fulgentesque tenet Cycladas, et Paphon
Junctis visit oloribus,
Dicetur merita nox quoque nænia.

XXIX

A MÉCÈNE.

Descendant des rois d'Étrurie, depuis longtemps je te réserve un vin délicieux ; il t'attend dans son amphore vierge. J'ai aussi des roses, et des parfums pour tes cheveux.

Point de retards importuns. Ne contemple pas toujours le frais Tibur, et les collines fertiles d'Ésula, et les sommets du parricide Télégon.

Quitte pour un instant les ennuis de l'opulence, et ce palais dont le faîte s'élève jusqu'aux nues. Cesse d'admirer la fumée, le luxe et tout le bruit de cette Rome qui se dit heureuse !

Presque toujours un changement plaît à la richesse. Souvent un repas sans pourpre ni tapis, mais propre et simple, sous un toit pauvre, a déridé un front sourcilleux.

Déjà le père d'Andromède cesse de cacher ses feux étincelants ; déjà le violent Procyon, le Lion furieux lancent leurs flammes, et le soleil nous ramène les jours de sécheresse.

Déjà le berger, fatigué avec son troupeau languissant, cherche l'ombre, le ruisseau, et les buissons du sauvage Sylvain. La rive silencieuse appelle en vain l'haleine vagabonde des vents.

XXIX

AD MÆCENATEM.

Tyrrhena regum progenies, tibi
Non ante verso lene merum cado,
    Cum flore, Mæcenas, rosarum, et
      Pressa tuis balanus capillis
Jamdudum apud me est. Eripe te moræ ;
Ne semper udum Tibur, et Æsulæ
    Declive contempleris arvum, et
      Telegoni juga parricidæ.
Fastidiosam desere copiam, et
Molem propinquam nubibus arduis ;
    Omitte mirari beatæ
      Fumum, et opes strepitumque Romæ.
Plerumque gratæ divitibus vices,
Mundæque parvo sub Lare pauperum
    Cœnæ, sine aulæis et ostro,
      Sollicitam explicuere frontem.
Jam clarus occultum Andromedæ pater
Ostendit ignem ; jam Procyon furit,
    Et stella vesani Leonis,
      Sole dies referente siccos.
Jam pastor umbras, cum grege languid
Rivumque fessus quærit, et horridi
    Dumeta Sylvani, caretque
      Ripa vagis taciturna ventis.

Toi, cependant, tu médites les lois que l'État réclame; gardien vigilant de Rome, tu redoutes les projets futurs des Sères, des Bactriens que gouverna Cyrus, et des habitants du Tanaïs, que la discorde déchire.

Les dieux prudents ont couvert d'une épaisse nuit les événements de l'avenir; ils se rient du mortel dont l'œil inquiet veut pénétrer ces ténèbres.

Songe seulement à régler le présent avec sagesse : le reste ressemble au cours de ce fleuve qui tantôt, renfermé dans son lit, coule paisible vers la mer Tyrrhénienne; tantôt, lorsqu'un affreux déluge irrite ses ondes tranquilles, roule dans ses vagues les pierres qu'il a rongées, les arbres qu'il déracine, les troupeaux et les maisons qu'il entraîne au milieu des mugissements de la montagne et de la forêt voisine.

Celui-là vit heureux et maître de lui, qui chaque soir peut se dire : J'ai vécu! Que demain Jupiter couvre le ciel d'un obscur nuage, ou qu'il l'éclaire d'un soleil pur, qu'importe? il n'a point de pouvoir sur le passé; il ne pourra changer ni détruire ce que l'heure fugitive a entraîné.

La Fortune, qui se plaît dans ses cruels caprices, dans ses jeux opiniâtres et insolents, promène au hasard ses faveurs incer-

Tu, civitatem quis deceat status,
Curas, et Urbi sollicitus times,
Quid Seres, et regnata Cyro
Bactra parent, Tanaïsque discors
Prudens futuri temporis exitum
Caliginosa nocte premit Deus :
Ridetque, si mortalis ultra
Fas trepidat. Quod adest, memento
Componere æquus : cetera fluminis
Ritu feruntur, nunc medio alveo
Cum pace delabentis Etruscum
In mare; nunc lapides adesos,
Stirpesque raptas, et pecus, et domos
Volventis una, non sine montium
Clamore vicinæque sylvæ,
Quum fera diluvies quietos
Irritat amnes. Ille potens sui
Lætusque deget, cui licet in diem
Dixisse : Vixi. Cras vel atra
Nube polum Pater occupato,
Vel solo puro; non tamen irritum,
Quodcumque retro est, efficiet; neque
Diffinget, infectumque reddet
Quod fugiens semel hora vexit.
Fortuna sævo læta negotio, et
Ludum insolentem ludere pertinax,
Transmutat incertos honores,

taines, clémente aujourd'hui pour moi, demain pour un autre.

Si elle m'est fidèle, je la remercie. Si elle agite ses ailes rapides, je lui rends ce qu'elle m'a donné, je m'enveloppe de ma vertu, et j'épouse, sans dot, une honnête pauvreté.

M'appartient-il, si le mât de mon navire mugit sous les vents africains, de descendre à de honteuses prières, et d'obtenir par mes vœux que mes vins de Chypre et ma pourpre tyrienne n'augmentent pas les trésors de la mer avare?

Non : mais un frêle esquif, une barque à deux rames m'offre son secours; et, à travers les flots tumultueux de la mer Égée, un vent favorable et les deux frères d'Hélène me poussent joyeux au rivage.

LÉON HALÉVY.

XXX

Je l'ai achevé, ce monument plus indestructible que le bronze, plus grand que les pyramides des rois. L'onde rongeuse, l'Aquilon furieux, la course du temps, le choc du torrent des siècles, ne pourront l'ébranler.

Tout entier je ne mourrai pas! La plus noble partie de moi-même triomphera de la Parque; et, tant qu'auprès du pontife la vestale silencieuse montera au Capitole, ma gloire, toujours nou-

Nunc mihi, nunc alii benigna.
Laudo manentem : si celeres quatit
Pennas, resigno quæ dedit, et mea
Virtute me involvo, probamque
Pauperiem sine dote quæro.
Non est meum, si mugiat Africis
Malus procellis, ad miseras preces
Decurrere, et votis pacisci,
Ne Cypriæ Tyriæque merces
Addant avaro divitias mari :
Tunc me, biremis præsidio scaphæ,
Tutum per Ægæos tumultus
Aura feret, geminusque Pollux.

XXX

Exegi monumentum ære perennius,
Regalique situ pyramidum altius,
Quod non imber edax, non Aquilo impotens
Possit diruere, aut innumerabilis
Annorum series, et fuga temporum.
Non omnis moriar, multaque pars mei
Vitabit Libitinam. Usque ego postera
Crescam laude recens, dum Capitolium
Scandet cum tacita virgine pontifex.

velle, grandira sans cesse. Sur les bords de l'impétueux Aufide, dans les champs arides où Daunus, s'élevant de son humble fortune, gouverna des peuples agrestes, on dira que, le premier, j'unis au rhythme italien la lyre mélodieuse des Grecs. Muse, pare-toi d'un juste orgueil, et viens en souriant ceindre mon front de la couronne immortelle. DE PONGERVILLE.

      Dicar, qua violens obstrepit Aufidus,
      Et qua pauper aquæ Daunus agrestium
      Regnavit populorum, ex humili potens,
      Princeps Æolium carmen ad Italos
      Deduxisse modos. Sume superbiam
      Quæsitam meritis, et mihi Delphica
      Lauro cinge volens, Melpomene, comam.

ODES

LIVRE QUATRIÈME

I

A VÉNUS.

Pourquoi, Vénus, après un long repos, me déclarer de nouveau la guerre? Épargne-moi, je t'en supplie! Je ne suis plus ce que j'étais sous le règne de l'aimable Cynare.

Mère cruelle des tendres Amours, cesse d'asservir un cœur que dix lustres ont rendu rebelle à tes douces lois. Va plutôt où t'appellent les carressantes prières de la jeunesse.

Si tu cherches un cœur fait pour tes flammes, transporte-toi, sur l'aile de tes cygnes éclatants, dans la demeure de Paulus Maximus.

Noble, plein de grâce, toujours prêt à défendre l'accusé tremblant, orné des talents les plus divers, il portera au loin la gloire

I

AD VENEREM

Intermissa, Venus, diu,
Rursus bella moves. Parce, precor, precor:
Non sum qualis eram bonæ
Sub regno Cynaræ. Desine, dulcium
Mater sæva Cupidinum,
Circa lustra decem flectere mollibus
Jam durum imperiis. Abi
Quo blandæ juvenum te revocant preces.
Tempestivius in domum
Pauli, purpureis ales oloribus,
Comessabere Maximi,
Si torrere jecur quæris idoneum.
Namque et nobilis et decens,
Et pro sollicitis non tacitus reis,
Et centum puer artium,

de tes drapeaux; et quand, par ton secours, il aura triomphé des opulentes largesses d'un rival, il t'érigera, près du lac d'Albe, une statue de marbre sous un temple de citronnier.

Là tu t'enivreras du plus doux encens, et les sons de la lyre, de la flûte phrygienne et du hautbois, uniront leurs accords pour te charmer. Là, deux fois le jour, de jeunes garçons, célébrant ta divinité avec de tendres vierges, frapperont trois fois la terre de leurs pieds d'albâtre, à la manière des Saliens.

Pour moi, ni les attraits d'une femme, ni les grâces de la jeunesse, ni le crédule espoir d'un amour mutuel, ne peuvent désormais toucher mon âme. Je ne sais plus lutter la coupe en main, ni couronner mon front de fleurs nouvelles.

Mais pourquoi, Ligurinus, pourquoi une larme coule-t-elle furtive le long de mes joues? Pourquoi ce silence embarrassé qui enchaîne tout à coup mes lèvres naguère éloquentes? La nuit, dans mes songes, c'est toi que je tiens captif entre mes bras; c'est toi dont je poursuis la fuite rapide sur les gazons du champ de Mars; c'est toi, cruel, que j'essaie d'atteindre à travers les flots agiles!

LÉON HALÉVY.

Late signa feret militiæ tuæ.
Et quandoque potentior
Largis muneribus riserit æmuli,
Albanos prope te lacus
Ponet marmoream sub trabe citrea.
Illic plurima naribus
Duces thura, lyræque et Berecynthiæ
Delectabere tibiæ
Mixtis carminibus, non sine fistula.
Illic bis pueri die
Numen cum teneris virginibus tuum
Laudantes, pede candido
In morem Salium, ter quatient humum.
Me nec femina, nec puer
Jam, nec spes animi credula mutui,
Nec certare juvat mero,
Nec vincire novis tempora floribus.
Sed cur, heu! Ligurine, cur
Manat rara meas lacryma per genas?
Cur facunda parum decoro
Inter verba cadit lingua silentio?
Nocturnis te ego somniis
Jam captum teneo; jam volucrem sequor
Te per gramina Martii
Campi; te per aquas, dure, volubiles!

II

A JULES ANTOINE.

Celui qui cherche à égaler Pindare, s'appuie sur des ailes de cire, pareilles à celles de Dédale, et donnera son nom au cristal des mers.

Comme un torrent qui se précipite de la montagne, lorsque, grossi par les orages, il a franchi ses rives accoutumées; le divin Pindare, de sa source profonde, jaillit et s'élance avec majesté.

Que sur sa tête repose le laurier d'Apollon, soit que, dans ses audacieux dithyrambes, il déroule des mots nouveaux, et s'emporte en des nombres dégagés de toutes lois;

Soit qu'il chante les Immortels, soit qu'il chante les rois, enfants des dieux, ces héros qui, par un juste trépas, étouffèrent les Centaures et les flammes de l'effroyable Chimère;

Soit qu'il célèbre l'athlète ou le coursier victorieux que la palme d'Élide ramène couverts d'une gloire éternelle, et qu'il les enrichisse d'un présent bien préférable à cent statues;

Soit enfin qu'il déplore un jeune époux ravi à son épouse désolée, et, qu'élevant jusqu'aux cieux sa force, son courage, ses mœurs pures, il le dérobe au noir Léthé.

II

AD IULUM ANTONIUM.

Pindarum quisquis studet æmulari,
Iule, ceratis ope Dædalea
Nititur pennis, vitreo daturus
    Nomina ponto.
Monte decurrens velut amnis, imbres
Quem super notas aluere ripas,
Fervet, immensusque ruit profundo
    Pindarus ore:
Laurea donandus Apollinari,
Seu per audaces nova dithyrambos
Verba devolvit, numerisque fertur
    Lege solutis;
Seu Deos regesve canit, Deorum
Sanguinem, per quos cecidere justa
Morte Centauri, cecidit tremendæ
    Flamma Chimæræ;
Sive, quos Elea domum reducit
Palma cœlestes, pugilemve equumve
Dicit, et centum potiore signis
    Munere donat;
Flebili sponsæ, juvenemve raptum
Plorat, et vires, animumque, moresque
Aureos educit in astra, nigroque
    Invidet Orco.

Lorsque le cygne de Dircé plane vers les régions célestes, un souffle puissant l'élève et le soutient ; mais pour moi, cher Antoine, semblable à l'abeille du mont Matinus, qui va butiner laborieusement sur le thym odoriférant, j'erre dans les bois et près des ruisseaux qui arrosent Tibur ; et là, faible poëte, je forge péniblement mes vers.

Mais c'est à vous qu'il appartient de chanter César sur un ton plus élevé, lorsque, le front ombragé d'un laurier bien conquis, il traîne sur la colline sacrée les fiers Sicambres.

Les destins nous ont donné César, et jamais la bonté des dieux n'a fait et ne fera à la terre un plus grand ni un meilleur présent, lors même qu'ils nous ramèneraient les siècles de l'âge d'or.

Vos chants rediront ces jours de joie et de fêtes publiques, où Rome entière célébrait le retour de son vaillant empereur, où le forum était fermé à tout procès.

Si ma voix est digne d'être entendue, je la joindrai à vos accords, et je m'écrierai : Jour glorieux, jour heureux et mémorable qui nous as rendu César !

Pendant sa marche pompeuse, Rome et moi, nous répéterons mille fois : Gloire, gloire à son triomphe ! et nous prodiguerons l'encens aux Immortels qui ont exaucé nos vœux.

> Multa Dircæum levat aura cycnum,
> Tendit, Antoni, quoties in altos
> Nubium tractus : ego, apis Matinæ
>   More modoque
> Grata carpentis thyma per laborem
> Plurimum, circa nemus uvidique
> Tiburis ripas, operosa parvus
>   Carmina fingo.
> Concines majore poeta plectro
> Cæsarem, quandoque trahet feroces
> Per sacrum clivum, merita decorus
>   Fronde, Sicambros :
> Quo nihil majus meliusve terris
> Fata donavere, bonique Divi,
> Nec dabunt, quamvis redeant in aurum
>   Tempora priscum.
> Concines lætosque dies, et Urbis
> Publicum ludum, super impetrato
> Fortis Augusti reditu, forumque
>   Litibus orbum.
> Tunc meæ (si quid loquar audiendum)
> Vocis accedet bona pars ; et, o sol
> Pulcher ! o laudande ! canam, recepto
>   Cæsare, felix.
> Tuque dum procedis, io triumphe !
> Non semel dicemus, io triumphe !
> Civitas omnis, dabimusque Divis
>   Thura benignis.

Vous immolerez dix taureaux et autant de génisses : pour moi, j'offrirai un jeune taureau qui, séparé de sa mère, grandit en d'épais pâturages.

Son front offre l'image du croissant lumineux de la lune à son troisième lever : il est marqué d'une tache aussi blanche que la neige, et le reste de son corps est de couleur fauve.

ERNEST PANCKOUCKE

III

A MELPOMÈNE.

Melpomène, celui que distingue ton regard propice à l'instant même où il naît à la douce lumière de la vie, ne cherche point le triomphe des jeux Isthmiques ; il ne brille point dans les combats du ceste, il n'excite point ses coursiers à faire voler un char aux plaines d'Achaïe ; il n'ombrage point son front victorieux des rameaux de Délos ; il ne traîne point enchaînés, au Capitole, des rois encore gonflés d'une menaçante fureur : mais la fraîche épaisseur des bois, les prés fertiles où serpentent les ruisseaux de Tibur, inspirent ses douces rêveries ; c'est là qu'il s'illustre par ses chants éoliens.

Aussi la reine des cités me juge digne de siéger parmi l'aimable

> Te decem tauri totidemque vaccæ,
> Me tener solvet vitulus, relicta
> Matre, qui largis juvenescit herbis
>   In mea vota ;
> Fronte curvatos imitatus ignes
> Tertium lunæ referentis ortum,
> Qua notam duxit, niveus videri,
>   Cœtera fulvus.

III

AD MELPOMENEN.

> Quem tu, Melpomene, semel
> Nascentem placido lumine videris,
>   Illum non labor Isthmius
> Clarabit pugilem, non equus impiger
>   Curru ducet Achaico
> Victorem ; neque res bellica Deliis
>   Ornatum foliis ducem,
> Quod regum tumidas contuderit minas,
>   Ostendet Capitolio :
> Sed quæ Tibur aquæ fertile præfluunt,
>   Et spissæ nemorum comæ,
> Fingent Æolio carmine nobilem.
>   Romæ principis urbium,
> Dignatur soboles inter amabiles

élite des poëtes : déjà la dent de l'Envie se lasse de me déchirer. Muse sacrée ! tu modules les sons fiers et suaves de ma lyre d'or, et ta puissance divine prêterait même le chant du cygne aux hôtes muets des flots ! Melpomène, tu me verses tes bienfaits, tu m'accordes l'honneur d'être désigné du doigt comme le premier possesseur d'une lyre que nul Romain n'avait touchée avant moi. Je te dois ma vie et ma gloire ! et s'il est vrai que je plaise, ô Muse, je plais par toi !   DE PONGERVILLE.

IV
SUR LES VICTOIRES DE DRUSUS NÉRON.

Tel le ministre ailé de la foudre, ravisseur du blond Ganymède, et, pour prix de sa fidélité, devenu le roi des habitants de l'air, par l'ordre du roi des dieux :

Faible autrefois, et ignorant les travaux, sa jeune ardeur, sa fougue héréditaire l'avaient chassé du lit paternel; les zéphyrs du printemps, sous un ciel sans nuages, secondèrent son premier et timide essor;

Bientôt on le vit, d'un élan rapide, fondre sur le bercail; bientôt les serpents luttèrent en vain contre l'ennemi terrible que la soif du sang et des combats précipitait sur eux;

> Vatum ponere me choros,
> Et jam dente minus mordeor invido.
> O, testudinis aureæ
> Dulcem quæ strepitum, Pieri, temperas
> O mutis quoque piscibus
> Donatura cycni, si libeat, sonum!
> Totum muneris hoc tui est,
> Quod monstror digito prætereuntium,
> Romanæ fidicen lyræ :
> Quod spiro et placeo, si placeo, tuum est.

IV
DRUSI NERONIS VICTORIAM CELEBRAT.

> Qualem ministrum fulminis alitem,
> Cui rex Deorum regnum in aves vagas
> Permisit, expertus fidelem
> Jupiter in Ganymede flavo,
> Olim juventas et patrius vigor
> Nido laborum propulit inscium;
> Vernique, jam nimbis remotis,
> Insolitos docuere nisus,
> Venti paventem; mox in ovilia
> Demisit hostem vividus impetus;
> Nunc in reluctantes dracones
> Egit amor dapis atque pugnæ

Tel aussi, dans de riants pâturages, on voit le lionceau quitter les mamelles fauves de sa mère, pour essayer sur la jeune chèvre errante sa dent naissante et déjà meurtrière;

Tel, sur les Alpes Rhétiques, apparut aux Vindéliciens le jeune guerrier Drusus. D'où vient que ces peuples, par un usage antique, arment leurs bras de la hache de l'amazone? je l'ignore; et quel mortel peut tout connaître?

Mais, fiers de tant de conquêtes et de triomphes, ces cohortes sauvages, la prudence d'un jeune homme les a vaincues; elles ont enfin appris ce que peuvent une âme forte, un esprit que la sagesse, dans son sanctuaire, a nourri d'austères leçons; elles ont senti la puissance de l'âme d'Auguste, et de ce paternel amour qui forma le cœur des jeunes Nérons.

Le brave est fils du brave. Les taureaux et les coursiers héritent de la vigueur de leurs pères. Jamais faible colombe dut-elle le jour à l'aigle farouche?

L'éducation développe cette puissance innée. Le culte du bien donne de la vigueur à l'âme. Que la vie s'écoule sans vertu, cette haute naissance va se flétrir.

Rome, ce que tu dois aux Nérons, tout l'atteste, et le fleuve Métaure, et la défaite d'Asdrubal; et ce beau jour qui le pre-

  Qualemve lætis caprea pascuis
  Intenta, fulvæ matris ab ubere
   Jam lacte depulsum leonem,
    Dente novo peritura, vidit :
  Videre Rhæti bella sub Alpibus
  Drusum gerentem Vindelici. — quibus
   Mos unde deductus per omne
    Tempus Amazonia securi
  Dextras obarmet, quærere distuli :
  Nec scire fas est omnia; — sed diu
   Lateque victrices catervæ,
    Consiliis juvenis revictæ,
  Sensere, quid mens rite, quid indoles
  Nutrita faustis sub penetralibus
   Posset, quid Augusti paternus
    In pueros animus Nerones.
  Fortes creantur fortibus et bonis.
  Est in juvencis, est in equis patrum
   Virtus, nec imbellem feroces
    Progenerant aquilæ columbam.
  Doctrina sed vim promovet insitam,
  Rectique cultus pectora roborant;
   Utcumque defecere mores,
    Dedecorant bene nata culpæ.
  Quid debeas, o Roma, Neronibus,
  Testis Metaurum flumen, et Asdrubal
   Devictus, et pulcher fugatis

mier dissipa l'épais nuage de calamités qui pesait sur le Latium !

Heureux jour ! brillante aurore de nos triomphes renaissants ! On avait vu le féroce Africain se précipiter à travers les cités d'Italie : violent comme la flamme errante sous les torches, ou comme l'Eurus qui parcourt les ondes siciliennes, plus rapide que le coursier !

Mais, dès ce moment, la jeunesse romaine grandit au milieu des nouveaux succès de nos armes ; ces statues des dieux, abattues par la fureur sacrilége des Carthaginois, on les revit debout dans nos temples.

Enfin, le perfide Annibal s'écria : « Pourquoi chercher ceux que nous ne pouvons vaincre, nous, cerfs timides, proie assurée de ces loups dévorants ? Les tromper et les fuir, c'est pour nous le plus beau triomphe !

« Race indestructible et sacrée, rejeton vigoureux né des cendres de Troie, longtemps jouet des flots tyrrhéniens, cette Rome qui jeta sur les rives de l'Ausonie ses enfants avec ses vieillards ;

« C'est le vieux chêne des fécondes forêts de l'Algide : en vain son noir feuillage tombe sous le tranchant des haches pesantes ; elle s'accroît de ses pertes, elle renaît de son sang ; le fer qui la frappe ajoute à sa vie !

« Moins indomptable, l'Hydre recueillait ses débris épars, et s'élançait grandie contre Alcide, furieux de ne pas vaincre ; moins

Ille dies Latio tenebris,
Qui primus alma risit adorea,
Dirus per urbes Afer ut Italas,
  Ceu flamma per tædas, vel Eurus
    Per Siculas equitavit undas.
Post hoc secundis usque laboribus
Romana pubes crevit, et impio
  Vastata Pœnorum tumultu
    Fana Deos habuere rectos ;
Dixitque tandem perfidus Annibal :
« Cervi, luporum præda rapacium,
  Sectamur ultro quos opimus
    Fallere et effugere est triumphus.
« Gens, quæ cremato fortis ab Ilio,
Jactata Tuscis æquoribus, sacra,
  Natosque, maturosque patres
    Pertulit Ausonias ad urbes ;
« Duris ut ilex tonsa bipennibus
Nigræ feraci frondis in Algido,
  Per damna, per cædes, ab ipso
    Ducit opes animumque ferro.
« Non Hydra secto corpore firmior
Vinci dolentem crevit in Herculem ;

terribles étaient les monstres domptés sur les champs de Colchos ou de Thèbes Échionienne.

« Plongez-la dans l'abîme, elle va reparaître plus belle ; luttez, elle abattra devant elle son vainqueur tout entier, et les tristes épouses parleront longtemps de sa gloire et de ses combats !

« Non, je n'enverrai plus à Carthage des messages d'orgueil et de triomphe : il est perdu, perdu à jamais, l'espoir de notre fortune ! le nom carthaginois périt ; Asdrubal n'est plus ! »

Il n'est rien que ne puisse accomplir la main des Nérons ! le regard favorable de Jupiter les protége ! A travers les hasards des combats, leur sagacité vigilante triomphe de tous les dangers.

PH. CHASLES.

V

A AUGUSTE.

Toi qu'a fait naître la clémence des dieux, généreux défenseur du peuple romain, ton absence s'est trop prolongée ! Tu avais promis un prompt retour à l'auguste assemblée du sénat : reviens au milieu de nous !

Excellent prince, rends la lumière à ta patrie ! Pareil au prin-

    Monstrumve summisere Colchi
      Majus, Echioniæve Thebæ.
« Merses profundo, pulchrior evenit;
Luctere, multa proruet integrum
    Cum laude victorem, geretque
      Prœlia conjugibus loquenda.
« Carthagini jam non ego nuntios
Mittam superbos : occidit, occidit
    Spes omnis, et fortuna nostri
      Nominis, Asdrubale interempto. »
Nil Claudiæ non perficient manus,
Quas et benigno numine Jupiter
    Defendit, et curæ sagaces
      Expediunt per acuta belli.

V

AD AUGUSTUM.

Divis orte bonis, optime Romulæ
Custos gentis, abes jam nimium diu ;
    Maturum reditum pollicitus patrum
      Sancto concilio, redi.
Lucem redde tuæ, dux bone, patriæ.
Instar veris enim vultus ubi tuus

temps, dès que ton visage a brillé sur le peuple, le jour s'écoule plus gracieux, le soleil rayonne plus éclatant.

Telle on voit la mère du jeune marin que le Notus, de sa jalouse haleine, retient depuis plus d'un an au delà des flots de la mer Carpathienne, et loin de sa douce famille; elle l'appelle de ses vœux, de ses prières, consulte tous les présages, et ne peut détourner sa vue des sinuosités de la rive : ainsi la patrie, frappée de regrets fidèles, redemande César aux dieux.

Grâce à toi, le bœuf parcourt en paix les prairies; Cérès et la douce Abondance fécondent nos champs, les navires volent sur les mers pacifiées; l'Honneur s'alarme même d'un soupçon.

Aucun adultère ne profane nos chastes familles; les lois et les mœurs ont étouffé de scandaleux désordres; la mère montre avec orgueil dans son enfant les traits d'un époux; le Châtiment suit le Crime et sait l'atteindre.

Qui craindrait encore le Parthe, ou le Scythe glacé, ou les enfants de la sauvage Germanie, tant que César est debout? qui redouterait la guerre de la féroce Ibérie?

Chacun passe ses journées dans ses collines, et marie sa vigne à l'ormeau solitaire; puis, joyeux, il retourne à sa coupe, et te convie à son festin comme une divinité tutélaire.

Il te prodigue les prières; il verse en ton honneur des flots de

Affulsit, populo gratior it dies,
    Et soles melius nitent.
Ut mater juvenem, quem Notus invido
Flatus Carpathii trans maris æquora
Cunctantem spatio longius annuo
    Dulci detinet a domo,
Votis ominibusque et precibus vocat,
Curvo nec faciem litore demovet;
Sic, desideriis icta fidelibus,
    Quærit patria Cæsarem.
Tutus bos etenim prata perambulat;
Nutrit rura Ceres, almaque Faustitas;
Pacatum volitant per mare navitæ;
    Culpari metuit Fides;
Nullis polluitur casta domus stupris;
Mos et lex maculosum edomuit nefas :
Laudantur simili prole puerperæ;
    Culpam Pœna premit comes.
Quis Parthum paveat? quis gelidum Scythen?
Quis Germania quos horrida parturit
Fœtus, incolumi Cæsare? quis feræ
    Bellum curet Iberiæ?
Condit quisque diem collibus in suis,
Et vitem viduas ducit ad arbores;
Hinc ad vina venit lætus, et alteris
    Te mensis adhibet Deum :
Te multa prece, te prosequitur mero

vin, et mêle ton nom à celui de ses dieux domestiques, comme la Grèce célèbre la mémoire de Castor et du grand Hercule.

Oh! puisses-tu, grand prince, donner à l'Italie de longs jours de fête! C'est ce que nous disons chaque jour avant le repas du matin; c'est ce que répètent nos lèvres humides de vin, quand le soleil se cache dans l'Océan.

VI

HYMNE A APOLLON ET A DIANE.

Divin Apollon, ils ont éprouvé ta vengeance, les fils de l'arrogante Niobé! Ils ont senti ta colère, et le ravisseur Titye, et le héros thessalien, déjà presque vainqueur de la superbe Troie!

Plus grand que tous les guerriers, mais faible devant toi, en vain, fils de la reine des mers, il ébranlait, avide de combats, les tours de Pergame, sous les coups de sa lance redoutable.

Comme un pin tombé sous la hache mordante, comme un cyprès battu par l'Eurus, il couvrit au loin la terre de sa chute, et posa sa tête sur la poussière troyenne.

Ce n'est pas lui qu'on aurait vu, s'enfermant dans un cheval imposteur offert à Pallas, surprendre les Troyens livrés à de fatales fêtes, et la cour de Priam au milieu des plaisirs et des danses.

> Defuso pateris, et Laribus tuum
> Miscet numen, uti Græcia Castoris
>   Et magni memor Herculis.
> Longas o utinam, dux bone, ferias
> Præstes Hesperiæ! dicimus integro
> Sicci mane die, dicimus uvidi,
>   Quum sol Oceano subest.

VI

IN APOLLINEM ET DIANAM.

> Dive, quem proles Niobæa magnæ
> Vindicem linguæ, Tityosque raptor
> Sensit, et Trojæ prope victor altæ
>   Phthius Achilles,
> Cæteris major, tibi miles impar;
> Filius quamvis Thetidos marinæ
> Dardanas turres quateret, tremenda
>   Cuspide pugnax;
> Ille, mordaci velut icta ferro
> Pinus, aut impulsa cupressus Euro,
> Procidit late, posuitque collum in
>   Pulvere Teucro.
> Ille non inclusus equo Minervæ
> Sacra mentito, male feriatos
> Troas, et lætam Priami chorels
>   Falleret aulam:

Mais à la clarté du jour, terrible aux captifs, impitoyable, il aurait livré aux flammes des Grecs l'enfant au berceau et l'enfant caché dans les entrailles de sa mère, si, vaincu par tes prières et par la voix de l'aimable Vénus, le père des dieux n'eût accordé aux destins d'Énée d'autres murs élevés sous de moins funestes auspices.

Toi qui enseignas d'harmonieux accords à Thalie, Phébus, qui baignes ta chevelure dans les eaux du Xanthe, dieu protecteur de nos cités, soutiens la gloire des Muses latines !

C'est Phébus qui m'a donné le génie ; c'est lui qui m'a donné l'art des vers et le nom glorieux de poëte.

O les premières d'entre nos vierges, jeunes garçons issus des plus nobles familles, brillant cortége de la déesse de Délos, dont la flèche arrête dans leur fuite le cerf rapide et le lynx, observez le rhythme lesbien et les mouvements de mon doigt qui vous dirige ! célébrez par des hymnes, consacrez le fils de Latone, et la déesse des nuits dont le disque, en s'accroissant, féconde nos moissons, et dans son mouvement rapide entraîne les mois fugitifs.

Bientôt, jeune épouse, tu diras : Moi aussi, dans ces jours de fête que ramenait un siècle écoulé, j'ai fait entendre un chant aimé des dieux, docile aux leçons du poëte Horace.   LÉON HALÉVY.

Sed palam captis gravis, heu ! nefas, heu !
Nescios fari pueros Achivis
Ureret flammis, etiam latentem
    Matris in alvo ;
Ni tuis victus, Venerisque gratæ
Vocibus, Divum pater annuisset
Rebus Æneæ potiore ductos
    Alité muros.
Doctor Argivæ fidicen Thaliæ,
Phœbe, qui Xantho lavis amne crines,
Dauniæ defende decus Camœnæ,
    Levis Agyeu !
Spiritum Phœbus mihi, Phœbus artem
Carminis, nomenque dedit poetæ.
Virginum primæ, puerique claris
    Patribus orti ;
Deliæ tutela Deæ, fugaces
Lyncas et cervos cohibentis arcu,
Lesbium servate pedem, meique
    Pollicis ictum ;
Rite Latonæ puerum canentes,
Rite crescentem face Noctilucam,
Prosperam frugum, celeremque pronos
    Volvere menses.
Nupta jam dices : Ego Dis amicum,
Sæculo festas referente luces,
Reddidi carmen, docilis modorum
    Vatis Horati.

VII

A MANLIUS TORQUATUS.

Les neiges ont disparu ; déjà les gazons renaissent dans les campagnes ; les forêts reprennent leurs vertes chevelures ; la terre a changé de saison, et les fleuves décroissants semblent fuir leurs rives.

Une des Grâces a osé, toute nue, former des danses avec les Nymphes et ses deux sœurs.

N'espère rien de durable : les saisons et les heures, qui nous enlèvent nos jours, te le disent sans cesse.

Les zéphyrs viennent adoucir la froidure, l'été chasse le printemps, l'été disparaîtra dès que l'automne, chargé de fruits, aura répandu ses dons, et bientôt après vont accourir les froids engourdissants.

Du moins, les saisons rapides retrouvent dans les cieux leur renouvellement ; pour nous, dès que nous sommes descendus où reposent le pieux Énée, Tullus, Ancus, nous ne sommes plus qu'ombre et poussière.

Qui sait même si les dieux suprêmes ajouteront un second jour aux moments de cette journée ?

Il n'échappera aux mains avides de l'héritier, que ce qu'aura donné ta libéralité.

VII

AD MANLIUM TORQUATUM.

Diffugere nives : redeunt jam gramina campis,
    Arboribusque comæ ;
Mutat terra vices, et decrescentia ripas
    Flumina prætereunt.
Gratia cum Nymphis geminisque sororibus audet
    Ducere nuda choros.
Immortalia ne speres monet annus, et almum
    Quæ rapit hora diem.
Frigora mitescunt zephyris ; ver proterit æstas
    Interitura, simul
Pomifer autumnus fruges effuderit ; et mox
    Bruma recurrit iners.
Damna tamen celeres reparant cœlestia lunæ :
    Nos, ubi decidimus,
Quo pius Æneas, quo dives Tullus et Ancus,
    Pulvis et umbra sumus.
Quis scit an adjiciant hodiernæ crastina summæ
    Tempora Di superi ?
Cuncta manus avidas fugient hæredis, amico
    Quæ dederis animo.

Cher Torquatus, dès que tu ne seras plus et que Minos aura prononcé ton pompeux arrêt, ni ta naissance, ni ton éloquence, ni tes vertus, ne pourront te ramener parmi nous.

Diane n'a pu ravir aux ténèbres infernales le pudique Hippolyte; Thésée n'a pu rompre les chaînes qui dans les enfers retiennent son cher Pirithoüs.

C. L. F. PANCKOUCKE.

VIII

A MARTIUS CENSORINUS.

Oui, Censorinus, je donnerais avec joie à mes amis des coupes, des bronzes précieux; je leur donnerais ces trépieds, récompense du courage chez les Grecs, et tu n'aurais pas les moins riches de mes présents, si le sort m'avait prodigué ces chefs-d'œuvre enfantés par un Parrhasius, par un Scopas, dont le génie savait animer le marbre ou la toile pour exprimer les traits d'un mortel ou ceux d'un dieu.

Mais je n'ai point ces trésors des arts, et ni ta fortune ni ton cœur ne te laissent à désirer de pareilles offrandes. Tu chéris les vers; je puis te donner des vers, je puis aussi chanter la valeur d'un tel présent.

Ni les marbres décorés d'inscriptions publiques, qui rendent l'âme et la vie aux héros qui ne sont plus; ni la fuite précipitée

Quum semel occideris, et de te splendida Minos
    Fecerit arbitria,
Non, Torquate, genus, non te facundia, non te
    Restituet pietas.
Infernis neque enim tenebris Diana pudicum
    Liberat Hippolytum;
Nec Lethæa valet Theseus abrumpere caro
    Vincula Pirithoo.

VIII

AD MARTIUM CENSORINUM.

Donarem pateras grataque commodus,
Censorine, meis æra sodalibus;
Donarem tripodas, præmia fortium
Graiorum; neque tu pessima munerum
Ferres, divite me scilicet artium,
Quas aut Parrhasius protulit, aut Scopas;
Hic saxo, liquidis ille coloribus
Solers nunc hominem ponere, nunc deum.
Sed non hæc mihi vis, nec tibi talium
Res est aut animus deliciarum egens.
Gaudes carminibus: carmina possumus
Donare, et pretium dicere muneri.
Non incisa notis marmora publicis,
Per quæ spiritus et vita redit bonis

d'Annibal et ses menaces rejetées sur Carthage; ni l'incendie de cette sacrilége cité, ne célèbrent avec plus d'éclat que les Muses d'Italie le héros qui sut conquérir dans l'Afrique domptée un si glorieux surnom. Non, si les livres se taisent, tu n'obtiendras point la récompense de tes belles actions. Que serait Romulus, le fils de Mars et d'Ilia, si un silence envieux eût dérobé la gloire de ses hauts faits? Ravi aux abîmes du Styx, Éaque devient immortel dans les îles Heureuses, grâce à l'empire du génie et à la faveur toute-puissante des poëtes.

Les Muses arrachent au trépas l'homme digne de la gloire; elles lui ouvrent les délices du ciel. C'est ainsi que l'infatigable Hercule siége au banquet, si désiré, de Jupiter; c'est ainsi que l'astre éclatant des fils de Tyndare sauve du fond de l'abîme les vaisseaux battus par les vagues; c'est ainsi que Bacchus, le front couronné de pampres verts, reçoit nos vœux dans le ciel, et les exauce.

LÉON HALÉVY.

IX

A LOLLIUS.

Ne croyez pas qu'ils meurent jamais, ces vers que je compose, moi qui suis né près des cascades bruyantes de l'Aufide, moi qui,

    Post mortem ducibus; non celeres fugæ,
    Rejectæque retrorsum Annibalis minæ;
    Non incendia Carthaginis impiæ,
    Ejus qui domita nomen ab Africa
    Lucratus rediit, clarius indicant
    Laudes, quam Calabræ Pierides; neque,
    Si chartæ sileant quod bene feceris,
    Mercedem tuleris. Quid foret Iliæ
    Mavortisque puer, si taciturnitas
    Obstaret meritis invida Romuli?
    Ereptum Stygiis fluctibus Æacum
    Virtus, et favor, et lingua potentium
    Vatum divitibus consecrat insulis.
    Dignum laude virum Musa vetat mori:
    Cœlo Musa beat. Sic Jovis interest
    Optatis epulis impiger Hercules;
    Clarum Tyndaridæ sidus ab infimis
    Quassas eripiunt æquoribus rates;
    Ornatus viridi tempora pampino,
    Liber vota bonos ducit ad exitus.

IX

AD LOLLIUM.

    Ne forte credas interitura, quæ
    Longe sonantem natus ad Aufidum,

par un art nouveau dans mon pays, module des chants faits pour être accompagnés par les accords de la lyre.

Si le poëte de Méonie, si le grand Homère est assis au premier rang, Pindare n'est point oublié; on connaît Simonide de Cos, et les vers majestueux de Stésichore, et ceux qui rendaient Alcée redoutable.

Les aimables badinages d'Anacréon ne sont point détruits par le temps; l'amour respire encore avec tous ses feux dans les tendres sons du luth passionné de Sapho.

La beauté de Sparte, Hélène, n'est pas la seule qui ait brûlé d'une flamme adultère, qui ait été séduite par une chevelure artistement arrangée, par de riches vêtements, par un faste royal et un cortége magnifique.

D'autres, avant Teucer, se sont servis de l'arc de Crète pour lancer des flèches; Ilion a soutenu plus d'un siége; plus d'un brave Idoménée, plus d'un Sthénélus, ont livré des combats dignes d'être chantés par les Muses;

D'autres vaillants Hectors, d'autres généreux Déiphobes ont reçu de cruelles blessures pour la défense de leurs enfants et de leurs pudiques épouses;

Beaucoup de héros ont vécu avant Agamemnon; mais ils sont morts et oubliés pour jamais, privés de regrets et de gloire, parce qu'il leur a manqué, pour les chanter, un poëte inspiré par les dieux.

Non ante vulgatas per artes,
    Verba loquor socianda chordis.
Non, si priores Mæonius tenet
    Sedes Homerus, Pindaricæ latent
Coæque, et Alcæi minaces,
    Stesichorique graves Camœnæ.
Nec, si quid olim lusit Anacreon,
    Delevit ætas : spirat adhuc amor,
Viwuntque commissi calores
    Æoliæ fidibus puellæ.
Non sola comptos arsit adulteri
    Crines, et aurum vestibus illitum
Mirata, regalesque cultus,
    Et comites, Helene Lacæna;
Primusve Teucer tela Cydonio
    Direxit arcu; non semel Ilios
Vexata; non pugnavit ingens
    Idomeneus, Sthenelusve solus
Dicenda Musis prœlia; non ferox
    Hector, vel acer Deiphobus graves
Excepit ictus pro pudicis
    Conjugibus puerisque primus.
Vixere fortes ante Agamemnona
    Multi; sed omnes illacrymabiles
Urgentur ignotique longa
    Nocte, carent quia vate sacro.

La vertu active, mais dont on ne parle pas, l'emporte de bien peu sur l'oisiveté qu'on ignore. Non, cher Lollius, je ne souffrirai point que mon silence vous prive des éloges que vous méritez, et qu'un oubli jaloux dévore vos nombreux et nobles travaux.

J'admire en vous la prudence qui prévoit les événements, une âme forte, toujours la même dans les jours sereins et dans les temps orageux; la justice qui punit la fraude, fille de l'avarice, le désintéressement s'abstenant de la richesse qui attire tout après soi;

Le consul enfin, non pas d'une seule année, mais de toutes les occasions ou, juge non moins intègre qu'éclairé, il préféra l'honnête à l'utile, repoussa dédaigneusement les dons offerts par les coupables, et, s'armant d'un vertueux courage, resta vainqueur de la troupe obstinée des vices ennemis.

Il ne faut pas appeler heureux celui qui possède de grandes richesses; ce nom convient mieux à l'homme qui sait user avec sagesse des présents du ciel et souffrir, sans se plaindre, la pauvreté dure; à celui qui craint moins de mourir que de perdre l'honneur par une mauvaise action : ce mortel généreux n'hésitera pas à donner sa vie, s'il le faut, pour ses amis et pour sa chère patrie.

ANDRIEUX.

> Paulum sepultæ distat inertiæ
> Celata virtus. Non ego te meis
>   Chartis inornatum silebo,
>   Totve tuos patiar labores
> Impune, Lolli, carpere lividas
> Obliviones. Est animus tibi
>   Rerumque prudens, et secundis
>   Temporibus dubiisque rectus;
> Vindex avaræ fraudis, et abstinens
> Ducentis ad se cuncta pecuniæ :
>   Consulque non unius anni,
>   Sed quoties bonus atque fidus
> Judex honestum prætulit utili, et
> Rejecit alto dona nocentium
>   Vultu, et per obstantes catervas
>   Explicuit sua victor arma.
> Non possidentem multa vocaveris
> Recte beatum : rectius occupat
>   Nomen beati, qui Deorum
>   Muneribus sapienter uti,
> Duramque callet pauperiem pati,
> Pejusque leto flagitium timet;
>   Non ille pro caris amicis
>   Aut patria timidus perire.

X

A LIGURINUS.

Cruel enfant, que Vénus a doué de si puissants attraits, quand un duvet que tu ne redoutes pas encore viendra remplacer la première fleur de ta jeunesse; quand cette blonde chevelure, qui maintenant flotte sur tes épaules, sera tombée; quand cet incarnat plus vermeil que la rose aura disparu pour faire place à une barbe épaisse, alors toutes les fois que dans une glace tu verras cette métamorphose, tu t'écrieras : « Hélas! que ne pensais-je autrefois comme aujourd'hui, ou que ne puis-je recouvrer ma beauté première! » ERNEST PANCKOUCKE.

XI

A PHYLLIS.

Je possède une amphore d'un vin d'Albe qui a dépassé sa neuvième année; j'ai dans mon jardin, Phyllis, de l'ache pour tresser des couronnes; j'ai du lierre en abondance pour nouer ta chevelure et t'embellir.

L'argenterie brille dans ma demeure; mon autel, entouré de la verveine simple, appelle le sang de l'agneau que j'y dois immoler.

X

AD LIGURINUM.

O crudelis adhuc, et Veneris muneribus potens,
Insperata tuæ quum veniet pluma superbiæ,
Et, quæ nunc humeris involitant, deciderint comæ,
Nunc et qui color est puniceæ flore prior rosæ,
Mutatus Ligurinum in faciem verterit hispidam;
Dices, heu! quoties te in speculo videris alterum:
« Quæ mens est hodie, cur eadem non puero fuit?
Vel cur his animis incolumes non redeunt genæ? »

XI

AD PHYLLIDEN.

Est mihi nonum superantis annum
Plenus Albani cadus; est in horto,
Phylli, nectendis apium coronis;
    Est hederæ vis
Multa, qua crines religata fulges :
Ridet argento domus; ara castis
Vincta verbenis, avet immolato
    Spargier agno.

Chacun se hâte et s'empresse; çà et là courent les jeunes filles, mêlées aux jeunes garçons; la flamme pétillante élève au-dessus de mon toit les tourbillons d'une noire fumée.

Pour que tu saches à quelle fête je te convie, apprends que tu dois célébrer avec moi les ides d'avril : ce jour, qui partage le mois cher à Vénus, fille des mers, m'est, à bon droit, solennel et plus sacré peut-être que mon jour natal, puisque c'est par lui que Mécène, mon noble Mécène, commence à compter ses nombreuses années.

Le jeune Télèphe, pour qui tu soupires, et que les dieux n'ont pas fait pour toi, est au pouvoir d'une femme opulente et voluptueuse, qui le tient enchaîné dans de doux liens.

Phaéthon, foudroyé, est une terrible leçon pour les espérances trop ambitieuses. Pégase, ce cheval ailé, s'indignant de porter Bellérophon, cavalier terrestre, est encore un puissant exemple.

Qu'il t'apprenne à ne chercher que des biens à ta portée, à regarder comme un crime toute espérance immodérée, à fuir toute alliance inégale.

O mes dernières amours (car, après toi, je ne veux brûler pour nulle autre femme), apprends des airs que me répétera ta voix chérie! Le chant sait endormir les noirs soucis. LÉON HALÉVY.

Cuncta festinat manus; huc et illuc
Cursitant mixtæ pueris puellæ;
Sordidum flammæ trepidant rotantes
  Vertice fumum.
Ut tamen noris quibus advoceris
Gaudiis, idus tibi sunt agendæ,
Qui dies mensem Veneris marinæ
  Findit aprilem;
Jure solemnis mihi, sanctiorque
Pæne natali proprio, quod ex hac
Luce Mæcenas meus affluentes
  Ordinat annos.
Telephum, quem tu petis, occupavit,
Non tuæ sortis juvenem, puella
Dives et lasciva, tenetque grata
  Compede vinctum.
Terret ambustus Phaethon avaras
Spes; et exemplum grave præbet ales
Pegasus, terrenum equitem gravatus
  Bellerophontem;
Semper ut te digna sequare, et, ultra
Quam licet sperare nefas putando,
Disparem vites. Age, jam meorum
  Finis amorum
(Non enim posthac alia calebo
Femina), condisce modos amanda
Voce quos reddas. Minuentur atræ
  Carmine curæ.

XII

A. P. VIRGILE.

Cortége du printemps, les vents de la Thrace enflent déjà les voiles sur les mers qu'ils apaisent ; déjà l'hiver cesse d'engourdir les campagnes, et les fleuves de gronder sous les frimas amoncelés.

La mère lamentable d'Itys forme son nid en gémissant : oiseau malheureux et opprobre éternel de la maison de Cécrops, pour son affreuse vengeance de l'attentat d'un roi barbare.

Couchés sur le tendre gazon, les pasteurs des brebis florissantes marient leurs chansons aux accords de la flûte, et ravissent le dieu protecteur des troupeaux et des sombres montagnes de l'Arcadie.

Voici la saison qui allume la soif ; si tu désires t'abreuver du jus que Bacchus fait couler des coteaux de Calès, Virgile, client de l'élite de la jeunesse romaine, il faut que pour mon vin tu me donnes de tes parfums.

La moindre fiole de tes parfums fera sortir un des tonneaux qui dorment à présent dans les greniers de Sulpicius, et qui renferment en leur sein des trésors d'espérance et des charmes pour dissiper les soucis amers.

Es-tu avide de ces plaisirs ? accours, vole, mais n'oublie pas à

XII

AD P. VIRGILIUM.

Jam veris comites, quæ mare temperant,
Impellunt animæ lintea Thraciæ :
Jam nec prata rigent, nec fluvii strepunt
    Hiberna nive turgidi.
Nidum ponit, Ityn flebiliter-gemens,
Infelix avis, et Cecropiæ domus
Æternum opprobrium, quod male barbaras
    Regum est ulta libidines.
Dicunt in tenero gramine pinguium
Custodes ovium carmina fistula,
Delectantque Deum cui pecus et nigri
    Colles Arcadiæ placent.
Adduxere sitim tempora, Virgili :
Sed pressum Calibus ducere Liberum
Si gestis, juvenum nobilium cliens,
    Nardo vina merebere.
Nardi parvus onyx eliciet cadum,
Qui nunc Sulpiciis accubat horreis,
Spes donare novas largus, amaraque
    Curarum eluere efficax.
Ad quæ si properas gaudia, cum tua
Velox merce veni : non ego te meis

quelle condition. Je ne prétends pas t'enluminer avec mes flacons sans obtenir rien de toi, comme le possesseur d'un palais opulent.

Point de retard, trêve aux soins intéressés. Songe, tandis qu'il en est temps encore, aux flammes du bûcher ; entremêle aux graves occupations quelques instants de folie : il est bon de perdre quelquefois la raison.   NAUDET.

XIII

A LYCÉ.

Les dieux, Lycé, ont entendu mes vœux ; les dieux m'ont entendu, Lycé ! te voilà vieille, et cependant tu veux paraître belle encore ; on te voit folâtrer comme une vierge, boire sans pudeur, et, d'une voix chevrotante, échauffée par le vin, tu appelles l'Amour, sourd à tes prières : il repose sur les joues vermeilles de l'ardente Chias, si habile à faire résonner les cordes de la lyre.

L'Amour est sans pitié : il délaisse, dans son vol, les chênes que le temps a dépouillés de leur parure ; il te fuit, parce que tes dents n'ont plus de blancheur, parce que tes joues sont sillonnées de rides honteuses, parce que la neige couvre ton front.

Non, Lycé, ni la pourpre de Cos, ni ces pierreries qui te sont si chères, ne te rendront ces jours que le temps rapide a enseveli dans nos fastes.

Immanem meditor tingere poculis,
    Plena dives ut in domo.
Verum pone moras et studium lucri ;
Nigrorumque memor, dum licet, ignium,
Misce stultitiam consiliis brevem :
    Dulce est desipere in loco.

XIII

AD LYCEN.

Audivere, Lyce, Di mea vota ; Di
Audivere, Lyce : fis anus, et tamen
    Vis formosa videri,
Ludisque et bibis impudens ;
Et cantu tremulo pota Cupidinem
Lentum sollicitas. Ille virentis et
    Doctæ psallere Chiæ
Pulchris excubat in genis.
Importunus enim transvolat aridas
Quercus, et refugit te, quia luridi
    Dentes, te quia rugæ
Turpant et capitis nives.
Nec Coæ referunt jam tibi purpuræ
Nec clari lapides tempora, quæ semel
    Notis condita fastis
Inclusit volucris dies.

Hélas! où est ta beauté? où sont tes fraîches couleurs? où est cette noble démarche? Qu'as-tu fait de cette autre Lycé qui ne respirait que l'amour, qui m'avait ravi à moi-même; qui, par sa beauté, sa grâce piquante, occupait dans mon cœur la première place après Cynare? Mais les destins, qui n'ont accordé à Cynare qu'une courte carrière, devaient longtemps conserver Lycé, et égaler ses jours à ceux de la corneille centenaire! Ils ont voulu offrir en spectacle à l'ardente jeunesse, et livrer à ses rires insultants un flambeau éteint qui tombe en cendres. LÉON HALÉVY.

XIV

A AUGUSTE.

Par quels honneurs, par quels hommages, ô César Auguste, l'amour du sénat et des citoyens s'efforcera-t-il de consacrer, dans nos monuments et dans nos fastes fidèles, l'immortel souvenir de tes vertus? O le plus grand des princes que le soleil éclaire sur l'immensité du monde habitable, le Vindélicien, qui ignorait encore le joug de Rome, vient d'apprendre ce que peuvent tes armes!

Avec tes soldats, Drusus a plus d'une fois renversé le Génaune,

> Quo fugit Venus? Heu! quove color? decens
> Quo motus? quid habes illius, illius,
>   Quæ spirabat amores,
>   Quæ me surpuerat mihi,
> Felix post Cynaram, notaque et artium
> Gratarum facies? Sed Cynaræ breves
>   Annos fata dederunt,
>   Servatura diu parem
> Cornicis vetulæ temporibus Lycen;
> Possent ut juvenes visere fervidi,
>   Multo non sine risu,
>   Dilapsam in cineres facem.

XIV

AD AUGUSTUM.

> Quæ cura Patrum, quæve Quiritium
> Plenis honorum muneribus tuas,
>   Auguste, virtutes in ævum
>   Per titulos memoresque fastos
> Æternet? O! qua sol habitabiles
> Illustrat oras, maxime principum,
>   Quem legis expertes Latinæ
>   Vindelici didicere nuper,
> Quid Marte posses : milite nam tuo

cette nation toujours agitée, et le Brenne impétueux, et ces citadelles assises sur les sommets formidables des Alpes.

Mais bientôt l'aîné des Nérons engage, sous de favorables auspices, un plus terrible combat, et défait le farouche Rhétien. Quel spectacle offrait sa valeur! de quels coups terribles, sur le champ du carnage, il frappait ces nobles poitrines, dévouées à un libre trépas!

Tel l'Auster agite les flots indomptés, quand le chœur des Pléiades perce les nuages; tel Tibère poursuivait sans relâche les bataillons ennemis : tel il lançait au milieu des feux son coursier frémissant.

Ainsi que l'Aufide, qui baigne le royaume de Daunus l'Apulien, roule en mugissant, quand son onde se courrouce et menace d'un horrible déluge les moissons naissantes; ainsi, le fils des Claudes, de son choc terrible, écrasa les Barbares, moissonna leurs rangs de fer, depuis le premier jusqu'au dernier, et couvrit la terre de leurs morts, sans que l'aigle romaine eût à gémir de sa victoire!... Tu lui avais donné tes soldats, ton génie et tes dieux!

Le jour même où Alexandrie suppliante t'ouvrit ses portes et ses palais déserts, la Fortune, encore prospère après trois lustres

Drusus Genaunos, implacidum genus,
Brennosque veloces, et arces
Alpibus impositas tremendis
Dejecit acer plus vice simplici,
Major Neronum mox grave prœlium
Commisit, immanesque Rhœtos
Auspiciis pepulit secundis;
Spectandus, in certamine Martio,
Devota morti pectora liberæ
Quantis fatigaret ruinis :
Indomitas prope qualis undas
Exercet Auster, Pleiadum choro
Scindente nubes, impiger hostium
Vexare turmas, et frementem
Mittere equum medios per ignes.
Sic tauriformis volvitur Aufidus,
Qui regna Dauni præfluit Appuli;
Quum sævit, horrendamque cultis
Diluviem minitatur agris:
Ut Barbarorum Claudius agmina
Ferrata vasto diruit impetu,
Primosque et extremos metendo,
Stravit humum sine clade victor,
Te copias, te consilium et tuos
Præbente Divos. Nam tibi, quo die
Portus Alexandrea supplex
Et vacuam patefecit aulam,
Fortuna lustro prospera tertio

écoulés, te ramena de nouveaux triomphes, et, accomplissant
ordres, t'accorda ce qu'il te restait de gloire à désirer.

Le Cantabre, jusqu'alors indompté, le Mède, l'Indien, le Scy
errant, admirent ton génie, ô dieu tutélaire de l'Italie, et de Ror
la maîtresse du monde!

Le Nil, qui cache la source de ses ondes; l'Ister, le Tigre rapi
l'Océan peuplé de monstres, qui baigne en grondant les riva
lointains du Breton; le Gaulois, qui ne pâlit point devant
mort; l'enfant de la féroce Ibérie, tous reconnaissent ta loi, et
Sicambre, avide de carnage, dépose ses armes et t'adore.

LÉON HALÉVY.

XV

ÉLOGE D'AUGUSTE.

Je voulais chanter les combats et les villes soumises : Phé
me frappa de sa lyre; il me défendit d'exposer mes faibles voi
sur la mer Tyrrhénienne.

Ton règne, ô César, a ramené l'abondance dans nos ca
pagnes; il a rendu à notre Jupiter ces drapeaux arrachés a

    Belli secundos reddidit exitus,
       Laudemque et optatum peractis
         Imperiis decus arrogavit.
    Te Cantaber non ante domabilis,
  Medusque et Indus, te profugus Scythes
       Miratur, o tutela præsens
        Italiæ, dominæque Romæ!
    Te, fontium qui celat origines
  Nilusque, et Ister, te rapidus Tigris,
       Te belluosus qui remotis
        Obstrepit Oceanus Britannis;
  Te, non paventis funera Galliæ,
  Duræque tellus audit Iberiæ;
       Te cæde gaudentes Sicambri
        Compositis venerantur armis.

XV

AUGUSTI LAUDES.

  Phœbus volentem prœlia me loqui,
  Victas et urbes, increpuit lyra,
      Ne parva Tyrrhenum per æquor
        Vela darem. Tua, Cæsar, ætas
  Fruges et agris rettulit uberes,
  Et signa nostro restituit Jovi
      Derepta Parthorum superbis
        Postibus, et vacuum duellis

mples orgueilleux des Parthes; il a fermé le sanctuaire de Janus, dont l'autel n'est plus livré au dieu des combats; il a imposé de justes bornes à la licence effrénée, banni le vice, et rappelé ces antiques vertus qui ont fait grandir le nom latin, croître l'Italie en puissance, et porté la gloire et la majesté de l'empire depuis les rivages de l'Occident jusqu'aux lieux où le soleil se lève.

Tant que César sera le gardien de l'État, ni les fureurs civiles, ni la violence, ne troubleront la paix publique : il enchaînera la colère aveugle, qui forge le glaive et souffle la haine entre les malheureuses cités.

Ni les peuples qui boivent les eaux profondes du Danube, ni les Gètes, ni les Sères, ni les Perses infidèles, ni les enfants du Tanaïs, n'enfreindront les décrets de César.

Et nous, dans toutes nos fêtes, et chaque jour, au milieu des dons du joyeux Bacchus, entourés de nos enfants et de nos femmes, après avoir d'abord invoqué les dieux, nous marierons nos chants aux flûtes lydiennes, et nous célébrerons, à l'exemple de nos pères, les héros illustres, Pergame, Anchise, et la noble postérité de Vénus, notre protectrice.

LÉON HALÉVY.

  Janum Quirini clausit, et ordinem
  Rectum evaganti fræna licentiæ
   Injecit, amovitque culpas,
    Et veteres revocavit artes,
  Per quas Latinum nomen et Italæ
  Crevere vires, famaque, et imperi
   Porrecta majestas ad ortum
    Solis ab Hesperio cubili.
  Custode rerum Cæsare, non furor
  Civilis, aut vis eximet otium;
   Non ira, quæ procudit enses,
    Et miseras inimicat urbes.
  Non qui profundum Danubium bibunt,
  Edicta rumpent Julia, non Getæ,
   Non Seres, infidive Persæ,
    Non Tanaïn prope flumen orti.
  Nosque, et profestis lucibus et sacris,
  Inter jocosi munera Liberi,
   Cum prole matronisque nostris,
    Rite Deos prius apprecati,
  Virtute functos, more patrum, duces,
  Lydis remixto carmine tibiis,
   Trojamque et Anchisen et almæ
    Progeniem Veneris canemus.

ÉPODES

I

A MÉCÈNE.

Ainsi donc, Mécène, sur les frêles navires de la Liburnie, tu vas affronter les citadelles flottantes d'Octave, tout prêt à appeler sur ta tête les dangers qui menaceraient César.

Que deviendrai-je, moi qui chéris la vie si tu existes, qui la maudirais si tu n'existais plus? Resterai-je, pour t'obéir, dans un repos qui ne m'est doux qu'auprès de toi? ou partagerai-je tes périls avec cette âme forte qui convient à l'homme intrépide?

Oui, je les partagerai, et je te suivrai, d'un cœur ferme, à travers les sommets des Alpes, le Caucase inhospitalier, ou jusqu'aux extrémités de l'Occident.

Tu me demanderas comment, faible et inhabile aux combats, j'adoucirai tes fatigues en les partageant; je l'ignore, mais, près

I

AD MÆCENATEM.

Ibis Liburnis inter alta navium,
    Amice, propugnacula,
Paratus omne Cæsaris periculum
    Subire, Mæcenas, tuo?
Quid nos, quibus te vita sit superstite
    Jucunda; si contra, gravis?
Utrumne jussi persequemur otium
    Non dulce, ni tecum simul?
An hunc laborem mente laturi, decet
    Qua ferre non molles viros?
Feremur: et te vel per Alpium juga,
    Inhospitalem et Caucasum,
Vel Occidentis usque ad ultimum sinum,
    Forti sequemur pectore.
Roges, tuum labore quid juvem meo,
    Imbellis ac firmus parum?
Comes minore sum futurus in metu,

de toi, je sentirai moins ces craintes, toujours doublées par l'absence.

Ainsi l'oiseau, couvrant ses petits encore sans plumes, et ne les quittant pas, semble moins craindre les attaques du serpent; et cependant, même à leur côté, que pourra la malheureuse mère pour leur défense?

Je ferai volontiers cette guerre, et toute autre, dans le seul espoir de te plaire; non pour que des taureaux plus nombreux traînent mes charrues; non pour que mes troupeaux, avant le retour de la canicule, passent de la Calabre aux pâturages de la Lucanie; non pour que ma blanche maison des champs s'étende jusqu'aux collines où s'élèvent les murs de Tusculum, bâtis par le fils de Circé. Ta bonté prodigue n'a-t-elle pas dépassé toutes mes espérances? Voudrais-je amasser des trésors pour les enfouir comme un avare Chrémès, ou pour les dissiper avec la folle insouciance d'un jeune héritier?

LÉON HALÉVY.

II

ÉLOGE DE LA VIE CHAMPÊTRE.

Heureux celui qui, loin des affaires, à l'exemple des premiers humains, laboure les champs paternels avec des bœufs qui sont à

> Qui major absentes habet;
> Ut, assidens implumibus pullis, avis
> Serpentium allapsus timet
> Magis relictis; non, ut adsit, auxili
> Latura plus præsentibus.
> Libenter hoc et omne militatibur
> Bellum in tuæ spem gratiæ;
> Non ut juvencis illigata pluribus
> Aratra nitantur meis;
> Pecusve Calabris, ante sidus fervidum,
> Lucana mutet pascua;
> Nec ut superni villa candens Tusculi
> Circæa tangat mœnia.
> Satis superque me benignitas tua
> Ditavit; haud paravero.
> Quod aut, avarus ut Chremes, terra premam,
> Discinctus aut perdam ut nepos.

RURIS DELICIÆ.

> Beatus ille qui, procul negotiis,
> Ut prisca gens mortalium,

lui, et vit exempt des soins du négoce! Soldat, il n'est point éveillé par le clairon des batailles; il ne redoute point le courroux des vagues, il fuit les tribunaux et les fastueux portiques des citoyens puissants.

Tantôt aux tendres rejetons de la vigne il marie les hauts peupliers; tantôt, avec la serpe, il émonde les rameaux inutiles pour en greffer de plus féconds, ou bien, il voit errer au fond d'une sombre vallée ses troupeaux mugissants : sa main presse le miel dans des vases bien nets, ou dépouille de leur toison ses tendres brebis.

Quand l'automne lève dans nos vergers sa tête ornée de fruits délicieux, quel plaisir pour lui de cueillir la poire sur l'arbre qu'il a greffé, ou la grappe dont le coloris le dispute à la pourpre! Ce sont les hommages qu'il vous offre, ô Priape, et, vous, Sylvain, dieu protecteur des héritages!

Lui plaît-il de reposer sous l'ombre d'un vieux chêne ou bien sur un gazon touffu? le ruisseau qui coule paisible le long de ses rives élevées, les oiseaux qui gazouillent dans les bois d'alentour, les sources dont l'onde pure s'échappe en murmurant, tout l'invite au doux sommeil. Mais quand, ramené par le dieu du tonnerre, le sombre hiver épand et les pluies et la neige, alors, envi-

> Paterna rura bobus exercet suis,
> Solutus omni fœnore!
> Neque excitatur classico miles truci,
> Neque horret iratum mare;
> Forumque vitat et superba civium
> Potentiorum limina.
> Ergo aut adulta vitium propagine
> Altas maritat populos,
> Inutilesve falce ramos amputans
> Feliciores inserit;
> Aut in reducta valle mugientium
> Prospectat errantes greges;
> Aut pressa puris mella condit amphoris;
> Aut tondet infirmas oves.
> Vel, quum decorum mitibus pomis caput
> Autumnus arvis extulit,
> Ut gaudet, insitiva decerpens pyra,
> Certantem et uvam purpuræ,
> Qua muneretur te, Priape, et te, pater
> Sylvane, tutor finium!
> Libet jacere, modo sub antiqua ilice,
> Modo in tenaci gramine.
> Labuntur altis interim ripis aquæ;
> Queruntur in sylvis aves;
> Fontesque lymphis obstrepunt manantibus,
> Somnos quod invitet leves.
> At, quum tonantis annus hibernus Jovis
> Imbres nivesque comparat.

ronné de sa meute nombreuse, il pousse captif dans les toiles le sanglier furieux. D'autres fois il suspend par de légers supports ses rets à larges mailles, piége trompeur pour les grives avides; il se plaît encore à prendre au lacet le lièvre timide et la grue passagère, qui seront le doux prix de son adresse.

Qui, parmi de tels passe-temps, n'oublierait les soucis importuns que cause l'amour? Qu'une chaste compagne, active ménagère, prenne soin de sa maison et de ses enfants : telle qu'une femme sabine, ou que ces beautés que brunit le soleil d'Apulie, qu'elle remplisse le foyer sacré d'un bois qui pétille à l'heure où son mari va rentrer fatigué; que, renfermant dans l'enceinte des claies son troupeau joyeux, elle épuise les mamelles tendues, et que, tirant de la tonne bienfaisante le vin de l'année, elle dresse pour lui des mets non achetés.

Non, les huîtres du Lucrin, ni le turbot, ni les sargets que la tempête rejette des mers d'Orient jusque vers nos parages, ni l'oiseau d'Afrique qui remplit l'estomac du gourmand, ni le faisan d'Ionie, ne seront pour moi des mets plus savoureux que l'olive cueillie sur les plus beaux rameaux de mes oliviers, que l'oseille

> Aut trudit acres hinc et hinc multa cane
>   Apros in obstantes plagas;
> Aut amite levi rara tendit retia,
>   Turdis edacibus dolos;
> Pavidumque leporem et advenam laqueo gruem
>   Jucunda captat præmia.
> Quis non malarum, quas amor curas habet,
>   Hæc inter, obliviscitur?
> Quod si pudica mulier in partem juvans
>   Domum atque dulces liberos,
> Sabina qualis aut perusta solibus
>   Pernicis uxor Appuli,
> Sacrum vetustis exstruat lignis focum,
>   Lassi sub adventum viri;
> Claudensque textis cratibus lætum pecus,
>   Distenta siccet ubera;
> Et horna dulci vina promens dolio,
>   Dapes inemptas apparet:
> Non me Lucrina juverint conchylia,
>   Magisve rhombus, aut scari,
> Si quos Eois intonata fluctibus
>   Hiems ad hoc vertat mare;
> Non Afra avis descendat in ventrem meum,
>   Non attagen Ionicus
> Jucundior, quam lecta de pinguissimis
>   Oliva ramis arborum,
> Aut herba lapathi prata amantis, et gravi
>   Malvæ salubres corpori,
> Vel agna festis cæsa Terminalibus,
>   Vel hædus ereptus lupo.

amante des prairies, ou que la mauve salutaire, que cet agneau qu'on vient d'immoler au dieu Terme, ou que le chevreau sauvé de la dent du loup.

Assis à cette table, oh! qu'il est doux de voir ses brebis bien repues précipiter leurs pas vers le logis, et ses bœufs bien las traîner languissamment le soc renversé, et l'essaim des esclaves, richesse de la maison natale, se presser autour de la flamme brillante du foyer!

Ayant ainsi parlé, l'usurier Alfius, déjà tout disposé à se faire homme des champs, fait rentrer, le jour même des ides, tous les fonds qu'aux calendes il placera de nouveau.   DU ROZOIR.

III

CONTRE L'AIL.

A MÉCÈNE.

S'il est un monstre qui de sa main forcenée ait étranglé son vieux père, qu'on le condamne à manger de l'ail, aliment plus funeste encore que la ciguë. O moissonneurs!... entrailles de fer! Quel poison déchire mon sein! du sang de vipère a-t-il bouilli parmi ces herbes perfides? Canidie a-t-elle apprêté cet exécrable mets?

Has inter epulas, ut juvat pastas oves
  Videre properantes domum!
Videre fessos vomerem inversum boves
  Collo trahentes languido;
Positosque vernas, ditis examen domus,
  Circum renidentes Lares! —
Hæc ubi locutus fœnerator Alfius,
  Jamjam futurus rusticus,
Omnem relegit idibus pecuniam,
  Quærit kalendis ponere.

III

ALLIUM DETESTATUR.

AD MÆCENATEM.

Parentis olim si quis impia manu
  Senile guttur fregerit,
Edat cicutis allium nocentius.
  O dura messorum ilia!
Quid hoc veneni sævit in præcordiis?
  Num viperinus his cruor
Incoctus herbis me fefellit? an malas
  Canidia tractavit dapes?

Quand Médée, entre tous les Argonautes, distingua leur chef, et fut éprise de sa beauté, c'est de ce venin meurtrier qu'elle l'arma sans doute, pour qu'il pût soumettre au joug les taureaux indomptés ; c'est encore de ce poison qu'elle souilla les dons vengeurs faits à sa rivale, avant de s'enfuir sur ses dragons ailés.

Jamais astre ne vomit sur l'aride Apulie des vapeurs aussi ardentes ; et la robe, fatal présent de Déjanire, brûla de feux moins dévorants les épaules du vaillant Hercule.

Ah ! si jamais, joyeux Mécène, je te vois épris d'un semblable poison, puisse ta jeune maîtresse opposer sa main à tes baisers, et se retrancher, pour te fuir, à l'extrémité de ta couche !

LÉON HALÉVY.

IV

CONTRE MÉNAS, AFFRANCHI DU GRAND POMPÉE.

La haine que la nature a mise entre le loup et l'agneau, je l'éprouve pour toi, Ménas, qui portes encore sur le dos la flétrissante empreinte des cordes d'Ibérie, et dont les jambes sont encore meurtries par les fers.

En vain tu te montres fier de ta richesse. La fortune ne change pas la naissance. Vois-tu, lorsque tu mesures la voie Sacrée avec

> Ut, Argonautas præter omnes, candidum
>   Medea mirata est ducem,
> Ignota tauris illigaturum juga,
>   Perunxit hoc Jasonem;
> Hoc delibutis ulta donis pellicem,
>   Serpente fugit alite.
> Nec tantus unquam siderum insedit vapor,
>   Siticulosæ Apuliæ;
> Nec munus humeris efficacis Herculis
>   Inarsit æstuosius.
> At, si quid unquam tale concupiveris,
>   Jocose Mæcenas, precor
> Manum puella suavio opponat tuo,
>   Extrema et in sponda cubet.

IV

IN MENAM, POMPEII MAGNI LIBERTUM.

> Lupis et agnis quanta sortito obtigit,
>   Tecum mihi discordia est,
> Ibericis peruste funibus latus,
>   Et crura dura compede.
> Licet superbus ambules pecunia,
>   Fortuna non mutat genus.

ta toge longue de six aunes, comme de tous côtés éclate sur ces visages qui se tournent la libre indignation des citoyens?

Ainsi, dit-on, ce misérable, déchiré par le fouet des triumvirs, jusqu'à lasser le crieur public, ses charrues labourent mille arpents dans les champs de Falerne, ses chevaux fatiguent la voie Appienne; et, au mépris de la loi d'Othon, il siége, noble chevalier, aux premiers rangs du théâtre!

Mais à quoi sert donc d'équiper une flotte si formidable, d'armer tant de vaisseaux contre les pirates et les esclaves, lorsque Ménas, le vil Ménas, est tribun des soldats ? LÉON HALÉVY.

V

CONTRE LA MAGICIENNE CANIDIE.

Par tous les dieux qui, du ciel, gouvernent la terre et les hommes, que m'annonce ce tumulte? Pourquoi ces visages farouches tournés sur moi? Au nom de tes enfants, si jamais Lucine invoquée t'assista dans un réel enfantement; au nom de cette pourpre, vain ornement; au nom de Jupiter, que doivent outrager ces fureurs, je t'en supplie, ne me regarde plus avec les

Videsne, Sacram metiente te viam,
    Cum bis ter ulnarum toga,
Ut ora vertat huc et huc euntium
    Liberrima indignatio?
« Sectus flagellis hic triumviralibus,
    Præconis ad fastidium,
Arat Falerni mille fundi jugera,
    Et Appiam mannis terit;
Sedilibusque magnus in primis eques,
    Othone contempto, sedet !
Quid attinet tot æra navium gravi
    Rostrata duci pondere,
Contra latrones atque servilem manum,
    Hoc, hoc tribuno militum? »

V

IN CANIDIAM VENEFICAM.

At, o Deorum quidquid in cœlo regit
    Terras et humanum genus!
Quid iste fert tumultus? et quid omnium
    Vultus in unum me truces?
Per liberos te, si vocata partubus
    Lucina veris adfuit,
Per hoc inane purpuræ decus, precor,
    Per improbaturum hæc Jovem,

yeux d'une marâtre ou d'une bête féroce que le fer vient de déchirer !

Dès que l'enfant eut exhalé ces plaintes de sa bouche tremblante, on lui arracha la parure de son jeune âge : ils sont nus, ces membres délicats, dont la vue aurait attendri le cœur d'un Thrace barbare ! Canidie alors, les cheveux en désordre et entrelacés de courtes vipères, fait brûler dans un feu magique des branches de figuier sauvage, ravies aux tombeaux, des rameaux de cyprès funèbres, des œufs teints du sang de la hideuse grenouille, les plumes de la chouette nocturne, les herbes qu'enfantent Iolchos et l'Ibérie féconde en poisons, et des os arrachés à la gueule d'une chienne affamée.

Cependant Sagana, la robe relevée, répand dans toute la maison les eaux de l'Averne ; ses cheveux se dressent comme les dards du hérisson de mer, comme le poil du sanglier bondissant. De son côté Veia, que ne retient aucun remords, creuse péniblement la terre avec un lourd hoyau. C'est dans cette fosse que le malheureux enfant, pareil au nageur dont la tête seule s'élève au-dessus de l'eau, doit lentement expirer, tourmenté du spectacle des mets placés devant lui, et renouvelés deux ou trois fois pen-

>   Quid ut noverca me intueris, aut uti
>   Petita ferro bellua ?
>   Ut hæc trementi questus ore constitit
>   Insignibus raptis puer,
>   Impube corpus, quale posset impia
>   Mollire Thracum pectora :
>   Canidia, brevibus implicata viperis
>   Crines et incomptum caput,
>   Jubet sepulcris caprificos erutas,
>   Jubet cupressus funebres,
>   Et uncta turpis ova ranæ sanguine,
>   Plumamque nocturnæ strigis,
>   Herbasque, quas Iolcos atque Iberia
>   Mittit venenorum ferax,
>   Et ossa ab ore rapta jejunæ canis,
>   Flammis aduri Colchicis.
>   At expedita Sagana, per totam domum
>   Spargens Avernales aquas,
>   Horret capillis ut marinus asperis
>   Echinus, aut currens aper.
>   Abacta nulla Veia conscientia,
>   Ligonibus duris humum
>   Exhauriebat, ingemens laboribus ;
>   Quo posset infossus puer
>   Longo die bis terve mutatæ dapis
>   Inemori spectaculo ;
>   Quum promineret ore, quantum exstant aqua
>   Suspensa mento corpora ;
>   Exsucta uti medulla, et aridum jecur

dant le cours d'une éternelle journée. Sa moelle desséchée, son foie flétri, composeront un philtre d'amour, lorsqu'enfin se seront éteintes ses prunelles, fixées sur ces mets qu'elles dévorent.

On dit que l'impudique Folia fut aussi présente (ce fut du moins le bruit de l'oisive Parthénope et de toutes les cités voisines); Folia d'Ariminum qui, par ses accents magiques, sait arracher du ciel la lune et les astres soumis à son art infernal.

La cruelle Canidie rongea de sa dent livide son ongle que jamais le fer n'a coupé. Que dit-elle alors, grands dieux, ou que ne dit-elle pas?

« Témoins fidèles de mes secrets, ô Nuit, et toi, Diane, qui présides au silence, quand s'opèrent nos mystères sacrés, venez, venez maintenant, tournez contre la demeure de nos ennemis votre divinité courroucée ! Tandis que les bêtes féroces, cachées dans les forêts, s'abandonnent à la douce langueur du sommeil, que tous les chiens de Saburra poursuivent de leurs aboiements ce vieillard adultère, parfumé de l'essence la plus parfaite que mes mains aient jamais formée..... Qu'il soit l'objet de la risée publique..... Mais qu'arrive-t-il? Qui donc a diminué la force de ces terribles poisons qui vengèrent la barbare Médée, lorsqu'en fuyant elle vit sa superbe rivale, la fille du puissant Créon, enveloppée

> Amoris esset poculum,
> Interminato quum semel fixæ cibo
> Intabuissent pupulæ.
> Non defuisse masculæ libidinis
> Ariminensem Foliam
> Et otiosa credidit Neapolis,
> Et omne vicinum oppidum :
> Quæ sidera excantata voce Thessala,
> Lunamque cœlo deripit.
> Ille irresectum sæva dente livido
> Canidia rodens pollicem,
> Quid dixit? aut quid tacuit? « O rebus meis
> Non infideles arbitræ,
> Nox, et Diana, quæ silentium regis,
> Arcana quum fiunt sacra ;
> Nunc, nunc adeste; nunc in hostiles domos
> Iram atque numen vertite :
> Formidolosæ dum latent sylvis feræ,
> Dulci sopore languidæ;
> Senem (quod omnes rideant) adulterum
> Latrent Suburanæ canes,
> Nardo perunctum, quale non perfectius
> Meæ laboarint manus.
> Quid accidit? Cur dira barbaræ minus
> Venena Medeæ valent,
> Quibus superbam fugit ulta pellicem,
> Magni Creontis filiam,
> Quum palla, tabo munus imbutum, novam

des feux de cette robe dévorante, fatal présent de ses mains?

« Cependant pas une herbe, pas une racine cachée dans les lieux les plus escarpés, n'a pu échapper à mes recherches. Et il dort maintenant sur le lit parfumé de ses maîtresses, il dort dans l'oubli de nos amours! Ah! sans doute, une magicienne plus savante l'arrache à mes lois par ses enchantements! Mais je te prépare, Varus, un breuvage encore inconnu... Oh! que de larmes tu vas répandre!... Tu reviendras à moi, et la voix du Marse ne pourra rappeler ta raison.

« Je t'apprêterai, je te verserai, malgré tes dédains, un philtre plus puissant encore; et le ciel s'abaissera au-dessous des mers, la terre s'élèvera au-dessus des cieux, si tu ne brûles de mon amour, comme ce bitume sur ce noir brasier. »

Elle dit; le malheureux enfant n'essaie plus de désarmer ces furies par de douces prières; mais, après avoir longtemps cherché des paroles pour sa douleur, il éclate en imprécations dignes de Thyeste.

« Vos prières, vos crimes infâmes ne peuvent changer les lois du sort. Ma malédiction vous poursuivra; et la malédiction d'un mourant, aucune victime ne la rachète. C'est peu; quand je ne serai plus (puisque vous ordonnez mon trépas), j'accourrai, furie

---

Incendio nuptam abstulit?
Atqui nec herba, nec latens in asperis
  Radix fefellit me locis.
Indormit unctis omnium cubilibus
  Oblivione pellicum.
Ah! ah! solutus ambulat veneficæ
  Scientioris carmine.
Non usitatis, Vare, potionibus
  (O multa fleturum caput!)
Ad me recurres, nec vocata mens tua
  Marsis redibit vocibus :
Majus parabo, majus infundam tibi
  Fastidiendi poculum;
Priusque cœlum sidet inferius mari,
  Tellure porrecta super,
Quam non amore sic meo flagres, uti
  Bitumen atris ignibus. »
Sub hæc puer, jam non, ut ante, mollibus
  Lenire verbis impias :
Sed dubius unde rumperet silentium,
  Misit Thyesteas preces :
« Venena, magnum fas nefasque, non valent
  Convertere humanam vicem.
Diris agam vos : dira detestatio
  Nulla expiatur victima.
Quin, ubi perire jussus, expiravero,
  Nocturnus occurram furor;

nocturne, mon ombre vous déchirera le visage de ses ongles recourbés; c'est là le pouvoir des dieux Mânes! oui, je pèserai sur vos poitrines haletantes, et la terreur vous ravira le sommeil. De rue en rue, la foule vous écrasera à coups de pierres, sorcières impudiques! les loups et les vautours du mont Esquilin disperseront vos membres sans sépulture, et mes parents, qui me survivront, hélas! jouiront du moins de ce spectacle. » LÉON HALÉVY.

VI

CONTRE CASSIUS SÉVÈRE.

Pourquoi tourmenter de paisibles étrangers, chien lâche contre le loup? Pourquoi ne tournes-tu pas contre moi, si tu l'oses, tes vaines menaces, et ne m'attaques-tu pas, moi qui peux te mordre?

Tel que le dogue d'Épire, ou le chien fauve de la Laconie, appuis fidèles du berger, je sais poursuivre, l'oreille haute, à travers les neiges amoncelées, la bête féroce qui fuit devant moi.

Toi, quand tu as rempli le bois de ta voix formidable, tu t'arrêtes à flairer l'os qu'on t'abandonne. Mais prends garde! prends garde! terrible aux méchants, je lève contre eux des cornes tou-

Petamque vultus umbra curvis unguibus
  (Quæ vis Deorum est Manium);
Et inquietis assidens præcordiis,
  Pavore somnos auferam.
Vos turba vicatim hinc et hinc saxis petens
  Contundet obscenas anus :
Post insepulta membra different lupi,
  Et Esquilinæ alites;
Neque hoc parentes, heu! mihi superstites!
  Effugerit spectaculum. »

VI

IN CASSIUM SEVERUM.

Quid immerentes hospites vexas, canis,
  Ignavus adversum lupos?
Quin huc inanes, si potes, vertis minas,
  Et me remorsurum petis?
Nam qualis aut Molossus, aut fulvus Lacon,
  Amica vis pastoribus,
Agam per altas, aure sublata, nives,
  Quæcumque præcedet fera.
Tu, quum timenda voce complesti nemus,
  Projectum odoraris cibum.
Cave, cave : namque in malos asperrimus
  Parata tollo cornua:

jours prêtes. Je sais me venger comme le gendre dédaigné du parjure Lycambe, ou l'implacable ennemi de Bupalus. Crois-tu donc qu'aux lâches morsures d'un ennemi, je n'opposerai que des pleurs, comme un enfant ?
LÉON HALÉVY.

VII

AUX ROMAINS.

Où donc, où courez-vous, cruels ? qu'allez-vous faire de ces armes ? Le sang romain n'a-t-il point assez rougi et la terre et les mers ? Vous n'allez point détruire la superbe rivale de Rome, ni faire descendre du haut de la voie Sacrée le Breton libre encore des chaînes du triomphateur; non, non, vous exaucez le vœu du Parthe, Rome va périr de ses propres mains. Les tigres et les lions n'ont point votre férocité, ils ne s'entre-déchirent point dans leur rage.

Quelle fureur aveugle, quelle puissance sinistre vous entraîne? sont-ce vos propres crimes ? répondez... Ils se taisent ! La stupeur les rend immobiles. La pâleur couvre leurs fronts. N'en doutons pas, un destin funeste accable les Romains. Le meurtre de Rémus a souillé cette terre, et le sang innocent versé par le fratricide retombe sur ses derniers neveux.
DE PONGERVILLE.

Qualis Lycambæ spretus infido gener,
    Aut acer hostis Bupalo.
An, si quis atro dente me petiverit,
    Inultus ut flebo puer ?

VII

AD ROMANOS.

Quo, quo, scelesti, ruitis ? Ecquid dexteris
    Aptantur enses conditi ?
Parumne campis atque Neptuno super
    fusum est Latini sanguinis ?
Non ut superbas invidæ Carthaginis
    Romanus arces ureret ;
Intactus aut Britannus ut descenderet
    Sacra catenatus via :
Sed ut, secundum vota Parthorum, sua
    Urbs hæc periret dextera.
Neque hic lupis mos, nec fuit leonibus
    Unquam, nisi in dispar, feris.
Furorne cæcus, an rapit vis acrior,
    An culpa ? Responsum date....
Tacent ; et ora pallor albus inficit,
    Mentesque perculsæ stupent.
Sic est : acerba fata Romanos agunt,
    Scelusque fraternæ necis,
Ut immerentis fluxit in terram Remi
    Sacer nepotibus cruor.

VIII

A UNE VIEILLE DÉBAUCHÉE.

Quoi! tu voudrais que j'usasse mes forces en l'honneur de tes appas centenaires! toi, dont les dents sont noires; toi, dont le front est sillonné de rides; toi, dont le corps décharné n'offre que des restes hideux à l'œil qui ose en affronter le spectacle! Mais tu crois peut-être que mes désirs sont excités par cette gorge pendante, pareille aux mamelles d'une jument, par ce ventre flétri, par ces cuisses grêles, placées sur des jambes bouffies?... Sois opulente, je le veux; qu'on porte à tes funérailles les images triomphales de tes aïeux; éclipse toutes les femmes par le poids et l'éclat des perles qui t'écrasent : mais borne là toute ta gloire..... Penses-tu qu'on se laisse séduire à ces livres de philosophie épars sur tes coussins de soie; la beauté allume les désirs, et non la science. Celle dont tu fais parade ranime-t-elle l'ardeur de tes amants? As-tu moins d'efforts à tenter pour triompher des dégoûts que tu inspires?

VIII

IN ANUM LIBIDINOSAM

Rogare longo putidam te sæculo,
    Vires quod enervet meas!
Quum sit tibi dens ater, et rugis vetus
    Frontem senectus exaret;
Hietque turpis inter aridas nates
    Podex, velut crudæ bovis!
Sed incitat me pectus et mammæ putres,
    Equina quales ubera,
Venterque mollis, et femur tumentibus
    Exile suris additum.
Esto beata : funus atque imagines
    Ducant triumphales tuum;
Nec sit marita, quæ rotundioribus
    Onusta baccis ambulet.
Quid? quod libelli Stoici inter Sericos
    Jacere pulvillos amant?
Illitterati num minus nervi rigent?
    Minusve languet fascinum?
Quod ut superbo provoces ab inguino,
    Ore allaborandum est tibi

IX

A MÉCÈNE.

Ce Cécube, réservé pour les banquets de fête, quand le boirai-je avec toi, heureux Mécène, dans ta superbe demeure, à la gloire de César triomphant? Jupiter nous applaudira, et la lyre mêlera ses accords doriens aux sons de la flûte phrygienne.

Telle fut notre joie, lorsque Sextus Pompée, ce fils de Neptune, chassé du détroit de Sicile, s'enfuit à la vue de ses vaisseaux incendiés! lui, qui menaçait la grande cité des fers dont sa main amie avait délivré de perfides esclaves.

Des Romains (vous ne le croirez pas, siècles futurs!), des Romains se sont vendus à une femme! soldats avilis, ils ont porté pour elle leur bagage et leurs armes, ils ont servi sous de misérables eunuques! Et le soleil, ô déshonneur! a vu briller parmi les étendards militaires le vil pavillon de l'Égyptienne.

Frémissant à ce spectacle, deux mille Gaulois tournent vers nous leurs coursiers en s'écriant : César! César! et des vaisseaux ennemis, cachés dans le port, dirigent vers l'Égypte leurs poupes fugitives.

Pompe triomphale! où sont tes chars rayonnants d'or et tes

IX

AD MÆCENATEM.

Quando repostum Cæcubum ad festas dapes,
    Victore lætus Cæsare,
Tecum sub alta (sic Jovi gratum) domo,
    Beate Mæcenas, bibam,
Sonante mixtum tibiis carmen lyra,
    Hac Dorium, illis Barbarum?
Ut nuper, actus quum freto Neptunius
    Dux fugit, ustis navibus,
Minatus Urbi vincla, quæ detraxerat
    Servis amicus perfidis.
Romanus, (eheu! posteri, negabitis)
    Emancipatus feminæ,
Fert vallum et arma miles, et spadonibus
    Servire rugosis potest!
Interque signa, turpe! militaria
    Sol aspicit conopium!
Ad hunc frementes verterunt bis mille equos
    Galli canentes Cæsarem;
Hostiliumque navium portu latent
    Puppes sinistrorsum citæ.
Io triumphe! tu moraris aureos
    Currus, et intactas boves?

génisses vierges du joug? Non, tu ne ramenas pas avec tant de gloire le vainqueur de Jugurtha ni le héros africain qui s'est élevé sur les ruines de Carthage un immortel tombeau.

Vaincu sur terre et sur mer, l'ennemi a échangé ses robes de pourpre pour un vêtement de deuil; jouet des vents qui le trahissent, il fuit vers la Crète, fière de ses cent villes, ou vers les Syrtes battues par les vents du midi, ou peut-être la mer l'entraîne-t-elle au gré de ses caprices.

Enfant, apporte des coupes plus larges, des vins de Chio et de Lesbos, ou verse-nous le Cécube qui ranime le cœur prêt à défaillir! noyons dans ses flots délicieux la crainte et les soucis que nous ont inspirés César et sa fortune.   LÉON HALÉVY.

X

CONTRE MÉVIUS.

Il quitte le port sous de funestes auspices, le vaisseau qui emporte le hideux Mévius. N'oublie pas, Auster, de soulever contre ses flancs d'effroyables vagues! que le sombre Eurus disperse ses cordages, ses rames brisées sur la mer bouleversée! que l'Aqui-

Io triumphe! nec Jugurthino parem
    Bello reportasti ducem,
Neque Africano, cui super Carthaginem
    Virtus sepulcrum condidit.
Terra marique victus hostis Punico
    Lugubre mutavit sagum.
Aut ille centum nobilem Cretam urbibus,
    Ventis iturus non suis,
Exercitatas aut petit Syrtes Noto,
    Aut fertur incerto mari.
Capaciores affer huc, puer, scyphos,
    Et Chia vina, aut Lesbia;
Vel, quod fluentem nauseam coerceat,
    Metire nobis Cæcubum.
Curam metumque Cæsaris rerum juvat
    Dulci Lyæo solvere.

X

IN MÆVIUM.

Mala soluta navis exit alite,
    Ferens olentem Mævium.
Ut horridis utrumque verberes latus,
    Auster, memento fluctibus.
Niger rudentes Eurus, inverso mari,
    Fractosque remos differat.

lon s'élève tel qu'on l'entend souffler sur les hautes montagnes, quand il renverse les chênes tremblants! que dans la nuit obscure aucun astre ami n'apparaisse du côté où se couche le triste Orion! enfin que la mer soit pour lui aussi terrible qu'elle le fut pour la troupe victorieuse des Grecs, lorsque Pallas détourna son courroux de Troie en cendres, sur la nef sacrilége d'Ajax!

Oh! quelle sueur baigne tes matelots! quelle pâleur livide couvre tes traits! quelles plaintes efféminées, que de prières à Jupiter qui t'abhorre, lorsque les flots d'Ionie, soulevés en mugissant par l'humide Notus, auront brisé ton navire!

Si ton corps, étendu sur le rivage, devient la pâture des oiseaux de mer ravis d'une si belle proie, oui, je le jure, j'immolerai aux tempêtes une brebis et un bouc lascif. LÉON HALÉVY.

XI

A PECTIUS.

Pectius, il ne me plaît plus, comme autrefois, d'écrire des vers, depuis que l'Amour m'a frappé d'une grave blessure, l'Amour qui m'a choisi pour victime, et me force à brûler pour les jeunes filles ou pour les jeunes garçons.

Insurgat Aquilo, quantus altis montibus
    Frangit trementes ilices :
Nec sidus atra nocte amicum appareat,
    Qua tristis Orion cadit:
Quietiore nec feratur æquore,
    Quam Graia victorum manus,
Quum Pallas usto vertit iram ab Ilio
    In impiam Ajacis ratem.
O quantus instat navitis sudor tuis,
    Tibique pallor luteus!
Et illa non virilis ejulatio,
    Preces et aversum ad Jovem,
Ionius udo quum remugiens sinus
    Noto carinam ruperit!
Opima quod si præda curvo litore
    Porrecta mergos juveris,
Libidinosus immolabitur caper,
    Et agna tempestatibus.

XI

AD PECTIUM.

Pecti, nihil me, sicut antea, juvat
    Scribere versiculos,
    Amore perculsum gravi;
Amore qui me præter omnes expetit
    Mollibus in pueris,
    Aut in puellis urere.

Voilà le troisième hiver, depuis qu'Inachia ne trouble plus ma raison; trois fois, depuis ce temps, décembre a dépouillé les bois de leur parure.

Hélas! (je m'en souviens avec honte et douleur), combien je fus la fable de la ville! que je me repens de ces festins où ma langueur, et mon silence, et mes soupirs exhalés du fond de mon cœur, trahissaient le délire de mon amour!

Je me plaignais que l'amour sincère d'un homme pauvre ne pût toucher le cœur d'une femme avide! et je pleurais dans ton sein, quand l'indiscret Bacchus, par ses libations ardentes, arrachait de mon âme tous mes secrets.

« Ah! si un libre courroux pouvait s'allumer dans mon cœur, disais-je alors, je livrerais aux vents ces vaines plaintes qui ne soulagent point ma cruelle blessure; j'écarterais une fausse honte, et cesserais de combattre d'indignes rivaux! »

Quand j'avais pris devant toi cette résolution si sage, tu m'ordonnais de rentrer dans ma demeure! Et je partais d'un pied incertain, et je retournais à ce seuil ennemi, à cette porte, hélas! impitoyable, où venait si souvent tomber mon corps brisé!

Maintenant c'est Lyciscus qui m'enchaîne, Lyciscus qui se glo-

Hic tertius december, ex quo destiti
 Inachia furere,
 Silvis honorem decutit.
Heu me! per urbem, nam pudet tanti mali,
 Fabula quanta fui!
 Conviviorum et pœnitet,
In queis amantem et languor et silentium
 Arguit, et latere
 Petitus imo spiritus.
« Contrane lucrum nil valere candidum
 Pauperis ingenium! »
 Querebar, applorans tibi;
Simul calentis inverecundus Deus
 Fervidiore mero
 Arcana promorat loco:
« Quod si meis inæstuat præcordiis
 Libera bilis, ut hæc
 Ingrata ventis dividat
Fomenta, vulnus nil malum levantia;
 Desinet imparibus
 Certare summotus pudor. »
Ubi hæc severus te palam laudaveram,
 Jussus abire domum,
 Ferebar incerto pede
Ad non amicos, heu! mihi postes, et heu!
 Limina dura, quibus
 Lumbos et infregi latus.
Nunc gloriantis quamlibet mulierculam
 Vincere mollitia,

-rifie de vaincre toute femme en mollesse. Libres conseils, graves reproches, rien ne pourrait me détacher de cet amour ; rien, si ce n'est peut-être une flamme nouvelle, les attraits d'une jeune fille ou d'un aimable garçon, relevant en nœuds sa longue chevelure.

LÉON HALÉVY.

XII

Que veux-tu de moi, vieille mégère, digne d'avoir pour amants des éléphants noirs? Pourquoi m'envoies-tu ces présents? Pourquoi ces messages d'amour? Je ne suis pas assez vigoureux pour toi, et j'ai l'odorat trop fin. Jamais chien de chasse n'a mieux senti la piste d'un sanglier que je ne découvre les mauvaises odeurs qu'exhalent les narines d'une femme ou ses aisselles velues !... Quelle sueur découle de tes chairs molles, quel triste parfum tes membres répandent, lorsque tout est prêt pour le sacrifice, et que tu te hâtes d'assouvir la rage indomptée de tes sens !... La céruse, le fard de crocodile, coulent alors en ruisseaux sur ses joues ; et, dans sa fureur lascive, elle fait trembler le lit et le plancher.... Avec quel emportement me reproche-t-elle souvent mes dégoûts ! « Tu es moins froid, dit-elle, pour Inachia que pour moi ! Pour Inachia, tes transports sont infatigables ; et moi, je vois tes feux s'éteindre après une seule caresse ! Maudite soit Lesbie, qui m'a

Amor Lycisci me tenet :
Unde expedire non amicorum queant
Libera consilia,
Nec contumeliæ graves ;
Sed alius ardor, aut puellæ candidæ,
Aut teretis pueri,
Longam renodantis comam.

XII

Quid tibi vis, mulier nigris dignissima barris?
Munera cur mihi, quidve tabellas
Mittis, nec firmo juveni, neque naris obesæ?
Namque sagacius unus odoror,
Polypus an gravis hirsutis cubet hircus in alis.
Quam canis acer, ubi lateat sus.
Quis sudor vietis, et quam malus undique membris
Crescit odor ! quum pene soluto
Indomitam properat rabiem sedare ; nec illi
Jam manet humida creta, colorque
Stercore fucatus crocodili ; jamque subando
Tenta cubilia, tectaque rumpit !
Vel mea quum sævis agitat fastidia verbis :
« Inachia langues minus ac me :
Inachiam ter nocte potes ; mihi semper ad unum
Mollis opus. Pereat male, quæ te,

donné un si faible athlète, lorsque je cherchais un taureau, lorsque je possédais Amynthas de Cos, Amynthas dont l'ardeur toujours renaissante s'attache à l'heureux objet de ses feux, comme le jeune arbre au coteau qui l'a vu naître! Ingrat! pour qui préparais-je ces riches étoffes, deux fois plongées dans la pourpre de Tyr? Pour toi seul! Je voulais qu'à table aucun de tes jeunes compagnons ne pût se vanter d'être plus chéri de sa maîtresse! et tu me fuis, malheureuse que je suis! tu m'évites, comme l'agneau fuit le loup, comme la chèvre craint le lion! »

XIII

A UN AMI.

Une horrible tempête a resserré l'horizon ; les cieux semblent descendre en torrents de neige et de pluie; la mer, les forêts retentissent sous les mugissements des vents de Thrace. Amis, saisissons le moment qui s'offre à nous; et, puisque l'âge et nos forces nous le permettent, écartons les soucis qui ne doivent sillonner que le front de la vieillesse.

Toi, cherche dans mes celliers ce vin recueilli l'année de ma naissance, sous le consulat de Torquatus. Oublions tout le reste... Peut-être un dieu nous ramènera des jours plus propices!

Lesbia, quærenti taurum, monstravit inertem;
 Quum mihi Cous adesset Amyntas,
Cujus in indomito constantior inguine nervus,
 Quam nova collibus arbor inhæret.
Muricibus Tyriis iteratæ vellera lanæ
 Cui properabantur? Tibi nempe,
Ne foret æquales inter conviva, magis quem
 Diligeret mulier sua, quam te.
O ego non felix, quam tu fugis, ut pavet acres
 Agna lupos, capreæque leones! »

XIII

AD AMICUM.

Horrida tempestas cœlum contraxit, et imbres
 Nivesque deducunt Jovem;
  Nunc mare, nunc syluæ
Threicio Aquilone sonant. Rapiamus, amici,
 Occasionem de die :
  Dumque virent genua,
Et decet, obducta solvatur fronte senectus.
 Tu viva Torquato move
  Consule pressa meo.
Cætera mitte loqui : Deus hæc fortasse benigna
 Reducet in sedem vice.

Maintenant, répandons sur nous les doux parfums d'Arabie, et, par les accords de la lyre, bannissons de nos cœurs la sombre inquiétude.

C'était le conseil que donnait l'illustre centaure à son héroïque élève : « Mortel invincible, disait-il, fils de la déesse Thétis, la terre d'Assaracus t'appelle, cette terre qu'arrosent les fraîches ondes du faible Scamandre et le tortueux Simoïs.

« Les Parques ont mesuré déjà le fil de tes jours ; elles t'interdisent le retour, et ta mère, aux cheveux d'azur, ne te ramènera pas vers le palais paternel.

« Sur ces bords qui seront ta tombe, écarte au moins l'importune tristesse par le vin, la lyre et les doux entretiens de l'amitié ! »

LÉON HALÉVY.

XIV

A MÉCÈNE.

« D'où vient, Horace, cette molle paresse qui plonge tes esprits dans un si profond oubli ? Ta gorge desséchée aurait-elle bu à longs traits l'onde assoupissante du Léthé ? » Voilà ce que tu me demandes sans cesse, cher Mécène, et tes plaintes me font mourir.

Nunc et Achæmenio
Perfundi nardo juvat, et fide Cyllenea
Levare diris pectora
Sollicitudinibus.
Nobilis ut grandi cecinit Centaurus alumno :
« Invicte, mortalis Dea
Nate puer Thetide,
Te manet Assaraci tellus, quam frigida parvi
Findunt Scamandri flumina,
Lubricus et Simoïs :
Unde tibi reditum certo subtemine Parcæ
Rupere ; nec mater domum
Cærula te revehet.
Illic omne malum vino cantuque levato
Deformis ægrimoniæ, ac
Dulcibus alloquiis. »

XIV

AD MÆCENATEM.

Mollis inertia cur tantam diffuderit imis
Oblivionem sensibus,
Pocula Lethæos ut si ducentia somnos
Arente fauce traxerim,
Candide Mæcenas, occidis sæpe rogando.

C'est un dieu, oui, c'est un dieu qui m'empêche d'achever ces ïambes commencés, ces ïambes que je t'ai promis.

Ainsi, dit-on, brûla pour le jeune Bathylle de Samos, Anacréon, le poëte de Téos, qui, sur sa lyre sonore, chanta si souvent l'amour dans des vers gracieux et faciles.

Toi-même aussi, Mécène, l'amour te consume. Mais réjouis-toi de ton sort, puisque la beauté qui t'enflamme égale cette Hélène qui alluma l'incendie de Troie. Moi, je brûle pour l'affranchie Phryné, qui ne sait se contenter d'un seul amant.

LÉON HALÉVY.

XV

A NÉÈRE.

Il était nuit, et la lune brillait dans un ciel pur au milieu d'astres moins éclatants, lorsque, déjà prête à offenser par le parjure la majesté des dieux, tu prononçais le serment dicté par ma bouche, et m'enlaçant de tes bras amoureux plus étroitement que le lierre n'embrasse le chêne altier : « Tant que le loup, disais-tu, sera l'effroi du troupeau; tant qu'Orion, funeste au nautonier, troublera les mers orageuses; tant que la longue chevelure d'Apollon s'agitera sous l'haleine du zéphyr, ma flamme égalera ton amour. »

Deus, Deus nam me vetat
Inceptos, olim promissum carmen, iambos
Ad umbilicum adducere.
Non aliter Samio dicunt arsisse Bathyllo
Anacreonta Teïum,
Qui persæpe cava testudine flevit amorem,
Non elaboratum ad pedem.
Ureris ipse miser. Quod si non pulchrior ignis
Accendit obsessam Ilion,
Gaude sorte tua : me libertina, neque uno
Contenta, Phryne macerat.

XV

AD NEÆRAM.

Nox erat, et cœlo fulgebat luna sereno
Inter minora sidera,
Quum tu, magnorum numen læsura Deorum,
In verba jurabas mea,
Arctius atque hedera procera astringitur ilex,
Lentis adhærens brachiis,
Dum pecori lupus, et nautis infestus Orion
Turbaret hibernum mare,
Intonsosque agitaret Apollinis aura capillos,
Fore hunc amorem mutuum.

O Néère ! que mon courageux ressentiment va te coûter de regrets ! Oui, je te le jure, si je mérite le nom d'homme, je ne souffrirai point que tu prodigues tes nuits à un rival préféré. Ma colère cherchera une amante plus digne de moi. Si une cruelle certitude succède à mes douloureux soupçons, la vue de tes charmes ne fera plus chanceler ma constante haine.

Mais qui que tu sois, heureux mortel qui maintenant t'enorgueillis de mes peines, quand tu serais riche en troupeaux, en vastes domaines; quand pour toi coulerait le Pactole; quand Pythagore renaîtrait pour t'apprendre ses merveilleux mystères; quand tu vaincrais Nirée en beauté, tu n'en pleureras pas moins les nouvelles amours de l'infidèle; et à mon tour je pourrai rire de tes larmes.

LÉON HALÉVY.

XVI

AUX ROMAINS.

Un nouvel âge est dévoré par les guerres civiles, et Rome succombe sous ses propres forces. Cette Rome que n'ont pu détruire ni les Marses, ses voisins, ni les menaçantes cohortes de l'Étrurien Porsenna, ni le courage de Capoue, sa rivale, ni le bouillant Spartacus, ni l'Allobroge, ami des changements et de la révolte,

O dolitura mea multum virtute Neæra !
Nam si quid in Flacco viri est,
Non feret assiduas potiori te dare noctes,
Et quæret iratus parem;
Nec semel offensæ cedet constantia formæ,
Si certus intrarit dolor.
At tu, quicumque es felicior, atque meo nunc
Superbus incedis malo;
Sis pecore et multa dives tellure licebit,
Tibique Pactolus fluat;
Nec te Pythagoræ fallant arcana renati,
Formaque vincas Nirea:
Eheu! translatos alio mœrebis amores:
Ast ego vicissim risero.

XVI

AD ROMANOS.

Altera jam teritur bellis civilibus ætas,
Suis et ipsa Roma viribus ruit:
Quam neque finitimi valuerunt perdere Marsi,
Minacis aut Etrusca Porsenæ manus,
Æmula nec virtus Capuæ, nec Spartacus acer,
Novisque rebus infidelis Allobrox,

ni la fière Germanie, avec sa vaillante jeunesse aux blonds cheveux, ni cet Annibal, l'exécration des mères ; nous la perdrons, nous, race impie et dévouée aux crimes ; nous la perdrons, et les bêtes féroces viendront repeupler notre sol.

Un barbare vainqueur foulera nos cendres ; le pas sonore de ses coursiers retentira sur nos ruines ; les os de Romulus, jusqu'ici protégés contre le soleil et l'aquilon, une main sacrilége, ô profanation ! les dispersera sans épouvante !

Tous peut-être, ou du moins les plus sages d'entre vous, vous chercherez à éviter cet avenir de malheurs. Écoutez l'avis le plus salutaire :

A l'exemple des Phocéens, qui s'enfuirent après avoir maudit leur cité, et abandonnèrent leurs champs, leurs dieux domestiques, leurs temples, à la fureur des sangliers et des loups dévorants, il faut fuir, aller où nous porteront nos pas, où nous pousseront à travers les ondes le Notus ou l'impétueux Africus.

Le voulez-vous? Quelqu'un ouvre-t-il un avis plus sage? Que tardons-nous à nous embarquer sous de favorables auspices? Mais auparavant faisons ce serment : Quand les rochers se détacheront du fond des mers pour nager à leur surface, que le retour alors nous soit permis ! que nos voiles se dirigent sans honte vers la patrie ; quand l'Éridan baignera les cimes du Matinus ; quand l'Apennin, aux sommets élevés, descendra vers la mer ; quand de

Nec fera cærulea domuit Germania pube,
 Parentibusque abominatus Annibal,
Impia perdemus devoti sanguinis ætas;
 Ferisque rursus occupabitur solum.
Barbarus, heu! cineres insistet victor, et urbem
 Eques sonante verberabit ungula :
Quæque carent ventis et solibus, ossa Quirini
 (Nefas videre!) dissipabit insolens.
Forte, quid expediat, communiter, aut melior pars,
 Malis carere quæritis laboribus,
Nulla sit hac potior sententia : Phocæorum
 Velut profugit exsecrata civitas
Agros atque Lares proprios, habitandaque fana
 Apris reliquit et rapacibus lupis ;
Ire pedes quocumque ferent, quocumque per undas
 Notus vocabit, aut protervus Africus.
Sic placet? An melius quis habet suadere? Secunda
 Ratem occupare quid moramur alite?
Sed juremus in hæc : Simul imis saxa renarint
 Vadis levata, ne redire sit nefas;
Neu conversa domum pigeat dare lintea, quando
 Padus Matina laverit cacumina ;
In mare seu celsus procurrerit Apenninus,

monstrueux amours uniront, par des désirs inouïs, le cerf à la tigresse, la colombe au farouche milan ; quand les troupeaux confiants ne craindront plus le lion féroce ; quand le bouc, au poil luisant, se baignera, joyeux, dans les flots amers !

Liés par ce serment et par tous ceux qui pourront vous interdire un doux retour, partez, citoyens de Rome, partez tous, ou vous, du moins, la meilleure partie d'un indocile troupeau. Que le reste, débris sans force, sans espoir, préfère le repos dans ses foyers avilis !

Vous à qui le ciel donna le courage, écartez un deuil efféminé ; volez par delà les rives toscanes ! l'Océan nous appelle sur ces ondes qui nous entourent. Gagnons ces champs, ces champs fortunés, ces îles fécondes et heureuses, où la terre sans culture prodigue chaque année ses trésors, où fleurit éternellement la vigne sans le secours du fer tranchant, où l'olivier ne trompe jamais l'espoir de ses bourgeons, où la vigne vermeille décore l'arbre qui l'a vu naître, où le miel coule du creux des chênes, où l'onde légère, s'élançant du haut des montagnes, bondit en bruyantes cascades.

Là, les chèvres s'offrent d'elles-mêmes à la main qui doit les traire ; le troupeau soumis rapporte avec joie du pâturage ses mamelles gonflées ; l'ours ne gronde point le soir autour des bergeries, et la terre n'est point soulevée par de venimeuses vipères.

Que d'autres merveilles exciteront notre admiration et notre

Novave monstra junxerit libidine
 Mirus amor : juvet ut tigres subsidere cervis,
Adulteretur et columba miluo ;
 Credula nec flavos timeant armenta leones ;
Ametque salsa levis hircus æquora.
 Hæc, et quæ poterunt reditus abscindere dulces,
Eamus omnis exsecrata civitas,
 Aut pars indocili melior grege : mollis et exspes
Inominata perprimat cubilia.
 Vos, quibus est virtus, muliebrem tollite luctum,
Etrusca præter et volate litora.
 Nos manet Oceanus circumvagus ; arva, beata
Petamus arva, divites et insulas,
 Reddit ubi Cererem tellus inarata quotannis,
Et imputata floret usque vinea,
 Germinat et nunquam fallentis termes olivæ,
Suamque pulla ficus ornat arborem ;
 Mella cava manant ex ilice ; montibus altis
Levis crepante lympha desilit pede.
 Illic injussæ veniunt ad mulctra capellæ,
Refertque tenta grex amicus ubera ;
 Nec vespertinus circumgemit ursus ovile,
Nec intumescit alta viperis humus.
 Pluraque felices mirabimur ; ut neque largis

joie! Là, nous ne verrons jamais l'Eurus inonder les champs de ses torrents dévastateurs, ni le sol aride dévorer les semences fécondes : le roi des cieux y tempère l'une et l'autre saison.

Le vaisseau de l'Argonaute n'approcha jamais de ces rives; l'impudique Médée n'y imprima point ses pas; jamais les nautoniers de Sion ni les malheureux compagnons d'Ulysse n'y tournèrent leur proue vagabonde. La contagion cruelle ne moissonne pas le bétail; il ne succombe pas sous les feux dévorants d'un astre impitoyable. Jupiter réserva ces rivages à un peuple innocent, quand l'airain vint souiller les jours de l'âge d'or; le fer, plus dur encore, est venu peser sur notre âge; mais il lui reste quelques mortels pieux : une fuite heureuse leur est offerte; qu'ils partent sur la foi de mes chants! LÉON HALÉVY.

XVII

HORACE ET CANIDIE.

C'en est fait, je m'humilie devant la science toute-puissante, et je te conjure à genoux, au nom du royaume de Proserpine, au nom de Diane, implacable Divinité, au nom de ces livres enchantés qui savent attirer sur la terre les astres fixés dans les cieux; Canidie, ne fais plus entendre de paroles magiques, et tourne en arrière ce cercle aux tourbillons si rapides!

> Aquosus Eurus arva radat imbribus,
>   Pinguia nec siccis urantur semina glebis;
>   Utrumque rege temperante cœlitum.
> Non huc Argoo contendit remige pinus,
>   Neque impudica Colchis intulit pedem;
> Non huc Sidonii torserunt cornua nautæ,
>   Laboriosa nec cohors Ulyssei.
> Nulla nocent pecori contagia; nullius astri
>   Gregem æstuosa torret impotentia.
> Jupiter illa piæ secrevit litora genti,
>   Ut inquinavit ære tempus aureum :
> Ære, dehinc ferro duravit secula; quorum
>   Piis secunda, vate me, datur fuga.

XVII

HORATIUS ET CANIDIA.

> Jam jam efficaci do manus scientiæ
>   Supplex, et oro regna per Proserpinæ,
> Per et Dianæ non movenda numina,
> Per atque libros carminum valentium
>   Refixa cœlo devocare sidera,
> Canidia, parce vocibus tandem sacris,
> Citumque retro volve, volve turbinem.

Télèphe sut fléchir le petit-fils de Nérée, contre lequel pourtant il avait rangé, dans son orgueil, les bataillons mysiens, et dirigé ses flèches meurtrières. On vit les mères troyennes couvrir de parfums le corps d'Hector, si fatal aux Grecs, ce corps promis aux chiens et aux vautours, mais qu'avaient su racheter les pleurs de Priam, désertant ses murs pour tomber aux pieds de l'impitoyable Achille. A la voix de Circé qui pardonnait, on vit les rameurs d'Ulysse, les compagnons de ses travaux, dépouiller leurs membres de leur dure et soyeuse enveloppe, et retrouver leur raison, leur parole et les nobles traits de l'homme.

Assez et trop longtemps tu m'as fait subir ta vengeance, amante chérie de nos marchands et de nos matelots ! Vois, ma jeunesse a fui, les couleurs de mon teint se sont flétries, mes os sont recouverts d'une peau livide ; tes magiques essences ont fait blanchir mes cheveux ; nul repos ne vient suspendre mes douleurs ; la nuit chasse le jour, et le jour la nuit, sans que ma poitrine haletante se soulage un seul instant du poids qui l'oppresse.

Je le crois enfin, vaincu par mes souffrances, je le crois, ce que j'ai nié si longtemps : oui, les enchantements sabins pénètrent le cœur et le déchirent ; oui, les chants funèbres des Marses brisent et bouleversent la raison... Que veux-tu de plus ? ô mer ! ô terre ! je brûle ! Moins de feux embrasaient Hercule couvert du sang empoisonné de Nessus ; avec moins de fureur bouillonne la flamme

Movit nepotem Telephus Nereium,
In quem superbus ordinarat agmina
Mysorum, et in quem tela acuta torserat.
Unxere matres Iliæ addictum feris
Alitibus atque canibus homicidam Hectorem;
Postquam, relictis mœnibus, rex procidit,
Heu! pervicacis ad pedes Achillei.
Setosa duris exuere pellibus
Laboriosi remiges Ulyssei,
Volente Circe, membra : tunc mens, et sonus
Relapsus, atque notus in vultus honor.
Dedi satis superque pœnarum tibi,
Amata nautis multum et institoribus.
Fugit juventas, et verecundus color
Reliquit ossa pelle amicta lurida ;
Tuis capillus albus est odoribus;
Nullum a labore me declinat otium.
Urget diem nox, et dies noctem; neque est
Levare tenta spiritu præcordia.
Ergo negatum, vincor, ut credam miser,
Sabella pectus increpare carmina,
Caputque Marsa dissilire nænia.....
Quid amplius vis? o mare! o terra! ardeo
Quantum neque atro delibutus Hercules
Nessi cruore, nec Sicana fervida

dans les fournaises de l'Etna. Jusqu'à ce que je devienne une cendre aride, triste jouet des vents injurieux, tu veux préparer contre moi les ardents poisons de la Colchide. Quelle sera la fin de mes maux? quels supplices me sont encore réservés? Parle : je subirai facilement le châtiment que ta bouche va m'ordonner; je suis prêt à expier mon crime, soit que tu me demandes cent jeunes taureaux, soit que tu exiges de ma lyre mensongère un hymne de louanges. Je vanterai ta pudeur, je chanterai ta vertu! Étoile d'or, tu parcourras les cieux étincelants! Le grand Castor et son frère, vengeurs d'Hélène outragée, furent vaincus cependant par les prières du poëte, et lui rendirent la lumière dont ils l'avaient privé. Imite-les, Canidie! Tu le peux; guéris-moi de mon délire! Non, tu n'es point souillée d'une infâme origine; non, tu ne vas pas dans les cimetières, savante magicienne, disperser, neuf jours après leur mort, la poussière des pauvres : ton cœur est hospitalier; tes mains sont pures; ton sein est fécond, et la matrone prudente blanchit dans l'onde les draps sanglants de ta couche, chaque fois que tu t'élances, légère et forte, du lit qui t'a vue devenir mère.

RÉPONSE DE CANIDIE.

Pourquoi fatigues-tu de tes prières mes oreilles fermées à ta

Furens in Ætna flamma. Tu, donec cinis
Injuriosis aridus ventis ferar,
Cales venenis officina Colchicis.
Quæ finis? aut quod me manet stipendium?
Effare : jussas cum fide pœnas luam,
Paratus expiare, seu poposceris
Centum juvencos, sive mendaci lyra
Voles sonari; tu pudica, tu proba
Perambulabis astra, sidus aureum.
Infamis Helenæ Castor offensus vice,
Fraterque magni Castoris, victi prece,
Adempta vati reddidere lumina.
Et tu (potes nam) solve me dementia,
O nec paternis obsoleta sordibus,
Neque in sepulcris pauperum prudens anus
Novemdiales dissipare pulveres!
Tibi hospitale pectus, et puræ manus :
Tuusque venter Partumeius; et tuo
Cruore rubros obstetrix pannos lavit,
Utcumque fortis exsilis puerpera.

RESPONDET CANIDIA.

Quid obseratis auribus fundis preces?
Non saxa nudis surdiora navitis

voix? Les rochers que Neptune, pendant la tempête, ébranle sous le choc des vagues amoncelées, sont moins sourds aux cris suppliants des naufragés. Eh quoi! ce serait impunément que ta bouche sacrilége aurait divulgué les mystères de Cotytto et les rites sacrés du libre amour! Nouveau pontife, lançant tes foudres sur les sortiléges du mont Esquilin, tu aurais rempli Rome de mon nom, et tu resterais impuni! Non : que t'aura-t-il servi d'avoir enrichi les sorcières du Pélignum, d'avoir appris d'elles à composer de subtils poisons! Tes vœux appelleront en vain la mort tardive. Tu traîneras dans le malheur une vie funeste; toujours tu serviras de pâture à de nouvelles douleurs. Le coupable père de Pélops, Tantale, avide de cette douce nourriture qui lui échappe, invoque en vain le repos; c'est le repos qu'appelle Prométhée sous le vautour qui le déchire; c'est le repos que désire Sisyphe essayant de fixer son rocher fatal sur la cime du mont; mais les lois de Jupiter repoussent à jamais leurs vœux. Comme eux, tu chercheras la mort : tantôt tu voudras te précipiter du sommet d'une tour, ou percer ta poitrine d'un fer meurtrier; tantôt, dans ton amer dégoût d'une triste vie, tu entoureras ta gorge du lacet funeste. Vains efforts! tu vivras! tu me sentiras bondir, comme un cavalier superbe, sur tes épaules ennemies! et la terre cédera à mon insolent pouvoir!

Moi, qui peux animer des images de cire, comme tes regards te l'ont appris; moi qui peux, par mes accents, arracher la lune

Neptunus alto tundit hibernus salo.
Inultus ut tu riseris Cotyttia
Vulgata, sacrum liberi Cupidinis?
Et Esquilini pontifex venefici,
Impune ut Urbem nomine impleris meo?
Quid prodest ditasse Pelignas anus,
Velociusve miscuisse toxicum,
Si tardiora fata te votis manent?
Ingrata misero vita ducenda est, in hoc,
Novis ut usque suppetas doloribus.
Optat quietem Pelopis infidi pater,
Egens benignæ Tantalus semper dapis;
Optat Prometheus obligatus aliti;
Optat supremo collocare Sisyphus
In monte saxum : sed vetant leges Jovis.
Voles modo altis desilire turribus,
Modo ense pectus Norico recludere;
Frustraque vincla gutturi innectes tuo,
Fastidiosa tristis ægrimonia.
Vectabor humeris tunc ego inimicis eques,
Meæque terra cedet insolentiæ.
An, quæ movere cereas imagines
(Ut ipse nosti curiosus), et polo
Deripere lunam vocibus possum meis,

au ciel étoilé, rendre à la vie la cendre des morts, et composer des philtres enivrants, se pourrait-il donc que je pleurasse les stériles efforts de mon art, contre toi seul impuissant ? LÉON HALÉVY.

> Possum crematos excitare mortuos,
> Desiderique temperare poculum;
> Plorem artis, in te nil agentis, exitum?

POEME SÉCULAIRE

CHŒUR DE JEUNES GARÇONS ET DE JEUNES FILLES.

Phébus, et toi, Diane, reine des forêts, gloire radieuse du ciel, divinités toujours adorées, toujours adorables, exaucez nos prières, dans ces jours sacrés où les vers de la Sybille ordonnent que des vierges choisies, que de chastes garçons, chantent un hymne en l'honneur des dieux à qui plaisent les sept collines!

CHŒUR DU PEUPLE ET DE JEUNES GARÇONS.

Soleil bienfaisant, dont le char rayonnant dispense et ravit la lumière, toi qui renais toujours nouveau, toujours le même, puisses-tu ne rien voir de plus grand que la ville de Rome!

CHŒUR DE JEUNES FILLES.

Douce Ilithyia, toi qui ouvres le sein maternel à l'enfant mûr

PUERORUM PUELLARUMQUE CHORUS.

Phœbe, sylvarumque potens Diana,
Lucidum cœli decus, o colendi
Semper et culti, date quæ precamur
    Tempore sacro,
Quo Sibyllini monuere versus
Virgines lectas, puerosque castos,
Dis, quibus septem placuere colles,
    Dicere carmen.

CHORUS POPULI ET PUERORUM.

Alme Sol, curru nitido diem qui
Promis et celas, aliusque et idem
Nasceris; possis nihil urbe Roma
    Visere majus!

CHORUS PUELLARUM.

Rite maturos aperire partus

pour la vie, protége nos mères ! Soit que tu veuilles être appelée Lucine, ou Génitalis, déesse puissante, multiplie les enfants de Rome ; bénis les décrets de nos sénateurs sur les mariages, protége cette loi conjugale qui doit être féconde en citoyens !

Qu'une carrière nouvelle de cent dix années rende à Rome ces chants et ces jeux, célébrés pendant trois jours de splendeur, pendant trois jours d'allégresse !

CHOEUR DU PEUPLE.

Et vous, Parques, divinités véridiques, dont les oracles ne sont jamais trompés par l'immuable sort, ajoutez d'heureuses destinées à celles qui viennent de s'accomplir.

Que la terre, fertile en moissons et en troupeaux, donne à Cérès une brillante couronne d'épis ! Que des eaux salutaires et qu'un air pur fécondent les germes de son sein !

UN JEUNE GARÇON.

Dépose, Apollon, ton arc terrible ! Écoute avec bonté les enfants qui te supplient !

Lenis Ilithyia, tuere matres;
Sive tu Lucina probas vocari
   Seu Genitalis ;
Diva, producas sobolem, patrumque
Prosperes decreta super jugandis
Feminis, prolisque novæ feraci
   Lege marita ;
Certus undenos decies per annos
Orbis ut cantus referatque ludos,
Ter die claro totiesque grata
   Nocte frequentes.

POPULI CHORUS.

Vosque veraces cecinisse, Parcæ,
Quod semel dictum est, stabilisque rerum
Terminus servat, bona jam peractis
   Jungite fata.
Fertilis frugum pecorisque tellus
Spicea donet Cererem corona ;
Nutriant fœtus et aquæ salubres,
   Et Jovis auræ.

PUER.

Condito mitis placidusque telo,
Supplices audi pueros, Apollo !

UNE JEUNE FILLE.

Reine des astres, déesse au croissant de feu, exauce les jeunes vierges qui t'invoquent !

LES DEUX CHŒURS.

Si Rome est votre ouvrage; si c'est par votre ordre que les Troyens, changeant de foyers et de remparts, abordèrent, d'une course heureuse, les rivages de l'Étrurie ;

Si vous protégiez ces tristes exilés, que le pieux Énée, survivant à sa patrie, et fidèle à son serment, sut conduire, par un libre chemin, à travers Troie embrasée, leur promettant plus qu'ils n'abandonnaient ;

Dieux puissants, donnez des mœurs pures à la docile jeunesse, donnez le repos à la vieillesse paisible; au peuple de Romulus la richesse, de nombreux rejetons, et toute espèce de gloire !

Que l'illustre descendant de Vénus et d'Anchise, ce prince qui aujourd'hui vous immole de blancs taureaux, commande à tous les peuples, vainqueur de l'ennemi qui résiste, clément pour l'ennemi terrassé !

Déjà le Mède redoute son bras, puissant sur terre et sur mer; il pâlit devant les haches romaines; déjà le Scythe et l'Indien, naguère si superbes, attendent l'arrêt qu'il va dicter.

PUELLA.

Siderum regina bicornis, audi,
    Luna, puellas!

UTERQUE CHORUS.

Roma si vestrum est opus, Iliæque
Litus Etruscum tenuere turmæ,
Jussa pars mutare Lares et urbem
    Sospite cursu :
Cui per ardentem sine fraude Trojam
Castus Æneas, patriæ superstes,
Liberum munivit iter, daturus
    Plura relictis.
Di, probos mores docili juventæ,
Di, senectuti placidæ quietem,
Romulæ genti date remque, prolemque,
    Et decus omne!
Quique vos bobus veneratur albis
Clarus Anchisæ Venerisque sanguis,
Imperet, bellante prior, jacentem
    Lenis in hostem!
Jam mari terraque manus potentes
Medus, Albanasque timet secures :
Jam Scythæ responsa petunt, superbi
    Nuper et Indi.

Déjà la bonne foi, la paix, l'honneur, l'antique probité, la vertu si longtemps méconnue, osent reparaître, et l'heureuse abondance revient à son tour, nous montrant sa corne féconde.

CHŒUR DE JEUNES GARÇONS.

Dieu de l'avenir, Apollon, toi dont l'arc rayonne, toi que chérissent les Muses, toi dont l'art salutaire sait ranimer les forces d'un corps languissant;

Si tu vois d'un regard protecteur le mont Palatin et son temple, la puissance romaine et l'heureux Latium, prolonge nos destinées dans un nouveau siècle, accorde-nous des temps toujours meilleurs!

CHŒUR DE JEUNES FILLES.

Et toi, qui habites le mont Aventin et l'Algide, chaste Diane, exauce les prières des quinze pontifes; prête une oreille favorable aux vœux ardents de la jeunesse!

CHŒUR DU PEUPLE, DES JEUNES GARÇONS ET DES JEUNES FILLES.

Oui, Jupiter entend notre voix; oui, tous les dieux nous exaucent : nous remportons dans nos foyers cet espoir, cette douce assurance; car nous avons dignement chanté les louanges d'Apollon et celles de Diane.   LÉON HALÉVY.

> Jam fides, et pax, et honos, pudorque
> Priscus, et neglecta redire virtus
> Audet, apparetque beata pleno
>   Copia cornu.
>
> ###### PUERORUM CHORUS.
>
> Augur et fulgente decorus arcu
> Phœbus, acceptusque novem Camœnis,
> Qui salutari levat arte fessos
>   Corporis artus,
> Si Palatinas videt æquus arces,
> Remque Romanam, Latiumque felix,
> Alterum in lustrum meliusque semper
>   Proroget ævum.
>
> ###### PUELLARUM CHORUS.
>
> Quæque Aventinum tenet Algidumque,
> Quindecim Diana preces virorum
> Curet, et votis puerorum amicas
>   Applicet aures!
>
> ###### POPULI, PUERORUM AC PUELLARUM CHORUS.
>
> Hæc Jovem sentire, Deosque cunctos
> Spem bonam certamque domum reporto,
> Doctus et Phœbi chorus et Dianæ
>   Dicere laudes

SATIRES

LIVRE PREMIER

I

PERSONNE N'EST CONTENT DE SON SORT.

D'où vient, Mécène, que jamais l'homme, quelque état que son choix ou le sort lui ait fait embrasser, ne vit satisfait, et qu'il porte envie à ceux qui suivent une carrière différente? « Heureux les marchands! » dit en gémissant sous le poids de ses armes le soldat dont le corps est brisé de fatigue. A son tour, le marchand, qui voit son navire battu par les Autans : « Le métier des armes est préférable; car enfin on s'attaque, et, en moins d'une heure, vient une mort prompte ou un joyeux triomphe. » L'homme de loi, lorsqu'au premier chant du coq le client vient frapper à sa porte, envie le sort du laboureur; et celui-ci, qu'un procès pour lequel il donna caution, arrache à ses champs pour venir à Rome, s'écrie

I

NEMINI FERE SUAM SORTEM PLACERE.

Qui fit, Mæcenas, ut nemo, quam sibi sortem
Seu ratio dederit, seu fors objecerit, illa
Contentus vivat? laudet diversa sequentes?
« O fortunati mercatores! » gravis armis
Miles ait, multo jam fractus membra labore.
Contra mercator, navim jactantibus Austris :
« Militia est potior! Quid enim? concurritur : horæ
Momento cita mors venit, aut victoria læta. »
Agricolam laudat juris legumque peritus,
Sub galli cantum consultor ubi ostia pulsat.
Ille, datis vadibus, qui rure extractus in Urbem est,

qu'il n'y a d'heureux que les habitants de la ville. Et d'exemples pareils le nombre est si grand, que Fabius le bavard renoncerait à les compter. Sans plus de préambule, écoute, ô Mécène! où je veux en venir.

Qu'un dieu dise à ces gens-là : « Me voici prêt à faire ce que vous désirez : toi, soldat, deviens marchand; toi, jurisconsulte, tu seras laboureur. Allons, de part et d'autre, les rôles ainsi changés, prenez chacun vos places. Quoi! vous ne bougez point! » Ils ne veulent pas. Cependant il ne tient qu'à eux d'obtenir contentement. Qui empêche qu'à bon droit Jupiter, enflant ses joues de colère, ne jure d'être à l'avenir moins facile à prêter l'oreille à leurs vœux?

Brisons là-dessus, pour ne point, ainsi qu'un conteur de sornettes, épuiser en riant ce sujet. Cependant, pourquoi non? qui empêche de dire en riant la vérité? Des maîtres indulgents ne donnent-ils pas des friandises aux enfants pour les encourager à bien apprendre les premiers éléments? Mais enfin, cessons de plaisanter, et parlons sérieusement.

Celui dont la charrue retourne péniblement la terre, cet hôtelier sans foi, ce soldat, ces navigateurs audacieux qui courent toutes les mers, n'ont, disent-ils, d'autre but dans tous ces travaux, que de procurer à leur vieillesse une retraite à l'abri du besoin, lorsqu'ils auront amassé de quoi vivre. Ainsi la fourmi (c'est la comparaison obligée), la fourmi, petite de corps, mais grande au travail, emporte tout ce qu'elle peut traîner, pour gros-

Solos felices viventes clamat in urbe.
Cetera de genere hoc, adeo sunt multa, loquacem
Delassare valent Fabium. Ne te morer, audi
Quo rem deducam. Si quis Deus, « En ego, dicat,
Jam faciam, quod vultis : eris tu, qui modo miles,
Mercator; tu, consultus modo, rusticus. Hinc vos,
Vos hinc mutatis discedite partibus. Eia!
Quid statis? » Nolint. Atqui licet esse beatis.
Quid causæ est, merito quin illis Jupiter ambas
Iratus buccas inflet, neque se fore posthac
Tam facilem dicat, votis ut præbeat aurem?
Præterea, ne sic, ut qui jocularia, ridens
Percurram; quanquam ridentem dicere verum
Quid vetat? ut pueris olim dant crustula blandi
Doctores, elementa velint ut discere prima :
Sed tamen amoto quæramus seria ludo.
Ille gravem duro terram qui vertit aratro,
Perfidus hic caupo, miles, nautæque per omne
Audaces mare qui currunt, hac mente laborem
Sese ferre, senes ut in otia tuta recedant,
Aiunt, quum sibi sint congesta cibaria : sicut
Parvula, nam exemplo est, magni formica laboris,
Ore trahit quodcumque potest, atque addit acervo

sir le magasin qu'elle amasse, par une sage et habile prévoyance de l'avenir.

Mais aussi quand le Verseau vient attrister l'année qui recommence son cours, la fourmi ne sort plus de son asile, et jouit prudemment du fruit de ses travaux. Pour toi, rien ne peut te faire renoncer au gain, ni les ardeurs de l'été, ni l'hiver, ni le feu, ni la mer, ni le fer; rien ne t'arrête enfin, tant que tu crains qu'un autre soit plus riche que toi.

Que te sert d'aller en cachette déposer, d'une main tremblante, dans le sein de la terre, un immense amas d'or et d'argent? Pour peu que j'y touche, dis-tu, j'en verrai bientôt le dernier sou. Mais si tu n'y touches point, quelle valeur peut avoir ce métal entassé? Cent mille boisseaux de grain seraient dans ton aire tombés sous le fléau, ton estomac en contiendra-t-il plus que le mien? Ainsi, quand tu serais, parmi les esclaves, celui dont l'épaule est chargée de la provision du pain, tu n'en mangerais que ta part, comme celui qui n'a rien porté. Qu'importe, dis-moi, à l'homme qui se renferme dans les bornes de la nature, d'avoir cent arpents ou mille à labourer? « Mais il est agréable de puiser à un gros tas. » Eh! si d'un petit tu nous laisses prendre la même quantité, cesse de préférer tes vastes greniers à nos corbeilles. Tu n'as besoin que d'un vase ou seulement d'un verre d'eau, diras-tu : « J'aime mieux l'aller puiser à quelque grand fleuve qu'à cette humble source? » Qu'advient-il à ceux que tente une abondance

Quem struit, haud ignara ac non incauta futuri.
Quæ, simul inversum contristat Aquarius annum,
Non usquam prorepit, et illis utitur ante
Quæsitis sapiens : quum te neque fervidus æstus
Demoveat lucro, neque hiems, ignis, mare, ferrum,
Nil obstet tibi, dum ne sit te ditior alter.
Quid juvat immensum te argenti pondus et auri
Furtim defossa timidum deponere terra?
Quod si comminuas, vilem redigatur ad assem.
At ni id fit, quid habet pulchri constructus acervus?
Millia frumenti tua triverit area centum,
Non tuus hoc capiet venter plus quam meus : ut si
Reticulum panis venales inter onusto
Forte vehas humero, nihilo plus accipias quam
Qui nil portarit. Vel dic, quid referat intra
Naturæ fines viventi, jugera centum, an
Mille aret? « At suave est ex magno tollere acervo. »
Dum ex parvo nobis tantumdem haurire relinquas,
Cur tua plus laudes cumeris granaria nostris?
Ut, tibi si sit opus liquidi non amplius urna,
Vel cyatho, et dicas : « Magno de flumine mallem,
Quam ex hoc fonticulo tantumdem sumere. » Eo fit,
Plenior ut si quos delectat copia justo,

superflue? avec la rive qui cède sous leurs pieds, l'impétueux Aufide les entraîne. Celui qui ne veut puiser que ce qui lui suffit ne boit pas son eau chargée de limon : il ne risque point de périr dans les flots.

J'entends d'ici la plupart des hommes, séduits par une folle avidité : « On n'en a jamais assez, disent-ils, puisque l'on n'est estimé qu'à proportion de son avoir. » Que faire à ces insensés? les abandonner à leur triste sort, puisqu'il leur plaît d'être malheureux. Cela me remet en mémoire cet Athénien avare et riche, qui bravait ainsi les railleries du public : « Le public me siffle, et moi je m'applaudis, lorsque, rentré chez moi, je contemple mes écus entassés en mon coffre-fort. » Tantale, au milieu d'un fleuve, a soif et poursuit une eau qui fuit de ses lèvres. Tu ris! change le nom : cette fable est ton histoire. Sur ces sacs à grand'peine amassés, tu t'endors la bouche béante, tu t'imposes la loi de n'y toucher pas plus que s'ils étaient sacrés, de n'en jouir que comme d'une belle peinture. Tu ne connais donc ni la valeur d'un écu, ni l'emploi qu'on en peut faire? On achète du pain, des légumes, une mesure de vin; d'autres choses encore qu'on ne peut, sans qu'elle en souffre, refuser à la nature. Mais quoi! veiller à demi mort de frayeur, jour et nuit redouter les voleurs, le feu, et les esclaves toujours prêts à s'enfuir avec ton trésor! Est-ce donc là ton plaisir? De tels biens, à ce prix, je fais vœu d'être à jamais pauvre.

Mais que la fièvre glace ton corps malade, ou que tout autre

Cum ripa simul avulsos ferat Aufidus acer.
At qui tantuli eget, quantum est opus, is neque limo
Turbatam haurit aquam, neque vitam amittit in undis.
At bona pars hominum decepta cupidine falso,
« Nil satis est, inquit, quia tanti, quantum habeas, sis. »
Quid facias illi? jubeas miserum esse libenter,
Quatenus id facit : ut quidam memoratur Athenis
Sordidus ac dives, populi contemnere voces
Sic solitus : « Populus me sibilat; at mihi plaudo
Ipse domi, simul ac nummos contemplor in arca. »
Tantalus a labris sitiens fugientia captat
Flumina.... Quid rides? mutato nomine, de te
Fabula narratur. Congestis undique saccis
Indormis inhians, et tanquam parcere sacris
Cogeris, aut pictis tanquam gaudere tabellis.
Nescis, quo valeat nummus? quem præbeat usum?
Panis ematur, olus, vini sextarius : adde
Queis humana sibi doleat natura negatis.
An vigilare metu exanimem, noctesque diesque
Formidare malos fures, incendia, servos,
Ne te compilent fugientes, hoc juvat? horum
Semper ego optarim pauperrimus esse bonorum.
At si condoluit tentatum frigore corpus,

accident te cloue dans ton lit, sans doute tu as quelqu'un pour te veiller, pour préparer les médicaments, pour presser le médecin de te remettre sur pied, de te rendre à tes enfants, et à des parents qui te sont chers?

Non; ni ta femme, ni ton fils ne font des vœux pour ta vie : chacun te hait, voisins, valets, servantes, tous ceux qui te connaissent. Tu t'étonnes, toi qui préfères l'argent à tout, que personne ne te porte une affection que tu ne fais rien pour mériter! Certes, si, sans aucuns frais, tu prétends t'attacher les parents que t'a donnés la nature et conserver des amis, malheureux! tu t'abuses; autant vaudrait, dans le champ de Mars, dresser à la course l'âne soumis au frein.

Cesse enfin d'amasser : devenu plus riche, redoute moins l'indigence, et commence à te reposer de tes peines, puisque tu possèdes ce que tu désirais; ne va pas faire comme un certain Ummidius (son histoire n'est pas longue) si riche qu'il mesurait ses écus au boisseau, si avare qu'il n'était jamais mieux vêtu qu'un esclave. Jusqu'à son dernier jour, mourir de faim fut toute sa crainte. Mais, d'un coup de hache, notre homme fut coupé en deux par une affranchie, plus hardie que les filles de Tyndare.

« Que me conseillez-vous donc? de vivre comme Ménius ou comme Nomentanus? » Tu passes toujours d'un excès à un autre. Quand je te défends d'être avare, je n'entends pas que tu deviennes

Aut alius casus lecto te affixit, habes qui
Assideat, fomenta paret, medicum roget, ut te
Suscitet, ac reddat natis carisque propinquis?
Non uxor salvum te vult, non filius : omnes
Vicini oderunt, noti, pueri atque puellæ.
Miraris, quum tu argento post omnia ponas,
Si nemo præstet, quem non merearis, amorem!
An, si cognatos, nullo natura labore
Quos tibi dat, retinere velis servareque amicos,
Infelix operam perdas, ut si quis asellum
In campo doceat parentem currere frænis.
Denique sit finis quærendi : quumque habeas plus,
Pauperiem metuas minus, et finire laborem
Incipias, parto quod avebas; ne facias quod
Ummidius quidam, non longa est fabula, dives,
Ut metiretur nummos; ita sordidus, ut se
Non unquam servo melius vestiret; ad usque
Supremum tempus, ne se penuria victus
Opprimeret, metuebat. At hunc liberta securi
Divisit medium, fortissima Tyndaridarum.
« Quid mi igitur suades? ut vivam Mænius? aut sic
Ut Nomentanus? » Pergis pugnantia secum
Frontibus adversis componere? Non ego avarum
Quum veto te fieri, vappam jubeo ac nebulonem.

un ivrogne, un débauché. Il est plus d'un degré entre Tanaïs et le beau-père de Visellius. Il est en toutes choses un juste milieu, et des limites tracées, au delà et en deçà desquelles ne peut se trouver la raison.

Je reviens à mon dire : Personne donc qui ne fasse comme l'avare, et ne porte envie au sort qui n'est pas le sien. Quoi! parce que la chèvre du voisin a le pis mieux rempli que la tienne, sécher de jalousie! Ne se comparer jamais à la foule si nombreuse des plus pauvres! travailler à surpasser tantôt l'un, tantôt l'autre; et, malgré tant de peine, trouver toujours sur son chemin un plus riche que soi! Ainsi quand le pied rapide des chevaux entraîne les chars hors de la barrière, chacun pousse ses coursiers sur ceux qui les devancent, et ne s'embarrasse pas de celui qui marche le dernier. Voilà d'où vient que rarement on rencontre un homme qui dise avoir vécu heureux, et qui, satisfait de la carrière qu'il a parcourue, sorte de la vie, ainsi que d'un banquet, convive rassasié.

Mais c'en est assez. Vous me soupçonneriez d'avoir pillé les tablettes du chassieux Crispinus, si j'ajoutais un seul mot.

CH. DU ROZOIR.

II

EN FUYANT UN EXCÈS, L'HOMME VICIEUX TOMBE DANS L'EXCÈS CONTRAIRE.

Les troupes de musiciennes, les charlatans, les mendiants, les

Est inter Tanaim quiddam socerumque Viselli.
Est modus in rebus : sunt certi denique fines,
Quos ultra citraque nequit consistere rectum.
Illuc, unde abii, redeo. Nemon' ut avarus
Se probet, ac potius laudet diversa sequentes?
Quodque aliena capella gerat distentius uber,
Tabescat? neque se majori pauperiorum
Turbæ comparet? hunc atque hunc superare laboret?
Sic festinanti semper locupletior obstat :
Ut, quum carceribus missos rapit ungula currus,
Instat equis auriga suos vincentibus, illum
Præteritum temnens extremos inter euntem.
Inde fit ut raro, qui se vixisse beatum
Dicat, et exacto contentus tempore vitæ
Cedat, uti conviva satur, reperire queamus.
Jam satis est; ne me Crispini scrinia lippi
Compilasse putes, verbum non amplius addam.

II

IMPROBOS, DUM VITIA QUÆDAM FUGIUNT,
IN CONTRARIA INCIDERE.

Ambubaiarum collegia, pharmacopolæ,

comédiennes, les parasites, tous les gens de cette trempe, sont tristes et désolés de la mort du chanteur Tigellius; c'est qu'il était libéral.

Un autre, au contraire, craignant d'être appelé prodigue, refusera de donner à son ami dans le besoin de quoi se dérober au froid et aux tourments de la faim. Si vous demandez à celui-ci pourquoi, dans sa stérile gloutonnerie, il dissipe follement la brillante fortune de son aïeul et de son père, achetant à force d'emprunts des mets de toutes sortes : « Je ne veux point passer pour un avare, pour une âme rétrécie, » vous répondra-t-il. Les uns le louent, les autres le blâment.

Fufidius craint la réputation de débauché, de dissipateur, Fufidius si riche en terres et en argent placé à usure. Il prélève cinq pour cent d'intérêt sur le capital; plus on est près de sa ruine, plus il s'acharne à vous poursuivre; il est toujours en quête des noms de ceux qui ont pris récemment la robe virile, et débutent dans le monde sous la tutelle d'un père rigide.

« Grand Jupiter ! va s'écrier chacun de ceux qui m'entendent : mais il fait une dépense proportionnée à ses bénéfices. » Vous auriez peine à croire combien il est son ennemi; c'est à un tel point que ce père, que la comédie de Térence nous représente si malheureux d'avoir banni son fils, ne se tourmentait pas plus cruellement que lui.

Si maintenant quelqu'un me demande où j'en veux venir, le voici : les sots, en voulant éviter un excès, se précipitent dans

Mendici, mimæ, balatrones; hoc genus omne
Mœstum, ac sollicitum est cantoris morte Tigelli:
Quippe benignus erat. Contra hic, ne prodigus esse
Dicatur, metuens, inopi dare nolit amico,
Frigus quo duramque famem depellere possit.
Hunc si percontaris, avi cur atque parentis
Præclaram ingrata stringat malus ingluvie rem,
Omnia conductis coemens obsonia nummis;
« Sordidus atque animi quod parvi nolit haberi, »
Respondet. Laudatur ab his, culpatur ab illis.
Fufidius vappæ famam timet ac nebulonis,
Dives agris, dives positis in fenore nummis.
Quinas hic capiti mercedes exsecat; atque
Quanto perditior quisque est, tanto acrius urget;
Nomina sectatur, modo sumpta veste virili,
Sub patribus duris, tironum. « Maxime, quis non,
Jupiter, exclamat, simul atque audivit? At in se
Pro quæstu sumptum facit hic. » Vix credere possis
Quam sibi non sit amicus : ita ut pater ille, Terenti
Fabula quem miserum gnato vixisse fugato
Inducit, non se pejus cruciaverit atque hic.
Si quis nunc quærat quo res hæc pertinet? illuc:
Dum vitant stulti vitia, in contraria currunt.

l'excès opposé : Malthinus marche sur sa tunique ; un autre, au contraire, la relève effrontément jusqu'à la ceinture ; Rufillus sent les parfums et Gorgonius le bouc. On ne sait garder une juste mesure. Il est des gens qui ne veulent de femmes que celles qui traînent sur leurs talons une robe bordée de pourpre ; d'autres, au contraire, ne les cherchent qu'au milieu de la saleté des mauvais lieux.

Comme un personnage connu sortait d'un de ces endroits : « Courage, lui dit Caton dans sa sagesse exquise, c'est là, jeunes gens, c'est là qu'il faut descendre, lorsque la luxure vient irriter vos sens, plutôt que de porter le désordre dans les ménages. »

Me préservent les dieux d'un pareil éloge, dit Cupiennus, amateur déclaré des beautés patriciennes.

Mais, ô vous qui ne souhaitez que des échecs aux adultères, il est bon de vous apprendre quels accidents les menacent de toutes parts, de quelle multiplicité de peines sont empoisonnées leurs jouissances, et combien souvent, pour un peu de plaisir, ils tombent dans d'affreux dangers. L'un a dû se jeter du haut en bas de la maison, l'autre a expiré sous le fouet ; celui-ci, dans sa fuite, est tombé au milieu d'une bande de voleurs ; celui-là, pour racheter sa vie, a donné sa bourse ; un autre a été livré à la brutalité des valets ; et n'est-il pas arrivé à un autre encore que le fer a coupé court à ses ardeurs amoureuses ? Tout le monde d'applaudir, sauf pourtant Galba.

>   Malthinus tunicis demissis ambulat ; est qui
>   Inguen ad obscenum subductis usque facetus :
>   Pastillos Rufillus olet, Gorgonius hircum :
>   Nil medium est. Sunt qui nolint tetigisse, nisi illas,
>   Quarum subsuta talos tegat instita veste ;
>   Contra, alius nullam, nisi olente in fornice stantem.
>   Quidam notus homo, quum exiret fornice : « Macte
>   Virtute esto, inquit sententia dia Catonis :
>   Nam simul ac venas inflavit tetra libido,
>   Huc juvenes æquum est descendere ; non alienas
>   Permolere uxores. » Nolim laudarier, inquit,
>   Sic me, mirator cunni Cupiennius albi.
>   Audire est operæ pretium, procedere recte
>   Qui mœchis non vultis, ut omni parte laborent ;
>   Utque illis multo corrupta dolore voluptas,
>   Atque hæc rara cadat dura inter sæpe pericla.
>   Hic se præcipitem tecto dedit : ille flagellis
>   Ad mortem cæsus ; fugiens hic decidit acrem
>   Prædonum in turbam ; dedit hic pro corpore nummos ;
>   Hunc perminxerunt calones ; quin etiam illud
>   Accidit, ut cuidam testes caudamque salacem
>   Demeteret ferrum. Jure omnes : Galba negabat.

Mais combien plus de sûreté offrent les intrigues dans la seconde classe! je veux dire avec les affranchies. Salluste, vis-à-vis de ces femmes, n'est pas moins fou que les adultères. Sans doute s'il voulait régler ses affections et ses libéralités sur sa fortune, sur la raison et sur les convenances, il ne donnerait que ce qu'il faut, et ne compromettrait ni son avoir, ni son honneur. Mais c'est la seule chose qui le charme, la seule qu'il aime, la seule qu'il prône. « Jamais, dit-il, je ne touche une femme honnête (ainsi parlait jadis Marséus, l'amant d'Origo, qui mange ses terres et sa maison avec une comédienne), jamais on ne me verra avoir de commerce avec les femmes des autres. » Mais il vit avec les comédiennes et les prostituées; ce qui nuit à sa réputation plus encore qu'à sa fortune. Qu'est-ce que d'éviter les personnes, si vous n'évitez aussi tout ce qui peut vous faire tort? Perdre sa réputation, dissiper son patrimoine est toujours un mal; qu'importe que ce soit avec une matrone, une affranchie ou une courtisane?

Villius, que séduisit la seule gloriole de devenir le gendre de Sylla par Fausta, en fut puni autant et plus qu'il ne méritait : le poing ni le fer ne l'épargnèrent; et il se vit jeté à la porte, tandis que Longarenus était maître au logis. Or, si l'esprit, chez lui, devenant l'interprète du Phallus, témoin de tant de calamités, venait à lui tenir ce langage : « Que prétends-tu? est-ce que je te demande des appas issus du sang illustre d'un consul et enveloppés

Tutior at quanto merx est in classe secunda,
Libertinarum dico! Sallustius in quas
Non minus insanit, quam qui mœchatur. At hic, si
Qua res, qua ratio suaderet, quaque modeste
Munifico esse licet, vellet bonus atque benignus
Esse, daret quantum satis esset, nec sibi damno,
Dedecorique foret : verum hoc se amplectitur uno;
Hoc amat, hoc laudat : « Matronam nullam ego tango, »
Ut quondam Marsæus, amator Originis, ille
Qui patrium mimæ donat fundumque laremque;
« Nil fuerit mi, inquit, cum uxoribus unquam alienis.
Verum est cum mimis, est cum meretricibus : unde
Fama malum gravius, quam res, trahit. An tibi abunde
Personam satis est, non illud, quidquid ubique
Officit, evitare? Bonam deperdere famam,
Rem patris oblimare, malum est ubicunque. Quid interEst in matrona, ancilla, peccesve togata?
Villius in Fausta, Sullæ gener, hoc miser uno
Nomine deceptus, pœnas dedit usque superque
Quam satis est, pugnis cæsus, ferroque petitus;
Exclusus fore, quum Longarenus foret intus.
Huic si, mutonis verbis, mala tanta videntis
Diceret hæc animus : « Quid vis tibi? numquid ego a te
Magno prognatum deposco consule cunnum,

de la longue robe, lorsqu'il arrive que soudain ma furie s'allume? » que répondrait-il? « Mais, c'est la fille d'un illustre personnage. » Ah! combien plus sensés et combien autres sont les avis de la nature, toujours riche de son propre fonds, si tu veux seulement vivre d'une manière raisonnable et ne pas confondre ce qu'il faut fuir et rechercher! Crois-tu qu'il soit indifférent que le mal provienne de ta faute ou de celle des choses? Cesse donc, de peur du repentir, de courir après ces grandes dames, dont le commerce doit produire plus de peine que de jouissance réelle. Pour être chargée de perles et d'émeraudes, quoique ce soit le fait de Cérinthus, la grande dame n'a ni la cuisse plus moelleuse, ni la jambe mieux tournée. Que dis-je? fort souvent on trouve mieux chez les courtisanes. Ajoutons que la marchandise de celles-ci n'est point fardée : elles montrent au grand jour ce qu'elles veulent vendre; et s'il est en elles quelque chose de remarquable, elles n'en font point parade, comme aussi elles ne cherchent point à cacher ce qu'elles ont de défectueux.

C'est une coutume des grands : lorsqu'ils achètent des chevaux, ils veulent les voir à découvert; craignant que si, comme il arrive souvent, leurs formes gracieuses sont assises sur de faibles jambes, l'acquéreur ébahi ne se laisse séduire par la beauté de leur croupe, la petitesse de leur tête et la hardiesse de leur encolure. Cette manière est fort sage : n'ayez pas des yeux de lynx pour voir les qualités d'une femme, et ne soyez pas sur ses défauts plus aveugle qu'Hypsée même. O les belles jambes! ô les beaux

Velatumque stola, mea quum conferbuit ira? »
Quid responderet? « Magno patre nata puella est. »
At quanto meliora monet, pugnantiaque istis,
Dives opis natura suæ, si tu modo recte
Dispensare velis, ac non fugienda petendis
Immiscere! Tuo vitio, rerumne labores,
Nil referre putas? quare, ne pœniteat te,
Desine matronas sectarier, unde laboris,
Plus haurire mali est, quam ex re decerpere fructus.
Nec magis huic niveos inter viridesque lapillos,
Sit licet hoc, Cerinthe, tuum, tenerum est femur, aut crus
Rectius, atque etiam melius persæpe togatæ est
Adde huc, quod mercem sine fucis gestat; aperte,
Quod venale habet, ostendit; neque, si quid honesti est,
Jactat habetque palam, quærit quo turpia celet.
Regibus hic mos est: ubi equos mercantur, apertos
Inspiciunt; ne, si facies, ut sæpe, decora
Molli fulta pede est, emptorem inducat hiantem;
Quod pulchræ clunes, breve quod caput, ardua cervix.
Hoc illi recte: ne corporis optima lyncei
Contemplere oculis, Hypsæa cæcior, illa
Quæ mala sunt, spectes, « O crus! o brachia! » verum

bras! Mais elle n'a point de hanches; elle a un gros nez, la taille courte et le pied long. Tout ce qu'on peut voir d'une matrone, c'est sa figure; le reste, à moins que ce ne soit Catia, la longueur de son vêtement vous le dérobe. Que si tu viens à désirer ce qui est défendu et comme entouré d'un retranchement, car c'est là ce qui te fait perdre la tête, une multitude d'obstacles soudain t'arrêteront : des gardes, une litière, des coiffeurs, des parasites, une robe traînante et un long manteau : mille choses t'empêcheront de voir au naturel l'objet de tes désirs. Avec la courtisane, point de ces embarras : à travers la gaze qui l'habille, on la voit comme si elle était nue ; on distingue si elle a la jambe mal faite ou le pied mal tourné; on mesure sa taille des yeux. Aimes-tu donc mieux être dupé, ou, en un mot, payer avant d'avoir vu la marchandise? « Le chasseur qui poursuit le lièvre jusqu'au sein de la neige, répond-il, refusera de toucher à celui qu'on lui servira tout cuit. » Puis, à cette citation, il ajoute : « Mon amour est tout à fait de même : il dédaigne ce qui est à tout le monde et court après ce qui le fuit. » Penses-tu donc, au moyen de ces méchants vers, pouvoir bannir de ton sein les souffrances, les agitations et le poids des soucis? La nature n'a-t-elle pas mis des bornes à nos désirs? et ces bornes, n'est-il pas plus essentiel de chercher à les connaître, afin de savoir ce qu'elle peut ou ne peut pas souffrir qu'on lui refuse, pour faire ensuite la part du superflu et du nécessaire? Lorsque tu éprouves les ardeurs de la soif, ne sais-tu te passer d'une coupe d'or? Quand la faim te presse, n'as-

    Depygis, nasuta, brevi latere ac pede longo est.
    Matronæ, præter faciem, nil cernere possis,
    Cetera, ni Catia est, demissa veste tegentis.
    Si interdicta petes, vallo circumdata, nam te
    Hoc facit insanum, multæ tibi tum officient res :
    Custodes, lectica, ciniflones, parasitæ,
    Ad talos stola demissa, et circumdata palla,
    Plurima, quæ invideant pure apparere tibi rem.
    Altera, nil obstat : Cois tibi pæne videre est
    Ut nudam : ne crure malo, ne sit pede turpi :
    Metiri possis oculo latus. An tibi mavis
    Insidias fieri, pretiumque avellier, ante
    Quam mercem ostendi? « Leporem venator ut alta
    In nive sectatur, positum sic tangere nolit, »
    Cantat, et apponit: « Meus est amor huic similis : nam
    Transvolat in medio posita, et fugientia captat. »
    Hiscine versiculis speras tibi posse dolores,
    Atque æstus, curasque graves e pectore pelli?
    Nonne cupidinibus statuit Natura modum? quem,
    Quid latura sibi, quid sit dolitura negatum,
    Quærere plus prodest, et inane abscindere soldo?
    Num, tibi quum fauces urit sitis, aurea quæris
    Pocula? num esuriens fastidis omnia, præter

tu de goût que pour le paon et le turbot? Lorsque tu sens les aiguillons de l'amour, et que sous ta main se trouve une servante ou un jeune esclave prêts à soutenir le choc, aimes-tu donc mieux souffrir que d'y toucher? Quant à moi, je ne suis pas de cette humeur : j'aime des amours faciles et commodes. Ces femmes qui vous disent : « Je serai à vous tout à l'heure, mais vous paierez davantage; attendez seulement que mon mari soit sorti, » laissons-les aux prêtres de Cybèle, dit Philodemus; pour lui, il en veut une qui ne coûte pas cher, qui ne se fasse pas prier quand on l'appelle. Qu'elle soit fraîche et bien faite; qu'elle soit élégante, mais non au point de vouloir paraître plus grande ni plus blanche qu'elle ne l'est naturellement, voilà ce qu'il me faut. Lorsque je me suis étendu sur elle, c'est pour moi une Ilie, une Égérie : je lui donne le nom qui me plaît. Je ne crains pas alors qu'au moment où je suis à l'œuvre, le mari accoure de la campagne, la porte soit enfoncée, le chien aboie, la maison ébranlée retentisse partout d'un fracas épouvantable; que la femme, pâle d'effroi, se jette en bas du lit, et que la servante complice crie qu'elle est perdue. Or, tandis que celle-ci tremble pour ses jambes, et l'épouse coupable pour sa dot, ce que j'ai de mieux à faire est de songer à moi. Il faut que je m'enfuie, la tunique lâche et les pieds nus, de peur que ma bourse, mon derrière, ou ma réputation enfin n'en pâtissent. Être surpris est chose déplorable; je n'en veux d'autre juge que Fabius lui-même.

ALPH. TROGNON.

Pavonem rhombumque? tument tibi quum inguina, num, si
Ancilla aut verna est præsto puer, impetus in quem
Continuo fiat, malis tentigine rumpi?
Non ego; namque parabilem amo Venerem, facilemque.
Illam, « Post paulo : sed pluris; si exierit vir, »
Gallis hanc, Philodemus ait; sibi, quæ neque magno
Stet pretio, neque cunctetur, quum est jussa venire.
Candida rectaque sit; munda hactenus, ut neque longa,
Nec magis alba velit, quam det natura, videri.
Hæc, ubi supposuit dextrum corpus mihi lævo,
Ilia et Egeria est : do nomen quodlibet illi.
Nec vereor, ne, dum futuo, vir rure recurrat,
Janua frangatur, latret canis, undique magno
Pulsa domus strepitu resonet; vel pallida lecto
Desiliat mulier, miseram se conscia clamet;
Cruribus hæc metuat, doti deprensa; egomet mi.
Discincta tunica fugiendum est, ac pede nudo :
Ne nummi pereant, aut pyga, aut denique fama.
Deprendi miserum est : Fabio vel judice vincam.

III

LYNX ENVERS NOS PAREILS, ET TAUPES ENVERS NOUS,
NOUS NOUS PARDONNONS TOUT, ET RIEN AUX AUTRES HOMMES.

Un défaut commun à tous les chanteurs, c'est qu'entre amis ils ne peuvent se résoudre à chanter, quand on les prie, et ne savent plus se taire, quand on ne les prie pas. C'était bien celui du sarde Tigellius. César, qui pouvait parler en maître, l'aurait prié par l'amitié de son père et par la sienne, qu'il n'eût rien obtenu ; et notre homme, quand c'était son caprice, faisant tantôt le dessus, tantôt la basse, qu'accompagne le tétracorde, chantait Io Bacchus, depuis les œufs jusqu'aux fruits. Jamais mortel ne fut plus inégal. Quelquefois il courait comme un fuyard devant l'ennemi. Souvent il marchait comme s'il eût porté les vases sacrés de Junon. Il avait aujourd'hui deux cents esclaves, et demain dix. Tantôt il n'avait dans la bouche que rois, que tétrarques, que grands de la terre ; tantôt : « Il ne me faut, disait-il, qu'une table à trois pieds, une coquille de sel blanc, et une toge dont l'étoffe, quoique grossière, puisse me défendre du froid. » Mais eussiez-vous donné à ce philosophe, content de si peu, un million de sesterces, trois jours après sa bourse était à sec. La nuit, il veillait jusqu'à l'aurore, et ronflait tout le jour. Jamais on ne vit semblables disparates. « Mais toi, me dira-t-on, n'as-tu donc aucuns défauts ? » J'en ai d'autres, sans doute, et non moins graves peut-être. Ménius

III

ALIENA VITIA HOMINES PERVIDERE ; CÆCUTIRE VERO PROPRIIS

Omnibus hoc vitium est cantoribus, inter amicos
Ut nunquam inducant animum cantare rogati ;
Injussi nunquam desistant. Sardus habebat
Ille Tigellius hoc. Cæsar, qui cogere posset,
Si peteret per amicitiam patris atque suam, non
Quidquam proficeret : si collibuisset, ab ovo
Usque ad mala citaret, Io Bacche ! modo summa
Voce, modo hac, resonat quæ chordis quatuor ima.
Nil æquale homini fuit illi : sæpe velut qui
Currebat fugiens hostem, persæpe velut qui
Junonis sacra ferret ; habebat sæpe ducentos,
Sæpe decem servos : modo reges atque tetrarchas,
Omnia magna, loquens : modo, « Sit mihi mensa tripes, et
Concha salis puri, et toga, quæ defendere frigus,
Quamvis crassa, queat. » Decies centena dedisses
Huic parco, paucis contento : quinque diebus
Nil erat in loculis. Noctes vigilabat ad ipsum
Mane ; diem totum stertebat. Nil fuit unquam
Sic impar sibi. Nunc aliquis dicat mihi : « Quid tu ?
Nullane habes vitia ? » Imo alia, haud fortasse minora.

déchirait Novius absent. « Eh quoi! lui dit-on, ne te connais-tu pas toi-même? ou penses-tu nous en donner à garder comme si nous ne te connaissions pas?— Mais moi je me pardonne, » reprit Ménius. Quelle sotte et coupable indulgence! combien elle mérite de blâme! Puisqu'un bandeau couvre tes yeux malades quand tu regardes tes défauts, pourquoi ta vue, pour découvrir ceux de tes amis, est-elle plus perçante que celle de l'aigle, ou du dragon d'Épidaure? Mais aussi il arrive qu'à leur tour ils épluchent les tiens.

Il est trop susceptible, il ne sait pas se prêter au persiflage de nos railleurs; ses cheveux rustiquement taillés, sa robe traînante, et cette large chaussure que son pied retient à peine, prêtent à rire... Mais il est bon, c'est le meilleur des hommes, c'est ton ami; mais un vaste génie est caché sous cette écorce grossière. D'ailleurs, descends en toi-même, et vois si la nature, si l'habitude n'a pas dès longtemps introduit quelques vices dans ton cœur : car la fougère, destinée au feu, naît d'elle-même dans les champs négligés. Préférons l'exemple des amants qui s'aveuglent sur les défauts les plus choquants de leurs maitresses, ou même en font des agréments, comme Balbinus du polype d'Hagna. Je voudrais voir les amis se tromper de même, et la vertu donner à cette erreur un nom honnête. Mais du moins, comme un père que ne rebutent point les imperfections de ses enfants, ne dédaignons point un ami, s'il a quelque défaut. Un père trouve que son

  Mænius absentem Novium quum carperet : « Heus tu,
Quidam ait, ignoras te? an ut ignotum dare nobis
Verba putas?— Egomet mi ignosco, » Mænius inquit.
Stultus et improbus hic amor est, dignusque notari :
Quum tua pervideas oculis mala lippus inunctis,
Cur in amicorum vitiis tam cernis acutum,
Quam aut aquila, aut serpens Epidaurius? At tibi contra
Evenit, inquirant vitia ut tua rursus et illi.
Iracundior est paulo? minus aptus acutis
Naribus horum hominum? rideri possit, eo quod
Rusticius tonso toga defluit, et male laxus
In pede calceus hæret? At est bonus, ut melior vir
Non alius quisquam; at tibi amicus; at ingenium ingens
Inculto latet hoc sub corpore. Denique te ipsum
Concute, num qua tibi vitiorum inseverit olim
Natura, aut etiam consuetudo mala. Namque
Neglectis urenda filix innascitur agris.
Illuc prævertamur; amatorem quod amicæ
Turpia decipiunt cæcum vitia, aut etiam ipsa hæc
Delectant, veluti Balbinum polypus Hagnæ.
Vellem in amicitia sic erraremus, et isti
Errori nomen virtus posuisset honestum.
At, pater ut gnati, sic nos debemus, amici
Si quod sit vitium, non fastidire. Strabonem

fils louche a quelque chose dans le regard; un nain ridicule, comme cet avorton de Sisyphe, est un enfant mignon; ce bancal n'est pas très-droit; et le boiteux, on murmure que sa démarche n'est pas assurée.

Votre ami vit-il chichement, dites qu'il est économe; est-ce un mauvais plaisant, un peu hâbleur, c'est qu'il cherche à se rendre aimable. Sa rudesse, sa brusquerie, c'est simplicité, c'est franchise; ses emportements ne sont que des vivacités. Cette indulgence me semble la base et le lien de l'amitié. Mais, loin de là, nous changeons les vertus mêmes en vices : nous nous plaisons à couvrir d'un méchant vernis un vase sans défaut. Trouvons-nous dans notre société un honnête homme, il manque d'énergie; un esprit lent, nous le traitons de lourd. Un autre, dans ce séjour où l'envie, toujours active, sème partout la calomnie, évite tous les piéges et ne donne jamais prise à la malignité; sa prudence, sa prévoyance, ne sont que ruse et astuce.

Un maladroit tel que je me suis souvent montré à toi, Mécène, vient-il se jeter à travers nos lectures ou nos méditations : « L'importun, disons-nous, quel être stupide ! » Hélas ! avec quelle légèreté nous portons contre nous-mêmes un arrêt rigoureux ! Personne ne naît sans défaut : le plus sage est celui qui en a le moins. Un indulgent ami, comme il faut l'être, lorsqu'il pèse mes

```
Appellat pætum pater; et pullum, male parvus
Si cui filius est, ut abortivus fuit olim
Sisyphus : hunc varum, distortis cruribus, illum
Balbutit scaurum, pravis fultum male talis.
Parcius hic vivit? frugi dicatur. Ineptus
Et jactantior hic paulo est? concinnus amicis
Postulat ut videatur. At est truculentior, atque
Plus æquo liber? simplex fortisque habeatur.
Caldior est? acres inter numeretur. Opinor,
Hæc res et jungit, junctos et servat amicos.
At nos virtutes ipsas invertimus, atque
Sincerum cupimus vas incrustare. Probus quis
Nobiscum vivit? multum demissus homo : illi
Tardo, cognomen pingui damus. Hic fugit omnes
Insidias, nullique malo latus obdit apertum :
Quum genus hoc inter vitæ versetur, ubi acris
Invidia, atque vigent ubi crimina : pro bene sano,
Ac non incauto, fictum astutumque vocamus.
Simplicior si quis, qualem me sæpe libenter
Obtulerim tibi, Mæcenas, ut forte legentem
Aut tacitum impellat quovis sermone : « Molestus !
Communi sensu plane caret, » inquimus. Eheu!
Quam temere in nosmet legem sancimus iniquam!
Nam vitiis nemo sine nascitur : optimus ille est,
Qui minimis urgetur. Amicus dulcis, ut æquum est,
Quum mea compenset vitiis bona, pluribus hisce
```

vices avec mes qualités, penche du côté du bien, pour peu que le bien l'emporte, s'il veut être aimé; à cette condition, je le mettrai dans la même balance. Vous prétendez que votre ami ne voit pas la poutre qui est dans votre œil : ne voyez point la paille qui est dans le sien. La justice exige qu'on ait pour les autres l'indulgence qu'on réclame pour soi-même.

Mais puisqu'enfin la colère ne peut pas, plus que les autres vices, être extirpée du cœur de notre sotte engeance, pourquoi la raison ne se sert-elle point de son poids et de sa mesure pour proportionner le châtiment à la faute ? Le maître qui ferait mettre en croix un esclave pour avoir, en desservant, tâté d'un reste de poisson ou trempé son doigt dans la sauce encore tiède, serait regardé par les gens sensés comme plus extravagant que Labéon. Notre conduite n'est-elle pas plus folle encore et plus coupable ? Ton ami a-t-il eu un léger tort, tu ne peux lui en faire un crime sans passer pour un homme dur, inflexible; et tu le hais, tu le fuis, comme le débiteur fuit Ruson, quand le malheur veut qu'au fâcheux retour des calendes, il n'ait pu faire argent de rien, et qu'il se voit obligé d'écouter, le cou tendu comme un captif, les amères complaintes de son créancier.

Un ami, après avoir bu son soûl, a taché le lit du festin, renversé de dessus la table un vase usé par la main d'Évandre, ou, dans un accès d'appétit, happé un poulet placé de mon côté du plat : et pour cela il me deviendrait moins cher ! Que ferai-je donc

Si modo plura mihi bona sunt, inclinet. Amari
Si volet, hac lege in trutina ponetur eadem.
Qui, ne tuberibus propriis offendat amicum,
Postulat, ignoscet verrucis illius. Æquum est
Peccatis veniam poscentem reddere rursus.
Denique, quatenus excidi penitus vitium iræ,
Cetera item nequeunt stultis hærentia; cur non
Ponderibus modulisque suis ratio utitur ? ac res
Ut quæque est, ita suppliciis delicta coercet ?
Si quis eum servum, patinam qui tollere jussus,
Semesos pisces tepidumque ligurierit jus,
In cruce suffigat, Labeone insanior inter
Sanos dicatur. Quanto hoc furiosius atque
Majus peccatum est ! Paulum deliquit amicus;
Quod nisi concedas, habeare insuavis, acerbus,
Odisti et fugis, ut Rusonem debitor æris,
Qui, nisi, quum tristes misero venere calendæ,
Mercedem aut nummos unde unde extricat, amaras
Porrecto jugulo historias, captivus ut, audit.
Comminxit lectum potus, mensave catillum
Evandri manibus tritum dejecit; ob hanc rem,
Aut positum ante mea quia pullum in parte catini
Sustulit esuriens, minus hoc jucundus amicus
Sit mihi ? Quid faciam, si furtum fecerit ? aut si

s'il a commis un vol, trahi mon secret, ou manqué à sa parole?

Ces philosophes, qui ont décidé que toutes les fautes étaient à peu près égales, sont fort en peine quand on remonte à la vérité : ils se trouvent en opposition avec le bon sens, avec la morale, même avec l'intérêt, base presque partout de la justice et de l'équité.

Quand les hommes, troupeau muet encore et hideux, sortirent de la terre naissante pour ramper à sa surface, ils se servirent de leurs ongles et de leurs poings, puis de bâtons, et enfin des armes qu'avait fabriquées leur expérience, pour se disputer du gland et des tanières ; enfin leur voix trouva des sons et des mots pour rendre leurs pensées. Alors cessa la guerre, alors s'élevèrent des remparts, et les lois vinrent punir le vol, le brigandage et l'adultère ; car, avant Hélène, la possession d'une femelle avait excité déjà de sanglants combats : mais ils périrent d'une mort obscure, ces ravisseurs d'une proie disputée, qu'immolait un plus robuste adversaire, comme le taureau terrasse son rival au milieu du troupeau. La crainte de l'injustice a fait les lois ; tu seras contraint de l'avouer, si tu veux remonter jusqu'à l'origine des choses et dérouler les annales du monde.

Non, la nature ne peut séparer le juste de l'injuste, comme elle distingue le plaisir de la douleur, ce que nous devons désirer de ce qu'il nous faut fuir. Non, jamais la raison ne persuadera que le crime soit égal de briser sur leur tige les choux naissants d'un voisin, ou de porter la nuit, sur les statues des dieux, une main

    Prodiderit commissa fide, sponsumve negarit?
      Queis paria esse fere placuit peccata, laborant,
    Quum ventum ad verum est : sensus moresque repugnant,
      Atque ipsa utilitas, justi prope mater et æqui.
    Quum prorepserunt primis animalia terris,
      Mutum et turpe pecus, glandem atque cubilia propter,
    Unguibus et pugnis, dein fustibus, atque ita porro
      Pugnabant armis, quæ post fabricaverat usus;
    Donec verba, quibus voces sensusque notarent,
      Nominaque invenere : dehinc absistere bello,
    Oppida cœperunt munire, et ponere leges,
      Ne quis fur esset, neu latro, neu quis adulter.
    Nam fuit ante Helenam cunnus teterrima belli
      Causa ; sed ignotis perierunt mortibus illi,
    Quos Venerem incertam rapientes, more ferarum,
      Viribus editior cædebat, ut in grege taurus.
    Jura inventa metu injusti, fateare necesse est,
      Tempora si fastosque velis evolvere mundi.
    Nec natura potest justo secernere iniquum,
      Dividit ut bona diversis, fugienda petendis.
    Non vincet ratio hoc, tantumdem ut peccet idemque,
      Qui teneros caules alieni fregerit horti,
    Et qui nocturnus sacra Divum legerit. Adsit

sacrilége. Il faut une règle pour égaler le châtiment au crime, et ne pas déchirer sous le fouet celui qui ne mérite qu'un coup de lanière. Car je ne crains pas que la férule remplace une punition plus sévère, puisque tu mets sur la même ligne le larcin et le brigandage, puisque tu annonces que vices et défauts tomberaient indifféremment sous la serpe, si jamais les mortels te confiaient le souverain pouvoir. Mais si le sage est riche, s'il est cordonnier habile, si seul il est beau, s'il est roi, pourquoi demander ce que tu possèdes? « Quoi! ne connaissez-vous pas, dis-tu, l'opinion de Chrysippe, du maître : le sage n'a jamais fait ni brodequins ni sandales, et pourtant le sage est cordonnier. » Comment? Comme Hermogène, qui, quand même il se tait, n'en est pas moins un chanteur excellent; comme le subtil Alfenus, qui, après avoir abandonné ses outils et fermé sa boutique, était toujours barbier : ainsi le sage seul excelle dans tous les arts, le sage est roi. Mais, roi des rois, les enfants vous tirent la barbe; et, si votre bâton n'écarte ces espiègles, leur foule vous étouffe, malgré les cris qui fatiguent votre poitrine. Pour abréger, tandis que votre majesté, sans autre cortége que l'insipide Crispinus, va se baigner pour un quart d'as, des amis indulgents me pardonneront les fautes échappées à ma faiblesse; je supporterai à mon tour leurs défauts; et, dans mon obscurité, je vivrai plus heureux que toi sur ton trône.

J. LIEZ.

Regula, peccatis quæ pœnas irroget æquas;
Ne scutica dignum horribili sectere flagello.
Nam ut ferula cædas meritum majora subire
Verbera, non vereor, quum dicas esse pares res
Furta latrociniis, et magnis parva mineris
Falce recisurum simili te, si tibi regnum
Permittant homines. Si dives, qui sapiens est,
Et sutor bonus, et solus formosus, et est rex :
Cùr optas quod habes? « Non nosti, quid pater, inquit,
Chrysippus dicat : Sapiens crepidas sibi nunquam,
Nec soleas fecit : sutor tamen est sapiens. » Quo?
Ut, quamvis tacet Hermogenes, cantor tamen atque
Optimus est modulator : ut Alfenus vafer, omni
Abjecto instrumento artis, clausaque taberna,
Tonsor erat : sapiens operis sic optimus omnis
Est opifex solus; sic rex. Vellunt tibi barbam
Lascivi pueri, quos tu nisi fuste coerces,
Urgeris turba circum te stante, miserque
Rumperis, et latras, magnorum maxime regum.
Ne longum faciam, dum tu quadrante lavatum
Rex ibis, neque te quisquam stipator, ineptum
Præter Crispinum, sectabitur; et mihi dulces
Ignoscent, si quid peccavero stultus, amici;
Inque vicem illorum patiar delicta libenter,
Privatusque magis vivam te rege beatus.

IV

JUSTIFICATION D'HORACE EN PARTICULIER, ET EN GÉNÉRAL DES AUTEURS SATIRIQUES.

Eupolis, Cratinus, Aristophane, et tous ces grands auteurs de l'ancienne comédie, trouvaient-ils un original digne de leurs pinceaux satiriques, un méchant, un voleur, un libertin, un coupe-jarret ou quelque autre vaurien fameux, ils le signalaient sans ménagement. Lucile est tout à fait leur disciple, leur imitateur. C'est la même gaieté, la même finesse; il diffère seulement par l'espèce et la mesure des vers, et par leur forme rocailleuse : c'était là son défaut. Il lui arriva souvent, en moins d'une heure, debout sur un pied, de dicter deux cents vers. Belle chose, selon lui! Toutefois, dans le limon du torrent roulaient aussi des grains d'or. Que ne fut-il plus sobre de paroles et moins avare de sa peine pour écrire! pour écrire bien, s'entend; car d'écrire beaucoup, je n'en tiens nul compte. Ne voilà-t-il pas Crispinus qui du petit doigt me provoque? « Prenons, si tu veux, des tablettes; qu'on nous donne un jour, un lieu, des surveillants, et voyons qui saura en écrire davantage. » Moi, je rends grâce aux dieux de m'avoir fait un esprit stérile et terre à terre, peu communicatif, encore moins babillard. A toi donc de rivaliser avec le soufflet laborieux d'où le vent s'échappe incessamment, jusqu'à ce que la flamme ait

IV.

SE PRIMUM, DEINDE SATIRICOS SCRIPTORES EXCUSAT.

Eupolis, atque Cratinus, Aristophanesque poetæ,
Atque alii, quorum comœdia prisca virorum est,
Si quis erat dignus describi, quod malus aut fur,
Quod mœchus foret, aut sicarius, aut alioqui
Famosus, multa cum libertate notabant.
Hinc omnis pendet Lucilius, hosce secutus,
Mutatis tantum pedibus numerisque; facetus,
Emunctæ naris, durus componere versus.
Nam fuit hoc vitiosus; in hora sæpe ducentos,
Ut magnum, versus dictabat, stans pede in uno.
Quum flueret lutulentus, erat quod tollere velles :
Garrulus, atque piger scribendi ferre laborem,
Scribendi recte; nam, ut multum, nil moror. Ecce
Crispinus minimo me provocat : « Accipe, si vis,
Accipiam tabulas. Detur nobis locus, hora,
Custodes : videamus, uter plus scribere possit. »
Di bene fecerunt, inopis me quoque pusilli
Finxerunt animi, raro et perpauca loquentis.
At tu conclusas hircinis follibus auras,
Usque laborantes, dum ferrum molliat ignis,

amolli le fer; c'est ton goût. Que Fannius est content! les honneurs de la bibliothèque et du portrait viennent le chercher. Mais moi, personne ne connaît mes écrits, dont je n'ose pas faire de lecture; en effet, ce genre d'ouvrages est peu goûté; il y a trop de gens dignes de blâme. Prenez au hasard dans la foule, vous trouvez un malade d'avarice ou d'ambition dévorante. Celui-ci raffole des belles mariées, celui-là des imberbes. Une ciselure d'argent ravit quelques-uns; Albius s'extasie devant un ouvrage d'airain. Cet autre court échanger des marchandises depuis les plages orientales jusqu'aux contrées que le soleil échauffe à son déclin; il se précipite à travers mille maux, comme la poussière qui roule en tourbillon. Pourquoi? de peur de perdre un denier, et pour grossir son avoir. Tous ces gens-là redoutent la poésie et détestent les poëtes. « Fuyez-le, fuyez; il a du foin aux cornes. Pour rire aux dépens d'autrui, il n'y a pas d'ami qu'il ne sacrifie, et toutes les sottises dont il aura barbouillé son papier, il n'aura pas de cesse que, jusqu'aux vieilles et aux petits garçons qui reviennent du four et de la fontaine, tous ne les entendent. » A mon tour, quelques mots de justification. D'abord, je ne veux pas qu'on me range au nombre de ceux que je reconnais poëtes. Pour l'être, il ne suffit pas de tourner un vers et d'écrire, ainsi que moi, quelques phrases rampantes comme la prose. Mais quiconque a reçu du ciel un génie inspiré, une bouche capable de proférer des accents sublimes, à lui appartient ce titre glorieux.

Ut mavis, imitare. Beatus Fannius, ultro
Delatis capsis et imagine! Quum mea nemo
Scripta legat, vulgo recitare timentis, ob hanc rem.
Quod sunt quos genus hoc minime juvat, utpote plures
Culpari dignos. Quemvis media elige turba :
Aut ob avaritiam, aut misera ambitione laborat.
Hic nuptarum insanit amoribus, hic puerorum :
Hunc capit argenti splendor; stupet Albius ære :
Hic mutat merces surgente a sole ad eum, quo
Vespertina tepet regio; quin per mala præceps
Fertur, uti pulvis collectus turbine, ne quid
Summa deperdat metuens, aut ampliet ut rem :
Omnes hi metuunt versus, odere poetas.
« Fœnum habet in cornu; longe fuge : dummodo risum
Excutiat sibi, non hic cuiquam parcet amico;
Et, quodcunque semel chartis illeverit, omnes
Gestiet a furno redeuntes scire lacuque,
Et pueros et anus. » Agedum, pauca accipe contra :
Primum ego me illorum, dederim quibus esse poetas,
Excerpam numero; neque enim concludere versum
Dixeris esse satis : neque, si quis scribat, uti nos,
Sermoni propiora, putes hunc esse poetam.
Ingenium cui sit, cui mens divinior, atque os
Magna sonaturum, des nominis hujus honorem.

Aussi a-t-on mis quelquefois en question si la comédie était vraiment un poëme, parce qu'en elle la force et la grandeur de l'enthousiasme n'animent ni le langage ni les idées. Si elle ne différait de la prose par la mesure du vers, ce serait de la prose toute pure. « Voyez ce père irrité gronder son libertin de fils, qui s'est épris d'un fol amour pour une courtisane; qui refuse une épouse magnifiquement dotée, et qui, pour comble de déshonneur, s'enivre et marche, escorté de flambeaux, avant la nuit. » Voilà les réprimandes sévères que Pomponius entendrait, si son père vivait. Ce n'est donc pas assez d'écrire des vers dans un style tout uni, de manière qu'on n'ait qu'à rompre la mesure, pour que le père sur la scène n'ait point d'autre langage que dans le monde un père en courroux. Qu'on ôte à mes écrits, à ceux du vieux Lucile, le mètre et le rhythme, il n'en sera pas comme si l'on décomposait ces vers :

> La Discorde a brisé, de sa sanglante main,
> Les portes de Bellone avec leurs gonds d'airain.

On n'y retrouverait pas, comme ici, les membres épars du poëte. Assez de ce propos. Qu'il y ait chez nous véritable poésie ou non, la question viendra une autre fois. Examinons seulement aujourd'hui si ce genre d'écrit mérite vos préventions. Sulcius l'implacable et Caprius vont rôdant avec leur voix rauque et leurs libelles d'accusation, tous deux la terreur et l'effroi des voleurs. Mais pourvu

> Idcirco quidam, comœdia necne poema
> Esset, quæsivere : quod acer spiritus ac vis
> Nec verbis, nec rebus inest; nisi quod pede certo
> Differt sermoni, sermo merus. « At pater ardens
> Sævit, quod meretrice nepos insanus amica
> Filius, uxorem grandi cum dote recuset,
> Ebrius, et magnum quod dedecus, ambulet ante
> Noctem cum facibus. » Numquid Pomponius istis
> Audiret leviora, pater si viveret ? Ergo
> Non satis est puris versum prescribere verbis :
> Quem si dissolvas, quivis stomachetur eodem,
> Quo personatus pacto pater. His, ego quæ nunc,
> Olim quæ scripsit Lucilius, eripias si
> Tempora certa modosque, et, quod prius ordine verbum est
> Posterius facias, præponens ultima primis;
> Non, ut si solvas, « *Postquam Discordia tetra*
> *Belli ferratos postes, portasque refregit;* »
> Invenias etiam disjecti membra poetæ.
> Hactenus hæc : alias, justum sit necne poema.
> Nunc illud tantum quæram, meritone tibi sit
> Suspectum genus hoc scribendi. Sulcius acer
> Ambulat, et Caprius, rauci male, cumque libellis :
> Magnus uterque timor latronibus; at bene si quis,

qu'on vive honnêtement, les mains toujours pures, on peut les braver tous deux. Et quand vous ressembleriez aux brigands Célius et Byrrhus, je ne suis pas, moi, un Sulcius, un Caprius. Pourquoi me redouter? Aucune boutique, aucun pilier ne présente mes livres pour attirer sur eux les mains suantes des oisifs et d'Hermogène Tigellius. Je ne les lis à personne, excepté à mes amis, encore après bien des instances. Tout lieu, tout auditeur ne me convient pas. « Il y a des gens qui lisent leurs ouvrages en plein forum, ou dans les bains; les voûtes répondent à la voix par un agréable écho. » C'est un bonheur pour les esprits futiles, qui s'inquiètent peu de la raison, des convenances. « Mais vous aimez à mordre, me dira-t-on; vous vous en faites un plaisir malin. » D'où vient ce reproche lancé contre moi? Avez-vous, pour le confirmer, un seul de tous ceux avec qui j'ai vécu? Déchirer un ami absent, ne pas le défendre si on l'attaque, tâcher de provoquer des ris indiscrets et de se faire une réputation de bel esprit railleur, forger des contes sans réalité, ne pas savoir garder le dépôt d'une confidence : c'est agir en infâme. Romains, gardez-vous d'un pareil homme. De douze convives entourant une table à trois lits égaux, il y en a presque toujours un qui se délecte à répandre un torrent de quolibets sur tous, excepté sur celui qui reçoit. Mais, après boire, ce dernier a aussi son tour, quand Bacchus le franc parleur met au jour le fond de l'âme et les pensées secrètes. Vous louerez l'aimable gaieté de cet homme et sa franchise, vous qui

Et puris vivat manibus, contemnat utrumque.
Ut sis tu similis Cœli Byrrhique latronum,
Non ego sim Capri neque Sulci. Cur metuas me?
Nulla taberna meos habeat neque pila libellos,
Queis manus insudet vulgi, Hermogenisque Tigelli;
Non recito cuiquam, nisi amicis, idque coactus,
Non ubivis, coramve quibuslibet. « In medio qui
Scripta foro recitent, sunt multi, quique lavantes;
Suave locus voci resonat conclusus. » Inanes
Hoc juvat, haud illud quærentes, num sine sensu,
Tempore num faciant alieno. « Lædere gaudes,
Inquis, et hoc studio pravus facis. » Unde petitum
Hoc in me jacis? est auctor quis denique eorum,
Vixi cum quibus? Absentem qui rodit amicum,
Qui non defendit alio culpante, solutos
Qui captat risus hominum, famamque dicacis;
Fingere qui non visa potest; commissa tacere
Qui nequit: hic niger est; hunc tu, Romane, caveto!
Sæpe tribus lectis videas cœnare quaternos;
E quibus unus avet quavis aspergere cunctos,
Præter eum, qui præbet aquam: post, hunc quoque potus,
Condita quum verax aperit præcordia Liber.
Hic tibi comis, et urbanus, liberque videtur,

détestez les méchants; et moi, si je me mets à rire de ce que le sot Rufilus sent les parfums, et Gorgonius le bouc, vous m'appelez hargneux et langue de vipère; mais que, devant vous, la conversation vienne à tomber sur les larcins de Petillius Capitolinus, vous le défendrez à votre manière. « Capitolinus est mon ancien camarade, mon ami d'enfance. A ma recommandation, il a rendu beaucoup de services. Je suis charmé qu'il puisse demeurer sans accident à Rome; mais je ne comprends pas qu'il ait échappé à ce fameux procès. » Voilà de la noirceur plus noire que le calmar; voilà du venin, et du plus subtil. Cette méchanceté ne sera jamais dans mes écrits, encore moins dans mon cœur. Si je puis faire une promesse certaine, c'est bien cette promesse. Mais qu'il m'échappe quelques traits de franchise et de gaieté, il faut me le passer et n'y point trouver à redire. Ainsi, mon père m'accoutumait à fuir les vices en me les signalant par des exemples. S'il me conseillait de vivre d'économie et d'ordre, content du bien qu'il m'aurait acquis : « Vois Albinus, quelle triste vie! Et Barrus, quelle misère! Excellente leçon pour qui serait tenté de dissiper son patrimoine! » Me détournait-il des honteuses liaisons avec les courtisanes : « N'imite pas Sectanius. » Pour m'éloigner d'un amour adultère, quand il est facile de jouir de plaisirs permis : « Trebonius, pris sur le fait, n'est pas en belle renommée, disait-il. Un philosophe t'expliquera la nature des biens et des maux; je

Infesto nigris : ego, si risi, quod ineptus
Pastillos Rufillus olet, Gorgonius hircum,
Lividus et mordax videor tibi? Mentio si qua
De Capitolini furtis injecta Petilli
Te coram fuerit, defendas, ut tuus est mos :
« Me Capitolinus convictore usus amicoque
A puero est, causaque mea permulta rogatus
Fecit, et incolumii lætor quod vivit in Urbe :
Sed tamen admiror, quo pacto judicium illud
Fugerit. » Hic nigræ succus loliginis; hæc est
Ærugo mera : quod vitium procul abfore chartis,
Atque animo prius, ut si quid promittere de me
Possum aliud, vere promitto. Liberius si
Dixero quid, si forte jocosius, hoc mihi juris
Cum venia dabis. Insuevit pater optimus hoc me,
Ut fugerem, exemplis vitiorum quæque notando.
Quum me hortaretur, parce, frugaliter, atque
Viverem uti contentus eo, quod mi ipse parasset :
« Nonne vides, Albi ut male vivat filius? utque
Barrus inops? magnum documentum, ne patriam rem
Perdere quis velit! » A turpi meretricis amore
Quum deterreret : « Sectani dissimilis sis! »
Ne sequerer mœchas, concessa quum Venere uti
Possem : « Deprensi non bella est fama Treboni, »
Aiebat. « Sapiens, vitatu quidque petitu

me borne à t'instruire des vertus de nos ancêtres, et à conserver tes mœurs et ta réputation intactes et pures, pendant que tu as encore besoin de précepteur. Quand l'âge aura fortifié ton corps et ton esprit, on te laissera nager sans liége. » Voilà comme ses discours formaient mon enfance. S'il m'exhortait : « Agis ainsi, tu as une autorité. » Et il me citait entre nos juges un des plus considérables. S'il m'empêchait de mal faire : « Que cela soit honteux, tu n'en saurais douter, quand tu vois tel et tel en butte à tant de propos médisants. » De même que les funérailles du voisin glacent d'effroi le malade affamé, et le forcent à se ménager par la peur de mourir, ainsi l'opprobre d'autrui dégoûte du vice les âmes encore tendres. C'est de la sorte qu'exempt de travers funestes, je n'ai que des défauts légers et pardonnables ; et plus d'un me quittera encore avec le temps, grâce à la franchise de l'amitié et à mes propres réflexions. Car lorsque je suis seul, au lit ou sous le portique, ce temps n'est pas perdu pour moi. « Cela serait plus sage. En vivant ainsi, je vivrais mieux. Cette conduite me rendrait cher à mes amis. Un tel a eu tort ; l'imiterai-je étourdiment ? » Je me parle ainsi à bouche close, et au premier instant de loisir, je jette mes pensées sur le papier, en m'amusant. C'est un de mes légers défauts, et si vous ne le tolérez pas, l'armée des poëtes va venir à mon secours ; car nous sommes en nombre, et,

Sit melius, causas reddet tibi : mi satis est, si
Traditum ab antiquis morem servare, tuamque,
Dum custodis eges, vitam famamque tueri
Incolumem possum. Simul ac duraverit ætas
Membra animumque tuum, nabis sine cortice. » Sic me
Formabat puerum dictis ; et sive jubebat
Ut facerem quid : « Habes auctorem, quo facias hoc : »
Unum ex judicibus selectis objiciebat.
Sive vetabat : « An hoc inhonestum, et inutile factu
Necne sit, addubites, flagret rumore malo quum
Hic atque ille ? » Avidos vicinum funus ut ægros
Exanimat, mortisque metu sibi parcere cogit :
Sic teneros animos aliena opprobria sæpe
Absterrent vitiis. Ex hoc ego sanus ab illis,
Perniciem quæcumque ferunt ; mediocribus, et queis
Ignoscas, vitiis teneor. Fortassis et istinc
Largiter abstulerit longa ætas, liber amicus,
Consilium proprium. Neque enim, quum lectulus aut me
Porticus excepit, desum mihi : « Rectius hoc est :
Hoc faciens vivam melius ; sic dulcis amicis
Occurram ; hoc quidam non belle : numquid ego illi
Imprudens olim faciam simile ? » Hæc ego mecum
Compressis agito labris ; ubi quid datur oti,
Illudo chartis. Hoc est mediocribus illis
Ex vitiis unum, cui si concedere nolis,
Multa poetarum veniat manus, auxilio quæ

V

HORACE FAIT UNE DESCRIPTION FACÉTIEUSE DE SON VOYAGE
DE ROME A BRINDES.

Au sortir de la grande Rome, Aricie me reçut dans sa petite hôtellerie : j'avais pour compagnon le rhéteur Héliodore, l'homme le plus docte dans la langue des Grecs. De là nous parvînmes au forum d'Appius, qu'encombrent bateliers et cabaretiers fripons. Notre paresse fit en deux traites cette route, que de plus alertes achèvent en un jour : la voie Appienne est moins pénible en ralentissant le pas. Là, à cause de l'eau, qui était des plus détestables, je lutte contre mon appétit, attendant, non sans humeur, mes compagnons qui soupaient.

Déjà la nuit commençait à répandre ses ombres sur la terre et parsemait le ciel d'étoiles : tout à coup des juremenls retentissent et volent des valets aux bateliers, des bateliers aux valets. « Aborde ici ; tu en empiles trois cents : holà ! c'est bien assez. » Tandis qu'on exige le paiement, qu'on attelle la mule, une heure entière s'écoule. Les cousins sans pitié, les grenouilles des marais, ôtent tout sommeil. Ivres de mauvais vin, le batelier et le voyageur chantent, à qui mieux mieux, leur bien-aimée

Sit mihi, nam multo plures sumus; ac veluti te
Judæi cogemus in hanc concedere turbam.

V.

AB URBE ROMA BRUNDUSIUM USQUE ITER SUUM FACETE
DESCRIBIT.

Egressum magna me accepit Aricia Roma,
Hospitio modico : rhetor comes Heliodorus,
Græcorum linguæ doctissimus. Inde forum Appi,
Differtum nautis, cauponibus atque malignis.
Hoc iter ignavi divisimus, altius ac nos
Præcinctis unum : minus est gravis Appia tardis.
Ilic ego, propter aquam, quod erat teterrima, ventri
Indico bellum, cœnantes haud animo æquo
Exspectans comites. Jam nox inducere terris
Umbras et cœlo diffundere signa parabat :
Tum pueri nautis, pueris convicia nautæ
Ingerere. « Huc appelle, trecentos inseris : ohe!
Jam satis est. » Dum æs exigitur, dum mula ligatur,
Tota abit hora. Mali culices, ranæque palustres
Avertunt somnos. Absentem cantat amicam
Multa prolutus vappa nauta atque viator

absente; enfin, le piéton fatigué commence à s'endormir, et le batelier paresseux, attachant à une pierre la corde du bateau, laisse paître la mule, et ronfle, couché sur le dos.

Et déjà le jour paraissait, lorsque nous sentons que la barque n'avance pas d'une ligne. Alors l'un de nous, à chaude cervelle, saute à terre et caresse rudement la tête et le dos de la mule et du batelier avec une branche de saule. Enfin, nous débarquons à dix heures seulement. Nous nous lavons les mains et la bouche dans les eaux de ta fontaine, ô Féronie!

Ensuite, après déjeuner, nous gravissons lentement trois milles, et nous entrons dans Anxur, assise sur des rochers dont la blancheur se voit au loin. Là devaient venir l'excellent Mécène et Cocceius, tous deux envoyés en députation pour de grands intérêts, tous deux habiles à rapprocher des amis divisés. Pendant qu'en ce lieu je baigne mes yeux malades dans un noir collyre, arrivent Mécène et Cocceius, et en même temps Fonteius Capiton, l'homme le plus parfait du siècle, ami le plus intime de Marc-Antoine. Nous quittons sans regret Fundi et son préteur Aufidius Luscus, riant du fol orgueil de ce greffier, de sa prétexte, de son laticlave et de sa cassolette pleine de braise.

Bien las, nous nous arrêtons dans la ville de Mamurra; Muréna nous y offre sa maison, Capiton sa cuisine. Le jour suivant se leva beaucoup plus favorable pour nous; car à Sinuesse nous rencontrons Plotius, Varius et Virgile, âmes les plus pures qui soient sur

> Certatim : tandem fessus dormire viator
> Incipit, ac missæ pastum retinacula mulæ
> Nauta piger saxo religat, stertitque supinus.
> Jamque dies aderat, nil quum procedere lintrem
> Sentimus : donec cerebrosus prosilit unus,
> Ac mulæ nautæque caput, lumbosque, saligno
> Fuste dolat. Quarta vix demum exponimur hora.
> Ora manusque tua lavimus, Feronia, lympha.
> Millia tum pransi tria repimus, atque subimus
> Impositum saxis late candentibus Anxur.
> Huc venturus erat Mæcenas optimus, atque
> Cocceius, missi magnis de rebus uterque
> Legati, aversos soliti componere amicos.
> Hic oculis ego nigra meis collyria lippus
> Illinere. Interea Mæcenas advenit, atque
> Cocceius, Capitoque simul Fonteius, ad unguem
> Factus homo, Antoni, non ut magis ulter, amicus.
> Fundos, Aufidio Lusco prætore, libenter
> Linquimus, insani ridentes præmia scribæ
> Prætextam, et latum clavum, prunæque batillum
> In Mamurrarum lassi deinde urbe manemus,
> Muræna præbente domum, Capitone culinam.
> Postera lux oritur multo gratissima : namque
> Plotius et Varius Sinuessæ, Virgiliusque
> Occurrunt, animæ quales neque candidiores

la terre, et auxquelles personne n'est plus tendrement attaché que moi. Aussi quels embrassements! quelles joies! Jamais, en état de raison, rien ne sera comparable pour moi à un aimable ami!

La petite métairie qu'on voit tout près du pont de Campanie nous offre son abri, et les commissaires nous fournissent le bois et le sel qu'ils doivent aux voyageurs. De là, nos mules déposent leur charge à Capoue. Mécène va jouer à la paume, Virgile et moi nous allons dormir, car la paume est ennemie des yeux et des estomacs malades.

Nous fûmes ensuite reçus dans la riche campagne de Cocceius, qui est située au-dessus des hôtelleries de Caudium.

Maintenant, muse, je veux que tu publies en peu de mots le défi du bouffon Sarmentus et de Messius Cicerrus; quels furent leurs pères et la cause de leurs querelles. Messius est de l'illustre sang des Osques : la maîtresse que servit Sarmentus existe encore. Sortis de tels aïeux, ils en vinrent aux combats; et d'abord Sarmentus : « Je dis que toi, tu ressembles à un cheval sauvage. » Nous rions. Alors Messius secoue la tête et s'écrie : « J'accepte : si l'on ne t'eût retranché une corne du front, que ne ferais-tu pas, puisqu'ainsi mutilé tu fais de telles menaces?... » En effet, une cicatrice dégoûtante défigurait du côté gauche son front poilu. Sarmentus l'ayant amplement plaisanté sur le mal campanien, sur sa figure, lui proposa de danser le pas des Cyclopes, ajoutant qu'il n'aurait besoin ni de masque ni de cothurnes.

Terra tulit, neque queis me sit devinctior alter.
O qui complexus, et gaudia quanta fuerunt!
Nil ego contulerim jucundo sanus amico.
Proxima Campano ponti quæ villula tectum
Præbuit, et parochi, quæ debent, ligna, salemque.
Hinc muli Capuæ clitellas tempore ponunt.
Lusum it Mæcenas, dormitum ego Virgiliusque:
Namque pila lippis inimicum et ludere crudis.
Hinc nos Cocceii recipit plenissima villa,
Quæ super est Caudi cauponas. Nunc mihi paucis
Sarmenti scurræ pugnam Messique Cicerri,
Musa, velim memores; et quo patre natus uterque
Contulerit lites. Messi clarum genus Osci;
Sarmenti domina exstat. Ab his majoribus orti
Ad pugnam venere. Prior Sarmentus : « Equi te
Esse feri similem dico. » Ridemus : et ipse
Messius : « Accipio; » caput et movet. « O, tua cornu
Ni foret exsecto frons, inquit, quid faceres, quum
Sic mutilus miniteris? » At illi fœda cicatrix
Setosam lævi frontem turpaverat oris.
Campanum in morbum, in faciem permulta jocatus,
Pastorem saltaret uti Cyclopa rogabat :
Nil illi larva, aut tragicis opus esse cothurnis.

Cicerrus ne reste pas muet, et lui demande s'il avait fait hommage de sa chaîne aux dieux lares, en forme d'*ex voto;* si, parce qu'il était greffier, sa maîtresse avait rien perdu de ses droits sur lui. Enfin, il le presse de dire pourquoi il avait pris la fuite, puisqu'une livre de farine suffisait pour soutenir son corps d'avorton.

C'est ainsi que nous prolongeâmes gaiement notre souper.

De là nous allâmes droit à Bénévent, où notre hôte empressé faillit brûler lui et la maison en faisant tourner au feu des grives étiques. En effet, le fourneau s'écroula, et la flamme, se répandant dans cette vieille cuisine, courut embraser le haut du toit. Vous eussiez vu les convives affamés et les valets tremblants s'empresser tous de sauver le souper et d'éteindre l'incendie.

Bientôt l'Apulie nous découvrit ses monts si bien connus, que brûle le vent Atabule, et que nous n'aurions jamais gravis, si la métairie voisine de Trévise ne nous eût offert un abri ; son foyer, où l'on entassa du bois vert et des feuilles mouillées, répandit une fumée qui nous tira bien des larmes.

C'est en ce séjour que, dans ma trop stupide confiance aux promesses fallacieuses d'une jeune servante, je l'attends jusqu'au milieu de la nuit : enfin le sommeil s'empare de mes sens livrés à Vénus, et un songe lascif livre à un désordre immonde et mon corps et mes vêtements de nuit. De là des chars rapides nous transportent à vingt-quatre milles, et nous déposent dans une petite ville dont le nom se refuse à la poésie, mais facile à dési-

    Multa Cicerrus ad hæc : donasset jamne catenam
    Ex voto Laribus, quærebat : scriba quod esset,
    Deterius nihilo dominæ jus esse. Rogabat
    Denique, cur unquam fugisset, cui satis una
    Farris libra foret, gracili sic, tamque pusillo.
    Prorsus jucunde cœnam produximus illam.
    Tendimus hinc recta Beneventum, ubi sedulus hospes
    Pœne arsit, macros dum turdos versat in igne :
    Nam vaga per veterem dilapso flamma culinam
    Vulcano, summum properabat lambere tectum.
    Convivas avidos cœnam, servosque timentes,
    Tum rapere, atque omnes restinguere velle videres.
    Incipit ex illo montes Appulia notos
    Ostentare mihi, quos torret Atabulus, et quos
    Nunquam erepsemus, nisi nos vicina Trivici
    Villa recepisset, lacrymoso non sine fumo,
    Udos cum foliis ramos urente camino.
    Hic ego mendacem stultissimus usque puellam
    Ad mediam noctem exspecto : somnus tamen aufert
    Intentum Veneri ; tum immundo somnia visu
    Nocturnam vestem maculant, ventremque supinum.
    Quatuor hinc rapimur vigenti et millia rhedis,
    Mansri oppidulo, quod versu dicere non est,

gner : la plus commune des choses, l'eau, s'y achète; mais le pain est d'une telle beauté, que le voyageur prudent ne manque pas d'en charger ses épaules, car à Canuse le pain est pierreux, et l'urne des Naïades est à sec. Cette ville fut jadis fondée par le vaillant Diomède. Là, Varius, plein d'affliction, se sépara de ses amis en pleurs.

Puis, bien fatigués, nous parvenons à Rubi, après un long chemin que les pluies avaient rendu plus détestable.

La journée suivante fut meilleure, le chemin pire encore jusqu'aux murs de Bari, abondante en poissons. Ensuite Égnatie, bâtie en dépit des eaux, nous prêta fort à rire et à plaisanter : on voulut nous y persuader que l'encens posé sur le seuil du temple brûle sans le secours du feu. Que le Juif Apella le croie; pas moi, car j'ai appris que les dieux passent au ciel le temps fort tranquillement, et qu'au sommet de la voûte éthérée ils ne s'ennuient pas à ajouter aux merveilles que produit la nature.

Brindes est le terme de ma longue épître et de mon voyage.

C.-L.-F. PANCKOUCKE.

VI

CE N'EST PAS DANS LA SPLENDEUR DU RANG, C'EST DANS LA VERTU QUE CONSISTE LA VRAIE NOBLESSE.

Vous êtes issu, Mécène, du sang le plus noble de l'Étrurie; vos aïeux ont commandé jadis de puissantes armées; vous n'en me-

    Signis perfacile est. Venit vilissima rerum
    Hic aqua; sed panis longe pulcherrimus, ultra
    Callidus ut soleat humeris portare viator :
    Nam Canusi lapidosus; aquæ non ditior urna
    Qui locus a forti Diomede est conditus olim
    Flentibus hinc Varius discedit mœstus amicis.
    Inde Rubos fessi pervenimus, utpote longum
    Carpentes iter, et factum corruptius imbri.
    Postera tempestas melior, via pejor ad usque
    Bari mœnia piscosi. Dehinc Gnatia, lymphis
    Iratis exstructa, dedit risusque jocosque;
    Dum flamma sine, thura liquescere limine sacro
    Persuadere cupit : credat Judæus Apella,
    Non ego; namque Deos didici securum agere ævum
    Nec, si quid miri faciat natura, Deos id
    Tristes ex alto cœli demittere tecto.
    Brundusium longæ finis chartæque viæque

VI.

VERAM NOBILITATEM, NON IN GENERIS SPLENDORE, SED IN VIRTUTE POSITAM ESSE

    Non, quia, Mæcenas, Lydorum quidquid Etruscos
    Incoluit fines, nemo generosior est te;

surez pas pour cela du haut de votre grandeur l'obscur citoyen né, comme moi, d'un simple affranchi. Que vous importe, en effet, de quel père on est le fils, pourvu que ce fils soit un honnête homme? Vous savez mieux que personne qu'avant même le règne de Tullius, sorti de la classe des esclaves, une foule d'autres grands hommes n'avaient pas eu besoin d'aïeux pour s'illustrer par leurs vertus et s'élever aux plus hautes dignités : tandis qu'un Lévinus, un descendant de ce Valerius qui chassa les Tarquins, n'eût jamais été estimé plus d'un sou, à l'enchère même de ce peuple qui, esclave aveugle d'une renommée souvent usurpée, et stupidement prosterné devant de vaines images, prodigue, vous le savez, les honneurs à ceux qui les méritent le moins. Que nous convient-il donc de faire, à nous qui sommes si loin de penser et d'agir comme le vulgaire?

Eh bien! oui; ce peuple donnerait son suffrage au noble Lévinus, de préférence à Decius, homme nouveau! Le censeur me fermerait la porte du sénat, si ma naissance ne me donnait pas le droit d'y entrer (et je n'aurais que ce que je mérite, pour être sottement sorti de ma sphère). Tout cela n'empêche pas que le char brillant de la gloire n'entraîne à sa suite et le noble et le roturier. Réponds-moi un peu. Que t'a servi, Tillius, de reprendre ce laticlave, que tu avais été forcé de quitter, et de devenir tribun? L'envie, qui eût épargné le simple particulier, s'est déchaî-

    Nec, quod avus tibi maternus fuit atque paternus,
    Olim qui magnis legionibus imperitarent,
    Ut plerique solent, naso suspendis adunco
    Ignotos, ut me libertino patre natum :
    Quum referre negas, quali sit quisque parente
    Natus, dum ingenuus. Persuades hoc tibi vere,
    Ante potestatem Tulli, atque ignobile regnum,
    Multos sæpe viros, nullis majoribus ortos,
    Et vixisse probos, amplis et honoribus auctos :
    Contra Lævinum, Valeri genus, unde Superbus
    Tarquinius regno pulsus fuit, unius assis
    Non unquam pretio pluris licuisse, notante
    Judice, quem nosti, populo, qui stultus honores
    Sæpe dat indignis et famæ servit ineptus;
    Qui stupet in titulis et imaginibus. Quid oportet
    Nos facere, a vulgo longe lateque remotos?
    Namque esto, populus Lævino mallet honorem,
    Quam Decio mandare novo; censorque moveret
    Appius, ingenuo si non essem patre natus,
    Vel merito, quoniam in propria non pelle quiessem.
    Sed fulgente trahit constrictos gloria curru
    Non minus ignotos generosis. Quo tibi, Tilli,
    Sumere depositum clavum, fierique tribunum?
    Invidia accrevit, privato quæ minor esset,

née contre le magistrat ; car dès qu'un homme est assez fou pour chausser le brodequin noir, et pour étendre sur sa poitrine la pourpre sénatoriale, il entend bientôt demander autour de lui : « Quel est donc cet homme ? Son père, quel est-il ? » Supposons un homme attaqué, comme le pauvre Barrus, de la maladie de passer pour beau ; il ne saurait faire un pas que toutes les jeunes filles ne veuillent savoir si sa figure, sa jambe, son pied, ses dents, ses cheveux justifient ses prétentions. Ainsi, celui qui prend hautement sur lui la responsabilité du salut de Rome, de ses citoyens, de l'Italie, de l'empire tout entier et des dieux mêmes, fait à tous un devoir de s'enquérir de quel père il est né, et s'il n'a point à rougir d'une mère ignorée.

« Comment ! c'est le fils d'un Syrus, d'un Damas, d'un Denys, qui précipite les citoyens romains du haut de la roche Tarpéienne, ou qui les livre au licteur Cadmus ! — Mais Novius, mon collègue, se trouve d'un degré encore au-dessous de moi, car il est ce que fut mon père. — Fort bien ! Et tu te crois pour cela un Paul-Émile ou un Messala ? Mais ce Novius, dont tu parles, si deux cents chariots et trois pompes funèbres viennent à se rencontrer sur la place, il fera retentir une voix capable d'étouffer le son bruyant des cors et des trompettes. Voilà ce qui s'appelle des titres à nos suffrages ! »

Revenons à moi, revenons à ce fils d'affranchi, auquel on ne cesse de rappeler qu'il est le fils d'un affranchi ! Et pourquoi cela ? parce que j'ai maintenant l'honneur de m'asseoir à votre table,

    Nam, ut quisque insanus nigris medium impediit crus
    Pellibus, et latum demisit pectore clavum,
    Audit continuo : « Quis homo hic ? » et, « Quo patre natus ? »
    Ut si qui ægrotet, quo morbo Barrus, haberi
    Ut cupiat formosus, eat quacumque, puellis
    Injiciat curam quærendi singula : quali
    Sit facie, sura quali, pede, dente, capillo :
    Sic, qui promittit cives, urbem sibi curæ,
    Imperium fore, et Italiam, delubra Deorum,
    Quo patre sit natus, num ignota matre inhonestus,
    Omnes mortales curare et quærere cogit.
    « Tune Syri, Damæ, aut Dionysi filius, audes
    Dejicere e saxo cives, aut tradere Cadmo ? —
    At Novius collega gradu post me sedet uno ;
    Namque est ille, pater quod erat meus. — Hoc tibi Paulus,
    Et Messala videris ? At hic, si plaustra ducenta,
    Concurrantque foro tria funera, magna sonabit
    Cornua quod vincatque tubas ; saltem tenet hoc nos. »
    Nunc ad me redeo, libertino patre natum :
    Quem rodunt omnes libertino patre natum :
    unc, quia sum tibi, Mæcenas, convictor ; at olim

Mécène, et que j'ai commandé autrefois une légion romaine. Distinguons cependant. Quant à mes titres militaires, l'envie a peut-être le droit de me les disputer ; mais il n'en est pas ainsi du titre de votre ami ! on sait que vous ne le prodiguez pas ; que c'est le mérite, et non l'intrigue, qui l'obtient ; et ce rare bonheur, ce n'est point au hasard que j'en suis redevable : ce n'est point lui qui m'offrit à vous. Virgile, le meilleur de mes amis, ensuite Varius, vous parlèrent de moi : admis sur leur recommandation, je bégayai timidement quelques paroles, car le respect ne me permit pas d'en dire davantage. Je ne me vantai auprès de vous ni d'une illustre origine ni du superbe coursier sur lequel je parcourais mes vastes possessions : je me donnai tout simplement pour ce que j'étais. Votre réponse fut laconique, suivant votre usage, et je me retirai. Neuf mois après, vous me rappelez, et me voilà, par votre ordre exprès, au rang de vos amis. Quel bonheur pour moi d'avoir pu vous plaire, à vous, qui savez si bien distinguer l'honnête homme du bas coquin, et qui mesurez le mérite, non sur le vain prestige de la naissance, mais sur la noblesse réelle des sentiments !

Si je n'ai au surplus, et en petit nombre encore, que des défauts supportables, et qui ne sont, dans un bon naturel, que des taches légères sur un beau corps ; si personne n'est en droit de me reprocher l'avarice et ses turpitudes, ou des vices grossiers ; si (que l'on me pardonne de me rendre cette justice) je n'ai à rougir de rien de honteux ; si je suis cher enfin à mes amis, c'est à mon

Quod mihi pareret legio Romana tribuno.
Dissimile hoc illi est ; quia non ut forsit honorem
Jure mihi invideat quivis, ita te quoque amicum ;
Præsertim cautum dignos assumere, prava
Ambitione procul. Felicem dicere non hoc
Me possum casu, quod te sortitus amicum :
Nulla etenim mihi te fors obtulit : optimus olim
Virgilius, post hunc Varius, dixere quid essem.
Ut veni coram, singultim pauca locutus,
Infans namque pudor prohibebat plura profari ;
Non ego me claro natum patre, non ego circum
Me Satureiano vectari rura caballo ;
Sed quod eram, narro. Respondes, ut tuus est mos,
Pauca. Abeo ; et revocas, nono post mense ; jubesque
Esse in amicorum numero. Magnum hoc ego duco,
Quod placui tibi, qui turpi secernis honestum,
Non patre præclaro, sed vita et pectore puro.
Atqui si vitiis mediocribus, ac mea paucis
Mendosa est natura, alioqui recta, velut si
Egregio inspersos reprendas corpore nævos ;
Si neque avaritiam, neque sordes, aut mala lustra
Objiciet vere quisquam mihi ; purus et insons.
Ut me collaudem, si et vivo carus amicis ;

excellent père que je le dois. Quoiqu'il n'eût pour tout bien qu'un très-petit domaine, il ne voulut point m'envoyer à l'école publique de Flavius, où se rendaient cependant les nobles fils de nos illustres centurions, la bourse et les tablettes suspendues au bras gauche, pour apprendre à calculer l'intérêt de l'argent à quinze jours de date. Il ne craignit pas de me conduire à Rome dès mon enfance, pour y recevoir l'éducation que donnent à leurs enfants nos chevaliers et nos sénateurs. A mes habits, au cortége d'esclaves qui m'accompagnaient en traversant la ville, on eût cru qu'un riche patrimoine fournissait à tant de dépenses. Sentinelle vigilante et gardien incorruptible de ma jeunesse, il me suivait chez les différents maîtres. Grâce à lui, le soupçon même du vice n'approcha jamais de moi, et mes mœurs conservèrent cette fleur pudique, le premier parfum de la vertu. Il ne craignit pas qu'on lui reprochât un jour de n'avoir fait de moi qu'un huissier, ou moins encore, un collecteur comme il l'était lui-même (et certes je ne m'en fusse pas plaint); il n'en est que plus estimable, et je ne lui en dois aujourd'hui que plus de reconnaissance. J'ai trop de bon sens pour ne pas me féliciter d'un tel père; et je ne ferai pas comme ceux qui s'excusent en quelque sorte de ne pas descendre d'aïeux illustres. Combien mon langage et ma façon de penser diffèrent des leurs! Oui, si la nature permettait de remonter les années écoulées, et que chacun pût alors se choisir des

> Causa fuit pater his, qui macro pauper agello
> Noluit in Flavi ludum me mittere, magni
> Quo pueri magnis e centurionibus orti,
> Lævo suspensi loculos tabulamque lacerto,
> Ibant octonis referentes idibus æra
> Sed puerum est ausus Romam portare, docendum
> Artes, quas doceat quivis eques atque senator
> Semet prognatos. Vestem, servosque sequentes,
> In magno ut populo si quis vidisset, avita
> Ex re præberi sumptus mihi crederet illos.
> Ipse mihi custos incorruptissimus omnes
> Circum doctores aderat. Quid multa? pudicum,
> Qui primus virtutis honos, servavit ab omni
> Non solum facto, verum opprobrio quoque turpi:
> Nec timuit, sibi ne vitio quis verteret, olim
> Si præco parvas, aut, ut fuit ipse, coactor
> Mercedes sequerer; neque ego essem questus. Ob hoc nunc
> Laus illi debetur, et a me gratia major
> Nil me pœniteat sanum patris hujus; eoque
> Non, ut magna dolo factum negat esse suo pars,
> Quod non ingenuos habeat clarosque parentes,
> Sic me defendam. Longe mea discrepat istis
> Et vox et ratio; nam si natura juberet
> A certis annis ævum remeare peractum,
> Atque alios legere ad fastum quoscumque parentes,

parents au gré de sa vanité, satisfait des miens, je n'irais pas en chercher d'autres parmi les faisceaux et sur les siéges de nos magistrats. Je ne serais qu'un sot aux yeux du vulgaire ; mais vous m'approuveriez, Mécène, de reculer devant un fardeau trop pesant pour des épaules qui n'y sont point accoutumées.

Quel tracas, en effet! il me faudrait songer d'abord à grossir mon revenu ; faire ma cour à je ne sais combien de gens; traîner à ma suite un nombreux cortége de valets, de chevaux et d'équipages, pour aller à la campagne, ou me mettre en voyage. Aujourd'hui, qu'il me prenne fantaisie d'aller jusqu'à Tarente, j'enfourche mon petit mulet, dont le cavalier et son bagage pressent et écorchent les flancs. On ne me reprochera point la sordide avarice de Tillius, que l'on rencontre, tout préteur qu'il est, sur la route de Tibur, suivi de cinq esclaves qui portent derrière lui la marmite et le baril au vin. Ne t'en déplaise, grand sénateur! ma vie est mille fois plus agréable que la tienne et que celle de beaucoup d'autres. Je vais où je veux, et j'y vais seul. Je veux savoir combien le blé, combien les légumes, je le demande. Je parcours le Cirque pendant le jour, et le soir, la place publique, où je m'arrête aux diseurs de bonne aventure. Je rentre chez moi, où m'attend un frugal souper, qui se compose d'un plat de poireaux, de pois chiches ou bien de beignets. Trois esclaves suffisent du reste à ces apprêts. Mon petit buffet de marbre blanc est décoré de deux bouteilles, d'un verre, d'une aiguière avec sa cuvette, et tout cela en terre de Campanie.

> Optaret sibi quisque : meis contentus, honestos
> Fascibus et sellis nolim mihi sumere, demens
> Judicio vulgi, sanus fortasse tuo, quod
> Nollem onus, haud unquam solitus, portare molestum.
> Nam mihi continuo major quærenda foret res,
> Atque salutandi plures; ducendus et unus
> Et comes alter, uti non solus rusve, peregreve
> Exirem; plures calones atque caballi
> Pascendi; ducenda petorrita. Nunc mihi curto
> Ire licet mulo, vel, si libet, usque Tarentum,
> Mantica cui lumbos onere ulceret, atque eques armos.
> Objiciet nemo sordes mihi, quas tibi, Tilli,
> Quum Tiburte via prætorem quinque sequuntur
> Te pueri, lasanum portantes œnophorumque.
> Hoc ego commodius, quam tu, præclare senator,
> Millibus atque aliis, vivo. Quacumque libido est,
> Incedo solus : percontor quanti olus ac far :
> Fallacem Circum, vespertinumque pererro
> Sæpe forum : assisto divinis; inde domum me
> Ad porri et ciceris refero laganique catinum.
> Cœna ministratur pueris tribus; et lapis albus
> Pocula cum cyatho duo sustinet; adstat echinus
> Vilis cum patera guttus, Campana supellex.

Je me couche ensuite, libre du souci d'avoir à me lever de bonne heure le lendemain, pour me rendre au forum auprès de ce Marsyas, dont la figure annonce assez de quel air il revoit si souvent Novius le jeune. Je reste au lit jusqu'à la quatrième heure du jour ; après quoi je sors, je lis ou j'écris ; je fais enfin ce qui me passe par la tête. Je me fais frotter d'huile, mais ce n'est pas, comme Natta, aux dépens de ma lampe. Quand la fatigue ou la chaleur du jour l'exige, je cours au bain pour me dérober aux fureurs de la Canicule. Un repas léger empêche mon estomac de trouver trop long le reste de la journée, qui s'écoule dans les doux loisirs du foyer domestique.

Voilà la vie de ceux qui ont su s'affranchir des tourments de l'ambition ; voilà ce qui m'assure les douceurs d'une vie plus heureuse cent fois que si mon aïeul, mon père ou mon oncle, eussent été questeurs du peuple romain.

AMAR.

VII

PROCÈS ENTRE RUPILIUS ET UN CERTAIN PERSIUS.

Il n'est, je crois, pas un barbier, pas un coureur de nouvelle, qui ne sache comment le Romain bâtard Persius s'est vengé des invectives dégoûtantes du proscrit Rupilius, qu'on surnommait *le Roi*. Ce Persius, homme riche, qui faisait un gros négoce à Clazomène, était en procès avec Rupilius. C'était, du reste, un brutal,

> Deinde eo dormitum, non sollicitus mihi quod cras
> Surgendum sit mane ; obeundus Marsya, qui se
> Vultum ferre negat Noviorum posse minoris.
> Ad quartam jaceo ; post hanc vagor, aut ego lecto,
> Aut scripto, quod me tacitum juvet : ungor olivo,
> Non quo fraudatis immundus Natta lucernis.
> Ast ubi me fessum sol acrior ire lavatum
> Admonuit, fugio rabiosi tempora signi.
> Pransus non avide, quantum interpellet inani
> Ventre diem durare, domesticus otior. Hæc est
> Vita solutorum misera ambitione, gravique :
> His me consolor, victurus suavius, ac si
> Quæstor avus, pater atque meus, patruusque fuissent.

VII

RUPILII RIXA CUM PERSIO QUODAM DESCRIBITUR.

> Proscripti Regis Rupili pus atque venenum
> Hybrida quo pacto sit Persius ultus, opinor
> Omnibus et lippis notum et tonsoribus esse.
> Persius hic permagna negotia dives habebat
> Clazomenis, etiam lites cum Rege molestas ;

haïssable pour le moins autant que son adversaire, présomptueux, plein de lui-même, et d'une telle acrimonie dans ses discours, qu'il laissait loin derrière lui les Sisenna et les Barrus. Mais revenons au fait.

Toute transaction était devenue impossible entre eux, car il en est de ces caractères intraitables comme de deux braves qui combattent dans des rangs opposés. Pourquoi entre Hector, fils de Priam, et l'impétueux Achille, l'inimitié fut-elle implacable au point que la mort seule put y mettre un terme? c'est que, chez ces deux héros, la valeur était au suprême degré. Qu'au contraire, la discorde divise deux poltrons, ou que deux guerriers d'un courage inégal aient à se mesurer, comme Diomède et le Lycien Glaucus, le plus faible se retirera et fera des présents au plus fort.

Dans le temps donc que Brutus tenait la préture en Asie, nos deux champions en vinrent aux mains : couple admirable, s'il en fut, qu'on ne peut comparer qu'à celui de Bacchius et Bithus! aussi fut-ce un grand spectacle que de les voir accourir, pleins d'ardeur, pour soutenir leurs droits.

Persius parle le premier, il expose l'affaire : éclats de rire universels. Il fait l'éloge de Brutus, il fait l'éloge de sa cohorte ; Brutus est le *soleil* de l'Asie, et tous ses compagnons sont autant d'astres favorables : bien entendu qu'il en excepte Rupilius; pour celui-là, c'est le *Grand-Chien*, dont l'influence est si funeste aux laboureurs. Enfin, son éloquence roule comme un torrent grossi

Durus homo, atque odio qui posset vincere Regem,
Confidens, tumidusque, adeo sermonis amari,
Sisennas, Barros ut equis præcurreret albis.
Ad Regem redeo. Postquam nihil inter utrumque
Convenit (hoc et enim sunt omnes jure molesti,
Quo fortes, quibus adversum bellum incidit. Inter
Hectora Priamiden, animosumque inter Achillem
Ira fuit capitalis, ut ultima divideret mors,
Non aliam ob causam, nisi quod virtus in utroque
Summa fuit. Duo si discordia vexet inertes,
Aut si disparibus bellum incidat, ut Diomedi
Cum Lycio Glauco, discedat pigrior, ultro
Muneribus missis) Bruto prætore tenente
Ditem Asiam, Rupili et Persi par pugnat; uti non
Compositum melius, cum Bitho Bacchius; in jus
Acres procurrunt, magnum spectaculum uterque.
Persius exponit causam : ridetur ab omni
Conventu; laudat Brutum, laudataque cohortem :
Solem Asiæ Brutum appellat, stellasque salubres
Appellat comites, excepto Rege : Canem illum,
Invisum agricolis sidus, venisse : ruebat

par les neiges de l'hiver, qui déracine les arbres des forêts, et ne laisse presque plus rien à faire à la cognée.

A ce flot de sarcasmes imprégnés d'un sel âcre, et qui coulaient comme de source, l'homme de Préneste riposte avec la vigueur et la grossièreté d'un vendangeur aguerri qui n'a jamais eu le dernier avec les passants, et qui, tenant tête au plus intrépide, le force à continuer son chemin en l'appelant *coucou*.

Que devient notre pauvre Grec? Perdu, noyé dans ce déluge de railleries latines, il s'écrie : « O Brutus! je vous en adjure au nom des dieux, vous qui expédiez si lestement les rois, ne pourriez-vous aussi faire étrangler celui-ci? ce serait, croyez-moi, une œuvre digne de vous. » OUIZILLE.

VIII

IMPRÉCATIONS DE PRIAPE CONTRE LES SORCIÈRES CANIDIE ET SAGANE.

Autrefois j'étais un tronc de figuier, vieil arbre inutile; l'ouvrier ne savait s'il devait me donner la forme d'un banc ou la figure de Priape : il se décida pour le dieu. Me voilà donc devenu une divinité, l'épouvantail des voleurs et des oiseaux; car mon bras, et ce pieu obscène et rouge qui figure au milieu de ma statue, arrêtent les voleurs; et le roseau qui entoure ma tête effraie les oiseaux incommodes, et les empêche de s'arrêter dans ces nouveaux jardins.

    Flumen ut hibernum, fertur quo rara securis.
    Tum Prænestinus salso multumque fluenti
    Expressa arbusto regerit convicia, durus
    Vindemiator, et invictus, cui sæpe viator
    Cessisset, magna compellans voce cucullum.
    At Græcus, postquam est Italo perfusus aceto,
    Persius exclamat : « Per magnos, Brute, Deos te
    Oro, qui reges consueris tollere, cur non
    Hunc Regem jugulas? operum hoc, mihi crede, tuorum est. »

VIII

IN CANIDIÆ ET SAGANÆ VENEFICIA PRIAPUS INVEHITUR.

    Olim truncus eram ficulnus, inutile lignum,
    Quum faber incertus scamnum faceretne Priapum,
    Maluit esse Deum. Deus inde ego, furum aviumque
    Maxima formido; nam fures dextra coercet,
    Obscenoque ruber porrectus ab inguine palus :
    Ast importunas volucres in vertice arundo
    Terret fixa, vetatque novis considere in hortis.

C'était naguère en ces lieux que l'esclave venait déposer le cadavre de son compagnon de servitude, après l'avoir enlevé de son étroite cellule et placé dans une bière ignoble. C'était ici la fosse commune des citoyens morts dans la misère, celle du bouffon Pantolabus et du débauché Nomentanus. Ce terrain avait mille pieds le long du chemin, et trois cents sur la campagne; un cippe en consacrait la donation, à l'exclusion de tous les droits des héritiers.

Aujourd'hui, les Esquilies sont devenues un lieu sain et habitable, et on peut se promener sur ces superbes terrasses, où l'on n'apercevait jadis qu'un champ hideux et couvert d'ossements desséchés.

Quant à moi, les voleurs, et les bêtes dont ces jardins sont infestés ne me donnent pas encore tant de peine et de travail que ces maudites sorcières qui, par leurs prédictions insensées et leurs philtres dangereux, bouleversent les esprits des pauvres humains. Je ne puis les éloigner, et empêcher, aussitôt que la lune vagabonde a montré son éclatant visage, qu'elles ne ramassent des ossements et des plantes vénéneuses. J'ai vu de mes propres yeux Canidie, relevant sa longue robe noire, accourir ici pieds nus, cheveux épars, et hurlant à l'envi avec Sagane l'aînée. La pâleur de leurs visages les rendait horribles à voir. Elles commencèrent à gratter la terre avec leurs ongles, et à déchirer de leurs dents une jeune brebis noire; le sang en fut versé dans une fosse d'où les mânes devaient sortir pour répondre à leurs ques-

> Huc prius angustis ejecta cadavera cellis
> Conservus vili portanda locabat in arca.
> Hoc miseræ plebi stabat commune sepulcrum,
> Pantolabo scurræ, Nomentanoque nepoti.
> Mille pedes in fronte, trecentos cippus in agrum
> Hic dabat; hæredes monumentum ne sequeretur.
> Nunc licet Esquiliis habitare salubribus, atque
> Aggere in aprico spatiari, quo modo tristes
> Albis informem spectabant ossibus agrum.
> Quum mihi non tantum furesque feræque, suetæ
> Hunc vexare locum, curæ sunt atque labori,
> Quantum carminibus quæ versant atque venenis
> Humanos animos. Has nullo perdere possum
> Nec prohibere modo, simul ac vaga luna decorum
> Protulit os, quin ossa legant, herbasque nocentes.
> Vidi egomet nigra succinctam vadere palla
> Canidiam, pedibus nudis, passoque capillo,
> Cum Sagana majore ululantem; pallor utrasque
> Fecerat horrendas aspectu: scalpere terram
> Unguibus, et pullam divellere mordicus agnam
> Cœperunt; cruor in fossam confusus, ut inde
> Manes elicerent, animas responsa daturas.
> Lanea et effigies erat, altera cerea; major

tions. Les sorcières tenaient deux petites figures, l'une de laine, l'autre de cire : celle de laine était la plus grande, et avait l'attitude d'un maître menaçant; l'autre, comme un esclave suppliant, semblait attendre la mort. Canidie invoque Hécate; Sagane, la cruelle Tisiphone : on eût pu voir alors errer autour d'elles les serpents et les chiens infernaux, la lune devenir d'un rouge de sang, et bientôt, pour ne pas assister à de pareilles horreurs, disparaître derrière les majestueux tombeaux.

Si je mens d'un seul mot, je veux bien que les corbeaux me couvrent la tête de leur fiente blanchâtre, et que Julius, l'infâme Pédiatia, et le voleur Voranus, viennent déposer sur moi leurs plus dégoûtantes saletés!

Mais pourquoi énumérer tant d'infamies? pourquoi redire l'effroyable scène qui se passa entre Sagane et les ombres, et leurs chants aigus et plaintifs? comment ces vieilles sorcières enfouirent furtivement la barbe d'un loup et les dents d'une couleuvre tachetée? comment parut alors un grand feu pour consumer la figure de cire, et de quelle manière enfin, ne pouvant voir tant d'horreurs sans frémir, je me vengeai des chants et des forfaits de ces deux furies? Mon bois éclata par derrière, et de cette fente sortit un bruit semblable à celui d'une vessie qui crève. Aussitôt mes deux sorcières se mirent à courir vers la ville, et on n'eût pu voir sans rire Canidie perdre ses fausses dents, Sagane sa chevelure postiche, et laisser en chemin leurs simples et leurs bracelets magiques.

ERNEST PANCKOUCKE.

Lanea, quæ pœnis compesceret inferiorem.
Cerea suppliciter stabat servilibus, ut quæ
Jam peritura, modis. Hecaten vocat altera; sævam
Altera Tisiphonem : serpentes atque videres
Infernas errare canes, lunamque rubentem,
Ne foret his testis, post magna latere sepulcra.
Mentior at si quid, merdis caput inquiner albis
Corvorum; atque in me veniat mictum atque cacatum
Julius et fragilis Pediatia, furque Voranus.
Singula quid memorem? quo pacto alterna loquentes
Umbræ cum Sagana resonarint triste et acutum?
Utque lupi barbam variæ cum dente colubræ
Abdiderint furtim terris, et imagine cerea
Largior arserit ignis; et ut non testis inultus
Horruerim voces Furiarum et facta duarum?
Nam, displosa sonat quantum vesica, pepedi
Diffissa nate ficus; at illæ currere in urbem :
Canidiæ dentes, altum Saganæ caliendrum
Excidere, atque herbas, atque incantata lacertis
Vincula, cum magno risuque jocoque videres.

IX

LE FÂCHEUX.

J'allais un jour le long de la voie Sacrée, occupé, selon mon usage, de je ne sais quelles bagatelles, et tout absorbé dans ma rêverie. Vient à moi un quidam dont je sais à peine le nom, et qui me dit, en me prenant la main : « Comment cela va-t-il, mon cher ami? — Assez bien pour le moment, lui dis-je, et fort à votre service. » Comme il me suivait, je le prévins, en lui demandant : « Désirez-vous quelque chose de moi? — Parbleu, dit-il, nous nous connaissons bien; je suis poëte aussi. » Je lui réponds que je l'en félicite et l'en honore davantage; et, dans l'espoir de lui échapper, je double le pas : je m'arrête tout à coup, je parle à mon valet tout bas sans lui rien dire. J'étais inondé de sueur de la tête aux pieds. Heureux Bolanus, disais-je en moi-même, que n'ai-je une tête comme la tienne !

Cependant mon homme ne cessait de parler, vantait la ville et les faubourgs; et, voyant que je ne lui répondais mot : « Vous voulez m'échapper, dit-il, mais c'est peine perdue, je ne vous lâche point. Où allez-vous de ce pas? — Fort loin d'ici, lui répondis-je; ce n'est pas la peine de vous déranger, je vais chez quelqu'un qui n'est point de votre connaissance, au delà du Tibre, tout près des jardins de César. — Eh bien ! réplique mon fâcheux,

IX.

GARRULI CUJUSDAM IMPORTUNA LOQUACITAS.

Ibam forte via Sacra, sicut meus est mos,
Nescio quid meditans nugarum, totus in illis;
Accurrit quidam, notus mihi nomine tantum,
Arreptaque manu : « Quid agis, dulcissime rerum?
— Suaviter, ut nunc est, inquam; et cupio omnia quæ vis. »
Quum assectaretur : « Numquid vis? » occupo. At ille :
« Noris nos, inquit, docti sumus. » Hic ego : « Pluris
Hoc, inquam, mihi eris. » Misere discedere quærens,
Ire modo ocius, interdum consistere; in aurem
Dicere nescio quid puero. Quum sudor ad imos
Manaret talos : O te, Bolane, cerebri
Felicem ! aiebam tacitus. Quum quidlibet ille
Garriret, vicos, urbem laudaret; ut illi
Nil respondebam : « Misere cupis, inquit, abire,
Jamdudum video : sed nil agis; usque tenebo,
Persequar. Hinc quo nunc iter est tibi? — Nil opus est te
Circumagi : quemdam volo visere, non tibi notum :
Trans Tiberim longe cubat is prope Cæsaris hortos.

je n'ai rien à faire, j'aime à marcher, me voilà disposé à vous suivre jusqu'au bout. » Le moyen de s'en tirer? Je baisse l'oreille comme un âne sous son fardeau, et mon homme reprend : « Vous êtes l'ami de Viscus, de Varius ; mais, si je sais m'y connaître, vous ne ferez pas moins de cas de moi. Vous aimez les vers; qui en fait plus que moi et plus vite? J'ai la danse moelleuse, et la voix! Hermogène crève d'envie lorsque je me mets à chanter. » C'était le moment de l'interrompre : « Avez-vous une mère, lui demandai-je, des parents à qui votre santé soit chère? — Personne, répondit-il; j'ai tout enterré. » Qu'ils sont heureux! dis-je en moi-même, et moi, me voilà sous le couteau! Allons, bourreau, achève; je touche au moment fatal que me prédit dans mon enfance une vieille sorcière de Samnite, après avoir fait rouler ses dés dans son cornet : « Cet enfant, dit-elle, n'a rien à craindre du poison ni du fer de l'ennemi ; il peut braver le point de côté, la toux, la goutte; mais, gare les bavards! s'il est sage, il les évitera quand il sera en âge de raison ; car un fâcheux doit un jour le laisser pour mort. »

La quatrième heure du jour s'écoulait, nous étions arrivés près du temple de Vesta; mon homme s'y trouvait précisément ajourné pour répondre d'une caution donnée, et, faute de comparaître, il allait perdre son procès. » Si vous m'aimez, me dit-il, assistez-moi ici un moment. — Moi! que je meure, si je puis m'arrêter un instant, et si j'entends un mot aux affaires! je cours où vous savez. — Me voilà fort en peine, reprend-il : que faire? qui dois-je aban-

—Nil habeo quod agam, et non sum piger: usque sequar te. »
Demitto auriculas, ut iniquæ mentis asellus,
Quum gravius dorso subiit onus. Incipit ille :
« Si bene me novi, non Viscum pluris amicum,
Non Varium facies : nam quis me scribere plures,
Aut citius possit versus? quis membra movere
Mollius? invideat quod et Hermogenes, ego canto. »
Interpellandi locus hic erat : « Est tibi mater,
Cognati, quis te salvo est opus? — Haud mihi quisquam :
Omnes composui. » — Felices! nunc ego resto :
Confice; namque instat fatum mihi triste Sabella
Quod puero cecinit, divina mota anus urna :
« Hunc neque dira venena, nec hosticus auferet ensis,
Nec laterum dolor, aut tussis, nec tarda podagra :
Garrulus hunc quando consumet cumque : loquaces,
Si sapiat, vitet, simul atque adoleverit ætas. »
Ventum erat ad Vestæ, quarta jam parte diei
Præterita, et casu tunc respondere vadato
Debebat; quod ni fecisset, perdere litem.
« Si me amas, inquit, paulum hic ades. — Inteream, si
Aut valeo stare, aut novi civilia jura :
Et propero quo scis. — Dubius sum, quid faciam, inquit

donner, de vous ou de mon procès? — Moi, de grâce. — Non, parbleu, » ajoute-t-il; et le voilà qui prend les devants. Que faire contre plus fort que soi? Je le suis. Il reprend la conversation. « Comment Mécène se comporte-t-il avec vous? — Mécène est un esprit sage qui ne s'accommode pas de tout le monde. — Vraiment ! Mais vous êtes adroit à saisir les occasions. Si vous vouliez me présenter à lui, vous trouveriez en moi un second qui vous aiderait puissamment; sur ma tête, je vous débarrasserais lestement de tous vos rivaux. — Vous ne connaissez pas cette maison-là; il n'en est pas de mieux ordonnée; les choses n'y vont pas comme vous croyez : on n'y connaît point les cabales; je n'ai point à craindre d'y être supplanté par un plus riche ou par un plus savant : chacun y est à sa place. — C'est quelque chose de merveilleux ce que vous me contez là; cela est à peine croyable. — Et très-vrai pourtant. — Vous enflammez de plus en plus le désir que j'éprouve d'approcher Mécène. — Vous n'avez qu'à vouloir, rien ne saurait résister à votre mérite. Mécène peut être d'un abord difficile, mais il n'est point inexpugnable. — Je ne me manquerai pas à moi-même; ses gens seront bientôt gagnés : éconduit aujourd'hui, je ne me rebuterai pas; j'épierai les moments, je me trouverai sur son passage, je me mettrai à sa suite; on n'obtient rien sans peine : telle est la condition des mortels. »

Il en était là, lorsque Fuscus Aristius vint à notre rencontre; il est de mes amis, et connaissait fort bien mon homme. Nous nous arrêtons. « D'où venez-vous? où allez-vous? » Il interroge et

Tene relinquam, an rem. — Me, sodes. — Non faciam, » ille;
Et præcedere cœpit. Ego, ut contendere durum est
Cum victore, sequor. « Mæcenas quomodo tecum? »
Hinc repetit. « Paucorum hominum, et mentis bene sanæ :
— Nemo dexterius fortuna est usus. Haberes
Magnum adjutorem, posset qui ferre secundas,
Hunc hominem velles si tradere; dispeream, ni
Summosses omnes. — Non isto vivimus illic,
Quo tu rere, modo : domus hac nec purior ulla est,
Nec magis his aliena malis. Nil mi officit unquam,
Ditior hic, aut est quia doctior; est locus uni-
Cuique suus. — Magnum narras, vix credibile ! — Atqui
Sic habet. — Accendis, quare cupiam magis illi
Proximus esse. — Velis tantummodo : quæ tua virtus,
Expugnabis. Et est qui vinci possit; eoque
Difficiles aditus primos habet. — Haud mihi deero :
Muneribus servos corrumpam; non, hodie si
Exclusus fuero, desistam; tempora quæram;
Occurram in triviis; deducam. Nil sine magno
Vita labore dedit mortalibus. » Hæc dum agit, ecce
Fuscus Aristius occurrit, mihi carus, et illum
Qui pulchre nosset. Consistimus : « Unde venis? et,
Quo tendis? » rogat : et respondet. Vellere cœpi,

répond à son tour, et moi je roule de grands yeux; je lui pince le bras, qui reste sans mouvement; je lui fais des signes, pour qu'il me tire d'affaire; le malin rit sous cape, et fait semblant de ne pas me comprendre. Ma tête s'échauffait : « A propos, lui dis-je, vous avez à m'entretenir d'un secret, de je ne sais quoi, n'est-ce pas? — Oui, je m'en souviens, répond-il, mais je vous le dirai dans un moment plus opportun : c'est aujourd'hui le trentième sabbat, vous ne voudriez pas manquer aux Juifs. — Oh! je n'ai point de scrupule. — Eh bien, moi, reprend-il, je ne suis pas un esprit fort comme vous, je ressemble aux petites gens. Excusez ma faiblesse, nous parlerons une autre fois. » Fut-il un jour plus fatal? Le perfide fuit, et me lâche le couteau sur la gorge. Par bonheur, au détour d'une rue, mon fâcheux et son adversaire se rencontrent nez à nez : « Ah! te voilà, coquin! où vas-tu? » crie celui-ci d'une voix terrible. Et ensuite, se tournant vers moi : « Voulez-vous être témoin? — Très-volontiers. » Il entraîne mon homme à l'audience. Grand vacarme, la foule s'amasse, et je m'esquive, sauvé par Apollon.

DARU.

X

SUR LE POÈTE LUCILIUS.

Oui, j'ai accusé de négligence la muse facile de Lucilius. Quel sot admirateur de ce poëte n'en tomberait d'accord? Mais, à la même page, je le loue d'avoir semé dans Rome le sel à pleines

>   Et prensare manu lentissima brachia, nutans,
> Distorquens oculos, ut me eriperet : male salsus
> Ridens dissimulare : meum jecur urere bilis.
>   « Certe nescio quid secreto velle loqui te
> Aiebas mecum. — Memini bene; sed meliori
> Tempore dicam; hodie tricesima sabbata : vin' tu
> Curtis Judæis oppedere? — Nulla mihi, inquam,
> Relligio est. — At mi sum paulo infirmior; unus
> Multorum; ignosces : alias loquar. » Hunccine solem
> Tam nigrum surrexe mihi!... Fugit improbus, ac me
> Sub cultro linquit. Casu venit obvius illi
> Adversarius : et, « Quo tu, turpissime? » magna
> Exclamat voce; et : « Licet antestari? » Ego vero
> Oppono auriculam : rapit in jus : clamor utrinque;
> Undique concursus. Sic me servavit Apollo.

X.

SUAM DE LUCILIO SENTENTIAM EXPLICAT.

> Nempe incomposito dixi pede currere versus
> Lucili. Quis tam Lucili fautor inepte est,
> Ut non hoc fateatur? At idem, quod sale multo
> Urbem defricuit, charta laudatur eadem.

mains; non toutefois que, pour lui accorder ce mérite, je lui donne tous les autres; car, à ce compte, je devrais admirer comme des poëmes parfaits les mimes de Laberius. Ce n'est donc pas assez de faire rire aux éclats son auditoire, quoique ce talent soit bien quelque chose; il faut encore que la précision donne des ailes à la pensée, pour qu'elle ne s'empêtre pas dans un verbiage dont se lasse l'oreille fatiguée : il faut savoir passer du sévère au gracieux, se montrer tantôt orateur, tantôt poëte, et quelquefois, avec le tact d'un homme du monde, ménager ses forces et en cacher à dessein la moitié. Une plaisanterie tranche souvent les questions difficiles avec plus de vigueur et de netteté que la véhémence. C'était là ce qui faisait vivre nos vieux comiques : voilà ce qu'il faut imiter dans ces auteurs que n'a lus jamais ni le bel Hermogène, ni ce singe qui ne sait que fredonner et Calvus et Catulle. — Mais c'est un grand mérite à Lucilius de mêler des mots grecs dans ses vers. — Ignorants ! trouvez-vous donc si difficile et si merveilleux ce qu'a fait le Rhodien Pitholéon ? — Ce mélange heureux des deux langues a bien plus de charmes; c'est du vin de Chio mêlé au Falerne. — Tu es poëte, et c'est à toi que je veux m'en rapporter. Si tu avais à défendre la cause difficile de Petillius, irais-tu, oubliant ta patrie et ton père, quand Pedius Publicola et Corvinus se tuent à plaider en latin, irais-tu chercher bien loin des mots étrangers, pour les mêler au langage de tes con-

> Nec tamen hoc tribuens, dederim quoque cetera ; nam sic
> Et Laberi mimos, ut pulchra poemata, mirer.
> Ergo non satis est risu diducere rictum
> Auditoris; et est quaedam tamen hic quoque virtus :
> Est brevitate opus, ut currat sententia, neu se
> Impediat verbis lassas onerantibus aures;
> Et sermone opus est, modo tristi, saepe jocoso,
> Defendente vicem modo rhetoris, atque poetae,
> Interdum urbani, parcentis viribus, atque
> Extenuantis eas consulto. Ridiculum acri
> Fortius et melius magnas plerumque secat res.
> Illi, scripta quibus comœdia prisca viris est,
> Hoc stabant, hoc sunt imitandi; quos neque pulcher
> Hermogenes unquam legit, neque simius iste,
> Nil praeter Calvum et doctus cantare Catullum.
> — At magnum fecit, quod verbis Graeca Latinis
> Miscuit. — O seri studiorum ! quine putetis
> Difficile et mirum, Rhodio quod Pitholeonti
> Contigit? — At sermo lingua concinnus utraque
> Suavior, ut Chio nota si commista Falerni est.
> Quum versus facias, teipsum percontor, an, et quum
> Dura tibi peragenda rei sit causa Petilli?
> Scilicet oblitus patriaeque patrisque, latine
> Quum Pedius causas exsudet Publicola, atque
> Corvinus, patriis intermiscere petita

citoyens, et parler, comme à Canuse, deux langues en une seule ? Et moi aussi, moi, né de ce côté-ci de la mer, je faisais des vers grecs, lorsque le fils de Mars m'apparut vers le matin, à l'heure où les songes ne sont plus trompeurs, et me les interdit en ces mots : « Porter de l'eau à la rivière ne serait pas plus fou que de vouloir grossir la troupe innombrable des poëtes grecs. » Aussi, tandis que l'emphatique Alpinus égorge Memnon et barbouille de fange la tête du Rhin, je me joue en ces vers, qui n'iront point faire retentir le temple d'Apollon, pour disputer le prix au tribunal de Tarpa, et qu'on ne verra point redemander et redemander encore sur la scène. Nul de tes contemporains ne pourrait, Fundanius, égaler ton talent pour peindre les ruses d'une courtisane, et Dave escroquant le vieux Chremès. Pollion, en vers senaires, chante les exploits des héros : le fier Varius efface peut-être tous ses rivaux dans la poésie épique ; et les Muses, amies des champs, ont donné à Virgile la douceur et la grâce. La satire, après les vaines tentatives de Varron, né sur les rives de l'Atace, et de quelques autres, était le genre où je pouvais m'exercer avec le plus de succès, sans toutefois égaler l'inventeur, car je ne prétends pas lui arracher la brillante couronne dont la gloire a paré son front ; mais j'ai dit que son onde n'était pas toujours limpide ; que souvent il y avait plus à retrancher qu'à laisser. Et toi, docteur, ne trouves-tu rien à reprendre dans le grand Homère ? Lucilius lui-même est-il toujours indulgent pour les tragédies d'Accius ? Ne

Verba foris malis, Canusini more bilinguis ?
Atqui ego, quum Græcos facerem, natus mare citra,
Versiculos, vetuit me tali voce Quirinus,
Post mediam noctem visus, quum somnia vera :
« In sylvam non ligna feras insanius, ac si
Magnas Græcorum malis implere catervas. »
Turgidus Alpinus jugulat dum Memnona, dumque
Defingit Rheni luteum caput ; hæc ego ludo
Quæ nec in æde sonent certantia, judice Tarpa,
Nec redeant iterum atque iterum spectanda theatris.
Arguta meretrice potes, Davoque Chremeta
Eludente senem, comis garrire libellos,
Unus vivorum, Fundani. Pollio regum
Facta canit, pede ter percusso : forte epos acer,
Ut nemo, Varius ducit : molle atque facetum
Virgilio annuerunt gaudentes rure Camenæ.
Hoc erat, experto frustra Varrone Atacino,
Atque quibusdam aliis, melius quod scribere possem
Inventore minor : neque ego illi detrahere ausim
Hærentem capiti multa cum laude coronam.
At dixi fluere hunc lutulentum, sæpe ferentem
Plura quidem tollenda relinquendis. Age, quæso
Tu nihil in magno doctus reprehendis Homere ?
Nil comis tragici mutat Lucilius Acci ?

rit-il pas des vers indignes de la majesté d'Ennius? Cependant, quand il parle de lui-même, il ne se met pas au-dessus de ceux qu'il critique. Et qui nous défend, quand nous lisons ses poésies, de chercher si la nature de son talent ou la difficulté du sujet l'a empêché de faire des vers mieux tournés et plus coulants? si un auteur, satisfait d'ajuster six pieds ensemble, peut s'applaudir de composer à jeun deux cents vers, et autant après souper? Telle fut la verve de l'Étrurien Cassius, dont les vers, comme un fleuve intarissable, coulaient avec tant d'abondance, qu'il fut, dit-on, brûlé sur un bûcher composé de ses œuvres. J'accorde à Lucilius la grâce, l'élégance et plus de politesse qu'on n'en devait attendre de l'inventeur encore novice d'un genre inconnu à la Grèce, plus qu'on n'en trouve dans la foule de nos vieux poëtes; mais si les destins l'eussent réservé pour notre siècle, on le verrait polir ses ouvrages, retrancher tout ce qui dépasse le but, et, dans le feu de la composition, gratter son front et ronger ses ongles jusqu'au vif. Effacez souvent, si vous voulez qu'on relise vos écrits. Satisfait d'un petit nombre de lecteurs, ne cherchez pas les applaudissements de la foule. Auriez-vous la sotte envie de voir dicter vos vers dans les plus obscures écoles? Non pas moi : les applaudissements des chevaliers me suffisent, comme l'osait dire Arbuscula, quand elle bravait les sifflets du peuple. Serais-je sensible aux critiques du punais Pantilius? Irais-je me

Non ridet versus Enni gravitate minores,
  Quum de se loquitur, non ut majore reprensis?
Quid vetat, et nosmet Lucili scripta legentes,
Quærere num ilius, num rerum dura negarit
Versiculos natura magis factos, et euntes
Mollius, ac si quis pedibus quid claudere senis
Hoc tantum contentus, amet scripsisse ducentos
Ante cibum versus, totidem cænatus? Etrusci
Quale fuit Cassi rapido ferventius amni
Ingenium, capsis quem fama est esse librisque
Ambustum propriis. Fuerit Lucilius, inquam,
Comis et urbanus; fuerit limatior idem,
Quam rudis et Græcis intacti carminis auctor,
Quamque poetarum seniorum turba : sed ille,
Si foret hoc nostrum fato delatus in ævum,
Detereret sibi multa; recideret omne quod ultra
Perfectum traheretur, et in versu faciendo
Sæpe caput scaberet, vivos et roderet ungues.
Sæpe stylum vertas, iterum quæ digna legi sint,
Scripturus; neque te ut miretur turba, labores,
Contentus paucis lectoribus. An tua demens
Vilibus in ludis dictari carmina malis?
Non ego; nam satis est equitem mihi plaudere, ut audax,
Contemptis aliis, explosa Arbuscula dixit.
Men' moveat cimex Pantilius? aut crucier, quod

tourmenter des sarcasmes dont, en mon absence, me déchire Démétrius, ou des morsures de l'imbécile Fannius, ce parasite d'Hermogène Tigellius? Je recherche le suffrage de Plotius, de Varius, de Mécène, de Virgile, de Valgius, de l'excellent Octave, et de Fuscus. Puissent mes vers plaire aux deux Viscus! Je puis sans ambition vous nommer encore, Pollion, toi, Messala, et ton frère, avec les Bibulus, les Servius, et toi, sincère Furnius. J'omets à dessein les noms d'autres amis, dont le talent égale la tendresse pour moi ; c'est à leur plaire que mes vers, quels qu'ils soient, doivent aspirer. Malheureux si je n'y puis réussir autant que je l'espère! Pour vous, Démétrius et Tigellius, je vous laisse roucouler vos vers à votre auditoire féminin. Allons, esclave, hâte-toi d'ajouter cette pièce à mon volume.

> Vellicet absentem Demetrius? aut quod ineptus
> Fannius Hermogenis lædat conviva Tigelli?
> Plotius, et Varius, Mæcenas, Virgiliusque
> Valgius, et probet hæc Octavius optimus, atque
> Fuscus; et hæc utinam Viscorum laudet uterque!
> Ambitione relegata, te dicere possum,
> Pollio, te, Messala, tuo cum fratre; simulque
> Vos, Bibuli et Servi; simul his te, candide Furni :
> Complures alios, doctos ego quos et amicos
> Prudens prætereo, quibus hæc, sint qualiacumque,
> Arridere velim; doliturus, si placeant spe
> Deterius nostra. Demetri, teque, Tigelli,
> Discipularum inter jubeo plorare cathedras.
> I, puer, atque meo citus hæc subscribe libello.

SATIRES

LIVRE SECOND

I

HORACE DÉLIBÈRE AVEC UN DE SES AMIS S'IL DOIT S'ABSTENIR DE COMPOSER DES SATIRES.

HORACE.

Les uns m'accusent d'être trop mordant et d'outre-passer les bornes de la satire; les autres prétendent que tous mes ouvrages manquent de nerf, et qu'on pourrait aligner par jour mille vers comme les miens. Trebatius, que faire? prononcez.

TREBATIUS.

Rester tranquille.

HORACE.

Qui? moi! ne plus composer un seul vers! dites-vous?

TREBATIUS.

Sans doute.

I

CUM AMICO DELIBERAT UTRUM A SCRIBENDIS SATIRIS DEBEAT ABSTINERE.

HORATIUS.

Sunt quibus in satira videar nimis acer, et ultra
Legem tendere opus; sine nervis altera, quidquid
Composui, pars esse putat, similesque meorum
Mille die versus deduci posse. Trebati,
Quid faciam, præscribe.

TREBATIUS.
Quiescas.

HORATIUS.
                Ne faciam inquis.
Omnino versus?

TREBATIUS.
Aio

HORACE.

Je veux mourir, si ce n'est là le plus sage parti! mais je ne saurais dormir.

TREBATIUS.

Eh bien, ceux qui veulent jouir d'un profond sommeil, doivent, après s'être frottés d'huile, traverser trois fois le Tibre à la nage, et, le soir, arroser leur estomac des flots d'un vin généreux; ou, si vous êtes possédé d'une telle fureur d'écrire, osez chanter les exploits de l'invincible César; de si nobles travaux obtiendront une digne récompense.

HORACE.

O mon cher patron! mes forces trahiraient mes désirs; car il n'est pas donné à tout le monde de peindre les bataillons hérissés de dards, les Gaulois expirants sous les lances brisées, et le Parthe qui tombe couvert de blessures aux pieds de son coursier.

TREBATIUS.

Du moins vous pourriez célébrer la justice et la magnanimité de César, comme le sage Lucilius chanta les vertus de Scipion.

HORACE.

C'est un devoir, et je n'y manquerai pas, quand l'occasion s'en présentera. Mais, si je ne trouve ce moment favorable, les vers d'Horace n'iront point fatiguer l'oreille préoccupée de César. Quand on le caresse maladroitement, il se cabre contre la louange, tant il se tient toujours sur ses gardes!

HORATIUS.
Peream male, si non
Optimum erat : verum nequeo dormire.

TREBATIUS.
Ter uncti
Transnanto Tiberim, somno quibus est opus alto,
Irriguumque mero sub noctem corpus habento.
Aut, si tantus amor scribendi te rapit, aude
Cæsaris invicti res dicere, multa laborum
Præmia laturus.

HORATIUS.
Cupidum, pater optime, vires
Deficiunt : neque enim quivis horrentia pilis
Agmina, nec fracta pereuntes cuspide Gallos,
Aut labentis equo describat vulnera Parthi.

TREBATIUS.
Attamen et justum poteras et scribere fortem,
Scipiadam, ut sapiens Lucilius.

HORATIUS.
Haud mihi deero,
Quum res ipsa feret. Nisi dextro tempore, Flacci
Verba per attentam non ibunt Cæsaris aurem.
Cui male si palpere, recalcitrat undique tutus

TREBATIUS.

Combien cela vaudrait mieux que de déchirer d'un vers cruel le bouffon Pantolabus, et Nomentanus le débauché! Quiconque tremble pour soi, déteste ceux même dont les traits ne l'ont pas atteint.

HORACE.

Puis-je m'en défendre? Milon se met à danser, dès que les fumées du vin lui montent à la tête, et multiplient à ses yeux le nombre des lumières. Castor aime à dompter les chevaux; son frère, éclos du même œuf, se plaît aux combats du ceste. Autant de têtes, autant de goûts différents. Mon plaisir est d'emprisonner mes paroles dans la mesure d'un vers, comme l'a fait Lucilius, plus raisonnable que vous et moi. Autrefois Lucilius confiait ses plus secrètes pensées à ses tablettes comme à de fidèles amis; dans le bonheur, dans le malheur, il ne cherchait pas d'autre confident; aussi sa vie se trouve-t-elle peinte dans ses ouvrages comme dans un tableau votif. Je suis son exemple, moi, né dans la Lucanie ou dans l'Apulie, ce que je ne saurais décider : car Vénouse voit ses habitants labourer le sol de l'une et l'autre de ces deux contrées; c'est là que, selon une vieille tradition, Rome, après l'expulsion des Sabins, établit notre colonie, pour empêcher l'ennemi de fondre, par un pays désert, sur son territoire, si l'Apulie ou la Lucanie nous déclarait à l'improviste quelque guerre terrible. Toutefois, ma plume n'attaquera jamais volontairement âme qui vive : elle me protégera seulement comme un glaive dans son fourreau

TREBATIUS.

Quanto rectius hoc, quam tristi lædere versu
Pantolabum scurram, Nomentanumque nepotem!
Quum sibi quisque timet, quanquam est intactus, et odit.

HORATIUS.

Quid faciam? Saltat Milonius, ut semel icto
Accessit fervor capiti, numerusque lucernis.
Castor gaudet equis : ovo prognatus eodem,
Pugnis : quot capitum vivunt, totidem studiorum
Millia. Me pedibus delectat claudere verba,
Lucili ritu, nostrum melioris utroque.
Ille, velut fidis arcana sodalibus, olim
Credebat libris; neque, si male gesserat, usquam
Decurrens alio; neque si bene. Quo fit ut omnis
Votiva pateat veluti descripta tabella
Vita senis. Sequor hunc, Lucanus an Appulus, anceps :
Nam Venusinus arat finem sub utrumque colonus,
Missus ad hoc, pulsis, vetus est ut fama, Sabellis;
Quo ne per vacuum Romano incurreret hostis :
Sive quod Appula gens, seu quod Lucania bellum
Incuteret violenta. Sed hic stylus haud petet ultro
Quemquam animantem; et me veluti custodiet ensis

Pourquoi l'en tirer tant que je serai à l'abri de l'insulte? O père et souverain du monde! ô Jupiter! fais que ce glaive délaissé périsse rongé de rouille, et que personne ne trouble un repos qui m'est si cher! Mais malheur à qui me provoquera! (je le déclare, il aurait mieux fait de me laisser tranquille). Il lui en coûtera plus d'une larme, et son nom retentira bafoué dans toute la ville.

Cervius, en courroux, invoque la justice et la rigueur des lois; la fille d'Albutius, Canidie, menace du poison ses ennemis; Turius, du haut de son tribunal, médite des arrêts formidables. Tout être emploie les armes qui lui sont propres pour effrayer ceux dont il se défie : telle est l'impérieuse loi de la nature; voyez les animaux! le loup attaque avec ses dents, le taureau avec ses cornes. Pourquoi? c'est leur instinct.

Confiez au libertin Scéva sa mère encore pleine de vie; ses pieuses mains ne s'armeront pas pour l'assassiner. O merveille! le loup pour attaquer n'a point recours à ses pieds, ni le bœuf à des morsures. Mais la pauvre vieille sera enlevée au monde par un perfide breuvage de ciguë et de miel.

Pour en finir, que je sois réservé à une paisible vieillesse, ou que déjà la mort aux sombres ailes voltige à mes côtés; riche ou pauvre, à Rome ou dans l'exil, si le sort l'ordonne, quelle que soit ma destinée, je ferai des vers.

TREBATIUS.

Mon pauvre garçon! je crains bien que vous ne viviez pas

> Vagina tectus : quem cur distringere coner,
> Tutus ab infestis latronibus? O pater et rex
> Jupiter, ut pereat positum rubigine telum,
> Nec quisquam noceat cupido mihi pacis! at ille,
> Qui me commorit, melius non tangere! clamo,
> Flebit, et insignis tota cantabitur urbe.
> Cervius iratus leges minitatur et urnam:
> Canidia Albuti, quibus est inimica, venenum.
> Grande malum Turius, si quis, se judice, certet
> Ut, quo quisque valet, suspectos terreat, utque
> Imperet hoc natura potens, sic collige mecum :
> Dente lupus, cornu taurus petit; unde, nisi intus
> Monstratum? Scævæ vivacem crede nepoti
> Matrem : nil faciet sceleris pia dextera; mirum!
> Ut neque calce lupus quemquam, neque dente petit bos!
> Sed mala tollet anum vitiato melle cicuta.
> Ne longum faciam, seu me tranquilla senectus
> Exspectat, seu mors atris circumvolat alis,
> Dives, inops, Romæ, seu fors ita jusserit, exsul,
> Quisquis erit vitæ, scribam, color.

TREBATIUS.
> O puer, ut sis

longtemps, et qu'un ami puissant ne vous frappe de mort par un accueil glacé.

HORACE.

Pourquoi donc? Lorsque Lucilius osa le premier composer des ouvrages dans le genre des miens, et démasquer ces fourbes, qui, bravant tous les regards, couvraient de brillants dehors la turpitude de leur âme; Lélius, et le héros qui tira de Carthage vaincue un surnom mérité, furent-ils scandalisés de ses satires? lui reprochèrent-ils d'avoir déchiré Metellus, d'avoir accablé Lupus du poids de ses vers flétrissants? Pourtant il attaquait toutes les classes, les grands comme le peuple, n'épargnant que la vertu et ses fidèles sectateurs. Que dis-je? quand le magnanime Scipion, et Lélius, cet aimable sage, s'arrachaient, pour la retraite, au bruit de la foule et à la scène du monde, dépouillés de leur toge, ils aimaient à badiner et à se délasser avec lui, tandis qu'on leur préparait un modeste plat de légumes. Tel que je suis, quoique moins bien traité que Lucilius par la fortune et par les muses, j'ai toujours vécu dans la familiarité de nos plus illustres personnages; l'envie sera forcée d'en convenir; et ses dents, en cherchant à mordre sur mon endroit faible, se briseront plutôt, à moins que vous n'ayez encore quelque raison à m'opposer, docte Trebatius!

TREBATIUS.

En vérité, je n'ai rien à répondre. Cependant, tenez-vous sur

Vitalis, metuo; et majorum ne quis amicus
Frigore te feriat.

HORATIUS.
Quid? quum est Lucilius ausus
Primus in hunc operis componere carmina morem,
Detrahere et pellem, nitidus qua quisque per ora
Cederet, introrsum turpis; num Lælius, et qui
Duxit ab oppressa meritum Carthagine nomen,
Ingenio offensi, aut læso doluere Metello,
Famosisque Lupo cooperto versibus? Atqui
Primores populi arripuit, populumque tributim;
Scilicet uni-æquus virtuti, atque ejus amicis.
Quin, ubi se a vulgo et scena in secreta remorant
Virtus Scipiadæ, et mitis sapientia Læli;
Nugari cum illo et discincti ludere, donec
Decoqueretur olus, soliti. Quidquid sum ego, quamvis
Infra Lucili censum ingeniumque, tamen me
Cum magnis vixisse invita fatebitur usque
Invidia; et fragili quærens illidere dentem,
Offendet solido. Nisi quid tu, docte Trebati,
Dissentis.

TREBATIUS.
Equidem nihil hinc diffingere possum
Sed tamen, ut monitus caveas, ne forte negoti

vos gardes; craignez que l'ignorance de nos saintes lois ne vous attire quelque fâcheuse affaire; sachez que, « si un auteur a composé contre quelqu'un des vers méchants, il y a recours en justice et condamnation. »

HORACE.

De méchants vers, soit! mais si un poëte en a fait de bons, et a su mériter l'approbation de César; si un écrivain irréprochable a poursuivi de ses clameurs flétrissantes un homme déshonoré, qu'en résultera-t-il?

TREBATIUS.

On rira; les juges briseront leurs tablettes, et vous serez renvoyé absous.

A. BIGNAN

II

L'AUTEUR ÉNUMÈRE ET CENSURE LES MANIES ET LES DÉPRAVATIONS
DE LA GOURMANDISE.

Quelle vertu, mes bons amis, quelle chose nécessaire que de vivre de peu! Ce n'est pas moi qui vous l'apprendrai : je répète les leçons d'Ofellus, rustique sage, philosophe sans maître, esprit sans fard. Venez, écoutez-moi, non parmi ces brillants buffets et ces tables de marbre dont l'éclat insensé éblouit les yeux et enivre l'âme, non dans ces soupers splendides qui ouvrent nos sens à l'erreur et nous font repousser la vérité et la vertu. Restez à jeun et venez m'entendre. Pourquoi à jeun? Peut-être vas-tu le

Incutiat tibi quid sanctarum inscitia legum,
« Si mala condiderit in quem quis carmina, jus est
Judiciumque. »

HORATIUS.
Esto, si quis mala; sed bona si quis
Judice condiderit laudatus Cæsare? si quis
Opprobriis dignum latraverit, integer ipse?

TREBATIUS
Solventur risu tabulæ; tu missus abibis.

II

VARIOS GULÆ ERRORES AC FLAGITIA RECENSET
ET INCREPAT.

Quæ virtus et quanta, boni, sit vivere parvo,
(Nec meus hic sermo est, sed quem præcepit Ofellus,
Rusticus, abnormis sapiens, crassaque Minerva;)
Discite, non inter lances mensasque nitentes,
Quum stupet insanis acies fulgoribus, et quum
Acclinis falsis animus meliora recusat:
Verum hic impransi mecum disquirite. — Cur hoc?

comprendre. Quand un juge s'est laissé corrompre, la vérité lui échappe.

Chasse le lièvre; qu'un cheval indompté te harasse; ou bien, les exercices guerriers, dignes de Rome, répugnent-ils à tes habitudes grecques, saisis la balle rapide, trompe par le plaisir du jeu la lassitude qui t'accablerait; prends le disque, si tu le préfères, et lance-le dans l'air qui cède à son poids. Que la fatigue du corps arrache l'ennui de ton âme; puis, affamé, le gosier sec, méprise, si tu l'oses, un mets grossier, un vin de Falerne que le miel de l'Hymette n'adoucit pas. Ton maître d'hôtel est sorti; l'hiver règne; les poissons, dans leur prison noire et glacée, défient les ruses du pêcheur : que t'importe? du pain et du sel vont te suffire, les cris de ton estomac vont s'apaiser, tu seras heureux. D'où vient ce miracle? c'est que la source des voluptés réside en toi-même, non dans ce fumet que tu paies si cher. Cherche dans la fatigue et l'appétit l'assaisonnement de tes repas. Gastronome indolent, pâle de jouissances, tu ne trouverais de goût ni dans les huîtres, ni dans le sarget, ni dans l'oiseau des bords étrangers.

Mes arguments t'empêcheront-ils, si un paon est servi devant toi, de le dévorer et de dédaigner le chapon son voisin? Non, l'inutile et le faux te séduisent. Cet oiseau se vend au poids de l'or : il est rare; les plus riches couleurs brillent sur sa queue déployée : tu le préfères. Que t'importe cependant, à toi, qui veux t'en nourrir? les manges-tu, ces plumes si vantées? la cuisson ne leur enlève-t-elle pas leur éclat? et la chair des deux oiseaux

— Dicam, si potero. Male verum examinat omnis
Corruptus judex. Leporem sectatus, equove
Lassus ab indomito, vel, si Romana fatigat
Militia assuetum græcari, seu pila velox,
Molliter austerum studio fallente laborem,
Seu te discus agit; pete cedentem aera disco :
Quum labor extuderit fastidia, siccus, inanis
Sperne cibum vilem; nisi Hymettia mella Falerno
Ne biberis diluta : foris est promus, et atrum
Defendens pisces hiemat mare; cum sale panis
Latrantem stomachum bene leniet. Unde putas, aut
Qui partum? Non in caro nidore voluptas
Summa, sed in te ipso est. Tu pulmentaria quære
Sudando : pinguem vitiis, albumque, neque ostrea,
Nec scarus, aut poterit peregrina juvare lagoïs.
Vix tamen eripiam, posito pavone, velis quin
Hoc potius, quam gallina, tergere palatum,
Corruptus vanis rerum; quia veneat auro
Rara avis, et picta pandat spectacula cauda :
Tanquam ad rem attineat quidquam. Num vesceris ista,
Quam laudas, pluma? coctove num adest honor idem?
Carne tamen quamvis distat nihil hac magis illa.

n'a-t-elle pas même saveur? Tu l'avoues; et tu conviens que l'apparence t'a déçu. O science profonde! ton goût t'apprend donc si ce bar, à la gueule béante, fut citoyen du Tibre ou de l'Océan; si les vagues qui le portaient coulèrent entre les deux ponts ou près de l'embouchure du fleuve Toscan! Tes éloges, ô fou! tu les réserves au barbeau qui pèse trois livres; et tu ne peux le manger sans le mettre en morceaux. Ce qui te charme, est-ce donc sa grosseur? non, un gros bar te déplaît. Pourquoi ce caprice? c'est que la nature a voulu que le bar fût vaste et le barbeau léger. A jeun, ton estomac aurait peu de dédain pour les mets populaires.

« Envahissant un plat immense, qu'un immense barbeau serait un beau spectacle! » s'écrie cette gueule vorace, digne d'appartenir aux Harpies gloutonnes. Ah! venez, Austers brûlants, soufflez sur les mets de ces hommes, et chargez-vous de leur cuisine! Mais non! la plus délicate chair devient immonde; sanglier et turbot frais, tout se corrompt pour l'estomac malade que les aliments accumulés fatiguent; il lui faut la rave, il lui faut l'aunée et son acide saveur. Cependant l'aliment du pauvre n'est pas encore rejeté du festin des rois; l'œuf vulgaire et la noire olive y trouvent leur place. Naguère encore Gallonius le héraut rendit sa table infâme, en y servant un esturgeon. Quoi! l'Océan, moins vaste alors, ne nourrissait-il pas de turbots? Le turbot y nageait paisible: paisible était le nid de la cigogne. Un prétorien vint nous révéler leur mérite. Que l'édit d'un autre savant proclame

Imparibus formis deceptum te, patet. Esto!
Unde datum sentis, lupus hic Tiberinus, an alto
Captus hiet, pontesne inter jactatus, an amnis
Ostia sub Tusci? Laudas, insane, trilibrem
Mullum, in singula quem minuas pulmenta necesse est.
Ducit te species, video : quo pertinet ergo,
Proceros odisse lupos ? Quia scilicet illis
Majorem natura modum dedit, his breve pondus.
Jejunus raro stomachus vulgaria temnit.
« Porrectum magno magnum spectare catino
Vellem, » ait Harpyiis gula digna rapacibus. At vos,
Præsentes Austri, coquite horum obsonia! quamvis
Putet aper rhombusque recens, mala copia quando
Ægrum sollicitat stomachum, quum rapula plenus
Atque acidas mavult inulas. Necdum omnis abacta
Pauperies epulis regum : nam vilibus ovis
Nigrisque est oleis hodie locus. Haud ita pridem
Galloni præconis erat acipensere mensa
Infamis. Quid! tum rhombos minus æquor alebat?
Tutus erat rhombus, tutoque ciconia nido,
Donec vos auctor docuit prætorius. Ergo
Si quis nunc mergos suaves edixerit assos,

l'excellence du plongeon grillé, aussitôt, docile à toutes les folies, notre jeunesse va lui obéir.

Vivre sordidement et vivre modérément, ce sont choses différentes, suivant Ofellus. A quoi bon éviter un défaut, si vous vous jetez dans l'excès contraire? Il est un homme qui porte et qui mérite le surnom de Chien : c'est Avidienus; des olives, vieilles de cinq ans, et des cornouilles sauvages, composent son repas. Il attend que son vin soit tourné pour le verser en libation; l'odeur de l'huile qu'il emploie vous causerait un insurmontable dégoût; fût-ce un lendemain de noces, un jour natal ou quelque fête qu'il célèbre, on le voit en robe blanche arroser ses choux de cette huile rance que contient une corne de deux livres : mais le vieux vinaigre, il ne l'épargne pas.

Comment vivra donc le sage? lequel de ces deux hommes prendra-t-il pour modèle? Le voilà placé entre deux périls, dit le proverbe, entre chien et loup! Soyez propre avant tout, n'offensez point le goût et les sens : que votre table ne soit ni magnifique ni sordide. N'imitez ni ce vieux Albucius, dont la sévérité ne passait pas une faute aux esclaves chargés des soins du repas; ni Névius l'indolent, qui fait servir à ses convives de l'eau grasse : défauts également condamnables.

Je veux t'apprendre la frugalité : vois quels avantages la suivent! D'abord tu te porteras bien : la diversité des mets nuit à l'homme; souviens-toi que tu t'es trouvé dispos toutes les fois que tu t'es nourri d'un seul plat : mais à peine as-tu confondu les

Parebit pravi docilis Romana juventus.
Sordidus a tenui victu distabit, Ofello
Judice : nam frustra vitium vitaveris illud,
Si te alio pravum detorseris. Avidienus,
Cui Canis ex vero ductum cognomen adhæret,
Quinquennes oleas est, et sylvestria corna;
Ac, nisi mutatum, parcit defundere vinum; et
Cujus odorem olei nequeas perferre, licebit
Ille repotia, natales, aliosve dierum,
Festos albatus celebret, cornu ipse bilibri
Caulibus instillat, veteris non parcus aceti.
Quali igitur victu sapiens utetur? et horum
Utrum imitabitur? Hac urget lupus, hac canis, aiunt.
Mundus erit, qui non offendat sordibus, atque
In neutram partem cultus miser : hic neque servis,
Albuci senis exemplo, dum munia didit,
Sævus erit; neque, sicut simplex Nævius, unctam
Conviviis præbebit aquam : vitium hoc quoque magnum
Accipe nunc, victus tenuis quæ, quantaque secum
Afferat. In primis valeas bene; nam variæ res
Ut noceant homini, credas, memor illius escæ,
Quæ simplex olim tibi sederit : at simul assis

viandes rôties et les viandes bouillies, les huîtres et les grives, les plus douces saveurs s'altèrent, deviennent bile; ton estomac, livré à la guerre intestine, se charge d'une pituite qui le torture lentement. Vois cet homme pâle qui se lève d'un festin ambigu; son corps plie sous le faix de son vice; demain encore, écrasée par les excès d'hier, son âme rampera dans la fange : son âme, parcelle divine de l'intelligence universelle!

L'homme sobre abandonne au sommeil ses membres, dont un repas rapide a réparé les forces. Alerte et vigoureux, il se réveille et vaque à ses devoirs. Ce n'est pas qu'il ne fasse quelquefois meilleure chère, aux jours de fêtes que l'année ramène dans son cycle, dans ces moments de lassitude où le corps veut des forces nouvelles, sous le poids de l'âge, et quand la vieillesse débile réclame un traitement plus doux. Mais toi, qu'ajouteras-tu donc à cette mollesse que tu t'arroges, jeune encore et valide? Comment feras-tu quand viendront la cruelle maladie et la triste décrépitude?

Le sanglier rance était vanté par nos aïeux, non que leur odorat fût moins fin que le nôtre; mais un convive pouvait arriver le soir Cette viande, même coriace, satisfaisait son appétit : que lui fût-il resté, si la voracité du maître l'avait absorbée fraîche et entière? Héros rustiques des vieux âges, ô fils du monde primitif, que ne suis-je né l'un des vôtres!

Tu ne méprises pas la renommée, bruit plus doux à l'oreille humaine que ne l'est l'harmonie des sons. Eh bien, ces gigan-

Misceris elixa, simul conchylia turdis;
Dulcia se in bilem vertent, stomachoque tumultum
Lenta feret pituita. Vides ut pallidus omnis
Cœna desurgat dubia? Quin corpus onustum
Hesternis vitiis animum quoque præegravat una,
Atque affigit humo divinæ particulam auræ.
Alter, ubi dicto citius curata sopori
Membra dedit, vegetus præscripta ad munia surgit.
Hic tamen ad melius poterit transcurrere quondam :
Sive diem festum rediens advexerit annus,
Seu recreare volet tenuatum corpus; ubique
Accedent anni, et tractari mollius ætas
Imbecilla volet : tibi quidnam accedet ad istam,
Quam puer et validus præsumis, mollitiem; seu
Dura valetudo inciderit, seu tarda senectus?
Rancidum aprum antiqui laudabant, non quia nasus
Illis nullus erat; sed, credo, hac mente, quod hospes
Tardius adveniens vitiatum commodius, quam
Integrum edax dominus consumeret. Hos utinam inter
Heroas natum tellus me prima tulisset!
Das aliquid famæ, quæ carmine gratior aurem
Occupat humanam? grandes rhombi patinæque

tesques turbots et cette riche vaisselle t'apportent, avec la ruine, l'infamie. Tes parents se courroucent, tes voisins te raillent; toi-même, tu te détestes. Et cette mort, que tu désires en vain, tu n'as pas, misérable, un as pour acheter le lacet qui peut te la donner. « Adresse, me dis-tu, ces gronderies à Thrasius! mes revenus sont immenses; moi, j'ai de l'or pour trois monarques. » Quoi! ce superflu, ne peux-tu en faire meilleur usage? pourquoi y a-t-il encore un seul homme honnête et pauvre, quand tu es riche? pourquoi laisses-tu crouler les vieux sanctuaires? pourquoi, homme sans âme, ne pas consacrer à la chère patrie une parcelle de cet énorme monceau? Seul, parmi les humains, espères-tu prospérer toujours? Oh! comme ils riront un jour, tes ennemis! Dis-moi quel homme trouve le plus de ressources en lui-même quand sa fortune chancelle, ou celui dont l'âme énervée, dont le corps superbe, sont accoutumés à mille délices; ou celui qui, content de peu, redoutant l'avenir, sage, s'est armé pour la guerre pendant la paix?

Écoutez ces leçons; j'ai vu Ofellus les mettre en pratique. Enfant, je l'ai connu : il jouissait de sa richesse avec la modération qui guide aujourd'hui l'emploi de ses revenus écourtés. Il fallait le voir dans son petit champ confisqué par l'État, et dont il n'était plus que le fermier, cet homme de cœur, entouré de ses troupeaux et de ses enfants.

« Moi, disait-il à ces derniers, jamais je n'osai manger, un jour ordinaire, d'autres mets que des légumes et le pied de cochon

Grande ferunt una cum damno dedecus : adde
Iratum patruum, vicinos, te tibi iniquum,
Et frustra mortis cupidum, quum deerit egenti
As, laquei pretium. « Jure, inquis, Thrasius istis
Jurgatur verbis : ego vectigalia magna,
Divitiasque habeo tribus amplas regibus. » Ergo
Quod superat, non est melius quo insumere possis?
Cur eget indignus quisquam, te divite? quare
Templa ruunt antiqua Deum? Cur, improbe, caræ
Non aliquid patriæ tanto emetiris acervo?
Uni nimirum tibi recte semper erunt res?
O magnus posthac inimicis risus! Uterne
Ad casus dubios fidet sibi certius? hic, qui
Pluribus assuerit mentem corpusque superbum?
An qui, contentus parvo metuensque futuri,
In pace, ut sapiens, aptarit idonea bello?
Quo magis hic credas, puer hunc ego parvus Ofellum
Integris opibus novi non latius usum,
Quam nunc accisis. Videas metato in agello,
Cum pecore et gnatis fortem mercede colonum,
« Non ego, narrantem, temere edi luce profesta
Quidquam, præter olus, fumosæ cum pede pernæ.

fumé; mais s'il m'arrivait un hôte longtemps attendu; si, libre enfin, je voyais, pendant la pluie, un voisin s'asseoir à ma table, c'était plaisir de leur présenter, non le poisson acheté à la ville, mais mon chapon et mon chevreau. Puis on détachait le raisin du plafond, et la noix et la double figue ornaient le second service. On buvait sec, et la grande coupe passait de main en main. On buvait à Cérès; on implorait d'elle ces beaux épis dont la haute cime se couronne de grains pesants; et le vin chassait les soucis, déridait les fronts, épanouissait les cœurs.

« Fureurs du sort, nouveaux orages, que pouvez-vous m'enlever? Vous ou moi, mes enfants, avons-nous maigri, depuis qu'un nouveau maître s'est emparé de mon champ? Il en est le locataire, non le possesseur; la terre n'appartient ni à lui, ni à moi, ni à personne. Celui-ci nous chasse, il sera chassé à son tour par ses vices, ou par une chicane tortueuse et qu'il ignore. En tout cas, un héritier plus vivace viendra le supplanter. C'est le champ d'Umbrenus aujourd'hui; hier, c'était le champ d'Ofellus; vaines désignations! il n'est à personne, ce champ; je l'ai cultivé, il en recueille les fruits; d'autres l'exploiteront un jour. Soyez donc sages, enfants, vivez en hommes, et que les coups du sort trouvent dans vos âmes vigoureuses un inexpugnable rempart! »

PH. CHASLES.

At mihi quum longum post tempus venerat hospes,
Sive operum vacuo gratus conviva per imbrem
Vicinus, bene erat, non piscibus urbe petitis,
Sed pullo, atque hædo; tum pensilis uva secundas
Et nux ornabat mensas, cum duplice ficu.
Post hoc ludus erat culpa potare magistra;
Ac venerata Ceres, ita culmo surgeret alto,
Explicuit vino contractæ seria frontis.
« Sæviat, atque novos moveat fortuna tumultus:
Quantum hinc imminuet? quanto aut ego parcius, aut vos
O pueri, nituistis, ut huc novus incola venit?
Nam propriæ telluris herum natura, neque illum,
Nec me, nec quemquam statuit: nos expulit ille:
Illum aut nequities, aut vafri inscitia juris;
Postremo expellet certe vivacior heres.
Nunc ager Umbreni sub nomine, nuper Ofelli
Dictus, erat, nulli proprius; sed cedit in usum
Nunc mihi, nunc alii. Quocirca vivite fortes,
Fortiaque adversis opponite pectora rebus. »

III

TOUS LES HOMMES SONT ÉGALEMENT FOUS,
MAIS CHACUN A SA FOLIE.

DAMASIPPE.

Occupé sans cesse de remanier tes vers, tu écris si rarement, que tu ne demandes pas le parchemin quatre fois dans l'année. Tu t'irrites contre toi-même de ce que ton faible pour le vin et pour le sommeil t'empêche de rien produire qui soit digne d'éloges. Qu'en résultera-t-il? échappé à jeun des Saturnales, tu es venu chercher ici un asile. Allons, lis donc quelque chose qui réponde à tes promesses. Commence. Quoi! rien? C'est en vain que tu accuses ta plume; cette muraille, objet du courroux des dieux et des poëtes, n'en peut mais; et pourtant on lisait sur ton front de brillantes promesses, quand ta chère campagne ouvrirait à tes loisirs sa tiède enceinte. Pourquoi entasser Platon sur Ménandre, traîner à ta suite et Eupolis et Archiloque? Penses-tu apaiser l'envie, en abandonnant la vertu? Malheureux! tu ne recueilleras que le mépris. Évite la paresse, cette dangereuse sirène, ou résigne-toi à perdre l'honneur que t'avait acquis une vie meilleure.

HORACE.

Que les dieux et les déesses, Damasippe, pour prix de ce

III

ÆQUO OMNES, SED VARIO MODO, INSANIRE.

DAMASIPPUS.
Sic raro scribis, ut toto non quater anno
Membranam poscas, scriptorum quæque retexens,
Iratus tibi, quod vini somnique benignus
Nil dignum sermone canas. Quid fiet? ab ipsis
Saturnalibus huc fugisti; sobrius ergo
Dic aliquid dignum promissis : incipe. Nil est?
Culpantur frustra calami, immeritusque laborat
Iratis natus paries Dis, atque poetis.
Atqui vultus erat multa et præclara minantis,
Si vacuum tepido cepisset villula tecto.
Quorsum pertinuit stipare Platona Menandro?
Eupolin, Archilochum, comites educere tantos?
Invidiam placare paras, virtute relicta?
Contemnere, miser. Vitanda est improba Siren
Desidia : aut, quidquid vita meliore parasti,
Ponendum æquo animo.

HORATIUS.
Di te, Damasippe, Deæque

sage conseil, t'envoient un barbier. Mais d'où me connais-tu si bien?

DAMASIPPE.

Depuis que ma fortune a fait naufrage au Janus du milieu, débarrassé du soin de mes affaires, je m'occupe de celles des autres. Autrefois je recherchais ces vases où le fripon de Sisyphe avait pu laver ses pieds, tout ce que le statuaire avait sculpté de plus raide ou coulé de plus dur : en connaisseur, je mettais cent mille sesterces sur une pareille statue. Personne ne s'entendait comme moi à spéculer sur les jardins et les palais; aussi les habitués des carrefours m'avaient surnommé le favori de Mercure.

HORACE.

Je le savais, et m'étonne que tu aies pu guérir de cette maladie.

DAMASIPPE.

Tout le prodige se réduit à ce qu'une nouvelle a chassé l'ancienne : ainsi la douleur passe du côté, ou de la tête dans la poitrine; ainsi le délire succède à la léthargie, et le malade tombe à coups de poing sur son médecin.

HORACE.

Pourvu qu'il ne t'en arrive pas autant, sois ce que tu voudras.

Verum ob consilium donent tonsore! Sed unde
Tam bene me nosti?

DAMASIPPUS.
            Postquam omnis res mea Janum
Ad medium fracta est, alia negotia curo,
Excussus propriis. Olim nam quærere amabam
Quo vafer ille pedes lavisset Sisyphus ære :
Quid sculptum infabre, quid fusum durius esset.
Callidus huic signo ponebam millia centum :
Hortos egregiasque domos mercarier unus
Cum lucro noram; unde frequentia Mercuriale
Imposuere mihi cognomen compita.

HORATIUS.
            Novi :
Et morbi miror purgatum te illius.

DAMASIPPUS.
            Atqui
Emovit veterem mire novus, ut solet, in cor
Trajecto lateris miseri capitisve dolore;
Ut lethargicus hic, quum fit pugil, et medicum urget.

HORATIUS.
Dum ne quid simile huic, esto ut libet.

DAMASIPPE.

Ne t'y trompe pas, mon cher; et toi aussi, tu es fou, ainsi que tous les mortels, s'il est un mot de vrai dans les leçons de Stertinius : c'est à lui que ma docilité doit ces merveilleuses maximes, depuis le jour où ses consolations me décidèrent à nourrir une barbe de sage, et me ramenèrent sans tristesse du pont Fabricius. Mal dans mes affaires, j'allais, ma robe sur la tête, me jeter dans le fleuve, quand mon bon génie l'amena près de moi : « Prends garde, me dit-il, de rien faire d'indigne de toi. Quelle fausse honte te tourmente? Tu crains de passer pour fou au milieu des fous? Et d'abord, qu'est-ce que la folie? Si toi seul en es atteint, je ne dis plus mot, saute bravement le pas. »

Tout mortel que l'erreur ou l'ignorance égarent, Chrysippe et sa cabale le déclarent fou. Cet arrêt frappe les peuples, les rois puissants; le sage seul en est excepté. Maintenant, veux-tu savoir comment eux, qui te traitent de fou, sont fous eux-mêmes? Vois cette forêt, où les voyageurs égarés s'écartent incessamment du droit chemin; l'un prend à gauche, l'autre à droite : l'égarement est le même, et l'illusion différente. Crois que tu es fou, j'y consens; mais songe que celui qui te raille n'est pas plus sage, et traîne aussi une queue derrière lui.

Il est une folie qui redoute ce qui n'offre aucun danger, qui se plaint de trouver sur son passage des feux, des rochers, des fleu-

DAMASIPPUS.

O bone, ne te
Frustrere; insanis et tu, stultique prope omnes,
Si quid Stertinius veri crepat: unde ego mira
Descripsi docilis præcepta hæc, tempore quo me
Solatus jussit sapientem pascere barbam,
Atque a Fabricio non tristem ponte reverti.
Nam, male re gesta, quum vellem mittere operto
Me capite in flumen, dexter stetit; et : « Cave faxis
Te quidquam indignum : pudor, inquit, te malus angit,
Insanos qui inter vereare insanus haberi.
Primum nam inquiram, quid sit furere; hoc si erit in te
Solo, nil verbi, pereas quin fortiter addam. »
Quem mala stultitia, et quæcumque inscitia veri
Cæcum agit, insanum Chrysippi porticus et grex
Autumat. Hæc populos, hæc magnos formula reges,
Excepto sapiente, tenet. Nunc accipe, quare
Desipiant omnes æque ac tu, qui tibi nomen
Insano posuere. Velut sylvis, ubi passim
Palantes error certo de tramite pellit;
Ille sinistrorsum, hic dextrorsum abit : unus utrique
Error, sed variis illudit partibus : hoc te
Crede modo insanum, nihilo ut sapientior ille,
Qui te deridet, caudam trahat. Est genus unum
Stultitiæ nihilum metuenda timentis, ut ignes,

res, au milieu d'une plaine. Une autre toute différente, mais aussi loin de la sagesse, se jette à travers l'eau et la flamme. En vain une tendre mère, une chaste sœur, en vain père, épouse, parents, lui crient : « Là est un vaste fossé, ici un roc énorme ; prends garde ! » Il ne les écoute pas plus que Fusius, ronflant dans son ivresse sous le masque d'Ilione, n'entendit deux cent mille Catienus lui crier : « Ma mère, à mon secours ! » Je vais te prouver que le vulgaire des hommes est travaillé du même mal.

La folie de Damasippe est d'acheter de vieilles statues. Mais son vendeur a-t-il le cerveau bien sain ? Voyons : que je te dise, prends cet argent que tu ne me rendras jamais ; seras-tu fou de l'accepter ? ne le serais-tu pas davantage de rejeter un présent que t'offre la faveur de Mercure ? Écris : reçu de Nerius dix mille sesterces ; ce n'est point assez, ajoute les cent formules du captieux Cicuta ; serre bien ces mille nœuds, tu verras ce Protée sans foi se dérober à tous les liens. Quand tu le traîneras devant le juge, il ne se gênera pas pour rire à tes dépens ; il se fera sanglier, oiseau, arbre ou rocher. Si la folie consiste à faire mal ses affaires, et la sagesse à en faire de bonnes, le cerveau le plus malade est, crois-moi, celui de Perillus, qui te dicte un engagement que tu ne pourras jamais remplir.

Écoutez et disposez commodément votre toge, vous tous dont une funeste ambition ou l'avarice pâlit le front ; vous qu'en-

Ut rupes, fluviosque in campo obstare queratur :
Alterum et huic varium, et nihilo sapientius, ignes
Per medios, fluviosque ruentis : clamet amica
Mater, honesta soror, cum cognatis, pater, uxor :
« Hic fossa est ingens ! huc rupes maxima ! serva ! »
Non magis audierit, quam Fusius ebrius olim,
Quum Ilionam edormit, Catienis mille ducentis,
Mater, te appello ! clamantibus. Huic ego vulgus
Errori similem cunctum insanire docebo.
Insanit veteres statuas Damasippus emendo :
Integer est mentis Damasippi creditor ? Esto :
Accipe quod nunquam reddas mihi, si tibi dicam,
Tune insanus eris, si acceperis ? An magis excors,
Rejecta præda, quam præsens Mercurius fert ?
Scribe decem a Nerio : non est satis : adde Cicutæ
Nodosi tabulas centum ; mille adde catenas :
Effugiet tamen hæc sceleratus vincula Proteus.
Quum rapies in jus malis ridentem alienis,
Fiet aper, modo avis, modo saxum, et, quum volet, arbor.
Si male rem gerere, insani est ; contra bene, sani ;
Putidius multo cerebrum est, mihi crede, Perilli
Dictantis, quod tu nunquam rescribere possis.
Audire, atque togam jubeo componere, quisquis
Ambitione mala aut argenti pallet amore ;

flamme la soif des plaisirs, la triste superstition ou toute autre maladie de l'âme ; approchez chacun à votre tour, tandis que je prouve que vous êtes tous atteints de folie

La plus forte dose d'ellébore appartient aux avares ; je ne sais pas même si la raison ne leur réserve pas Anticyre tout entière. Les héritiers de Staberius gravèrent sur sa tombe le montant de sa succession. S'ils y eussent manqué, ils étaient condamnés à donner au peuple cent couples de gladiateurs, un festin dont Arius eût été l'ordonnateur, et autant de blé qu'en moissonne l'Afrique. « A tort ou à raison, telle est ma volonté, ne vous avisez point de vous ériger en censeur. » Je crois que la prudence de Staberius prévoyait...

DAMASIPPE.

Quelle était son idée, de vouloir que ses héritiers gravassent sur la pierre le montant de sa fortune?

STERTINIUS.

Tant qu'il vécut, il regarda la pauvreté comme le plus grand des vices, il s'en défendit avec vigueur. S'il fût mort plus pauvre d'un quart d'as, il se serait cru moins honnête homme ; car vertu, réputation, honneur, le ciel et la terre, tout obéit à l'or ; des monceaux d'or donnent la gloire, le courage et la justice.

DAMASIPPE.

Et la sagesse?

Quisquis luxuria, tristive superstitione,
Aut alio mentis morbo calet; huc propius me,
Dum doceo insanire omnes, vos ordine adite.
Danda est hellebori multo pars maxima avaris :
Nescio an Anticyram ratio illis destinet omnem.
Heredes Staberi summam incidere sepulcro :
Ni sic fecissent, gladiatorum dare centum
Damnati populo paria, atque epulum, arbitrio Arri,
Frumenti quantum metit Africa. Sive ego prave,
Seu recte hoc volui; ne sis patruus mihi. Credo,
Hoc Staberi prudentem animum vidisse.

DAMASIPPUS.

Quid ergo
Sensit, quum summam patrimoni insculpere saxo
Heredes voluit?

STERTINIUS.

Quoad vixit, credidit ingens
Pauperiem vitium, et cavit nihil acrius ; ut, si
Forte minus locuples uno quadrante perisset,
Ipse videretur sibi nequior. Omnis enim res,
Virtus, fama, decus, divina humanaque pulchris
Divitiis parent ; quas qui construxerit, ille
Clarus erit, fortis, justus.

DAMASIPPUS.

Sapiensne?

STERTINIUS.

Oui, et la royauté, et tout ce qu'on désire. Staberius pensa que sa fortune, en prouvant son mérite, lui donnerait l'immortalité.

DAMASIPPE.

Qu'a de commun avec lui le Grec Aristippe, qui commande à ses esclaves de jeter au milieu de la Libye son or, dont le poids ralentissait leur marche? Quel est le plus fou des deux?

STERTINIUS.

Un exemple qui ne vide une question que par une autre, ne prouve rien.

Qu'un homme sans disposition pour la musique, sans goût pour aucune des Muses, achète des cithares et s'en forme un magasin, ou s'entoure de tranchets et de formes sans être cordonnier, ou enfin de voiles et d'agrès quand il est étranger au commerce, on criera de toutes parts au fou, à l'insensé, et ce n'est pas à tort. Mais ne leur ressemble-t-il pas, l'avare qui enfouit ses écus et son or; qui, sans savoir se servir des trésors qu'il accumule, se croirait sacrilége d'y toucher? Qu'un homme armé d'un long bâton veille sans cesse auprès d'un immense monceau de blé, et, pressé par la faim, n'ose toucher un de ces grains dont il est possesseur, et aime mieux se nourrir d'herbes amères; si, comptant dans ses celliers mille, que dis-je? trois

STERTINIUS.

Etiam! et rex,
Et quidquid volet. Hoc, veluti virtute paratum,
Speravit magnæ laudi fore.

DAMASIPPUS.

Quid simile isti
Græcus Aristippus, qui servos projicere aurum
In media jussit Libya, quia tardius irent
Propter onus segnes? Uter est insanior horum?

STERTINIUS.

Nil agit exemplum, litem quod lite resolvit.
Si quis emat citharas, emptas comportet in unum,
Nec studio citharæ, nec Musæ deditus ulli;
Si scalpra et formas, non sutor; nautica vela,
Aversus mercaturis; delirus et amens
Undique dicatur merito. Quid discrepat istis,
Qui nummos aurumque recondit, nescius uti
Compositis, metuensque velut contingere sacrum?
Si quis ad ingentem frumenti semper acervum
Porrectus vigilet cum longo fuste, neque illinc
Audeat esuriens dominus contingere granum,
At potius foliis parcus vescatur amaris:
Si positis intus Chii veterisque Falerni

cent mille tonnes de Chio et de vieux Falerne, il ne boit qu'une aigre piquette; si, presque octogénaire, il couche sur la dure, quand il laisse des coussins précieux pourrir au fond de ses coffres, à la merci des mites et des vers, il paraîtra fou à bien peu de gens, car la plupart des mortels sont travaillés du même mal.

Est-ce pour qu'un fils, pour qu'un affranchi le dévore, que tu gardes cet héritage, vieillard que poursuit le courroux des dieux? Est-ce peur de n'avoir point assez? De combien peu chaque jour diminuerait ton trésor, si tu essayais d'employer une huile meilleure pour assaisonner tes légumes, pour oindre ton front souillé d'une crasse impure? Pourquoi, si un rien te suffit, tous ces parjures, ces vols, ces larcins? es-tu dans ton bon sens? Si tu te mets à poursuivre à coups de pierres les passants ou les esclaves achetés de ton argent, tous les enfants, garçons et filles, vont crier à la folie; mais si tu abréges par un lacet les jours de ta femme, ceux de ta mère par le poison, ta tête est-elle bien saine? car enfin, ce n'est pas dans Argos que tu commets ce crime, ce n'est point par le fer, comme Oreste dans l'égarement de son délire, que tu fais périr celle qui t'a donné le jour. Penses-tu que sa folie n'ait commencé qu'après le meurtre de celle qui l'avait enfanté? n'était-il pas poursuivi par le ressentiment des Furies, avant de plonger le fer dans le sein maternel? J'irai plus loin : depuis l'instant où le cerveau d'Oreste passe pour détraqué, quelle action blâmable lui peut-on reprocher? il

Mille cadis, nihil est, tercentum millibus, acre
Potet acetum : age, si et stramentis incubet, unde-
Octoginta annos natus, cui stragula vestis,
Blattarum ac tinearum epulæ, putrescat in arca :
Nimirum insanus paucis videatur, eo quod
Maxima pars hominum morbo jactatur eodem.
Filius aut etiam hæc libertus ut ebibat heres,
Dis inimice senex, custodis? Ne tibi desit?
Quantulum enim summæ curtabit quisque dierum.
Ungere si caules oleo meliore caputque,
Cœperis implexa fœdum porrigine? Quare,
Si quidvis satis est, perjuras, surripis, aufers
Undique? tun' sanus? Populum si cædere saxis
Incipias, servosve tuos, quos ære pararis,
Insanum te omnes pueri clamentque puellæ :
Quum laqueo uxorem interimis matremque veneno,
Incolumi capite es? Quid enim? neque tu hoc facis Argis,
Nec ferro, ut demens genitricem occidis Orestes.
An tu reris eum occisa insanisse parente?
Ac non ante malis dementem actum Furiis, quam
In matris jugulo ferrum tepefecit acutum?
Quin, ex quo est habitus male tutæ mentis Orestes,
Nil sane fecit, quod tu reprendere possis;

ne tourna point son glaive homicide contre Pylade ou contre sa sœur Électre ; il se borne à les maudire tous deux, à traiter l'une de Furie, à poursuivre l'autre de toutes les injures que lui dicte son aveugle courroux.

Pauvre au milieu de ses monceaux d'argent et d'or, Opimius, habitué à boire dans un pot de terre du vin de Veïes aux jours de fêtes, et du vin éventé pour son ordinaire, tomba dans une léthargie profonde : déjà l'héritier, ivre de joie, courait aux coffres et aux clefs. Un médecin fidèle et empressé trouve moyen de réveiller le malade : il fait dresser une table, vider dessus ses sacs d'écus, que plusieurs mains se mettent à compter. Notre homme revient à lui. « Si tu ne veilles sur ton argent, ajoute le médecin, ton avide héritier va s'en emparer. — Moi, vivant? — Si tu veux vivre, éveille-toi; allons. — Que faire pour cela? — Les forces vont te manquer, si quelque nourriture restaurante ne vient soutenir ton estomac défaillant. Tu hésites! allons, prends-moi cette eau de riz. — Qui coûte? — Peu de chose. — Combien encore? — Huit as. — Hélas! qu'importe de mourir de maladie, ou ruiné par des fripons et des voleurs? »

DAMASIPPE.

Mais qui donc est sage?

STERTINIUS.

Celui qui n'est pas fou.

> Non Pyladem ferro violare aususve sororem
> Electram; tantum maledicit utrique, vocando
> Hanc, Furiam; hunc, aliud, jussit quod splendida bilis
> Pauper Opimius argenti positi intus et auri,
> Qui Veientanum festis potare diebus
> Campana solitus trulla, vappamque profestis,
> Quondam lethargo grandi est oppressus, ut heres
> Jam circum loculos, et claves lætus ovansque
> Curreret. Hunc medicus multum celer atque fidelis,
> Excitat hoc pacto : mensam poni jubet, atque
> Effundi saccos nummorum ; accedere plures
> Ad numerandum. Hominem sic erigit; addit et illud :
> « Ni tua custodis, avidus jam hæc auferet heres.
> — Men'vivo? — Ut vivas igitur, vigila : hoc age. — Quid vis?
> Deficient inopem venæ te, ni cibus atque
> Ingens accedat stomacho fultura ruenti.
> Tu cessas? agedum, sume hoc ptisanarium oryzæ.
> — Quanti emptum? — Parvo. — Quanti ergo? — Octussibus.
> Quid refert, morbo, an furtis pereamve rapinis? »

DAMASIPPUS.

Quisnam igitur sanus?

STERTINIUS.

Qui non stultus.

DAMASIPPE.

Et l'avare?

STERTINIUS.

Fou, insensé.

DAMASIPPE.

Mais qui n'est point avare, est-il raisonnable?

STERTINIUS.

Non.

DAMASIPPE.

Eh! pourquoi, stoïcien?

STERTINIUS.

Je vais te le dire. Suppose que Cratère dise qu'un malade a l'estomac bon; vas-tu en conclure qu'il se porte bien et peut se lever? Non, répondra le médecin, car une douleur aiguë déchire son flanc ou ses reins. Tel n'est ni parjure ni avare: il peut donc immoler un porc à ses Lares propices. Mais il est dévoré d'une ardente ambition: qu'il s'embarque pour Anticyre. Jeter dans un gouffre ce qu'on possède, ou n'en pas faire usage, n'est-ce pas même chose?

Possesseur d'un antique patrimoine, le riche Servius Oppidius partagea, dit-on, entre ses deux fils deux terres situées près de Canuse; et, les faisant approcher de son lit de mort, il leur tint ce

DAMASIPPUS.

Quid avarus?

STERTINIUS.

Stultus et insanus.

DAMASIPPUS.

Quid? si quis non sit avarus,
Continuo sanus?

STERTINIUS.

Minime.

DAMASIPPUS.

Cur, stoice?

STERTINIUS.

Dicam.
Non est cardiacus, Craterum dixisse putato,
Hic æger: recte est igitur surgetque? Negabit:
Quod latus, aut renes morbo tententur acuto.
Non est perjurus, neque sordidus: immolet æquis
Hic porcum Laribus; verum ambitiosus et audax.
Naviget Anticyram: quid enim differt, barathrone
Dones quidquid habes, an nunquam utare paratis?
Servius Oppidius Canusi duo prædia, dives
Antiquo censu, gnatis divisse duobus
Fertur, et hoc moriens pueris dixisse vocatis

discours : « Quand je t'ai vu, Aulus, porter tes osselets et tes noix dans ta robe entr'ouverte, les donner, les prêter avec indifférence, et toi, Tiberius, les compter et les enfouir d'un air sombre, j'ai tremblé de vous voir donner dans des travers opposés; j'ai craint que vous ne suivissiez, l'un Nomentanus, et l'autre Cicuta : ainsi, je vous en conjure, au nom de nos dieux Pénates, gardez-vous, toi de diminuer, toi d'accroître ce bien que votre père trouve suffisant, et dont se contente la nature. D'ailleurs, pour éviter que la gloire ne vienne chatouiller votre cœur, je vous lierai tous deux par un serment. Celui de vous qui sera édile ou préteur, je le maudis et le prive de ses droits civils. Irais-tu consumer ton patrimoine en pois, en fèves et en lupins, pour voir la foule s'ouvrir devant toi dans le Cirque, ou pour figurer en airain, quand la folie t'aurait dépouillé de l'héritage paternel? Sans doute tu te flatterais d'obtenir les mêmes applaudissements qu'Agrippa; mais est-ce à toi, cauteleux renard, d'imiter le noble lion? »

Tu défends, fils d'Atrée, de couvrir Ajax d'un peu de terre : et pourquoi? — Je suis roi. — Voilà qui me ferme la bouche, à moi plébéien. — Et je n'ordonne rien que de juste; si pourtant quelqu'un y trouve à redire, il peut impunément donner son avis, je le lui permets. — Roi des rois, que les dieux t'accordent de ramener dans la Grèce la flotte victorieuse d'Ilion! Ainsi je puis t'interroger, et te répondre ensuite? — Interroge. — Pourquoi donc Ajax, après Achille, le premier des héros, pourrit-il sans

Ad lectum : « Postquam te talos, Aule, nucesque
Ferre sinu laxo, donare et ludere vidi;
Te, Tiberi, numerare, cavis abscondere tristem;
Extimui, ne vos ageret vesania discors :
Tu Nomentanum, tu ne sequerere Cicutam.
Quare per Divos oratus uterque Penates,
Tu cave ne minuas; tu, ne majus facias id
Quod satis esse putat pater, et natura coercet.
Præterea, ne vos titillet gloria, jure-
Jurando obstringam ambo : uter ædilis, fueritve
Vestrum prætor, is intestabilis et sacer esto.
In cicere, atque faba, bona tu perdasque lupinis,
Latus ut in Circo spatiere, aut ænens ut stes,
Nudus agris, nudus nummis, insane, paternis?
Scilicet ut plausus, quos fert Agrippa, feras tu,
Astuta ingenuum vulpes imitata leonem? »
Ne quis humasse velit Ajacem, Atrida, vetas cur?
— Rex sum. — Nil ultra quæro plebeius. — Et æquam
Rem imperito : ac, si cui videor non justus, inulto
Dicere, quod sentit, permitto. — Maxime regum,
Di tibi dent capta classem deducere Troja!
Ergo consulere, et mox respondere licebit?
— Consule. — Cur Ajax, heros ab Achille secundus,
Putrescit, toties servatis clarus Achivis?

honneur, lui qui a la gloire d'avoir tant de fois sauvé les Grecs ?
Est-ce pour donner à Priam et à son peuple la joie de voir sans
sépulture un guerrier dont le bras a privé des honneurs du tombeau tant de jeunes Troyens ? — Le fou ! n'a-t-il pas tué un millier de moutons, en criant qu'il immolait le grand Ulysse, Ménélas
et moi-même ? — Mais toi, lorsqu'en Aulide, tu présentas, au lieu
d'une génisse, ta fille chérie aux autels ; que tu répandis sur sa
tête l'orge et le sel, dis-moi, misérable, étais-tu dans ton bon
sens ? — Comment ? — Ajax, dans son délire, a égorgé un troupeau ; mais sa fureur, quoiqu'elle ait éclaté en invectives contre
les Atrides, a respecté son épouse et son fils : il ne l'a tournée ni
contre Teucer, ni même contre Ulysse. — Moi, c'est pour arracher à une rive funeste mes vaisseaux immobiles, que ma sagesse
a, par du sang, fléchi l'inclémence des dieux. — Mais c'était le
tien, insensé ! — Le mien ! oui, mais je n'étais pas insensé. — Se
faire de fausses idées des choses, et confondre le crime avec l'innocence, n'est-ce pas avoir le cerveau dérangé ? que ce désordre
naisse de l'ignorance ou de la fureur, peu importe. Ajax, qui
égorge d'innocents agneaux, est un fou ; et toi, qui, sur de frivoles prétextes, te souilles de sang-froid d'un crime odieux, tu
jouiras de ta raison, et ton cœur, enflé d'orgueil, serait pur de
tout vice ! Qu'un homme se plaise à porter dans sa litière une
jeune brebis, à la parer comme son enfant, à lui donner des suivantes et de l'or, qu'il la traite de fille et de mignonne, qu'il lui
réserve un mari de bon aloi ; bientôt un arrêt du préteur va le

<pre>
      Gaudeat ut populus Priami Priamusque inhumato,
      Per quem tot juvenes patrio caruere sepulcro ?
      — Mille ovium insanus morti dedit ; inclytum Ulixem,
      Et Menelaum una mecum se occidere clamans.
      — Tu quum pro vitula statuis dulcem Aulide natam
      Ante aras, spargisque mola caput, improbe, salsa,
      Rectum animi servas ! — Quorsum ? — Insanus quid enim Ajax
      Fecit, quum stravit ferro pecus ? abstinuit vim
      Uxore et gnato ; mala multa precatus Atridis.
      Non ille aut Teucrum aut ipsum violavit Ulixem.
      — Verum ego, ut hærentes adverso litore naves
      Eriperem, prudens placavi sanguine Divos.
      — Nempe tuo, furiose. — Meo ; sed non furiosus.
      — Qui species alias veri scelerisque tumultu
      Permistas capiet, commotus habebitur : atque,
      Stultitiane erret, nihilum distabit, an ira.
      Ajax quum immeritos occidit, desipit, agnos ?
      Quum prudens scelus ob titulos admittis inanes,
      Stas animo ? Et purum est vitio tibi quum tumidum est cor ?
      Si quis lectica nitidam gestare amet agnam,
      Huic vestem, ut gnatæ, paret ancillas, paret aurum ;
      Pusam et Pupillam appellet, fortique marito
      Destinet uxorem ; interdicta huic omne adimat jus
</pre>

priver de tous ses droits, et le mettre sous la tutelle de sages parents. Et, quand on immole sa fille au lieu d'un agneau stupide, on a la tête saine! tu ne l'oserais dire. Ainsi, la perversité, jointe à la sottise, est le dernier degré de la démence : tout scélérat est un fou furieux ; et le mortel qu'éblouit le vain éclat de la gloire, a entendu gronder à son oreille le tonnerre de la sanguinaire Bellone.

Viens maintenant draper avec moi la mollesse et Nomentanus ; car la raison te convaincra que les dissipateurs sont des fous. L'un, à peine maître d'un patrimoine de mille talents, mande le pêcheur, le fruitier, le chasseur, le parfumeur, et la troupe impure de la rue de Toscane, le rôtisseur avec les bouffons, le corps des bouchers avec le Vélabre : ordre d'arriver de grand matin ; eh bien, aucun n'y manque. Leur maître prend la parole : « Tout ce que je possède, ainsi que ces braves gens, regarde-le comme à toi ; tu peux en disposer aujourd'hui, demain, quand tu voudras. » Écoute la réponse de notre équitable jeune homme : « Tu dors tout botté sur la neige de Lucanie, pour que je mange du sanglier ; toi, tu vas, malgré la tempête, me chercher des poissons en pleine mer : moi, paresseux, je suis indigne de jouir, au sein de la mollesse, d'une si grande fortune. Empoche donc, toi, un million de sesterces, toi autant, toi le triple ; mais que ton épouse s'empresse d'accourir près de moi au milieu de la nuit. »

Pour avaler d'un seul coup un million de sesterces, le fils d'Ésopus détache la perle qui brillait à l'oreille de Metella, et la fait

  Prætor, et ad sanos abeat tutela propinquos.
  Quid? si quis gnatam pro muta devovet agna?
  Integer est animi? ne dixeris. Ergo, ubi prava
  Stultitia, hic est summa insania : qui sceleratus,
  Et furiosus erit; quem cepit vitrea fama,
  Hunc circumtonuit gaudens Bellona cruentis.
  Nunc age, luxuriam et Nomentanum arripe mecum
  Vincet enim stultos ratio insanire nepotes
  Hic simul accepit patrimoni mille talenta,
  Edicit, piscator uti, pomarius, auceps,
  Unguentarius, ac Tusci turba impia vici,
  Cum scurris fartor, cum Velabro omne macellum,
  Mane domum veniant. Quid tum? Venere frequentes :
  Verba facit leno : « Quidquid mihi, quidquid et horum
  Cuique domi est, id crede tuum : et vel nunc pete, vel cras. »
  Accipe, quid contra juvenis responderit æquus :
  « In nive Lucana dormis ocreatus, ut aprum
  Cœnem ego; tu pisces hiberno ex æquore verris :
  Segnis ego, indignus qui tantum possideam : aufer,
  Sume tibi decies; tibi tantumdem; tibi triplex,
  Unde uxor media currat de nocte citata. »
  Filius Æsopi detractam ex aure Metellæ,
  Scilicet ut decies solidum exsorberet, aceto

dissoudre dans du vinaigre. Est-il plus sensé que s'il l'eût jetée dans le courant d'un fleuve ou dans un égout?

Les deux fils d'Arrius, ce couple fameux, si bien assorti par sa dépravation, sa frivolité et ses goûts bizarres, se font servir tous les jours des rossignols achetés à grands frais : où les placer? sont-ils sages? faut-il les marquer de noir ou de blanc?

Se plaire à construire de petites maisons, atteler des souris à un chariot, jouer à pair ou non, monter à cheval sur un roseau quand on porte barbe au menton, c'est être en proie à la folie; mais si la raison parvient à te prouver que l'amour est plus puéril encore, et que se jouer dans la poussière comme tu le faisais à trois ans, ou pleurer d'amour aux genoux d'une courtisane, est même chose, voyons, feras-tu comme le converti Polémon? quitteras-tu les livrées de ta folie, tes brodequins, ton court manteau et ta cravate, comme on dit qu'après boire notre homme effeuilla furtivement la couronne qui parait son cou, quand la voix d'un maître à jeun vint gourmander son intempérance?

Tu présentes des fruits à un enfant en colère, il n'en veut pas : « Prends, mon petit chat! » il refuse; ne les donne pas, il en demandera. En quoi diffère-t-il de l'amant qui, chassé par sa belle, délibère s'il doit rentrer dans cette maison, où il serait déjà revenu de lui-même si on ne l'y rappelait, et ne se peut arracher à cette porte odieuse? « N'irai-je point, à présent qu'elle me rappelle? ou plutôt, ne prendrai-je point le parti de finir mon

Diluit insignem baccam ; qui sanior, ac si
Illud idem in rapidum flumen jaceretve cloacam?
Quinti progenies Arri, par nobile fratrum,
Nequitia et nugis, pravorum et amore gemellum,
Luscinias soliti impenso prandere coemptas.
Quorsum abeant? sani? creta an carbone notandi?
Ædificare casas, plostello adjungere mures,
Ludere par impar, equitare in arundine longa,
Si quem delectet barbatum, amentia verset.
Si puerilius his ratio esse evincet amare;
Nec quidquam differre, utrumne in pulvere, trimus
Quale prius, ludas opus, an meretricis amore
Sollicitus plores; quæro, faciasne, quod olim
Mutatus Polemon? ponas insignia morbi,
Fasciolas, cubital, focalia ; potus ut ille
Dicitur ex collo furtim carpsisse coronas,
Postquam est impransi correptus voce magistri?
Porrigis irato puero quum poma, recusat :
« Sume, catelle ; » negat. Si non des, optat. Amator
Exclusus qui distat, agit ubi secum, eat, an non,
Quo rediturus erat non arcessitus; et hæret
Invisis foribus? « Nec nunc, quum me vocet ultro,
Accedam? an potius mediter finire dolores?

tourment? Elle m'a chassé, elle me rappelle : irai-je? non, dût-elle m'en supplier. » Son esclave, bien plus sage, lui dit : « O maître! ce qui n'admet ni mesure ni sagesse, ne peut se traiter par les règles de la raison. Telle est la nature de l'amour : la guerre, et puis la paix. Vouloir fixer ce que la nature a fait plus mobile que la tempête, et livré à toute l'inconstance de l'aveugle hasard, c'est vouloir mettre de la raison et de la mesure dans le délire de la folie. »

Quoi! lorsque tu t'applaudis si le pepin que tu retires d'une pomme, pressé par tes doigts, va frapper le plafond, es-tu dans ton bon sens?

Quoi! si tu parles d'amour, quand la parole expire sur ta gencive édentée, es-tu plus sage que si tu construisais de petits châteaux? Ajoute le meurtre à la folie, et attise le feu avec l'épée. Par exemple, quand Marius, après avoir tué la malheureuse Hellas, s'est jeté du haut d'un rocher, n'était-il qu'insensé? ou, pour l'absoudre du reproche de folie, le condamneras-tu comme un scélérat, en employant, suivant l'usage, des mots différents, quoique synonymes?

Il y avait un affranchi qui, déjà parvenu à la vieillesse, courait, à jeun et les mains purifiées, par tous les carrefours, en criant : « Moi seul, est-ce tant demander? moi seul, dérobez-moi au trépas : dieux! ce vous est chose facile. » Il avait l'ouïe et la vue fort bonnes; mais, en le vendant, son maître n'aurait pu, à moins d'aimer les procès, garantir sa cervelle. Chrysippe

Exclusit, revocat : redeam? non, si obsecret. » Ecce
Servus, non paulo sapientior : « O here, quæ res
Nec modum habet, neque consilium, ratione modoque
Tractari non vult : in amore hæc sunt mala ; bellum,
Pax rursum. Hæc si quis, tempestatis prope ritu,
Mobilia, et cæca fluitantia sorte, laboret
Reddere certa sibi; nihilo plus explicet, ac si
Insanire paret certa ratione modoque. »
Quid? quum Picenis excerpens semina pomis
Gaudes, si cameram percusti forte, penes te es?
Quid? quum balba feris annoso verba palato,
Ædificante casas qui sanior? Adde cruorem
Stultitiæ, atque ignem gladio scrutare : modo, inquam,
Hellade percussa, Marius quum præcipitat se,
Cerritus fuit? an commotæ crimine mentis
Absolves hominem, et sceleris damnabis eumdem,
Ex more imponens cognata vocabula rebus?
Libertinus erat, qui circum compita siccus
Lautis mane senex manibus currebat, et : « Unum,
Quid tam magnum? » addens « unum me surpite morti,
Dis etenim facile est, » orabat : sanus utrisque
Auribus atque oculis, mentem, nisi litigiosus,
Exciperet dominus, quum venderet. Hoc quoque vulgus

veut encore que pareil bétail aille grossir la bande des Menenius.

« Jupiter, qui donnes et ôtes les grandes douleurs, » dit la mère d'un enfant alité depuis cinq mois, « si le frisson de la fièvre quarte abandonne mon fils, le matin du jour où tu nous imposes le jeûne, je le plongerai nu dans le Tibre. » Que le hasard ou la médecine arrache ce pauvre enfant à la tombe entr'ouverte, sa mère, en délire, va le tuer, en le retenant sur la rive glacée, et lui rendre sa fièvre. Quelle maladie a frappé son cerveau? la superstition.

DAMASIPPE.

Voilà les armes que l'amitié de Stertinius, ce huitième sage, m'a données pour ne plus me laisser impunément insulter. Quiconque me traitera de fou, s'entendra donner le même nom, et apprendra de moi à regarder la besace que, sans le savoir, il porte sur son dos.

HORACE.

Stoïcien, puisses-tu, après ton naufrage, vendre aussi avantageusement toute ta pacotille! Mais, parmi tant de genres de folie, quel est celui qui me travaille? car, pour moi, je me trouve raisonnable.

DAMASIPPE.

Lorsque Agavé, dans son délire, porte la tête sanglante de son malheureux fils, connaît-elle son état?

Chrysippus ponit fecunda in gente Meneni.
« Jupiter, ingentes qui das adimisque dolores, »
Mater ait pueri menses jam quinque cubantis,
« Frigida si puerum quartana reliquerit, illo
Mane die, quo tu indicis jejunia, nudus
In Tiberi stabit. » Casus medicusve levarit
Ægrum ex præcipiti, mater delira necabit
In gelida fixum ripa, febremque reducet.
Quone malo mentem concussa? timore Deorum.

DAMASIPPUS.
Hæc mihi Stertinius, sapientum octavus, amico
Arma dedit, post hac ne compellarer inultus.
Dixerit insanum qui me, totidem audiet, atque
Respicere ignoto discet pendentia tergo.

HORATIUS.
Stoice, post damnum sic vendas omnia pluris!
Qua me stultitia, quoniam non est genus unum,
Insanire putas? ego nam videor mihi sanus.

DAMASIPPUS.
Quid? caput abscissum demens quum portat Agave
Gnati infelicis, sibi tum furiosa videtur?

HORACE.

Eh bien, je suis fou, j'en conviens; je cède à l'évidence, je suis même insensé : apprends-moi seulement quelle est ma folie.

DAMASIPPE.

Écoute. D'abord, tu bâtis, c'est-à-dire tu imites les géants, toi, qui n'as pas en tout deux pieds de haut. Tu es encore le premier à railler l'air martial de Turbon, qui se redresse sous les armes, et Turbon est plus grand que toi : es-tu moins ridicule? N'est-il pas vrai aussi que tu veux singer en tout Mécène, auquel tu ressembles si peu? Mécène, qui t'accable de sa supériorité! Un bœuf avait broyé sous ses pieds les petits d'une grenouille absente : un seul s'échappe, et va raconter à sa mère qu'un monstre énorme a écrasé ses frères. « De quelle taille? » demande-t-elle. Et elle ajoute en se gonflant : « Était-il aussi gros que cela? — Plus gros de la moitié. — Comme ceci (et elle s'enflait toujours)? — Tu crèverais avant de l'égaler. » L'allusion te touche et le portrait ressemble. Ajoute maintenant tes vers, c'est-à-dire jette de l'huile sur le feu. Si jamais poëte eut le sens commun, je te tiens fort sensé. Je passe sous silence ces horribles emportements.....

HORACE.

Assez, assez.

HORATIUS.

Stultum me fateor, liceat concedere veris.
Atque etiam insanum; tantum hoc edissere, quo me
Ægrotare putes animi vitio.

DAMASIPPUS.

Accipe : primum
Ædificas, hoc est, longos imitaris, ab imo
Ad summum totus moduli bipedalis; et idem
Corpore majorem rides Turbonis in armis
Spiritum, et incessum, qui ridiculus minus illo?
An quodcumque facit Mæcenas, te quoque verum est,
Tanto dissimilem, et tanto certare minorem?
Absentis ranæ pullis vituli pede pressis,
Unus ubi effugit, matri denarrat, ut ingens
Bellua cognatos eliserit. Illa rogare,
Quantane? num tantum, sufflans se, magna fuisset?
Major dimidio. Num tanto? Quum magis atque
Se magis inflaret. « Non, si te ruperis, inquit,
Par eris. » Hæc a te non multum abludit imago.
Adde poemata nunc (hoc est, oleum adde camino)
Quæ si quis sanus fecit, sanus facis et tu.
Non dico horrendam rabiem.

HORATIUS.

Jam desine.

DAMASIPPE.
Cette parure au-dessus de tes moyens.....

HORACE.
Mêle-toi, Damasippe, de tes affaires.

DAMASIPPE.
Ces amours effrénées pour tant de filles et de jeunes garçons.

HORACE.
O mon aîné en folie, ménage ton cadet.   LIEZ.

IV

HORACE TOURNE EN RIDICULE LES PRÉCEPTES DES ÉPICURIENS SUR L'ART CULINAIRE ET LEURS METS RECHERCHÉS.

HORACE.
D'où vient, où va Catius ?

CATIUS.
Je n'ai pas le temps : j'ai hâte de fixer dans ma mémoire des préceptes qui laissent bien loin Pythagore, la victime d'Anytus et le docte Platon.

HORACE.
J'ai tort, je l'avoue, d'avoir pris si mal mon temps pour vous

DAMASIPPUS.
Cultum
Majorem censu.

HORATIUS.
Teneas, Damasippe, tuis te.

DAMASIPPUS.
Mille puellarum, puerorum mille furores.

HORATIUS.
O major, tandem parcas, insane, minori.

IV

EPICUREORUM, DE RE CULINARIA ET FERCULIS, PRÆCEPTA RIDET.

HORATIUS.
Unde, et quo Catius ?

CATIUS.
Non est mihi tempus, aventi
Ponere signa novis præceptis, qualia vincant
Pythagoran, Anytique reum, doctumque Platona.

HORATIUS.
Peccatum fateor, quum te sic tempore lævo

interrompre : de grâce, excusez-moi. Que si quelque chose peut maintenant vous échapper, vous vous le rappellerez bientôt; en cela, la nature et l'art ont fait de vous un prodige.

CATIUS.

Justement je cherchais comment faire pour ne rien oublier : car ce sont choses fines, exprimées dans un style délicat.

HORACE.

Dites-moi le nom de l'auteur : est-il romain ou étranger?

CATIUS.

Plein de ses leçons, je vais vous les redire : quant au nom de l'auteur, je dois vous le cacher.

Les œufs de forme allongée, souvenez-vous-en, ont un goût plus délicat, un lait plus blanc que les ronds; servez-les de préférence : car c'est un germe mâle que contient leur coque plus ferme. Le chou maraîcher a moins de saveur que celui qui croît en pleine terre; rien de plus fade que les fruits d'un jardin trop arrosé. Si, le soir, un convive vient tout à coup vous surprendre, pour que le poulet fraîchement tué ne résiste point à sa dent, apprenez qu'il faut le plonger vivant dans du Falerne pur : ce procédé rend sa chair plus tendre. Les champignons des prés sont d'une excellente qualité : mal en prend de se fier aux autres. Voulez-vous sans maladie passer vos étés? mangez à la fin de votre dîner des mûres noires que, sur l'arbre, on cueillit avant

Interpellarim : sed des veniam bonus, oro.
Quod si interciderit tibi nunc aliquid, repetes mox,
Sive est naturæ hoc, sive artis, mirus utroque.

CATIUS.
Quin id erat curæ, quo pacto cuncta tenerem :
Utpote res tenues, tenui sermone peractas.

HORATIUS.
Ede hominis nomen, simul et Romanus an hospes.

CATIUS.
Ipsa memor præcepta canam, celabitur auctor.
Longa quibus facies ovis erit, illa memento,
Ut succi melioris, et ut magis alma rotundis
Ponere : namque marem cohibent callosa vitellum.
Caule suburbano, qui siccis crevit in agris,
Dulcior; irriguo nihil est elutius horto.
Si vespertinus subito te oppresserit hospes,
Ne Gallina malum responset dura palato,
Doctus eris vivam misto mersare Falerno :
Hoc teneram faciet. Pratensibus optima fungis
Natura est; aliis male creditur. Ille salubres
Ætates peraget, qui nigris prandia moris
Finiet, ante gravem quæ legerit arbore solem.

la chaleur du soleil. Aufidius mêlait le miel avec du fort vin de Falerne : il avait tort. Il ne faut, quand l'estomac est vide, l'humecter que des breuvages les plus doux. Votre ventre paresseux est-il obstrué, les moules et d'autres menus coquillages vous feront évacuer; usez aussi de petite oseille, sans oublier le vin de Cos. Les nouvelles lunes remplissent les coquillages rafraîchissants; mais toute mer n'en produit point d'un égal renom. Au murex de Baïes, il faut préférer la palourde du Lucrin. Les huîtres se trouvent à Circé, les hérissons à Misène, et les larges pétoncles font l'orgueil de la voluptueuse Tarente. Qu'il ne se flatte point d'exceller dans l'art des festins, celui qui n'a pas su déguster à fond les diverses saveurs des mets. C'est peu d'enlever de l'étal les poissons les plus chers, si l'on ignore lequel vaut mieux, servi avec une sauce, lequel, étant grillé, doit réveiller l'appétit languissant du convive. Que le sanglier d'Ombrie, nourri du gland des forêts, fasse plier sous son poids la table de celui qui n'aime point une chair insipide; car ceux de Laurente, engraissés de roseaux et d'herbes marécageuses, ont mauvais goût. Les pays vignobles ne fournissent pas toujours des chevreuils bons à manger. C'est à l'épaule d'une hase féconde que l'homme de goût donnera la préférence. Quel peut être le pays, l'âge des poissons et du gibier? Avant moi, personne n'avait cherché à le reconnaître à la seule inspection du palais. Il en est dont le génie ne se déploie que dans l'invention de

Aufidius forti miscebat mella Falerno,
Mendose; quoniam vacuis committere venis
Nil nisi lene decet; leni præcordia mulso
Prolueris melius. Si dura morabitur alvus,
Mitulus, et viles pellent obstantia conchæ,
Et lapathi brevis herba, sed albo non sine Coo.
Lubrica nascentes implent conchylia lunæ.
Sed non omne mare est generosæ fertile testæ.
Murice Baiano melior Lucrina peloris :
Ostrea Circæis, Miseno oriuntur echini;
Pectinibus patulis jactat se molle Tarentum.
Nec sibi cœnarum quivis temere arroget artem,
Non prius exacta tenui ratione saporum.
Nec satis est cara pisces avertere mensa,
Ignarum, quibus est jus aptius, et quibus assis
Languidus in cubitum jam se conviva reponet.
Umber et iligna nutritus glande rotundas
Curvet aper lances carnem vitantis inertem;
Nam Laurens malus est, ulvis et arundine pinguis.
Vinea summittit capreas non semper edules.
Fecundæ leporis sapiens sectabitur armos.
Piscibus, atque avibus quæ natura et foret ætas,
Ante meum nulli patuit quæsita palatum.
Sunt quorum ingenium nova tantum crustula promit:

uelques pâtisseries : c'est trop peu que de borner ses soins à un
eul objet. Ainsi, tel veille exclusivement à ce que le vin ne soit
as mauvais, et ne s'embarrasse point de l'huile qui doit arroser
 poisson. Si, par un beau temps, vous exposez le massique en
lein air, l'air de la nuit le dépouillera de sa rudesse, et fera
vaporer cette odeur qui attaque les nerfs; mais, passé par le
n, il perdra sa force et sa qualité. Le gourmet, qui mélange le
in de Sorrente à la lie de Falerne, le clarifiera parfaitement avec
n œuf de pigeon, dont le jaune, en se précipitant, entraîne
u fond du vase tout élément impur. D'un buveur qui s'en-
ort, vous ranimerez la langueur avec des squilles rôties et des
scargots d'Afrique : car la laitue, après le vin, surnage dans
estomac, y provoque des aigreurs; c'est surtout au jambon et
ux cervelas qu'il demande le réveil de son appétit; il don-
era même la préférence à ces mets qu'on apporte tout brû-
ınts des plus viles tavernes. Il est essentiel de connaître à fond
eux espèces de sauces : la première, simple, a pour base l'huile
'olive douce, qu'il faudra mêler avec du gros vin et de la sau-
ure, mais pas autre que celle qui a vieilli dans un pot de
yzance. Quant à la seconde, dès qu'elle aura bouilli avec un
élange d'herbes hachées, saupoudrez-la de safran de Coryque,
uis versez sur le tout de l'huile sortie des pressoirs de Vénafre.
es fruits de Tibur le cèdent à ceux du Picénum, bien qu'ils
ient une plus belle apparence. Les raisins de Venoncle se con-

   Nequaquam satis in re una consumere curam ;
   Ut si quis solum hoc, mala ne sint vina, laboret,
   Quali perfundat pisces securus olivo.
   Massica si cœlo supponas vina sereno ;
   Nocturna, si quid crassi est, tenuabitur aura,
   Et decedet odor nervis inimicus ; at illa
   Integrum perdunt lino vitiata saporem.
   Surrentia vafer qui miscet fæce Falerna
   Vina, columbino limum bene colligit ovo ;
   Quatenus ima petit volvens aliena vitellus.
   Tostis marcentem squillis recreabis et Afra
   Potorem cochlea ; nam lactuca innatat acri
   Post vinum stomacho : perna magis, ac magis hillis
   Flagitat in morsus refici ; quin omnia malit,
   Quæcumque immundis fervent illata popinis.
   Est operæ pretium duplicis pernoscere juris
   Naturam : simplex e dulci constat olivo ;
   Quod pingui miscere mero muriaque decebit,
   Non alia, quam qua Byzantia putruit orca.
   Hoc ubi confusum sectis inferbuit herbis,
   Corycioque croco sparsum stetit, insuper addes
   Pressa Venafranæ quod bacca remisit olivæ.
   Picenis cedunt pomis Tiburtia succo ;
   Nam facie præstant. Venucula convenit ollis :

servent dans des pots; mais ceux d'Albe se dessèchent mieux à la fumée. Oui, moi, je puis le dire, ce raisiné avec des pommes, et de la lie, et de la saumure, et du poivre blanc mêlé à du sel gris, c'est moi qui le premier ai fait servir tout cela sur table, dans de petits plats bien nets. C'est une monstruosité que de porter au marché trois mille sesterces, pour entasser au hasard les poissons dans un plat trop petit. De quel dégoût le cœur se soulève, lorsqu'un valet applique sur un gobelet ses doigts gras de la sauce qu'il lèche à la dérobée, ou lorsqu'une tasse porte l'empreinte de la crasse amassée par le temps! Des balais communs, des nattes, de la sciure de bois, sont-ils donc d'un achat ruineux? S'en faire faute est un tort impardonnable. Te verra-t-on promener une bruyère fangeuse sur un pavé richement incrusté, et prodiguer la pourpre de Tyr pour couvrir des coussins qu'on n'a jamais lavés? Oublies-tu que moins ces menus détails exigent de soin et de dépense, plus on est répréhensible quand on les néglige? car il ne s'agit point ici d'un luxe réservé seulement à la table du riche.

HORACE.

Docte Catius, au nom des dieux et de l'amitié, menez-moi partout où vous irez, entendre ce sage : car bien que votre mémoire me reproduise fidèlement tous ses préceptes, vous ne pouvez, simple interprète, me procurer le même plaisir. Joignez-y l'avantage de contempler les traits et le maintien de l'homme. Pour

Rectius Albanam fumo duraveris uvam;
Hanc ego cum malis, ego fæcem primus et halec,
Primus et inventor piper album, cum sale nigro
Incretum, puris circumposuisse catillis.
Immane est vitium, dare millia terna macello,
Angustoque vagos pisces urgere catino.
Magna movent stomacho fastidia, seu puer unctis
Tractavit calicem manibus, dum furta ligurrit;
Sive gravis veteri crateræ limus adhæsit.
Vilibus in scopis, in mappis, in scobe, quantus
Constitit sumptus? neglectis, flagitium ingens.
Ten' lupides varios lutulenta radere palma,
Et Tyrias dare circum illota toralia vestes?
Oblitum, quanto curam sumptumque minorem
Hæc habeant, tanto reprendi justius illis,
Quæ nisi divitibus nequeant contingere mensis?

HORATIUS.

Docte Cati, per amicitiam Divosque rogatus,
Ducere me auditum, perges quocumque, memento.
Nam quamvis referas memori mihi pectore cuncta,
Non tamen interpres tantumdem juveris : adde
Vultum habitumque hominis; quem tu vidisse beatus,

vous, heureux mortel qui l'avez vu, vous prisez peu ce bonheur. Mais moi, je n'ai pas une médiocre envie d'approcher de cette source ignorée du vulgaire, et de pouvoir y puiser les règles d'une heureuse vie.

CH. DU ROZOIR.

V

L'ART DE S'ENRICHIR.

ULYSSE.

Ajoute encore un mot à ton discours, Tirésias; réponds à cette question : Quels secrets, quels moyens pourront réparer ma fortune détruite?... Tu ris!

TIRÉSIAS.

Quoi, artificieux Ulysse, ce n'est déjà plus assez de retourner à Ithaque, et de revoir tes pénates paternels?

ULYSSE.

Infaillible devin, tu vois comme tes prédictions me ramènent pauvre et nu dans mon palais. Les prétendants n'y ont respecté ni mes greniers ni mes troupeaux : or, sans argent, la naissance et le mérite sont plus méprisés que l'herbe du rivage.

TIRÉSIAS.

Puisque, sans périphrases, tu redoutes la pauvreté, apprends

Non magni pendis, quia contigit : at mihi cura
Non mediocris inest, fontes ut adire remotos,
Atque haurire queam vitæ præcepta beatæ.

V

QUIBUS ARTIBUS CAPTANDA TESTAMENTA.

ULIXES.

Hoc quoque, Tiresia, præter narrata, petenti
Responde, quibus amissas reparare queam res
Artibus atque modis... Quid rides?

TIRESIAS.
      Jamne doloso
Non satis est Ithacam revehi, patriosque penates
Adspicere?

ULIXES.
   O nulli quidquam mentito, vides ut
Nudus inopsque domum redeam, te vate, neque illic
Aut apotheca procis intacta est, aut pecus : atqui
Et genus, et virtus, nisi cum re, vilior alga est.

TIRESIAS.

Quando pauperiem, missis ambagibus, horres,

le moyen de t'enrichir. Si tu reçois une grive ou tout autre présent, dirige son vol sur quelque maison où brille une grande opulence, et dont le maître est vieux. Les fruits les plus délicieux, l'honneur de ton verger, que ce riche, plus vénérable pour toi que les dieux Lares, en goûte avant eux les prémices. Fût-il sans foi, sans naissance, dégouttant du sang d'un frère, échappé de l'esclavage, n'hésite point, s'il le demande, à l'accompagner en public, à lui céder le pas.

ULYSSE.

Moi, escorter un impur Dama ! Ce n'est pas ainsi que je me suis montré à Troie, où je marchais l'égal des héros.

TIRÉSIAS.

Eh bien, tu seras pauvre.

ULYSSE.

Allons, j'y saurai plier mon noble cœur. Il est vrai que j'en ai vu bien d'autres. Continue donc, savant augure, à m'apprendre d'où je pourrai tirer des richesses, des monceaux d'or.

TIRÉSIAS.

Je te l'ai dit, je te le répète encore : que ton adresse capte partout les testaments des vieillards ; et si quelque vieux routier, en dévorant l'appât, échappe à l'hameçon, ne va pas te décourager, ou, par dépit d'un échec, renoncer au métier. Qu'un procès

Accipe qua ratione queas ditescere. Turdus,
Sive aliud privum dabitur tibi, devolet illuc,
Res ubi magna nitet, domino sene; dulcia poma,
Et quoscumque feret cultus tibi fundus honores,
Ante Larem gustet venerabilior Lare dives;
Qui quamvis perjurus erit, sine gente, cruentus
Sanguine fraterno, fugitivus; ne tamen illi
Tu comes exterior, si postulet, ire recuses.

ULIXES.
Utne tegam spurco Damæ latus! haud ita Trojæ
Me gessi, certans semper melioribus.

TIRESIAS.
Ergo
Pauper eris.

ULIXES.
Fortem hoc animum tolerare jubebo :
Et quondam majora tuli. Tu protinus, unde
Divitias ærisque ruam, dic, augur, acervos.

TIRESIAS.
Dixi equidem, et dico. Captes astutus ubique
Testamenta senum : neu, si vafer unus et alter
Insidiatorem præroso fugerit hamo,
Aut spem deponas, aut artem illusus omittas.
Magna minorve foro si res certabitur olim,

plus ou moins important se plaide au Forum, vois quel est le riche sans enfants, dont la perverse audace traîne devant les juges un homme meilleur que lui ; déclare-toi son défenseur. Laisse là, malgré la bonté de sa cause, le plus honorable des deux adversaires, s'il a des enfants ou une épouse féconde. « Quinctus, diras-tu, ou Publius (un prénom flatte les oreilles délicates), ton mérite t'a fait en moi un ami. Je connais tous les détours de la chicane ; je puis défendre une cause, et l'on m'arrachera les yeux avant que je te laisse berner et appauvrir d'une coque de noix. Je fais mon affaire de ne pas souffrir qu'on te vole ou qu'on te joue. » Invite-le à retourner chez lui pour prendre soin de sa chère personne ; deviens son homme d'affaires ; montre un courage à l'épreuve de toutes les fatigues, soit que l'ardente Canicule fende les muettes statues, soit que l'énorme panse de Furius crache de blancs flocons de neige sur les Alpes glacées. « Voyez-vous, dira-t-on en poussant du coude son voisin, voyez-vous quelle patience ! quel dévouement pour ses amis ! quelle ardeur ! » Et les poissons d'arriver, et ton vivier de se remplir.

Vois-tu encore élever dans une maison opulente un fils d'une santé débile ; pour ne pas te trahir par une assiduité trop exclusive près des célibataires, que l'empressement de tes services t'ouvre doucement la route de l'espérance. Tâche de te faire inscrire pour second héritier ; et, si quelque accident précipite l'enfant dans la tombe, tu rempliras le vide : cette chance échappe rarement.

    Vivet uter locuples sine gnatis, improbus ultro
Qui meliorem audax vocet in jus, illius esto
Defensor ; fama civem causaque priorem
Sperne, domi si gnatus erit, fecundave conjux.
« Quincte, puta, aut Publi (gaudent prænomine molles
Auriculæ), tibi me virtus tua fecit amicum ;
Jus anceps novi ; causas defendere possum :
Eripiet quivis oculos citius mihi, quam te
Contemptum cassa nuce pauperet ; hæc mea cura est,
Ne quid tu perdas, neu sis jocus. » Ire domum, atque
Pelliculam curare jube. Fi cognitor ipse :
Persta, atque obdura, seu rubra Canicula findet
Infantes statuas, seu pingui tentus omaso
Furius hibernas cana nive conspuet Alpes.
« Nonne vides, aliquis cubito stantem prope tangens
Inquiet, ut patiens ! ut amicis aptus ! ut acer !»
Plures adnabunt thunni, et cetaria crescent.
Si cui præterea validus male filius in re
Præclara sublatus aletur, ne manifestum
Cælibis obsequium nudet te, leniter in spem
Adrepe officiosus, ut et scribare secundus
Heres, et, si quis casus puerum egerit Orco,
In vacuum venias : perraro hæc alea fallit.

Veut-on te donner à lire un testament, ne manque pas de refuser, de repousser les tablettes, de manière pourtant à saisir du coin de l'œil la deuxième ligne de la première page, à voir d'un regard rapide si tu es seul ou si tu comptes plusieurs cohéritiers. Il arrivera parfois qu'un vieux routier, parvenu de quinquévir au rang de greffier, laissera le corbeau le bec ouvert, et le coureur d'héritages Nasica deviendra la risée de Coranus.

ULYSSE.

Quel transport te saisit? ou, si tu es de sang-froid, te fais-tu un jeu de me chanter des énigmes?

TIRÉSIAS.

O fils de Laërte! tout ce que je dis doit arriver, ou non; car le puissant Apollon m'a donné de lire dans l'avenir.

ULYSSE.

Explique-moi pourtant, si tu le peux, le sens de cette fable.

TIRÉSIAS.

Au temps où, rejeton du grand Énée, un jeune héros, la terreur du Parthe, étendra sa puissance sur la terre et sur les mers, Nasica, fort en peine de payer ses dettes, donnera sa grande fille au brave Coranus: le gendre alors présentera au beau-père son testament, avec prière d'en faire la lecture. Après de longs refus, Nasica finira par le prendre et le lire tout bas; mais il

Qui testamentum tradet tibi cumque legendum,
Abnuere, et tabulas a te removere memento :
Sic tamen, ut limis rapias quid prima secundo
Cera velit versu; solus, multisne cohæres,
Veloci percurrere oculo. Plerumque recoctus
Scriba ex quinqueviro corvum deludet hiantem;
Captatorque dabit risus Nasica Corano.

ULIXES.

Num furis? an prudens ludis me, obscura canendo?

TIRESIAS.

O Laertiade, quidquid dicam, aut erit, aut non:
Divinare etenim magnus mihi donat Apollo.

ULIXES.

Quid tamen ista velit sibi fabula, si licet, ede.

TIRESIAS.

Tempore quo juvenis Parthis horrendus, ab alto
Demissum genus Ænea, tellure marique
Magnus erit, forti nubet procera Corano
Filia Nasicæ, metuentis reddere soldum.
Tum gener hoc faciet; tabulas socero dabit, atque
Ut legat orabit : multum Nasica negatas
Accipiet tandem, et tacitus leget, invenietque

trouvera qu'on ne laisse à lui et aux siens que les yeux pour pleurer.

J'ai encore un conseil à te donner. Si une adroite friponne et un affranchi s'entendent pour mener en laisse un vieux radoteur, entre dans leurs projets; vante-les, pour qu'ils te vantent en ton absence : c'est encore un bon moyen ; mais l'important, c'est de t'emparer de l'esprit du vieillard. Sa folie est de composer de méchants vers : n'hésite pas à les admirer. Est-il libertin, n'attends pas sa demande, et viens complaisamment offrir ta Pénélope à un plus digne.

ULYSSE.

Et crois-tu que j'y puisse amener une vertu si chaste, que ses amants n'ont pu détourner du droit chemin?

TIRÉSIAS.

Toute cette jeunesse hésitait à donner largement, et s'occupait moins d'amour que de cuisine : c'est là ce qui fait toute la vertu de Pénélope; mais qu'elle tâte une fois d'un vieillard pour te mettre en moitié dans ses bénéfices, et elle sera aussi âpre à la curée qu'un chien de chasse.

Écoute un fait dont ma vieillesse fut témoin. Une maudite vieille, de Thèbes, régla par testament ses funérailles : l'héritier fut obligé de prendre sur ses épaules nues le cadavre largement frotté d'huile. Elle espérait sans doute lui glisser entre les mains après sa mort, parce qu'il l'avait serrée de trop près pendant sa vie. Mets-y

Nil sibi legatum, præter plorare, suisque.
Illud ad hæc jubeo : mulier si forte dolosa,
Libertusve senem delirum temperet, illis
Accedas socius : laudes, lauderis ut absens :
Adjuvat hoc quoque; sed vincit longe prius ipsum
Expugnare caput. Scribet mala carmina vecors?
Laudato. Scortator erit? cave te roget : ultro
Penelopen facilis potiori trade.

ULIXES.
Putasne,
Perduci poterit tam frugi tamque pudica,
Quam nequiere proci recto depellere cursu?

TIRESIAS.
Venit enim magnum donandi parca juventus,
Nec tantum Veneris, quantum studiosa culinæ;
Sic tibi Penelope frugi est : quæ, si semel uno
De sene gustarit, tecum partita lucellum,
Ut canis, a corio nunquam absterrebitur uncto.
Me sene, quod dicam, factum est. Anus improba Thebis
Ex testamento sic est elata : cadaver
Unctum oleo largo nudis humeris tulit hæres :
Scilicet elabi si posset mortua; credo,
Quod nimium institerat viventi. Cautus adito :

donc de la mesure : point de négligence, mais point d'excès dans tes soins. Trop de babil fatigue un vieillard chagrin et morose : ne va pas cependant jusqu'à devenir muet. Tiens-toi comme un valet de comédie, le cou tendu, dans l'attitude de la crainte. Sois aux petits soins. Le vent vient-il à fraîchir, engage-le à couvrir une tête si chère; tire-le de la foule, en le couvrant de ton corps; prête l'oreille à son bavardage. Aime-t-il les éloges sans les mériter, enfle sa vanité du vent de tes louanges; gorge-le d'encens, jusqu'à ce que, les mains levées au ciel, il te dise : Assez. Enfin, quand il t'aura délivré des soins de ce long esclavage, et que, bien éveillé, tu entendras lire : « Je laisse à Ulysse le quart de ma succession, » laisse échapper ces mots par intervalle : « Hélas! mon cher Dama n'est donc plus! qui me rendra un ami si courageux, si fidèle? » même, si tu le peux, verse quelques larmes. La prudence t'ordonne de dissimuler ta joie. Élève, sans mesquinerie, le tombeau laissé à ta discrétion; que tout le voisinage loue la pompe des funérailles. Un vieillard, ton cohéritier, a-t-il une mauvaise toux; s'il veut se rendre acquéreur du fonds ou de la maison, offre-lui ta part pour le prix qu'il en donnera. Mais l'impérieuse Proserpine m'entraîne. Je te souhaite vie et santé.

J. LIEZ

Neu desis operæ, neve immoderatus abundes.
Difficilem et morosum offendet garrulus : ultra
Non etiam sileas. Davus sis comicus, atque
Stes capite obstipo, multum similis metuenti.
Obsequio grassare : mone, si increbuit aura,
Cautus uti velet carum caput; extrahe turba
Oppositis humeris; aurem substringe loquaci.
Importunus amat laudari? donec, Ohe! jam
Ad cœlum manibus sublatis, dixerit, urge; et
Crescentem tumidis infla sermonibus utrem.
Quum te servitio longo curaque levarit,
Et certum vigilans, *Quartæ esto partis Ulixes*,
Audieris, *heres* : « ergo nunc Dama sodalis
Nusquam est? Unde mihi tam fortem, tamque fidelem? »
Sparge subinde; et, si paulum potes, illacrymare. Est
Gaudia prodentem vultum celare. Sepulcrum,
Permissum arbitrio, sine sordibus exstrue : funus
Egregie factum laudet vicinia. Si quis
Forte coheredum senior male tussiet, huic tu
Dic, ex parte tua, seu fundi, sive domus sit
Emptor, gaudentem nummo te addicere. Sed me
Imperiosa trahit Proserpina. Vive, valeque.

VI

**PARALLÈLE DE LA VIE PAISIBLE DE LA CAMPAGNE
ET DES TOURMENTS DE LA VILLE.**

Tels sont les vœux auxquels je bornais toute mon ambition : un champ d'une médiocre étendue, et, dans son enceinte, un jardin, avec une source d'eau vive auprès de la maison. Les dieux m'en ont donné davantage : je leur rends grâce. O fils de Mars, je ne vous demande plus rien, si ce n'est de me conserver ces dons! Si je n'ai point accru ma fortune par des voies que réprouvent la probité et la délicatesse; si on ne la voit point décroître par ma négligence ou mes dissipations; si jamais on n'a entendu sortir de ma bouche aucun de ces vœux avares et insensés : Oh! que ne puis-je avoir le coin de terre qui arrondirait si bien ma propriété! oh! pourquoi le sort ne m'offre-t-il pas un vase plein d'or, comme à ce bon villageois qui, tout à coup devenu riche par la protection d'Hercule, acheta le champ où il avait fait cette heureuse découverte, et le laboura pour lui-même, après l'avoir longtemps labouré pour un autre! Si enfin je suis heureux et reconnaissant de ce que je possède, exaucez, ô Mercure, des demandes plus modestes; engraissez mes troupeaux et tout ce que je possède, excepté mon esprit, et soyez toujours pour moi un dieu propice et tutélaire.

Ainsi donc, retiré dans ma maison des champs, heureusement située sur une colline, comme dans un fort où je ne suis assiégé

VI

RUSTICANÆ VITÆ COMMODA URBANIS MOLESTIIS OPPONUNTUR.

Hoc erat in votis : modus agri non ita magnus,
Hortus ubi, et tecto vicinus jugis aquæ fons,
Et paulum sylvæ super his foret. Auctius atque
Di melius fecere : bene est. Nihil amplius oro,
Maïa nate, nisi ut propria hæc mihi munera faxis.
Si neque majorem feci ratione mala rem,
Nec sum facturus vitio culpave minorem;
Si veneror stultus nihil horum : O si angulus ille
Proximus accedat, qui nunc denormat agellum!
O si urnam argenti fors quæ mihi monstret! ut illi,
Thesauro invento, qui mercenarius agrum
Illum ipsum mercatus aravit, dives, amico
Hercule! Si quod adest gratum juvat, hac prece te oro
Pingue pecus domino facias, et cetera, præter
Ingenium; utque soles, custos mihi maximus adsis!
Ergo ubi me in montes et in arcem ex urbe removi,
Quid prius illustrem Satyris, Musaque pedestri?

ni par les tourments de l'ambition, ni par les craintes des vents contagieux du midi, ou du mauvais air de l'automne, triste pourvoyeur de la mort, pourquoi ne m'occuperais-je pas gaiement à composer des satires aux vers faciles et familiers?

O père du matin, ou si ce nom vous plaît davantage, ô Janus! vous qui, par l'ordre des dieux, présidez chaque jour aux premiers travaux des hommes, vous présiderez aussi à celui-ci; c'est par vous que je commencerai ces vers. Suis-je à Rome, aussitôt vous me poussez hors de chez moi, quelque temps qu'il fasse, soit que l'Aquilon glace la terre, ou que la neige la couvre pendant ces jours renfermés dans un cercle si étroit, et raccourcis encore par le brouillard; il s'agit de servir de caution à un ami. Prenez garde, dites-vous, de vous laisser prévenir par un autre. Ce service rendu, et l'engagement pris en termes nets et clairs dont je serai peut-être victime un jour, il faut m'ouvrir une route à travers la foule; je pousse les paresseux qui, n'avançant pas, m'empêchent d'avancer : ceux-ci me poussent à leur tour : « Où va cet étourdi? s'écrie, en me maudissant, le plus impatient d'entre eux; qu'a-t-il donc de si pressé et de si important à faire? faut-il qu'il renverse tout le monde sur son passage, pour arriver le premier chez Mécène, et lui parler de sa reconnaissance? » Cette dernière injure, je l'avouerai, m'est douce et me flatte. Arrivé au mont Esquilin, je suis assailli, à droite et à gauche, d'importuns par centaines, qui tous veulent me charger d'affaires qui ne m'intéressent en rien. « Roscius, mon cher Horace, compte sur votre assistance demain de bonne heure, au tribunal du préteur. Les secrétaires du trésor vous prient de ne pas manquer de revenir

---

Nec mala me ambitio perdit, nec plumbeus Auster,
Autumnusque gravis, Libitinæ quæstus acerbæ.
Matutine pater, seu Jane libentius audis,
Unde homines operum primos vitæque labores
Instituunt (sic Dis placitum) tu carminis esto
Principium. Romæ sponsorem me rapis. — Eia,
Ne prior officio quisquam respondeat, urge. —
Sive Aquilo radit terras, seu bruma nivalem
Interiore diem gyro trahit, ire necesse est.
— Post modo, quod mi obsit, clare certumque locuto,
Luctandum in turba, et facienda injuria tardis;
— Quid vis, insane? et quas res agis? improbus urget
Iratis precibus, tu pulses omne quod obstat,
Ad Mæcenatem memori si mente recurras.
— Hoc juvat, et melli est, non mentiar. At simul atras
Ventum est Esquilias, aliena negotia centum
Per caput, et circa saliunt latus. — « Ante secundam
Roscius orabat sibi adesses ad Puteal cras. —
De re communi scribæ magna atque nova te

aujourd'hui pour une affaire qui les regarde et qui est très-importante. Faites, je vous en conjure, signer ceci à Mécène. — Je m'y emploierai de mon mieux. — Oh! la chose est faite, si vous voulez, » et les instances redoublent.

Voilà bientôt huit ans que Mécène m'a fait l'honneur de m'admettre parmi ses amis. Je suis celui qu'il prend le plus volontiers dans son carrosse quand il voyage, pour me dire des secrets pareils à ceux-ci : « Quelle heure est-il? Le gladiateur de Thrace Gallina peut-il se mesurer avec celui de Syrie? Les matinées commencent à être froides et pourraient enrhumer ceux qui s'exposent sans précaution; » et autres mystères de ce genre qu'on peut confier à l'oreille la moins fidèle dépositaire d'un secret. Depuis ce temps, l'envie me poursuit, et s'accroît pour ainsi dire de jour en jour, d'heure en heure : « Cet homme, dit-on, va au spectacle avec Mécène; il s'exerce au Champ de Mars avec Mécène! c'est l'enfant chéri de la fortune. » Se répand-il quelque bruit sinistre dans la ville, aussitôt on m'interroge : « Dites-moi, mon ami, car vous savez tout, vous qui approchez des dieux, que dit-on des Daces? — Je n'en sais rien en vérité. — Vous plaisantez donc toujours? — Puissent tous les dieux me tourmenter, si je ne parle très-sérieusement! — Mais vous savez du moins qu'Auguste va faire des distributions de terres aux soldats : sera-ce en Italie, sera-ce en Sicile? » Nouvelles protestations de mon entière ignorance. Alors on se récrie, et l'on me regarde comme le plus discret et le plus mystérieux des hommes.

Orabant hodie meminisses, Quincte, reverti. —
Imprimat his cura Mæcenas signa tabellis. »
— Dixeris, « Experiar : — Si vis, potes, » addit, et instat.
Septimus octavo propior jam fugerit annus,
Ex quo Mæcenas me cœpit habere suorum
In numero, duntaxat ad hoc, quem tollere rheda
Vellet, iter faciens, et cui concredere nugas
Hoc genus : « Hora quota est? Thrax et Gallina Syro par?
Matutina parum cautos jam frigora mordent : »
Et quæ rimosa bene deponuntur in aure.
Per totum hoc tempus subjectior in diem et horam
Invidiæ. — Noster ludos spectaverat una;
Luserat in campo, Fortunæ filius, omnes.
Frigidus a Rostris manat per compita rumor :
Quicumque obvius est, me consulit. « O bone, nam te
Scire, Deos quoniam propius contingis, oportet,
Numquid de Dacis audisti? — Nil equidem. — Ut tu
Semper eris derisor! — At omnes Di exagitent me,
Si quidquam. — Quid? militibus promissa Triquetra
Prædia Cæsar, an est Itala tellure daturus? »
Jurantem me scire nihil mirantur, ut unum
Scilicet egregii mortalem altique silenti.

C'est à travers toutes ces misères que s'écoule la journée entière, mais non assurément sans que plus d'une fois ce vœu ne m'échappe : O ma chère maison des champs! quand vous reverrai-je? quand pourrai-je dans cet heureux asile, passant tour à tour de la lecture des livres des anciens aux douceurs de l'oisiveté et d'un tranquille sommeil, oublier toutes les tracasseries de cette vie agitée et tumultueuse? Quand y verrai-je apporter sur une table frugale la fève chère à Pythagore, et des légumes de mon jardin, assaisonnés d'un lard savoureux! O soirées délicieuses! banquets dignes d'être enviés par les dieux mêmes! assis sous la protection des divinités du foyer, au milieu de mes amis, je prends un joyeux repas qu'égaie encore la familiarité libre et franche de mes domestiques, qui prennent eux-mêmes leur part de ce festin champêtre. Chaque convive, affranchi des sottes lois de la table et de l'étiquette, vide, à son choix, des coupes grandes ou petites, suivant qu'il lui convient de s'abreuver largement ou de boire avec modération. Là s'engage une conversation, non sur nos voisins pour en médire, ni sur leurs propriétés pour les envier, ni sur le talent plus ou moins grand de Lépos dans l'art de la danse ; nous nous entretenons des sujets qui nous intéressent davantage et qu'il est honteux d'ignorer : Est-ce la vertu, sont-ce les richesses qui rendent l'homme heureux? faut-il, dans ses liaisons, se régler sur ce qui est utile, ou sur ce qui est honnête? Quelle est la nature du bien? en quoi consiste le souverain bien? Cependant, avec à-propos, Cervius mêle à ces graves entretiens quelque conte de bonne femme. Qu'un convive, par exemple, vante les richesses qui causent à

Perditur hæc inter misero lux, non sine votis :
O rus, quando ego te adspiciam? quandoque licebit
Nunc veterum libris, nunc somno et inertibus horis
Ducere sollicitæ jucunda oblivia vitæ?
O quando faba Pythagoræ cognata, simulque
Uncta satis pingui ponentur oluscula lardo?
O noctes cœnæque Deum! quibus ipse, meique
Ante larem proprium vescor, vernasque procaces
Pasco libatis dapibus! Prout cuique libido est,
Siccat inæquales calices conviva, solutus
Legibus insanis; seu quis capit acria fortis
Pocula, seu modicis humescit lætius. Ergo
Sermo oritur non de villis, domibusve alienis :
Nec male necne Lepos saltet; sed, quod magis ad nos
Pertinet, et nescire malum est, agitamus : utrumne
Divitiis homines, an sint virtute beati?
Quidve ad amicitias, usus rectumne trahat nos?
Et quæ sit natura boni? summumque quid ejus?
Cervius hæc inter vicinus garrit aniles
Ex re fabellas. Si quis nam laudat Arelli

Arellius tant de soucis, aussitôt Cervius commence en ces termes :

Un rat qui habitait les champs reçut un jour dans son trou un rat citadin : ils étaient dès longtemps unis par les liens de l'hospitalité et de l'amitié. Le premier était un rat dur à lui-même, extrêmement économe, mais qui, dans l'occasion, et pour fêter un ami, savait se relâcher de sa parcimonie habituelle. Il lui offre donc, sans mesure et sans regret, l'avoine et les pois qu'une longue prévoyance lui avait fait mettre en réserve. Il lui apporte tantôt des grains de raisin sec, tantôt des morceaux de lard, présentables encore, quoique un peu rongés, espérant, par la variété des mets, triompher des superbes dégoûts d'un convive qui semblait ne toucher à tout que d'un air dédaigneux. Cependant le maître du logis, étendu sur de la paille fraîche, se contentait discrètement de quelques grains de blé et d'orge, laissant à son hôte les morceaux les plus délicats. Tout à coup le rat de ville prend la parole et dit à son hôte : « Quel plaisir trouvez-vous à mener cette triste vie dans ce lieu désert et presque inaccessible? pourquoi ne pas préférer la ville et les hommes aux forêts et aux bêtes sauvages? Suivez mon conseil, et venez avec moi. Tout ce qui respire sur la terre est condamné à la mort : grands et petits, nul n'échappe à cet arrêt fatal. Ainsi, mon cher, profitez du temps qui vous est accordé, passez joyeusement la vie, et songez qu'elle est courte! » Ce discours frappe le rat des champs; d'un saut léger, il s'élance hors de son trou : tous deux trottent de concert vers la ville, méditant de s'y glisser par-dessous les murailles et

    Sollicitas ignarus opes, sic incipit: Olim
Rusticus urbanum murem mus paupere fertur
Accepisse cavo, veterem vetus hospes amicum;
Asper, et attentus quæsitis, ut tamen arctum
Solveret hospitiis animum. Quid multa? neque ille
Sepositi ciceris, nec longæ invidit avenæ:
Aridum et ore ferens acinum, semesaque lardi
Frusta dedit, cupiens varia fastidia cœna
Vincere tangentis male singula dente superbo:
Quum pater ipse domus palea porrectus in horna
Esset ador loliumque, dapis meliora relinquens.
Tandem urbanus ad hunc: « Quid te juvat, inquit, amice,
Prærupti nemoris patientem vivere dorso?
Vis tu homines urbemque feris præponere sylvis?
Carpe viam, mihi crede, comes; terrestria quando
Mortales animas vivunt sortita, neque ulla est,
Aut magno aut parvo, lethi fuga: quo, bone, circa,
Dum licet, in rebus jucundis vive beatus:
Vive memor quam sis ævi brevis. » Hæc ubi dicta
Agrestem pepulere, domo levis exsilit: inde
Ambo propositum peragunt iter, urbis aventes

à la faveur des ténèbres. Déjà la nuit était au milieu de sa course, lorsqu'ils arrivent et s'introduisent dans un palais où leurs regards sont frappés par des lits d'ivoire couverts de tapis de pourpre, et des corbeilles où des viandes, restes du souper de la veille, s'élèvent en pyramides. Le rat de ville commence d'abord par établir le rat des champs sur un de ces magnifiques tapis; puis, comme un valet diligent, il court çà et là pour chercher des provisions qu'il fait succéder sans interruption; en maître d'hôtel attentif, il goûte d'abord de tous les mets qu'il apporte. Le rat champêtre, mollement étendu, se réjouit de l'heureux changement de sa fortune, et témoigne sa satisfaction en bon et joyeux convive. Mais tout à coup les portes s'ouvrent avec fracas; ce bruit terrible fait sauter les deux rats hors des lits : ils courent dans la salle, éperdus et à demi morts; d'énormes chiens, qui font retentir la maison de leurs aboiements, redoublent leur frayeur : « Mon ami, dit alors le rat des champs, ce genre de vie ne me convient point du tout; je lui dis adieu ainsi qu'à vous : la sécurité dont je jouis dans ma forêt et dans mon trou me console de la frugalité de mes repas. »   FÉLETZ.

> Mœnia nocturni subrepere. Jamque tenebat
> Nox medium cæli spatium, quum ponit uterque
> In locuplete domo vestigia, rubro ubi cocco
> Tincta super lectos canderet vestis eburnos,
> Multaque de magna superessent fercula cœna,
> Quæ procul exstructis inerant hesterna canistris
> Ergo ubi purpurea porrectum in veste locavit
> Agrestem, veluti succinctus cursitat hospes,
> Continuatque dapes; nec non vernaliter ipsis
> Fungitur officiis, prælambens omne quod affert
> Ille cubans gaudet mutata sorte, bonisque
> Rebus agit lætum convivam, quum subito ingens
> Valvarum strepitus lectis excussit utrumque.
> Currere per totum pavidi conclave; magisque
> Exanimes trepidare, simul domus alta Molossis
> Personuit canibus. Tum rusticus, « Haud mihi vita
> Est opus hac, ait, et valeas : me sylva cavusque
> Tutus ab insidiis tenui solabitur ervo. »

VII

DAVUS, USANT DE LA LIBERTÉ DES SATURNALES, ADRESSE
DE FORTES RÉPRIMANDES A SON MAITRE.

DAVE.

Depuis longtemps j'écoute, et, quoique esclave, je désirerais vous dire quelques mots ; mais je n'ose.

HORACE.

Est-ce Dave que j'entends ?

DAVE.

Oui, c'est Dave lui-même, ce serviteur attaché à son maître, et honnête autant qu'il le faut, c'est-à-dire assez pour que vous trouviez juste de le laisser vivre.

HORACE.

Allons, profite de la liberté de ces jours de décembre, puisque nos ancêtres l'ont ainsi voulu. Parle.

DAVE.

Une partie de l'espèce humaine se plaît constamment dans le vice, et s'y attache avec persévérance. Un plus grand nombre flotte dans l'incertitude, tantôt saisissant le bien, tantôt s'abandonnant au mal. On a remarqué que Priscus portait souvent trois anneaux, et que sa main était quelquefois dégarnie de toute

VII

LIBERTATE DECEMBRI USUS, HERUM SUUM DAVUS ACRITER
OBJURGAT.

DAVUS.
Jamdudum ausculto, et cupiens tibi dicere servus
Pauca, reformido.

HORATIUS.
Davusne ?

DAVUS.
        Ita, Davus, amicum
Mancipium domino, et frugi ; quod sit satis ; hoc est,
Ut vitale putes.

HORATIUS.
    Age, libertate decembri,
Quando ita majores voluerunt, utere : narra.

DAVUS.
Pars hominum vitiis gaudet constanter, et urget
Propositum ; pars multa natat, modo recta capessens,
Interdum pravis obnoxia. Sæpe notatus
Cum tribus anellis, modo læva Priscus inani,

parure. Sa manière de vivre était si inégale, qu'il changeait de robe d'heure en heure. A peine avait-il quitté un vaste palais, qu'il allait se cacher dans un réduit d'où un affranchi un peu honnête rougirait presque de sortir. Tantôt libertin à Rome, tantôt préférant vivre en philosophe dans Athènes, il semblait né sous le courroux de toutes les divinités les plus capricieuses. Le bouffon Volanerius, quand une goutte bien méritée eut paralysé tous ses doigts, nourrissait et payait, à tant par jour, un homme pour lui ramasser ses dés et les jeter dans le cornet. Plus on persévère dans ses vices, moins on est malheureux. On est moins à plaindre que l'homme qui danse sur une corde tour à tour lâche et tendue.

HORACE.

Ne me diras-tu pas aujourd'hui à qui s'adressent toutes ces impertinences, bourreau?

DAVE.

A vous-même, vous dis-je.

HORACE.

Comment cela, coquin?

DAVE.

Sans cesse vous vantez la condition et les mœurs du vieux peuple; et si quelque dieu voulait vous y ramener à l'instant, vous n'y consentiriez jamais, soit parce que vous ne sentez pas

> Vixit inæqualis, clavum ut mutaret in horas:
> Ædibus ex magnis subito se conderet, unde
> Mundior exiret vix libertinus honeste.
> Jam mœchus Romæ, jam mallet doctus Athenis
> Vivere; Vertumnis, quotquot sunt, natus iniquis.
> Scurra Volanerius, postquam illi justa chiragra
> Contudit articulos, qui pro se tolleret, atque
> Mitteret in phimum talos, mercede diurna
> Conductum pavit. Quanto constantior idem
> In vitiis, tanto levius miser, ac prior illo,
> Qui jam contento, jam laxo fune laborat.
>
> HORATIUS.
> Non dices hodie, quorsum hæc tam putida tendant,
> Furcifer?
>
> DAVUS.
> Ad te, inquam.
>
> HORATIUS.
> Quo pacto, pessime?
>
> DAVUS.
> Laudas
> Fortunam, et mores antiquæ plebis; et idem,
> Si quis ad illa Deus subito te agat, usque recuses;

tous les avantages de cette vie que vous louez si haut, soit parce que vous ne défendez pas la vertu avec assez de fermeté, et que vous restez les pieds enfoncés dans la fange, malgré tout votre désir de les en retirer. A Rome, vous soupirez après la campagne ; à la campagne, c'est le séjour de la ville absente que vous portez jusqu'aux nues : tant votre humeur est changeante ! Si, par aventure, vous n'êtes invité nulle part, vous vous félicitez de manger tranquillement vos légumes, et, comme si vous ne sortiez jamais que pieds et poings liés, vous vous dites heureux et semblez content de vous-même, parce que vous n'êtes pas contraint de souper dehors. Mais que Mécène vous fasse prévenir qu'il vous attend pour convive à l'heure où l'on allume les premiers flambeaux : « Holà! personne ne m'apportera-t-il au plus vite mes parfums? quelqu'un m'a-t-il entendu? » Voilà ce que vous braillez à grands cris, et puis vous vous échappez. Alors Milvius et tous vos bouffons se retirent, en vous jetant des imprécations qu'on a soin de ne pas vous rapporter. Quant à moi, j'en conviens, on peut me reprocher mon penchant à la gourmandise; l'odeur d'un bon repas me fait lever le nez. Je suis un être faible, un paresseux; ajoutez même, si vous le voulez, un ivrogne. Mais vous, qui êtes tout ce que je suis, et qui peut-être valez moins encore, serez-vous toujours prêt à me gronder, comme si vous étiez meilleur? vos belles paroles serviront-elles à couvrir vos défauts? Que diriez-vous, si l'on vous prouvait que vous êtes plus insensé que moi, votre esclave, qui vous ai coûté seulement cinq cents drachmes? Mais ne m'effrayez plus par ce regard menaçant : point de gestes! point de courroux! ce que

Aut quia non sentis, quod clamas, rectius esse,
Aut quia non firmus rectum defendis, et hæres,
Nequidquam cœno cupiens evellere plantam.
Romæ rus optas : absentem rusticus Urbem
Tollis ad astra levis. Si nusquam es forte vocatus
Ad cœnam, laudas securum olus; ac, velut usquam
Vinctus eas, ita te felicem dicis, amasque
Quod nusquam tibi sit potandum. Jusserit ad se
Mæcenas serum sub lumina prima venire
Convivam : « Nemon' oleum feret ocyus? ecquis
Audit? » cum magno blateras clamore, fugisque.
Milvius et scurræ, tibi non referenda precati,
Discedunt. Etenim fateor me, dixerit ille,
Duci ventre levem; nasum nidore supinor;
Imbecillus, iners : si quid vis, adde, popino.
Tu, quum sis quod ego, et fortassis nequior, ultro
Insectere, velut melior? verbisque decoris
Obsolvas vitium? Quid, si me stultior ipso
Quingentis emto drachmis deprenderis?... Aufer
Me vultu terrere; manum stomachumque teneto

j'ai appris du portier de Crispinus, laissez-moi vous le répéter.

Vous aimez l'épouse de votre voisin, et Dave n'aime que les courtisanes : qui de nous deux mérite le mieux d'être pendu? La nature m'enflamme-t-elle de ses violents désirs; quelle que soit la femme qui, toute nue, à la clarté d'une lampe, ait éprouvé la première fougue de mes sens, et agité tout mon corps par ses mouvements lascifs, je pars sans avoir compromis ma réputation, sans craindre qu'un rival plus riche ou plus beau vienne me remplacer. Mais vous, lorsque, rejetant toutes vos marques d'honneur, votre anneau de chevalier et votre toge romaine, de juge respectable devenu un vil esclave, vous sortez en cachant sous un mauvais manteau votre tête parfumée, n'êtes-vous pas le personnage même dont vous jouez le rôle? Ce n'est qu'en tremblant que vous êtes introduit chez votre belle; et la frayeur, qui lutte encore contre le désir, fait frissonner tous vos membres. Qu'importe que vous soyez meurtri de verges ou égorgé par le fer? qu'importe que vous reveniez privé de votre liberté, ou renfermé dans le coffre honteux où vous a caché l'esclave confidente des fautes de sa maîtresse, et où vous restez accroupi, la tête appuyée sur vos genoux? Le mari de la femme criminelle a-t-il un égal pouvoir sur vous et sur elle, ou plutôt n'a-t-il pas plus de droit contre son séducteur? Votre complice ne change ni de costume ni de demeure; elle ne se prête pas à votre lubricité, parce qu'elle vous redoute et se défie de votre amour. Homme prudent, vous passerez sous la fourche, et vous abandonnerez au caprice

    Dum, quæ Crispini docuit me janitor, edo.
    Te conjux aliena capit : meretricula Davum :
    Peccat uter nostrum cruce dignius? Acris ubi me
    Natura incendit; sub clara nuda lucerna
    Quæcumque excepit turgentis verbera caudæ,
    Clunibus aut agitavit equum lasciva supinum;
    Dimittit neque famosum, neque sollicitum, ne
    Ditior, aut formæ melioris, mejat eodem.
    Tu, quum projectis insignibus, annulo equestri,
    Romanoque habitu, prodis ex judice Dama
    Turpis, odoratum caput obscurante lacerna,
    Non es quod simulas? Metuens induceris, atque
    Altercante libidinibus tremis ossa pavore.
    Quid refert, uri virgis, ferroque necari?
    Auctoratus eas, an turpi clausus in arca,
    Quo te demisit peccati conscia herilis,
    Contractum, genibus tangas caput? Estne marito,
    Matronæ peccantis in ambos justa potestas?
    In corruptorem vel justior? illa tamen se
    Non habitu mutatve loco, peccatve superne,
    Quum te formidet mulier, neque credat amanti.
    Ibis sub furcam prudens, dominoque furenti

d'un maître irrité toute votre fortune, votre vie et votre réputation, avec votre personne. Vous êtes-vous retiré sain et sauf? j'aime à croire que vous deviendrez plus craintif, et que l'expérience vous fera tenir sur vos gardes. Mais non; vous chercherez de nouvelles occasions d'avoir peur, vous courrez à de nouveaux dangers. Oh! que de rechutes dans votre esclavage! cependant quelle bête sauvage, lorsqu'elle s'est échappée, vient reprendre la chaîne qu'elle a rompue! Je ne suis point un débauché, dites-vous; et moi, en vérité, je ne suis point un voleur, puisque j'ai assez d'honnêteté pour passer devant votre argenterie sans y toucher. Otez la crainte du péril, et bientôt, libre de tout frein, la nature s'élancera par bonds désordonnés. Êtes-vous réellement mon maître, vous, l'esclave de tant d'affaires importantes et de tant de puissants personnages, vous, que le préteur, quand il vous toucherait trois et quatre fois de sa baguette, n'affranchirait jamais de vos misérables frayeurs?

A toutes ces réflexions, ajoutez-en une qui n'a pas moins de prix. Si l'esclave qui obéit à un autre esclave est, comme le veulent vos usages, son remplaçant ou son compagnon, que suis-je, moi, à votre égard? vous me commandez, il est vrai; mais vous obéissez honteusement à d'autres maîtres, et vous vous laissez conduire comme le bois mobile que dirigent des ressorts étrangers.

Quel est donc l'homme libre? c'est le sage qui a de l'empire sur son propre cœur; qui ne s'épouvante ni de la pauvreté, ni de la mort, ni des fers; qui possède assez de courage pour résister aux passions et pour dédaigner les honneurs; qui, ramassé tout

---

Committes rem omnem, et vitam, et cum corpore famam.
Evasti? metues, credo, doctusque carebis.
Quæres quando iterum paveas, iterumque perire
Possis... O toties servus! quæ bellua ruptis,
Quum semel effugit, reddit se prava catenis?
Non sum mœchus, ais : neque ego, hercule, fur, ubi vasa
Prætereo sapiens argentea : tolle periclum,
Jam vaga prosiliet frenis natura remotis.
Tune mihi dominus, rerum imperiis hominumque
Tot tantisque minor, quem ter vindicta quaterque
Imposita haud unquam misera formidine privet?
Adde super dictis, quod non levius valeat; nam
Sive vicarius est, qui servo paret, uti mos
Vester ait, seu conservus; tibi quid sum ego? nempe
Tu, mihi qui imperitas, aliis servis miser, atque
Duceris, ut nervis alienis mobile lignum.
Quisnam igitur liber? Sapiens, sibi qui imperiosus;
Quem neque pauperies, neque mors, neque vincula terrent;
Responsare cupidinibus, contemnere honores
Fortis; et in se ipso totus, teres atque rotundus,

entier en lui-même, ressemble à un objet roulant dont aucun choc étranger ne peut suspendre le mouvement, ni altérer la forme ronde et polie; c'est l'homme enfin sur qui la fortune précipite vainement le poids de son courroux. Eh bien, pouvez-vous vous reconnaître à l'un des traits de ce tableau? Une femme vous demande cinq talents, vous maltraite, vous pousse à la porte et vous inonde d'eau froide. Bientôt elle vous rappelle. Arrachez votre tête à ce joug honteux. Allons, dites: « Je suis libre, oui, je le suis..... » Mais vous n'avez pas ce courage. Un cruel tyran asservit votre cœur; il vous fatigue, il vous presse de ses mordants aiguillons, et, malgré votre résistance, vous tourmente sans relâche.

Lorsque, dans votre folle manie, vous demeurez cloué devant un tableau de Pausias, êtes-vous moins déraisonnable que moi, quand, le jarret tendu, je regarde les combats de Fulvius, de Rutuba et de Placideianus; ces combats, si fidèlement tracés avec de la couleur rouge ou du charbon, que les hommes semblent se battre, se frapper et se remuer véritablement pour détourner les coups? Cependant Dave est un maraud, un fainéant, tandis que vous passez pour un juge subtil, pour un habile connaisseur en fait d'ouvrages antiques. Je ne suis qu'un vaurien, si je me laisse allécher par l'odeur d'un gâteau fumant; quant à vous, votre haute sagesse et votre courage résistent aux festins les plus splendides. Ma gourmandise m'est souvent fatale. Pourquoi? parce que c'est mon pauvre dos qui en souffre. Mais vous, êtes-vous moins puni, lorsque vous savourez ces mets délicats qu'on ne peut acheter à bas prix? tant d'aliments entassés sans

Externi ne quid valeat per læve morari;
In quem manca ruit semper fortuna. Potesne
Ex his, ut proprium, quid noscere? Quinque talenta
Poscit te mulier, vexat, foribusque repulsum
Perfundit gelida; rursus vocat: Eripe turpi
Colla jugo: « Liber, liber sum, » dic, age. Non quis;
Urget enim dominus mentem non lenis, et acres
Subjectat lasso stimulos, versatque negantem.
Vel quum Pausiaca torpes, insane, tabella,
Qui peccas minus atque ego, quum Fulvi Rutubæque,
Aut Placideiani contento poplite miror
Prœlia, rubrica picta aut carbone, velut si
Re vera pugnent, feriant, vitentque moventes
Arma viri? Nequam et cessator Davus; at ipse
Subtilis veterum judex et callidus audis.
Nil ego, si ducor libo fumante : tibi ingens
Virtus atque animus cœnis responsat opimis.
Obsequium ventris mihi perniciosius est : cur?
Tergo plector enim. Quid? tu impunitior, illa,
Quæ parvo sumi nequeunt, quum obsonia captas?

nesure s'aigrissent dans votre estomac, et vos pieds chancelants refusent de porter un corps affaibli par l'intempérance.

Si l'esclave est répréhensible, lorsque le soir il échange furtivement une vieille étrille contre une grappe de raisin, le maître qui vend ses domaines pour satisfaire sa gourmandise ne se conduit-il pas un peu comme un esclave? Ajoutez que vous ne pouvez rester une heure seul avec vous; que vous ne savez pas bien employer vos loisirs; que vous ne songez qu'à vous échapper à vous-même, comme un fugitif et comme un vagabond; qu'enfin vous cherchez, pour tromper votre ennui, une ressource tantôt dans le vin, tantôt dans le sommeil. Inutiles efforts! l'ennui vous assiége, et, compagnon impitoyable, s'attache à votre poursuite.

HORACE.

Qui me donnera une pierre?

DAVE.

A quoi bon?

HORACE.

Qui m'apportera des flèches?

DAVE, à part.

Cet homme est fou, ou bien il fait des vers.

HORACE.

Si tu ne t'arraches d'ici au plus vite, tu iras, neuvième esclave, travailler à ma terre de Sabine.
A. BIGNAN.

Nempe inamarescunt epulæ sine fine petitæ,
Illusique pedes vitiosum ferre recusant
Corpus. An hic peccat, sub noctem qui puer uvam
Furtiva mutat strigili? qui prædia vendit,
Nil servile, gulæ parens, habet? Adde, quod idem
Non horam tecum esse potes, non otia recte
Ponere, teque ipsum vitas, fugitivus ut erro;
Jam vino quærens, jam somno fallere curam :
Frustra; nam comes atra premit sequiturque fugacem.

HORATIUS.

Unde mihi lapidem?

DAVUS.

Quorsum est opus?

HORATIUS.

Unde sagittas?

DAVUS, seorsim.

Aut insanit homo, aut versus facit.

HORATIUS.

Ocyus hinc te
Ni rapis, accedes opera agro nona Sabino.

VIII

DESCRIPTION PLAISANTE DU SOUPER DE NASIDIENUS.

HORACE.

Vous vous êtes donc bien amusé hier, au souper du splendide Nasidienus! car lorsque j'envoyai chez vous pour vous inviter, on me répondit que vous y teniez table depuis le milieu du jour.

FUNDANIUS.

Oh! de ma vie encore, je ne m'étais autant amusé.

HORACE.

Puis-je, sans indiscrétion, vous demander ce qu'on servit d'abord pour apaiser la grosse faim?

FUNDANIUS.

Un sanglier de Lucanie. Il avait été pris, nous dit notre hôte, par un petit vent du midi. Aussi l'avait-on entouré de raves, de laitues, de racines, de tout ce qu'il y avait de plus propre à stimuler la paresse d'un estomac blasé; puis encore du chervis, de la saumure et de la lie de Cos. Ce premier service enlevé, un esclave, retroussé jusqu'à la ceinture, vint essuyer, avec une serviette de pourpre, la table, qui était du bois le plus commun, tandis qu'un autre ramassait soigneusement tout ce qui aurait

VIII

NASIDIENI CŒNA FACETE DESCRIPTA.

HORATIUS.

Ut Nasidieni juvit te cœna beati!
Nam mihi quærenti convivam, dictus here illic
De medio potare die.

FUNDANIUS.

Sic, ut mihi nunquam
In vita fuerit melius.

HORATIUS.

Da, si grave non est,
Quæ prima iratum ventrem placaverit esca.

FUNDANIUS.

In primis Lucanus aper : leni fuit Austro
Captus, ut aiebat cœnæ pater; acria circum
Rapula, lactucæ, radices, qualia lassum
Pervellunt stomachum, siser, halec, fæcula Coa.
His ubi sublatis puer alte cinctus acernam
Gausape purpureo mensam pertersit, et alter
Sublegit quodcumque jaceret inutile, quodque

blesser la délicatesse des convives. D'un pas aussi solennel
qu'une jeune vierge d'Athènes qui porte les corbeilles aux fêtes
de Cérès, s'avance alors le noir Hydaspe, portant du Cécube : un
autre le suivait, avec du Chio qui n'avait jamais vu la mer, quand
notre hôte, avisant Mécène : « Préférez-vous, dit-il, le vin d'Albe
à le Falerne? parlez : j'en ai à vous offrir. »

HORACE.

Il y avait là de quoi se vanter! Mais quels étaient, dites-moi,
les heureux convives appelés à partager avec vous ce délicieux
festin?

FUNDANIUS.

J'occupais le haut bout de la table; j'avais à côté de moi Viscus Thurinus, et, un peu au-dessous, Varius, si je ne me trompe;
venait ensuite Mécène, placé entre Servilius Balatron et Vibidius,
deux ombres qui l'avaient suivi; puis enfin Nasidienus, entre
Nomentanus et Porcius. Ce dernier nous faisait tous pouffer de
rire, à le voir avaler d'une bouchée des gâteaux tout entiers.
Quant à Nomentanus, sa fonction était de nous signaler du doigt
les bons morceaux dont nous ne nous fussions pas doutés : car
nous mangions, convives vulgaires, gibier, poissons, coquillages,
sans leur trouver un goût différent de celui que nous leur connaissions. Je m'en aperçus pourtant lorsqu'il me fit passer du
carrelet et du turbot, comme je n'en avais jamais mangé. Il m'apprit encore que les pommes de paradis sont plus vermeilles, cueillies au déclin de la lune : quant à la raison du phénomène, c'est

Posset cœnantes offendere : Ut Attica virgo
Cum sacris Cereris, procedit fuscus Hydaspes,
Cæcuba vina ferens; Alcon, Chium maris expers.
Hic herus : « Albanum, Mæcenas, sive Falernum
Te magis appositis delectat; habemus utrumque. »

HORATIUS.

Divitias miseras! Sed queis cœnantibus una,
Fundani, pulchre fuerit tibi, nosse laboro.

FUNDANIUS.

Summus ego, et prope me Viscus Thurinus, et infra,
Si memini, Varius; cum Servilio Balatrone
Vibidius, quos Mæcenas adduxerat umbras.
Nomentanus erat super ipsum, Porcius infra,
Ridiculus totas simul absorbere placentas.
Nomentanus ad hoc, qui, si quid forte lateret,
Indice monstraret digito. Nam cetera turba,
Nos, inquam, cœnamus aves, conchylia, pisces,
Longe dissimilem noto celantia succum;
Ut vel continuo patuit, quum passeris atque
Ingustata mihi porrexerit ilia rhombi.
Post hoc me docuit, melimela rubere, minorem

à Nomentanus qu'il faut la demander. « C'est un guet-apens, di[t]
alors Vibidius à Balatron; et nous n'avons pas de cœur si nous n[e]
nous vengeons amplement sur les bouteilles; » et il demande d[e]
plus grands verres. Notre hôte pâlit à ces mots; car ce qu'[il]
redoute le plus au monde, ce sont les buveurs intrépides, soi[t]
parce que le vin permet plus de liberté, soit parce qu'il émouss[e]
la délicatesse du palais. Avec leurs larges coupes d'Alliphe, Vibi[-]
dius et Balatron mettent bientôt les brocs à sec; tous les convive[s]
les imitent, à l'exception toutefois de ceux du dernier lit, qui n[e]
firent pas grand tort aux flacons.

Cependant on apporte une lamproie, dressée dans un énorm[e]
bassin, et escortée de squilles qui se perdaient dans la sauce
« Elle était pleine quand on la prit, nous dit Nasidienus : un pe[u]
plus tard sa chair eût été bien moins délicate. La sauce est fait[e]
avec la plus fine huile de Vénafre, de la saumure d'Espagne, d[u]
vin de cinq ans, et du cru d'Italie. Voilà pour la cuisson; mai[s]
quand elle est cuite, ce qu'il y a de mieux, c'est le vin de Chio[,]
du poivre blanc et du vinaigre de Lesbos. C'est à moi que l'o[n]
doit la manière de faire cuire l'aunée et la roquette dans la sau[-]
mure du coquillage marin; mais la découverte appartient à Cur[-]
tillus, qui fit cuire ainsi le hérisson de mer sans le laver à l'ea[u]
douce. »

Il en était là de son érudition, quand un vieux dais, mal sus[-]
pendu, se détache du plafond, tombe sur la table, et nous enseve[lit]

    Ad lunam delecta. Quid hoc intersit, ab ipso
    Audieris melius. Tum Vibidius Balatroni :
    « Nos, nisi damnose bibimus, moriemur inulti. »
    Et calices poscit majores. Vertere pallor
    Tum parochi faciem, nil sic metuentis, ut acres
    Potores : vel quod maledicunt liberius, vel
    Fervida quod subtile exsurdant vina palatum.
    Invertunt Alliphanis vinaria tota
    Vibidius Balatroque, secutis omnibus; imi
    Convivae lecti nihilum nocuere lagenis.
    Affertur squillas inter muraena natantes,
    In patina porrecta. Sub hoc herus : «Haec gravida, inquit,
    Capta est, deterior post partum carne futura.
    His mixtum jus est oleo, quod prima Venafri
    Pressit cella, garo de succis piscis Iberi,
    Vino quinquenni, verum citra mare nato,
    Dum coquitur (cocto Chium sic convenit, ut non
    Hoc magis ullum aliud) pipere albo, non sine aceto,
    Quod Methymnaeam vitio mutaverit uvam.
    Erucas virides, inulas ego primus amaras
    Monstravi incoquere : illutos Curtillus echinos,
    Ut melius muria, quam testa marina remittit. »
    Interea suspensa graves aulaea ruinas
    In patinam fecere, trahentia pulveris atri

t dans un nuage de poussière, tel que l'Aquilon n'en soulève
pas de plus épais dans les plaines de la Campanie. Grand effroi
parmi les convives, qui, pourtant, se remirent bientôt, quand
ils virent qu'il n'y avait pas de danger. Pour Nasidienus, la tête
baissée, il se mit à pleurer aussi amèrement que s'il eût perdu
un fils à la fleur de son âge. Peut-être même pleurerait-il encore,
si Nomentanus n'eût relevé, par ces mots, le courage de son
ami :

« O fortune, s'écria-t-il, quel dieu nous traiterait avec plus de
cruauté que toi? voilà donc comme tu te plais à te jouer des malheureux humains! » Varius s'efforçait d'étouffer avec sa serviette
le rire qui lui échappait malgré lui; mais Balatron, d'un ton comiquement grave :

« Telle est la condition de l'homme sur la terre! jamais le
succès ne répond à nos efforts. Quelles peines, par exemple, s'est
données notre hôte pour nous bien recevoir! quelle sollicitude
pour que le pain soit cuit à propos, les sauces assaisonnées à
point! pour que les valets soient propres et lestes! Ajoutez à cela
le chapitre des accidents : un dais tombe, comme tout à l'heure;
le pied glisse à un lourdaud, et voilà un verre cassé!... Mais il en
est de l'hôte qui donne un repas comme d'un général d'armée :
ce sont les revers qui mettent dans tout son jour un génie qu'on
ne lui soupçonnait pas dans sa prospérité. — Oh! le brave
homme! oh! l'aimable convive! lui dit Nasidienus. Puissent les
dieux combler tous vos désirs! » Il demande ses pantoufles, et il

> Quantum non Aquilo Campanis excitat agris.
> Non majus veriti, postquam nihil esse pericli
> Sensimus, erigimur. Rufus, posito capite, ut si
> Filius immaturus obisset, flere. Quis esset
> Finis, ni sapiens sic Nomentanus amicum
> Tolleret : « Heu fortuna! quis est crudelior in nos
> Te Deus? ut semper gaudes illudere rebus
> Humanis! » Varius mappa compescere risum
> Vix poterat. Balatro, suspendens omnia naso,
> « Hæc est conditio vivendi, aiebat; eoque
> Responsura tuo nunquam est par fama labori.
> Tene, ut ego accipiar laute, torquerier omni
> Sollicitudine districtum? ne panis adustus,
> Ne male conditum jus apponatur? ut omnes
> Præcincti recte pueri, comtique ministrent?
> Adde hos præterea casus : aulæa ruant si,
> Ut modo; si patinam pede lapsus frangat agaso.
> Sed convivatoris, uti ducis, ingenium res
> Adversæ nudare solent, celare secundæ. »
> Nasidienus ad hæc : « Tibi Di, quæcumque preceris,
> Commoda dent! ita vir bonus es, convivaque comis! »
> Et soleas poscit. Tum in lecto quoque videres

sort. Ce fut alors un bourdonnement, une confusion de voix autour de la table!...

HORACE.

Ma foi, il n'y a pas de comédie que j'eusse préférée à un pareil spectacle. Voyons, que vous offrit-il encore de plaisant?

FUNDANIUS.

Tandis que Vibidius s'informe des valets si les bouteilles sont aussi cassées, puisqu'il demande vainement à boire, et que, bien secondé par Balatron, il nous amuse de ses contes, tu reparais Nasidienus, le front serein, et avec l'air satisfait d'un homme dont l'habileté va réparer les torts de la fortune. Il était suivi de deux esclaves, qui portaient, dans un grand bassin, une grue largement saupoudrée de sel et de farine; des foies d'oie blanche farcis de figues, et des filets de lièvres, dont on avait retranché le râble, pour rendre sans doute le mets plus délicat. Arrivèrent ensuite des merles, ou plutôt leurs squelettes brûlés, et des demi-pigeons. Mets exquis! s'il ne nous eût fallu subir le long commentaire du maître sur chacun d'eux; et, pour toute vengeance, nous prîmes la fuite sans rien goûter de ce nouveau service, comme si Canidie l'eût infecté de son haleine, plus venimeuse que celle des serpents d'Afrique.

Stridere secreta divisos aure susurros.

HORATIUS.
Nullos his mallem ludos spectasse; sed illa
Redde, age, quæ deinceps risisti.

FUNDANIUS.
                    Vibidius dum
Quærit de pueris, num sit quoque fracta lagena,
Quod sibi poscenti non dentur pocula; dumque
Ridetur fictis rerum, Balatrone secundo;
Nasidiene, redis mutatæ frontis, ut arte
Emendaturus fortunam. Deinde secuti
Mazonomo pueri magno dicerpta ferentes
Membra gruis, sparsi sale multo, non sine farre,
Pinguibus et ficis pastum jecur anseris albi;
Et leporem avulsos, ut multo suavius, armos,
Quam si cum lumbis quis edit. Tum pectore adusto
Vidimus et merulas poni, et sine clune palumbes :
Suaves res, si non causas narraret earum et
Naturas dominus; quem nos sic fugimus ulti,
Ut nihil omnino gustaremus, velut illis
Canidia afflasset, pejor serpentibus Afris.

ÉPITRES

LIVRE PREMIER

I

A MÉCÈNE.

O vous, à qui j'ai consacré les premiers et les derniers accents ~~de~~ ma muse, vous voulez donc, cher Mécène, ramener de nouveau ~~dans~~ la carrière un vieil athlète qui, depuis longtemps déjà, a ~~reçu~~ son congé? Mes goûts ont changé avec l'âge. Du moment ~~où~~ Vejanius a suspendu ses armes aux portes du temple d'Her~~cule~~, il vit retiré à la campagne, et ne s'expose plus à l'affront ~~d'~~implorer, au bout du Cirque, la pitié des spectateurs. Une voix ~~se~~crète ne cesse de me répéter à l'oreille :

> Malheureux! laisse en paix ton cheval vieillissant,
> De peur que tout à coup, efflanqué, sans haleine,
> Il ne laisse, en tombant, son maître sur l'arène *.

~~A~~dieu donc les vers! adieu les vains amusements de ce genre!

I

AD MÆCENATEM.

> Prima dicte mihi, summa dicende Camœna,
> Spectatum satis, et donatum jam rude, quæris,
> Mæcenas, iterum antiquo me includere ludo.
> Non eadem est ætas, non mens. Vejanius, armis
> Herculis ad postem fixis, latet abditus agro,
> Ne populum extrema toties exoret arena.
> Est mihi purgatam crebro qui personet aurem :
> « Solve senescentem mature sanus equum, ne
> Peccet ad extremum ridendus, et ilia ducat. »
> Nunc itaque et versus et cetera ludicra pono;

Boileau.

L'étude et la recherche du vrai, du beau, voilà désormais tout mon occupation, voilà les trésors que j'amasse pour les trouve[r] au besoin. Et ne me demandez pas sous quelles enseignes je mar[-] che, quelle secte j'embrasse de préférence : bien résolu à ne jure[r] sur la foi d'aucun maître, je m'abandonne au caprice des vent[s] et j'aborde où ils me poussent. Tantôt ami du mouvement, mai[s] défenseur toujours intrépide de la vertu et de la vérité, je m[e] précipite dans le tourbillon des affaires publiques; tantôt j'e[n] reviens insensiblement au système d'Aristippe, et je m'efforce d[e] maîtriser les circonstances, au lieu de m'en laisser subjuguer.

Comme la nuit semble longue au jeune amant trompé dan[s] son rendez-vous; la journée au mercenaire qui en doit le tra[-] vail; l'année, enfin, au pupille que gêne l'importune surveil[-] lance d'une mère : ainsi je vois s'écouler avec une pénibl[e] lenteur les moments qui reculent pour moi le projet et l'es[-] poir de faire avec ardeur ce qui est utile au pauvre comm[e] au riche, ce que jeunes et vieux se repentiront également d'a[-] voir négligé. Il ne me reste qu'à me conduire et à me conso[-] ler d'après ces principes. Tu n'auras jamais la vue perçant[e] d'un Lyncée?... hé bien! est-ce une raison pour ne pas soigne[r] tes yeux malades? Jamais la vigueur musculaire de l'invincibl[e] Glycon?... faut-il pour cela ne rien faire pour prévenir la goutte[?] Faisons du moins quelques pas, s'il ne nous est pas permis d'alle[r] plus loin. Ton cœur est-il tourmenté par l'avarice, brûlé par d[e] violents désirs? il est des paroles efficaces, des maximes salu[-]

Quid verum atque decens curo et rogo, et omnis in hoc sum;
Condo et compono, quæ mox depromere possim.
Ac ne forte roges, quo me duce, quo Lare tuter:
Nullius addictus jurare in verba magistri,
Quo me cumque rapit tempestas, deferor hospes.
Nunc agilis fio, et mersor civilibus undis,
Virtutis veræ custos, rigidusque satelles;
Nunc in Aristippi furtim præcepta relabor,
Et mihi res, non me rebus, subjungere conor.
Ut nox longa, quibus mentitur amica; diesque
Longa videtur opus debentibus; ut piger annus
Pupillis, quos dura premit custodia matrum:
Sic mihi tarda fluunt, ingrataque tempora, quæ spem
Consiliumque morantur agendi gnaviter id, quod
Æque pauperibus prodest, locupletibus æque;
Æque neglectum pueris senibusque nocebit.
Restat ut his ego me ipse regam, solerque elementis:
Non possis oculo quantum contendere Lynceus,
Non tamen idcirco contemnas lippus inungi;
Nec, quia desperes invicti membra Glyconis,
Nodosa corpus nolis prohibere chiragra.
Est quodam prodire tenus, si non datur ultra.

taires, qui peuvent calmer et guérir en partie ton mal. L'ambition te dévore-t-elle? je vais t'enseigner un remède infaillible : lis trois fois avec l'attention requise des passages de certain petit livre. Serais-tu par hasard envieux, colère, paresseux, et par trop ami du vin et des femmes? crois-moi : il n'est pas de naturel, si farouche qu'on le suppose, qui ne finisse par s'apprivoiser, pour peu qu'il se prête docilement aux leçons. C'est une vertu déjà que de s'éloigner du vice, et l'on commence d'être sage, du moment où l'on cesse d'être tout à fait fou. Que de peines de corps et d'esprit pour éviter ce que l'on regarde comme le plus grand des maux, une fortune bornée et la honte d'un refus! Tu cours, avide marchand, jusqu'aux extrémités du monde; tu braves, pour fuir la pauvreté, les flots, les rochers, l'incendie, sans aucun égard pour le sage conseil qui te crie d'attacher moins de prix aux vains objets que tu poursuis. Quel est l'athlète ambulant qui ne préférât l'honneur de la palme olympique à ses triomphes de carrefours, s'il était sûr de l'obtenir sans combats? L'argent vaut moins que l'or, et l'or vaut encore moins que la vertu. On ne vous en criera pas moins : « Citoyens! citoyens! l'or, l'or avant tout : la vertu après les écus. » Voilà ce dont retentit d'un bout à l'autre la place de Janus; voilà ce que répètent, le registre sous le bras et la bourse à la main, les jeunes et les vieux. Vous avez du courage, des mœurs, du talent

Fervet avaritia, miseroque cupidine pectus?
Sunt verba et voces, quibus hunc lenire dolorem
Possis, et magnam morbi deponere partem.
Laudis amore tumes? sunt certa piacula, quæ te
Ter pure lecto poterunt recreare libello.
Invidus, iracundus, iners, vinosus, amator?
Nemo adeo ferus est, ut non mitescere possit,
Si modo culturæ patientem commodet aurem.
Virtus est vitium fugere; et sapientia prima
Stultitia caruisse. Vides, quæ maxima credis
Esse mala, exiguum censum, turpemque repulsam,
Quanto devites animi capitisque labore.
Impiger extremos curris mercator ad Indos,
Per mare pauperiem fugiens, per saxa, per ignes :
Ne cures ea quæ stulte miraris et optas,
Discere et audire, et meliori credere non vis?
Quis circum pagos et circum compita pugnax,
Magna coronari contemnat Olympia, cui spes,
Cui sit conditio dulcis sine pulvere palmæ?
Vilius argentum est auro, virtutibus aurum.
« O cives, cives! quærenda pecunia primum est;
Virtus post nummos. » Hæc Janus summus ab imo
Perdocet : hæc recinunt juvenes dictata senesque,
Lævo suspensi loculos tabulamque lacerto.

pour la parole, de la probité ; mais il vous manque six ou sep[t]
mille sesterces pour compléter les quatre cent mille ; vous n'ête[s]
plus que l'homme-peuple. Écoutez cependant les enfants dan[s]
les jeux : *Fais bien*, disent-ils, *tu seras roi*. N'avoir rien à s[e]
reprocher, voilà donc le mur d'airain derrière lequel l'honnêt[e]
homme se doit retrancher. Lequel, je vous le demande, vou[s]
semble préférable, ou de la loi Roscia, ou de la chanson de[s]
enfants qui donne la royauté à *qui fait bien*, et qui fut chantée pro[-]
bablement par les Curius et les Camilles ? L'un vous conseille d'a[m-]
masser du bien honnêtement, si cela se peut ; sans quoi, par tou[s]
les moyens possibles, et le tout pour avoir une meilleure plac[e]
aux drames larmoyants de Puppius. L'autre vous dit et vou[s]
rend capable d'opposer un front libre et indépendant aux caprice[s]
de la fortune : lequel de ces deux conseils est le meilleur ?

Que si le peuple romain vient à me demander pourquoi je n[e]
partage pas ses opinions comme ses promenades publiques, pour[-]
quoi mes goûts ne sont pas les siens, je lui ferai la réponse du fi[n]
matois de renard au lion malade : « C'est que je suis épouvanté d[e]
voir force traces de ceux qui entrent chez toi, et de n'en voir aucun[e]
de ceux qui en sortent. » — Tu es, peuple romain, le monstre [à]
cent têtes. Eh bien, quel parti prendre ? quel guide suivre ? Ceux[-]
ci briguent une part dans les fermes générales ; ceux-là amorcen[t]
les veuves intéressées en flattant leur goût pour les friandises[;]
les uns tendent leurs filets au crédule vieillard pour le retrouve[r]

Si quadringentis sex septem millia desint,
Est animus tibi, sunt mores, est lingua, fidesque ;
Plebs eris. At pueri ludentes, « Rex eris, aiunt,
Si recte facies. » Hic murus aheneus esto,
Nil conscire sibi, nulla pallescere culpa.
Roscia, dic sodes, melior lex, an puerorum est
Nænia, quæ regnum recte facientibus offert,
Et maribus Curiis et decantata Camillis ?
Isne tibi melius suadet, qui ut rem facias, rem
Si possis recte ; si non, quocumque modo rem ;
Ut propius spectes lacrymosa poemata Puppi :
An qui fortunæ te responsare superbæ
Liberum et erectum, præsens hortatur et aptat ?
Quod si me populus Romanus forte roget, cur
Non, ut porticibus, sic judiciis fruar isdem,
Nec sequar, aut fugiam, quæ diligit ipse, vel odit :
Olim quod vulpes ægroto cauta leoni
Respondit, referam : « Quia me vestigia terrent
Omnia te adversum spectantia, nulla retrorsum. »
Bellua multorum es capitum ; nam quid sequar ? aut quem ?
Pars hominum gestit conducere publica : sunt qui
Crustis et pomis viduas venentur avaras ;
Excipiantque senes, quos in vivaria mittant :

u besoin; les autres grossissent leurs revenus à la faveur d'une
sure clandestine. Passe encore que chacun ait des goûts et des
inclinations différentes; mais que le même homme en change de
quart d'heure en quart d'heure! « Non, il n'est pas de site au monde
plus agréable que celui de Baies! » se dit le riche, et déjà le lac
Lucrin et la mer voisine se ressentent de sa prédilection. Mais
un nouveau caprice a changé son idée : « Allons vite, ouvriers! que
nos outils soient demain à Téanum. » Marié, il ne trouve point de
vie préférable à celle du célibataire; célibataire, il ne voit de
bonheur que dans le mariage. De quels nœuds me servir pour
enchaîner un aussi mobile Protée? Et le pauvre, du moins?... le
pauvre, il change de taudis, de meubles, de bains et de barbier :
il bâille dans sa petite barque de louage, comme le riche dans la
trirème qui lui appartient. Vous vous moquez de moi, si je me
présente par hasard devant vous, les cheveux bizarrement taillés,
si je porte du linge usé sous une tunique neuve, si les pans de
ma toge retombent inégaux; et quand je ne suis pas un seul
moment d'accord avec moi-même; quand je quitte au plus vite ce
que j'ai recherché avec le plus d'empressement, pour rechercher
ce que j'ai d'abord méprisé; quand ma vie entière n'est qu'un
flux et un reflux perpétuel de contradictions, quand vous me
voyez démolir, bâtir, faire rond ce qui était carré, vous ne riez
point! Non; vous ne voyez là qu'un accès de la folie commune,
et vous ne croyez pas que j'aie besoin pour cela de médecin ni de

  Multis occulto crescit res fenore. Verum
  Esto, aliis alios rebus studiisque teneri;
  Iidem eadem possunt horam durare probantes?
  Nullus in orbe sinus Baiis prælucet amœnis,
  Si dixit dives, lacus et mare sentit amorem
  Festinantis heri; cui si vitiosa libido
  Fecerit auspicium, cras ferramenta Teanum
  Tolletis, fabri. Lectus genialis in aula est?
  Nil ait esse prius, melius nil cœlibe vita;
  Si non est; jurat bene solis esse maritis.
  Quo teneam vultus mutantem Protea nodo?
  Quid pauper? ride : mutat cœnacula, lectos,
  Balnea, tonsores; conducto navigio æque
  Nauseat ac locuples, quem ducit priva triremis
  Si curtatus inæquali tonsore capillos
  Occurri, rides : si forte subucula pexæ
  Trita subest tunicæ, vel si toga dissidet impar,
  Rides : Quid? mea quum pugnat sententia secum?
  Quod petiit, spernit; repetit, quod nuper omisit :
  Æstuat, et vitæ disconvenit ordine toto;
  Diruit, ædificat, mutat quadrata rotundis!
  Insanire putas solemnia me, neque rides,
  Nec medici credis; nec curatoris egere
  A prætore dati, rerum tutela mearum

tuteur. Voilà donc ce que vous pensez, vous, mon unique appui, vous qui ne pardonnez pas un ongle mal fait à l'ami qui ne vit que pour vous et que par vous!

Conclusion : Le sage ne voit que Jupiter au-dessus de lui : il est riche, libre, beau, comblé d'honneurs, le roi des rois enfin, et jouissant surtout d'une santé parfaite... quand la pituite ne le tourmente pas.

AMAR.

II

A LOLLIUS.

Mon cher Lollius, tandis que dans Rome vous vous exercez à l'éloquence, j'ai relu à Préneste le chantre de la guerre de Troie; j'ai relu ce poëte, qui nous apprend avec plus d'évidence et de sagesse que Chrysippe et Crantor, ce qui est honnête ou honteux, ce qui est utile ou ce qui ne l'est pas. Écoutez, si rien ne vous en empêche, ce qui me fait penser ainsi.

Le poëme où nous voyons la Grèce et l'Asie s'entrechoquer dans un long duel à cause des amours de Pâris, nous montre et la folie des rois et le courroux des peuples. Anténor conseille de couper la guerre dans sa racine même. Que dit Pâris? il nie qu'on puisse le contraindre à régner tranquille et à vivre heureux. Nestor s'efforce de réconcilier le fils de Pelée et le fils d'Atrée. Mais Achille brûle d'amour, et tous les deux sont enflammés d'une

---

Quum sis, et prave sectum stomacheris ob unguem
De te pendentis, te respicientis amici.
Ad summam, sapiens uno minor est Jove, dives,
Liber, honoratus, pulcher, rex denique regum :
Præcipue sanus, nisi quum pituita molesta est

II

AD LOLLIUM.

Trojani belli scriptorem, maxime Lolli,
Dum tu declamas Romæ, Præneste relegi;
Qui, quid sit pulchrum, quid turpe, quid utile, quid non,
Plenius ac melius Chrysippo et Crantore dicit.
Cur ita crediderim, nisi quid te detinet, audi.
Fabula, qua Paridis propter narratur amorem
Græcia Barbariæ lento collisa duello,
Stultorum regum et populorum continet æstus.
Antenor censet belli præcidere causam.
Quid Paris? ut salvus regnet, vivatque beatus,
Cogi posse negat. Nestor componere lites
Inter Peliden festinat et inter Atriden :
Hunc amor, ira quidem communiter urit utrumque.

égale colère. C'est sur les Grecs que retombent toutes les folies des rois. La discorde, la perfidie, le crime, la débauche, la fureur, tous les vices enfin, règnent dans les murs et hors des murs d'Ilion.

Maintenant, pour nous montrer ce que peuvent le courage et la prudence, le poëte nous propose un utile exemple dans ce sage Ulysse, qui, vainqueur de Troie, parcourut tant de villes, étudia les mœurs de tant de peuples, et sur les vastes mers, assurant son retour et celui de ses compagnons, supporta de nombreux malheurs, sans être jamais englouti sous les flots de l'adversité. Vous connaissez le chant des Sirènes et les breuvages de Circé. Eh bien, si ce héros, non moins imprudent, non moins avide que ses amis, avait bu la coupe perfide, esclave d'une magicienne sans pudeur, il aurait vécu lâchement, dans l'opprobre, sous la forme d'un chien immonde ou d'un porc souillé de fange.

Quant à nous, nous sommes le grand nombre, nés pour consommer les fruits de la terre; pareils aux amants de Pénélope, ou à ces jeunes libertins, courtisans d'Alcinoüs, qui, uniquement occupés du soin de leur parure, mettaient toute leur gloire à dormir jusqu'au milieu du jour, et à perdre, aux accords de la lyre, la mémoire des soucis importuns.

Eh quoi! les voleurs se lèvent dans la nuit pour égorger un homme; et vous, pour sauver vos propres jours, vous ne vous éveillerez pas! Cependant, si vous ne voulez point marcher en bonne santé, vous courrez bientôt hydropique. Si vous ne deman-

    Quidquid delirant reges, plectuntur Achivi.
    Seditione, dolis, scelere, atque libidine et ira,
    Iliacos intra muros peccatur et extra.
    Rursum quid virtus, et quid sapientia possit,
    Utile proposuit nobis exemplar Ulixen :
    Qui domitor Trojæ, multorum providus urbes,
    Et mores hominum inspexit, latumque per æquor,
    Dum sibi, dum sociis reditum parat, aspera multa
    Pertulit, adversis rerum immersabilis undis.
    Sirenum voces, et Circes pocula nosti;
    Quæ si cum sociis stultus cupidusque bibisset,
    Sub domina meretrice fuisset turpis et excors,
    Vixisset canis immundus, vel amica luto sus.
    Nos numerus sumus, et fruges consumere nati,
    Sponsi Penelopes, nebulones, Alcinoïque,
    In cute curanda plus æquo operata juventus;
    Cui pulchrum fuit in medios dormire dies, et
    Ad strepitum citharæ cessatum ducere curam.
    Ut jugulent hominem, surgunt de nocte latrones :
    Ut teipsum serves, non expergisceris? atqui
    Si noles sanus, curres hydropicus; et ni

dez avant le jour un livre avec une lumière, si vous n'appliquez votre esprit à de graves études et à d'honnêtes travaux, vous veillerez sans cesse tourmenté par l'envie ou par l'amour. Que le moindre objet blesse votre œil, vous l'en retirez aussitôt, et, quand votre âme est corrompue, c'est à l'année prochaine que vous en remettez la guérison! L'ouvrage commencé est à moitié fait. Osez donc être sage. Commencez. L'homme qui diffère le moment de se bien conduire, attend, comme le paysan, que le fleuve soit écoulé. Mais le rapide fleuve coule et coulera jusqu'à la fin des âges.

On cherche de l'argent, on désire une épouse pour avoir des enfants; on défriche, à l'aide de la charrue, des forêts incultes. Quand on a ce qui suffit, on ne doit ambitionner rien de plus. Une maison, une terre, des monceaux d'or et d'airain, si leur possesseur est malade, ne délivrent ni son corps de la fièvre, ni son âme ou chagrin. La santé est un bien nécessaire, si l'on veut jouir des trésors que l'on a su acquérir. Pour quiconque a des désirs ou des craintes, les palais et les richesses sont aussi utiles que les tableaux pour des yeux malades, les fomentations pour des goutteux, et les sons de la lyre pour des oreilles souffrantes et remplies d'une humeur impure. Si le vase n'est pas propre, tout ce qu'on y verse s'aigrit bientôt.

Méprisez la volupté: la volupté est fatale quand on l'achète au prix d'un seul regret. L'avare est toujours pauvre. Renfermez vos désirs en de justes bornes. L'envieux maigrit de l'embonpoint des

Posces ante diem librum cum lumine, si non
Intendes animum studiis et rebus honestis,
Invidia, vel amore, vigil torquebere. Nam cur,
Quæ lædunt oculum, festinas demere; si quid
Est animum, differs curandi tempus in annum?
Dimidium facti, qui cœpit, habet: sapere aude,
Incipe. Vivendi recte qui prorogat horam,
Rusticus exspectat dum defluat amnis; at ille
Labitur, et labetur in omne volubilis ævum:
Quæritur argentum, puerisque beata creandis
Uxor, et incultæ pacantur vomere sylvæ.
Quod satis est cui contigit, hic nihil amplius optet.
Non domus et fundus, non æris acervus et auri,
Ægroto domini deduxit corpore febres,
Non animo curas: valeat possessor oportet,
Si comportatis rebus bene cogitat uti.
Qui cupit, aut metuit, juvat illum sic domus, et res,
Ut lippum pictæ tabulæ, fomenta podagrum,
Auriculas citharæ collecta sorde dolentes.
Sincerum est nisi vas, quodcumque infundis acescit.
Sperne voluptates: nocet empta dolore voluptas.
Semper avarus eget: certum voto pete finem.
Invidus alterius macrescit rebus opimis:

utres. Non, les tyrans de Sicile n'inventèrent jamais un tourment plus affreux que l'envie. L'homme qui ne sait pas modérer a colère désirera ne pas voir s'accomplir ce que la passion et le désespoir lui conseillent, tandis que, dans les transports d'une aine non encore assouvie, il brûle de précipiter sa vengeance. a colère est une courte fureur. Maîtrisez cette passion; si elle 'obéit pas, elle commande. Imposez-lui un frein; gouvernez-la n l'enchaînant. Le docile cheval dont la bouche est encore tendre, apprend à suivre la route où le dirige la main du cavalier. e jeune chien chasseur a longtemps aboyé, dans la cour de son naître, après une peau de cerf, avant de porter la guerre dans les)ois.

Jeune ami! voici le moment de nourrir votre âme encore pure es paroles de la raison; confiez-vous aux maîtres les plus sages. e vase conserve longtemps le parfum de la première liqueur dont l a été rempli. Pour moi, soit que vous ralentissiez votre marche, soit que vous la précipitiez, je n'attends point ceux qui restent en arrière, et je ne me presse point d'atteindre ceux qui courent en avant. A. BIGNAN.

III

A JULIUS FLORUS.

Florus, je suis impatient de savoir en quelles contrées fait la guerre Claudius, le beau-fils d'Auguste. Est-ce la Thrace? est-ce l'Hèbre enchaîné par une barrière de glaces? est-ce cette mer qui

Invidia Siculi non invenere tyranni
Majus tormentum. Qui non moderabitur iræ,
Infectum volet esse; dolor quod suaserit et mens,
Dum pœnas odio per vim festinat inulto.
Ira furor brevis est : animum rege; qui, nisi paret,
Imperat : hunc frenis, hunc tu compesce catena.
Fingit equum tenera docilem cervice magister
Ire viam, qua monstrat eques. Venaticus, ex quo
Tempore cervinam pellem latravit in aula,
Militat in silvis catulus. Nunc adbibe puro
Pectore verba, puer; nunc te melioribus offer.
Quo semel est imbuta recens, servabit odorem
Testa diu. Quod si cessas, aut strenuus anteis,
Nec tardum opperior, nec præcedentibus insto

III

AD JULIUM FLORUM.

Juli Flore, quibus terrarum militet oris
Claudius Augusti privignus, scire laboro.
Thracane vos, Hebrusque nivali compede vinctus,

flotte entre deux villes prêtes à s'unir, ou les riches campagnes et les coteaux de l'Asie qui vous retiennent? Et votre cohorte littéraire, quels monuments élève-t-elle? c'est aussi chose qui m'occupe. Lequel s'est chargé d'écrire les hauts faits d'Auguste? lequel, de transmettre aux âges les plus reculés nos guerres et nos traités? Et Titius, qui bientôt va remplir Rome de sa renommée, qui n'a pas craint de puiser à la source de Pindare, dédaignant, dans son audace, les lacs et les ruisseaux accessibles au vulgaire, comment se porte-t-il? se souvient-il encore de nous? s'efforce-t-il, sous les auspices des Muses, de façonner la lyre latine aux accords du chantre thébain? ou bien se livre-t-il, en vers pompeux, à de tragiques fureurs? Que fait aussi notre Celsus, Celsus, que l'on avertissait, et que l'on doit cent fois avertir de fouiller dans ses propres richesses, et de ne point toucher aux écrits divers qu'Apollon Palatinus a reçus dans son temple; de peur que, si les oiseaux en troupe venaient un jour reprendre leurs plumes, la pauvre corneille, dépouillée de ses couleurs d'emprunt, ne devienne un objet de risée? Et toi-même, qu'as-tu entrepris? abeille légère, autour de quelle fleur voltiges-tu? Ton génie n'est point vulgaire, n'est point inculte, n'est point abâtardi. Soit que tu aiguises les traits d'un plaidoyer, soit que tu te disposes à interpréter nos lois civiles, soit que tu composes d'aimables chants, c'est à toi le premier que sera décerné le lierre, prix de la victoire. Ah! si tu pouvais te soustraire à l'influence

An freta vicinas inter currentia turres,
An pingues Asiæ campi collesque morantur?
Quid studiosa cohors operum struit? Hoc quoque curo,
Quis sibi res gestas Augusti scribere sumit?
Bella quis et paces longum diffundit in ævum?
Quid Titius, Romana brevi venturus in ora,
Pindarici fontis qui non expalluit haustus,
Fastidire lacus, et rivos ausus apertos?
Ut valet? ut meminit nostri? fidibusne Latinis
Thebanos aptare modos studet, auspice Musa?
An tragica desævit et ampullatur in arte?
Quid mihi Celsus agit? monitus, multumque monendus,
Privatas ut quærat opes, et tangere vitet
Scripta, Palatinus quæcumque recepit Apollo;
Ne, si forte suas repetitum venerit olim
Grex avium plumas, moveat cornicula risum
Furtivis nudata coloribus. Ipse quid audes?
Quæ circumvolitas agilis thyma? non tibi parvum
Ingenium, non incultum est, nec turpiter hirtum.
Seu linguam causis acuis, seu civica jura
Respondere paras, seu condis amabile carmen,
Prima feres hederæ victricis præmia. Quod si
Frigida curarum fomenta relinquere posses,

glaciale de tes passions, tu suivrais la céleste sagesse partout où elle te guiderait. Petits et grands, que ce soit le but de nos travaux et de nos études, si nous voulons vivre chers à la patrie et à nous-mêmes. Il faut aussi que tu me répondes si tu as pour Munatius toute l'affection que tu lui dois. Est-ce vainement qu'une réconciliation douteuse vous a rapprochés? et vous êtes-vous de nouveau séparés? Mais, soit que la chaleur de votre sang, soit que votre inexpérience du monde entretienne les ressentiments de vos cœurs inflexibles, quelque part que vous viviez, vous qui n'êtes pas faits pour rompre les liens de la fraternité, je nourris pour votre retour une génisse que j'ai promise aux dieux.

ALPH. TROGNON.

IV

A ALBIUS TIBULLUS.

Albius, juge toujours sincère de nos écrits, que fais-tu maintenant dans les champs de Pedum? composes-tu quelque ouvrage qui doive effacer ceux de Cassius, que vit naître Parme? ou bien, errant en silence au milieu de la fraîcheur salutaire des forêts, médites-tu sur les devoirs du sage et de l'homme de bien? Ce n'est pas toi qui fus jamais un corps sans âme. Les dieux t'ont donné la beauté; ils t'ont donné la richesse, et avec elle l'art d'en jouir. Que pourrait souhaiter de plus une tendre nourrice à

```
Quo te cœlestis sapientia duceret, ires.
Hoc opus, hoc studium parvi properemus et ampli,
Si patriæ volumus, si nobis vivere cari.
Debes hoc etiam rescribere, si tibi curæ,
Quantæ conveniat, Munatius : an male sarta
Gratia nequidquam coit, et rescinditur? At vos
Seu calidus sanguis, seu rerum inscitia vexat,
Indomita cervice feros, ubicumque locorum
Vivitis, indigni fraternum rumpere fœdus,
Pascitur in vestrum reditum votiva juvenca.
```

IV

AD ALBIUM TIBULLUM

```
Albi, nostrorum sermonum candide judex,
Quid nunc te dicam facere in regione Pedana?
Scribere quod Cassi Parmensis opuscula vincat?
An tacitum sylvas inter reptare salubres,
Curantem quidquid dignum sapiente bonoque est?
Non tu corpus eras sine pectore. Di tibi formam,
Di tibi divitias dederunt, artemque fruendi.
Quid voveat dulci nutricula majus alumno,
```

son enfant chéri, que la sagesse et le talent de bien dire, l'amabilité, la gloire, la santé avec profusion, et une douce existence assurée par une fortune honnête? Au milieu des alternatives d'espérances et de tourments, de craintes et d'emportements, ne perds pas de vue que chaque jour qui luit peut être ton dernier jour. Ainsi te paraîtra délicieuse toute heure de la vie sur laquelle tu n'auras point compté. Lorsque tu auras envie de rire, viens me voir; tu me trouveras gras et brillant des soins que je donne à ma personne; tel, en un mot, qu'un pourceau du trouceau d'Épicure.

ALPH. TROGNON.

V

A TORQUATUS.

S'il ne te répugne pas de t'étendre sur des lits de la façon d'Archias, si tu ne crains pas de souper avec des légumes servis dans de modestes plats, je t'attendrai chez moi, Torquatus, au coucher du soleil. Tu boiras d'un vin récolté sous le second consulat de Taurus, entre les marais de Minturnes et les rochers de Sinuesse. Si tu as quelque chose de mieux, apporte-le; sinon, soumets-toi. Déjà le foyer brille, et tout est disposé pour te recevoir. Laisse là les frivoles espérances, les disputes d'intérêts et le procès de Moschus. Demain, grâce à l'anniversaire de la naissance de César, il nous est permis de dormir à notre aise;

Qui sapere et fari possit quæ sentiat, et cui
Gratia, fama, valetudo contingat abunde,
Et mundus victus, non deficiente crumena?
Inter spem curamque, timores inter et iras,
Omnem crede diem tibi diluxisse supremum :
Grata superveniet, quæ non sperabitur, hora.
Me pinguem et nitidum bene curata cute vises,
Quum ridere voles, Epicuri de grege porcum.

V

AD TORQUATUM.

Si potes Archiacis conviva recumbere lectis,
Nec modica cœnare times olus omne patella;
Supremo te sole domi, Torquate, manebo.
Vina bibes iterum Tauro diffusa, palustres
Inter Minturnas, Sinuessanumque Petrinum.
Sin melius quid habes, arcesse, vel imperium fer.
Jamdudum splendet focus, et tibi munda supellex.
Mitte leves spes, et certamina divitiarum,
Et Moschi causam : cras nato Cæsare festus
Dat veniam somnumque dies; impune licebit

ainsi nous pourrons impunément laisser courir cette nuit d'été dans d'aimables propos. Que me fait la fortune, s'il ne m'est pas donné d'en jouir? Épargner, se priver sans cesse pour enrichir un héritier, c'est se comporter comme un insensé. Pour moi, je donnerai l'exemple de boire et de répandre des fleurs, je consentirai même à passer pour un extravagant. Quelles merveilles n'opère pas l'ivresse! elle fraie le passage aux secrets, elle transforme les espérances en réalités, elle pousse malgré lui le lâche aux combats, soulage nos âmes du poids des soucis, et fait éclore le talent. Quel est celui qu'une coupe bien remplie n'a pas rendu éloquent? quel est le pauvre qu'elle n'a pas mis à l'aise au milieu de sa détresse? Il est des soins dont on peut me charger en toute sécurité, et auxquels je me prête volontiers : c'est de veiller à la propreté des lits, à ce qu'une nappe salie n'inspire point le dégoût, à ce qu'on puisse se mirer dans les coupes et dans les plats. Je sais aussi bannir l'indiscret capable de divulguer les confidences de l'amitié, et accoupler mes convives de façon qu'ils se conviennent l'un à l'autre. J'inviterai pour toi Brutus, Septimius, et avec eux Sabinus, à moins que je n'aie été prévenu, et qu'il ne nous ait préféré quelque belle. Il y a place pour d'autres encore; mais une odeur de bouc gâte les repas où l'on est serré. Réponds-moi combien tu veux que nous soyons; et, disant adieu aux affaires, échappe par la porte de derrière à ce client en sentinelle dans ton vestibule.

ALPH. TROGNON.

Æstivam sermone benigno tendere noctem.
Quo mihi fortunam, si non conceditur uti?
Parcus ob heredis curam, nimiumque severus
Assidet insano. Potare et spargere flores
Incipiam, patiarque vel inconsultus haberi.
Quid non ebrietas designat? operta recludit;
Spes jubet esse ratas; in prœlia trudit inertem;
Sollicitis animis onus eximit : addocet artes.
Fecundi calices quem non fecere disertum?
Contracta quem non in paupertate solutum?
Hæc ego procurare et idoneus imperor, et non
Invitus : ne turpe toral, ne sordida mappa
Corruget nares; ne non et cantharus et lanx
Ostendat tibi te; ne fidos inter amicos
Sit qui dicta foras eliminet; ut coëat par
Jungaturque pari. Brutum tibi, Septimiumque,
Et nisi cœna prior, potiorque puella Sabinum
Detinet, assumam : locus est et pluribus umbris;
Sed nimis arctâ premunt olidæ convivia capræ.
Tu, quotus esse velis, rescribe; et, rebus omissis,
Atria servantem postico falle clientem.

VI

A NUMICIUS.

Ne s'étonner de rien, Numicius, est presque l'unique moyen qui donne et assure le bonheur.

Ce soleil, ces étoiles et ces saisons qui s'écoulent à des époques déterminées, il est des hommes qui les considèrent sans nulle émotion. Que pensent-ils donc et des présents de la terre, et des dons de la mer qui enrichit aux extrémités du monde l'Arabe et l'Indien? Que pensent-ils des jeux, des applaudissements et des faveurs du peuple idolâtre? De quelle manière, avec quel sentiment et de quel œil cela mérite-t-il d'être regardé?

Celui qui craint de perdre ces biens n'est pas plus heureux que celui qui les désire: des deux côtés, crainte et tourment; un même fantôme vient épouvanter l'un et l'autre. Qu'on se réjouisse ou qu'on se lamente, qu'on désire ou qu'on redoute, qu'importe si l'on voit au delà ou en deçà de son espoir, et si l'on reste les yeux fixes, l'esprit et l'âme en souffrance?

Le sage méritera le nom d'extravagant, le juste celui d'inique, s'il recherche la vertu même avec trop d'ardeur.

Cours maintenant après l'argent et les marbres antiques, et les objets d'airain, et les ouvrages d'art; admire la couleur de Tyr et les pierreries; réjouis-toi de ce que des milliers d'yeux te regardent, lorsque tu parles; sois matinal, et cours au Forum.

VI

AD NUMICIUM.

Nil admirari, prope res est una, Numici,
Solaque, quæ possit facere et servare beatum.
Hunc solem, et stellas, et decedentia certis
Tempora momentis, sunt qui formidine nulla
Imbuti spectent : quid censes munera terræ?
Quid maris extremos Arabas ditantis et Indos?
Ludicra quid, plausus, et amici dona Quiritis,
Quo spectanda modo, quo sensu credis et ore?
Qui timet his adversa, fere miratur, eodem,
Quo cupiens, pacto ; pavor est utrobique molestus;
Improvisa simul species exterret utrumque.
Gaudeat, an doleat; cupiat, metuatve; quid ad rem,
Si, quidquid vidit melius, pejusve sua spe,
Defixis oculis, animoque et corpore torpet?
Insani sapiens nomen ferat, æquus iniqui,
Ultra quam satis est, virtutem si petat ipsam.
I nunc, argentum, et marmor vetus, æraque et artes
Suspice, cum gemmis Tyrios mirare colores!
Gaude, quod spectant oculi te mille loquentem :
Gnavus mane forum, et vespertinus pete tectum;

e rentre en ta demeure qu'à la nuit, de peur que Mutus, dans es champs qu'il reçut en dot, ne recueille plus de blé que toi, t que cet homme, issu d'aïeux au-dessous des tiens, ne te asse, ô indignité! admirer sa fortune, au lieu d'admirer la enne.

Tout ce qui est caché sous la terre, le temps le mettra au ur; il couvrira, il enfouira ce qui s'élève aujourd'hui. Quand u te seras bien fait voir sur la voie Appienne, et reconnaître au ortique d'Agrippa, il te reste cependant à aller où sont allés uma et Ancus.

Si des douleurs aiguës viennent déchirer tes flancs et tes reins, herche un prompt remède à ces maux.

Veux-tu vivre heureux? qui ne le désire? Si la vertu seule eut t'accorder ce don, il faut courageusement la suivre et renoncer aux voluptés. Mais, si tu penses que la vertu soit seuleent un mot, comme un bois sacré n'est qu'un bois, prends arde qu'un autre n'aille au port avant toi; prends garde de erdre tes rapports de commerce avec Cibyre et avec la Bithynie. omplète mille talents, puis mille encore, puis un troisième ille, et qu'un mille encore quadruple la somme. Sans nul doute, argent, ce roi du monde, donne une épouse avec une dot, u crédit, des amis, une famille, une belle figure : Vénus et Éloquence favorisent quiconque a la bourse pleine.

Le roi de Cappadoce, riche d'esclaves, est pauvre d'argent : ne prends donc pas pour modèle. On raconte que l'on demandait Lucullus s'il pouvait prêter pour un spectacle cent chlamydes:

> Ne plus frumenti dotalibus emetat agris
> Mutus; et, indignum, quod sit pejoribus ortus,
> Hic tibi sit potius, quam tu mirabilis illi.
> Quidquid sub terra est, in apricum proferet ætas;
> Defodiet condetque nitentia. Quum bene notum
> Porticus Agrippæ, et via te conspexerit Appi,
> Ire tamen restat, Numa quo devenit et Ancus.
> Si latus aut renes morbo tentantur acuto,
> Quære fugam morbi. Vis recte vivere? quis non?
> Si virtus hoc una potest dare, fortis omissis
> Hoc age deliciis. Virtutem verba putes, ut
> Lucum ligna? Cave ne portus occupet alter :
> Ne Cibyratica, ne Bithyna negotia perdas.
> Mille talenta rotundentur, totidem altera : porro
> Tertia succedant, et quæ pars quadret acervum.
> Scilicet uxorem cum dote, fidemque, et amicos,
> Et genus et formam regina pecunia donat:
> Ac bene nummatum decorat Suadela Venusque.
> Mancipiis locuples eget æris Cappadocum rex;
> Ne fueris hic tu. Chlamydes Lucullus, ut aiunt,
> Si posset centum scenæ præbere rogatus:

« Comment pourrais-je en fournir autant? répondit-il; toutefois je chercherai, et ce que j'aurai, je l'enverrai. » Peu après il écrit : « J'en ai chez moi cinq mille; prenez le tout, ou une partie. » Une maison est mesquine, s'il n'y a pas beaucoup de superflu que le maître ignore, et dont les voleurs profitent.

Ainsi donc, si l'argent peut seul te donner et t'assurer le bonheur, que ce soit là ta première et ta dernière pensée. Si ton bonheur dépend de l'éclat et de la faveur populaire, achète un esclave qui te dise les noms des citoyens, et qui, en te poussant, t'avertisse de tendre une main amie au milieu de tous les embarras de Rome. « Celui-ci, te dira-t-il, est tout-puissant dans la tribu Fabienne, celui-là dans la tribu de Vélie : cet autre, par ses importunités, donne à son gré les faisceaux, et à son gré enlève la chaise curule d'ivoire. » Fais plus, deviens frère, père, suivant l'âge de ceux qu'une adoption ridicule ajoutera à ta famille.

Si, pour bien vivre il faut bien manger, le jour paraît, courons où la gourmandise nous appelle; pêchons, chassons, comme jadis ce Gargilius, qui, dès le matin, encombrait de ses filets, de ses équipages de chasse, de ses esclaves, le Forum et les rues, pour que le peuple ouvrît de grands yeux à la vue d'un superbe mulet, chargé d'un sanglier qu'il avait acheté.

Gorgés encore de nourriture, allons au bain; oublions ce qui convient, ce qui ne convient pas; méritons d'être mal notés; imitons ces ignobles compagnons d'Ulysse, roi d'Ithaque, qui pré-

« Qui possum tot? ait; tamen et quæram, et quot habebo
Mittam. » Post paulo scribit, sibi millia quinque
Esse domi chlamydum; partem, vel tolleret omnes.
Exilis domus est, ubi non et multa supersunt,
Et dominum fallunt, et prosunt furibus. Ergo,
Si res sola potest facere et servare beatum,
Hoc primus repetas opus, hoc postremus omittas.
Si fortunatum species et gratia præstat,
Mercemur servum, qui dictet nomina; lævum
Qui fodicet latus; et cogat trans pondera dextram
Porrigere : « Hic multum in Fabia valet; ille, Velina :
Cuilibet hic fasces dabit, eripietque curule
Cui volet importunus ebur. » Frater, pater, adde;
Ut cuique est ætas, ita quemque facetus adopta.
Si, bene qui cœnat, bene vivit; lucet, eamus
Quo ducit gula : piscemur; venemur, ut olim
Gargilius, qui mane plagas, venabula, servos
Differtum transire forum populumque jubebat,
Unus ut e multis, populo spectante, referret
Emptum mulus aprum. Crudi, tumidique lavemur,
Quid deceat, quid non, obliti; Cærite cera
Digni, remigium vitiosum Ithacensis Ulixei,

érèrent à leur patrie de honteuses voluptés. Enfin, si, comme l'enseigne Mimnermus, la vie n'a aucun charme sans les amours et les jeux, vis au milieu des jeux et des amours.

Adieu, porte-toi bien. Si tu as quelques préceptes préférables à ceux-ci, fais-m'en part avec franchise; sinon, suis mon exemple.

C. L. F. PANCKOUCKE.

VII

A MÉCÈNE.

Je t'avais promis de ne rester que cinq jours à la campagne, et, infidèle à ma promesse, je me fais désirer pendant tout le cours de sextile. Mais, si tu tiens à me voir bien portant, il faut m'accorder, quand je redoute la maladie, l'indulgence que tu ne me refuses pas quand je suis malade, surtout à cette époque où les premières figues et les chaleurs entourent de ses noirs licteurs le chef des cérémonies funèbres; où il n'est point de père, de tendre mère qui ne tremblent pour leur fils; où les soins de l'amitié et les fatigues du barreau amènent les fièvres et ouvrent les testaments. Quand l'hiver viendra blanchir de ses frimas les plaines d'Albe, ton poëte descendra vers la mer, et, soigneux de sa personne, s'enfermera avec ses livres; puis il ira, cher ami, te revoir, si tu le permets, avec le zéphyr et les premières hirondelles.

Tu n'as pas, pour m'enrichir, imité l'hôte de la Calabre, quand

Cui potior patria fuit interdicta voluptas.
Si, Mimnermus uti censet, sine amore jocisque
Nil est jucundum, vivas in amore jocisque.
Vive, vale. Si quid novisti rectius istis,
Candidus imperti; si non, his utere mecum

VII

AD MÆCENATEM.

Quinque dies tibi pollicitus me rure futurum,
Sextilem totum mendax desideror. Atqui
Si me vivere vis sanum, recteque valentem,
Quam mihi das ægro, dabis ægrotare timenti,
Mæcenas, veniam : dum ficus prima calorque
Designatorem decorat lictoribus atris;
Dum pueris omnis pater, et matercula pallet;
Officiosaque sedulitas, et opella forensis
Adducit febres, et testamenta resignat.
Quod si bruma nives Albanis illinet agris,
Ad mare descendet vates tuus, et sibi parcet,
Contractusque leget; te, dulcis amice, reviset
Cum Zephyris, si concedes, et hirundine prima.
Non quo more pyris vesci Calaber jubet hospes;

il offre ses fruits. « Mange donc, mon cher. — J'en ai assez. — Eh bien, emportes-en tant que tu voudras. — C'est trop d'obligeance. — Ce petit présent ne déplaira point à tes marmots. — Je suis aussi reconnaissant que si j'en emportais ma charge. — Comme tu voudras : on va donner le reste aux pourceaux. » C'est ainsi qu'une sotte prodigalité donne ce qu'elle méprise et dédaigne. De là ces moissons d'ingrats qui pullulent et pulluleront chaque année. L'homme de bien, le sage, se déclare prêt à obliger ceux qui le méritent, et cependant il sait distinguer l'argent des lupins. Je me montrerai digne d'un bienfaiteur tel que toi. Mais, si tu veux que je ne te quitte jamais, rends-moi ma santé, rends-moi la noire chevelure qui ombrageait mon front ; rends-moi mon doux parler, mon gracieux sourire, et les regrets que m'inspirait au milieu du vin la fuite de l'agaçante Cynare. Un mulot effilé s'était un jour glissé, par une fente étroite, dans un muid de blé. Bien repu et la panse pleine, il tentait vainement d'en sortir : « Si tu veux t'échapper d'ici, lui crie de loin une belette, il te faut maigre repasser le trou par lequel tu t'es maigre introduit. » Si l'on m'adresse cet apologue, je suis prêt à tout rendre : on ne m'a jamais vu, rassasié de bonne chère, vanter le sommeil du peuple, et je ne change point mon oisive indépendance pour les trésors de l'Arabie. Tu m'as souvent loué de ma modération ; tu m'as entendu te donner les noms et de prince et de père, et je

Tu me fecisti locupletem. « Vescere sodes.
— Jam satis est. — At tu quantum vis tolle. — Benigne.
— Non invisa feres pueris munuscula parvis.
— Tam teneor dono, quam si dimittar onustus.
— Ut libet : hæc porcis hodie comedenda relinquis. »
Prodigus, et stultus donat quæ spernit et odit.
Hæc seges ingratos tulit, et feret omnibus annis.
Vir bonus et sapiens dignis ait esse paratus ;
Nec tamen ignorat quid distent æra lupinis.
Dignum præstabo me etiam pro laude merentis.
Quod si me noles usquam discedere, reddes
Forte latus, nigros angusta fronte capillos ;
Reddes dulce loqui ; reddes ridere decorum, et
Inter vina fugam Cynaræ mœrere protervæ.
Forte per angustam tenuis nitedula rimam
Repserat in cumeram frumenti, pastaque rursus
Ire foras pleno tendebat corpore frustra :
Cui mustela procul : « Si vis, ait, effugere istinc,
Macra cavum repetes arctum, quem macra subisti. »
Hac ego si compellar imagine, cuncta resigno :
Nec somnum plebis laudo, satur altilium, nec
Otia divitiis Arabum liberrima muto.
Sæpe verecundum laudasti ; rexque paterque
Audisti coram, nec verbo parcius absens :

ne te les ai pas épargnés en ton absence : essaie si je pourrai sans regret te rendre tous tes dons. Télémaque, le fils du patient Ulysse, disait avec raison : « Non, Ithaque n'est point faite pour les coursiers; elle n'offre ni vastes plaines ni gras pâturages : je laisserai donc entre tes mains, Atride, des présents qui te conviennent mieux. » Aux petits il faut peu, et la pompe royale de Rome a moins de charme à mes yeux que la solitude de Tibur ou les délices de Tarente. Un citoyen actif et ferme, un orateur illustré par ses triomphes au barreau, Philippe, revenait un jour de ses travaux vers huit heures, et se plaignait que l'âge lui allongeât le chemin du Forum aux Carènes, quand il aperçut, dit-on, dans la boutique solitaire d'un barbier, un homme frais rasé qui, un petit couteau à la main, se coupait tranquillement les ongles. « Demetrius, dit-il (c'était le nom de l'adroit esclave chargé des ordres), va, informe-toi, et reviens m'apprendre quelle est sa famille, son nom, sa fortune, son père ou son patron. » L'esclave va, revient, et dit : « Son nom est Vulteius Mena ; c'est un crieur public d'une mince fortune, d'une bonne réputation ; il aime tour à tour le travail et le repos, sait acquérir et jouir : content de la compagnie de ses égaux, il a un domicile assuré, se plaît aux jeux publics, et, ses affaires terminées, se promène au Champ-de-Mars. — Je suis curieux de tenir de lui-même tout ce que tu m'annonces : dis-lui qu'il vienne souper avec moi. — Mena ne veut pas croire à cette invitation ; il s'é-

Inspice, si possum donata reponere lætus.
Haud male Telemachus, proles patientis Ulixei :
« Non est aptus equis Ithacæ locus; ut neque planis
Porrectus spatiis, neque multæ prodigus herbæ :
Atride, magis apta tibi tua dona relinquam. »
Parvum parva decent. Mihi jam non regia Roma,
Sed vacuum Tibur placet, aut imbelle Tarentum.
Strenuus et fortis, causisque Philippus agendis
Clarus, ab officiis octavam circiter horam
Dum redit, atque Foro nimium distare Carinas
Jam grandis natu queritur, conspexit, ut aiunt,
Adrasum quemdam vacua tonsoris in umbra,
Cultello proprios purgantem leniter ungues.
« Demetri » (puer hic non læve jussa Philippi
Accipiebat), « abi, quære, et refer ; unde domo ; quis ;
Cujus fortunæ ; quo sit patre, quove patrono. »
It, redit, et narrat : « Vulteium nomine Menam,
Præconem, tenui censu, sine crimine notum ;
Et properare loco, et cessare, et quærere, et uti,
Gaudentem parvisque sodalibus, et Lare certo,
Et ludis, et, post decisa negotia, Campo.
— Scitari libet ex ipso, quæcumque refers : dic
Ad cœnam veniat. — Non sane credere Mena :

tonne en silence. — Mais enfin? — Il répond que c'est trop d[e]
bonté. — Me refuse-t-il? — Le drôle refuse, soit indifférence, soi[t]
timidité. » Le matin, Philippe surprend notre Vulteius occupé [à]
vendre de méchantes ferrailles à la canaille en tunique, et le salu[e]
le premier. Aussitôt le crieur de s'excuser sur ses travaux, su[r]
la tyrannie des affaires, de ne s'être pas rendu chez lui le matin[,]
enfin de s'être laissé prévenir. « Je te pardonnerai, sois-en sûr[,]
si tu soupes aujourd'hui avec moi. — Comme tu voudras. — T[u]
viendras vers neuf heures : maintenant, courage et bonne chance ![»]
Vulteius, exact au rendez-vous, parle à tort et à travers; enfin o[n]
l'envoie se coucher. Dès lors, comme le poisson crédule court [à]
l'appât qui lui cache l'hameçon, notre homme, client le matin, e[t]
le soir convive assidu, est invité à venir, pendant les férie[s]
latines, visiter un domaine voisin de Rome. Juché sur un bidet[,]
il ne se lasse point de louer le sol et le climat de Sabine. Phi[-]
lippe le voit, s'en amuse; et, tout en voulant se délasser et s'é[-]
gayer un moment, il donne à son compagnon sept mille ses[-]
terces, promet de lui en prêter sept mille autres, et lui met e[n]
tête d'acquérir une petite propriété. Il l'achète. Enfin, pour n[e]
pas lasser ta patience par de trop longs détails, notre citadin s[e]
fait paysan ; il ne parle plus que de sillons et de vignes, prépar[e]
ses ormeaux, se tue de travail, et la soif de posséder le vieillit [à]
vue d'œil. Mais, quand il voit ses brebis dérobées, ses chèvre[s]

Mirari secum tacitus. — Quid multa? — Benigne,
Respondet. — Neget ille mihi? — Negat improbus, et te
Negligit aut horret. » Vulteium mane Philippus
Vilia vendentem tunicato scruta popello
Occupat, et salvere jubet prior. Ille Philippo
Excusare laborem, et mercenaria vincla,
Quod non mane domum venisset; denique quod non
Providisset eum. « Sic ignovisse putato
Me tibi, si cœnas hodie mecum. — Ut libet. — Ergo
Post nonam venies. Nunc i, rem strenuus auge. »
Ut ventum ad cœnam est, dicenda, tacenda locutus,
Tandem dormitum dimittitur. Hic, ubi sæpe
Occultum visus decurrere piscis ad hamum,
Mane cliens et jam certus conviva, jubetur
Rura suburbana indictis comes ire Latinis.
Impositus mannis, arvum cœlumque Sabinum
Non cessat laudare : videt, ridetque Philippus;
Et sibi dum requiem, dum risus undique quærit,
Dum septem donat sestertia, mutua septem
Promittit, persuadet uti mercetur agellum.
Mercatur. Ne te longis ambagibus, ultra
Quam satis est, morer, ex nitido fit rusticus, atque
Sulcos et vineta crepat mera : præparat ulmos,
Immoritur studiis, et amore senescit habendi.
Verum ubi oves furto, morbo periere capellæ,

ortes de maladie, la moisson tromper son espoir, et ses bœufs
uccomber à la fatigue, rebuté de tant de pertes, il enfourche un
heval au milieu de la nuit, et court furieux à la maison de Phi-
ippe. « Vulteius, lui dit celui-ci en le voyant si hâve et si
négligé, tu es, ce me semble, trop dur à toi-même et trop serré.
— Par Pollux, patron, tu dirais trop misérable, si tu voulais me
donner le vrai nom qui me convient. Aussi, je t'en supplie, je
t'en conjure, par ton génie, par cette main que j'embrasse, par
es pénates, rends-moi à mon premier état. »

Une fois qu'on a reconnu combien ce qu'on a dédaigné vaut
mieux que ce qu'on désirait, il faut, par un prompt retour,
reprendre ce qu'on a quitté. Il est juste que chacun se mesure à
son aune, et se chausse à son pied.

J. LIEZ.

VIII

A CELSUS ALBINOVANUS.

A Celsus Albinovanus, joie et prospérité : Muse, va, de ma
part, lui transmettre ce vœu : c'est l'ami, le secrétaire de Néron.
S'il s'informe de ce que je fais, dis-lui que chaque jour j'annonce
es projets les plus beaux, et que je n'en suis ni plus sage ni plus
content; non que la grêle ait abîmé mes vignes, ou les chaleurs
desséché mes oliviers, ou que mon troupeau languisse en de lointains pâturages ; mais, moins sain d'esprit que de corps, je ne

Spem mentita seges, bos est enectus arando;
Offensus damnis, media de nocte caballum
Arripit, iratusque Philippi tendit ad ædes.
Quem simul aspexit scabrum intonsumque Philippus :
« Durus, ait, Vultei, nimis attentusque videris
Esse mihi. — Pol, me miserum, patrone, vocares,
Si velles, inquit, verum mihi dicere nomen !
Quod te per Genium, dextramque, Deosque Penates
Obsecro et obtestor, vitæ me redde priori. »
Qui semel aspexit quantum dimissa petitis
Præstent, mature redeat, repetatque relicta.
Metiri se quemque suo modulo ac pede, verum est.

VIII

AD CELSUM ALBINOVANUM.

Celso gaudere et bene rem gerere Albinovano,
Musa rogata, refer, comiti scribæque Neronis.
Si quæret quid agam, dic, multa et pulchra minantem,
Vivere nec recte, nec suaviter : haud quia grando
Contuderit vites, oleamve momorderit æstus;
Nec quia longinquis armentum ægrotet in arvis;
Sed quia mente minus validus quam corpore toto,

veux rien écouter, rien apprendre de ce qui pourrait soulager ma tête malade : je m'irrite contre les plus sûrs médecins, contre mes amis, de leur empressement à me guérir de cette funeste langueur : je cours après ce qui m'a nui, et fuis ce que je sais devoir m'être salutaire; enfin, tournant à tout vent, à Rome, je voudrais être à Tibur; à Tibur, je voudrais être à Rome.

Après cela, informe-toi comment il se porte, comment il gouverne ses affaires, et se gouverne lui-même pour plaire au jeune prince et à son cortége. S'il te répond : « Très-bien, » d'abord réjouis-toi; puis ne manque pas de lui glisser tout doucement cet avis à l'oreille : « Comme tu te conduiras avec la fortune, ô Celsus, nous nous conduirons avec toi ! »

CH. DU ROZOIR.

IX

A CL. TIBÈRE NÉRON.

Septimius, ô Tibère! connaît seul apparemment tout le cas que vous faites de moi : car, lorsqu'il me demande et me force par ses instances de vous le recommander, et de vous le présenter comme digne d'être admis dans la confiance et dans la maison de Néron, qui ne sait faire que d'honorables choix; quand il estime que je remplis auprès de vous l'office de l'ami le plus intime, il faut bien qu'il sache jusqu'où va mon pouvoir sur vous, et que mieux que moi-même il le connaisse. Que n'ai-je pas dit pour m'excuser de cette démarche! Mais j'ai craint qu'on

Nil audire velim, nil discere, quod levet ægrum :
Fidis offendar medicis, irascar amicis,
Cur me funesto properent arcere veterno;
Quæ nocuere sequar; fugiam quæ profore credam;
Romæ Tibur amem ventosus, Tibure Romam.
Post hæc, ut valeat, quo pacto rem gerat et se,
Ut placeat juveni, percontare, utque cohorti.
Si dicet, « Recte : » primum gaudere; subinde
Præceptum auriculis hoc instillare memento :
« Ut tu fortunam, sic nos te, Celse, feremus. »

IX

IN CLAUDIUM NERONEM.

Septimius, Claudi, nimirum intelligit unus
Quanti me facias : nam quum rogat, et prece cogit
Scilicet, ut tibi se laudare et tradere coner,
Dignum mente domoque legentis honesta Neronis,
Munere quum fungi propioris censet amici;
Quid possim videt, ac novit me valdius ipso.
Multa quidem dixi, cur excusatus abirem;
Sed timui, mea ne finxisse minora putarer,

ne me soupçonnât de rabaisser mon importance, en homme qui dissimule son crédit, afin de n'être utile qu'à lui seul. Ainsi, pour éviter la honte d'un reproche plus grave, je me suis armé du front d'un solliciteur et de son allure. Si vous m'approuvez d'avoir, pour complaire à un ami, déposé toute réserve, veuillez inscrire Septimius parmi les vôtres, et comptez sur son courage comme sur sa probité.

CH. DU ROZOIR.

X

A FUSCUS ARISTIUS.

Horace, ami des champs, à Fuscus, ami de la ville, salut. C'est sur ce point seul que nos goûts diffèrent; sur tout le reste nous sommes presque jumeaux. Ce que l'un veut, l'autre le veut aussi; ce que l'un rejette est également rejeté par l'autre : semblables à deux frères étroitement unis par la conformité de leurs penchants, ou à ces deux vieux pigeons dont vous connaissez l'histoire. Comme l'un d'eux, vous aimez et gardez le nid; moi, je préfère un ruisseau qui court dans un agréable vallon, la mousse qui couvre les rochers, l'ombre et la solitude des bois. Que voulez-vous? je jouis de la vie et d'une souveraine indépendance, dès que j'ai quitté tout ce qui vous charme dans la ville, et ce que, par une sorte de concert, vous vantez à l'envi et élevez jusqu'aux nues. Tel que l'esclave d'un prêtre échappé de la maison de son maître, je suis dégoûté des gâteaux. C'est du pain qu'il me faut, et je le préfère à toutes les friandises assaisonnées de miel.

Dissimulator opis propriæ, mihi commodus uni.
Sic ego, majoris fugiens opprobria culpæ,
Frontis ad urbanæ descendi præmia. Quod si
Depositum laudas ob amici jussa pudorem,
Scribe tui gregis hunc, et fortem crede bonumque.

X

AD FUSCUM ARISTIUM.

Urbis amatorem Fuscum salvere jubemus
Ruris amatores, hac in re scilicet una
Multum dissimiles, ad cetera pæne gemelli :
Fraternis animis, quidquid negat alter, et alter;
Annuimus pariter vetuli notique columbi.
Tu nidum servas, ego laudo ruris amœni
Rivos, et musco circumlita saxa, nemusque.
Quid quæris? vivo et regno, simul ista reliqui,
Quæ vos ad cœlum effertis rumore secundo :
Utque sacerdotis fugitivus, liba recuso;
Pane egeo jam mellitis potiore placentis.

Si notre but, mon cher Fuscus, est de vivre de la manière la plus conforme à la nature ; s'il faut, comme pour poser les fondements d'une maison, choisir d'abord un emplacement convenable, est-il de plus favorable à ce dessein qu'une campagne heureusement située? en est-il où les hivers soient plus doux, où de frais zéphyrs tempèrent plus agréablement les ardeurs de la Canicule et les fureurs du Lion irrité par les feux du soleil? en est-il où les cruels soucis de l'envie troublent moins le repos et le sommeil? Les fleurs des champs flattent-elles moins la vue et l'odorat que les marbres de vos monuments? l'eau qui, dans vos rues, s'efforce de rompre les canaux de plomb où elle est emprisonnée, est-elle plus fraîche et plus pure que celle qui suit avec un doux murmure la pente naturelle d'un ruisseau?

Mais quoi! à Rome même, vous voulez que des forêts s'élèvent parmi vos colonnes de marbre; vous vantez la situation d'une maison d'où la vue embrasse au loin de vastes campagnes. Tel est l'empire de la nature : vous la chassez avec violence, elle revient, se glisse à travers les injustes dédains que vous lui opposez, et finit par en triompher. Le marchand ignorant qui, trompé par le faux éclat des laines teintes à Aquinum, les confond avec la pourpre de Tyr, ne commet pas une erreur plus fatale, plus contraire à ses vrais intérêts, que l'homme qui ne sait pas discerner le vrai d'avec le faux. Celui qu'enivrent les faveurs de la fortune se laissera abattre par le vent de l'adversité. Si vous vous attachez passionnément à un objet, la perte vous en sera très-sensible. Fuyez l'éclat et les grandeurs : on peut, sous un

Vivere naturæ si convenienter oportet,
Ponendæque domo quærenda est area primum,
Novistine locum potiorem rure beato?
Est, ubi plus tepeant hiemes? ubi gratior aura
Leniat et rabiem Canis, et momenta Leonis,
Quum semel accepit solem furibundus acutum?
Est, ubi divellat somnos minus invida cura?
Deterius Libycis olet aut nitet herba lapillis?
Purior in vicis aqua tendit rumpere plumbum,
Quam quæ per pronum trepidat cum murmure rivum?
Nempe inter varias nutritur silva columnas,
Laudaturque domus, longos quæ prospicit agros.
Naturam expellas furca, tamen usque recurret,
Et mala perrumpet furtim fastidia victrix.
Non, qui Sidonio contendere callidus ostro
Nescit Aquinatem potantia vellera fucum,
Certius accipiet damnum, propiusve medullis,
Quam qui non poterit vero distinguere falsum.
Quem res plus nimio delectavere secundæ,
Mutatæ quatient. Si quid mirabere, pones
Invitus : fuge magna : licet sub paupere tecto

humble toit, mener une vie plus heureuse que les rois et les favoris des rois.

Le cerf, abusant de sa supériorité, chassa, dit-on, le cheval de leurs communs pâturages. Vaincu après un long combat, le cheval implora le secours de l'homme et se soumit au frein. Bientôt vainqueur et triomphant, il chassa à son tour son ennemi; mais sa bouche ne put s'affranchir du mors, ni son dos du cavalier qui l'a subjugué. Ainsi l'homme qui, redoutant la pauvreté, sacrifie sa liberté, plus précieuse que l'or, rampera sous un maître, et sera toujours esclave, pour n'avoir pas su borner ses désirs au simple nécessaire. Une fortune qui, trop grande ou trop petite, n'est pas proportionnée aux besoins de celui qui la possède, est comme une chaussure qui, trop étroite, blesse le pied de son maître, trop large, le fait trébucher. Contentez-vous de votre sort, mon cher Fuscus; vous serez heureux et sage. Je vous conjure surtout de ne pas m'épargner vos réprimandes, si jamais vous surprenez en moi une avidité qui amasse sans cesse et au delà de mes besoins. L'or est notre tyran ou notre esclave : il faut que la raison, loin de s'en laisser dominer, le domine et en règle l'usage. Telles sont les pensées que je vous adresse, assis auprès du vieux temple de la déesse qui préside au repos et aux loisirs des habitants de la campagne. Là, rien ne manque à mon bonheur, si ce n'est la présence d'un ami tel que vous.
FÉLETZ.

Reges, et regum vita præcurrere amicos.
Cervus equum pugna melior communibus herbis
Pellebat, donec minor in certamine longo
Imploravit opes hominis, frenumque recepit.
Sed postquam victor violens discessit ab hoste,
Non equitem dorso, non frenum depulit ore.
Sic, qui pauperiem veritus, potiore metallis
Libertate caret, dominum vehet improbus, atque
Serviet æternum, quia parvo nesciet uti.
Cui non conveniet sua res, ut calceus olim,
Si pede major erit, subvertet; si minor, uret.
Lætus sorte tua vives sapienter, Aristi,
Nec me dimittes incastigatum, ubi plura
Cogere quam satis est, ac non cessare videbor
Imperat aut servit collecta pecunia cuique,
Tortum digna sequi potius, quam ducere funem.
Hæc tibi dictabam post fanum putre Vacunæ,
Excepto, quod non simul esses, cetera lætus.

XI

A BULLATIUS.

Comment, Bullatius, avez-vous trouvé Chios, la célèbre Lesbos, l'élégante Samos, et Sardes, l'antique demeure de Crésus? Et Smyrne et Colophon, qu'en pensez-vous? sont-elles au-dessus ou au-dessous de leur réputation? Pour vous, tout cela est-il fade et languissant auprès du Champ-de-Mars et des eaux du Tibre? Désireriez-vous une des villes que possédait Attale? ou bien, fatigué de la mer et des voyages, préféreriez-vous Lebedus? Lebedus! savez-vous ce que c'est? un bourg plus désert que Gabies, plus désert que Fidènes. Eh bien, c'est là pourtant que je voudrais vivre; là, qu'oublié de tous, et oubliant tout le monde, je voudrais, tranquille, contempler du rivage les fureurs de Neptune. Cependant celui qui se rend de Capoue à Rome, trempé de pluie et couvert de boue, consentirait-il à passer ses jours dans une taverne? et celui que le froid a pénétré ne fera pas consister tout le bonheur de la vie dans les bains et dans les étuves. Ballotté sur les flots par l'impétueux Auster, vous n'irez pas, au delà de la mer Égée, vendre votre vaisseau. Au sage, et Rhodes et la brillante Mitylène ne sont pas plus utiles qu'un manteau pendant le solstice d'été, un léger vêtement en la saison des neiges et des vents, les bains du Tibre en hiver, et au mois

XI

AD BULLATIUM.

Quid tibi visa Chios, Bullati, notaque Lesbos?
Quid concinna Samos? quid Crœsi regia Sardis?
Smyrna quid, et Colophon? majora minorave fama?
Cunctaque præ Campo et Tiberino flumine sordent?
An venit in votum Attalicis ex urbibus una?
An Lebedum laudas, odio maris atque viarum?
Scis, Lebedus quid sit? Gabiis desertior atque
Fidenis vicus : tamen illic vivere vellem,
Oblitusque meorum, obliviscendus et illis,
Neptunum procul e terra spectare furentem.
Sed neque qui Capua Romam petit, imbre lutoque
Adspersus, volet in caupona vivere; nec, qu
Frigus collegit, furnos et balnea laudat,
Ut fortunatam plene præstantia vitam.
Nec, si te validus jactaverit Auster in alto,
Idcirco navem trans Ægæum mare vendas.
Incolumi Rhodos et Mitylene pulchra facit, quod
Penula solstitio, campestre nivalibus auris,
Per brumam Tiberis, sextili mense caminus.

l'Auguste la chaleur du foyer. Vous le pouvez encore, la fortune vous montre un visage serein; contentez-vous donc de vanter à Rome les charmes de Samos, de Chios et de Rhodes. Les moments de bonheur que les dieux vous envoient, saisissez-les avec reconnaissance, et n'ajournez pas le plaisir. Vous pourrez ainsi, partout où vous serez, dire : « J'ai vécu satisfait. » La raison et la sagesse nous délivrent seules des chagrins, et non un lieu d'où l'on peut contempler les flots de la mer au loin débordés. Courir au delà des mers, c'est changer de climat, et non d'âme. Que d'agitations! que de peines stériles pour suivre le bonheur sur les vaisseaux, sur des chars! Ce que vous cherchez est ici, à Ulubra, partout où ne vous manque pas l'égalité d'âme.

CHARPENTIER.

XII

A ICCIUS.

Si vous savez jouir, Iccius, des revenus que vous offrent en Sicile les domaines d'Agrippa, Jupiter même, avec tous ses dons, ne vous rendrait pas plus opulent. Cessez de vous plaindre : il n'y a pas de pauvreté là où existe le nécessaire. Si votre estomac, si votre poitrine, si vos jambes sont en bon état, tous les trésors des rois ne sauraient ajouter à votre bonheur. Au sein de l'abondance, vous vivez d'eau, de légumes, d'orties de

Dum licet, et vultum servat fortuna benignum,
Romae laudetur Samos, et Chios, et Rhodos absens.
Tu quamcumque Deus tibi fortunaverit horam,
Grata sume manu, nec dulcia differ in annum;
Ut, quocumque loco fueris, vixisse libenter
Te dicas : nam si ratio et prudentia curas,
Non locus effusi late maris arbiter, aufert;
Coelum, non animum, mutant, qui trans mare currunt.
Strenua nos exercet inertia : navibus, atque
Quadrigis petimus bene vivere. Quod petis, hic est;
Est Ulubris, animus si te non deficit aequus.

XII

AD ICCIUM.

Fructibus Agrippae Siculis, quos colligis, Icci,
Si recte frueris, non est ut copia major
Ab Jove donari possit tibi. Tolle querelas;
Pauper enim non est, cui rerum suppetit usus.
Si ventri bene, si lateri est pedibusque tuis, nil
Divitiae poterunt regales addere majus.
Si forte in medio positorum abstemius herbis
Vivis et urtica, sic vives protinus, ut te

mer; ainsi pour vous rien ne changerait, quand tout à coup le Pactole roulerait autour de vous ses flots et son or, soit parce que l'argent ne peut rien sur le caractère, soit parce que tout vous paraît au-dessous de la vertu. Nous admirons Démocrite qui laisse les troupeaux voisins ravager ses champs et son jardin, tandis que, libre de soins terrestres, son esprit voyage dans l'espace. Mais vous, au milieu de cette lèpre, de cette contagion d'avarice, vous élevez vos pensées aux plus sublimes recherches : quelle barrière arrête l'Océan? quelle influence règle le cours des saisons? les étoiles se meuvent-elles libres et indépendantes, ou bien obéissent-elles à une loi immuable? pourquoi brille et s'obscurcit tour à tour le disque de la lune? quel est le but et le résultat de cette harmonie entre tant d'éléments qui se combattent? d'Empédocle ou de Stertinius, quel est celui dont le génie délire? Au reste, que vous immoliez à votre appétit poissons, oignons ou porreaux, adoptez Pompeius Grosphus, et accordez-lui ce qu'il vous demandera : ses demandes seront toujours justes et raisonnables. On achète à bon marché l'amitié de l'homme de bien qui se trouve un peu dans la gêne. Mais je ne veux pas vous quitter sans un mot sur la situation de nos affaires : le Cantabre a succombé sous la valeur d'Agrippa, l'Arménien sous le courage de Claudius Néron. Prosterné aux pieds de César, Phraate en a reçu et les ordres et les lois. L'abondance de sa corne d'or, verse les richesses sur la riante Italie. CHARPENTIER.

    Confestim liquidus fortunæ rivus inauret;
    Vel quia naturam mutare pecunia nescit,
    Vel quia cuncta putas una virtute minora.
    Miramur, si Democriti pecus edit agellos,
    Cultaque, dum peregre est animus sine corpore velox;
    Quum tu, inter scabiem tantam et contagia lucri,
    Nil parvum sapias, et adhuc sublimia cures :
    Quæ mare compescant causæ; quid temperet annum;
    Stellæ sponte sua, jussæne vagentur et errent;
    Quid premat obscurum lunæ, quid proferat orbem;
    Quid velit et possit rerum concordia discors;
    Empedocles, an Stertinium deliret acumen.
    Verum seu pisces, seu porrum et cæpe trucidas,
    Utere Pompeio Grospho; et, si quid petet, ultro
    Defer : nil Grosphus, nisi verum, orabit, et æquum.
    Vilis amicorum est annona, bonis ubi quid deest
    Ne tamen ignores, quo sit Romana loco res :
    Cantaber Agrippæ, Claudi virtute Neronis.
    Armenius cecidit : jus imperiumque Phraates
    Cæsaris accepit genibus minor : aurea fruges
    Italiæ pleno diffudit copia cornu.

XIII

A VINIUS ASELLA.

Ce qu'à votre départ je vous ai si souvent recommandé, je vous le répète, Vinius : ne remettez à Auguste mes feuilles roulées et cachetées qu'autant que vous le verrez bien portant et bien disposé, qu'autant qu'il les demandera ; n'allez pas me nuire en voulant me servir, et, ambassadeur trop empressé, compromettre mon ouvrage par un zèle indiscret. Si par hasard c'était pour vous un trop lourd fardeau, jetez-le plutôt que d'aller maladroitement en blesser celui à qui vous le devez remettre. On rirait du surnom d'Asina, héritage de votre père, et vous deviendriez la fable de la ville. Luttez avec courage contre tous les obstacles, collines, fleuves, fondrières ; puis, parvenu au but et triomphant, ayez bien soin de votre paquet : ne le portez pas sous votre bras comme un paysan porterait un agneau ; Pyrrhia, ivre et chancelante, les pelotons de laine qu'elle a volés ; un convive du voisinage, ses sandales et son bonnet. Gardez-vous surtout de dire que vous avez bien sué à porter ces vers qui savent charmer et l'oreille et les yeux de César. Voilà toutes mes recommandations, toutes mes prières ; le reste, votre zèle le fera. Adieu, partez ; mais n'allez pas broncher et laisser échapper vos instructions.

CHARPENTIER.

XIII

AD VINIUM ASELLAM.

Ut proficiscentem docui te sæpe diuque,
Augusto reddes signata volumina, Vini,
Si validus, si lætus erit, si denique poscet ;
Ne studio nostri pecces, odiumque libellis
Sedulus importes, opera vehemente minister.
Si te forte meæ gravis uret sarcina chartæ,
Abjicito potius, quam, quo perferre juberis
Clitellas, ferus impingas, Asinæque paternum
Cognomen vertas in risum, et fabula fias.
Viribus uteris per clivos, flumina, lamas :
Victor propositi simul ac perveneris illuc,
Sic positum servabis onus, ne forte sub ala
Fasciculum portes librorum, ut rusticus agnum ;
Ut vinosa globos furtivæ Pyrrhia lanæ ;
Ut cum pileolo soleas conviva tribulis.
Ne vulgo narres te sudavisse ferendo
Carmina, quæ possunt oculos auresque morari
Cæsaris : oratus multa prece, nitere porro.
Vade, vale ; cave ne titubes, mandataque frangas.

XIV

A SON MÉTAYER.

Intendant de mes bois et du petit domaine dont la solitude me rend à moi-même, et que tu dédaignes, parce que le village n'a que cinq feux, et qu'il envoie seulement à Varia cinq bons pères de famille; essayons, à l'envi l'un de l'autre, d'arracher les ronces nuisibles, moi de mon cœur, toi de mon champ, et voyons lequel vaudra le mieux d'Horace ou de sa terre. Quoique je sois retenu à Rome par la pieuse douleur de Lamia, qui regrette son frère mort, et ne peut se consoler, cependant ma pensée, mes désirs me transportent dans ma douce retraite, et je brûle de rompre les barrières qui m'empêchent d'aller la revoir.

Je dis que le bonheur est aux champs; tu crois qu'on le trouve à la ville. Dès qu'on préfère la condition d'un autre, on prend la sienne en aversion. Le campagnard, le citadin, sont injustes tous deux en accusant le lieu qu'ils habitent, et qui est innocent de leurs chagrins; la faute est à leur propre cœur, qui ne peut se fuir lui-même.

Quand tu vivais à la ville, tu faisais des vœux secrets pour aller habiter la campagne; maintenant, devenu campagnard, tu désires la ville, et les bains, et les jeux.

Pour moi, tu sais que je suis fidèle à moi-même, et tu me vois quitter les champs avec tristesse, toutes les fois que de maudites

XIV

AD VILLICUM SUUM.

Villice silvarum et mihi me reddentis agelli,
Quem tu fastidis, habitatum quinque focis, et
Quinque bonos solitum Variam dimittere patres;
Certemus, spinas animone ego fortius, an tu
Evellas agro, et melior sit Horatius, an res
Me quamvis Lamiæ pietas et cura moratur,
Fratrem mœrentis, rapto de fratre dolentis
Insolabiliter, tamen istuc mens, animusque
Fert, et amat spatiis obstantia rumpere claustra.
Rure ego viventem, tu dicis in urbe beatum.
Cui placet alterius, sua nimirum est odio sors.
Stultus uterque locum immeritum causatur inique:
In culpa est animus, qui se non effugit unquam.
Tu mediastinus tacita prece rura petebas,
Nunc urbem et ludos et balnea villicus optas.
Me constare mihi scis, et discedere tristem,
Quandocumque trahunt invisa negotia Romam.

aires me traînent à Rome. Nous ne sommes pas habitués,
 et moi, à voir de même; aussi n'avons-nous pas les mêmes
ûts : car les lieux que tu regardes comme d'affreux et d'inha-
tables déserts, ceux qui pensent comme moi les trouvent char-
ants, et ils ne peuvent souffrir les endroits dont tu admires la
auté. Ce sont les lieux de débauche, ce sont les cabarets, je le
is bien, qui te font regretter la ville; et, de plus, c'est qu'on
rait produire à ce petit coin de terre que tu cultives du poivre
, de l'encens, avant d'y faire venir du raisin; c'est encore qu'il
y a point dans le voisinage de taverne où tu puisses aller boire;
'il n'y vient point de joueuse de flûte libertine qui te fasse
uter et retomber pesamment sur la terre. Au lieu de ces plai-
rs, il te faut remuer des champs qui depuis longtemps n'ont pas
é entamés par le soc; soigner le bœuf détaché de la charrue, et
i préparer une ample nourriture. Il te vient encore un surcroît
'ouvrage dont ta paresse se plaint, lorsqu'il tombe une pluie qui
rme un torrent, et que tu es obligé de faire une digue pour
empêcher d'inonder la prairie.

Apprends maintenant pourquoi nous ne sommes pas du même
vis. Moi, qui m'habillais autrefois d'étoffes fines et légères, qui
e plaisais à soigner, à parfumer mes cheveux; moi que tu as
onnu buvant le Falerne dès le milieu du jour, et jouissant des
onnes grâces de l'avide Cynare, sans lui faire le moindre
résent, je préfère aujourd'hui un repas court et léger, ou le
ommeil sur l'herbe, au bord d'un ruisseau. Je ne rougis pas des
laisirs et des jeux de mon jeune âge; mais je rougirais de ne
as savoir y renoncer. Ici, personne ne me jette un regard obli-

  Non eadem miramur : eo disconvenit inter
  Meque et te : nam, quæ deserta et inhospita tesqua
  Credis, amœna vocat mecum qui sentit; et odit,
  Quæ tu pulchra putas. Fornix tibi et uncta popina
  Incutiunt urbis desiderium, video; et quod
  Angulus iste feret piper et thus ocyus uva;
  Nec vicina subest, vinum præbere taberna
  Quæ possit tibi; nec meretrix tibicina, cujus
  Ad strepitum salias terræ gravis; et tamen urges
  Jampridem non tacta ligonibus arva, bovemque
  Disjunctum curas, et strictis frondibus exples.
  Addit opus pigro rivus, si decidit imber
  Multa mole docendus aprico parcere prato.
  Nunc, age, quid nostrum concentum dividat, audi.
  Quem tenues decuere togæ, nitidique capilli,
  Quem scis immunem Cynaræ placuisse rapaci;
  Quem bibulum liquidi media de luce Falerni,
  Cœna brevis juvat, et prope rivum somnus in herba :
  Nec lusisse pudet, sed non incidere ludum.

que, et ne veut porter atteinte à mon bonheur; aucune haine obscure, aucune morsure secrète ne l'empoisonne. Seulement, je fais rire mes voisins de ma maladresse, lorsqu'ils me voient essayer de remuer la terre ou de fendre des pierres.

Tu préférerais d'être à la ville, parmi les esclaves, à ronger avec eux le pain qu'on leur distribue chaque jour; tu te jettes dans leur nombre de toute l'ardeur de tes vœux; et mon rustre laquais voudrait être à ta place, occupé de soigner les bois, les troupeaux, le jardin.

Le bœuf paresseux désire de porter la selle; le cheval, de tirer la charrue.

Mon avis, c'est que chacun fasse de bonne grâce le métier qu'il sait faire.

ANDRIEUX.

XV.

A C. NUMONIUS VALA.

Dites-moi, Vala, quel est l'hiver de Vélie, le climat de Salerne, les mœurs des habitants, et la route qui y conduit? car Antonius Musa prétend que les eaux de Baïes sont pour moi sans vertu, et il m'a complétement brouillé avec elles, en me plongeant, au milieu de l'hiver, dans une onde glacée. Oui, tout le bourg gémit de me voir abandonner ces bois de myrte, ces eaux sulfureuses, que l'on disait si bonnes pour les nerfs; il s'indigne contre tous ces malades qui osent placer leur tête et leur estomac sous les eaux jaillissantes de Clusium, et vont chercher

> Non istic obliquo oculo mea commoda quisquam
> Limat; non odio obscuro morsuque venenat.
> Rident vicini glebas et saxa moventem,
> Cum servis urbana diaria rodere mavis;
> Horum te in numerum voto ruis. Invidet usum
> Lignorum et pecoris tibi calo argutus, et horti.
> Optat ephippia bos piger; optat arare caballus.
> Quam scit uterque, libens, censebo, exerceat artem.

XV

AD C. NUMONIUM VALAM.

> Quæ sit hiems Veliæ, quod cœlum, Vala, Salerni,
> Quorum hominum regio, et qualis via? Nam mihi Baias
> Musa supervacuas Antonius, et tamen illis
> Me facit invisum, gelida quum perluor unda
> Per medium frigus : sane myrteta relinqui,
> Dictaque cessantem nervis elidere morbum
> Sulfura contemni, vicus gemit, invidus ægris
> Qui caput et stomachum supponere fontibus audent
> Clusinis, Gabiosque petunt, et frigida rura.

Gabies et ses froides campagnes. Il me faut pourtant changer de lieu, et pousser mon cheval au delà de l'auberge où il avait accoutumé de s'arrêter. « Où vas-tu? je ne me dirige ni vers Cumes ni vers Baïes, » dira le cavalier irrité, en tirant la bride à gauche ; car, pour un cheval, le frein, c'est la voix, et la bouche, l'oreille. Quel est des deux pays le plus fertile en moissons? Y boit-on de l'eau de citerne, ou de celle qui coule toujours fraîche du haut des montagnes? car des vins de cette contrée, point ne m'en soucie. A ma campagne, tout m'est bon, tout passe; mais, sur les bords de la mer, j'aime un vin doux et généreux, qui dissipe mes ennuis, qui fasse couler dans mes veines et dans mon cœur la riche espérance, délie ma langue et rende ma jeunesse plus agréable à ma douce Lucanienne. Enfin, où trouve-t-on le plus de lièvres et de sangliers? quel est le rivage le plus fertile en poissons délicats? donnez-moi tous ces renseignements, je les suivrai avec une foi entière, car je veux revenir gros et gras comme un vrai Phéacien.

Ménius, après avoir bravement dévoré l'héritage de son père et de sa mère, se fit parasite. Promenant çà et là ses bouffonneries, il portait en tous lieux son appétit insatiable. A jeun, amis et ennemis, il ne distinguait personne, prêt qu'il était à lancer contre le premier venu ses injures et sa mauvaise humeur. C'était la terreur, le fléau des marchés : son ventre, comme un abîme, engloutissait tout ce qu'il gagnait. Mais quand il n'avait pu rien

Mutandus locus est, et diversoria nota
Præteragendus equus : « Quo tendis? non mihi Cumas
Est iter, aut Baias, » læva stomachosus habena
Dicet eques : sed equi frenato est auris in ore.
Major utrum populum frumenti copia pascat;
Collectosne bibant imbres, puteosne perennes
Dulcis aquæ? Nam vina nihil moror illius oræ.
Rure meo possum quidvis perferre patique;
Ad mare quum veni, generosum et lene requiro,
Quod curas abigat, quod cum spe divite manet
In venas animumque meum; quod verba ministret;
Quod me Lucanæ juvenem commendet amicæ.
Tractus uter plures lepores, uter educet apros;
Utra magis pisces et echinos æquora celent;
Pinguis ut inde domum possim Phæaxque reverti:
Scribere te nobis, tibi nos, accredere par est.
Mænius, ut, rebus maternis atque paternis
Fortiter absumptis, urbanus cœpit haberi,
Scurra vagus, non qui certum præsepe teneret,
Impransus non qui civem dignosceret hoste;
Quælibet in quemvis opprobria fingere sævus;
Pernicies et tempestas barathrumque macelli,
Quidquid quæsierat, ventri donabat avaro.
Hic, ubi nequitiæ fautoribus et timidis nil,

ou presque rien obtenir de la complaisance de ses compagnons de table où de la dureté des usuriers, il se contentait de la plus mauvaise viande, des mets les plus grossiers : trois ours auraient moins dévoré. Alors, austère Bestius, il voulait qu'un fer brûlant marquât le ventre de tous ces maudits débauchés. Tombait-il sur une meilleure proie, tout y passait; puis, bien repu : « Grands dieux! s'écriait-il, je ne m'étonne pas de voir des gens manger leur fortune : est-il rien de meilleur qu'une grive bien grasse? de plus beau qu'une panse de truie bien farcie? » Eh bien, Ménius, c'est moi ; je loue au besoin la pauvreté et la sécurité qu'elle donne, et je fais assez, contre mauvaise fortune, bon cœur. S'il se présente quelque chose de mieux et de plus délicat : heureux, dis-je, heureux et sages, ceux-là seuls dont le revenu est solidement établi sur de riches métairies !

CHARPENTIER.

XVI

A QUINCTIUS.

Quel est mon domaine? nourrit-il son maître de ses moissons? l'enrichit-il d'olives, de fruits, de fourrages, ou de vignes mariées à l'ormeau? Pour vous épargner toutes ces questions, je vais, cher Quinctius, vous tracer en détail et le plan et la position de ma campagne. Figurez-vous une chaîne de montagnes, entrecoupée seulement par une vallée pleine de fraîcheur; à droite, le soleil

Aut paulum abstulerat, patinas cœnabat omasi,
Vilis et agninæ, tribus ursis quod satis esset;
Scilicet ut ventres lamna candente nepotum
Diceret urendos, corrector Bestius. Idem,
Quidquid erat nactus prædæ majoris, ubi omne
Verterat in fumum et cinerem, « Non hercule miror,
Aiebat, si qui comedunt bona, quum sit obeso
Nil melius turdo, nil vulva pulchrius ampla. »
Nimirum hic ego sum : nam tuta et parvula laudo,
Quum res deficiunt, satis inter vilia fortis :
Verum, ubi quid melius contingit et unctius, idem
Vos sapere et solos aio bene vivere, quorum
Conspicitur nitidis fundata pecunia villis.

XVI

AD QUINCTIUM.

Ne percontéris, fundus meus, optime Quincti,
Arvo pascat herum, an baccis opulentet olivæ,
Pomisne, an pratis, an amicta vitibus ulmo;
Scribetur tibi forma loquaciter, et situs agri.
Continui montes, nisi dissocientur opaca
Valle; sed ut veniens dextrum latus aspiciat sol,

'éclaire à son lever; à gauche, il la colore de ses mourantes clartés. Si le climat est délicieux, il n'est pas moins fertile. Les buissons mêmes sont chargés de prunes ou de cornouilles ; les chênes et les hêtres offrent au troupeau une abondante nourriture, au maître un ombrage épais. On croirait que l'on y a transporté toute la verdure de Tarente. Une fontaine, j'ai presque dit une rivière, plus fraîche, plus pure que les ondes dont l'Hèbre, en serpentant, arrose la Thrace, roule ses flots merveilleux pour les maux de tête et les douleurs d'estomac. Voilà l'agréable et délicieuse retraite qui protége votre ami contre les malignes influences de septembre. Pour vous, vous vivez en sage, occupé à justifier votre réputation. A Rome, depuis longtemps, tout le monde vante votre bonheur ; mais n'allez pas vous en rapporter aux autres plus qu'à vous-même, ni placer le bonheur autre part que dans la sagesse et la vertu. Si le peuple vous répète que vous êtes sain et bien portant, peut-être irez-vous, au moment du repas, cacher la fièvre qui vous consume, jusqu'à ce que votre main tremblante trahisse le secret de votre mal. Les sots, par une mauvaise honte, enveniment leurs plaies en les cachant. Si l'on vantait vos exploits et sur terre et sur mer, si vos oreilles étonnées étaient chatouillées de ces douces paroles : « Puisse Jupiter, qui veille sur Rome et sur vous, nous laisser toujours douter si le salut du peuple vous est plus cher qu'au peuple votre salut ! », vous y auriez bientôt reconnu les louanges d'Auguste.

```
Lævum decedens curru fugiente vaporet.
Temperiem laudes. Quid? si rubicunda benigne
Corna vepres et pruna ferant? si quercus et ilex
Multa fruge pecus, multa dominum juvet umbra?
Dicas adductum propius frondere Tarentum.
Fons etiam rivo dare nomen idoneus, ut nec
Frigidior Thracam, nec purior ambiat Hebrus;
Infirmo capiti fluit utilis, utilis alvo.
Hæ latebræ dulces, et jam, si credis, amœnæ,
Incolumem tibi me præstant septembribus horis.
Tu recte vivis, si curas esse, quod audis :
Jactamus jampridem omnis te Roma beatum :
Sed vereor, ne cui de te plus, quam tibi credas;
Neve putes alium sapiente bonoque beatum:
Neu, si te populus sanum recteque valentem
Dictitet, occultam febrem sub tempus edendi
Dissimules, donec manibus tremor incidat unctis.
Stultorum incurata pudor malus ulcera celat.
Si quis bella tibi terra pugnata marique
Dicat, et his verbis vacuas permulceat aures :
« Tene magis salvum populus velit, an populum tu,
Servet in ambiguo, qui consulit et tibi et Urbi,
Jupiter: » Augusti laudes agnoscere possis?
```

Eh bien, lorsque vous acceptez le titre d'homme sage, d'homme irréprochable, ce titre, en conscience, le méritez-vous? « J'aime à m'entendre appeler sage et vertueux.»—Et moi aussi je l'aime. Mais ce peuple, qui aujourd'hui nous donne ces titres, demain, si tel est son caprice, nous les ôtera : « Abdique, dit-il, c'est mon bien. » J'abdique, et triste je me retire. Mais que le peuple, en me poursuivant, crie : Au voleur! au débauché! qu'il m'accuse d'avoir étranglé mon frère, me laisserai-je émouvoir à ces calomnies? changerai-je de couleur? A des outrages, à des honneurs non mérités, qui peut se laisser effrayer ou séduire? qui, sinon l'esprit faible et malade? Quel est donc l'homme de bien? c'est celui qui se soumet aux décrets du sénat, aux lois, à la justice; celui dont l'équité termine de nombreux, d'importants procès; dont le nom seul est une garantie pour nos intérêts, dont le témoignage décide d'une cause. Mais au fond, et sous cette enveloppe brillante, toutes les familles, tous les voisins, aperçoivent la laideur de son âme. « Je n'ai pas volé, je n'ai point pris la fuite, me dit un esclave. — Tu n'auras pas les étrivières : ce sera là ta récompense. — Je n'ai tué personne. — Suspendu à un gibet, ton corps ne servira pas de pâture aux corbeaux. — Je suis donc laborieux et économe. — A Sabinum, on ne le croit pas. N'ai-je pas vu, en effet, le loup prudent éviter le piége qui lui est tendu; l'épervier, les lacs perfides; et le milan, l'appât caché. Dans l'homme de bien, la haine du vice, c'est l'amour de la vertu;

Quùm pateris sapiens emendatusque vocari,
Respondesne tuo, dic sodes, nomine? « Nempe
Vir bonus et prudens dici delector. — Ego, ac tu,
Qui dedit hoc hodie, cras, si volet, auferet; ut si
Detulerit fasces indigno, detrahet idem :
« Pone, meum est, » inquit. Pono, tristisque recedo.
Idem si clamet furem, neget esse pudicum,
Contendat laqueo collum pressisse paternum,
Mordear opprobriis falsis, mutemve colorem?
Falsus honor juvat, et mendax infamia terret,
Quem, nisi mendosum et medicandum? Vir bonus est quis?
Qui consulta patrum, qui leges juraque servat;
Quo multæ magnæque secantur judice lites;
Quo res sponsore, et quo causæ teste tenentur.
Sed videt hunc omnis domus et vicinia tota
Introrsum turpem, speciosum pelle decora.
« Nec furtum feci, nec fugi, si mihi dicat
Servus : — Habes pretium, loris non ureris, aio.
— Non hominem occidi. — Non pasces in cruce corvos.
— Sum bonus, et frugi. — Renuit, negat atque Sabellus.
Cautus enim metuit foveam lupus, accipiterque
Suspectos laqueos, et opertum milvius hamum.
Oderunt peccare boni, virtutis amore;

ur toi, la crainte du châtiment fait ton innocence : espère l'im-
nité, et, dès lors, pour toi rien ne sera sacré. Sur mille me-
res de fèves, si tu ne m'en dérobes qu'une, moindre est mon
mmage, et non ton crime. Cet homme de bien, dont le Forum
tous les tribunaux admirent la justice. immole-t-il aux dieux
 porc ou un bœuf; d'abord, priant à haute voix, il s'écrie :
Janus, Apollon ! » puis, craignant d'être entendu, du bout des
res, il murmure cette prière : « Belle Laverne, fais que je trompe
us les yeux; qu'on me croie la justice et la sainteté même !
ends sur mes fourberies un nuage épais, sur mes crimes une
it impénétrable. » Eh! quoi ! vaut-il mieux qu'un esclave, est-il
us libre, l'avare qui se baisse pour ramasser dans les carrefours
 sou qu'y a cloué la malice des enfants? je ne le crois pas.
sirer, c'est craindre : or, qui vit dans la crainte ne vivra
nais libre. Lâche soldat, il a livré ses armes, il a abandonné le
ste de la vertu, celui qui sans cesse travaille et se tue à grossir
 fortune. Quand vous pouvez vendre un captif, vendez-le, ne lo
ez pas ; ce vous sera un serviteur utile. Endurci à la peine, il
ra paître vos troupeaux, labourera vos champs, et, marchand
trépide, affrontera, au milieu de l'hiver, les tempêtes de l'Océan,
ur transporter dans Rome du blé et d'autres denrées. L'homme
 bien, l'homme sage a un autre langage. « Penthée, roi de
èbes, dira-t-il, quelles peines, quels traitements mé feras-tu
bir ? — Je t'enlèverai tes biens. — Je comprends : troupeaux,
maines, meubles, argent, soit. — Chargé de chaînes, je te

Tu nihil admittes in te formidine pœnæ.
Sit spes fallendi, miscebis sacra profanis.
Nam de mille fabæ modiis quum surripis unum,
Damnum est, non facinus mihi pacto lenius isto. »
Vir bonus, omne forum quem spectat, et omne tribunal,
Quandocumque Deos vel porco vel bove placat,
Jane pater, clare, clare quum dixit, Apollo !
Labra movet, metuens audiri : « Pulchra Laverna,
Da mihi fallere, da justum sanctumque videri ;
Noctem peccatis, et fraudibus objice nubem. »
Qui melior servo, qui liberior sit avarus,
In triviis fixum quum se demittit ob assem,
Non video : nam qui cupiet, metuet quoque ; porro
Qui metuens vivet, liber mihi non erit unquam
Perdidit arma, locum virtutis deseruit, qui
Semper in augenda festinat et obruitur re.
Vendere quum possis captivum, occidere noli :
Serviet utiliter : sine pascat durus, aretque,
Naviget, ac mediis hiemet mercator in undis ;
Annonæ prosit, portet frumenta penusque.
Vir bonus et sapiens audebit dicere : » Pentheu,
Rector Thebarum, quid me perferre, patique
Indignum coges? — Adimam bona. — Nempe pecus, rem ;

tiendrai sous la garde d'un impitoyable geôlier. — Jupiter, quan[d] je le voudrai, brisera mes fers. » — Ce qui veut dire sans doute Je mourrai. La mort est le terme où tout finit.

CHARPENTIE[R]

XVII.

A SCÉVA.

Quoique tu saches assez, ô Scéva, te conseiller toi-même, e[t] que tu n'ignores point l'art de vivre avec les grands, ne dédaign[e] point de m'entendre, et fais comme si un aveugle t'enseignait l[e] chemin. Écoute donc un ami, qui peut-être lui-même aurai[t] encore besoin de maître. Cependant examine si mes précepte[s] sont superflus, et ne sont pas tels que tu puisses utilement te le[s] approprier. Si tu es l'ami du repos, si tu aimes à prolonger le[s] heures que tu livres au sommeil, si le bruit, si la poussière de[s] chars rapides t'importunent, si la joie des tavernes tumultueuse[s] te fatigue, je te l'ordonne, va chercher le repos à Ferentinum[.] Car tous les plaisirs ne sont pas le partage des seuls opulents[;] crois-moi, il n'a pas mal vécu, celui qui a su cacher sa vie et s[a] mort. Cependant, si tu cèdes au désir d'augmenter le bonheur de[s] tiens, et si tu veux toi-même ajouter aux délices de la vie[,] maigre convive, approche qui vit grassement.

Diogène dit à Aristippe : « Si tu savais manger des herbes, t[u] dédaignerais le commerce des rois. — Si tu savais vivre avec le[s]

Lectos, argentum? tollas licet. — In manicis et
Compedibus sævo te sub custode tenebo.
— Ipse Deus, simul atque volam, me solvet. » — Opinor,
Hoc sentit : Moriar. Mors ultima linea rerum est.

XVII

AD SCÆVAM

Quamvis, Scæva, satis per te tibi consulis, et scis
Quo tandem pacto deceat majoribus uti,
Disce, docendus adhuc, quæ censet amiculus; ut si
Cæcus iter monstrare velit : tamen aspice, si quid
Et nos, quod cures proprium fecisse, loquamur.
Si te grata quies et primam somnus in horam
Delectat; si te pulvis strepitusque rotarum,
Si lædit caupona, Ferentinum ire jubebo.
Nam neque divitibus contingunt gaudia solis,
Nec vixit male, qui natus moriensque fefellit.
Si prodesse tuis, pauloque benignius ipsum
Te tractare voles, accedes siccus ad unctum.
— « Si pranderet olus patienter, regibus uti
Nollet Aristippus. — Si sciret regibus uti,

is, tu ne mangerais pas d'herbes, » lui répondit Aristippe. [C]hoisis; de ces deux sentiments lequel approuves-tu? ou, comme [le] plus jeune, écoute-moi; apprends ce qui me fait donner la préférence aux discours d'Aristippe. Sans doute il évitait ainsi la [m]ordante ironie du Cynique : « si je plaisante, c'est pour mon [pr]opre plaisir, et toi, tu grimaces pour le peuple. N'est-il pas plus [co]nvenable, plus honorable même, de monter un excellent courr[si]er, et de s'asseoir à la table du prince? Je suis courtisan, soit; [to]i, tu vas, de porte en porte, mendier de vils aliments. Tu te [va]ntes de n'être asservi à aucun besoin, et tu te soumets à celui [qu]i te donne. » Tout convenait à Aristippe, le costume, le temps et [le]s choses. S'il convoitait un plus heureux avenir, il savait jouir [du] présent avec une âme égale. Au contraire, le Cynique, qui, fier [de] sa patience, se revêt à peine de deux lambeaux de drap, ne [ch]angera point la route de sa vie, ou j'admirerais ce changement. [L']un n'attendra pas pour sortir qu'on lui présente un manteau de [p]ourpre : quel que soit l'habit qui le couvre, dans les lieux les [pl]us fréquentés, il se montrera avec le même avantage, sous l'un [et] l'autre aspect. L'autre, au contraire, évitera avec plus de soin [le] riche manteau de Milet que le dogue menaçant ou le serpent [hi]deux; il se laissera mourir de froid, si on ne lui rend ses vieux [la]mbeaux. Rends-les-lui donc, et qu'il garde son délire. Triompher [d]ans les combats, et traîner aux yeux de ses concitoyens des [e]nnemis captifs, c'est atteindre une gloire divine, et s'élever au [tr]ône de Jupiter. Ainsi, n'est-ce donc pas se rendre digne des [pl]us grands éloges que de plaire aux héros? Mais on le sait : il

Fastidiret olus, qui me notat. » — Utrius horum
Verba probes et facta, doce; vel junior audi,
Cur sit Aristippi potior sententia. Namque
Mordacem Cynicum sic eludebat, ut aiunt :
— Scurror ego ipse mihi, populo tu; rectius hoc et
Splendidius multo est. Equus ut me portet, alat rex,
Officium facio; tu poscis vilia rerum
Dante minor, quamvis fers te nullius egentem. —
Omnis Aristippum decuit color et status et res,
Tentantem majora, fere præsentibus æquum.
Contra, quem duplici panno patientia velat,
Mirabor vitæ via si conversa decebit.
Alter purpureum non exspectabit amictum,
Quidlibet indutus celeberrima per loca vadet,
Personamque feret non inconcinnus utramque:
Alter Mileti textam cane pejus et angue
Vitabit chlamydem; morietur frigore, si non
Rettuleris pannum : refer, et sine vivat ineptus.
Res gerere, et captos ostendere civibus hostes,
Attingit solium Jovis, et cœlestia tentat :
Principibus placuisse viris, non ultima laus est.

n'est pas permis à tous les mortels d'arriver à Corinthe. Q[ue] celui qui ne croit point y parvenir demeure ; d'accord : mais cel[ui] qui a triomphé a-t-il agi avec sagesse et courage? Voici le fait[:] ce que nous cherchons est là, ou n'est nulle part. Celui-ci croi[t le] fardeau au-dessus de son faible corps et de son âme débile[;] celui-là, d'un bras puissant, le soulève et le transporte. Ou [la] vertu n'est qu'un vain nom, ou l'honneur et la récompense so[nt] dus à l'homme qui marche et parvient à un noble but.

Il faut avec art taire la pauvreté devant le prince ; on obtie[nt] plus ainsi qu'à se plaindre sans cesse. Recevoir avec modesti[e] ou prendre effrontément, la différence est extrême ; voilà le pri[n]cipe de tous biens, là en est la source. Crier sans cesse : « M[a] sœur n'est point dotée, ma mère est pauvre, mon domaine n'e[st] ni facile à vendre, ni assez productif pour me nourrir, » n'est-[ce] point crier : « Donnez-moi à manger. » Mais un autre, atti[ré] par ces cris, vient fondre sur l'aumône. « Donnez-moi, donne[z-] moi, je lui rendrai la moitié de ce pain. » Si le corbeau savait [se] repaître et se taire, sa proie ne serait pas divisée et disputée p[ar] des concurrents envieux.

Celui qui accompagne un grand à Brindes ou aux délices d[e] Surrentum, et qui murmure des entraves du chemin, se plaint d[e] la froidure et de la pluie, ou feint que sa cassette a été enfoncé[e] ou pillée ; celui-là imite les ruses des courtisanes qui pleurent un[e] parure qu'elles n'ont point perdue, un collier qu'on ne leur a p[as] ravi. Ce stratagème rend incrédule à l'avenir sur leurs véritable[s] pertes, et attire des railleries à leurs douleurs sincères. Un voy[a]

Non cuivis homini contingit adire Corinthum.
Sedit, qui timuit, ne non succederet ; esto :
Quid ? qui pervenit, fecitne viriliter ? Atqui
Hic est, aut nusquam, quod quærimus. Hic onus horret,
Ut parvis animis et parvo corpore majus ;
Hic subit et perfert. Aut virtus nomen inane est,
Aut decus et pretium recte petit experiens vir.
Coram rege suo de paupertate tacentes,
Plus poscente ferent : distat, sumasne pudenter,
An rapias : atqui rerum caput hoc erat, hic fons.
« Indotata mihi soror est, paupercula mater,
Et fundus nec vindibilis, nec pascere firmus ; »
Qui dicit, clamat : « Victum date. » Succinit alter :
« Et mihi dividuo findetur munere quadra. »
Sed tacitus pasci si posset corvus, haberet
Plus dapis, et rixæ multo minus invidiæque.
Brundusium comes aut Surrentum ductus amœnum,
Qui queritur salebras, et acerbum frigus, et imbres,
Aut cistam effractam aut subducta viatica plorat,
Nota refert meretricis acumina, sæpe catellam,
Sæpe periscelidem raptam sibi flentis : uti mox

eur, trompé une fois pour toutes par les ruses du mendiant qui, ans les carrefours, feint de s'être rompu la jambe, ne va plus courir le malheureux qui, pleurant et jurant pa. Osiris, s'écrie : Je ne vous trompe point, cruels; venez me secourir, je chancelle. — A d'autres, cherche qui ne te connaît point, » crie d'une oix rauque la populace du voisinage.   DE PONGERVILLE.

XVIII

A LOLLIUS.

Ou je vous connais mal, mon cher Lollius, ou jamais votre anchise ne consentira à descendre au vil rôle de flatteur, après voir dignement rempli celui d'ami. Vous savez trop bien qu'une mme honnête ne diffère pas plus d'une courtisane que le flatteur 'un véritable ami.

Il est un vice opposé et plus odieux peut-être que la flatterie lle-même : c'est cette farouche et rude aspérité de mœurs qui ense vous imposer par des cheveux tondus de près, et des ents noires, et qui usurpe ainsi le nom de franche liberté et les onneurs dus à la vertu. La vertu est également éloignée de l'un t l'autre excès.

Comme ces bouffons que l'on renvoie au bout de la table, oyez avec quelle obséquieuse affectation le flatteur, attentif au noindre signe de son patron, relève et répète le plus petit mot qui

Nulla fides damnis, verisque doloribus adsit.
Nec semel irrisus triviis attollere curat
Fracto crure planum; licet illi plurima manet
Lacryma, per sanctum juratus dicat Osirim :
« Credite, non ludo : crudeles, tollite claudum.
— Quære peregrinum, » vicinia rauca reclamat.

XVIII

AD LOLLIUM.

Si bene te novi, metues, liberrime Lolli,
Scurrantis speciem præbere, professus amicum.
Ut matrona meretrici dispar erit, atque
Discolor infido scurræ distabit amicus.
Est huic diversum vitio vitium prope majus,
Asperitas agrestis et inconcinna gravisque,
Quæ se commendat tonsa cute, dentibus atris;
Dum vult libertas dici mera, veraque virtus.
Virtus est medium vitiorum, et utrimque reductum.
Alter, in obsequium plus æquo pronus, et imi
Derisor lecti, sic nutum divitis horret,
Sic iterat voces, et verba cadentia tollit,

lui échappe! C'est l'enfant qui récite sa leçon devant un maître sévère; c'est l'acteur en second qui s'efforce de faire valoir le premier.

Cet autre, au contraire, armé jusqu'aux dents des arguments les plus frivoles, est toujours prêt à disputer sur des riens, sur *la laine des chèvres*, par exemple. « Comment! on ne m'en croira pas de préférence! je n'aurai pas le droit de faire prévaloir mon avis! une seconde vie ajoutée à la mienne ne m'y ferait pas renoncer. » Et de quoi s'agit-il au milieu de tout cela? De savoir si le gladiateur Castor est plus habile que Dolichus, ou s'il vaut mieux prendre la voie Numicia, pour aller à Brindes, que la voie Appienne.

Celui que les femmes et le jeu ruinent à l'envi, que sa vanité condamne à un luxe que lui interdit sa fortune, celui que dévore une soif d'argent que rien ne saurait éteindre, et qui ne craint et ne fuit rien tant que la pauvreté, ne sera bientôt qu'un objet de haine et de dégoût pour son riche protecteur, plus vicieux souvent que le protégé; ou, s'il ne le hait pas, il le maîtrise : c'est une bonne et sage mère qui veut que sa fille soit plus vertueuse qu'elle. Mais, au fond, il a presque raison : « Je suis riche, dit-il; à moi permis de faire des folies : mais toi, mon ami, ta fortune est bornée; ta mise doit sagement l'indiquer. Crois-moi, ne tente pas une lutte inégale. » Le malin Eutrapèle voulait-il jouer un tour à quelqu'un, il lui envoyait de riches habits; et voici comme il raisonnait à cet égard : « Avec ces beaux habits, mon homme va se croire le favori de la fortune, former de grands projets, concevoir de belles espérances; il

---

Ut puerum sævo credas dictata magistro
Reddere, vel partes mimum tractare secundas.
Alter rixatur de lana sæpe caprina, et
Propugnat nugis armatus : « Scilicet, ut non
Sit mihi prima fides, et vere, quod placet, ut non
Acriter elatrem, pretium ætas altera sordet. »
Ambigitur quid enim? Castor sciat an Dolichos plus :
Brundusium Numici melius via ducat an Appi.
Quem damnosa Venus, quem præceps alea nudat,
Gloria quem supra vires et vestit et ungit,
Quem tenet argenti sitis importuna famesque,
Quem paupertatis pudor et fuga; dives amicus,
Sæpe decem vitiis instructior, odit et horret :
Aut, si non odit, regit; ac, veluti pia mater,
Plus quam se sapere et virtutibus esse priorem
Vult; et ait prope vera : « Meæ (contendere noli)
Stultitiam patiuntur opes; tibi parvula res est :
Arcta decet sanum comitem toga : desine mecum
Certare. » Eutrapelus, cuicumque nocere volebat,
Vestimenta dabat pretiosa : « Beatus enim jam
Cum pulchris tunicis sumet nova consilia et spes;

dormira la grasse matinée, négligera ses devoirs pour le plaisir, se ruinera par les emprunts, et nous finirons par le voir gladiateur, ou réduit, pour subsister, à conduire au marché l'âne d'un jardinier. »

Gardez-vous bien de sonder jamais les secrets d'un ami ; et, s'il vous les a confiés, que ni le vin ni la violence des tourments ne vous en arrachent jamais la révélation. Ne vantez point vos goûts, ne blâmez pas ceux des autres ; et, si votre ami parle d'aller à la chasse, ne songez pas à faire des vers. Voilà ce qui refroidit singulièrement l'amitié des deux jumeaux Zéthus et Amphion ; il fallut que la lyre se tût, et que le docile Amphion fît ce sacrifice à l'humeur un peu sauvage de son frère. Faites comme lui : cédez de bonne grâce aux désirs d'un ami ; et, quand il voudra mettre en campagne ses chiens, ses toiles, ses chevaux, levez-vous, fermez gaiement vos tablettes, et allez chercher de l'appétit pour un souper que vous aurez bien gagné. La chasse, d'ailleurs, est un exercice de tout temps en honneur chez les Romains : on y acquiert de la renommée ; on y fait preuve de force et de santé, lorsqu'on est en état de le disputer, comme vous, de vitesse avec le lévrier, et de vigueur avec le sanglier. Manie-t-on les armes avec plus de grâce et d'adresse que vous ? Et vos exercices au Champ-de-Mars, quelles flatteuses acclamations les accompagnent ! A peine sorti de l'enfance, vous avez bravé les périls de la guerre en marchant contre les Cantabres, sous les enseignes du héros qui vient d'arracher nos étendards des tem-

>Dormiet in lucem ; scorto postponet honestum
Officium ; nummos alienos pascet ; ad imum
Thrax erit, aut olitoris aget mercede caballum. »
Arcanum neque tu scrutaberis ullius unquam ;
Commissumque teges, et vino tortus et ira.
Nec tua laudabis studia, aut aliena reprendes ;
Nec, quum venari volet ille, poemata panges.
Gratia sic fratrum geminorum, Amphionis atque
Zethi, dissiluit, donec suspecta severo
Conticuit lyra ; fraternis cessisse putatur
Moribus Amphion : tu cede potentis amici
Lenibus imperiis, quotiesque educet in agros
Ætolis onerata plagis jumenta, canesque,
Surge, et inhumanæ senium depone Camenæ,
Cœnes ut pariter pulmenta laboribus empta ;
Romanis solemne viris opus, utile famæ,
Vitæque et membris ; præsertim quum valeas, et
Vel cursu superare canem, vel viribus aprum
Possis : adde, virilia quod speciosius arma
Non est qui tractet ; scis, quo clamore coronæ
Prælia sustineas campestria : denique sævam
Militiam puer et Cantabrica bella tulisti,
Sub duce, qui templis Parthorum signa refixit

ples du Parthe, et dont les armes victorieuses achèvent en ce moment la conquête du monde.

Pour vous ôter enfin jusqu'au moindre prétexte de refus, on n'ignore pas que, malgré la mesure parfaite qui règle toutes vos actions, vous vous livrez quelquefois à de petits jeux, quand vous êtes à la campagne. Une armée navale composée de jeunes gens se partage en deux flottes; vous commandez l'une, votre frère est à la tête de l'autre : c'est la bataille d'Actium; votre lac Lucrin devient l'Adriatique, et l'on se bat jusqu'à ce que la victoire se soit déclarée pour l'un ou l'autre parti.

Celui qui vous verra applaudir à ses goûts applaudira aux vôtres des deux mains à la fois.

Encore quelques conseils (si toutefois vous en avez besoin), et je finis. Pesez longtemps ce que vous allez dire d'un autre, et sachez à qui vous le dites. Fuyez le curieux, car il est naturellement bavard : des oreilles toujours ouvertes retiennent difficilement ce qu'on leur a confié, et le mot une fois lâché n'a plus d'ailes pour revenir. Point d'intrigue amoureuse, surtout avec l'esclave favorite; car, de deux choses l'une : ou le maître croira, en vous en faisant le mince cadeau, vous rendre le plus heureux des hommes, ou son refus vous mettra au désespoir. Regardez-y plus d'une fois avant de hasarder une recommandation, et ne vous exposez pas à rougir des fautes d'un autre. Trompés nous-mêmes, nous nous intéressons souvent pour qui ne le mérite pas. Retirez donc votre appui à celui qui l'aura surpris, pour le con-

Nunc, et, si quid abest, Italis adjudicat armis,
Ac ne te retrahas et inexcusabilis abstes,
Quamvis nil extra numerum fecisse modumque
Curas, interdum nugaris rure paterno :
Partitur lintres exercitus; Actia pugna,
Te duce, per pueros hostili more refertur ;
Adversarius est frater; lacus, Hadria, donec
Alterutrum velox victoria fronde coronet.
Consentire suis studiis qui crediderit te,
Fautor utroque tuum laudabit pollice ludum.
Protinus ut moneam (si quid monitoris eges tu),
Quid, de quoque viro, et cui dicas, sæpe videto
Percontatorem fugito; nam garrulus idem est;
Nec retinent patulæ commissa fideliter aures;
Et semel emissum volat irrevocabile verbum.
Non ancilla tuum jecur ulceret ulla, puerve,
Intra marmoreum venerandi limen amici :
Ne dominus pueri pulchri, caræve puellæ
Munere te parvo beet, aut incommodus angat.
Qualem commendes, etiam atque etiam aspice; ne mox
Incutiant aliena tibi peccata pudorem.
Fallimur, et quondam non dignum tradimus : ergo
Quem sua culpa premet, deceptus omitte tueri;

erver à celui dont vous connaissez la probité, et que la calomnie poursuit. Prenez-y garde : la dent jalouse qui l'attaque, pourra bien ne pas vous épargner. Quand le feu est à la maison voisine, vous pouvez craindre pour la vôtre, et l'incendie fait des progrès à la faveur de votre négligence. Il y a dans l'amitié des grands quelque chose de séduisant pour qui n'en a pas l'expérience; celui qui les connaît les redoute. Faites donc en sorte, tandis que vous voguez à pleines voiles, que le vent ne change point et ne vous reporte pas en arrière.

Point de sympathie entre le rêveur mélancolique et l'ami de la joie, entre l'homme actif, laborieux, et les caractères lents et tranquilles. Refusez la coupe de ce buveur qui fait intrépidement rouler le falerne jusqu'à minuit, et vous verrez comme il recevra vos excuses, quand vous lui alléguerez les vapeurs du vin pendant la nuit. N'apportez nulle part un front assombri : votre modestie ne serait bientôt qu'une réserve étudiée, et votre taciturnité une censure sévère de ce que disent les autres. Puisez dans de bonnes lectures, dans le commerce habituel des hommes instruits, les moyens de soustraire des jours paisibles aux tourments de la cupidité, au supplice de la crainte ou aux illusions des vaines espérances. Recherchez si la vertu est un fruit de l'étude ou un don purement gratuit de la nature ; si ce sont les honneur sou les richesses qui garantissent la tranquillité, ou si on ne la trouve pas plutôt dans les sentiers secrets d'une vie obscure et retirée.

> Ut penitus notum, si tentent crimina, serves,
> Tuterisque tuo fidentem præsidio ; qui
> Dente Theonino quum circumroditur, ecquid
> Ad te post paulo ventura pericula sentis?
> Nam tua res agitur, paries quum proximus ardet;
> Et neglecta solent incendia sumere vires.
> Dulcis inexpertis cultura potentis amici :
> Expertus metuit. Tu, dum tua navis in alto est,
> Hoc age, ne mutata retrorsum te ferat aura.
> Oderunt hilarem tristes, tristemque jocosi;
> Sedatum celeres, agilem gnavumque remissi.
> Potores bibuli media de nocte Falerni
> Oderunt porrecta negantem pocula, quamvis
> Nocturnos jures te formidare vapores.
> Deme supercilio nubem : plerumque modestus
> Occupat obscuri speciem, taciturnus acerbi.
> Inter cuncta leges et percunctabere doctos,
> Qua ratione queas traducere leniter ævum;
> Ne te semper inops agitet vexetque cupido,
> Ne pavor, et rerum mediocriter utilium spes;
> Virtutem doctrina paret, naturane donet?
> Quod minuat curas? quid te tibi reddat amicum?
> Quid pure tranquillet, honos, an dulce lucellum,
> An secretum iter, et fallentis semita vitæ?

Pour moi, cher Lollius, quand j'ai une fois regagné mon pet[it] ruisseau de la Digence, dont l'onde abreuve le hameau de Man[-]dèle, où le froid est toujours si vif, savez-vous bien ce que j[e] demande aux dieux? de conserver le peu que je possède, et moin[s] encore; de vivre pour moi ce que leur indulgence me réserve d[e] jours; de ne jamais manquer de livres, et d'avoir toujours devan[t] moi une année de mon petit revenu, pour n'en pas être à vivr[e] au jour la journée. Voilà tout ce qu'il faut demander à Jupiter qui donne et retire à son gré. Qu'il m'accorde la vie et les bien[s] nécessaires : j'attends de moi seul l'égalité d'âme.

AMAR.

XIX

A MÉCÈNE.

S'il faut en croire le vieux Cratinus, savant Mécène, les ver[s] que composent les buveurs d'eau ne peuvent plaire ni vivre long[-]temps. Depuis que Bacchus a enrôlé parmi les Faunes et le[s] Satyres les poëtes au cerveau délirant, les douces Muses on[t] commencé à sentir le vin dès le matin. Les louanges qu'Homère donne au vin l'accusent de l'avoir aimé, et notre bon Ennius lui-même, ce n'était qu'après boire qu'il s'élevait à chanter les combats. « Les gosiers secs, je les renvoie au Forum et au puits de Libon; les gens austères, je leur interdis de chanter. »

Depuis cet arrêt de Cratinus, les poëtes n'ont pas cessé, la nuit,

Me quoties reficit gelidus Digentia rivus,
Quem Mandela bibit, rugosus frigore pagus,
Quid sentire putas ? quid credis, amice, precari ?
Sit mihi, quod nunc est; etiam minus; et mihi vivam
Quod superest ævi, si quid superesse volunt Di :
Sit bona librorum et provisæ frugis in annum
Copia, neu fluitem dubiæ spe pendulus horæ.
Hæc satis est orare Jovem, quæ donat et aufert :
Det vitam, det opes : æquum mi animum ipse parabo.

XIX

AD MÆCENATEM.

Prisco si credis, Mæcenas docte, Cratino,
Nulla placere diu, nec vivere carmina possunt,
Quæ scribuntur aquæ potoribus : ut male sanos
Adscripsit Liber Satyris Faunisque poetas,
Vina fere dulces oluerunt mane Camenæ.
Laudibus arguitur vini vinosus Homerus :
Ennius ipse pater nunquam, nisi potus, ad arm[a]
Prosiluit dicenda. « Forum puteälque Libonis
Mandabo siccis, adimam cantare severis. »
Hoc simul edixit, non cessavere poetæ

s'enivrer à qui mieux mieux; le jour, de puer le vin. Eh quoi ! parce que le premier venu, pour singer Caton, prendra un air farouche, ira pieds nus, portera une toge écourtée, nous rendra-t-il pour cela la vertu et les mœurs de Caton? La parole rivale de Timagène écrasa Iarbitas, tandis que celui-ci faisait le bel esprit et s'évertuait à se faire une réputation d'éloquence. On s'égare avec un modèle dont les défauts sont faciles à imiter. Si je venais à pâlir, ils boiraient du cumin, pour être plus pâles encore.

Ô imitateurs, troupeau d'esclaves, combien de fois vos efforts ont remué ma bile! combien de fois ils ont provoqué ma gaieté! N'écoutant que moi-même, le premier j'ai porté mes pas dans une carrière inconnue; mon pied n'a point foulé la trace d'un devancier. Celui-là conduit l'essaim, qui a le courage d'être son propre guide. Avant tout autre j'ai fait connaître au Latium les ïambes du chantre de Paros, imitant la mesure et la verve d'Archiloque, non ses idées et ses expressions funestes à Lycambe.

Et n'allez pas orner mon front d'une moindre couronne, parce que je n'ai pas osé changer le mètre et la facture de ses vers : les chants de la mâle Sapho, et avec eux les chants d'Alcée, tempèrent l'âpreté d'Archiloque; mais, bien différent quant au sujet et dans son allure, Alcée, dans mes chants, ne cherche point un beau-père pour le noircir de ses outrages, et ses vers diffamatoires n'attachent point la corde au cou de sa fiancée. Ces accents, qu'aucune bouche n'avait encore fait entendre, le pre-

Nocturno certare mero, putere diurno.
Quid? si quis vultu torvo ferus, et pede nudo,
Exiguæque togæ simulet textore Catonem,
Virtutemne repræsentet moresque Catonis?
Rupit Iarbitam Timagenis æmula lingua,
Dum studet urbanus, tenditque disertus haberi.
Decipit exemplar vitiis imitabile : quod si
Pallerem casu, biberent exsangue cuminum.
O imitatores, servum pecus, ut mihi sæpe
Bilem, sæpe jocum vestri movere tumultus!
Libera per vacuum posui vestigia princeps;
Non aliena meo pressi pede : qui sibi fidit
Dux, regit examen. Parios ego primus iambos
Ostendi Latio, numeros animosque secutus
Archilochi, non res et agentia verba Lycamben.
Ac, ne me foliis ideo brevioribus ornes,
Quod timui mutare modos et carminis artem,
Temperat Archilochi musam pede mascula Sappho,
Temperat Alcæus; sed rebus et ordine dispar,
Nec socerum quærit, quem versibus oblinat atris,
Nec sponsæ laqueum famoso carmine nectit.
Hunc ego, non alio dictum prius ore, Latinis
Vulgavi fidicen : juvat immemorata ferentem

mier je les ai révélés au Latium. Je suis heureux de voir mo[n]
livre, qui n'en rappelle aucun autre, fixer les regards des class[es]
libres, et s'arrêter dans leurs mains.

Maintenant, veux-tu savoir pourquoi le lecteur ingrat, qui ch[ez]
lui aime et exalte mes ouvrages, une fois dehors, devient injus[te]
et les décrie? C'est que je ne sais pas quémander les suffrag[es]
d'une multitude capricieuse, en lui prodiguant des festins, en l[ui]
distribuant des vêtements usés ; c'est que, partisan et vengeur d[es]
grands écrivains, je ne cherche point le succès auprès des gram[-]
mairiens et de leurs écoles. De là leur désespoir. Si je dis : « J[e]
rougirais de lire, devant un public nombreux, mes vers qui n'e[n]
sont pas dignes, ce serait donner de l'importance à des baga[telles]
telles. — Pur badinage! me répond-on; tu les réserves pou[r]
l'oreille de Jupiter. Tu te flattes, en effet, dans ton admiratio[n]
pour toi-même, de distiller seul le miel de la poésie. » Alors, j[e]
crains de me laisser trop aller à la raillerie, et, de peur de m[e]
faire arracher les yeux par mon adversaire : « Je ne saura[is]
demeurer ici, » m'écrié-je, et je demande trêve à la plaisan[-]
terie. De la plaisanterie, en effet, naissent les disputes animée[s]
et la colère ; et de la colère, les farouches inimitiés et les guerre[s]
homicides.

ALPH. THOGNON.

XX

A SON LIVRE.

Il me semble, mon livre, que tu regardes souvent du côté d[e]

    Ingenuis oculisque legi, manibusque teneri.
    Scire velis mea cur ingratus opuscula lector
    Laudet, ametque domi, premat extra limen iniquus?
    Non ego ventosæ plebis suffragia venor,
    Impensis cœnarum et tritæ munere vestis;
    Non ego, nobilium scriptorum auditor et ultor,
    Grammaticas ambire tribus et pulpita dignor;
    Hinc illæ lacrymæ. « Spissis indigna theatris
    Scripta pudet recitare, et nugis addere pondus, »
    Si dixi : « Rides, ait, et Jovis auribus ista
    Servas : fidis enim, manare poetica mella.
    Te solum, tibi pulcher. » Ad hæc ego naribus uti
    Formido; et, luctantis acuto ne secer ungui,
    « Displicet iste locus, » clamo, et diludia posco.
    Ludus enim genuit trepidum certamen et iram;
    Ira truces inimicitias, et funebre bellum.

XX.

AD LIBRUM SUUM.

Vertumnum Janumque, liber, spectare videris;

ertumne et de Janus. Est-ce que tu voudrais être exposé en
ente dans la boutique des Sosies, poli et relié par leurs mains?
u t'indignes, je le vois, de rester sous la clef : l'obscurité, si
hère à la modestie, n'est pas ton fait. Honteux d'avoir un petit
ombre de lecteurs, il te faut le grand jour de la publicité.
ont-ce là les sentiments dans lesquels je t'avais élevé? Eh bien,
a donc où tu brûles d'aller! mais souviens-toi que, une fois
ehors, il n'y aura plus à revenir. *Malheureux*, diras-tu à la
remière boutade que tu essuieras, *qu'ai-je fait? quels vœux
i-je formés?* Tu sais aussi combien le lecteur se gênera peu
our te remettre dans tes plis, quand l'ennui le prendra.

Voici donc, si le dépit que tu me causes ne m'aveugle pas,
oici de point en point ce qui t'adviendra. Fêté à Rome, tant que
 conserveras l'attrait de la jeunesse, une fois que tu auras
assé dans toutes les mains, et qu'on aura sali tes pages, tu
eviendras, dans un coin, la pâture des vers, ou bien tu passeras
Utique, si mieux on n'aime t'expédier pour Lérida, servant
'enveloppe à des marchandises. Qui rira bien alors? Ce sera
elui dont tu n'auras pas voulu suivre les conseils. Il fera comme
e rustre qui, ayant affaire à un âne qui ne voulait point obéir,
 poussa de colère dans le précipice. Pourquoi s'obstiner, en
ffet, à sauver qui veut périr? J'oubliais : tu as encore une
hance, c'est que les vieux maîtres d'école des faubourgs s'ar-
angent de toi pour montrer à lire aux marmots.

Au demeurant, quand le soleil, plus supportable, permettra à
n petit cercle d'auditeurs de te prêter l'oreille, apprends-leur
ue, né d'un père affranchi et sans biens, j'ai pris un essor que

 Scilicet ut prostes Sosiorum pumice mundus!
 Odisti claves, et grata sigilla pudico;
 Paucis ostendi gemis, et communia laudas;
 Non ita nutritus! Fuge, quo descendere gestis :
 Non erit emisso reditus tibi. Quid miser egi?
 Quid volui? dices, ubi quis te læserit; et scis
 In breve te cogi, plenus quum languet amator.
 Quod si non odio peccantis desipit augur,
 Carus eris Romæ, donec te deserat ætas.
 Contrectatus ubi manibus sordescere vulgi
 Cœperis, aut tineas pasces taciturnus inertes,
 Aut fugies Uticam, aut vinctus mitteris Ilerdam.
 Ridebit monitor non exauditus : ut ille,
 Qui male parentem in rupes protrusit asellum
 Iratus : quis enim inventum servare laboret?
 Hoc quoque te manet, ut pueros elementa docentem
 Occupet extremis in vicis balba senectus.
 Quum tibi sol tepidus plures admoverit aures,
 Me libertino natum patre, et in tenui re
 Majores pennas nido extendisse loqueris;

mon humble nid ne semblait pas comporter. Ainsi, ce que tu m[e]
feras perdre du côté de la naissance, je le gagnerai en mérit[e]
personnel. Ajoute que j'ai su plaire à ce que Rome compte d[e]
plus illustre en guerriers et en magistrats; que je suis de petit[e]
taille, que mes cheveux ont grisonné avant le temps, que j'aim[e]
le soleil, que je suis prompt à m'emporter, et non moins promp[t]
à m'apaiser; et si, par hasard, quelqu'un s'informe de mon âg[e]
réponds que je comptais quarante-quatre hivers l'année où Lolli[us]
eut Lépidus pour collègue dans le consulat. OUIZILLE.

> Ut, quantum generi demas, virtutibus addas :
> Me primis Urbis belli placuisse domique;
> Corporis exigui, præcanum, solibus aptum,
> Irasci celerem, tamen ut placabilis essem.
> Forte meum si quis te percontabitur ævum,
> Me quater undenos sciat implevisse decembres,
> Collegam Lepidum quo duxit Lollius anno.

ÉPITRES

LIVRE SECOND

I

A AUGUSTE.

Quand tu soutiens seul tout le poids du fardeau de l'empire, and tes armes assurent la tranquillité de l'Italie, que tes ⟨m⟩œurs l'épurent et que tes lois la corrigent, ce serait, César, me ⟨re⟩ndre coupable envers la patrie que de te dérober, par un trop ⟨lon⟩g discours, des moments si précieux.

Romulus et Bacchus, Castor et Pollux, à qui d'éclatants exploits ⟨on⟩t ouvert le palais des dieux, — pendant que, mêlés aux humains, ⟨ils⟩ habitaient ce monde, terminaient des guerres sanglantes, ⟨pa⟩rtageaient les campagnes et bâtissaient des villes, eurent la ⟨do⟩uleur de voir les mortels refuser à de tels services le tribut ⟨es⟩péré de leur reconnaissance. Le vainqueur de l'hydre, que le ⟨de⟩stin ne put lasser par tant de travaux fameux, reconnut que la ⟨m⟩ort seule peut dompter l'envie. Le mérite, qui éclipse tout ce ⟨qu⟩i l'entoure, blesse nos yeux de son éclat : on l'apprécie quand

I

AD AUGUSTUM

Quum tot sustineas et tanta negotia solus,
Res Italas armis tuteris, moribus ornes,
Legibus emendes, in publica commoda peccem,
Si longo sermone morer tua tempora, Cæsar.
Romulus, et Liber pater, et cum Castore Pollux,
Post ingentia facta Deorum in templa recepti,
Dum terras hominumque colunt genus, aspera bella
Componunt, agros assignant, oppida condunt,
Ploravere suis non respondere favorem
Speratum meritis. Diram qui contudit hydram,
Notaque fatali portenta labore subegit,
Comperit invidiam supremo fine domari.
Urit enim fulgore suo, qui præpgravat artes
Infra se positas : exstinctus amabitur idem.

il n'est plus. Pour toi, nous te prodiguons dès à présent des honneurs complets : nous t'élevons des autels où l'on jure par ton nom; nous avouons que la terre n'a jamais produit, ne produira jamais rien qui t'égale.

Mais ce peuple si éclairé, juste en un point, quand il te préfère à tous nos héros, à tous ceux de la Grèce, ne porte pas toujours dans ses jugements la même raison, la même mesure. Tout, excepté ceux qui, arrivés au terme de leur course, ont disparu de la terre, ne lui inspire que mépris et dédain. Il pousse son admiration pour l'antiquité jusqu'à dire que ces tables redoutées du crime et ouvrages des décemvirs, que les traités de nos rois avec Gabies ou les austères Sabins, que les livres des pontifes et les recueils de nos antiques oracles, furent dictés par les Muses sur le mont Albain. Sans doute les plus anciens écrivains de la Grèce sont aussi les meilleurs. Mais, si l'on veut peser les Romains à la même balance, il n'est pas besoin de plus longs discours : l'olive n'a plus de noyau, la noix n'a plus de coquille; nous sommes à l'apogée de la gloire : en peinture, en musique, à la palestre même, nous sommes plus habiles que ces Grecs dont l'huile assouplissait les corps.

Si le temps mûrit les vers comme le vin, je voudrais savoir quel nombre d'années leur donne tout leur prix. Le poëte mort depuis un siècle doit-il être placé au rang de ces anciens si parfaits, ou rejeté parmi ces modernes si méprisables? marquons un

> Præsenti tibi maturos largimur honores,
> Jurandasque tuum per nomen ponimus aras,
> Nil oriturum alias, nil ortum tale fatentes.
> Sed tuus hic populus, sapiens et justus in uno,
> Te nostris ducibus, te Graiis anteferendo,
> Cetera nequaquam simili ratione, modoque
> Æstimat; et, nisi quæ terris semota, suisque
> Temporibus defuncta videt, fastidit et odit.
> Sic fautor veterum, ut tabulas peccare vetantes,
> Quas bis quinque viri sanxerunt, fœdera regum
> Vel Gabiis, vel cum rigidis æquata Sabinis,
> Pontificum libros, annosa volumina vatum,
> Dictitet Albano Musas in monte locutas.
> Si, quia Graiorum sunt antiquissima quæque
> Scripta vel optima, Romani pensantur eadem
> Scriptores trutina, non est quod multa loquamur:
> Nil intra est oleam, nil extra est in nuce duri.
> Venimus ad summum fortunæ : pingimus atque
> Psallimus, et luctamur Achivis doctius unctis.
> Si meliora dies, ut vina, poemata reddit,
> Scire velim, pretium chartis quotus arroget annus.
> Scriptor abhinc annos centum qui decidit, inter
> Perfectos, veteresque referri debet? an inter
> Viles atque novos? excludat jurgia finis.

erme qui prévienne tous débats. — Après cent ans, un auteur est ancien et digne de nos suffrages. — Mais s'il lui manque un seul mois, une seule année, où le placerons-nous? parmi ces anciens qu'on admire, ou parmi ceux qui ne méritent que le mépris de notre siècle et de la postérité? — On peut sans injustice ranger parmi les anciens celui auquel ne manque que le court espace d'un mois, ou même une année entière. — J'use de la permission; et comme si j'arrachais l'un après l'autre les crins de la queue du cheval, je retranche une année, puis une autre, et vous allez voir s'écrouler le frêle échafaudage des raisonnements de ce critique qui, les fastes à la main, mesure le mérite sur les années, et n'admire que les œuvres consacrées par Libitine.

Ennius, le sage, le sublime, le second Homère, comme l'appellent nos aristarques, Ennius semble peu s'inquiéter de tenir les promesses de ses rêveries pythagoriciennes. On ne lit plus Névius, mais il est présent à tous les esprits comme s'il eût écrit hier : tant un vieux poëme est chose sacrée ! S'agit-il de régler les rangs, on vante de Pacuvius son érudition, et d'Accius sa profondeur : la toge d'Afranius siérait à Ménandre : Plaute, pour la vivacité de l'action, égale le Sicilien Épicharme; Cécilius a plus de vigueur, et Térence plus d'exactitude. Voilà les écrivains dont Rome apprend par cœur les vers; le peuple-roi, pour les admirer, se presse dans l'étroite enceinte de son théâtre : ce sont les seuls que, depuis le siècle de Livius

— Est vetus atque probus, centum qui perficit annos.
— Quid, qui deperiit minor uno mense, vel anno,
Inter quos referendus erit? veteresne poetas?
An quos et præsens et postera respuet ætas?
— Iste quidem veteres inter ponetur honeste,
Qui vel mense brevi, vel toto est junior anno.
— Utor permisso, caudæque pilos ut equinæ,
Paulatim vello, et demo unum, demo etiam unum,
Dum cadat elusus ratione ruentis acervi,
Qui redit ad fastos, et virtutem æstimat annis,
Miraturque nihil, nisi quod Libitina sacravit.
Ennius, et sapiens et fortis, et alter Homerus,
(Ut critici dicunt) leviter curare videtur,
Quo promissa cadant et somnia Pythagorea.
Nævius in manibus non est, et mentibus hæret
Pæne recens. Adeo sanctum est vetus omne poema!
Ambigitur quoties, uter utro sit prior, aufert
Pacuvius docti famam senis, Accius alti;
Dicitur Afrani toga convenisse Menandro,
Plautus ad exemplar Siculi properare Epicharmi;
Vincere Cæcilius gravitate, Terentius arte.
Hos ediscit, et hos arcto stipata theatro
Spectat Roma potens : habet hos, numeratque poetas

jusqu'à nos jours, il regarde comme des poëtes.

Quelquefois le vulgaire voit juste, mais quelquefois il se trompe. Si son admiration, si son enthousiasme pour les vieux poëtes va jusqu'à ne leur trouver ni maîtres ni rivaux, il s'égare ; mais, s'il accorde qu'on leur peut reprocher des tours surannés, s'il avoue que leur diction est d'ordinaire dure ou lâche, alors son opinion est dictée par le goût; il est de mon avis, il juge sainement.

Je ne veux pas cependant dénigrer ou effacer les poëmes de Livius, que, les verges à la main, Orbilius dictait, il m'en souvient, à mon enfance; mais qu'on les trouve châtiés, admirables, voisins de la perfection, voilà ce qui m'étonne. Pour y remarquer par hasard une expression saillante, un ou deux vers plus harmonieux que le reste, on n'est pas en droit de prôner tout l'ouvrage comme un chef-d'œuvre. Je m'indigne d'entendre blâmer un écrit, non comme lourd et sans grâce, mais comme nouveau, et de voir réclamer pour les anciens, non pas de l'indulgence, mais la palme et le prix.

Si je parais douter que le drame d'Atta marche d'un pied assuré au milieu des parfums et des fleurs de la scène, aussitôt nos vieux Romains vont s'écrier que j'ai perdu toute honte, moi qui veux attaquer des pièces qu'ont jouées le pathétique Ésope et le docte Roscius; soit qu'ils ne trouvent le beau que dans ce qui leur a plu autrefois, soit qu'ils rougissent de céder à de plus jeunes qu'eux, et d'avouer que leur vieillesse doit oublier ce qu'apprit leur jeune âge.

> Ad nostrum tempus, Livi scriptoris ab ævo.
> Interdum vulgus rectum videt; est, ubi peccat.
> Si veteres ita miratur laudatque poetas,
> Ut nihil anteferat, nihil illis comparet, errat :
> Si quædam nimis antique, si pleraque dure
> Dicere credit eos, ignave multa fatetur;
> Et sapit, et mecum facit, et Jove judicat æquo.
> Non equidem insector, delendave carmina Livi
> Esse reor, memini quæ plagosum mihi parvo
> Orbilium dictare; sed emendata videri
> Pulchraque, ut exactis minimum distantia, miror.
> Inter quæ verbum emicuit si forte decorum, et
> Si versus paulo concinnior unus et alter,
> Injuste totum ducit, venditque poema.
> Indignor quidquam reprehendi, non quia crasse
> Compositum, illepideve putetur, sed quia nuper;
> Nec veniam antiquis, sed honorem et præmia posci.
> Recte, necne crocum floresque perambulet Attæ
> Fabula, si dubitem, clament periisse pudorem
> Cuncti pæne patres; ea quum reprehendere coner,
> Quæ gravis Æsopus, quæ doctus Roscius egit :
> Vel quia nil rectum, nisi quod placuit sibi, ducunt;
> Vel quia turpe putant parere minoribus, et, quæ
> Imberbes didicere, senes perdenda fateri.

Tel qui vante les vers saliens de Numa, et veut se donner l'air l'entendre seul ce qu'il ignore aussi bien que moi, n'admire par le ait ni n'applaudit les morts, mais seulement attaque les vivants, et poursuit d'une jalouse haine nous et nos ouvrages. Si les Grecs avaient eu le même dédain que nous pour la nouveauté, qui serait ancien aujourd'hui? à quelle source de lectures et d'études puiserait la curiosité publique?

Dès que la Grèce, posant les armes, put s'adonner aux amusements, corrompue par la prospérité, elle se passionna tantôt pour les athlètes, tantôt pour les coursiers, se plut à voir la sculpture animer le marbre, l'airain ou l'ivoire, et laissa captiver par un tableau ses yeux et son esprit : elle tressaillit d'allégresse, tantôt devant une joueuse de flûte, tantôt devant un tragédien : ainsi l'enfant qui folâtre sous les yeux de sa nourrice abandonne bientôt par dégoût ce qui fut l'objet de ses désirs. Mais avons-nous des goûts, des antipathies éternelles? Tels furent pour les Grecs les fruits de la paix et de la prospérité.

A Rome, le citoyen se fit longtemps une douce habitude d'ouvrir, dès le matin, la porte à ses clients, pour leur expliquer les lois; de placer son argent en des mains sûres, de respecter la vieillesse, et d'enseigner aux jeunes gens à grossir leur fortune, à modérer leurs passions ruineuses. Mais l'esprit de ce peuple inconstant a changé; il ne brûle aujourd'hui que de la rage d'écrire : jeunes gens et graves vieillards, le front ceint de cou-

> Jam Saliare Numæ carmen qui laudat, et illud,
> Quod mecum ignorat, solus vult scire videri,
> Ingeniis non ille favet plauditque sepultis;
> Nostra sed impugnat, nos nostraque lividus odit.
> Quod si tam Græcis novitas invisa fuisset,
> Quam nobis, quid nunc esset vetus? aut quid haberet
> Quod legeret, tereretque viritim publicus usus?
> Ut primum positis nugari Græcia bellis
> Cœpit, et in vitium fortuna labier æqua,
> Nunc athletarum studiis, nunc arsit equorum;
> Marmoris aut eboris fabros, aut æris amavit;
> Suspendit picta vultum mentemque tabella;
> Nunc tibicinibus, nunc est gavisa tragœdis :
> Sub nutrice puella velut si luderet infans,
> Quod cupide petiit, mature plena reliquit.
> Quid placet aut odio est, quod non mutabile credas?
> Hoc paces habuere bonæ, ventique secundi.
> Romæ dulce diu fuit et solemne, reclusa
> Mane domo vigilare, clienti promere jura;
> Cautos nominibus rectis expendere nummos;
> Majores audire, minori dicere, per quæ
> Crescere res posset, minui damnosa libido.
> Mutavit mentem populus levis, et calet uno
> Scribendi studio : pueri patresque severi

ronnes, dictent des vers à table. Moi-même, quand je jure que je n'en fais pas, je suis convaincu d'être plus menteur qu'un Parthe, et le soleil n'est pas levé encore que je demande mon pupitre, une plume et du papier. L'homme étranger à la marine craint de guider un vaisseau : il n'y a que le savant qui ose administrer l'aurone à un malade : les médecins ne s'engagent qu'à ce qui les regarde; le forgeron se mêle de sa forge. Mais, ignorants ou habiles, tous nous faisons partout des vers.

Et cependant vois que d'avantages offre encore ce travers, cette légère folie. Le poëte est rarement avare : occupé de ses vers, il n'a souci d'autre chose : les accidents de la fortune, la fuite de ses esclaves, l'incendie de sa maison, le trouvent insensible. Jamais il ne cherche à tromper son ami ou son pupille. Des légumes, un pain grossier, voilà sa nourriture. Quoique peu propre aux travaux de la guerre et mauvais soldat, il n'est pas inutile à Rome, si tu m'accordes que d'obscurs travaux peuvent être utiles aux plus puissants États. La poésie forme les premiers accents de l'enfant qui bégaie; elle ferme son oreille aux propos obscènes, puis le dresse à la vertu par ses doux préceptes, en corrigeant l'aigreur de son caractère, en étouffant dans son cœur l'envie et la colère. Elle chante les exploits des héros, instruit par d'illustres exemples les générations naissantes, console la misère et la douleur. Où nos chœurs de jeunes garçons et de chastes vierges apprendraient-ils

Fronde comas vincti cœnant, et carmina dictant.
Ipse ego, qui nullos me affirmo scribere versus,
Invenior Parthis mendacior; et prius orto
Sole, vigil calamum, et chartas, et scrinia posco.
Navim agere ignarus navis timet; abrotonum ægro
Non audet, nisi qui didicit, dare : quod medicorum est,
Promittunt medici; tractant fabrilia fabri :
Scribimus indocti doctique poemata passim.
Hic error tamen, et levis hæc insania quantas
Virtutes habeat, sic collige : vatis avarus
Non temere est animus; versus amat, hoc studet unum;
Detrimenta, fugas servorum, incendia ridet;
Non fraudem socio, puerove incogitat ullam
Pupillo; vivit siliquis et pane secundo.
Militiæ quanquam piger et malus, utilis urbi;
Si das hoc, parvis quoque rebus magna juvari.
Os tenerum pueri balbumque poeta figurat;
Torquet ab obscenis jam nunc sermonibus aurem;
Mox etiam pectus præceptis format amicis;
Asperitatis, et invidiæ corrector et iræ :
Recte facta refert : orientia tempora notis
Instruit exemplis; inopem solatur et ægrum.
Castis cum pueris ignara puella mariti
Disceret unde preces, vatem ni Musa dedisset?

es prières, si les Muses ne leur eussent donné un poëte? Le hœur invoque et reconnaît l'assistance des dieux secourables. es douces et savantes prières implorent l'eau du ciel, détournent s maladies, écartent les dangers, obtiennent la paix et de riches noissons. La poésie apaise les divinités célestes, apaise les divi- ités infernales. Nos premiers laboureurs, race vigoureuse et ontente de peu, après leurs moissons rentrées, délassaient, les ours de fête, leur corps et leur esprit, que l'espoir du succès outenait dans leurs fatigues. Assemblant autour d'eux les com- agnons de leurs travaux, leurs enfants et leur chaste épouse, ils ffraient un porc à Tellus, déesse de la Terre; à Sylvain, du lait; lu vin et des fleurs au Génie qui nous rappelle la brièveté de la vie.)e là naquit la licence des vers fescennins, où se répandaient de ustiques injures; et les aimables jeux de cette liberté que rame- iait chaque année, charmèrent les esprits, jusqu'au moment où eurs plaisanteries cruelles se changèrent en une aveugle rage, qui 'attaqua impunément aux maisons les plus respectables. Les vic- imes se plaignirent de ces cruelles morsures, et ceux même que a satire épargnait s'occupèrent de l'intérêt commun. Une loi pro- onça des peines contre les auteurs dont les vers méchants déchi- aient les réputations. La crainte du bâton, forçant les auteurs à hanger de style, les ramena au soin d'instruire et de plaire.

La Grèce soumise soumit son farouche vainqueur, et porta les rts dans le rustique Latium: ainsi disparut cette âpre cadence

> Poscit opem chorus, et præsentia numina sentit;
> Cœlestes implorat aquas docta prece blandus:
> Avertit morbos; metuenda pericula pellit;
> Impetrat et pacem, et locupletem frugibus annum.
> Carmine Di superi placantur, carmine Manes.
> Agricolæ prisci, fortes, parvoque beati;
> Condita post frumenta, levantes tempore festo
> Corpus et ipsum animum spe finis dura ferentem,
> Cum sociis operum pueris, et conjuge fida,
> Tellurem porco, Sylvanum lacte piabant;
> Floribus et vino Genium, memorem brevis ævi.
> Fescennina per hunc inventa licentia morem
> Versibus alternis opprobria rustica fudit;
> Libertasque recurrentes accepta per annos
> Lusit amabiliter, donec jam sævus apertam
> In rabiem verti cœpit jocus, et per honestas
> Ire domos impune minax: doluere cruento
> Dente lacessiti; fuit intactis quoque cura
> Conditione super communi: quin etiam lex,
> Pœnaque lata, malo quæ nollet carmine quemquam
> Describi: vertere modum, formidine fustis,
> Ad benedicendum, delectandumque redacti.
> Græcia capta ferum victorem cepit, et artes
> Intulit agresti Latio: sic horridus ille

des vers saturniens, et l'élégance chassa notre rudesse. Mais les traces de notre rusticité se conservèrent longtemps, et ne sont pas encore effacées; car le Romain ne jeta que bien tard les yeux sur les écrits des Grecs; ce n'est que dans le loisir qui succéda aux guerres puniques qu'il songea à chercher ce que pouvaient offrir de bon Eschyle, Thespis et Sophocle. Il essaya de les reproduire sans les altérer, et son génie sublime et fier se plut à ces travaux; car il a l'accent tragique, et ne manque pas d'une heureuse audace; mais sa sotte vanité craint toute rature, et rougit de corriger.

La comédie passe pour plus facile, parce qu'elle prend ses sujets dans la vie commune; mais, moins elle trouve d'indulgence, plus elle offre de difficultés. Voyez comment Plaute trace le caractère d'un jeune homme amoureux, d'un père avare ou d'un perfide marchand d'esclaves; comme Dossenus brille dans les parasites voraces, et comme son brodequin est lâche dans tous les autres rôles. C'est qu'il ne songe qu'à remplir sa bourse, sans s'inquiéter de la chute ou du succès de sa pièce. L'indifférence ou l'attention du spectateur tue ou ranime le poëte que la gloire, sur son char périlleux, conduit au théâtre; tant il faut peu de chose pour enivrer ou abattre ces esprits avides de louanges! Pour moi, je renonce aux jeux de la scène, si le refus de la palme doit m'ôter l'embonpoint que m'aurait donné le succès.

> Defluxit numerus Saturnius, et grave virus
> Munditiæ pepulere; sed in longum tamen ævum
> Manserunt, hodieque manent vestigia ruris.
> Serus enim Græcis admovit acumina chartis;
> Et, post Punica bella quietus, quærere cœpit
> Quid Sophocles et Thespis et Æchylus utile ferrent.
> Tentavit quoque rem, si digne vertere posset;
> Et placuit sibi, natura sublimis et acer :
> Nam spirat tragicum satis, et feliciter audet :
> Sed turpem putat inscite metuitque lituram.
> Creditur, ex medio quia res arcessit, habere
> Sudoris minimum; sed habet comœdia tanto
> Plus oneris, quanto veniæ minus. Aspice, Plautus
> Quo pacto partes tutetur amantis ephebi,
> Ut patris attenti, lenonis ut insidiosi :
> Quantus sit Dossennus edacibus in parasitis;
> Quam non astricto percurrat pulpita socco.
> Gestit enim nummum in loculos demittere, post hoc
> Securus, cadat an recto stet fabula talo.
> Quem tulit ad scenam ventoso gloria curru,
> Exanimat lentus spectator, sedulus inflat.
> Sic leve, sic parvum est, animum quod laudis avarum
> Subruit aut reficit. Valeat res ludicra, si me
> Palma negata macrum, donata reducit opimum.

Mais ce qui épouvante et chasse de la scène le poëte le plus hardi, c'est de voir la multitude ignorante et stupide, sans mérite et sans honneur, mais fière de l'avantage du nombre, prête à fermer le poing si les chevaliers la contrarient, demander au milieu de la pièce un ours ou des lutteurs; car c'est là ce qui charme la populace. Les chevaliers même oublient le plaisir de l'oreille pour les vaines et capricieuses jouissances des yeux. La toile reste baissée pendant quatre heures et plus, pour nous montrer des escadrons, des légions en déroute, puis des rois traînés en triomphe, les mains liées derrière le dos, des chars, des chariots chargés de femmes, de bagages et d'esclaves, emportés d'une course rapide; des vaisseaux et l'image en ivoire de Corinthe captive. Démocrite, s'il était encore sur la terre, rirait bien quand un animal demi-panthère et demi-chameau, ou un éléphant blanc attire les regards de la multitude. Il observerait le peuple d'un œil plus attentif que les jeux; car il y trouverait un spectacle plus curieux que dans les bouffonneries des mimes; mais il croirait que les auteurs récitent leurs pièces à un âne sourd. Quelle voix, en effet, pourrait couvrir le tumulte dont retentissent nos théâtres? on croirait entendre mugir les forêts du Gargan ou la mer en fureur, tant sont bruyants les transports qu'excite l'acteur affublé d'un riche et bizarre costume! Dès son entrée en scène, les applaudissements éclatent. A-t-il dit quelque chose? — Non. — Et qu'admirez-vous donc? — Cette

Sæpe etiam audacem fugat hoc terretque poetam,
Quod numero plures, virtute et honore minores,
Indocti, stolidique, et depugnare parati,
Si discordet eques, media inter carmina poscunt
Aut ursum, aut pugiles : his nam plebecula gaudet.
Verum equitis quoque jam migravit ab aure voluptas
Omnis, ad incertos oculos et gaudia vana.
Quatuor aut plures aulæa premuntur in horas,
Dum fugiunt equitum turmæ peditumque catervæ;
Mox trahitur manibus regum fortuna retortis;
Esseda festinant, pilenta, petorrita, naves;
Captivum portatur ebur, captiva Corinthus.
Si foret in terris, rideret Democritus, seu
Diversum confusa genus panthera camelo,
Sive elephas albus vulgi converteret ora;
Spectaret populum ludis attentius ipsis,
Ut sibi præbentem mimo spectacula plura.
Scriptores autem narrare putaret asello
Fabellam surdo; nam quæ pervincere voces
Evaluere sonum, referunt quem nostra theatra?
Garganum mugire putes nemus, aut mare Tuscum;
Tanto cum strepitu ludi spectantur, et artes
Divitiæque peregrinæ; quibus oblitus actor
Quum stetit in scena, concurrit dextera lævæ.

étoffe où la pourpre de Tarente imite les teintes de la violette. — Et ne va pas t'imaginer que je me montre avare de louanges pour un mérite que d'autres possèdent sans que j'y puisse atteindre. Non, il me semble qu'il pourrait même marcher sur une corde tendue, le poëte qui tourmente mon cœur pour des maux imaginaires, qui l'irrite ou l'apaise à son gré, et le remplit de fausses terreurs ; qui, comme un magicien, me transporte tantôt à Thèbes, et tantôt dans Athènes.

Mais ces écrivains qui aiment mieux se confier à un lecteur que de braver les dédains d'un spectateur superbe, accorde-leur aussi quelque attention, si tu veux remplir de livres ce temple digne d'Apollon, et donner aux poëtes un élan qui les porte avec plus d'ardeur vers les bocages de l'Hélicon.

Nous nous nuisons, il est vrai, souvent à nous-mêmes, nous autres auteurs, car je ne veux pas, non plus, m'épargner, par notre maladresse à te présenter un livre, au moment où les affaires ou bien la fatigue t'accablent : par la susceptibilité de notre amour-propre, toujours prêt à s'offenser qu'un ami ose blâmer un seul de nos vers ; par notre empressement à recommencer, sans qu'on nous en prie, un passage déjà lu ; par nos lamentations quand notre travail, quand la délicatesse de nos compositions échappe au public ; par l'espoir dont nous nous repaissons, qu'à l'instant où tu sauras que nous faisons des vers, ta bienveillance viendra nous chercher pour nous défendre du besoin, et nous forcer d'écrire.

 Dixit adhuc aliquid ? — Nil sane. — Quid placet ergo ? —
Lana Tarentino violas imitata veneno. —
Ac ne forte putes, me, quæ facere ipse recusem,
Quum recte tractent alii, laudare maligne :
Ille per extentum funem mihi posse videtur
Ire poeta, meum qui pectus inaniter angit,
Irritat, mulcet, falsis terroribus implet,
Ut magus, et modo me Thebis, modo ponit Athenis.
Verum age, et his, qui se lectori credere malunt,
Quam spectatoris fastidia ferre superbi,
Curam redde brevem ; si munus Apolline dignum
Vis complere libris, et vatibus addere calcar,
Ut studio majore petant Helicona virentem.
Multa quidem nobis facimus mala sæpe poetæ,
Ut vineta egomet cædam mea, quum tibi librum
Sollicito damus, aut fesso ; quum lædimur, unum
Si quis amicorum est ausus reprendere versum ;
Quum loca jam recitata revolvimus irrevocati :
Quum lamentamur, non apparere labores
Nostros, et tenui deducta poemata filo ;
Quum speramus eo rem venturam, ut simul atque
Carmina rescieris nos fingere, commodus ultro
Arcessas, et egere vetes, et scribere cogas.

Cependant il vaut la peine de savoir à quelles mains on confie un nom illustré dans la paix et dans la guerre, un nom qu'on ne saurait abandonner à un poëte indigne. Chérile éprouva la reconnaissance d'Alexandre le Grand, et, pour des vers mal tournés et sans grâce, reçut en philippes d'or un présent digne de ce monarque. L'encre marque toujours d'une tache tout ce qu'elle touche : ainsi, trop souvent, les poëtes salissent par des vers pitoyables les exploits d'un héros. Ce même roi, dont la munificence paya si cher un poëme ridicule, ne permettait qu'au pinceau d'Apelles ou au ciseau de Lysippe de reproduire ses traits.

Mais ce prince, d'un goût si délicat pour les arts où les yeux jugent seuls, semblait n'avoir jamais respiré que l'air épais de la Béotie, quand il fallait prononcer sur les livres et les dons des Muses. Pour toi, tu n'as point à rougir de tes jugements, ni des bienfaits, honorables pour le bienfaiteur, dont ton amitié comble Virgile et Varius. Non, l'airain ne nous rend pas les traits des grands hommes avec plus de vérité que la poésie ne rend leur caractère et leur génie. Et certes on ne verrait pas ma Muse ramper tristement à terre, plutôt que de raconter tes exploits, que de décrire les régions et les fleuves, les forts placés sur les montagnes, les contrées barbares que tu as domptées, les guerres terminées sous tes auspices, par toute la terre; les portes fermées sur Janus, gar-

  Sed tamen est operæ pretium cognoscere, quales
 Ædituos habeat belli spectata domique
 Virtus, indigno non committenda poetæ.
 Gratus Alexandro regi Magno fuit ille
 Chœrilus, incultis qui versibus et male natis
 Rettulit acceptos, regale numisma, philippos.
 Sed veluti tractata notam, labemque remittunt
 Atramenta, fere scriptores carmine fœdo
 Splendida facta linunt. Idem rex ille, poema
 Qui tam ridiculum, tam care prodigus emit,
 Edicto vetuit, ne quis se, præter Apellem,
 Pingeret aut alius Lysippo duceret æra
 Fortis Alexandri vultum simulantia. Quod si
 Judicium subtile videndis artibus illud
 Ad libros, et ad hæc Musarum dona vocares,
 Bœotum in crasso jurares aere natum.
 At neque dedecorant tua de se judicia, atque
 Munera quæ, multa dantis cum laude, tulerunt,
 Dilecti tibi, Virgilius Variusque poetæ :
 Nec magis expressi vultus per aenea signa,
 Quam per vatis opus mores animique virorum
 Clarorum apparent : nec sermones ego mallem
 Repentes per humum, quam res componere gestas,
 Terrarumque situs, et flumina dicere, et arces
 Montibus impositas, et barbara regna, tuisque
 Auspiciis totum confecta duella per orbem,
 Claustraque custodem pacis cohibentia Janum,

dien de la paix, et que de peindre le Parthe, sous ton règne, tremblant devant Rome, si mes forces répondaient à mes vœux.

Mais ta grandeur n'admet pas un humble style, et ma timidité n'ose se charger d'un fardeau au-dessus de mes forces. En effet un sot empressement, surtout quand il s'exprime en vers, nous fatigue et nous blesse; car l'humaine malice apprend et retient mieux un passage ridicule qu'un morceau digne d'éloges et d'admiration. Pour moi, je ne souffrirais point une amitié fatigante et ne voudrais point qu'une main inhabile défigurât en cire mes traits, ni qu'un méchant poëme fît mon éloge; je craindrais d'avoir à rougir d'un panégyrique grossier, et de voir le héros et l'auteur, étendus dans une manne ouverte, enfiler le quartier des parfums, de l'encens, des épiceries, et de tout ce qui s'enveloppe avec de sots papiers.

J. LIEZ.

II

A JULIUS FLORUS.

Florus, ami fidèle du noble et illustre Néron, si quelqu'un voulait te vendre un esclave né à Tibur ou à Gabies, et qu'il te dît : « Voyez la blancheur de sa peau! voyez comme il est beau des pieds à la tête! pour huit mille sesterces il sera à vous, et bien à

Et formidatam Parthis, te principe, Romam;
Si quantum cuperem, possem quoque. Sed neque parvum
Carmen majestas recipit tua, nec meus audet
Rem tentare pudor, quam vires ferre recusent.
Sedulitas autem, stulte quem diligit, urget,
Præcipue quum se numeris commendat et arte.
Discit enim citius meminitque libentius illud
Quod quis deridet, quam quod probat et veneratur.
Nil moror officium, quod me gravat; ac neque ficto
In pejus vultu proponi cereus usquam,
Nec prave factis decorari versibus opto :
Ne rubeam pingui donatus munere, et una
Cum scriptore meo capsa porrectus operta,
Deferar in vicum vendentem thus et odores,
Et piper, et quidquid chartis amicitur ineptis.

II.

AD JULIUM FLORUM.

Flore, bono claroque fidelis amice Neroni,
Si quis forte velit puerum tibi vendere, natum
Tibure vel Gabiis, et tecum sic agat : « Hic et
Candidus, et talos a vertice pulcher ad imos,
Fiet eritque tuus, nummorum millibus octo;

ous. Né chez moi, je l'ai accoutumé à obéir au moindre signe ; il
ait passablement le grec, et il est réellement propre à tous ser-
ices : c'est une argile humide qui prendra toutes les formes que
ous voudrez. Il chante sans art, mais sa voix douce peut égayer
n festin. Je sais que de grandes promesses diminuent la con-
iance, lorsque l'on vante outre mesure la marchandise dont on
herche à se défaire. Quant à moi, rien ne me presse; je suis
auvre, mais je ne dois rien. Pas un marchand n'agirait ainsi avec
ous, et je traiterais bien différemment avec tout autre. Cet
sclave n'a commis qu'une faute ; et, comme il arrive en pareil
as, craignant les fatales courroies suspendues dans l'escalier, il a
ris la fuite; mais, si rien en lui ne vous déplaît, passez-lui cette
scapade, et comptez-moi votre argent. » Notre marchand empor-
erait, je pense, tes écus sans redouter l'amende ; car on t'avait
éclaré d'avance les défauts de l'esclave, et tu connais la loi :
insi toute poursuite serait un procès injuste.

Avant ton départ, je t'avais dit que j'étais paresseux, je t'avais
it que je ne savais entretenir une correspondance, et, par cet
veu, j'espérais éviter tout sévère reproche, si je ne t'adressais
oint de lettres. Mais à quoi cela m'a-t-il servi, si tu violes la loi
ue j'invoque en ma faveur? A tes plaintes tu ajoutes encore que
e devais t'envoyer quelque morceau de poésie, et que je ne tiens
ullement ma promesse.

Un soldat de Lucullus, après bien des peines et des dangers,
vait amassé un assez gros butin. Une nuit qu'épuisé de fatigue
l dormait profondément, on lui prit jusqu'à son dernier as.

 Verna ministeriis ad nutus aptus heriles,
  Litterulis Græcis imbutus, idoneus arti
 Cuilibet; argilla quidvis imitaberis uda :
 Quin etiam canet indoctum, sed dulce bibenti.
 Multa fidem promissa levant, ubi plenius æquo
 Laudat venales, qui vult extrudere, merces.
 Res urget me nulla : meo sum pauper in ære :
 Nemo hoc mangonum faceret tibi. Non temere a me
 Quivis ferret idem. Semel hic cessavit, et, ut fit,
  In scalis latuit metuens pendentis habenæ.
 Des nummos, excepta nihil te si fuga lædat. »
 Ille ferat pretium, pœnæ securus, opinor.
 Prudens emisti vitiosum : dicta tibi est lex :
  Insequeris tamen hunc, et lite moraris iniqua.
 Dixi me pigrum proficiscenti tibi : dixi
  Talibus officiis prope mancum, ne mea sævus
 Jurgares ad te quod epistola nulla veniret.
 Quid tum profeci, mecum facientia jura
  Si tamen attentas? Quereris super hoc etiam, quod
 Exspectata tibi non mittam carmina mendax.
 Luculli miles collecta viatica multis
  Ærumnis, lassus dum noctu stertit, ad assem

Alors, comme un loup furieux dont la faim a aiguisé les dents meurtrières, plein de rage contre l'ennemi et contre lui-même, culbuta, dit-on, une troupe d'élite qui gardait une place bien fortifiée et renfermant de grandes richesses. Cette action le rendit célèbre : on lui décerna des récompenses militaires, et il reçut en outre vingt mille sesterces. Le hasard voulut que, à peu près vers le même temps, le préteur cherchât à s'emparer de je ne sais quelle forteresse : il s'adresse au même soldat, et l'exhorte en termes qui auraient donné du cœur au plus poltron : « Va, mon brave, cours où ton courage t'appelle; va, sois heureux, et mérite les grandes récompenses que je te réserve ! Mais qui peut te retenir ? » Notre villageois ne manquait pas d'esprit. « Ira là qui a perdu sa bourse, » dit-il.

J'ai eu le bonheur d'être élevé à Rome et d'y apprendre combien de maux la colère d'Achille attira sur les Grecs. La bonne Athènes ajouta aussi quelque chose à mes connaissances : là, j'appris à distinguer la ligne droite de la ligne courbe, et à chercher la vérité dans les jardins d'Académus. Mais de graves événements m'arrachèrent aux délices de ce séjour ; et, novice encore dans le métier des armes, je fus entraîné, par les flots de la guerre civile, dans un parti qui ne pouvait résister au bras puissant d'Auguste.

Après la bataille de Philippes, humilié comme un oiseau auquel on a coupé les ailes, je me trouvai à mon retour dépouillé de la

Perdiderat : post hoc vehemens lupus, et sibi et hosti
Iratus pariter, jejunis dentibus acer,
Præsidium regale loco dejecit, ut aiunt,
Summe munito, et multarum divite rerum.
Clarus ob id factum, donis ornatur honestis;
Accipit et bis dena super sestertia nummum.
Forte sub hoc tempus castellum evertere prætor
Nescio quod cupiens, hortari cœpit eumdem
Verbis, quæ timido quoque possent addere mentem :
« I, bone, quo virtus tua te vocat; i pede fausto,
Grandia laturus meritorum præmia. Quid stas? »
Post hæc ille catus, quantumvis rusticus : « Ibit,
« Ibit eo quo vis, qui zonam perdidit, » inquit.
Romæ nutriri mihi contigit atque doceri,
Iratus Graiis quantum nocuisset Achilles;
Adjecere bonæ paulo plus artis Athenæ;
Scilicet ut possem curvo dignoscere rectum,
Atque inter silvas Academi quærere verum.
Dura sed emovere loco me tempora grato;
Civilisque rudem belli tulit æstus in arma,
Cæsaris Augusti non responsura lacertis.
Unde simul primum me dimisere Philippi,
Decisis humilem pennis, inopemque paterni

aison et du bien de mon père; la pauvreté me rendit alors téméraire, et je devins poëte : mais aujourd'hui que j'ai tout ce qu'il me faut, quelle dose de ciguë serait assez forte pour chasser la folie, si je ne pensais à dormir plutôt qu'à rimer?

Les années, dans leur fuite rapide, emportent un à un tous nos avantages : elles m'ont déjà ravi la gaieté, l'amour, les festins et le jeu; maintenant elles cherchent à m'arracher la poésie : que puis-je y faire? D'ailleurs, nous ne portons pas tous notre amour et notre admiration sur le même objet. Les grands poëmes te plaisent, un autre aimera mieux les ïambes, un autre les satires mordantes du caustique Bion. Je crois voir trois convives, dont les goûts sont différents, demander chacun des mets selon sa fantaisie. Que faut-il leur donner ou que ne faut-il pas leur donner? Tu refuses ce qu'un autre désire; et ce qui te plaît, les deux autres le trouveront aigre et le repousseront.

Après tout, crois-tu qu'à Rome il me soit possible de composer des vers, au milieu de tant de soucis et de travaux? L'un m'appelle pour le cautionner, l'autre pour me lire son ouvrage : alors il me faut tout quitter. Le premier demeure au mont Quirinal, le second au bout du mont Aventin : il faut aller les voir, et je crois que la course est bonne. — Mais les rues sont belles, et rien n'empêche de méditer en marchant! — Ici, c'est un entrepreneur actif qui se presse avec ses ouvriers et ses mules; là, une machine enlève une pierre ou une énorme poutre; par ici, un convoi

    Et laris et fundi, paupertas impulit audax,
    Ut versus facerem : sed, quod non desit, habentem
    Quæ poterunt unquam satis expurgare cicutæ;
    Ni melius dormire putem; quam scribere versus?
    Singula de nobis anni prædantur euntes :
    Eripuere jocos, Venerem, convivia, ludum;
    Tendunt extorquere poemata. Quid faciam vis?
    Denique non omnes eadem mirantur amantque :
    Carmine tu gaudes; hic delectatur iambis;
    Ille Bioneis sermonibus, et sale nigro.
    Tres mihi convivæ prope dissentire videntur,
    Poscentes vario multum diversa palato.
    Quid dem? quid non dem? renuis tu, quod jubet alter :
    Quod petis, id sane est invisum acidumque duobus.
    Præter cetera, me Romæne poemata censes
    Scribere posse, inter tot curas, totque labores?
    Hic sponsum vocat; hic auditum scripta, relictis
    Omnibus officiis : cubat hic in colle Quirini,
    Hic extremo in Aventino : visendus uterque;
    Intervalla vides humane commoda. — Verum
    Puræ sunt plateæ; nihil ut meditantibus obstet. —
    Festinat calidus mulis gerulisque redemptor;
    Torquet nunc lapidem; nunc ingens machina tignum;

funèbre dispute le chemin à des charrettes pesamment chargées
de ce côté, fuit un chien enragé; plus loin, se rue un porc couvert de fange. Allez donc maintenant, dans vos courses, médite
des vers harmonieux!

Les poëtes aiment les bois et fuient le fracas des villes; i
sacrifient à Bacchus, que charment un doux repos et les frai
ombrages; et tu veux que je chante au milieu du bruit don
Rome retentit nuit et jour, et que je suive l'étroit sentier d
Parnasse!

L'homme studieux qui a cherché la tranquillité dans Athènes
après sept ans d'étude, épuisé par les recherches et le travail
sort souvent de sa retraite plus muet qu'une statue, et le peupl
alors se moque de lui; et moi, au milieu du flot des affaires et de
tempêtes de la ville, j'essaierais de composer des chants digne
du luth!

Il y avait à Rome deux frères, l'un rhéteur, l'autre jurisconsulte
ils se comblaient mutuellement des plus brillants éloges, se don
naient les surnoms de Gracchus et de Scévola. Cette manie ne s'est
elle pas emparée de nos poëtes adulateurs? « Moi, je compose de
odes, un autre fait des élégies : ce sont des merveilles, des chefs
d'œuvre où l'on reconnaît le cachet des neuf Muses. » Voyez-vous
avec quel orgueil, avec quel empressement, nous parcourons de
yeux le temple, encore vide, destiné aux poëtes romains! Ur
moment après, suis-nous, si tu en as le loisir, écoute nos dis
cours, et tu verras à quel titre nous nous tressons mutuellemen

    Tristia robustis luctantur funera plaustris :
    Hac rabiosa fugit canis, hac lutulenta ruit sus.
    I nunc, et versus tecum meditare canoros!
    Scriptorum chorus omnis amat nemus, et fugit urbes,
    Rite cliens Bacchi, somno gaudentis et umbra.
    Tu me inter strepitus nocturnos atque diurnos
    Vis canere, et contracta sequi vestigia vatum!
    Ingenium, sibi quod vacuas desumpsit Athenas,
    Et studiis annos septem dedit, insenuitque
    Libris et curis; statua taciturnius exit
    Plerumque, et risu populum quatit : hic ego rerum
    Fluctibus in mediis, et tempestatibus urbis,
    Verba lyræ motura sonum connectere digner!
    Frater erat Romæ consulti rhetor, ut alter
    Alterius sermone meros audiret honores;
    Gracchus ut hic illi foret, huic ut Mucius ille.
    Qui minus argutos vexat furor iste poetas?
    Carmina compono, hic elegos; mirabile visu,
    Cælatumque novem Musis opus! Aspice primum,
    Quanto cum fastu, quanto molimine circum-
    Spectemus vacuam Romanis vatibus ædem.
    Mox etiam, si forte vacas, sequere, et procul audi,
    Quid ferat, et quare sibi nectat uterque coronam.

ÉPITRES, LIVRE II.   341

s couronnes. Je rends aussitôt à mon adversaire les coups dont
vient de m'accabler : on croirait voir ces gladiateurs samnites
e la nuit surprenait encore les armes à la main. Enfin, lorsque
us nous séparons, à le croire, je suis un *Alcée*, et, selon moi,
'est-il ? un *Callimaque*; et, s'il n'est pas encore content,
n fais un *Mimnerme* : et le voilà qui se pavane du surnom
'il désirait.

J'ai bien à supporter, pour calmer la gent irritable des poëtes :
lorsque j'écris, c'est à mains jointes que je demande les suf-
ges du peuple. Maintenant mes essais sont finis, je puis avoir
on opinion, et je fermerai sans crainte mon oreille au lecteur
portun. On se moque des mauvais auteurs; mais ils sont
ujours contents d'eux-mêmes, ils s'admirent; et, si le public
les loue pas, enthousiasmés de leurs écrits, ils se prodiguent
s éloges.

Le poëte qui veut faire un ouvrage de conscience, en prenant les
blettes doit aussi prendre l'esprit d'un censeur impartial; quoi
'il lui coûte, il faut qu'il ose retrancher ce qui lui paraîtra sans
uleur, sans éclat, sans force et sans dignité, et toutes ces mau-
ises expressions qui semblent ne quitter leur place et leur asile
'à regret. Il saura exhumer les mots vieillis depuis longtemps, et
fera revivre ces expressions heureuses de la langue des Catons et
s Cethegus, qui languit maintenant dans un coupable oubli : il
mettra les mots que l'usage procréateur aura enfantés; sem-

    Cædimur, et totidem plagis consumimus hostem,
    Lento Samnites ad lumina prima duello.
    Discedo Alcæus puncto illius : ille meo quis?
    Quis nisi Callimachus? si plus adposcere visus
    Fit Mimnermus, et optivo cognomine crescit.
    Multa fero, ut placem genus irritabile vatum,
    Quum scribo, et supplex populi suffragia capto.
    Idem, finitis studiis, et mente recepta,
    Obturem patulas impune legentibus aures.
    Ridentur mala qui componunt carmina : verum
    Gaudent scribentes, et se venerantur, et ultro,
    Si taceas, laudant quidquid scripsere, beati.
    At qui legitimum cupiet fecisse poema,
    Cum tabulis animum censoris sumet honesti :
    Audebit, quæcumque parum splendoris habebunt,
    Et sine pondere erunt, et honore indigna ferentur,
    Verba movere loco, quamvis invita recedant,
    Et versentur adhuc intra penetralia Vestæ.
    Obscurata diu populo bonus eruet, atque
    Proferet in lucem speciosa vocabula rerum,
    Quæ, priscis memorata Catonibus atque Cethegis,
    Nunc situs informis premit et deserta vetustas :
    Adsciscet nova, quæ genitor produxerit usus.

blable au fleuve limpide, qui roule rapidement une onde pure, répandra la fécondité et enrichira le langage du Latium. Il r[e]tranchera tout ce qui est superflu; son esprit judicieux poli[ra] les aspérités et ôtera tout ce qui manque de force : on croi[ra] qu'il écrit en jouant, tandis qu'il se sera fatigué autant que [le] mime qui danse la satyre ou la cyclope champêtre. Quant à mo[i,] si mes défauts me plaisent ou si je ne m'en aperçois pas, j'ai[me] mieux passer pour un fou ou pour un poëte sans art, que d'écri[re] sagement en me mettant à la torture.

Il y avait à Argos un homme de haute naissance, qui se renda[it] au théâtre lorsqu'il n'y avait personne, y prenait place, e[t,] croyant entendre les meilleurs tragédiens, applaudissait de to[ut] son cœur. Du reste, il remplissait très-bien ses devoirs de société[,] bon voisin, hôte aimable, très-doux avec sa femme, il pardonna[it] à ses esclaves, et ne les battait pas à la vue d'une amphor[e] entamée; il savait aussi éviter en son chemin une pierre ou [la] margelle ouverte d'un puits. Lorsque l'argent et les soins de se[s] parents parvinrent à le guérir, et que de bonnes doses d'ellébo[re] eurent chassé sa folie, rendu à lui-même, notre pauvre homm[e] s'écria : « Hélas! mes amis, vous m'avez tué, au lieu de me sau[ver! vous m'avez arraché toutes mes douces illusions, et vo[s] remèdes m'ont enlevé une erreur qui faisait mes délices! »

Certes, la sagesse et l'utilité le veulent, il faut sacrifier le[s] bagatelles, laisser aux enfants les jeux qui leur conviennent, e[t]

    Vehemens et liquidus, puroque simillimus amni,
    Fundet opes, Latiumque beabit divite lingua :
    Luxuriantia compescet, nimis aspera sano
    Levabit cultu, virtute carentia tollet :
    Ludentis speciem dabit; et torquebitur, ut qui
    Nunc Satyrum, nunc agrestem Cyclopa movetur.
    Prætulerim scriptor delirus, inersque videri,
    Dum mea delectent mala me, vel denique fallant,
    Quam sapere, et ringi. Fuit haud ignobilis Argis,
    Qui se credebat miros audire tragœdos,
    In vacuo lætus sessor plausorque theatro :
    Cetera qui vitæ servaret munia recto
    More, bonus sane vicinus, amabilis hospes,
    Comis in uxorem; posset qui ignoscere servis,
    Et signo læso non insanire lagenæ :
    Posset qui rupem et puteum vitare patentem.
    Hic ubi, cognatorum opibus curisque refectus,
    Expulit helleboro morbum; bilemque meraco;
    Et redit ad sese : « Pol, me occidistis, amici,
    Non servastis, ait, cui sic extorta voluptas,
    Et demptus per vim mentis gratissimus error ! »
    Nimirum sapere est abjectis utile nugis,
    Et tempestivum pueris concedere ludum;

point s'évertuer à poursuivre des mots que doit accompagner la lyre latine : ce sont les modes et les cadences de la vie humaine que l'homme doit chercher à connaître. Aussi, lorsque je médite, je me dis à moi-même : « Si rien ne pouvait étancher ta soif ardente, tu te déclarerais aux médecins ; et cette ambition, les désirs qui croissent à mesure que tu les assouvis, tu n'oses les avouer à personne ! Si, pour guérir une blessure, l'on t'avait indiqué une herbe ou une racine, et que cela ne pût en rien te soulager, tu abandonnerais tout de suite la racine ou la plante dont la vertu serait si peu efficace. Tu avais aussi entendu dire que les hommes auxquels les dieux accordaient des richesses cessaient d'être sots et méchants ; cependant, depuis que tu es riche, très-riche, tu n'es point devenu plus sage, et tu suis toujours les mêmes errements. Mais si la fortune pouvait te rendre prudent, moins avide et moins lâche, tu rougirais alors de n'être pas l'homme le plus avare que la terre ait porté. » Si ce que nous achetons, l'argent et la balance à la main, nous appartient réellement ; s'il est des choses dont l'usage, suivant les lois, nous rend propriétaires, le champ qui te nourrit est ton champ ; et le fermier d'Orbius, lorsqu'il herse les terres ensemencées qui doivent te fournir du blé, sent que tu es son maître. Tu lui donnes de l'argent, en échange tu reçois des raisins, des poulets, des œufs, un tonneau de vin, et, de cette façon, tu achètes en détail une terre qui a coûté peut-être trois cent mille sesterces ; peut-être

Ac non verba sequi fidibus modulanda Latinis,
Sed veræ numerosque modosque ediscere vitæ.
Quocirca mecum loquor hæc, tacitusque recordor :
Si tibi nulla sitim finiret copia lymphæ,
Narrares medicis : quod, quanto plura parasti,
Tanto plura cupis, nulline faterier audes?
Si vulnus tibi, monstrata radice vel herba,
Non fieret levius, fugeres, radice vel herba
Proficiente nihil, curarier? Audieras, cui
Rem Di donarint, illi decedere pravam
Stultitiam ; et, quum sis nihilo sapientior, ex quo
Plenior es, tamen uteris monitoribus isdem?
At si divitiæ prudentem reddere possent,
Si cupidum timidumque minus te ; nempe ruberes,
Viveret in terris te si quis avarior uno.
Si proprium est, quod quis libra mercatus et ære est,
Quædam, si credis consultis, mancipat usus :
Qui te pascit ager, tuus est ; et villicus Orbî,
Quum segetes occat, tibi mox frumenta daturas,
Te dominum sentit. Das nummos ; accipis uvam,
Pullos, ova, cadum temeti : nempe modo isto
Paulatim mercaris agrum, fortasse trecentis,
Aut etiam supra, nummorum millibus emptum.
Quid refert, vivas numerato nuper, an olim?

plus encore. Que t'importe si tu as reçu en une seule fois ou e[n]
divers paiements l'argent qui te fait vivre? Celui qui a ache[té]
autrefois les terres de Véies et d'Aricie, a acheté, sans qu'il s'e[n]
doute, les légumes qu'on lui sert : il a acheté le bois avec lequ[el]
il chauffe, vers le soir, son âtre glacé. Mais il appelle sien tout [le]
territoire qui s'étend jusqu'à ce peuplier élevé comme limite pou[r]
empêcher les empiétements de ses voisins; comme si l'on pouva[it]
appeler sa propriété tout ce qui, dans le court espace d'une heur[e,]
soit par prière, soit par argent, soit par violence, soit enfin pa[r]
la mort, peut changer de maître et passer dans les mains d'u[n]
autre. Puisque personne n'est appelé à posséder éternellemen[t,]
puisque l'héritier succède à l'héritier, comme le flot remplace l[e]
flot qui s'écoule, à quoi peuvent donc servir les domaines et le[s]
vastes greniers? à quoi bon ajouter les bois de la Lucanie à ceu[x]
de la Calabre, si la faux de l'incorruptible Pluton moissonne éga[-]
lement le riche et le pauvre?

Bien des hommes n'ont jamais possédé ni bijoux, ni marbre, [ni]
ivoire, ni statuettes d'Étrurie, ni tableaux, ni argenterie, [ni]
robes teintes de la pourpre d'Afrique; d'autres pensent peu à e[n]
avoir. De deux frères, pourquoi l'un préfère-t-il le repos, le jeu e[t]
les parfums, au superbe revenu des palmiers d'Hérode, tandi[s]
que l'autre, déjà riche, mais insatiable, s'efforce, depuis le leve[r]
du soleil jusqu'à son déclin, à défricher un bois par le fer et l[e]
feu? Pourquoi? demandez au génie, compagnon de notre exi[-]
stence, à celui qui règle notre destinée, à ce maître de la natur[e]

Emptor Aricini quondam Veientis et arvi
Emptum cœnat olus, quamvis aliter putat : emptis
Sub noctem gelidam lignis calefactat ahenum;
Sed vocat usque suum, qua populus adsita certis
Limitibus vicina refugit jurgia; tanquam
Sit proprium quidquam, puncto quod mobilis horæ,
Nunc prece, nunc pretio, nunc vi, nunc sorte suprema,
Permutet dominos, et cedat in altera jura!
Sic, quia perpetuus nulli datur usus, et heres
Heredem alterius, velut unda supervenit undam;
Quid vici prosunt, aut horrea? quidve Calabris
Saltibus adjecti Lucani, si metit Orcus
Grandia cum parvis, non exorabilis auro?
Gemmas, marmor, ebur, Tyrrhena sigilla, tabellas,
Argentum, vestes Getulo murice tinctas,
Sunt qui non habeant : est qui non curat habere.
Cur alter fratrum cessare, et ludere, et ungi
Præferat Herodis palmetis pinguibus; alter,
Dives et importunus, ad umbram lucis ab ortu,
Silvestrem flammis et ferro mitiget agrum :
Scit Genius, natale comes qui temperat astrum,
Naturæ Deus humanæ, mortalis in unum-

umaine, qui se représente sous mille formes et disparaît avec haque individu.

Je jouirai donc de la vie, et je prendrai sur ma petite fortune ce que réclameront mes besoins, sans m'embarrasser des laintes de mon héritier, lorsqu'il trouvera sa part plus petite. Et pourtant je sais la différence qui existe entre un bon vivant et un débauché, entre l'économie et l'avarice. Car il y a loin du prodigue qui jette follement son bien, à celui qui fait de bonne grâce quelque dépense, sans s'efforcer d'amasser davantage : imitons le jeune écolier qui, durant les cinq jours de la fête de Minerve, se hâte de jouir d'un temps court et agréable. Que la pauvreté et son hideux cortége soient loin de ma demeure : et peu m'importe si c'est sur un navire ou sur une barque que je dois faire mon passage, car ce sera toujours le même passager. Si ce n'est pas un Aquilon très-favorable qui gonfle nos voiles, nous n'avons pas non plus, pendant notre voyage, les secousses de l'impétueux Auster. Sous le rapport des forces, de l'esprit, de la figure, du courage, de la naissance et de la fortune, si nous sommes les derniers du premier rang, nous sommes du moins les premiers du second.

Tu n'es pas avare : bien. Mais, avec ce vice, tous les autres sont-ils partis? Ton cœur est-il exempt d'une vaine ambition? est-il exempt des craintes de la mort, de la colère? te ris-tu des songes, des terreurs magiques, des prodiges, des sorcières, des fantômes nocturnes et des prestiges des Thessaliens? comptes-tu

    Quodque caput, vultu mutabilis, albus et ater.
Utar, et ex modico, quantum res poscet, acervo
Tollam; nec metuam, quid de me judicet heres,
Quod non plura datis invenerit; et tamen idem
Scire volam, quantum simplex hilarisque nepoti
Discrepet, et quantum discordet parcus avaro.
Distat enim, spargas tua prodigus, an neque sumptum
Invitus facias, neque plura parare labores;
Ac potius, puer ut festis Quinquatribus olim,
Exiguo gratoque fruaris tempore raptim.
Pauperies immunda domus procul absit; ego, utrum
Nave ferar magna an parva, ferar unus et idem.
Non agimur tumidis velis Aquilone secundo;
Non tamen adversis ætatem ducimus Austris :
Viribus, ingenio, specie, virtute, loco, re,
Extremi primorum, extremis usque priores.
Non es avarus : abi. Quid? cetera jam simul isto
Cum vitio fugere? Caret tibi pectus inani
Ambitione? caret mortis formidine, et ira?
Somnia, terrores magicos, miracula, sagas,
Nocturnos lemures, portentaque Thessala rides?

sans peine tes années? sais-tu pardonner à un ami? et la vieillesse te rend-elle plus doux et plus sage? A quoi bon t'enlever une épine, s'il t'en reste beaucoup d'autres encore? Si tu ne sais point vivre, cède la place à qui le sait mieux que toi. Tu as assez joué, assez mangé, assez bu : il est temps de te retirer, de peur que cette jeunesse, à qui toutes les folies conviennent mieux, ne te chasse en se moquant de ton ivresse. ERNEST PANCKOUCKE

> Natales grate numeras? ignoscis amicis?
> Lenior et melior fis accedente senecta?
> Quid te exempta juvat spinis de pluribus una?
> Vivere si recte nescis, decede peritis.
> Lusisti satis, edisti satis, atque bibisti :
> Tempus abire tibi est; ne potum largius æquo
> Rideat, et pulset lasciva decentius ætas.

ART POÉTIQUE

AUX PISONS.

[Qu]'un peintre s'avise d'ajuster une tête humaine sur un cou de [che]val; de bigarrer de plumes disparates un assemblage bizarre [de] membres hétérogènes; de terminer en monstre marin le buste [d'u]ne jolie femme : à l'aspect de ce tableau, pourriez-vous, mes [ami]s, vous empêcher de rire? Eh bien, chers Pisons, voilà l'image [fidè]le d'un livre où, semblables aux rêves d'un malade, les idées [conf]uses n'offriraient qu'un chaos; où ni commencement ni fin ne [con]courraient à l'unité de l'ensemble.—Les peintres et les poëtes [ont] toujours eu le commun privilége de tout oser. — D'accord; [et c]ette liberté, nous la réclamons sans façon, comme nous l'ac[cor]dons de bonne grâce : mais permet-elle d'accoupler les vipères [ave]c les colombes, les agneaux avec les tigres? Quelquefois, [aprè]s un début pompeux et qui promet des merveilles, on coud [deu]x ou trois lambeaux de pourpre dont l'éclat puisse éblouir de [loin] : c'est tantôt un bois religieux et l'autel de Diane, tantôt une

AD PISONES.

Humano capiti cervicem pictor equinam
Jungere si velit, et varias inducere plumas,
Undique collatis membris, ut turpiter atrum
Desinat in piscem mulier formosa superne,
Spectatum admissi risum teneatis, amici?
Credite, Pisones, isti tabulæ fore librum
Persimilem, cujus, velut ægri somnia, vanæ
Fingentur species; ut nec pes, nec caput uni
Reddatur formæ. — Pictoribus atque poetis
Quidlibet audendi semper fuit æqua potestas.
—Scimus, et hanc veniam petimusque damusque vicissim :
Sed non ut placidis coeant immitia, non ut
Serpentes avibus geminentur, tigribus agni.
Inceptis gravibus plerumque et magna professis
Purpureus, late qui splendeat, unus et alter
Assuitur pannus; quum lucus et ara Dianæ,

onde sinueuse courant à travers les champs fleuris; ailleurs, l[e] Rhin superbe ou l'humide écharpe d'Iris : lieux communs adm[i]rables!... s'ils étaient à leur place. Peintre, ce cyprès est pa[l]pable; mais qu'importe? un navire brisé, un malheureux sa[ns] ressources, sauvé des flots à la nage : voilà ce que veut l'homm[e] qui vous paie pour peindre son naufrage. Vous commenciez u[ne] amphore, et de la roue qui tourne il ne sort qu'une tasse! No[n] point de sujet heureux, s'il n'a pour bases la simplicité, l'unité.

Trop souvent, illustre Pison, et vous, dignes fils d'un tel père trop souvent, nous autres poëtes, nous sommes dupes d'une bel[le] apparence. Je tâche d'être court, je deviens obscur : en coura[nt] après la grâce, je manque de nerf et de vigueur; l'un vise a[u] sublime, il se perd dans l'enflure; l'autre craint l'orage et n'os[e] s'élever, il rampe. On veut égayer un sujet uniforme en y mêla[nt] le merveilleux, et l'on peint un dauphin dans les bois, un sangli[er] dans les mers. La peur d'un mal nous jette dans un pire, si l'a[rt] ne nous guide. Près du cirque Émilien, tel statuaire est uniqu[e] pour finir un ongle, et donner à l'airain la mollesse des cheveux[:] pitoyable artiste en somme, puisque jamais il n'entendit rien [à] l'ensemble. Pour moi, si je me mêle un jour d'écrire, je ne serai pa[s] cet homme-là; j'aimerais autant avoir un nez difforme avec d[e] beaux yeux et de beaux cheveux noirs.

Auteurs, choisissez une matière proportionnée à vos forces; e[t] longtemps essayez ce que refusent vos épaules, et ce qu'elle[s]

> Et properantis aquæ per amœnos ambitus agros,
> Aut flumen Rhenum, aut pluvius describitur arcus :
> Sed nunc non erat his locus; et fortasse cupressum
> Scis simulare : quid hoc, si fractis enatat exspes
> Navibus, ære dato qui pingitur? Amphora cœpit
> Institui : currente rota, cur urceus exit?
> Denique sit, quod vis, simplex duntaxat et unum.
> Maxima pars vatum, pater, et juvenes patre digni,
> Decipimur specie recti. Brevis esse laboro,
> Obscurus fio : sectantem levia, nervi
> Deficiunt animique : professus grandia turget :
> Serpit humi tutus nimium, timidusque procellæ.
> Qui variare cupit rem prodigialiter unam,
> Delphinum silvis appingit, fluctibus aprum.
> In vitium ducit culpæ fuga, si caret arte.
> Æmilium circa ludum faber unus et ungues
> Exprimet, et molles imitabitur ære capillos :
> Infelix operis summa, quia ponere totum
> Nesciet. Hunc ego me, si quid componere curem,
> Non magis esse velim, quam pravo vivere naso,
> Spectandum nigris oculis nigroque capillo.
> Sumite materiam vestris, qui scribitis, æquam
> Viribus, et versate diu, quid ferre recusent,
> Quid valeant humeri. Cui lecta potenter erit res,

nsentent à porter. Choisit-on bien, l'expression vient s'offrir elle-même, ainsi que l'ordre et la clarté. En fait d'ordre, le mérite et la grâce consistent, ou je me trompe, à dire d'abord qui doit d'abord être dit; à taire à propos le reste, pour y revenir à propos; à savoir, dans un poëme que le public attend, ce qu'on doit embellir, ce qu'on doit négliger. Quant aux mots, l'art de les assortir a ses secrets aussi. Il est d'heureuses hardiesses : ce terme est usé, qu'une ingénieuse alliance vienne le rajeunir. Il vous faut de nouveaux signes pour rendre des idées nouvelles; bien qu'étrangère à l'oreille de nos vieux Céthégus, une expression peut trouver grâce; mais liberté n'est pas licence. La fortune d'un mot nouveau est sûre si, dérivé du grec, il se plie sans effort à l'inflexion latine. Eh quoi! les Romains auront permis à Cécilius, à Plaute, ce qu'ils défendront à Virgile, à Varius! Moi-même, pourquoi m'envierait-on l'honneur de quelques utiles innovations, quand la plume de Caton et d'Ennius sut enrichir leur langue maternelle, et forger tant de termes jusqu'alors inconnus? Toujours il fut permis, il le sera toujours, d'introduire dans le discours un mot qui porte le cachet du temps présent. Voyez les bois : ils se dépouillent de feuilles vers le déclin de l'année; les premières venues tombent les premières : tels sont les mots; les vieux s'éteignent, d'autres fleurissent, brillants de jeunesse et de force. Nous sommes dévoués à la mort, nous et nos œuvres. Ces ports magnifiques où Neptune, dompté par les rois, voit reposer les

> Nec facundia deseret hunc, nec lucidus ordo.
> Ordinis hæc virtus erit et venus, aut ego fallor,
> Ut jam nunc dicat jam nunc debentia dici
> Pleraque differat, et præsens in tempus omittat.
> Hoc amet, hoc spernat promissi carminis auctor.
> In verbis etiam tenuis cautusque serendis,
> Dixeris egregie, notum si callida verbum
> Reddiderit junctura novum. Si forte necesse est
> Indiciis monstrare recentibus abdita rerum,
> Fingere cinctutis non exaudita Cethegis
> Continget, dabiturque licentia sumpta pudenter;
> Et nova fictaque nuper habebunt verba fidem, si
> Græco fonte cadent, parce detorta : quid autem
> Cæcilio Plautoque dabit Romanus, ademptum
> Virgilio Varioque? Ego cur, acquirere pauca
> Si possum, invideor, quum lingua Catonis et Enni
> Sermonem patrium ditaverit, et nova rerum
> Nomina protulerit? Licuit, semperque licebit
> Signatum præsente nota producere nomen.
> Ut silvæ foliis pronos mutantur in annos,
> Prima cadunt : ita verborum vetus interit ætas,
> Et, juvenum ritu, florent modo nata, vigentque.
> Debemur morti nos nostraque; sive receptus
> Terra Neptunus classes Aquilonibus arcet,

flottes loin des Aquilons mugissants ; ces marais qui, longtem[ps]
stériles et sillonnés par la rame, maintenant nourrissent les cit[és]
d'alentour et s'ouvrent au soc de la charrue ; ces fleuves dont [le]
cours, jadis funeste aux moissons, apprit à suivre une meilleu[re]
route : ouvrages des mortels, ils périront comme eux. Et les mo[ts]
vainqueurs du temps, conserveraient un éclat immortel! Te[lle]
expression doit revivre, qui depuis longtemps est tombée ; tel[le]
autre doit tomber à son tour, qu'on voit en vogue aujourd'h[ui]
L'usage en décidera : l'usage, cet arbitre, ce maître, ce législate[ur]
des langues.

Le vers épique chante les actions des rois, la gloire des héros[,]
l'horreur des combats : Homère en a donné l'exemple. Le distiqu[e]
aux pieds inégaux, exprima d'abord la douleur ; ensuite il peig[nit]
aussi le plaisir. Qui, le premier, soupira la molle élégie? les savan[ts]
ne sont pas d'accord sur ce point, et le procès reste encore à juge[r]
La rage arma de l'iambe Archiloque, son inventeur ; le brodequ[in]
modeste et le cothurne majestueux s'emparèrent de ce pied : pr[o]
pre au dialogue, il brave le bruit des grandes assemblées ; il e[st]
né pour l'action. Érato monta la lyre pour célébrer les dieux,
les héros, enfants des dieux, et l'athlète couronné dans Pise,
le coursier vainqueur dans la lice, et les soucis des amants, c[t la]
liberté des buveurs. Chaque mètre a son caractère, et chaque suj[et]
ses couleurs : pourquoi, si je n'ai ni le talent ni l'art de les saisi[r,]
me salue-t-on poëte? pourquoi, par une honte ridicule, préférerai-

Regis opus ; sterilisque diu palus, aptaque remis,
Vicinas urbes alit, et grave sentit aratrum ;
Seu cursum mutavit iniquum frugibus amnis,
Doctus iter melius. Mortalia facta peribunt :
Nedum sermonum stet honos et gratia vivax.
Multa renascentur quæ jam cecidere ; cadentque
Quæ nunc sunt in honore vocabula, si volet usus,
Quem penes arbitrium est et jus et norma loquendi.
Res gestæ regumque ducumque, et tristia bella,
Quo scribi possent numero monstravit Homerus.
Versibus impariter junctis querimonia primum,
Post etiam inclusa est voti sententia compos.
Quis tamen exiguos elegos emiserit auctor,
Grammatici certant, et adhuc sub judice lis est.
Archilochum proprio rabies armavit iambo :
Hunc socci cepere pedem, grandesque cothurni,
Alternis aptum sermonibus, et populares
Vincentem strepitus, et natum rebus agendis.
Musa dedit fidibus Divos, puerosque Deorum,
Et pugilem victorem, et equum certamine primum,
Et juvenum curas, et libera vina referre.
Descriptas servare vices, operumque colores,
Cur ego si nequeo ignoroque, poeta salutor?
Cur nescire, pudens prave, quam discere malo?

on ignorance à l'étude? Un sujet comique se refuse aux vers tra-
ques : je m'indigne, lorsqu'on me fait, en vers familiers et dignes
peine du brodequin, le récit du festin de Thyeste. Que chaque
enre se renferme dans les limites que le goût lui traça. Quelque-
is cependant la comédie élève aussi la voix, et Chrémès irrité
ronde d'un ton véhément; à son tour, la tragédie souvent
abaisse dans la douleur; Télèphe et Pélée, tous deux pauvres,
annis tous deux, rejettent les phrases ampoulées et l'orgueil des
rands mots, s'ils veulent que l'âme du spectateur soit touchée de
eur plainte.

C'est peu qu'un poëme ait la beauté du style, il doit être pa-
hétique, il doit remuer à son gré les passions de l'auditeur. Le
ire naît aux éclats du rire, les larmes coulent à la vue des larmes.
i vous voulez que je pleure, pleurez d'abord vous-même; alors,
élèphe, alors, Pélée, vos infortunes m'attendriront. Votre rôle
hoque-t-il la vérité, ou je dors, ou je ris. Que l'expression soit
riste avec la douleur, menaçante avec la colère, badine avec
'enjouement, sévère avec la gravité. La nature, en effet, nous
prédispose intérieurement à l'expression qui convient à chaque
ituation : tour à tour, elle nous invite à la joie, nous pousse à
a fureur, nous terrasse et nous foule sous le poids du chagrin;
ensuite, pour rendre à l'oreille les mouvements du cœur, elle se
sert de la langue comme d'interprète. Si votre situation et vos

    Versibus exponi tragicis res comica non vult :
    Indignatur item privatis ac prope socco
    Dignis carminibus narrari coena Thyestæ.
    Singula quæque locum teneant sortita decenter.
    Interdum tamen et vocem comœdia tollit,
    Iratusque Chremes tumido delitigat ore :
    Et tragicus plerumque dolet sermone pedestri.
    Telephus et Peleus, quum pauper et exsul uterque,
    Projicit ampullas, et sesquipedalia verba,
    Si curat cor spectantis tetigisse querela.
    Non satis est pulchra esse poemata : dulcia sunto,
    Et, quocumque volent, animum auditoris agunto.
    Ut ridentibus arrident, ita flentibus adflent
    Humani vultus. Si vis me flere, dolendum est
    Primum ipsi tibi; tunc tua me infortunia lædent,
    Telephe, vel Peleu : male si mandata loqueris,
    Aut dormitabo, aut ridebo. Tristia mœstum
    Vultum verba decent; iratum, plena minarum;
    Ludentem, lasciva; severum, seria dictu.
    Format enim natura prius nos intus ad omnem
    Fortunarum habitum; juvat, aut impellit ad iram,
    Aut ad humum mærore gravi deducit, et angit;
    Post effert animi motus interprete lingua.
    Si dicentis erunt fortunis absona dicta,

discours ne sont pas à l'unisson, les grands et le peuple riront à vos dépens. Ne faites point parler un esclave en héros; un vieillard mûri par les années, en jeune homme bouillant et dans la fleur de l'âge; une dame de haut parage, sur le ton d'une humble suivante; le marchand qui court les mers, comme le cultivateur d'un petit champ fertile; le Scythe, comme l'Assyrien; l'habitant de Thèbes, comme celui d'Argos.

Auteurs, ou reproduisez des caractères connus, ou donnez aux caractères d'invention une vraisemblance soutenue. Si vous reproduisez sur la scène Achille vengé, qu'il soit infatigable, irascible, ardent, inexorable; qu'il ne reconnaisse point de lois, et n'en appelle qu'à l'épée. Que Médée soit barbare, impitoyable; Ino gémissante, Ixion perfide, Io vagabonde, Oreste sombre et rêveur. Est-ce un sujet vierge que vous hasardez au théâtre; est-ce un rôle neuf que vous osez créer: que votre personnage se montre jusqu'au bout tel qu'il s'est annoncé d'abord, et que jamais il ne se démente. Difficilement on moissonne avec gloire au champ commun de la fiction; il est plus sûr de mettre en action quelque épisode de l'Iliade que de produire le premier sur la scène une fable inconnue et sans autorité. Un sujet traité vingt fois vous permet de le traiter encore, pourvu qu'on ne vous voie pas ramper honteusement dans l'ornière; pâlir à rendre, servile copiste, syllabe pour syllabe; et vous jeter dans un cercle étroit dont vous ne puissiez sortir sans honte ou sans violer les règles de l'art.

>   Romani tollent equites peditesque cachinnum.
>   Intererit multum, Davusne loquatur, an heros :
>   Maturusne senex, an adhuc florente juventa
>   Fervidus; an matrona potens, an sedula nutrix;
>   Mercatorne vagus, cultorne virentis agelli;
>   Colchus, an Assyrius, Thebis nutritus, an Argis.
>   Aut famam sequere, aut sibi convenientia finge,
>   Scriptor. Honoratum si forte reponis Achillem,
>   Impiger, iracundus, inexorabilis, acer,
>   Jura neget sibi nata, nihil non arroget armis.
>   Sit Medea ferox invictaque, flebilis Ino,
>   Perfidus Ixion, Io vaga, tristis Orestes.
>   Si quid inexpertum scenæ committis, et audes
>   Personam formare novam, servetur ad imum,
>   Qualis ab incepto processerit, et sibi constet.
>   Difficile est proprie communia dicere : tuque
>   Rectius Iliacum carmen deducis in actus,
>   Quam si proferres ignota indictaque primus.
>   Publica materies privati juris erit, si
>   Nec circa vilem patulumque moraberis orbem;
>   Nec verbum verbo curabis reddere, fidus
>   Interpres; nec desilies imitator in arctum,
>   Unde pedem proferre pudor vetet, aut operis lex.

N'allez pas, dès le début, crier comme autrefois ce rapsode cyclique : *Je chante la fortune de Priam et cette guerre sans seconde.....* Quelles merveilles répondront au fracas de ces promesses ? la montagne en travail accouche d'une ridicule souris. Que j'aime bien mieux ce début modeste et sans emphase : « Dis, ô Muse, ce mortel qui, vainqueur de Pergame, parcourut tant de cités et vit les mœurs de tant de peuples ! » Ce n'est pas une vaine lueur qui s'éteint en fumée ; mais, d'une simple fumée, il fait jaillir une flamme lumineuse, et bientôt étale aux regards les plus brillants miracles : Antiphate et Scylla, Polyphème et Charybde. Pour dire le retour de Diomède, il ne remonte pas à la mort de Méléagre ; pour en venir au siége de Troie, il ne commence point par les deux œufs de Léda. Il vole au dénoûment ; et, supposant les faits connus, c'est au milieu de l'action qu'il jette d'abord son lecteur. Les incidents rebelles aux charmes de la poésie, sa prudence les néglige ; et tel est l'art de ses fictions, tel est son heureux mélange de vérités et de mensonges, que sa fable offre en toutes ses parties un harmonieux accord.

Vous, sachez ce que j'exige et ce qu'exige le public avec moi, si vous voulez des spectateurs constamment attentifs, et qui restent pour applaudir jusqu'à ce que la toile vienne leur cacher la scène, et que le mime dise : *Applaudissez, Romains.* Chaque âge a ses mœurs : distinguez-les avec soin ; les caractères changent avec les années : saisissez bien ces nuances diverses. Tout fier des pre-

Nec sic incipies, ut scriptor cyclicus olim :
Fortunam Priami cantabo, et nobile bellum.
Quid dignum tanto feret hic promissor hiatu?
Parturient montes : nascetur ridiculus mus.
Quanto rectius hic, qui nil molitur inepte!
« Dic mihi, Musa, virum, captæ post tempora Trojæ,
Qui mores hominum multorum vidit et urbes. »
Non fumum ex fulgore, sed ex fumo dare lucem
Cogitat, ut speciosa dehinc miracula promat,
Antiphaten, Scyllamque et cum Cyclope Charybdim :
Nec reditum Diomedis ab interitu Meleagri,
Nec gemino bellum Trojanum orditur ab ovo.
Semper ad eventum festinat, et in medias res,
Non secus ac notas, auditorem rapit; et quæ
Desperat tractata nitescere posse, relinquit;
Atque ita mentitur, sic veris falsa remiscet,
Primo ne medium, medio ne discrepet imum.
Tu, quid ego, et populus mecum desideret, audi :
Si plausoris eges aulæa manentis, et usque
Sessuri, donec cantor, *Vos plaudite,* dicat;
Ætatis cujusque notandi sunt tibi mores,
Mobilibusque decor naturis dandus et annis.
Reddere qui voces jam scit puer, et pede certo

miers mots qu'il bégaie et du pas plus ferme qu'il imprime sur la terre, l'enfant se plaît aux jeux des enfants; il se fâche sans raison, sans raison il s'apaise, et change à tout moment. L'adolescent imberbe, qu'enfin ne suit plus son gouverneur, ne rêve que chevaux, que chiens, que Champ de Mars : il est de cire aux impressions du vice, et se roidit contre les conseils ; s'occupant peu de provisions utiles, prodigue d'argent, présomptueux, bouillant dans ses désirs et volage dans ses caprices. Autre saison, goûts différents : l'âge viril songe à sa fortune, se ménage des amis, se pousse auprès des grands, et mesure ses démarches pour ne pas avoir à s'en repentir un jour. Mille maux assiégent le vieillard : incessamment il amasse; mais, pauvre au sein de l'or, il se garde d'y toucher et craint de s'en servir; dans toutes ses actions, timide et glacé; éternel temporiseur, désespérant sans cesse, n'osant faire un pas et tremblant pour l'avenir; toujours chagrin, et se plaignant toujours ; apologiste du bon temps d'autrefois, et censeur impitoyable de tous ceux qui sont jeunes. Dans le cercle des années, les premières amènent avec elles maints avantages que les dernières nous enlèvent. Pour ne point donner à l'adolescent le rôle d'un vieillard, à l'enfant celui de l'homme mûr, étudions sans cesse les traits naturels à chaque âge.

Tantôt l'action est en spectacle, tantôt elle se passe en récit. L'âme, à peine effleurée des sons que l'oreille lui renvoie, tressaille aux tableaux que lui transmet l'œil fidèle ; le spectateur s'in-

> Signat humum, gestit paribus colludere, et iram
> Colligit ac ponit temere, et mutatur in horas.
> Imberbis juvenis, tandem custode remoto,
> Gaudet equis canibusque, et aprici gramine campi;
> Cereus in vitium flecti, monitoribus asper,
> Utilium tardus provisor, prodigus æris,
> Sublimis, cupidusque, et amata relinquere pernix.
> Conversis studiis, ætas animusque virilis
> Quærit opes et amicitias, inservit honori;
> Commisisse cavet, quod mox mutare laboret.
> Multa senem circumveniunt incommoda; vel quod
> Quærit, et inventis miser abstinet, ac timet uti;
> Vel quod res omnes timide gelideque ministrat,
> Dilator, spe longus, iners, avidusque futuri,
> Difficilis, querulus, laudator temporis acti
> Se puero, castigator censorque minorum.
> Multa ferunt anni venientes commoda secum,
> Multa recedentes adimunt : ne forte seniles
> Mandentur juveni partes, pueroque viriles;
> Semper in adjunctis ævoque morabimur aptis.
> Aut agitur res in scenis, aut acta refertur.
> Segnius irritant animos demissa per aurem,
> Quam quæ sunt oculis subjecta fidelibus, et quæ

fuit alors par lui-même. Il est cependant maints objets que le
grand jour repousse; ne les montrez pas sur la scène; dérobez
aux regards certaines catastrophes dont saura nous instruire à
propos un récit pathétique. Que Médée n'égorge pas ses enfants
aux yeux du peuple; que l'exécrable Atrée ne fasse pas bouillir
en public des entrailles humaines; qu'on ne voie pas Procné se
changer en oiseau, ni Cadmus en serpent : de pareils spectacles
me révoltent d'invraisemblance et d'horreur. Cinq actes, ni plus
ni moins; c'est la mesure d'un drame fait pour être demandé plus
d'une fois, plus d'une fois remis au théâtre. Qu'un dieu ne descende pas du ciel pour dénouer une intrigue frivole. On souffre
avec peine quatre interlocuteurs sur la scène. Le chœur a son rôle
à remplir, il est acteur lui-même : qu'il ne chante rien dans les
entr'actes qui ne concourre à l'action et ne tienne naturellement
au sujet; le chœur est l'avocat de la vertu et son conseil officieux;
qu'il modère l'emportement et se plaise à calmer les passions
émues; qu'il vante les douceurs d'une table frugale, et la justice
tutélaire, et les lois protectrices, et la paix, heureuse mère de
la sécurité; confident de l'infortune, qu'il fléchisse les dieux, et
les supplie d'honorer le malheur, d'humilier l'orgueil.

La flûte, autrefois, n'était pas comme aujourd'hui brillante
d'orichalque, et rivale de la trompette : humble et simple, percée
de peu de trous, elle suffisait pour accompagner les chœurs, et
pour remplir de ses sons modestes un amphithéâtre que la foule

Ipse sibi tradit spectator. Non tamen intus
Digna geri promes in scenam; multaque tolles
Ex oculis, quæ mox narret facundia præsens.
Ne pueros coram populo Medea trucidet,
Aut humana palam coquat exta nefarius Atreus;
Aut in avem Procne vertatur, Cadmus in anguem.
Quodcumque ostendis mihi sic, incredulus odi.
Neve minor, neu sit quinto productior actu
Fabula, quæ posci vult, et spectata reponi.
Nec Deus intersit, nisi dignus vindice nodus
Inciderit; nec quarta loqui persona laboret.
Actoris partes chorus officiumque virile
Defendat; neu quid medios intercinat actus,
Quod non proposito conducat et hæreat apte.
Ille bonis faveatque, et consilietur amicis;
Et regat iratos, et amet peccare timentes :
Ille dapes laudet mensæ brevis : ille salubrem
Justitiam, legesque, et apertis otia portis;
Ille tegat commissa, Deosque precetur et oret,
Ut redeat miseris, abeat fortuna superbis.
Tibia non, ut nunc, orichalco vincta, tubæque
Æmula, sed tenuis simplexque foramine pauco
Adspirare, et adesse choris erat utilis, atque
Nondum spissa nimis complere sedilia flatu;

n'encombrait pas encore, où s'assemblait un peuple ass[ez]
peu nombreux pour pouvoir être compté, mais honnête, aus[-]
tère et pur. Lorsque ce peuple accrut son territoire par s[es]
conquêtes, lorsqu'un mur plus vaste embrassa Rome, et qu[e]
de longs flots de vin coulèrent impunément, les jours [de]
fête, en l'honneur du dieu de la joie, alors s'introduisit dan[s]
les vers et dans le chant une liberté plus grande. Quel goû[t]
en effet, attendre d'un rustre ignorant et grossier, qui ve[-]
nait, après ses travaux, se confondre avec l'honnête et élé[-]
gant citadin? Ainsi, à l'art ancien, le joueur de flûte ajout[a]
des pas lascifs, des habits efféminés; et, dans ses mouve[-]
ments, d'une robe à longue queue balaya le théâtre. Ainsi[,]
dédaignant la simplicité sévère, la lyre apprit à rendre d[e]
nouveaux sons; Melpomène prit un essor inconnu jusqu'alors[,]
et, soit qu'il donnât des avis utiles, soit qu'il prédît l'ave[-]
nir, le chœur, dans ses sentences, ne différa plus des oracles d[e]
Delphes.

Celui qui disputa, sur la scène tragique, un vil bouc à se[s]
rivaux, y montra bientôt les Satyres dans leur agreste nudité[,]
et hasarda, tout en conservant une certaine dignité, des plaisan[-]
ries mordantes. Il fallait captiver, par l'attrait d'une agréabl[e]
nouveauté, un spectateur revenant des sacrifices, enluminé d[e]
vin et courant après sa raison. Mais, ces Satyres malins e[t]
railleurs, qu'ils ne parlent point au hasard; la parodie a s[a]
décence. Héros ou dieu, naguère brillant d'or et revêtu de l[a]

>   Quo sane populus numerabilis, utpote parvus,
>   Et frugi, castusque verecundusque coibat.
>   Postquam cœpit agros extendere victor, et urbem
>   Latior amplecti murus, vinoque diurno
>   Placari Genius festis impune diebus,
>   Accessit numerisque modisque licentia major.
>   Indoctus quid enim saperet, liberque laborum,
>   Rusticus urbano confusus, turpis honesto?
>   Sic priscæ motumque et luxuriam addidit arti
>   Tibicen, traxitque vagus per pulpita vestem:
>   Sic etiam fidibus voces crevere severis,
>   Et tulit eloquium insolitum facundia præceps;
>   Utiliumque sagax rerum, et divina futuri
>   Sortilegis non discrepuit sententia Delphis.
>   Carmine qui tragico vilem certavit ob hircum,
>   Mox etiam agrestes Satyros nudavit, et asper
>   Incolumi gravitate jocum tentavit; eo quod
>   Illecebris erat et grata novitate morandus
>   Spectator, functusque sacris, et potus, et exlex.
>   Verum ita risores, ita commendare dicaces
>   Conveniet Satyros, ita vertere seria ludo,
>   Ne, quicumque Deus, quicumque adhibebitur heros,

urpre des rois, n'allez pas tomber dans l'ignoble langage des
vernes, ou, de peur de ramper, vous perdre follement dans les
.es. La tragédie ne doit jamais descendre à de basses plaisan-
ies : telle qu'une matrone respectable, contrainte de danser
ns nos fêtes, elle ne doit paraître parmi les Satyres pétulants
'avec une rougeur modeste. Pour moi, chers Pisons, je
iimerais point à me servir grossièrement d'expressions trop
es. Sans donner à mes tableaux le coloris tragique, je ne
nfondrais pas, avec les paroles d'un Davus ou d'une effrontée
thias, escamotant les écus du bonhomme Simon, le langage
vieux Silène, serviteur et nourricier de Bacchus. Sortis de
irs forêts, les Faunes, ce me semble, ne connaissent ni la
ossièreté des carrefours, ni la politesse du forum : qu'ils fuient
nc à la fois et le galant badinage des petits-maîtres, et le
gon infâme des bateleurs. Autrement, ils offenseraient cheva-
rs, sénateurs et tous citoyens honnêtes ; et, peut-être applaudis
r la populace nourrie de pois chiches et de noix, ils n'obtien-
lient d'un goût sévère que des huées, au lieu d'une couronne.
ant à ma fable en elle-même, je la composerais sur un modèle
inu, en sorte que chacun pût d'abord se flatter d'en faire autant,
is, après bien des peines, bien des tourmens inutiles, désespérât
réussir. Tant l'ordre et l'ensemble ont de prix ! tant l'art peut
ioblir un sujet vulgaire !
Une brève suivie d'une longue s'appelle *iambe;* pied rapide,

> Regali conspectus in auro nuper et ostro,
> Migret in obscuras humili sermone tabernas;
> Aut, dum vitat humum, nubes et inania captet.
> Effutire leves indigna tragœdia versus,
> Ut festis matrona moveri jussa diebus,
> Intererit Satyris paulum pudibunda protervis.
> Non ego inornata et dominantia nomina solum,
> Verbaque, Pisones, Satyrorum scriptor amabo;
> Nec sic enitar tragico differre colori,
> Ut nihil intersit, Davusne loquatur, et audax
> Pythias, emuncto lucrata Simone talentum;
> An custos famulusque Dei Silenus alumni.
> Silvis deducti caveant, me judice, Fauni,
> Ne velut innati triviis ac pæne forenses,
> Aut nimium teneris juvenentur versibus unquam,
> Aut immunda crepent ignominiosaque dicta ;
> Offenduntur enim, quibus est equus, et pater, et res;
> Nec, si quid fricti ciceris probat et nucis emptor,
> Æquis accipiunt animis, donantve corona.
> Ex noto fictum carmen sequar, ut sibi quivis
> Speret idem ; sudet multum, frustraque laboret
> Ausus idem ; tantum series juncturaque pollet!
> Tantum de medio sumptis accedit honoris !
> Syllaba longa brevi subjecta vocatur *iambus,*

qui même a fait nommer *trimètre* l'iambique, dont les six pie[ds]
frappent six fois l'oreille. D'abord il se compose tout enti[er]
d'iambes; c'est depuis peu que, pour arriver à l'auditeur mo[ins]
impétueux et plus grave, l'iambique a permis à l'imposa[nte]
spondée l'entrée de sa mesure : il s'y marie de bonne grâc[e,]
sans toutefois céder au nouvel étranger la seconde ni la qu[a-]
trième place. Encore cette alliance, dans les trimètres vant[és]
d'Accius et d'Ennius, se montre-t-elle rarement. Jeté comme [un]
poids sur la scène, un vers lourd de spondées accuse la préc[i-]
pitation du poëte et sa négligence, peut-être même sa honteu[se]
ignorance des premiers éléments.

Tout juge d'un poëme n'y sent pas le défaut d'harmonie,
Rome a pour ses poëtes une indulgence qui les perd. Est-ce u[ne]
raison pour ma plume de courrir au hasard et d'écrire sa[ns]
règles? Ou, convaincu que mes fautes n'échapperont à personn[e,]
m'endormirai-je tranquille et rassuré par l'espoir du pardo[n?]
J'échappe au blâme, mais sans mériter la louange.

Pour vous, étudiez les modèles grecs; feuilletez-les le jo[ur,]
feuilletez-les la nuit. Mais, dira-t-on, nos pères n'ont-ils p[as]
admiré dans Plaute et la cadence de ses vers et le piquant [de]
ses railleries? Nos pères furent trop bons, pour ne rien dire [de]
plus, si du moins nous savons, vous et moi, distinguer un sa[r-]
casme grossier d'un mot ingénieux, et juger au doigt et à l'orei[lle]
la cadence régulière d'un son.

    Pes citus; unde etiam *trimetris* accrescere jussit
Nomen iambeis, quum senos redderet ictus,
Primus ad extremum similis sibi : non ita pridem,
Tardior ut paulo graviorque veniret ad aures,
Spondeos stabiles in jura paterna recepit
Commodus et patiens; non ut de sede secunda
Cederet aut quarta socialiter. Hic et in Acci
Nobilibus trimetris apparet rarus, et Enni.
In scenam missus magno cum pondere versus,
Aut operæ celeris nimium curaque carentis,
Aut ignoratæ premit artis crimine turpi.
Non quivis videt immodulata poemata judex;
Et data Romanis venia est indigna poetis.
Idcircone vager, scribamque licenter? Ut omnes
Visuros peccata putem mea, tutus, et intra
Spem veniæ cautus? vitavi denique culpam,
Non laudem merui. Vos exemplaria Græca
Nocturna versate manu, versate diurna.
At nostri proavi Plautinos et numeros, et
Laudavere sales : nimium patienter utrumque,
Ne dicam stulte, mirati; si modo ego et vos
Scimus inurbanum lepido seponere dicto,
Legitimumque sonum digitis callemus et aure.

On ignorait encore, dit-on, le langage de la Muse tragique, quand Thespis promena le premier un tombereau d'acteurs chantant et représentant ses pièces, le visage barbouillé de lie. Après Thespis parut Eschyle; Eschyle, inventeur du masque et de la robe traînante : il exhaussa le théâtre sur de modestes tréteaux, apprit aux personnages à parler avec pompe, et les haussa du cothurne. Vint ensuite la vieille comédie, qu'illustrèrent de nombreux succès; mais la liberté dégénéra bientôt en licence, et l'excès provoqua la réforme : la loi prononça, et le chœur honteux se tut, réduit à l'impuissance de mordre. Nos poëtes ont essayé tous les genres, et n'ont pas acquis moins de gloire, pour avoir osé abandonner les sujets grecs, et célébrer les héros de leur patrie dans des pièces où figurent soit des nobles, soit des plébéiens. La valeur même et l'éclat des armes n'ajouteraient pas plus que la littérature à la célébrité du Latium, si nos auteurs, trop pressés, ne dédaignaient le travail et la patience de la lime. Vous, noble sang de Numa, biffez tout vers que n'ont point châtié de longues veilles et des ratures sans nombre, qu'un goût scrupuleux n'a point polis et repolis vingt fois. *Le génie en sait plus qu'un art misérable, et l'Hélicon exclut les poëtes sains d'esprit :* vieil adage de Démocrite; et mille sots, en conséquence, de se laisser croître les ongles et la barbe, de chercher les lieux solitaires, de ne point paraître aux bains. Sûr moyen, en effet, d'acquérir le

    Ignotum tragicæ genus invenisse Camenæ
Dicitur, et plaustris vexisse poemata Thespis,
Quæ canerent agerentque peruncti fæcibus ora.
Post hunc personæ pallæque repertor honestæ
Æschylus, et modicis instravit pulpita tignis,
Et docuit magnumque loqui, nitique cothurno.
Successit vetus his comœdia, non sine multa
Laude; sed in vitium libertas excidit, et vim
Dignam lege regi. Lex est accepta, chorusque
Turpiter obticuit, sublato jure nocendi.
Nil intentatum nostri liquere poetæ:
Nec minimum meruere decus, vestigia Græca
Ausi deserere, et celebrare domestica facta;
Vel qui prætextas, vel qui docuere togatas.
Nec virtute foret clarisve potentius armis,
Quam lingua, Latium, si non offenderet unum-
Quemque poetarum limæ labor, et mora. Vos, o
Pompilius sanguis, carmen reprehendite, quod non
Multa dies et multa litura coercuit, atque
Præsectum decies non castigavit ad unguem.
Ingenium misera quia fortunatius arte
Credit, et excludit sanos Helicone poetas
Democritus; bona pars non ungues ponere curat,
Non barbam; secreta petit loca, balnea vitat.

talent et le renom de poëte, que de ne confier jamais au rasoir de Licinus une tête folle que ne guérirait pas l'ellébore de trois Anticyres! En vérité, je suis bien dupe de me purger la bile au retour de chaque printemps! personne au monde ne se tirera d'un poëme plus heureusement que moi. Mais non, fi d'un vain titre à ce prix! Soyons la pierre utile où s'aiguise le tranchant du fer, quoiqu'elle ne tranche pas elle-même. Sans rien écrire j'enseignerai comment on écrit; je dirai les sources où doit puiser le talent, ce qui forme et nourrit le poëte, ce que le goût permet, ce que le goût défend, les hardiesses du génie et les écueils de l'ignorance.

Point de bons vers, si la raison n'en est le principe et la source. L'étude des philosophes vous fournira le fond des choses; et, pour les exprimer, les mots viendront s'offrir d'eux-mêmes. A-t-on approfondi ce qu'on doit à la patrie, à l'amitié; les droits d'un père, ceux d'un frère et d'un hôte; les devoirs d'un sénateur, les obligations d'un juge, les fonctions d'un général chargé d'une expédition; on sait infailliblement donner à chaque personnage le rôle qui lui convient. Que votre œil étudie les modèles vivants de la société : peintre de la nature, vos portraits seront parlants. Telle pièce offre des caractères naturels et des mœurs bien rendues; mais le style en est sans grâce, le vers manque d'aplomb et d'art: n'importe, elle plaira davantage au public et le charmera plus longtemps que des vers sans pensées, des riens harmonieux.

> Nanciscetur enim pretium, nomenque poetæ,
> Si tribus Anticyris caput insanabile nunquam
> Tonsori Licino commiserit. O ego lævus,
> Qui purgo bilem sub verni temporis horam!
> Non alius faceret meliora poemata; verum
> Nil tanti est; ergo fungar vice cotis, acutum
> Reddere quæ ferrum valet, exsors ipsa secandi.
> Munus et officium, nil scribens ipse, docebo :
> Unde parentur opes; quid alat formetque poetam:
> Quid deceat, quid non; quo virtus, quo ferat error.
> Scribendi recte sapere est et principium et fons :
> Rem tibi Socraticæ poterunt ostendere chartæ;
> Verbaque provisam rem non invita sequentur.
> Qui didicit patriæ quid debeat, et quid amicis;
> Quo sit amore parens, quo frater amandus et hospes;
> Quod sit conscripti, quod judicis officium; quæ
> Partes in bellum missi ducis; ille profecto
> Reddere personæ scit convenientia cuique.
> Respicere exemplar vitæ morumque jubebo
> Doctum imitatorem, et veras hinc ducere voces.
> Interdum speciosa locis, morataque recte
> Fabula, nullius veneris, sine pondere et arte,
> Valdius oblectat populum meliusque moratur,
> Quam versus inopes rerum, nugæque canoræ.

Les Muses prodiguèrent aux Grecs le génie et les charmes de locution, parce que jamais ils ne furent avides que de gloire. [Mai]s la jeunesse romaine, qu'apprend-elle? à diviser, après de [lon]gs calculs, un *as* en cent parties. — Parlez, fils d'Albinus : de [cin]q onces ôtez-en une, que reste-t-il ? — Belle question ! un tiers [de] livre. — Au mieux ; votre fortune est en bonnes mains. A [cin]q onces j'en ajoute une; quelle somme ai-je? — Une demi-[liv]re. — Et les esprits une fois infectés de cette rouille honteuse, [de] ce sordide intérêt, nous espérons voir éclore des vers dignes [d'ê]tre parfumés d'huile de cèdre et conservés dans des tablettes [de] cyprès !

[L]e but du poëte est ou d'instruire ou de plaire; plus sou[ven]t, d'instruire et de plaire à la fois. Dans les préceptes, soyez [cou]rt : la maxime concise trouve l'esprit plus docile et la mémoire [plu]s fidèle ; tout ce qu'on dit de trop, l'esprit surchargé le re[jett]e. Dans les fictions, le but est d'amuser : gardez-y la vraisem[bla]nce ; que la scène ne coure pas après d'absurdes merveilles; [qu']une Lamie ne tire pas tout vivant de ses entrailles un enfant [qu']elle a dévoré. Nos sévères sénateurs accueillent mal une farce [où] l'instruction n'est pour rien ; un drame austère n'arrête pas [les] bouillants chevaliers : pour enlever tous les suffrages, mêlez [l'uti]le à l'agréable; amusez en instruisant. Voilà l'ouvrage qui [fait] la fortune des Sosies ; l'ouvrage qui passe même au-delà des [me]rs, et fait vivre l'auteur dans la postérité.

> Graiis ingenium, Graiis dedit ore rotundo
> Musa loqui, præter laudem nullius avaris.
> Romani pueri longis rationibus assem
> Discunt in partes centum diducere. — Dicat
> Filius Albini, si de quincunce remota est
> Uncia, quid superat? — Poteras dixisse, triens. — Eu !
> Rem poteris servare tuam ! Redit uncia; quid fit?
> — Semis. — An, hæc animos ærugo et cura peculi
> Quum semel imbuerit, speramus carmina fingi
> Posse linenda cedro, et levi servanda cupresso?
> Aut prodesse volunt aut delectare poetæ,
> Aut simul et jucunda et idonea dicere vitæ.
> Quidquid præcipies, esto brevis; ut cito dicta
> Percipiant animi dociles, teneantque fideles.
> Omne supervacuum pleno de pectore manat.
> Ficta voluptatis causa, sint proxima veris :
> Ne, quodcumque volet, poscat sibi fabula credi;
> Neu pransæ Lamiæ vivum puerum extrahat alvo.
> Centuriæ seniorum agitant expertia frugis;
> Celsi prætereunt austera poemata Rhamnes.
> Omne tulit punctum, qui miscuit utile dulci,
> Lectorem delectando, pariterque monendo.
> Hic meret æra liber Sosiis : hic et mare transit,
> Et longum noto scriptori prorogat ævum.

Il est pourtant des fautes que l'indulgence excuse. La cor[de] harmonieuse ne répond pas toujours juste au doigt et à la pens[ée] qui l'interrogent : vous demandez un ton grave, elle va rend[re] un ton aigu ; et la flèche ne frappe pas toujours le but qu'el[le] menace. Mais, où les beautés dominent, je ne suis point choq[ué] de quelques taches, fruits de la négligence ou échappées à [la] faiblesse de notre nature. Que faire donc ? Le copiste qui, rele[vé] sans cesse, sans cesse tombe dans la même faute, ne trouve pl[us] de grâce, et l'on siffle un joueur de luth qui toujours pince [à] faux la même corde : ainsi l'auteur qui bronche à chaque p[as] est pour moi ce Chérile, chez qui deux ou trois vers heureux [me] font sourire malgré moi ; tandis que je murmure, si par hasard [le] bon Homère vient à s'endormir. Mais, dans un long poëme, sa[ns] crime on peut s'abandonner à quelques instants de sommeil. L[a] poésie ressemble à la peinture : tels morceaux, vus de près, vo[us] flatteront davantage ; tels autres, vus loin, craindront moins la ce[n]sure. Ceux-ci aiment un demi-jour ; ceux-là osent défier la lumièr[e] et ne redoutent pas l'œil perçant de la critique. Les uns n'ont p[lu] qu'une fois ; toujours redemandés, les autres plairont toujours.

Aîné des Pisons, vous dont la voix d'un père forme et culti[ve] le goût naturel, retenez bien ce précepte : Certains genres t[olè]lèrent la médiocrité. Un jurisconsulte ordinaire, un avoc[at] médiocre, est loin de l'éloquence de Messala, loin du savoir [de]

    Sunt delicta tamen quibus ignovisse velimus :
    Nam neque chorda sonum reddit, quem vult manus et mens,
    Poscentique gravem persæpe remittit acutum ;
    Nec semper feriet, quodcumque minabitur, arcus :
    Verum ubi plura nitent in carmine, non ego paucis
    Offendar maculis, quas aut incuria fudit,
    Aut humana parum cavit Natura. Quid ergo est?
    Ut scriptor si peccat idem librarius usque,
    Quamvis est monitus, venia caret ; ut citharœdus
    Ridetur, chorda qui semper oberrat eadem :
    Sic mihi, qui multum cessat, fit Chœrilus ille,
    Quem bis terque bonum cum risu miror ; et idem
    Indignor, quandoque bonus dormitat Homerus.
    Verum opere in longo fas est obrepere somnum.
    Ut pictura, poesis : erit quæ, si propius stes,
    Te capiet magis ; et quædam, si longius abstes.
    Hæc amat obscurum : volet hæc sub luce videri,
    Judicis argutum quæ non formidat acumen :
    Hæc placuit semel ; hæc decies repetita placebit.
    O major juvenum, quamvis et voce paterna
    Fingeris ad rectum, et per te sapis, hoc tibi dictum
    Tolle memor : Certis medium et tolerabile rebus
    Recte concedi. Consultus juris et actor
    Causarum mediocris, abest virtute diserti
    Messalæ, nec scit quantum Cascellius Aulus ;

scellius Aulus : néanmoins il a son prix. Mais, quant aux ètes, ni les dieux, ni les hommes, ni les colonnes ne leur permettent d'être médiocres. Au milieu d'un souper fin, une symphonie discordante, de grossiers parfums et des pavots mêlés au el de Sardaigne, blessent des convives délicats : le festin, en et, pouvait se passer de ce luxe. Telle est la poésie : née pour ire, manque-t-elle le premier rang, elle tombe au dernier. vice aux jeux du champ de Mars, l'homme sensé n'en manie. s les armes : la main étrangère à la paume, au disque, au ceau retentissant, garde un sage repos, de peur que n'éclate ris malins le cercle épais des spectateurs ; et tel homme, sans e poëte, ose pourtant faire des vers ! — Pourquoi non ? n'est-il s libre et noble ? n'a-t-il pas surtout le cens d'un chevalier ? que t-on lui reprocher, enfin ?

Pour vous, Pison, vous ne parlerez jamais, jamais vous n'érez en dépit de Minerve : votre bon sens, votre esprit m'en ondent. Si toutefois vous composiez un jour, consultez l'oreille ère de Metius, celle de votre père et la mienne. Que l'ouage ensuite dorme neuf ans, caché dans le portefeuille : on rature oisir la page inédite ; la parole envolée ne revient plus.

Les hommes vivaient épars dans les bois ; un poëte sacré, terprète du ciel, Orphée, leur inspira l'horreur du meurtre et ne indigne pâture : de là ces bruits qu'Orphée apprivoisait les res et les lions cruels. Amphion, à son tour, fondateur des murs

    Sed tamen in pretio est. Mediocribus esse poetis
Non Di, non homines, non concessere columnæ.
Ut gratas inter mensas symphonia discors,
Et crassum unguentum, et Sardo cum melle papaver
Offendunt, poterat duci quia cœna sine istis ;
Sic animis natum inventumque poema juvandis,
Si paulum a summo dicessit, vergit ad imum.
Ludere qui nescit, campestribus abstinet armis ;
Indoctusque pilæ discive trochive quiescit,
Ne spissæ risum tollant impune coronæ :
Qui nescit, versus tamen audet fingere ! — Quid ni ?
Liber et ingenuus, præsertim census equestrem
Summam nummorum, vitioque remotus ab omni.
Tu nil invita dices faciesve Minerva :
Id tibi judicium est, ea mens : si quid tamen olim
Scripseris, in Metii descendat judicis aures,
Et patris, et nostras, nonumque prematur in annum,
Membranis intus positis. Delere licebit
Quod non edideris : nescit vox missa reverti.
Silvestres homines sacer interpresque Deorum,
Cædibus et victu fœdo deterruit Orpheus ;
Dictus ob hoc lenire tigres, rabidosque leones :
Dictus et Amphion, Thebanæ conditor arcis,

de Thèbes, faisait, dit-on, mouvoir les rochers aux sons de [sa] lyre, et le charme de ses accents trouvait la pierre obéissante. C[e] fut en vers que la sagesse dicta ses premières leçons. Distingu[er] l'intérêt public de l'intérêt privé, le sacré du profane, réprim[er] le désordre des mœurs, tracer les devoirs des époux, bât[ir] les villes, graver des lois sur le chêne, tels furent les miracl[es] qui jadis divinisèrent les poëtes et leurs ouvrages. Ensuite par[ut] le grand Homère, et Tyrtée dont les chants animaient les fie[rs] courages aux exploits des héros. Le ciel rendit en vers ses oracle[s]; la poésie traça les préceptes de la morale; l'oreille des rois [se] plut aux concerts des neuf Sœurs; et l'on vit enfin éclore l[es] jeux scéniques, ces jeux, délassements si doux après de lon[gs] travaux. Ne rougissez donc pas de toucher la lyre de Polymn[ie] et de chanter avec Apollon.

Est-ce la nature, est-ce l'art, qui fait un bon poëte? questi[on] souvent débattue. Pour moi, je ne vois pas ce que peut l'étu[de] sans une veine féconde, ce que peut le génie sans culture: ils [se] demandent l'un à l'autre un mutuel secours, et veulent march[er] unis. L'athlète qui, dans sa course, brûle d'atteindre au but d[é]siré, longtemps exerça, tourmenta son enfance: le chaud, [le] froid, il a tout souffert; l'amour et le vin ne l'ont point amol[li]. Avant de briller aux fêtes d'Apollon Pythien, le joueur de flû[te] apprit et trembla sous un maître. Il ne suffit donc pas de dir[e]: « Moi, des vers! j'en fais d'admirables. Malheur au poëte q[ui]

    Saxa movere sono testudinis, et prece blanda
Ducere quo vellet. Fuit hæc sapientia quondam,
Publica privatis secernere, sacra profanis;
Concubitu prohibere vago, dare jura maritis;
Oppida moliri, leges incidere ligno:
Sic honor et nomen divinis vatibus atque
Carminibus venit. Post hos insignis Homerus,
Tyrtæusque mares animos in Martia bella
Versibus exacuit; dictæ per carmina sortes;
Et vitæ monstrata via est; et gratia regum
Pieriis tentata modis, ludusque repertus,
Et longorum operum finis: ne forte pudori
Sit tibi Musa lyræ solers et cantor Apollo.
Natura fieret laudabile carmen, an arte,
Quæsitum est: ego nec studium sine divite vena,
Nec rude quid possit video ingenium; alterius sic
Altera poscit opem res, et conjurat amice.
Qui studet optatam cursu contingere metam,
Multa tulit fecitque puer; sudavit et alsit;
Abstinuit Venere et vino. Qui Pythia cantat
Tibicen, didicit prius extimuitque magistrum.
Nunc satis est dixisse: « Ego mira poemata pango:
Occupet extremum scabies: mihi turpe relinqui est,

upît au dernier rang! Je rougirais d'être en arrière, et d'avouer que j'ignore ce que je n'ai point appris. »

A la voix du crieur, les chalands s'amassent autour des marchandises à l'encan : tels, à l'espoir du gain, les flatteurs se pressent autour du poëte riche en terres, riche en argent bien placé. Qu'il ait, de plus, table ouverte et bien servie; qu'il soit homme à cautionner le pauvre insolvable, à tirer un malheureux des griffes de la chicane, Dieu sait comment il fera pour distinguer le faux ami de l'ami véritable. Vous, si vous avez fait ou si vous voulez faire un présent à quelqu'un, n'allez pas, pour lui lire vos vers, le saisir dans l'ivresse de sa joie. Je l'entends déjà s'écrier : Beau! parfait! divin! A chaque mot il se pâme : que dis-je? il verse des larmes de tendresse, il bondit, il trépigne. Voyez ces pleureurs à gage accompagnant les obsèques; ils affichent la douleur mieux que ceux qui la sentent : ainsi l'adulateur qui vous joue fait plus de bruit qu'un sincère approbateur. Les rois, dit-on, soumettent leurs favoris à l'épreuve du vin; et l'ivresse, douce torture, en découvrant le fond des cœurs, décèle au prince le plus digne de sa confiance. Si vous faites des vers, ne soyez jamais dupes du trompeur caché sous la peau du renard. Lisait-on quelque ouvrage à Quintilius : « Allons, disait-il, corrigez ceci, retouchez cela. — Je ne puis faire mieux; deux ou trois fois je l'ai tenté en vain. — Effacez, vous dis-je; et que ces vers manqués soient remis sur

    Et, quod non didici, sane nescire fateri? »
Ut præco, ad merces turbam qui cogit emendas,
Assentatores jubet ad lucrum ire poeta,
Dives agris, dives positis in fenore nummis.
Si vero est, unctum qui recte ponere possit,
Et spondere levi pro paupere, et eripere atris
Litibus implicitum : mirabor si sciet inter-
Noscere mendacem verumque beatus amicum.
Tu, seu donaris, seu quid donare voles cui,
Nolito ad versus tibi factos ducere plenum
Lætitiæ : clamabit enim : Pulchre! bene! recte!
Pallescet super his; etiam stillabit amicis
Ex oculis rorem; saliet, tundet pede terram;
Ut, qui conducti plorant in funere, dicunt
Et faciunt prope plura dolentibus ex animo : sic
Derisor vero plus laudatore movetur.
Reges dicuntur multis urgere cullullis,
Et torquere mero, quem perspexisse laborent
An sit amicitia dignus : si carmina condes,
Nunquam te fallant animi sub vulpe latentes.
Quintilio si quid recitares, « Corrige, sodes,
Hoc, aiebat, et hoc. » Melius te posse negares,
Bis terque expertum frustra; delere jubebat,
Et male tornatos incudi reddere versus.

l'enclume. » Aimait-on mieux défendre l'endroit faible que de [le] réformer, il ne disait plus mot ; et, sans prendre une peine in[u]tile, il laissait l'auteur admirer seul et sans rival sa personne [et] ses œuvres. Tel est un sage et judicieux ami. Chez lui, poi[nt] d'excuse pour un vers lâche; point de pitié pour un vers dur [;] tout passage négligé, il le raie d'un revers de plume ; il élagu[e] les ornements ambitieux ; cette phrase obscure, il veut qu'o[n] l'éclaircisse ; ce terme équivoque, il faut qu'il disparaisse ; ch[a]que mot douteux ou à changer, il le note sévèrement : c'est u[n] Aristarque inflexible. Il ne dira point : « A quoi bon chagrin[er] mon ami pour des vétilles? » Ces vétilles, mal sérieux un jou[r] livreront le poëte berné aux risées du public.

L'homme que tourmente la lèpre ou la jaunisse ; le malheureu[x] qu'agitent les furies et la colère de Diane ; voilà l'image du poët[e] maniaque : on craint de le toucher, on le fuit, si l'on est sage [;] les enfants seuls s'en divertissent et le suivent étourdiment. Tan[t] que ce frénétique va hurlant ses vers sublimes, si, marchan[t] au hasard, distrait comme un guetteur de merles, il tombe a[u] fond d'un puits ou dans une fosse, qu'il crie tant qu'il voudra [:] *Au secours! à moi, citoyens!* gardez-vous de l'en tirer. Quelqu[e] âme charitable, venant à son aide, essaierait-elle de lui tend[re] une corde : « Que savez-vous, dirais-je, s'il n'eût pas ses ra[i]sons pour s'y jeter, et s'il ne veut pas qu'on l'y laisse? » Et j[e] raconterais la mort du poëte de Sicile : Jaloux de passer pou[r]

Si defendere delictum, quam vertere, malles,
Nullum ultra verbum, aut operam insumebat inanem,
Quin sine rivali teque et tua solus amares.
Vir bonus et prudens versus reprehendet inertes ;
Culpabit duros ; incomptis allinet atrum
Transverso calamo signum ; ambitiosa recidet
Ornamenta ; parum claris lucem dare coget ;
Arguet ambigue dictum, mutanda notabit :
Fiet Aristarchus, nec dicet : « Cur ego amicum
Offendam in nugis? » Hæ nugæ seria ducent
In mala derisum semel exceptumque sinistre.
Ut, mala quem scabies aut morbus regius urget,
Aut fanaticus error, et iracunda Diana :
Vesanum tetigisse timent, fugiuntque poëtam,
Qui sapiunt : agitant pueri, incautique sequuntur.
Hic, dum sublimes versus ructatur, et errat,
Si veluti merulis intentus decidit auceps
In puteum foveamve, licet, " Succurrite, " longum
Clamet, " Io cives! " non sit qui tollere curet.
Si curet quis opem ferre, et demittere funem,
« Qui scis, an prudens huc se dejecerit, atque
Servari nolit? » dicam ; Siculique poëtæ
Narrabo interitum : Deus immortalis haberi

dieu, Empédocle s'élança de sang-froid dans le brûlant Etna. Ôtons pas aux poëtes le droit de périr, quand bon leur semble. uver un poëte malgré lui ! mais c'est un meurtre évident. Au ste, il n'en est pas à son début en ce genre : arraché de là, ne saura pas redevenir homme, ni guérir de sa passion pour e mort fameuse. On ne sait pas trop d'où lui vient cette ge de versifier : a-t-il souillé les cendres paternelles? a-t-il uché, sali d'un crime, le lieu noirci par la foudre? le fait est l'il est fou; on dirait un ours déchaîné qui a rompu les barreaux de sa loge; ignorant et savant, tout fuit ce lecteur furieux. lheur à quiconque il saisit! point de quartier; il faut périr us son vers assassin : c'est la sangsue qui ne lâche prise 'après s'être gorgée de sang. J. N. M. DE GUERLE.

    Dum cupit Empedocles, ardentem frigidus Ætnam
    Insiluit. Sit jus, liceatque perire poetis :
    Invitum qui servat, idem facit occidenti.
    Nec semel hoc fecit: nec, si retractus erit, jam
    Fiet homo, et ponet famosæ mortis amorem.
    Nec satis apparet cur versus factitet ; utrum
    Minxerit in patrios cineres, an triste bidental
    Moverit incestus; certe furit, ac, velut ursus
    Objectos caveæ valuit si frangere clathros,
    Indoctum doctumque fugat recitator acerbus;
    Quem vero arripuit, tenet, occiditque legendo,
    Non missura cutem, nisi plena cruoris, hirudo.

NOTES

DU LIVRE PREMIER

ODE PREMIÈRE.

Horace ne publia d'abord que les deux premiers livres de ses poésies lyriques. Ce morceau peut en être considéré comme le prologue : c'est une dédicace à Mécène.

Le vers asclépiade entre seul dans cette ode.

1. *Atavis edite regibus* (v. 1). Mécène descendait des anciens rois de Toscane.

ODE DEUXIÈME.

Le poëte, dans cette belle ode, déplore comme une calamité publique le trépas de Jules César. Il attribue à cette mort, encore sans vengeance, les désastres de Rome. Il salue dans Octave le sauveur de la patrie, le vengeur et le digne héritier de César. Ce morceau semble avoir été écrit à l'époque même de l'assassinat du dictateur ; néanmoins il ne le fut probablement que longtemps après ; car, comme l'a remarqué Lefèvre, Horace, lorsque César fut tué, était encore tribun des soldats dans l'armée de Brutus.

Cette ode est du mètre saphique, ainsi nommé des trois premiers vers de chaque strophe. Le petit vers qui termine la strophe est le vers adonique.

1. *Grave ne rediret Seculum Pyrrhæ* (v. 5, 6). Pyrrha, femme de Deucalion, sous le règne duquel arriva un déluge célèbre, l'an du monde 2437.

ODE TROISIÈME.

Cette ode se compose du vers glyconique et de l'asclépiade, qui alternent.
1. *Sic fratres Helenæ* (v. 2). Castor et Pollux, devenus, après leur mort, la constellation des Gémeaux.

ODE QUATRIÈME.

Les vers de ce morceau sont le grand archiloquien et l'iambique de cinq mesures et demie.
1. *Non regna vini sortiere talis* (v. 18). Les Romains, comme les Grecs, tiraient au sort un roi chargé de présider à leurs festins.

ODE CINQUIÈME.

Horace adresse cette ode à l'une de ces courtisanes distinguées par leurs attraits et leurs talents, qui charmaient alors la jeunesse romaine. Jamais amant trahi ne mit plus de grâce dans ses reproches et dans ses adieux.
Les strophes de cette ode sont ainsi formées : les deux premiers vers sont l'asclépiade ; le troisième est composé d'un dactyle entre deux spondées ; le dernier vers est le glyconique.

ODE SIXIÈME.

Horace s'excuse, sur sa faiblesse, de célébrer les louanges du gendre d'Auguste, Agrippa. C'est à Varius, dit-il, qu'une si noble tâche est réservée. Il ne nous reste de Varius que quelques fragments : ce poëte se distingua dans l'épopée et la tragédie.
Les strophes de cette ode sont formées de trois asclépiades et d'un glyconique.

ODE SEPTIÈME.

Munatius Plancus, qui fut censeur et consul, fut d'abord un des partisans d'Antoine ; mais il l'abandonna pour César. Il fut l'ami d'Horace, et possédait, comme lui, une maison de campagne à Tibur.
Les vers de cette ode sont l'hexamètre et le falisque, qui alternent.
1. *Et præceps Anio* (v. 13). L'Anio, rivière qui se jette dans le Tibre, aujourd'hui le *Tévéron*.
2. *Teucer Salamina patremque Quum fugeret* (v. 21, 22). Teucer, fils de Télamon, après le siége de Troie et la mort de son frère Ajax, revint à Salamine, d'où le chassa Télamon, désespéré de ne point revoir son autre fils.
3. *Ambiguam tellure nova Salamina futuram* (v. 29). Teucer fonda dans l'île de Chypre une ville qu'il nomma Salamine.

ODE HUITIÈME.

Un petit vers, formé d'un dactyle et de deux trochées, alterne, dans cette ode, avec un grand vers saphique à deux repos, que plusieurs éditeurs ont cru devoir couper.

ODE NEUVIÈME.

Thaliarque est un personnage inconnu. C'est un nom grec qui signifie *le roi du festin.*

Cette ode est du mètre alcaïque. On appelle ainsi le mètre des strophes formées de deux vers alcaïques, d'un iambique de quatre mesures et demie, et d'un archiloquien de quatre mesures.

1. *Vides ut alta stet nive candidum Soracte* (v. 1, 2). Le Soracte, montagne près de Rome, aujourd'hui *monte San-Silvestro*, et par corruption *monte Tristo.*

ODE DIXIÈME.

Cette ode paraît avoir été traduite du grec. Porphyrion l'attribue à Alcée, et cette supposition est appuyée par le témoignage de Pausanias, qui cite un passage de l'ode du poëte grec.

Le mètre de ce morceau est le saphique.

ODE ONZIÈME.

Ce petit morceau est composé de huit vers du même mètre, le grand asclépiade.

1. *Nec Babylonios Tentaris numeros* (v. 2, 3). Les calculs babyloniens. Le poëte désigne par ces mots les supputations que faisaient les anciens astrologues avec des jetons, ou simplement avec leurs doigts.

ODE DOUZIÈME.

Cette ode est consacrée à l'éloge d'Auguste. Dacier pense qu'elle fut composée quelque temps après la bataille d'Actium, quand le sénat, qui venait de décréter l'apothéose d'Auguste, eut en même temps ordonné qu'on le célébrât dans les hymnes religieux.

Ce morceau est du mètre saphique.

ODE TREIZIÈME.

La plupart des commentateurs regardent cette petite pièce comme une imitation du grec.

Le mètre est l'asclépiade et le glyconique, qui alternent.

ODE QUATORZIÈME.

Quelques commentateurs ont pensé que ce morceau fut écrit lorsque Auguste et Antoine faisaient l'un contre l'autre de nouveaux préparatifs de guerre, vers l'an de Rome 721.

Le mètre est celui de l'ode v, *à Pyrrha*.

ODE QUINZIÈME.

Les strophes de cette ode sont composées de trois asclépiades et d'un glyconique.

« On reconnaît dans cette pièce, dit M. Tissot (*Études sur Virgile*, discours préliminaire), une inspiration donnée par Homère et les tragiques d'Athènes. L'*Iliade* repose sur le courroux d'Achille, l'ode sur la punition de Pâris ; mais la guerre de Troie n'a pu entrer tout entière dans un vaste poëme ; Horace a trouvé le secret de la renfermer dans le cadre étroit d'une création lyrique. Avec quel art il force le sujet à obéir aux ordres du génie, et nous conduit de l'enlèvement d'Hélène à la ruine d'Ilion ! »

ODE SEIZIÈME.

Le mot *palinodie* (πάλιν ᾠδή) signifie *rétractation, désaveu*. Il paraît qu'Horace avait fait des vers injurieux à Tyndaris (selon d'autres, à la mère de celle-ci). Il se repent de son offense.

Le mètre du morceau est l'alcaïque.

ODE DIX-SEPTIÈME.

Cette ode semble une continuation de l'ode précédente. Elle est de la même mesure.

Horace célèbre les délices de sa maison des champs dans le pays des Sabins.

ODE DIX-HUITIÈME.

Selon Dacier, le personnage à qui est adressé ce morceau n'est point le Varus qui périt en Germanie avec trois légions, mais le poëte Quinctilius Varus dont Horace déplore la mort dans l'ode xxiv de ce livre. Cette petite ode est une imitation d'une pièce d'Alcée sur le même sujet et du même mètre (le grand asclépiade).

1. *Non ego te, candide Bassareu* (v. 33). *Bassareus*, surnom de Bacchus, du mot hébreu *batzar* « vendanger. »

2. *Invitum quatiam* (v. 22). Les anciens, dans les jours de fête, tiraient de leur place les statues des dieux, ce qui s'appelait *commovere sacra*. Dans les Bacchanales, on promenait avec les statues de Bacchus des corbeilles couvertes de pampre et de lierre.

ODE DIX-NEUVIÈME.

L'ode est composée du vers glyconique et de l'asclépiade, qui alternent.

ODE VINGTIÈME.

Horace invite Mécène à venir vider chez lui quelques flacons de [s]abin (*vile Sabinum*). Les vignes sabines étaient méprisées, et la [li]queur qu'elles produisaient était le *Surène* des Romains.
Cette petite ode est du mètre saphique.

ODE VINGT ET UNIÈME.

Cette ode est une prière publique adressée aux dieux tutélaires de [l'e]mpire. Peut-être fut-elle composée l'an de Rome 725, pour être [ch]antée aux premiers jeux Apollinaires ; à cette époque, Auguste reçut [le] titre de prince, et songeait à porter la guerre chez les Parthes et les [Br]etons.
Le mètre est celui de l'ode v, *à Pyrrha*.

ODE VINGT-DEUXIÈME.

Aristius Fuscus, à qui Horace adresse ce morceau, était à la fois [rhé]teur, grammairien et poète. C'est à lui pareillement que notre poëte [ad]resse sa 10ᵉ épître du livre 1ᵉʳ. Aristius Fuscus comptait parmi les [pl]us tendres amis d'Horace.
Dans cette ode, Horace décrit le bonheur de l'homme innocent et [ju]ste, qui a pour bouclier sa vertu, et qu'en tout lieu la Divinité pro[tè]ge.
Le mètre est le saphique.

ODE VINT-TROISIÈME.

Deux vers d'Anacréon, conservés par Athénée, et où il compare éga[le]ment une jeune fille à un faon séparé de sa mère, ont fait penser [qu]e la pièce entière était prise de ce poëte. Mais ce n'est qu'une conjecture.
Le mètre de ce morceau est celui de l'ode v, *à Pyrrha*.

ODE VINGT-QUATRIÈME.

Horace console Virgile de la mort du poëte Quinctilius Varus, son [pa]rent et son ami.
Les strophes de cette ode sont composées de trois asclépiades et d'un [gl]yconique.

ODE VINGT-CINQUIÈME.

Horace se venge ici d'une courtisane qui l'a dédaigné ou trompé.
Cette petite ode est du mètre saphique.

ODE VINGT-SIXIÈME.

Elius Lamia, à qui est consacrée cette ode, s'était distingué dans l[a] guerre contre les Cantabres.

Le mètre de ces strophes est l'alcaïque.

1. *Quid Tiridaten terreat* (v. 5). Tiridate se révolta contre Phraat[e] et s'empara du royaume des Parthes, l'an de Rome 723. Cinq an[s] après, Phraate marcha contre lui avec le secours des Scythes. C'e[st] peut-être à ce fait qu'Horace fait ici allusion.

2. *Pimplea dulcis* (v. 9)! Pimplée était une fontaine de Thrac[e] consacrée aux Muses.

ODE VINGT-SEPTIÈME.

Le mètre de cette ode bachique est l'alcaïque.

1. *Et cubito remanete presso* (v. 8). « Restez paisibles, appuyés su[r] vos coudes. » On sait que les Romains mangeaient couchés sur de[s] lits rangés autour des tables.

ODE VINGT-HUITIÈME.

D'après la mythologie ancienne, les ombres des morts ne pou[-] vaient pénétrer dans les Enfers, tant que le corps n'avait point reç[u] de sépulture.

Horace suppose qu'un voyageur rencontre le cadavre d'Archytas qui fut jeté, dit-on, par un naufrage sur les rives de la Calabre, [et] il s'entretient avec l'ombre du philosophe.

Archytas, de Tarente, fut disciple de Pythagore et ami de Plato[n.] Grand astrologue, grand géomètre, il se distingua aussi dans la phil[o-] sophie.

Ce morceau est composé du vers hexamètre et du falisque, q[ui] alternent.

1. *Panthoiden, iterum Orco Demissum, quamvis clypeo Trojan[a] refixo Tempora testatus,* etc. (v. 10-12). Pythagore prétendait avo[ir] été Euphorbe, fils de Panthoüs. Il reconnut à Argos, dans le temple d[e] Junon, le bouclier dont il s'armait, lorsque, sous les traits de ce héro[s,] il combattait au siège de Troie. Il enleva du temple ce bouclier, qu[i] montrait comme un témoignage de sa première vie.

2. *Injecto ter pulvere curras* (v. 35). Les Romains avaient emprun[té] aux Grecs la coutume de jeter trois fois de la poussière sur les cor[ps] morts.

ODE VINGT-NEUVIÈME.

On ignore quel fut cet Iccius.
Le mètre est l'alcaïque.

ODE TRENTIÈME.

Cette petite invocation à Vénus, qui semble une imitation de quelqu[e] poëte grec, est du mètre saphique.

ODE TRENTE ET UNIÈME.

Plusieurs commentateurs pensent qu'Horace composa cette ode pour célébrer la dédicace d'un autel qu'il élevait dans sa maison au dieu des vers ; selon d'autres (et de ce nombre est Dacier), il écrivit ce morceau à l'occasion de la consécration du temple qu'Auguste éleva et dédia à Apollon, l'an de Rome 725, dans son palais du mont Palatin.

Le mètre de ce morceau est l'alcaïque.

1. *Quæ Liris quieta Mordet aqua, taciturnus amnis* (v. 7, 8). Le Liris, fleuve très-lent, qui séparait le Latium de la Campanie, aujourd'hui le *Garigliano*.

ODE TRENTE-DEUXIÈME.

Cette ode est une invocation du poëte à sa lyre.
Le mètre est le saphique.

ODE TRENTE-TROISIÈME.

Cette ode est adressée au poëte Tibulle. Horace le console de l'infidélité d'une amante.

Les strophes sont composées de trois asclépiades et d'un glyconique.

ODE TRENTE-QUATRIÈME.

Le poëte maudit les faux principes de la secte qu'il avait embrassée (celle d'Épicure). Dacier et Sanadon regardent ce morceau comme ironique : selon ces critiques, cette ode est une raillerie qu'adresse aux Stoïciens le joyeux disciple d'Épicure.

Le mètre est l'alcaïque.

ODE TRENTE-CINQUIÈME.

Horace composa probablement cette ode *à la Fortune*, l'an de Rome 726, lorsque Auguste préparait deux expéditions, l'une contre la Grande-Bretagne, l'autre contre l'Arabie ; mais de ces deux campagnes, la seconde n'eut lieu que quatre ans plus tard, et sans succès ; et Auguste renonça entièrement à la première, qu'il devait diriger en personne.

Le mètre est l'alcaïque.

ODE TRENTE-SIXIÈME.

On n'a point de notions précises sur le personnage de Plotius Numida dont Horace célèbre le retour avec l'accent d'une vive amitié. Il est vraisemblable qu'il revenait de la guerre entreprise contre les Cantabres, l'an de Rome 730.

Cette ode est composée du vers glyconique et de l'asclépiade, qui alternent.

ODE TRENTE-SEPTIÈME.

Cette ode est du mètre alcaïque.

1. *Nunc Saliaribus Ornare pulvinar Deorum Tempus erat dapibus, sodales* (v. 2-4). Les Romains, pour célébrer quelque événement heureux, ordonnaient des prières publiques, et dressaient dans les temples des tables splendides. Ils plaçaient sur des carreaux appelés *pulvinaria* les statues des dieux, qu'ils invitaient à ces pompeux festins. Horace les nomme *Saliares dapes*, parce que la magnificence que déployaient alors les prêtres saliens était passée en proverbe.

2. *Mentemque lymphatam Mareotico* (v. 14). Le vin maréotique se recueillait près du marais *Mareotis*, au dessous d'Alexandrie, en Égypte.

ODE TRENTE-HUITIÈME.

Ces deux strophes sont du mètre saphique.

1. *Displicent nexæ philyra coronæ* (v. 2). Les anciens, de l'écorce du tilleul, séparée en feuilles très-minces, formaient des bandelettes dont ils liaient et entouraient leurs couronnes.

LIVRE DEUXIÈME

ODE PREMIÈRE.

Les titres littéraires d'Asinius Pollion, à qui cette ode est adressée, sont des tragédies, une histoire des guerres civiles, des plaidoyers. Tous ces travaux sont perdus pour nous ; mais il nous reste, en faveur des talents de Pollion, les témoignages d'Horace et de Virgile. Cet homme illustre ne joua pas un rôle moins important dans les événements politiques de son siècle : il fut d'abord partisan de César ; après sa mort, il resta étranger aux débats d'Antoine et d'Octave. Notre poëte, dans cette ode, invite Pollion à laisser reposer pour quelque temps la muse tragique et à se livrer entièrement à l'histoire dont il s'occupait alors, celle des guerres civiles, depuis le triumvirat de César, Crassus et Pompée.

Le mètre de l'ode est l'alcaïque.

ODE DEUXIÈME.

Malgré l'opinion du président de Brosses, qui soutient sans preuves que cette ode est adressée à Salluste l'historien, nous nous rangeons à l'opinion de tous les commentateurs, qui voient dans le Salluste dont il est ici question un petit-fils de la sœur de cet historien : c'était un courtisan qui jouissait de la faveur d'Auguste.

Le mètre de l'ode est le saphique.

1. *Vivet extento Proculeius œvo* (v. 5). Ce Proculeius avait deux [frè]res, qui perdirent leur fortune pendant les guerres civiles : Procu[le]us partagea ses biens avec eux. L'un de ces frères fut Licinius [Va]rron Muréna, à qui est adressée l'ode x de ce livre.

ODE TROISIÈME.

On ne sait rien de positif sur le personnage de *Dellius*, à qui est [adr]essé ce morceau, l'un des chefs-d'œuvre d'Horace.
Le mètre est l'alcaïque.

ODE QUATRIÈME.

Cette ode est du mètre saphique.

ODE CINQUIÈME.

André Chénier a traduit ce morceau dans la première partie de son [idy]lle d'*Arcas et Palémon*.
Le mètre est l'alcaïque.

ODE SIXIÈME.

Septime était un chevalier romain, qui fut l'ami d'Horace et son [co]mpagnon d'armes.
Le mètre de cette ode gracieuse est le saphique.
1. *Dulce pellitis ovibus Galœsi Flumen* (v. 10, 11). Le Galésus, [au]jourd'hui *Galaso*, rivière voisine de Tarente. Cette ville devint le [séj]our d'une colonie de Lacédémoniens, que Phalante y conduisit.
2. *Viridique certat Bacca Venafro* (v. 15, 16). Vénafre était une [vil]le de Campanie, dont les olives étaient renommées.

ODE SEPTIÈME.

Le poëte adresse cette ode à un ami, à un ancien compagnon [d']armes, dans les bras duquel il se retrouve.
Le mètre est l'alcaïque.
1. *Quis te redonavit Quiritem* (v. 3)? — *Quiritem :* on sait que c'est [le] nom du citoyen romain hors des camps. C'est, à la noblesse près, [no]tre mot *bourgeois*.

ODE HUITIÈME.

Ce morceau, que les commentateurs regardent assez généralement [co]mme imité du grec, est du mètre saphique.

ODE NEUVIÈME.

Valgius était un poëte latin dont il ne nous reste plus rien. Il fit des [élé]gies, des idylles, des épigrammes. Horace, dans ses *Satires*, le met [au] nombre des amis dont il ambitionne le suffrage :

Plotius, et Varius, Mæcenas, Virgiliusque,
Valgius, et probet hæc Octavius.
(*Sat.*, lib. 1, sat. 10, v. 80.)

Horace veut ici consoler ce poëte de la perte de son fils Mystès.
Le mètre est l'alcaïque.

1. *Querceta Gargani* (v. 7). Le Gargane, nom d'une montagne d'Apulie.

2. *Medumque flumen gentibus additum Victis* (v. 21, 22). Le fleuve de Médie, c'est l'Euphrate.

3. *Gelonos exiguis equitare campis* (v. 23, 24). Les Gélons, peuple voisin des Sarmates, et qui faisait partie des Scythes.

ODE DIXIÈME.

Cette ode s'adresse au frère de ce Proculeius dont Horace célèbre la générosité dans l'ode II de ce livre. Licinius, que la perte de tous ses biens, dans les guerres civiles, n'avait pu corriger de son ambition, ne suivit pas les sages conseils que notre poëte lui donne dans cette belle ode : il conspira contre Auguste, et subit la peine capitale.

Cette ode est du mètre saphique.

ODE ONZIÈME.

Les commentateurs supposent que Quintius Hirpinus, auquel Horace adressa également sa 16e épître du livre 1er, avait des possessions dans plusieurs pays où l'on pouvait craindre des invasions, et s'inquiétait beaucoup pour ses propriétés. Horace cherche à le rassurer.

Cette ode est du mètre alcaïque.

ODE DOUZIÈME.

Je pense avec Dacier que la Licymnie dont parle Horace dans cette ode n'est autre que l'épouse de Mécène, Terentia, dont le poëte déguisait le nom. Il paraît que Mécène avait engagé Horace à traiter des sujets sérieux, et surtout à célébrer les triomphes d'Auguste. Horace s'excuse avec délicatesse.

Les strophes de cette ode sont composées de trois asclépiades et d'un glyconique.

1. *Et nimium mero Hylœum* (v. 5, 6). Hylée, un des Centaures.

Et magno Hylæum Lapithis cratere minantem.
(Virgilius, *Georgicon* lib. II, v. 457.)

2. *Domitosque Herculea manu Telluris Juvenes* (v. 6, 7). Dacier explique ce passage par une hypothèse ingénieuse, qui n'a rien d'invraisemblable : il croit qu'Horace veut faire allusion aux triomphes d'Octave, et qu'il désigne Antoine par *l'ivrogne Hylée*, et par les Géants qui osaient attaquer le ciel, Brutus et Cassius.

ODE TREIZIÈME.

L'événement qui fait le sujet de cette ode, la chute d'un arbre qui aillit écraser le poëte, parait avoir fait sur lui une impression profonde : il reviendra encore sur cet accident (livre II, ode XVII ; liv. III, odes IV et VIII).

Le mètre de cette ode est l'alcaïque.

1. *Nec curat Orion leones, Aut timidos agitare lyncas* (v. 39, 40). Le chasseur Orion avait voulu attenter à l'honneur de Diane. Horace suppose qu'il conserve aux Enfers le goût de la chasse.

ODE QUATORZIÈME.

On ne connait point ce Postume dont Horace a immortalisé le nom par cette ode admirable.

Ce morceau est du mètre alcaïque.

ODE QUINZIÈME.

Le poëte rappelle à ses concitoyens, dont il déplore le faste et le luxe, les beaux jours de Rome pauvre encore, et la noble indigence de leurs ancêtres.

L'ode est du mètre alcaïque.

1. *Extenta visentur Lucrino Stagna lacu* (v. 3, 4). Le lac Lucrin, situé dans la Campanie. Il a été comblé par un tremblement de terre.

2. *Nec fortuitum spernere cespitem Leges sinebant* (v. 17, 18). Je crois, comme Dacier, qu'il faut entendre par *fortuitum cespitem*, le coin de terre qui échut à chaque citoyen dans le partage des terres conquises.

ODE SEIZIÈME.

On a pensé que le personnage auquel cette ode est adressée, était le même Pompeius Grosphus, dont parle Horace dans ses *Épîtres* ; mais ce n'est qu'une conjecture.

Le mètre de cette belle ode est le saphique.

ODE DIX-SEPTIÈME.

On sait que Mécène était d'une faible santé ; on sait aussi qu'il tenait singulièrement à la vie, et tourmentait souvent ses amis de ses plaintes. C'est dans un de ces moments où sans doute il croyait sa mort prochaine, qu'Horace le rassure et le console.

L'ode est du mètre alcaïque.

1. *Ille dies utramque Ducet ruinam* (v. 8, 9). Le ciel exauça ce vœu de l'amitié, et accomplit la prédiction touchante du poëte : le même mois vit mourir Mécène et son ami.

ODE DIX-HUITIÈME.

Ce morceau est composé de deux espèces de vers, qui alternent ; l'un formé de trois trochées et d'une syllabe, l'autre de cinq ïambes et d'une syllabe.

1. *Marisque Baiis obstrepentis urges Summovere litora* (v. 20, 21). C'est à Baïes surtout que les Romains opulents empiétaient ainsi sur la mer, et bâtissaient ces édifices qui excitent l'indignation du poëte.

ODE DIX-NEUVIÈME.

Le mètre est l'alcaïque.

1. *Tectaque Penthei Disjecta non leni ruina* (v. 14, 15). Penthée, roi de Thèbes, qui avait outragé Bacchus, fut écrasé sous les ruines de son palais.

2. *Thracis et exitium Lycurgi* (v. 16). Lycurgue, roi de Thrace, qui avait aussi offensé le dieu, devint furieux. Il se coupa lui-même l'extrémité des membres, égorgea son fils, et fut dévoré par des panthères.

ODE VINGTIÈME.

Horace se promet l'immortalité.
L'ode est du mètre alcaïque.

1. *Non usitata, nec tenui ferar Penna biformis* (v. 1, 2). Horace veut faire entendre, par le mot *biformis*, que sa métamorphose en cygne n'est pas achevée, et qu'il conserve encore quelque chose de l'homme. C'est dans la troisième strophe, bien remarquable par l'élégance et la propriété de l'expression, que le prodige s'achève. Dans la strophe suivante, tout est fini; et il se nomme alors *canorus ales*.

LIVRE TROISIÈME

ODE PREMIÈRE.

Cette ode est du mètre alcaïque.

1. *Districtus ensis cui super impia Cervice pendet* (v. 17, 18). Le poëte fait allusion à ce Damoclès que Denys-le-Tyran fit asseoir à sa table. On lui sert les mets les plus exquis; on l'entoure d'esclaves empressés; une musique céleste se fait entendre; tout à coup il lève la tête, et voit au-dessus de lui une épée nue suspendue par un fil. Denys voulait lui donner une idée de son propre bonheur.

ODE DEUXIÈME.

Ce qui distingue ce morceau, et lui imprime un caractère particulier, c'est qu'il forme un recueil de préceptes qu'Horace donne à la jeunesse romaine.

Le mètre est l'alcaïque.

1. *Qui Cereris sacrum Vulgarit arcanæ* (v. 25, 26). Le culte de

Cérès était secret, et les initiés à ses mystères ne devaient point les découvrir.

ODE TROISIÈME.

L'opinion la plus générale, et, selon nous, la plus judicieuse, est que cette ode fut composée à propos du projet manifesté d'abord par Jules César, et depuis, sans doute, par Auguste, de transporter à Troie le siége de l'empire; projet qui devait effrayer tous les Romains amis de leur patrie.

Le mètre de cette ode est l'alcaïque.

ODE QUATRIÈME.

Je crois que cette ode date de la première période de la vie d'Auguste, et que le but principal du poëte fut d'exhorter ce prince à des sentiments de clémence qui étaient alors loin de son cœur. Envisagée sous ce point de vue, cette ode me paraît à la fois une grande preuve d'adresse et une belle action.

Le mètre est l'alcaïque.

1. *Nec Sicula Palinurus unda* (v. 28). Le cap de Palinure, promontoire de Lucanie, ainsi nommé de Palinure, pilote d'Énée. Horace faillit y périr à son retour en Italie, après la bataille de Philippes.

2. *Delius et Patareus Apollo* (v. 64). Horace nomme Apollon *Patareus*, parce que ce dieu avait un temple célèbre à Patare, ville de Lycie.

3. *Incontinentis nec Tityi jecur* (v. 77). Horace donne à Tityre l'épithète d'*incontinens*, parce qu'il voulut attenter à l'honneur de Latone, et, selon d'autres, de Proserpine.

ODE CINQUIÈME.

Cette ode est un panégyrique de Régulus et de son héroïque dévouement. Horace célèbre en grand poëte un grand citoyen. Ce morceau fut composé, sans doute, lorsque les Parthes rendirent à Auguste les drapeaux enlevés à Crassus, c'est-à-dire l'an de Rome 733.

Le mètre de cette ode est l'alcaïque.

1. *Anciliorum, et nominis, et togæ Oblitus* (v. 10, 11). Le poëte parle ici des douze boucliers (*ancilia*) qui, disait-on, étaient tombés du ciel, et auxquels étaient attachées les destinées de l'empire romain.

ODE SIXIÈME.

Horace reproche aux Romains leur impiété et le mépris qu'ils ont montré pour les dieux. C'est à cette cause qu'il attribue la défaite de Crassus, les guerres civiles, et tous les malheurs de Rome.

Le mètre de cette ode, pleine de chaleur et de verve, est l'alcaïque.

1. *Jam bis Monœses et Pacori manus* (v. 9). Monèse et Pacorus, généraux parthes, par qui fut défait Crassus. On sait que ce général était parti de Rome, pour sa funeste expédition, en manifestant un grand mépris pour les augures, et en refusant de les consulter.

2. *Damnosa quid non imminuit dies* (v. 45)? Cette strophe est devenue célèbre par sa concision remarquable.

ODE SEPTIÈME.

Le poëte cherche à consoler Astérie de la longue absence de Gygès, dont le vaisseau était retenu par les vents contraires dans un port de l'Épire.

Le mètre est celui de l'ode v du livre 1er, *à Pyrrha*.

ODE HUITIÈME.

Horace invite Mécène à partager sa table et à célébrer avec lui l'anniversaire du jour où la protection d'un dieu le préserva de la chute d'un arbre.

Le mètre est le saphique.

1. *Martiis cœlebs quid agam calendis* (v. 1). Les calendes de mars (*matronalia*) étaient un jour de fête pour les femmes seules; et les époux faisaient alors des vœux pour la vie de leurs épouses.

ODE NEUVIÈME.

Les vers de ce joli dialogue sont le glyconique et le petit asclépiade, qui alternent.

ODE DIXIÈME.

Voici une des chansons connues chez les anciens sous le nom de *paraclausithyron* [mot grec qui signifie *plainte devant une porte*), et que les jeunes gens chantaient aux portes de leurs maîtresses. Il paraît que cet usage subsiste encore en Grèce, car la 12e chanson romanesque du recueil de M. Fauriel présente la même intention (*Chants populaires de la Grèce moderne*, tome II, page 148). Il est remarquable que ce dernier morceau est terminé par un trait qui se retrouve dans Horace (livre I, ode XXIII, v. 9 et 10).

Les strophes de cette ode sont composées de trois asclépiades et d'un glyconique.

ODE ONZIÈME.

Cette ode contient un éloge d'Hypermnestre et un tableau dramatique du crime des Danaïdes.

Elle est du mètre saphique.

ODE DOUZIÈME.

Cette ode est fortement empreinte du coloris grec. — Le mètre est remarquable; d'un bout à l'autre du morceau, il offre alternativement deux brèves et deux longues. D'après le système métrique du P. Sanadon, il se compose de deux grands vers ioniens de six mesures, suivis d'un petit ionien de trois mesures.

ODE TREIZIÈME.

Dans cette petite ode, pleine de fraîcheur et de grâce, Horace a [chan]té la fontaine d'où sortait le ruisseau qui arrosait sa campagne, [da]ns le pays des Latins.

Les strophes de ce morceau sont ainsi formées : les deux premiers [ve]rs sont l'asclépiade ; le troisième contient deux spondées séparés par [un] dactyle ; le dernier vers est le glyconique.

ODE QUATORZIÈME.

Auguste avait été dangereusement malade en Espagne, où il restait [de]puis plusieurs années pour soumettre les Cantabres. Cette maladie [ren]dit plus vive la joie que causa son retour, quand il revint à Rome [ap]rès avoir soumis l'Espagne aux armes romaines.

Le mètre est le saphique.

1. *Et cadum Marsi memorem duelli, Spartacum si qua potuit [fu]gantem Fallere testa* (v. 18-20). L'an de Rome 663 commença la [gue]rre des Marses, qui se liguèrent contre les Romains avec la plu[pa]rt des peuples de l'Italie. Deux ans après cette guerre, qui fut ap[pe]lée *guerre des alliés*, s'alluma celle des gladiateurs, soulevés par [S]partacus (*bellum servile*). Voyez FLORUS, liv. III, ch. 18 et 20.

ODE QUINZIÈME.

Horace engage la vieille Chloris à quitter la lyre pour les fuseaux, à renoncer au culte de Vénus.

Ce petit morceau, dont la couleur grecque est encore très-prononcée, [es]t composé du vers glyconique et du petit asclépiade, qui alternent.

ODE SEIZIÈME.

Les strophes de cette ode sont composées de trois petits asclépiades d'un glyconique.

1. *Concidit Auguris Argivi domus, ob lucrum* (v. 11, 12). Am[ph]iaraüs, devin et poëte d'Argos, fut englouti au siége de Thèbes, où [il] avait d'abord refusé d'aller, parce qu'il savait que cette guerre lui [se]rait fatale ; mais il céda aux conseils de son épouse Ériphyle, que [Po]lynice avait séduite par le don d'un collier.

2. *Diffidit urbium Portas vir Macedo* (v. 13, 14). Le poëte semble [ra]ppeler ce mot de Philippe, « qu'aucune ville n'était imprenable [lo]rsqu'on pouvait y faire entrer un mulet chargé d'or. »

ODE DIX-SEPTIÈME.

Élius Lamia, à qui est adressée cette petite ode, était un des ci[to]yens de Rome les plus considérés, tant pour sa naissance que pour [so]n mérite.

L'ode est du mètre alcaïque.

ODE DIX-HUITIÈME.

Cette ode est une prière à Faune, le Pan des Latins, dont la fête se célébrait en décembre, le jour des nones.

On croyait que dans l'hiver, qui commence en Italie au mois de décembre, ce dieu quittait l'Italie pour aller en Arcadie, contrée de la Grèce qui lui était consacrée; et qu'au mois de février il abandonnait cette dernière région pour revenir en Italie.

Le mètre de cette petite invocation est le saphique.

ODE DIX-NEUVIÈME.

Cette ode gracieuse a tous les caractères d'un impromptu de table.
On ne sait rien de précis sur le personnage auquel elle s'adresse, et qu'Horace nous représente comme un jeune pédant, faisant de la science à table et de l'érudition le verre à la main.

Ce morceau est formé du vers glyconique et de l'asclépiade, qui alternent.

1. *Da noctis mediæ, da, puer, auguris Murenæ* (v. 10, 11). Il s'agit ici de Licinius Murena, beau-frère de Mécène, qui venait d'être promu à la dignité d'augure.

ODE VINGTIÈME.

Les noms propres employés dans cette ode, la nature du sujet, l'allégorie singulièrement prolongée à l'aide de laquelle il est traité, ont fait penser à M. Mitscherlich qu'elle est la traduction de quelque ode grecque que le temps a détruite.

Cette ode est du mètre saphique.

ODE VINGT ET UNIÈME.

Valerius Messala Corvinus, dont il est question dans cette ode, était un citoyen justement célèbre. Il défendit la cause de la liberté sous Brutus, combattit à Philippes, et, après la mort de son général, offrit ses services à Antoine; mais il reconnut bientôt qu'il ne servait pas sa patrie en servant l'esclave de Cléopâtre; et, passant sous les drapeaux d'Octave, qui au moins ne déshonorait pas le nom romain, il contribua par sa valeur à la victoire d'Actium.

Le mètre du morceau est l'alcaïque.

ODE VINGT-DEUXIÈME.

Cette petite invocation à Diane est du mètre saphique.

1. *Quæ laborantes utero puellas Ter vocata audis* (v. 2, 3). Diane, sous le nom de Lucine, et sous ceux de *Ilithya*, *Genethyllis* ou *Genitalis*, était la déesse qui présidait aux accouchements (*voyez* Poëme séculaire).

ODE VINGT-TROISIÈME.

Cette ode est adressée à une habitante des champs. Quelques inter-

ètes font de Phidylé la concierge de la maison de campagne de [no]tre poëte, à cause de la signification grecque de ce mot : φειδωλή, [mé]nagère, de φείδομαι, *épargner*.
Le mètre de cette ode est l'alcaïque.

ODE VINGT-QUATRIÈME.

Tout porte à croire que cette ode fut écrite pendant les guerres [ci]viles. Horace dépeint à grands traits cette corruption de mœurs à [la]quelle il attribue, comme dans l'ode vi de ce livre, les malheurs et [l'a]baissement de la patrie.
Ce beau morceau est composé du vers glyconique et de l'asclépiade, [qu]i alternent.
1. *Seu Græco jubeas trocho* (v. 57). Le *trochus* était un grand [ce]rceau de fer garni d'anneaux de métal. Les joueurs le faisaient [ro]uler en le dirigeant avec une baguette de fer. Le bruit des anneaux [av]ertissait les passants de s'écarter de la route que prenait le cercle.

ODE VINGT-CINQUIÈME.

Cette ode si courte ne paraît pas complète. Horace semble annoncer [qu]e, sous l'inspiration de Bacchus, il va célébrer Auguste ; puis, après [qu]elques préparations pompeuses et emphatiques, il s'arrête subite[m]ent. On peut, il nous semble, regarder ces vers comme l'introduc[ti]on d'une ode en l'honneur d'Auguste, qui ne serait pas parvenue [ju]squ'à nous.
Le mètre est le même que celui de l'ode précédente.

ODE VINGT-SIXIÈME.

Cette petite ode est un adieu à Vénus, à qui le poëte demande pendant une dernière faveur, ce qui peut faire douter de la sincé[rit]é de l'adieu. M. Mitscherlich rappelle avec raison que, dans l'*An[th]ologie grecque*, on trouve beaucoup de morceaux du même ton.
Le mètre est l'alcaïque.

ODE VINGT-SEPTIÈME.

Le mètre de cette ode est le saphique.

ODE VINGT-HUITIÈME.

Horace est chez Lydé, qu'il exhorte à célébrer gaîment avec lui [la] fête de Neptune. Cette fête très-brillante attirait à Rome un grand [co]ncours d'étrangers.
Cette petite ode est formée du vers glyconique et de l'asclépiade, [q]u alternent.

ODE VINGT-NEUVIÈME.

Les commentateurs allemands Nitsch et Wetzel, et d'après eux [M.] Stiévenart, citent au sujet de cette ode une lettre remarquable [éc]rite de Leipsick en 1757, par un jeune étudiant à un de ses amis

de l'Université d'Iéna. Frédéric le Grand, passant par Leipsik, ap[rès]
ses revers, et au moment où il se préparait à tenter de nouveau [le]
sort des armes sur les frontières de la Saxe, voulut entendre une leç[on]
du célèbre professeur Gottsched, et en fixa lui-même le sujet : c'ét[ait]
cette belle ode philosophique, la XXIX° du III° livre. Le jeune étudian[t],
après une analyse animée de ce morceau, dont il décrit l'effet s[ur]
l'auditoire et sur le monarque trahi par la fortune, ajoute : « Ma[is]
lorsque Gottsched fut arrivé à cette strophe :

> Laudo manentem : si celeres quatit
> Pennas, resigno quæ dedit, et mea
> Virtute me involvo, probamque
> Pauperiem sine dote quæro;

tous les yeux se tournèrent à l'instant sur Frédéric; et au souven[ir]
d'un semblable langage, sorti plusieurs fois de sa bouche, un mu[r]-
mure confus d'admiration et d'attendrissement s'éleva dans l'assem[-]
blée. Ce n'était plus Horace qu'on entendait; le poëte des rois, d[es]
guerriers, des philosophes, avait disparu. Frédéric seul, roi, poët[e],
philosophe et guerrier, à la veille d'être impitoyablement écrasé p[ar]
quatre armées, s'il est vaincu, semblait prononcer, à la face de l'E[u-]
rope, ces magnanimes paroles. »

Le mètre de cette ode est l'alcaïque.

1. *Et Æsulæ Declive contempleris arvum, et Telegoni juga parri-
cidæ* (v. 6-8). Esula était une ville voisine de Tibur, sur le pencha[nt]
d'une montagne. *Les sommets du parricide Télégon* désignent Tuscu[-]
lum (aujourd'hui *Frascati*), que l'on dit avoir été fondé par Télégo[n],
fils d'Ulysse et de Circé, qui tua son père sans le connaître. On préte[nd]
que Mécène avait fait construire dans son palais une tour élevée d'[où]
il pouvait découvrir, de Rome même, ce charmant paysage.

ODE TRENTIÈME.

Horace, dans cet épilogue, comme dans la dernière ode du livre [I],
se prédit l'immortalité.

Le vers asclépiade entre seul dans ce morceau.

1. *Dicar, qua violens obstrepit Aufidus* (v. 10). L'Aufide, fleu[ve]
(aujourd'hui l'*Ofanto*), arrosait l'Apulie, patrie d'Horace : *Lon[ge]
sonantem natus ad Aufidum* (*Carm.* lib. IV, ode IX).

LIVRE QUATRIÈME

ODE PREMIÈRE.

On croit généralement que le Paulus Maximus dont il est ici que[s-]
tion, et dont Horace loue dans cette ode les brillantes qualités, était [de]
la famille Fabia, et qu'il fut consul l'an de Rome 748.

Ce morceau gracieux est formé du vers glyconique et de l'asclépiade,
[qu]i alternent.

ODE DEUXIÈME.

On a observé avec raison qu'il y avait beaucoup de rapports entre
[le] plan de cette ode et celui de l'ode xii du livre ii, *Nolis longa feræ*.
[Da]ns toutes deux, le poëte célèbre les louanges d'Auguste, tout en se
[dis]ant trop faible pour entreprendre une pareille tâche.
Jules Antoine, à qui est adressée cette ode, et que le poëte juge
[pl]us digne que lui de chanter les victoires de César, n'était pas sans
[mé]rite littéraire; il avait composé un poëme épique intitulé *Diomède*.
[Il] était fils d'Antoine le triumvir.
L'ode est du mètre saphique.

ODE TROISIÈME.

Voici l'ode qui faisait dire à Jules Scaliger, qu'il eût mieux aimé
voir composée, que d'être roi d'Aragon.
Ce morceau est formé du glyconique et de l'asclépiade, qui alternent.

ODE QUATRIÈME.

Claudius Drusus Néron, frère puiné de Tibère, adopté comme lui
[pa]r Auguste, après le mariage de l'empereur avec Livie, mère de ce
[jeu]ne prince, était doué, dit Velleius Paterculus, de toutes les vertus
[qu]e donne la nature, et que l'éducation développe. Il n'avait que vingt-
[tro]is ans, lorsqu'il remporta sur les Rhétiens et les Vindéliciens, peu-
[pl]ades belliqueuses des Alpes, les victoires qu'Horace célèbre dans
[cet]te ode. Ces peuples, qui avaient fait une irruption en Italie, furent
[dé]faits et rendus tributaires de Rome. Cependant la soumission des
[Rh]étiens ne fut définitive qu'un an après.
Claudius Drusus Néron descendait, du côté paternel, de Claudius
[Né]ron, vainqueur d'Asdrubal, et l'un des sauveurs de l'Italie. Horace,
[da]ns ce morceau, célèbre à la fois l'aïeul et le descendant.
Le mètre de cette ode est l'alcaïque.
1. *Testis Metaurum flumen* (v. 38). Le Métaure, fleuve sur les
[bo]rds duquel se livra la bataille que perdit Annibal.

ODE CINQUIÈME.

Auguste était absent de Rome depuis trois ans; il était alors dans
[les] Gaules : cette province, exposée aux excursions des Germains,
[av]ait besoin d'être pacifiée. Les consuls avaient fait des vœux publics
[po]ur le retour de l'empereur, dont l'absence se prolongeait contre l'at-
[ten]te du peuple.
Les strophes de cette ode sont composées de trois petits asclépiades
[et] d'un glyconique.

ODE SIXIÈME.

Sanadon réunit cette ode au *Poëme séculaire*, ainsi que la xxie du livre Ier. On ne peut nier que ce morceau ne soit comme le prélude de cet hymne religieux.

Le mètre est le saphique.

1. *Dauniæ defende decus Camœnæ, Levis Agyeu* (v. 27, 28). Le poëte donne ici à Apollon le surnom d'*Agyeu*, du mot grec ἀγυιά, qui signifie rue, chemin, parce que ce dieu présidait aux chemins dans les villes. C'est pour cela qu'on lui élevait des statues dans les faubourgs ainsi qu'aux portes de la ville.

ODE SEPTIÈME.

Manlius Torquatus, à qui est adressée cette ode, était le fils ou le petit-fils de ce consul dont parle Horace dans l'ode XXI du livre III *O nata mecum, consule Manlio!*

Ce morceau est composé de deux vers qui alternent régulièrement l'hexamètre et un petit vers formé de deux dactyles et d'une syllabe longue.

ODE HUITIÈME.

L. Martius Censorinus fut consul de Rome l'an 715, et son fils Caïus à qui ce morceau est adressé, l'an de Rome 746. On a cru voir dans le 17e vers de cette ode, *Non incendia Carthaginis impiæ*, un anachronisme. Carthage, a-t-on dit, ne fut point brûlée par Publius Scipion l'Africain. Ne peut-on penser qu'Horace, en parlant de l'incendie de Carthage, a cru permis à la poésie d'attribuer au premier Scipion un événement qui fut en effet le résultat de ses victoires?

Il n'entre dans cette ode qu'une espèce de vers, l'asclépiade.

ODE NEUVIÈME.

Il y a beaucoup de rapport, pour le plan et le sujet, entre ce morceau et le précédent. C'est encore un éloge de la poésie et de la puissance qu'elle exerce. M. Lollius, à qui cette ode s'adresse, fut consul l'an de Rome 733.

Le mètre de ce morceau est l'alcaïque.

ODE DIXIÈME.

Cette petite ode, comme plusieurs autres d'Horace, rentre dans le genre de l'épigramme.

Elle est composée de huit vers du même mètre : le grand asclépiade, mètre qu'Horace n'a employé que trois fois, et toujours dans des morceaux de peu d'étendue (liv. Ier, odes XI et XVIII; liv. IV, ode X).

ODE ONZIÈME.

Cette petite ode, qui n'est qu'un billet, une invitation, est du mètre saphique.

1. *Idus tibi sunt agendæ, Qui dies mensem Veneris marinæ Findit aprilem* (v. 14-16). Les ides, ainsi nommées du vieux verbe toscan *iduare*, « diviser, » parce qu'elles partageaient le mois en deux parties

ales, étaient toujours le 15 des mois de mars, mai, juillet, octobre, le 13 des autres mois. Les Latins nommaient le mois d'avril *le mois Vénus,* parce que la terre commence alors à ouvrir son sein et à venir propre à la végétation. D'ailleurs, la grande fête de Vénus commençait le 1ᵉʳ de ce mois.

Les ides d'avril étaient le jour anniversaire de la naissance de Mécène.

ODE DOUZIÈME.

Ces strophes sont composées de trois petits asclépiades et d'un glyconique.

ODE TREIZIÈME.

Ces strophes sont composées de deux petits asclépiades, d'un phérétien et d'un glyconique.

ODE QUATORZIÈME.

Cette ode a pour objet l'éloge d'Auguste et celui de ses deux fils adoptifs, Tibère et Drusus. Le poëte, qui a déjà célébré les victoires du second, dans l'ode IV de ce livre, s'arrête particulièrement dans celle-ci aux louanges du premier, qui acheva l'œuvre de son jeune frère Drusus. Les Rhétiens, peuple plus redoutable que les Vindéliciens, domptés par Drusus, ne furent complétement défaits et subjugués que par Tibère, une année après la première victoire, vers l'an de Rome 738. Cette ode est donc postérieure d'un an à l'ode IV.

Le mètre est l'alcaïque.

Nam tibi, quo die Portus Alexandrea supplex (v. 34, 35). Le jour même où Tibère domptait les Rhétiens, Auguste, quinze années auparavant, entrait vainqueur dans Alexandrie.

ODE QUINZIÈME.

Le mètre de cette ode, qui est postérieure de plusieurs années à la précédente, est l'alcaïque.

NOTES

DU LIVRE DES ÉPODES

Les pièces qui composent le vᵉ livre des *Odes*, appelé livre des *Épodes*, doivent être regardées, selon l'opinion la plus générale et la plus probable, comme des productions de la jeunesse de notre poëte. Il paraît certain que ce livre fut publié postérieurement à tous les autres; quelques critiques pensent même qu'il ne fut pas mis au jour du vivant d'Horace.

ODE PREMIÈRE.

Mécène allait s'embarquer, lorsque cette ode lui fut adressée, pour faire, sous les drapeaux d'Octave, la campagne qui se termina par la bataille d'Actium. Horace voulait accompagner son bienfaiteur, qui refusa de lui faire partager les dangers de cette guerre.

L'ode est composée du grand et du petit iambe.

1. *Ibis Liburnis* (v. 1). La Liburnie, dont il est ici question, faisait partie de l'Illyrie. Ses habitants se servaient de petits vaisseaux légers et la flotte d'Octave comptait un grand nombre de ces navires qui manœuvraient avec facilité.

ODE DEUXIÈME.

Cette ode, l'une des plus gracieuses compositions de notre poëte, est aussi l'une de celles qui ont été le plus souvent imitées.

Le mètre est le même que celui de l'ode précédente.

1. *Qua muneretur te, Priape, et te, Pater, Sylvane* (v. 21, 22). Sylvain et Priape, dieux champêtres, étaient préposés, l'un à la garde des jardins, l'autre à la conservation des limites qui séparaient les champs.

2. *Hæc ubi locutus fœnerator Alfius* (v. 67). Ce nom d'Alfius n'est pas imaginaire : ce fut celui d'un célèbre usurier. Columelle en parle dans son ouvrage *de Re rustica* (lib. I, c. 7).

ODE TROISIÈME.

Cette pièce est probablement un impromptu fait à table.

Le mètre est celui de l'ode I.

1. *Hoc delibutis ulla donis pellicem* (v. 13). On sait que Glaucé, dont fut épris Jason, reçut de Médée une robe empoisonnée.

ODE QUATRIÈME.

[Mé]nas, que poursuit la noble indignation du poëte, quitta et prit [si]x fois le parti de Sextus Pompée et celui d'Octave. Appien le nomme [é]rgiquement, dans son Histoire, Παλιμπροδότης, c'est-à-dire *deux fois [tra]ître*. En 718, il vint de nouveau offrir ses services à Octave, qu'il [ava]it déjà trahi; celui-ci néanmoins le nomma tribun des soldats, et [lui] donna le commandement d'une flotte destinée à réduire les pirates [et] les esclaves que Pompée avait pris à sa solde. Ce fut cette nouvelle [qui] donna naissance au courroux d'Horace et à ce morceau.
Le mètre est celui de l'ode I.

1. *Sectus flagellis hic triumviralibus* (v. 11). Il y avait trois magis[tra]ts qui jugeaient les esclaves, les affranchis et tous les citoyens des [der]nières classes. Ils étaient chargés de la punition des coupables. Un [cri]eur public précédait les condamnés, et déclarait à haute voix leur [cri]me.

2. *Othone contempto, sedet* (v. 16). La loi d'Othon défendait aux [aff]ranchis et aux fils d'affranchis de siéger au théâtre dans les quatorze [pre]miers rangs (*sedilibus in primis*), destinés aux chevaliers.

ODE CINQUIÈME.

Horace écrit contre Canidie, et il lui reproche d'avoir dérobé *un [jeu]ne enfant de qualité*, qu'elle va faire mourir d'une manière cruelle.
(DACIER.)

« Les opérations magiques, dit M. Stiévenart, ont été décrites par [plu]sieurs écrivains de l'antiquité. Pour rapprocher leurs tableaux de [ce]lui d'Horace, on peut consulter la seconde idylle de Théocrite, la [hu]itième églogue de Virgile, et le quatrième chant de l'*Énéide* (v. 504 [et] suiv.), le IVe acte de la *Médée* de Sénèque, le VIe chant de la *Pharsa[le]* (v. 451 et suiv.), le VIIe livre des *Métamorphoses* d'Ovide, le IIIe de [l'*Â]ne d'or* d'Apulée, un passage de Properce (liv. III, élég. 6, v. 27 et [sui]v.), et un autre de Tibulle (IIe élégie). On peut enfin recourir à la [sa]tire 8 du liv. 1er de notre auteur. »
Le mètre est celui de l'ode I.

1. *Per hoc inane purpuræ decus* (v. 7). La robe bordée de pourpre [qu]e les jeunes Romains portaient jusqu'à quinze ans.

ODE SIXIÈME.

Cassius Sévère, que l'on s'accorde à reconnaître sous cette allégorie, [b]ien que Gessner émette une opinion tout opposée, fut un orateur [cé]lèbre, mais qui souilla son talent en jouant le rôle d'accusateur [p]ublic, et en déchirant chacun de ses calomnies et de ses libelles. [T]acite a dit de lui, avec son admirable énergie : *Cassius Severus, [so]rdidæ originis, maleficæ vitæ, sed orandi validus*. (*Annalium*, [li]b. IV, c. 21.)
Le mètre est celui de l'ode I.

1. *Qualis Lycambæ spretus infido gener, Aut acer hostis Bupalo* (v. 13, 14). Lycambe avait promis la main de sa fille à Archiloque,

poëte grec, l'un des inventeurs du vers ïambique. Lycambe ne tint pas sa promesse; et le poëte se vengea par des vers si mordants, que Lycambe se pendit avec sa fille.

L'ennemi de Bupalus est Hipponax, autre poëte grec, qui tira la même vengeance de deux frères, Bupalus et Aténis, sculpteurs, qui, frappés de sa figure, dont la laideur était remarquable, l'avaient fait servir de modèle à des statues grotesques.

ODE SEPTIÈME.

On ne peut déterminer d'une manière bien précise l'époque à laquelle on doit rapporter ce morceau, ni la guerre civile dont parle ici le poëte. Selon Dacier, il s'adresse à Sextus Pompée et à ses troupes, qui avaient rompu le traité fait avec Auguste. Selon Sanadon, il s'agit ici de la guerre entre Antoine et Octave. D'autres pensent que cette ode fut écrite après les proscriptions du triumvirat, et quand Octave et Antoine se préparaient à exterminer le parti de Brutus et de Cassius.

Le mètre est celui de l'ode I.

ODE HUITIÈME.

Nous n'avons pu qu'imparfaitement voiler, dans notre traduction, le cynisme de cette ode que nous aurions voulu pouvoir omettre entièrement par respect pour Horace et pour nos lecteurs; il ne nous appartient pas de rien supprimer dans Horace. Disons seulement avec Quintilien : *Et Horatium in quibusdam nolim interpretari.*

Le mètre est celui de l'ode I.

ODE NEUVIÈME.

Cette ode fut écrite après la victoire d'Actium et le triomphe d'Octave. Celui-ci avait envoyé Mécène à Rome, et ce fut alors qu'Horace lui adressa ce morceau.

Le mètre est celui de l'ode I.

1. *Ad hunc frementes verterunt bis mille equos Galli, canentes Cæsarem* (v. 17, 18). Le roi des Galates, Amintas, allié d'Antoine, passa avant la bataille du côté d'Octave avec deux mille cavaliers. Les Galates descendaient d'une colonie gauloise qui s'était établie dans la Grande Phrygie.

ODE DIXIÈME.

Mévius était un mauvais poëte, qu'Horace et Virgile ont traité sans ménagement.

Le mètre est celui de l'ode I.

1. *In impiam Ajacis ratem* (v. 14). Ajax avait déshonoré Cassandre dans le temple de Minerve. La vengeance de la déesse retomba sur la flotte des Grecs, qui se perdit dans les rochers de l'île d'Eubée; Ajax fut frappé de la foudre (voyez l'*Énéide*).

ODE ONZIÈME.

Pectius est un personnage tout à fait inconnu. M. Mitscherlich dit que cette ode est imitée du grec.

Le mètre consiste en trois vers qui reviennent alternativement, savoir : un ïambique de six mesures, un petit archiloquien, et un ïambique de quatre mesures.

ODE DOUZIÈME.

Cette ode est composée du vers hexamètre et du phalisque, qui alternent.

ODE TREIZIÈME.

On a remarqué que trois pièces du livre 1er avaient des rapports frappants avec celle-ci : l'ode VII, *Laudabant alii*; l'ode IX, *Vides ut alta*; l'ode XI, *Tu ne quæsieris*. La date de ce morceau n'est pas connue ; mais on peut lui assigner pour époque les guerres civiles dont notre poëte vit si longtemps sa patrie déchirée. Ces vers l'indiquent :

> Cetera mitte loqui : Deus hæc fortasse benigna
> Reducet in sedem vice.

Les vers de cette ode sont l'hexamètre, le petit vers ïambique et le petit archiloquien.

ODE QUATORZIÈME.

Horace s'excuse dans cette ode de n'avoir pas encore achevé des ïambes qu'il avait promis à Mécène. Plusieurs commentateurs ont pensé que ces ïambes n'étaient autre chose que le livre des *Épodes*, qu'Horace ne terminait qu'avec lenteur. Mais il nous semble que rien n'appuie suffisamment cette opinion.

L'hexamètre et le petit ïambe, qui alternent, composent ce morceau.

ODE QUINZIÈME.

Horace adresse cette ode à une amante infidèle. Il n'a rien écrit de plus gracieux.

Le mètre est le même que celui de l'ode précédente.

ODE SEIZIÈME.

L'opinion la plus probable sur la date de cette composition, c'est qu'elle fut écrite l'an de Rome 722, lorsqu'éclata la guerre entre Octave et Antoine. L'Italie entière était divisée ; un combat allait décider de la fortune du monde. Horace fait un appel énergique aux bons citoyens, et les engage à fuir une contrée en horreur au monde.

Cette ode est composée de deux vers qui alternent, l'hexamètre et le second ïambe.

Phocæorum velut profugit exsecrata civitas (v. 17, 18). On sait que les citoyens de Phocée, ville d'Ionie, fatigués des attaques continuelles des Perses, et menacés de perdre leur indépendance, quittèrent leurs foyers par un exil volontaire. Ils s'établirent dans l'Italie, l Catalogne et le midi de la France. Ils ont fondé Marseille.

2. *Petamus arva, divites et insulas* (v. 42). On entend assez généralement par ces mots les îles Fortunées des anciens, que nous nommons aujourd'hui les îles Canaries.

ODE DIX-SEPTIÈME.

Nous retrouvons ici la magicienne de l'ode v; le mètre de ce morceau est différent : il n'est composé que du grand vers iambique.

1. *Citumque retro volve, volve turbinem* (v. 7). L'instrument magique désigné ici par Horace n'est autre, sans doute, que le *rhombus* dont nous avons déjà parlé.

2. *Adempta vati reddidere lumina* (v. 43). Horace désigne Stésichore, qui fit, dit-on, des vers injurieux contre Hélène, et devint aveugle. Castor et Pollux lui rendirent la vue, touchés de son repentir.

3. *Inultus ut tu riseris Cotyttia* (v. 55). Cotys ou Cotytto était la déesse de l'impureté.

4. *Esquilini pontifex venefici* (v. 57). On croyait que les magiciens et les magiciennes tenaient ordinairement leurs assemblées sur le mont Esquilin, à cause des ossements et des tombeaux dont ce mont était rempli.

5. *An quæ movere cereas imagines* (v. 75). Les magiciennes avaient coutume de former en cire l'image de la personne sur qui elles voulaient exercer leurs enchantements.

NOTES

DU POËME SÉCULAIRE

Horace composa ce poëme pour les fêtes séculaires qu'Auguste fit célébrer l'an de Rome 737. C'était la cinquième fois que les Romains assistaient à ce grand et imposant spectacle.

On sait que ces fêtes se célébraient de siècle en siècle. Elles duraient trois jours. Le troisième jour, cinquante-quatre jeunes choristes exécutaient, dans le temple d'Apollon, bâti sur le mont Palatin, un hymne à ce dieu et à sa sœur.

Le mètre du *Poëme Séculaire* est le saphique.

1. *Prosperes decreta super jugandis Feminis, prolisque novæ feraæ Lege marita* (v. 18-20). La loi Julienne (*lex Julia*), portée par Auguste

...nnée qui précéda la célébration des jeux Séculaires (736). Cette loi ...fendait le célibat.

3. *Quindecim Diana preces virorum Curet* (v. 70, 71). Le dépôt des ...vres Sibyllins était confié à quinze pontifes. C'est par les oracles de ... Sibylle qu'avaient été institués les jeux Séculaires. Ces livres sacrés ...glaient la célébration et les cérémonies diverses de cette fête auguste, ... les prêtres sibyllins jouaient un rôle important dans cette grande et ...tionale solennité.

NOTES

DU LIVRE PREMIER DES SATIRES

SATIRE PREMIÈRE.

1. *Sub galli cantum consultor ubi ostia pulsat* (v. 10). Les juris...nsultes romains, si l'on en croit Cicéron et Ovide, étaient dans ...sage d'ouvrir leurs portes dès l'aube du jour aux clients qui ve...ient les consulter.

2. *Delassare valent Fabium* (v. 14). Ce Fabius était un chevalier ...main, né à Narbonne, qui avait écrit quelques livres de philosophie : ... avait suivi le parti de Pompée ; il était de la secte des stoïciens, et ...ait eu avec Horace plusieurs démêlés sur des questions philoso...iques (ACRON).

3. *Fortissima Tyndaridarum* (100). Allusion à Hélène et à Cly...mnestre, petites-filles de Tyndare. L'une et l'autre furent de rudes ...melles. La première tua Déiphobe, et la seconde Agamemnon, son ...ari.

4. *Nomentanus* (v. 102). Cassius Nomentanus était un gourmand ...meux qui dépensait pour sa table des sommes énormes, et qui avait ... cuisinier nommé Damas.

5. *Est inter Tanaim quiddam socerumque Viselli* (v. 105). Tanaïs, ...franchi de Mécène, eunuque célèbre, et qui n'en avait pas moins ...ousé la fille de Visellus, lequel était affecté d'une hernie. Acron, ...i saisit ce rapprochement, ajoute : « *Ac si diceret, multum interest ...ter eunuchum et herniosum : id est ramicosum et spadosum.* »

6. *Ne me Crispini scrinia lippi* (v. 120). Crispinus était un philo...phe de la secte stoïcienne ; il en avait exposé les principes en vers. ... passait pour très-bavard (ACRON).

SATIRE DEUXIÈME.

1. *Tigelli* (v. 3). Habile musicien, originaire de Sardaigne, bouffon fort spirituel, dont la fortune commença sous Jules César, brilla successivement à la cour de Cléopâtre et d'Auguste.

2. *Fufidius* (v. 12). Dacier prétend que ce personnage fait tout u[n] avec le Fufitius dont il est question dans Catulle. A la bonne heure mais lequel l'a bien nommé, du texte d'Horace ou de Catulle?

3. *Nomina sectatur, modo sumpta veste virili* (v. 16). Les Romain[s] interdisaient tout prêt aux mineurs : il résultait de là que les usurier[s] n'ayant point d'action contre eux, leur prêtaient à d'énormes intérêt[s] pour s'indemniser des risques que courait leur argent.

4. *Terenti* (v. 20). Il est ici question de Ménedème, personnage d[e] la comédie de Térence, qui a pour titre *Heautontimorumenos*.

5. *Est qui Inguen ad obscenum subductis* (v. 26). La critique m[e] pardonnera de n'avoir pas traduit littéralement ce passage : c'est pou[r] être décent que j'ai été infidèle.

6. *Gorgonius* (v. 27). On n'a aucun indice sur ce que pouvaient êtr[e] Rufillus et Gorgonius. Ce que l'on sait seulement, c'est que ce vers f[it] grand scandale à Rome, et suscita des ennemis au poëte.

7. *Olenti in fornice* (v. 30). La mauvaise odeur de ces endroi[ts] leur venait surtout de la fumée des lampes; je ne parle pas des natt[es] qui servaient de lits, et que les maîtresses du logis renouvelaient ave[c] beaucoup de parcimonie.

8. *Sallustius* (v. 48). On croit que ce Sallustius était petit-neve[u] du célèbre historien.

9. *Mutonis verbis* (v. 68). Pour traduire *muto*, j'ai longtem[ps] cherché un mot français présentable au lecteur qui *veut être respect[é]*. N'en ayant point trouvé, je me suis arrêté à un mot latin qui ser[a] compris.

10. *Cerinthe* (v. 81). Cerinthus était le Lovelace de son époque[.] Tibulle a chanté ses exploits.

11. *Mercantur, apertos* (v. 86). Dans beaucoup d'éditions on l[it] *opertos*. Il est clair que c'est *apertos* qu'on doit lire, mot qui jou[e] avec *apertis* qui précède, et qui seul peut offrir un sens raisonnabl[e].

12. *Hypsæa cæcior, illa* (v. 91). L'aveuglement d'Hypséa était d[e]venu proverbial. « Je ne doute pas, dit naïvement Dacier, que cet[te] dame n'eût quelque amant fort mal bâti, qu'elle trouvait pourta[nt] fort beau. »

13. *Depygis* (v. 93). Mot bâtard tiré du grec, qui est l'antipod[e] de Callipyge.

14. *Catia* (v. 95). Catia, quoique de haut parage, ne faisait p[as] plus mystère de ses appas que les courtisanes mêmes : c'est cet[te] même dame qui fut surprise dans le temple de Vénus Théatine ave[c] Valerius Siculus, tribun du peuple.

15. *Fabio vel judice* (v. 134). Fabius, célèbre jurisconsulte d[u] temps, avait été surpris en adultère et par suite fort maltraité.

SATIRE TROISIÈME.

Ille Tigellius (v. 4). Sardus Tigellius, dont, suivant Dacier, il [a] é parlé dans la satire précédente, et qu'on a mal à propos confondu [ave]c Hermogène Tigellius, dont il est question dans la suivante.

Ab ovo Usque ad mala (v. 6, 7). Les Romains commençaient [leu]rs repas, non comme nous par le potage, mais par des œufs.

Modo summa Voce, modo hac (v. 7, 8). Ce passage est assez [obs]cur. Le sens le plus naturel est que Tigellius chantait tantôt le [des]sus et tantôt la basse, en s'accompagnant du tétracorde.

Tetrarchas (v. 12). Les tétrarques étaient des princes subordon[nés] à une puissance supérieure, et dont les Etats étaient censés former [la q]uatrième partie du royaume dont ils possédaient un démembre[men]t.

Mensa tripes (v. 13). Avant que le luxe et la magnificence de [l'As]ie eussent été transportés à Rome avec les trophées des victoires [de] Lucullus et de Pompée, les Romains n'avaient que des tables à [troi]s pieds ; mais alors les riches se servirent de tables soutenues sur [un] seul pied, qu'on appelait *monopodium* : elles étaient de forme [ron]de, et ordinairement ornées d'ivoire et de sculptures.

Decies centena (v. 15). Sous-entendu *millia*. On disait aussi *decies* [mil]*lia, decies*, et *decies sestertium*. C'est environ deux cent cinquante [mil]le francs de notre monnaie.

In loculis (v. 17). *Loculus*, « bourse, coffret. » On l'emploie au [plu]riel, parce que, dans les bourses et dans les coffres, il y avait de [pet]ites séparations pour les espèces différentes. (DACIER.)

Mœnius (v. 21). Ménius est probablement celui dont il est parlé [dan]s la première satire, et dont l'histoire est racontée dans l'épître XV [du 1]er livre. Il est question de Novius dans la satire VI.

Sisyphus (v. 49). Sisyphus était un nain de Marc-Antoine : il [n'a]vait que 81 centimètres de haut.

[10]. *Varum..... scaurum* (v. 49, 50). *Varus*, « bancal ; » *scaurus*, [qu]i a les pieds tournés et marche sur la cheville. »

1. *Labeone insanior* (v. 84). On croit qu'Horace veut faire ici sa [cou]r à Auguste aux dépens de Labéon, jurisconsulte et sénateur, qui [ne c]raignait pas de tenir tête quelquefois au maître du monde.

2. *Evandri manibus tritum* (v. 93). Evandre est l'ancien roi du [Lat]ium, et non un artiste célèbre. Il serait difficile de prendre *tritum* [dan]s le sens de *travaillé*.

3. *Scutica* (v. 121). Petite courroie qui servait à corriger les en[fant]s ; *flagellum* était l'instrument du supplice des esclaves et des cri[min]els.

4. *Si dives, qui sapiens est* (v. 126). Tout ce qui suit est une [par]odie assez piquante de la doctrine des stoïciens et du portrait de [leur] sage.

5. *Ut, quamvis tacet Hermogenes* (v. 131). Cet Hermogène était [sans] doute un musicien célèbre.

6. *Ut Alfenus vafer* (v. 132). Alfenus Varus, cordonnier de Cré[mon]e, s'étant dégoûté de son métier, alla à Rome, se mit à l'école de

Servius Sulpicius, célèbre jurisconsulte, et parvint ensuite jusqu'a consulat. Il est souvent parlé de lui dans les *Pandectes*. Il était l'am de Catulle.

17. *Quadrante lavatum* (v. 149). Le quart d'un as, environ deu liards.

SATIRE CINQUIÈME.

1. *Aricia* (v. 1). Aujourd'hui *Rizza*.
2. *Græcorum linguæ doctissimus* (v. 3). La plupart des édition portent *longe doctissimus*; mais je possède un manuscrit qui por *linguæ*, ce que je crois plus conforme au style d'Horace. Un adverb joint à un superlatif ne me semble pas de bonne latinité.
3. *Forum Appi* (v. 3). Bourgade du Latium au pays des Volsque dans les marais Pontins. Appius, durant son consulat, y fit construir une digue.
4. *Gravis Appia* (v. 6). Ce fut Appius, dans l'année de sa censur 441, qui fit construire cette route : elle allait de la porte Capène Capoue. Avec les conquêtes des Romains, elle se prolongea jusqu'au confins de l'Italie.
5. *Viator* (v. 17). J'ai entendu l'expression *viator* autrement qu la plupart des traducteurs. M. Binet traduit: *le passager*; M. Daru

> Tous les mariniers, égayés par l'ivresse.

Ce n'était pas du tout un passager, c'était un voyageur à pied, q n'avait pas le moyen de payer son passage sur la barque : il chem nait à pied, la nuit, à côté du conducteur de la mule; ils chantaie à l'envi leur bien-aimée absente, et ils s'endormirent l'un et l'aut sur le rivage. Ce qui peut confirmer le sens que j'ai adopté, c'e l'épithète *fessus* qui suit, *le piéton fatigué*. Certes, les personnes q étaient sur la barque n'étaient pas fatiguées.

6. *Feronia* (v. 24). Fontaine avec un temple.
7. *Anxur* (v. 26). Terracine.
8. *Mæcenas* (v. 27). Horace lui avait été présenté en 714, et voyage eut lieu en 715.
9. *Cocceius* (v. 28). Marcus Cocceius Nerva, consul en 718, et aïeu de l'empereur Nerva.
10. *Fonteius Capito* (v. 32). On ne connaît point ce personnage peut-être était-il fils de ce M. Fonteius qui se distingua sous César en Afrique.
11. *Fundos* (v. 34). Fundi, ville du Latium.
12. *Aufidio* (v. 34). Suétone dit que la maison *Aufidia* était d Fundi : l'impératrice Livie était de cette famille.
13. *Mamurrarum* (v. 37). Un Mamurra, favori de César, a ét signalé par Catulle dans sa vingt-sixième pièce, comme un homm perdu de débauches.
14. *Murœna* (v. 38). Il devint dans la suite beau-frère de Mécèn et conspira contre Auguste, qui le fit condamner à mort.

15. *Varius* (v. 40). Ami d'Horace; il fut associé à Plotius Tusca, ur revoir l'*Énéide* après la mort de Virgile.

16. *Sinuessæ* (v. 40). La dernière ville du nouveau Latium, célèbre r ses bains au bord de la mer.

17. *Campano ponti* (v. 45). Pont de Campanie.

18. *Capuæ* (v. 47). Les ruines de l'ancienne Capoue attestent que te ville fut considérable. Il ne reste debout qu'une des parties de mphithéâtre.

19. *Caudi* (v. 51). C'est à Caudium qu'en 432 les armées romaines, nt engagées dans un défilé, n'obtinrent merci qu'en passant sous *Fourches caudines*. Cette ville, peu considérable, n'a dû son souir qu'à cet événement.

20. *Cicirri* (v. 52). *Cicirrus* en grec signifie un coq.

21. *Campanum in morbum* (v. 62). Les Osques, peuple de la Campie, se livraient aux débauches les plus infâmes; d'où il résultait maladies que l'on nommait peut-être le mal campanien.

22. *Beneventum* (v. 71). Bénévent était la capitale du Samnium. s-attachée aux Romains, elle les défendit courageusement contre Carthaginois : on y retrouve de beaux restes d'antiquités, beaup d'inscriptions, et le magnifique arc de triomphe élevé en l'honir de Trajan, qui fit à grands frais, et à ses dépens, prolonger la e Appienne de Bénévent à Brindes. Cette route n'existait pas du ps d'Horace : aussi fut-il obligé de faire un long détour par *Rubi*, ri et *Egnatie*.

23. *Torret Atabulus* (v. 78). Le vent Atabule : c'est le même que vent Iapyx, dont parle Horace dans l'ode *Sic te, diva potens Cypri*. habitants de l'Apulie appelaient Atabule le vent du nord.

24. *Trivici Villa* (v. 79, 80). Cette métairie ne peut être la ville de vise, qui est située à 28 milles de Bénévent.

25. *Quod versu dicere non est* (v. 87). « Dont le nom se refuse à poésie. » On suppose que cette petite ville se nommait *Equotatium*.

26. *Canusi* (v. 91). Canose, sur la rivière Ofanto (l'Aufidus), près bourg célèbre par la bataille de Cannes.

27. *Rubos* (v. 94). Aujourd'hui *Ruvo*. On y voit les restes d'une nne milliaire.

28. *Gnatia* (v. 97). Egnatie. Il reste encore l'enceinte de ses mules : on y a élevé une tour d'observation qui se nomme *Torre gnazzo*.

29. *Flamma sine, thura liquescere* (v. 99). « L'encens se liquéfie le moyen du feu. » Cette ancienne superstition paraît avoir donné sance à la liquéfaction du sang de saint Janvier, à Naples.

30. *Credat Judæus Apella* (v. 100). « Que le Juif Apella le croie. » Juifs étaient ridiculisés par les Romains, à cause de leur crédulité. *lla* était sans doute un Juif qui jouissait à Rome d'une certaine tation qu'Horace ne qualifie pas.

31. *Brundusium* (v. 104). Brindes, sur la côte de la Calabre, non d'Otrante.

32. *Longæ finis chartæque viæque* (v. 104). « Le terme de mon

voyage, » qui fut de 360 milles, plus de 100 lieues françaises, sui vant d'Anville, et qui dura quatorze jours.

SATIRE SEPTIÈME.

1. *Hybrida* (v. 2). C'est-à-dire dont le père et la mère sont de diffé rents pays. Horace veut dire que Persius n'était Romain que par s mère; aussi l'appelle-t-il Græcus à la fin de cette satire.

2. *Ut Diomedi Cum Lycio Glauco* (v. 16, 17). Voyez l'*Iliade*, liv. v

3. *Bitho Bacchius* (v. 20). C'étaient deux gladiateurs renommés.

4. *Tum Prœnestinus* (v. 28). Rupilius était de Préneste, ville d'Italie

SATIRE HUITIÈME.

Sagane et Canidie passaient à Rome pour magiciennes. Horace, dan ses *Épodes*, nous les a déjà fait connaître en signalant leurs crime Dans cette satire, il se déchaîne contre elles; et, en mettant la narra tion dans la bouche de Priape, il se moque des sorcières et du dieu.

1. *Pantolabo scurræ Nomentanoque nepoti* (v. 11). On ne connaî pas ce Pantolabus : quant à Nomentanus, Horace en a déjà parlé dan sa première satire, en le citant comme un homme débauché et aya perdu tout son bien.

2. *Esquiliis habitare salubribus* (v. 14). L'air y était si sain et agréable, qu'Auguste s'y faisait transporter quand il était malade. Il fit aussi planter un bois et bâtir une basilique avec de magnifiqu galeries pour ses petits-fils, Caïus et Lucius. Tibère se retira à maison de Mécène, en 755, quand il revint de son exil de Rhode

(SANADON.)

3. *Julius, et fragilis Pediatia* (v. 39). Julius et Voranus ne so pas connus. Pediatia est un nom d'homme, et mis ici pour Pediatiu il est impossible de marquer plus fortement l'excès de sa dissolutio

SATIRE DIXIÈME.

1. *Laberi mimos* (v. 6). Les mimes étaient une sorte de poésie d matique dont la bouffonnerie et l'obscénité formaient le principal cara tère.

Scribere si fas est imitantes turpia mimos.
(OVIDIUS, *Trist.* lib. II, v. 515.)

Ce genre, emprunté aux Grecs, plaisait beaucoup aux Romains. O conservé les noms de quelques-uns des auteurs qui s'y distinguère Au premier rang, on voit Laberius, et son rival Publius Syrus. Macr nous a conservé du premier un prologue plein de grâce et de délicates

2. *Hermogenes* (v. 18). Hermogène Tigellius, musicien d'Augus admirateur de Lucius, qu'il défendait contre Horace. L'épithète *simius* désigne un Demetrius, nommé plus bas. Calvus est un poëte é tique; je crois inutile d'ajouter, ainsi que Catulle.

3. *O seri studiorum* (v. 21) ! C'est ce que les Grecs appellent ὀψιμαθ

1. *Pitholeonti* (v. 22). Pitholéon de Rhodes n'est connu que par ce [vers] d'Horace.

> Et qui saurait sans moi que Cotin a prêché?
> (BOILEAU, *Sat.* IX, v. 198.)

2. *Petilli.... Pedius* (v. 26, 28). Petillius et Pedius sont moins connus [que] Messala Corvinus, dont Quintilien (*Inst. orat.*, liv. X, ch. 1) vante [la cl]arté, la pureté et la noblesse.

3. *Alpinus* (v. 36). Alpinus, poëte inconnu, auteur sans doute d'une [Mo]rt de Memnon.

4. *In æde* (v. 38). Auguste avait, dans l'enceinte de son palais, dédié [à A]pollon un temple, auquel il avait joint une belle bibliothèque. [C'é]tait là que les poëtes faisaient des lectures publiques de leurs ouv[ra]ges.

5. *Fundani* (v. 42). On ne peut guère douter qu'un nom placé par [Hor]ace à côté de ceux de Varius et de Virgile, ne soit celui d'un poëte [dist]ingué. Mais il faut s'en rapporter à son goût exquis, car il n'est [rie]n resté des ouvrages de Fundanus, et son nom ne se rencontre [poi]nt ailleurs.

6. *Pede ter percusso* (v. 43). En vers de trois mesures.

10. *Varius* (v. 44). Il fallait que Virgile n'eût encore ni publié ni [mê]me commencé l'*Énéide*, puisque Varius est cité comme modèle de la [poé]sie épique.

11. *Molle atque facetum* (v. 44). *La grâce et la gaîté.* « Je n'appelle [pas] gaîté ce qui excite le rire, mais un certain charme, un air agréable [qu']on peut donner à toutes sortes de sujets, même les plus sérieux. »
(LA FONTAINE, *Préface de ses Fables.*)

> De figures sans nombre *égayez* votre ouvrage.
> (BOILEAU, *Art poét.*, chant III, v. 287.)

12. *Varrone Atacino* (v. 46). Varron Atacinus, qu'il ne faut pas [conf]ondre avec M. Terentius Varron, le plus savant des Romains, était [un p]oëte satirique dont il n'est rien resté. Il ne paraît pas que ce doive [être] un grand sujet de regret.

13. *Cassi* (v. 62). Cassius Parmensis se piquait d'écrire beaucoup. Il [cons]pira contre César, et se déclara pour Antoine contre Auguste, qui le [fit tu]er par Varus.

14. *Sæpe caput scaberet, vivos et roderet ungues* (v. 71).

> J'ai beau frotter mon front, j'ai beau mordre mes doigts.
> (BOILEAU, *Sat.* VII, v. 28.)

15. *Arbuscula* (v. 77). Comédienne dont parle Cicéron. « *Quæris [fortasse] de Arbuscula: valde placuit.* » (*Epist. ad Att.*, lib. IV, ep. 15.)

16. *Plotius, Valgius, Octavius* (v. 82, 83), historien et poëte, *Fuscus*, [les de]ux *Viscus, Messala, Bibulus, Servius* et *Furnius* (v. 84, 87) : [quel]ques-uns de ces personnages sont connus par les pièces qu'Horace [leur] a dédiées.

LIVRE SECOND

SATIRE DEUXIÈME.

La note de l'ancien scoliaste, reproduite par les éditions classiques est loin de donner une idée juste et complète du but que le poëte s'est proposé dans cette satire, l'une de celles qui offrent le plus de difficultés au lecteur moderne. Ce n'est pas seulement un traité de gastronomie, mais un traité de tempérance et de modération, attribué à un bon fermier, Ofellus, jadis riche, aujourd'hui pauvre, prédicateur de vertu simple et sans faste, qui ne suit aucune école de philosophie (*abnormis*), et qui ne se contente pas de donner de sages leçons, mais qui les appuie de son exemple.

1. *Lupus hic Tiberinus* (v. 31). On connaît la recherche et les incroyables raffinements de la gourmandise romaine. Le loup-de-mer ou le bar avait plus ou moins de valeur pour le gastronome, selon qu'on l'avait pêché entre deux ponts, dans l'eau douce, ou à l'embouchure du Tibre, dans le voisinage de la mer.

SATIRE TROISIÈME

1. *Membranam poscas* (v. 2). Les auteurs, pour composer, se servaient de tablettes enduites de cire, sur laquelle ils traçaient, avec la pointe du stylet, des caractères qu'ils effaçaient, quand ils voulaient corriger, avec le bout opposé, aplati pour cet usage. *Sæpe stylum vertas* : c'était le brouillon. On mettait au net sur le papier, *papyrus*, ou le parchemin, *membrana*.

2. *Ab ipsis Saturnalibus hic fugisti* (v. 4, 5). Les fêtes de Saturne au mois de décembre, étaient le carnaval des Romains.

3. *Platona Menandro* (v. 11). Il importe peu d'examiner si Horace parle ici de Platon le philosophe ou du poëte comique du même nom. Les autres auteurs cités sont trop connus pour nous y arrêter.

4. *Tonsore* (v. 17). Lucien a plus d'une fois raillé les stoïciens de son temps sur l'importance ridicule qu'ils attachaient à leur barbe. Le travers n'avait pas le mérite de la nouveauté.

5. *Janum Ad medium* (v. 18, 19). Horace paraît désigner ici l'espace qui se trouvait sur la place publique entre les deux statues de Janus. *Jani duo, celebris mercatorum locus*, dit Publius Victor. C'était le rendez-vous des marchands et des banquiers.

6. *Quid sculptum infabre* (v. 22). Je crois qu'on n'a pas bien saisi le sens de ce passage. Damasippe, véritable amateur, ne cherchait dans un marbre ou dans un bronze que son antiquité. La raideur des figures, nées dans l'enfance de l'art, était près de lui une recommandation : c'était le cachet du génie. Voilà ce qu'il payait cent mille sesterces. Il dédaignait les contours gracieux, les formes arrondies et moelleuses : elles avaient le tort, je dirais presque le ridicule, d'être modernes. M. Daru semble avoir entrevu ce sens.

7. *Stertinius* (v. 33). Philosophe stoïcien peu connu d'ailleurs. C'est [pe]ut-être un nom en l'air.

8. *Atque a Fabricio* (v. 36). Le pont Fabricius joignait Rome avec le [ri]ve du Tibre. Il était en face du pont Cestius, placé sur l'autre rive du [fle]uve. On l'appelle aujourd'hui pont des Juifs et *ponti di Quattro* [ca]*pi*, à cause de la statue de Janus à quatre faces qui est au bout, [du] côté de l'île. Il prit d'abord le nom de Tarpéien, de la roche Tarpéienne, dont il était voisin; il dut le second à L. Fabricius, qui l'avait [fai]t construire.

9. *Dexter stetit* (v. 38). Les Latins ont pris quelquefois la droite [po]ur le côté heureux, à l'imitation des Grecs; car, pour eux, c'était [l']ordinaire le côté gauche. Pour prendre les auspices, ils se tournaient [ha]bituellement vers le Midi (Tite-Live, liv. I, ch. 18), et alors ceux [qu]i venaient de l'Orient, du côté gauche, *læva*, s'appelaient heureux [Le]s Grecs se tournaient vers le Nord, et alors *læva* étaient les auspices [ma]lheureux, parce qu'ils venaient de l'Occident, qui était à gauche. [Ma]is souvent les poëtes formés à l'école des Grecs emploient les mots [dex]*ter* et *sinister* dans le même sens que leurs maîtres.

10. *Chrysippi porticus* (v. 44). Chrysippe était l'un des chefs de la [ph]ilosophie stoïcienne, ainsi nommée du portique Στοά, où se tenait [leu]r école.

11. *Non magis audierit, quam Fusius ebrius olim* (v. 60). Horace [fai]t allusion ici à l'anecdote suivante: *Ilione* était une tragédie d'Accius [ou] de Pacuvius, dans laquelle on voyait l'ombre de Polydore venir près [d'I]lione endormie, et crier: « Ma mère, à mon secours! » Fusius, [ch]argé du rôle d'Ilione, s'endormit un jour sur le théâtre si profondé[m]ent, que les cris de Polydore, représenté par Catienus, ne purent [ré]veiller, et que tous les spectateurs se mirent aussi à crier: *Mater, te* [ap]*pello*. Cicéron nous a conservé le souvenir de ce fait.

12. *Scribe decem a Nerio* (v. 69). Les préteurs avaient d'ordinaire [leu]rs fonds chez un banquier, et l'emprunteur écrivait sur les livres [de] ce dernier: « Reçu d'un tel la somme de.... par les mains de tel [ba]nquier. » Le banquier ici est Nerius. Cicuta *le noueux* était appa[re]mment un notaire fort au courant de tous les détours de la chicane: [Pe]rillius est ici le préteur; les fonds sont versés par Nerius, et l'obli[ga]tion dressée d'après les conseils de Cicuta. Quand on remboursait en [ar]gent, on biffait, on rayait l'article des livres du banquier, ce qui [s'a]ppelait *rescribere*, διαγράφειν; quand on s'acquittait avec des traites [su]r un autre banquier, c'était encore *rescribere*, expression plus juste [al]ors; car *rescribere* est proprement donner à prendre sur un autre, [as]signer sur quelqu'un. De là vient encore notre mot *rescription*.

13. *Malis ridentem alienis* (v. 72). Expression singulière, empruntée [au]x Grecs, et dont le sens divise les commentateurs. Les uns prétendent [qu']elle signifie rire du bout des dents, les autres à gorge déployée: [il]s s'appuient d'un vers de l'*Odyssée* (liv. xx, v. 347):

Οἶδ' ἤδη γναθμοῖσι γελόων ἀλλοτρίοισιν,

[au]quel ils donnent une interprétation différente. Le sens général du [pa]ssage d'Horace, et un autre mot grec employé par Xénophon, en

parlant d'un cheval qui a la bouche dure, ἱπεργναθος, qui ne sent pas plus le mors que s'il était dans la bouche d'un autre, m'ont décidé. Il me semble que Damasippe rit de tout son cœur aux dépens de ses créanciers dupés malgré toutes leurs précautions.

14. *Nescio an Anticyram* (v. 83). Anticyre, île où croissait l'ellébore. Il y avait plusieurs villes de ce nom : de là incertitude parmi les commentateurs.

15. *Heredes Staberi* (v. 84). On ne sait de Staberius que ce qu'en dit ici Horace.

16. *Splendida bilis* (v. 141). La bile jaune, qui porte à la fureur, au lieu que la noire porte plus souvent à la tristesse, à la mélancolie.

17. *Pauper Opimius argenti* (v. 142). Il y avait à Rome une famille consulaire du nom d'Opimius, *gens Opimia*. On ne sait auquel de ses membres appliquer ce trait.

18. *Craterum dixisse putato* (v. 161). Craterus, fameux médecin de ce temps-là, dont parle Cicéron (*Lettres à Atticus*, liv. xii, lett. 13 et 14).

19. *Intestabilis* (v. 181). Interdit, qui ne peut ni tester ni rendre témoignage.

20. *In cicere atque faba* (v. 182). Les candidats aux magistratures tâchaient de gagner les suffrages du peuple par des largesses en pois, en fèves, blé et argent. Cette dépense absorbait souvent les plus brillantes fortunes. C'est à cela que s'étaient ruinés Milon et César.

21. *Maxime regum*, *Ditibi dent* (v. 190, 191). Horace semble ici parodier le discours de Chrysès à Agamemnon (*Iliade*, liv. i, v. 17).

22. *Gaudeat ut populus* (v. 195). Imitation d'un autre passage du même livre, v. 255 :

Ἦ κεν γηθήσαι Πρίαμος, Πριάμοιό τε παῖδες.

23. *Mola... salsa* (v. 200). Orge rôtie, mêlée avec du sel, que l'on mettait sur la tête des victimes. De là *immolare*, « immoler. »

24. *Huic vestem, ut gnatæ* (v. 215). Horace ne se doutait pas qu'un des successeurs d'Auguste, Caligula, réaliserait cette supposition en faveur, non d'un agneau, mais de son cheval, auquel il avait donné des meubles, des valets, et qu'il destinait au consulat.

25. *Cum Velabro omne macellum* (v. 229). Le Vélabre, quartier des marchands : *macellum*, la boucherie.

26. *Sume tibi decies* (v. 237). Il faut sous-entendre *centena millia sestertium*, « un million de sesterces, deux cent cinquante mille francs. »

27. *Filius Æsopi* (v. 239). Le fils du comédien Ésopus portait le même nom que son père. On ignore quelle est cette Métella.

28. *Mutatus Polemon* (v. 254). Ce fut Xénocrate qui ramena tout à coup Polémon à la sagesse. Polémon fut, après son maître, le chef de l'école de Platon (Diogène Laerce, liv. iv).

29. *Fasciolas, cubital, focalia* (v. 255). *Fasciæ, fasciolæ*, tenaient lieu des bas et des culottes, *subligar*; car il y avait *fasciæ crurales* et *fasciæ feminales*, suivant la partie qu'elles couvraient (Quint., *Inst. orat.*, liv. xi, ch. 3). Elles furent employées d'abord par les personnes d'une mauvaise santé, puis par les voluptueux et les efféminés. *Focalia*

i faucibus, mentonnières pour garantir du froid la gorge et le cou : les cravates. *Cubital*, petit manteau à capuchon qui ne tombait que jusqu'au coude, comme les collets de nos carricks.

30. *Agit ubi secum, eat, an non* (v. 260). Allusion à une scène de l'*Eunuque*, de Térence.

31. *Ignem gladio scrutare* (v. 276). C'était un précepte de Pythagore. Πῦρ μαχαίρᾳ μὴ σκαλεύειν (DIOGÈNE LAERCE, liv. VIII).

32. *Hellade, percussa, Marius* (v. 277). Ces deux personnages sont inconnus. — *Cerritus* pour *Cereritus*, Δημητριακός, fou, qui croit avoir vu Cérès, qui a la tête remplie de cette divinité.

33. *Fecunda in gente Meneni* (v. 287). Dacier se tourmente beaucoup pour expliquer ce vers. Il semble difficile en effet d'admettre qu'il s'applique à l'illustre famille descendue de Menenius Agrippa, dont il ne restait plus, du temps d'Horace, qu'un seul rejeton. Contentons-nous d'être sûrs du sens.

34. *Caput abscissum demens quum portat Agave* (v. 303). Agavé, mère de Penthée, que, dans un transport inspiré par la vengeance de Bacchus, elle tua sans le reconnaître.

35. *Ad summum totus moduli bipedalis* (v. 309). Horace était d'une petitesse que son embonpoint rendait encore plus sensible.

(DACIER.)

SATIRE QUATRIÈME.

Cette satire est d'un genre un peu burlesque; mais il ne faut pas oublier, comme remarque fort bien M. Daru, « qu'il existait, du temps d'Horace, des hommes qui faisaient une étude sérieuse des plaisirs, et qui ajoutaient à cette sensualité une prétention philosophique. »

1. *Unde, et quo Catius* (v. 1). Catius était un philosophe de la secte d'Épicure, qui écrivit quatre livres sur la nature des choses et sur le souverain bien.

SATIRE CINQUIÈME.

Il n'est pas rare, dans nos sociétés modernes, de voir l'avidité chercher, par la ruse ou la violence, à s'emparer de l'esprit et de la succession d'un vieillard opulent; chez les anciens, c'était mieux encore. Les coureurs d'héritages avaient fait de leur talent une branche d'industrie et lucrative, et les traits dont la satire les poursuivait sans cesse les frappaient sans les décourager. C'est à eux qu'Horace s'attaque ici. Homère, *Odyssée*, liv. XI, nous montre son héros évoquant les ombres des morts, et consultant Tirésias sur ses destinées. Le satirique continue l'entretien, et suppose que le fils de Laërte demande au devin de lui enseigner l'art de réparer sa fortune. Tirésias répond en indiquant tous les moyens employés à Rome pour s'emparer légalement du bien d'autrui.

1. *Sive aliud privum* (v. 11). *Privum*, « ce qui nous appartient en particulier, sans qu'un autre y ait part : » de là, chose rare, exquise, précieuse.

2. *Utne tegam spurco Damæ latus* (v. 18)? *Tegere, claudere latus*,

c'est céder le haut du pavé, *ire comes exterior*. Sénèque (*Épît.* XXII) dit : *Nudum erit latus*.

3. *Fortem hoc animum* (v. 20). Malgré l'opinion de Dacier, et les raisons qu'il développe longuement pour prouver que *hoc* doit se rapporter à *pauper eris*, nous le ferons rapporter au conseil de Tirésias. « C'est d'ailleurs, dit le naïf commentateur, l'avis d'un très-grand nombre d'honnêtes gens, et d'un très-grand mérite. » Daru l'a aussi adopté.

4. *Gaudent prænomine molles Auriculæ* (v. 32, 33). Les gens de condition libre portaient seuls des prénoms, et ceux de Quintus, de Publius étaient d'ordinaire réservés aux familles les plus considérables.

5. *Furius hibernas* (v. 41). C'est la parodie d'un vers de Furius. Le satirique s'est contenté de substituer le nom de l'auteur à celui de Jupiter.

6. *Quid prima secundo Cera velit versu* (v. 53, 54). Il faut se rappeler que les anciens écrivaient sur des tablettes enduites de cire.

7. *Recoctus Scriba ex quinqueviro* (v. 55, 56). Les quinquévirs étaient les magistrats des petites villes. Horace désigne ici un homme madré, *recoctus*, de quinquévir devenu greffier.

8. *Corano Filia Nasicæ* (v. 64, 65). Tous ces personnages sont inconnus.

9. *Venit enim magnum donandi* (v. 79). Ce trait semble dirigé contre Homère lui-même : en effet, au XVIIIe livre de l'*Odyssée*, Pénélope se plaint que ses amants mangent son bien, au lieu de lui faire des présents, suivant l'usage.

10. *Gaudentem nummo te addicere* (v. 109). Il fallait, pour rendre valables ces ventes simulées, qu'il y eût de l'argent réellement donné; car on ne pouvait ni donner ni céder sa part.

NOTES

DU LIVRE PREMIER DES ÉPITRES

ÉPITRE SEPTIÈME.

1. *Sextilem* (v. 2). Le mois d'août, qu'on nomma ainsi du nom d'Auguste, était d'abord appelé *sextilis*, parce qu'il était le sixième de l'année romaine, commençant à mars.

2. *Designatorem* (v. 6). C'étaient les huissiers chargés, dans toutes les cérémonies et pompes publiques, de régler la marche et le rang de chacun.

3. *Æra lupinis* (v. 23). Les lupins étaient une espèce de légume dont les comédiens se servaient au lieu d'argent.

4. *Cinaræ* (v. 28). Horace parle ailleurs de cette maîtresse (*Odes*, liv. IV, ode I; *Épître* XIV, etc.).

5. *Cumeram frumenti* (v. 30). C'étaient des vases de terre ou de jonc dont les pauvres faisaient leurs greniers.

6. *Philippus* (v. 46). Lucius Martius Philippus, dont Cicéron parle souvent avec éloge, fut un des premiers orateurs de son siècle, et devint beau-père d'Auguste en épousant sa mère, nièce de César. Ce n'est probablement pas sans dessein qu'Horace en fait, comme par occasion, l'éloge.

7. *Proprios... ungues* (v. 50). Les riches se faisaient faire les ongles par leurs barbiers. Se les faire soi-même et en public, c'était trahir la bassesse de sa condition.

8. *Tunicato popello* (v. 65). Les esclaves et le petit peuple ne portaient que la tunique sans toge. Ce n'était pas eux que Virgile appelait *gentem togatam*.

9. *Post nonam venies* (v. 71). C'est-à-dire vers trois heures après midi.

10. *Indictis... Latinis* (v. 76). C'étaient des fêtes mobiles.

11. *Septem... sestertia* (v. 80). Sous-entendu *millia*, environ dix-sept cent cinquante francs de notre monnaie.

12. *Metiri se quemque suo modulo ac pede, verum est* (v. 98). Dacier prétend que cette sentence avait été écrite au temple de Delphes par Chilon; on la trouve dans la seconde des *Pythiques* de Pindare.

ÉPITRE HUITIÈME.

1. *Celso... Albinovano* (v. 1). C'est le même dont il est question dans l'épître III, v. 15 et suivants; et l'on y voit que ce personnage

s'occupait de poésie, puisque Horace, dans ce passage, l'engage à éviter les plagiats.

ÉPITRE NEUVIÈME.

Cette épitre n'est autre chose qu'une lettre de recommandation; mais Horace y a imprimé un caractère de délicatesse et de noble liberté, qui est un modèle en ce genre.

1. *Claudi* (v. 1). C'est le successeur d'Auguste.
2. *Frontis ad urbanæ descendi præmia* (v. 11). Le commentateur Acron fait l'observation suivante sur cette expression *frontis urbanæ*, qui a embarrassé tous les traducteurs : « *Quia qui in urbibus morantur, non ita sunt verecundi, sicut qui rure sunt. Et dicit se rusticum penitus ob petitionem amici postponere.* »
3. *Scribe tui gregis hunc* (v. 13). Le même Acron explique ainsi ces mots *Scribe tui gregis* : « *Aggrega cum et adscribe cum amicis tuis.* »

ÉPITRE VINGTIÈME.

1. *Vertumnum Janumque* (v. 1). Les temples de Vertumne et de Janus étaient sur la place publique.
2. *Sosiorum* (v. 2). C'étaient des libraires dont Horace parle encore dans son *Art poétique*.

LIVRE SECOND

ÉPITRE PREMIÈRE.

Auguste était mécontent qu'Horace ne lui eût adressé aucune de ses satires et de ses épitres : il s'en était même plaint dans une lettre que nous a conservée Suétone (*Vie d'Horace*) : *Iratum me tibi scito, quod non in plerisque hujusmodi scriptis mecum potissimum loquaris An vereris ne apud posteros infame tibi sit quod videaris familiaris nobis esse ?* « Je suis fâché contre toi, je ne veux pas que tu l'ignores, de ce que tu ne t'adresses pas de préférence à moi dans ces sortes d'écrits. Crains-tu que mon amitié ne soit un jour une tache à ta réputation ? » Le poëte répondit à ces reproches flatteurs par cette belle épitre où il entremêle aux louanges d'Auguste des reproches à son siècle sur sa partialité pour les anciens, et, en traçant l'histoire de la poésie, montre les difficultés de l'art dramatique et l'intérêt qu'ont les princes à protéger les poëtes. Lucilius lui avait donné l'exemple de cette union piquante de la morale avec la littérature.

1. *Fœdera regum Vel Gabiis, vel cum rigidis æquata Sabinis* (v. 24, 25). Romulus avait fait un traité avec les Sabins, et Tarquin avec Gabies. Ce dernier traité était écrit sur un cuir de bœuf étendu

sur une planche, ce qu'on appelait alors *clypeum*. Placé dans le temple de Jupiter, il existait encore du temps d'Auguste.

2. *Nil intra est oleam* (v. 31). Ce passage offre beaucoup de difficultés. Le Batteux paraît être celui qui les a le mieux aplanies. Voici sa paraphrase : « Si l'on conclut de même en faveur de nos vieux auteurs contre les modernes, il n'y a plus de dispute ; il faut avouer tout : on pourra dire que nous sommes au-dessus des Grecs, même en fait de peinture, de musique, de combats d'athlètes ; ce qui est pourtant évidemment faux. » Horace, pour faire sentir le ridicule du raisonnement qu'il combat, le pousse jusqu'à l'exagération, jusqu'à dire qu'il n'y a rien de dur dans l'écorce de la noix ni dans le noyau de l'olive, ce qui était probablement une absurdité proverbiale.

3. *Caudæque pilos ut equinæ* (v. 45). Horace fait allusion à un trait que rapporte Plutarque dans la *Vie de Sertorius*. Ce général, pour relever le courage des Barbares auxquels il commandait, et leur apprendre que

> Patience et longueur de temps
> Font plus que force ni que rage,

fit paraître sous leurs yeux deux chevaux, l'un maigre et chétif, l'autre plein de force et de vigueur. Derrière le faible il plaça un homme jeune et robuste, derrière le fort un homme vieux et débile, avec ordre à chacun d'arracher la queue du cheval qui se trouvait devant lui. Le jeune homme, saisissant à deux mains celle du vieux cheval, amusa longtemps l'armée de ses efforts inutiles, tandis que l'homme vieux, en arrachant les crins l'un après l'autre, dégarnit en un instant la queue touffue du cheval vigoureux.

4. *Ennius, et sapiens et fortis* (v. 50). Ennius, partisan de la métempsycose, prétendait se souvenir que son âme avait animé d'abord le corps d'Euphorbe, guerrier dardanien, tué au siége de Troie par Ménélas, et ensuite celui de Pythagore. Il s'annonçait aussi comme l'Homère des Romains.

5. *Plagosum... Orbilium* (v. 70, 71). Orbilius Pupillus, de Bénévent, d'abord soldat, revint dans sa patrie ouvrir une école, qu'il transporta à Rome l'année du consulat de Cicéron. Il vécut jusqu'à l'âge d'à peu près cent ans. Horace, qui avait étudié sous lui, a immortalisé son nom et sa sévérité (SUÉTONE, *des Grammairiens illustres*).

6. *Recte necne... perambulet Attæ* (v. 79). Il y a ici un jeu de mots d'autant plus remarquable qu'Horace s'en permettait rarement. Atta désigne un homme qui marche mal, *qui nimis attingit terram*. *Crocus et flores* sont mis ici pour la scène : les anciens parfumaient le théâtre de fleurs et de safran.

7. *Quæ gravis Æsopus, quæ doctus Roscius* (v. 82). Ésope et Roscius, fameux acteurs romains.

8. *Nunc tibicinibus* (v. 98). On est partagé sur le sens de ce mot : les uns, et Lambin est de ce nombre, entendent par là les flûtes qui accompagnaient les acteurs dans la comédie, et, par synecdoche, la comédie elle-même ; d'autres, et ils ont pour eux l'autorité de Sanadon,

veulent qu'il s'agisse ici de musiciens qui représentaient, par le son seul de la flûte, des actions et des histoires entières. *Grammatici certant, et adhuc sub judice lis est.*

9. *Abrotonum œgro* (v. 114). L'aurone, plante à tige sarmenteuse, à fleurs jaunâtres, d'une odeur forte et d'une saveur amère (*abrotonique graves*, LUCRET.), naît communément sur les montagnes de l'Italie. Elle a les mêmes propriétés à peu près que l'absinthe.

10. *Pane secundo* (v. 123). Pain de ménage, par opposition à *panis primus, siligineus, mundus*, « pain blanc, de fleur de farine, pain de gruau. »

11. *Fescennina per hunc inventa licentia* (v. 145). Tite-Live (liv. VII, ch. 11) n'est pas d'accord avec Horace, et Sanadon donne raison au poëte contre l'historien. Ce qu'il y a d'incontestable, c'est que les vers fescennins emportent une idée de licence.

12. *Formidine fustis* (v. 154). Les décemvirs avaient inséré dans les Douze-Tables (tab. VII) une disposition restrictive conçue en ces termes : *Sei. quei. pipulod. ocentasit. carmenue. condisit. quod. infamiam. facsit. flacitiomq. alterei. capital. estod.* » Le supplice des auteurs de libelles était d'être battus de verges jusqu'à la mort.

13. *Plautus* (v. 170). Je crois, avec Sanadon, qu'Horace, au lieu de louer Plaute, lui reproche de manquer d'exactitude dans la peinture des caractères, comme il blâme Dossenus de ne mettre en scène que des parasites.

14. *Socco* (v. 174). *Soccus* était la chaussure des acteurs comiques. Ausone imite cette expression, quand il dit du correct Térence : *Et astricto percurrit pulpita socco.*

15. *Aulœa premuntur* (v. 189). *Aulœa*, « la toile des théâtres, » s'abaissait au lieu de se lever comme chez nous (OVIDE, *Métamorp.*, liv. III).

22. *Esseda... pilenta, petorrita* (v. 192). *Esseda*, » chars de guerre, » *pilenta*, « chariots où l'on mettait les femmes ; » *petorrita*, « ceux qui portaient les esclaves et le bagage. »

17. *Captiva Corinthus* (v. 193). Pour rehausser l'éclat de leur triomphe, les généraux romains y faisaient porter l'image en relief des villes conquises, exécutée en métal, en ivoire, etc. Quelques jours après la cérémonie où César avait représenté ses conquêtes en ivoire, on vit au triomphe de Fabius Maximus des images de villes en bois.

18. *Panthera camelo* (v. 195). César avait le premier montré aux Romains une girafe dans les jeux *Circenses* qu'il donna pendant sa dictature (PLINE, liv. VIII, ch. 18).

19..... *Fabellam surdo* (v. 200). Expression proverbiale pour dire parler sans être écouté.

20. *Munus Apolline dignum* (v. 216). La bibliothèque qu'Auguste avait, dans son sixième consulat, consacrée à ce dieu.

21. *Ut vineta egomet cædam mea* (v. 220). Mot à mot, « pour que je coupe moi-même mes vignes. »

22. *Chœrilus* (v. 233). Il y a eu deux Chérilus : l'un, contemporain de Xerxès, vivait dans la LXXVe olympiade. Il est auteur d'un poëme sur les victoires des Athéniens, qui mérita l'honneur d'être lu en

public avec celui d'Homère. L'autre vivait vers la cxiii⁰ olympiade : c'est celui dont il est question ici. Horace le nomme encore dans l'*Art poétique* (v. 357). Aristote (*Topiques*, liv. vIII), Quinte-Curce et Plutarque en parlent sur le même ton qu'Horace.

ÉPITRE SECONDE.

D'après l'opinion de plusieurs commentateurs, on peut regarder Julius Florus comme étant d'origine gauloise. Tacite (*Annales*, liv. III, ch. 40) parle d'un Julius Florus qui était dans la Gaule de Belgique, du temps de Tibère : c'est ce qui a fait penser à M. Dacier que l'ame d'Horace était de quelqu'une de ces familles de province auxquelles Jules César, en donnant le droit de bourgeoisie, avait aussi donné la permission de porter son nom; car il n'y avait à Rome d'autre famille de Jules que celle d'Auguste.

Julius Florus partit de Rome à la suite de Tibère, pour visiter les provinces de l'Orient et y affermir le gouvernement (VELLEIUS PATERCULUS, liv. II, ch. 94). Il avait instamment prié Horace de lui écrire; mais notre poëte ne répondit que fort tard à ses vœux, et, pour se justifier, il lui envoya cette belle épître.

1. *Tibure vel Gabiis* (v. 3). Tibur, ancienne petite ville de la campagne de Rome, célèbre par ses cascades et son site pittoresque. Horace et Mécènes y avaient des maisons de plaisance. — Gabies, petite ville du Latium, dont il reste encore quelques ruines à l'endroit nommé *Campo Gabio*, vers Palestrine.

2. « *Ibit eo quo vis, qui zonam perdidit,* » inquit (v. 40). *Zona*, « ceinture, » signifie ici bourse, parce que l'on mettait la bourse dans la ceinture. *Sector zonarius,* « coupeur de bourse » (PLAUTE).

3. *Atque inter silvas Academi* (v. 45). Académus donna aux philosophes un superbe jardin qu'il avait aux portes d'Athènes. Platon y instruisait ses disciples, et c'est de là que nous vient le mot *Académie*.

4. *Bioneis sermonibus* (v. 60). Bion, sophiste et poëte; sa plume mordante n'a pas même épargné Homère.

5. *Scriptorum chorus omnis amat nemus, et fugit urbes* (v. 77). Les poëtes sacrifiaient à Bacchus; c'est au milieu des bois qu'avait lieu la cérémonie. Ovide (*Tristes*) parle de ces fêtes et dit y avoir souvent assisté.

6. *Gracchus ut hic illi foret, huic ut Mucius ille* (v. 89). Gracchus, fils de Cornélie, était célèbre à Rome par son éloquence. Cicéron, dans son premier livre de *l'Orateur,* cite Mucius comme un savant jurisconsulte.

7. *Circumspectemus vacuam Romanis vatibus œdem* (v. 93, 94). *Ædes* est le temple d'Apollon ou la bibliothèque palatine.

8. *Alcœus... Callimachus... Mimnermus* (v. 99-101). Alcée, Callimaque, Mimnerme, poëtes grecs.

9. *Penetralia Vestœ* (v. 114). Horace compare le cabinet retiré du poëte au sanctuaire du temple de Vesta, où le grand-prêtre seul pouvait pénétrer.

10. *Quœ, priscis memorata Catonibus atque Cethegis* (v. 117).

Caton et Cethegus, deux fameux orateurs de Rome, vivant du temps de la seconde guerre punique.

11. *Si proprium est, quod quis libra mercatus et œre est* (v. 158). Dans une lettre à Curtius, Cicéron a dit : *Id cujusque est proprium, quo quisque fruitur atque utitur.* Horace développe ici cette pensée, qu'il a déjà exprimée, liv. II, sat. II :

> Nam propriæ telluris herum natura, neque illum,
> Nec me, nec quemquam statuit. . . . .

12. *Emptor Aricini quondam Veientis et arvi* (v. 167). Terres dans le canton d'Aricie et de Véies, près de Rome.

13. *Cur alter fratrum...* (v. 183). Térence, dans ses *Adelphes*, peint deux frères d'humeur différente : c'est probablement à eux qu'Horace a fait allusion.

NOTES

DE L'ART POÉTIQUE

1. EPISTOLA AD PISONES. Tel est le titre donné par Horace lui-même à ce qu'on a depuis appelé son *Art poétique*. Charisius, un des plus anciens grammairiens, ne cite jamais cet ouvrage que comme une épître ; et quand Quintilien dit l'*Art poétique d'Horace*, on voit bien que le rhéteur n'entend désigner que le sujet et la matière de l'*Épître aux Pisons*.

Sa date est incertaine ; mais elle doit être postérieure à l'année 730 de Rome. On le conjecture, du moins, d'après le vers 438 de l'*Art poétique : Quinctilio si quid recitares*. Ce Quinctilius mourut l'an 730 ; Horace était alors dans sa quarante-deuxième année ; et le vers cité suppose qu'à cette époque Quinctilius était déjà mort depuis un certain laps de temps.

2. *Pater, et juvenes patre digni* (v. 24). C'est à Lucius Pison et à ses deux fils que cette épitre est adressée. Le père fut consul avec Drusus Libon, l'an 739, triompha des révoltés de Thrace en 743, gouverna Rome après Statilius Taurus pendant vingt années, et mourut souverain pontife en 786, âgé de quatre-vingts ans. Les historiens, et notamment Velleius Paterculus, vantent ses mœurs mêlées de douceur et de fermeté, son intégrité dans ses charges, ses lumières et son goût en fait de littérature. Il était fils de cet autre Lucius Pison que Cicéron nous a peint sous des couleurs bien différentes. La famille des Pisons était une des plus anciennes de Rome : elle prétendait descendre de Numa par son fils Calpus, dont elle avait pris le nom de Calpurnia. C'est pour cela qu'Horace dit (v. 291) : *Vos, o Pompilius sanguis*

3. *Et tulit eloquium insolitum facundia præceps* (v. 217). Il me semble que ce qu'Horace blâme ici, ce n'est pas, comme le pense Galiani, une déclamation vicieuse, *decadente* (tel est le sens qu'il donne au met *præceps*), mais plutôt cette manie de prophétiser dans un style emphatique, obscur, énigmatique, qui fit que les sentences prononcées par le chœur ne différèrent plus des oracles de Delphes, et formèrent, en quelque sorte, des hors-d'œuvre complétement étrangers à l'action du drame.

4. *Ex noto fictum carmen sequar* (v. 247). Dans ce vers, Horace propose aux Pisons la parodie. Qui donc a eu l'idée ridicule d'interpréter ainsi ce passage? l'abbé Galiani! Sur quoi cette supposition est-elle fondée? je l'ignore. Rien dans ce qui précède, rien dans ce qui suit ne peut servir à la justifier, à moins que ce ne soient ces mots que je trouve dix vers plus haut :

> Effutire leves indigna tragœdia versus,

et que Galiani traduit ainsi : *La tragédie s'indigne d'être profanée par des vaudevilles.* A la bonne heure, je ne veux pas lui chercher querelle pour ses *vaudevilles*, s'il entend par là ces vers que l'on chante dans les tavernes, et qui sont, en effet, indignes de Melpomène :

> Ne. . . . .
> Migret in obscuras humili sermone tabernas.

Mais, quant à la parodie, je ne crois pas qu'Horace y ait jamais songé, pas plus que ses traducteurs et commentateurs, jusqu'à l'abbé Galiani : c'est une invention gratuite de sa part. Ce qui le prouve, c'est ce vers qui termine le précepte :

> Tantum de medio sumptis accedit honoris!

Rapprochées de *ex noto*, ces mots *de medio sumptis*, ne laissent plus de doute sur le véritable sens de ce passage. *De medio sumere*, c'est « prendre sur ce qui est en commun, sur ce qui appartient à tous. » *Ex noto carmen fingere*, c'est donc « bâtir sa fable sur un sujet connu; » mais la disposer avec art, avec ordre, avec ensemble, *tantum series juncturaque pollet!* La parodie, dont le but est de faire rire, *en tournant le sérieux en ridicule*, ne demande ni tant d'art, ni tant d'apprêts.

TABLE DES MATIÈRES

	Pages
Notice préliminaire....................................	v-xxxiij

ODES. — LIVRE PREMIER.

Odes.

I. A Mécène. — *De Pongerville*......................	1
II. A César Auguste. — *L. Halévy*....................	3
III. Au vaisseau qui portait Virgile. — *L. Halévy*.........	5
IV. A Sestius. — *A. V. Arnault*......................	6
V. A Pyrrha. — *C. L. F. Panckoucke*.................	7
VI. A Agrippa. — *L. Halévy*........................	8
VII. A Munatius Plancus. — *L. Halévy*................	9
VIII. A Lydie. — *C. L. F. Panckoucke*.................	10
IX. A Thaliarque. — *C. L. F. Panckoucke*.............	11
X. A Mercure. — *L. Halévy*........................	12
XI. A Leuconoé. — *C. L. F. Panckoucke*..............	13
XII. A Auguste. — *Amar*...........................	14
XIII. A Lydie. — *C. L. F. Panckoucke*.................	16
XIV. Au vaisseau de la république. — *De Pongerville*.....	17
XV. Nérée prédit à Pâris la ruine de Troie. — *L. Halévy*...	18
XVI. A son amie (palinodie). *C. L. F. Panckoucke*........	20
XVII. A Tyndaris. — *C. L. F. Panckoucke*..............	21
XVIII. A Varus. — *L. Halévy*.........................	22
XIX. A Glycère. — *C. L. F. Panckoucke*...............	23
XX. A Mécène. — *L. Halévy*........................	24
XXI. A Diane et à Apollon. — *L. Halévy*..............	24
XXII. A Aristius Fuscus. — *Daru*.....................	25
XXIII. A Chloé. — *C. L. F. Panckoucke*................	26
XXIV. A Virgile. — *Ch. du Rozoir*.....................	27
XXV. A Lydie. — *C. L. F. Panckoucke*................	28
XXVI. A sa muse, sur Lamia. — *L. Halévy*.............	29
XXVII. A ses amis. — *L. Halévy*.......................	29
XXVIII. Archytas et le matelot. — *L. Halévy*............	30
XXIX. A Iccius. — *L. Halévy*.........................	32
XXX. A Vénus. — *C. L. F. Panckoucke*...............	33
XXXI. A Apollon. — *L. Halévy*.......................	33
XXXII. A sa lyre. — *L. Halévy*........................	34
XXXIII. A Albius Tibulle. — *L. Halévy*.................	35
XXXIV. Palinodie. — *L. Halévy*........................	36

Odes.	Pages.
XXXV. A la fortune d'Antium. — *L. Halévy*	37
XXXVI. Sur le retour de Plotius Numidus. — *Daru*	38
XXXVII. A ses amis. — *De Pongerville*	39
XXXVIII. A son jeune esclave. — *L. Halévy*	41

ODES. — LIVRE DEUXIÈME.

I. A Asinius Pollion. — *L. Halévy*	42
II. A Crispe Salluste. — *Du Rozoir*	44
III. A Dellius. — *Amar*	45
IV. A Xanthias. — *L. Halévy*	46
V. Sur Lalagé. — *C. L. F. Panckoucke*	47
VI. A Septime. — *L. Halévy*	48
VII. A Pompée Varus. — *L. Halévy*	49
VIII. A Barines. — *C. L. F. Panckoucke*	50
IX. A Valgius. — *L. Halévy*	51
X. A Licinius. — *Andrieux*	52
XI. A Quinctius Hirpinus. — *L. Halévy*	53
XII. A Mécène. — *L. Halévy*	54
XIII. Contre un arbre qui, dans sa chute, avait failli l'écraser. — *L. Halévy*	56
XIV. A Postume. — *Ern. Panckoucke*	57
XV. Contre le luxe de son temps. — *De Pongerville*	58
XVI. A Grosphus. — *C. L. F. Panckoucke*	59
XVII. A Mécène malade. — *L. Halévy*	61
XVIII. A un riche avare. — *Ern. Panckoucke*	62
XIX. Sur Bacchus. — *L. Halévy*	64
XX. A Mécène. — *L. Halévy*	65

ODES. — LIVRE TROISIÈME.

I. Odi profanum vulgus. — *L. Halévy*	67
II. A ses amis. — *Ern. Panckoucke*	69
III. Justum et tenacem. — *Amar*	70
IV. A Calliope. — *L. Halévy*	73
V. Cœlo tonantem. — *Ern. Panckoucke*	76
VI. Aux Romains. — *L. Halévy*	78
VII. A Astérie. — *C. L. F. Panckoucke*	80
VIII. A Mécène. — *L. Halévy*	82
IX. Dialogue entre Horace et Lydie. — *Du Rozoir*	83
X. A Lycé. — *L. Halévy*	83
XI. A Mercure. — *Daru*	86
XII. A Néobulé. — *De Pongerville*	87
XIII. A la fontaine de Blandusie. — *A. V. Arnault*	88
XIV. Sur le retour d'Auguste vainqueur. — *L. Halévy*	89
XV. A Chloris. — *L. Halévy*	90
XVI. A Mécène. — *Ern. Panckoucke*	91
XVII. A Élius Lamia. — *L. Halévy*	93

Odes.

XVIII. Au dieu Faune. — *L. Halévy*.................... 93
XIX. A Téléphe. — *L. Halévy*..................... 94
XX. A Pyrrhus. — *L. Halévy*..................... 95
XXI. A sa bouteille. — *Ern. Panckoucke*.......... 96
XXII. A Diane. — *L. Halévy*...................... 97
XXIII. A Phidylé. — *Naudet*...................... 98
XXIV. Contre l'avarice. — *L. Halévy*............. 99
XXV. A Bacchus. — *L. Halévy*................... 101
XXVI. A Vénus. — *L. Halévy*..................... 102
XXVII. A Galathée. — *Daru*...................... 103
XXVIII. A Lydé. — *L. Halévy*..................... 106
XXIX. A Mécène. — *L. Halévy*.................... 107
XXX. Exegi monumentum. — *De Pongerville*......... 109

ODES. — LIVRE QUATRIÈME.

I. A Vénus. — *L. Halévy*........................ 111
II. A Jules Antoine. — *Ern. Panckoucke*.......... 113
III. A Melpomène. — *De Pongerville*............. 115
IV. Sur les victoires de Drusus Néron. — *Ph. Chasles*..... 116
V. A Auguste. — *L. Halévy*..................... 119
VI. Hymne à Apollon et à Diane. — *L. Halévy*..... 121
VII. A Manlius Torquatus — *C. L. F. Panckoucke*...... 123
VIII. A Martius Censorinus. — *L. Halévy*......... 124
IX. A Lollius. — *Andrieux*...................... 125
X. A Ligurinus. — *Ern. Panckoucke*............. 128
XI. A Phyllis. — *L. Halévy*..................... 128
XII. A P. Virgile. — *Naudet*.................... 130
XIII. A Lycé. — *L. Halévy*...................... 131
XIV. A Auguste. — *L. Halévy*.................... 132
XV. Éloge d'Auguste. — *L. Halévy*............... 134

ÉPODES.

I. A Mécène. — *L. Halévy*...................... 137
II. Éloge de la vie champêtre. — *Du Rozoir*...... 138
III. Contre l'ail. (A Mécène.) — *L. Halévy*...... 141
IV. Contre Ménas, affranchi du grand Pompée. — *L. Halévy*. 142
V. Contre la magicienne Canidie. — *L. Halévy*... 143
VI. Contre Cassius Sévère. — *L. Halévy*......... 147
VII. Aux Romains. — *De Pongerville*............. 148
VIII. A une vieille débauchée. (*Imitation*.)...... 149
IX. A Mécène. — *L. Halévy*..................... 150
X. Contre Mévius. — *L. Halévy*................. 151
XI. A Pectius. — *L. Halévy*.................... 152
XII. A une vieille mégère. (*Imitation*.)......... 154
XIII. A un ami. — *L. Halévy*.................... 155

Odes.

XIV. A Mécène. — *L. Halévy*........................... 156
XV. A Néère. — *L. Halévy*........................... 157
XVI. Aux Romains. — *L. Halévy*........................... 158
XVII. Horace et Canidie. — *L. Halévy*................... 164
Poème séculaire. — *L. Halévy*................... 167

SATIRES. — LIVRE PREMIER.

Satires.

I. Personne n'est content de son sort. — *Du Rozoir*..... 174
II. En fuyant un excès, l'homme vicieux tombe dans l'excès contraire. — *Alph. Trognon*................ 176
III. Lynx envers nos pareils, et taupes envers nous, Nous nous pardonnons tout, et rien aux autres hommes. — *J. Liez*........... 183
IV. Justification d'Horace en particulier, et en général des auteurs satiriques. — *Naudet*...................... 189
V. Horace fait une description facétieuse de son voyage de Rome à Brindes. — *C. L. F. Panckoucke*.......... 195
VI. Ce n'est pas dans la splendeur du rang, c'est dans la vertu que consiste la vraie noblesse. — *Amar*...... 199
VII. Procès entre Rupilius et un certain Persius. — *Ouizille*. 205
VIII. Les sorcières Canidie et Sagane. — *Ern. Panckoucke*.. 207
IX. Le Fâcheux. — *Daru*............................. 210
X. Sur le poëte Lucilius. — *J. Liez*.................... 213

LIVRE SECOND.

I. Horace délibère avec l'un de ses amis s'il doit s'abstenir de composer des satires. — *A. Bignan*............ 218
II. L'auteur énumère et censure les manies et les dépravations de la gourmandise. — *Ph. Chasles*........ 223
III. Tous les hommes sont également fous, mais chacun a sa folie. — *J. Liez*................................. 230
IV. Horace tourne en ridicule les préceptes des épicuriens sur l'art culinaire et les mets recherchés. — *Du Rozoir*. 246
V. L'art de s'enrichir. — *J. Liez*..................... 251
VI. Parallèle de la vie paisible de la campagne et des tourments de la ville. — *Féletz*........................ 257
VII. Dave, usant de la liberté des Saturnales, adresse de fortes réprimandes à son maître. — *A. Bignan*...... 263
VIII. Description plaisante du souper de Nasidienus. — *Amar*. 270

ÉPITRES. — LIVRE PREMIER.

Épîtres.

I. A Mécène. — *Amar*................................. 275
II. A Lollius. — *A. Bignan*........................... 280

TABLE DES MATIÈRES.

Épîtres.   Pages.

- III. A Julius Florus. — *Alph. Trognon*.................. 283
- IV. A Albius Tibullus. — *Alph. Trognon*................. 285
- V. A Torquatus. — *Alph. Trognon*....................... 286
- VI. A Numicius. — *C. L. F. Panckoucke*.................. 288
- VII. A Mécène. — *J. Liez*............................. 291
- VIII. A Celsus Albinovanus. — *Du Rozoir*............... 295
- IX. A Cl. Tibère Néron. — *Du Rozoir*................... 296
- X. A Fuscus Aristius. — *Féletz*........................ 297
- XI. A Bullatius. — *Charpentier*........................ 300
- XII. A Iccius. — *Charpentier*.......................... 301
- XIII. A Vinius Asella. — *Charpentier*.................. 303
- XIV. A son métayer. — *Andrieux*........................ 304
- XV. A C. Numonius Vala. — *Charpentier*................. 306
- XVI. A Quinctius. — *Charpentier*....................... 308
- XVII. A Scéva. — *De Pongerville*....................... 312
- XVIII. A Lollius. — *Amar*.............................. 315
- XIX. A Mécène. — *Alph. Trognon*........................ 320
- XX. A son livre. — *Ouizille*........................... 322

LIVRE SECOND.

- I. A Auguste. — *J. Liez*.............................. 325
- II. A Julius Florus. — *Ern. Panckoucke*................ 336
- ART POÉTIQUE, par *J. N. M. De Guerle*................. 347

NOTES.

- Notes du livre Ier........................... 369
- Notes du livre II..................................... 376
- Notes du livre III.................................... 380
- Notes du livre IV..................................... 386
- Notes du livre V (*Épodes*)........................... 390
- Notes du Poëme Séculaire.............................. 394
- Notes des Satires. — Livre I.......................... 395
-     Livre II.. 402
- Notes des Épîtres. — Livre I.......................... 407
-     — Livre II...................................... 408
- Notes de l'*Art poétique*............................. 412

PARIS. — EDOUARD BLOT ET FILS AÎNÉ, IMPRIMEURS, RUE BLEUE, 7.

EXTRAIT DU CATALOGUE
DE
GARNIER FRÈRES
6, rue des Saints-Pères, et Palais-Royal, 215

DICTIONNAIRE NATIONAL
OUVRAGE ENTIÈREMENT TERMINÉ
MONUMENT ÉLEVÉ A LA GLOIRE DE LA LANGUE ET DES LETTRES FRANÇAISES

Le grand Dictionnaire classique de la Langue française contient, pour la première fois, outre les mots mis en circulation par la presse, et qui sont devenus une des propriétés de la parole, les noms de tous les Peuples anciens, modernes ; de tous les Souverains de chaque État ; des Institutions politiques ; des Assemblées délibérantes ; des Ordres monastiques, militaires ; des Sectes religieuses, politiques, philosophiques ; des grands Evénements historiques : Guerres, Batailles, Sièges, Journées mémorables, Conspirations, Traités de paix, Conciles ; des Titres, Dignités, Fonctions, des Hommes ou Femmes célèbres en tout genre ; des Personnages historiques de tous les pays et de tous les temps : Saints, Martyrs, Savants, Artistes, Ecrivains ; des Divinités, Héros et personnages fabuleux de tous les peuples ; des Religions et Cultes divers, Fêtes, Jeux, Cérémonies publiques, Mystères, enfin la Nomenclature de tous les Chefs-lieux, Arrondissements, Cantons, Villes, Fleuves, Rivières, Montagnes de la France et de l'Etranger ; avec les Etymologies grecques, latines, arabes, celtiques, germaniques, etc., etc.

Cet ouvrage classique est rédigé sur un plan entièrement neuf, plus exact et plus complet que tous les dictionnaires qui existent, et dans lequel toutes les définitions, toutes les acceptions des mots et les nuances infinies qu'ils ont reçues sont justifiées par plus de quinze cent mille exemples extraits de tous les écrivains, moralistes et poëtes, philosophes et historiens, etc., etc. Par M. BESCHERELLE aîné, principal auteur de la *Grammaire nationale*. 2 magnifiques vol. in-4 de plus de 5,000 pages, à 4 col. imprimés en caractères neufs et très-lisibles, sur papier grand raisin glacé, contenant la matière de plus de 500 volumes in-8. . . . . 50 fr.

Demi-reliure chagrin, plats en toile. . . . . 10 fr.

GRAMMAIRE NATIONALE

Ou Grammaire de Voltaire, de Racine, de Bossuet, de Fénelon, de J. J. Rousseau, de Bernardin de Saint-Pierre, de Chateaubriand, de Casimir Delavigne, et de tous les écrivains les plus distingués de la France ; par MM. BESCHERELLE FRÈRES et LITAIS DE CAUX. 1 fort vol. grand in-8. Complément indispensable du *Dictionnaire national*. . . . . 10 fr.

NOUVEAU DICTIONNAIRE CLASSIQUE DE LA LANGUE FRANÇAISE

Comprenant : Les mots du Dictionnaire de l'Académie française, et un très-grand nombre d'autres autorisés par l'emploi qu'en ont fait les bons écrivains ; leurs acceptions propres et figurées et l'indication de leur emploi dans les différents genres de style ; — 2° Les termes usités dans les sciences, les arts, les manufactures, ou tirés des langues étrangères ; — 3° La synonymie rédigée sur un plan tout nouveau ; — 4° La prononciation figurée de tous les mots qui représentent quelque difficulté. — 5° Un Vocabulaire général de géographie, d'histoire et de biographie, etc., etc. ; par MM. BESCHERELLE aîné et J. A. PONS. 1 vol. gr. in-8 de 1100 pages. 10 fr.

DICTIONNAIRE USUEL DE TOUS LES VERBES FRANÇAIS,

Tant réguliers qu'irréguliers ; par MM. Bescherelle frères. 3ᵉ édition. 2 forts vol. in-8 à 2 colonnes.. . . . . 12 fr.

La conjugaison des verbes est sans contredit ce qu'il y a de plus difficile dans notre langue, puisqu'on y compte plus de trois cents verbes irréguliers. A l'aide de ce dictionnaire, tous les doutes sont levés, toutes les difficultés vaincues.

DICTIONNAIRE ENCYCLOPÉDIQUE D'HISTOIRE, DE BIOGRAPHIE, DE MYTHOLOGIE ET DE GÉOGRAPHIE

Comprenant : 1° *Histoire* : l'histoire des peuples, la chronologie des dynasties, l'archéologie, l'étude des institutions politiques, religieuses et judiciaires et des divers systèmes philosophiques ; 2° *Biographie* : la biographie des hommes célèbres, avec notices bibliographiques sur leurs ouvrages ; 3° *Mythologie* : la biographie des dieux et personnages fabuleux, l'exposition des rites, fêtes et mystères ; 4° *Géographie* : la géographie physique, politique, industrielle et commerciale, d'après les documents les plus récents, la géographie ancienne et moderne comparée. 1 fort volume grand in-8. . . . . 20 fr

DICTIONNAIRE GÉNÉRAL DES SCIENCES THÉORIQUES ET APPLIQUÉES

Comprenant les mathématiques, la physique et la chimie, la mécanique e la technologie, l'histoire naturelle et la médecine, l'économie rurale e l'art vétérinaire, par MM. Privat-Deschanel et Ad. Focillon, professeurs de sciences physiques et naturelles ; 4 parties, 2 vol. gr. in-8. . . . . 32 fr

GRAMMAIRE DE LA LANGUE ANGLAISE

Contenant : 1° Un traité de la prononciation avec un *syllabaire* et de nombreux exercices de lecture ; 2° Un cours de thèmes complet sur les règles et les difficultés de la langue, et sur tous les verbes irréguliers ; 3° Idiotismes ; 4° Dialogues familiers, par MM. Clifton et Mervoyer, docteur ès-lettres. 1 vol. gr. in-18, cart. . . . . 2 fr.

GRAMMAIRE ESPAGNOLE-FRANÇAISE DE SOBRINO

Très-complète et très-détaillée, contenant toutes les notions nécessaires pour apprendre à parler et à écrire correctement l'espagnol. Nouvelle édition, refondue avec le plus grand soin, par A. Galban. 1 vol. in-8. . . . 4 fr.

GRAMATICA DE LA LENGUA FRANCESA

Para los Españoles, por Chantreau, corrigée avec le plus grand soin par A Galban, 1 vol. in-8 . . . . 4 fr.

GRAMMAIRE ITALIENNE

En 25 leçons, d'après Vergani, corrigée et complétée par C. Ferrari, ancien professeur à l'École normale et à l'Université de Turin. 1 vol. . . . . 2 fr.

NUOVA GRAMMATICA FRANCESE-ITALIANA

Di Lodovico Goudar. Con nuove regole e spiegazioni intorno alla moderna pronunzia, alla natura dei dittonghi francesi ed ai participii, ricavate dall' opere de' migliori grammatici. Nuova edizione correcta ed arrichita da Giuseppe Caccia. Vol. grand in-48. . . . . 2 fr.

PETIT DICTIONNAIRE NATIONAL

Contenant la définition très-claire et très-exacte de tous les mots de la langue usuelle ; l'explication la plus simple des termes scientifiques et techniques ; la prononciation figurée dans tous les cas douteux ou difficiles, etc., etc. ; par M. Bescherelle aîné, auteur du *Grand Dictionnaire national*, etc. 1 fort vol. in-32 jésus, de plus de 600 pages. . . . . 2 fr.

PETIT DICTIONNAIRE D'HISTOIRE, DE GÉOGRAPHIE ET DE MYTHOLOGIE

Par J. P. Quitard faisant suite au *Petit Dictionnaire national* de M Bescherelle aîné. 1 vol. in-32. . . . . 1 fr. 50

Les deux ouvrages réunis en 1 fort vol., rel. toile. . . . . 4 fr.

NOUVEAU DICTIONNAIRE DES RIMES
Précédé d'un Traité complet de versification, par P. M. QUITARD. 1 volume gr. in-32. . . . . 2 fr.

PETITS DICTIONNAIRES EN DEUX LANGUES
Grand in-32, format de poche, dit Cazin

Avec la prononciation figurée, très-complets et exécutés avec le plus grand soin, contenant chacun la matière d'un fort volume in-8, à l'usage des voyageurs, des lycées, des colléges, de la jeunesse des deux sexes, et de toutes les personnes qui étudient les langues étrangères.

Dictionnaire grec-français, rédigé sur un plan nouveau, contenant tous les termes employés par les auteurs classiques, présentant un aperçu de la dérivation des mots dans la langue grecque et suivi d'un Lexique des noms propres, par A. CHASSANG, maître de Conférences de langue et littérature grecques à l'École normale supérieure. 1 vol. de plus de 1000 p. 6 fr.

Nouveau Dictionnaire latin-français, contenant tous les termes employés par les auteurs classiques; l'explication d'un certain nombre de mots appartenant à la langue du droit; les noms propres d'hommes et de lieux, etc., par E. DE SUCKAU. 1 fort vol. 4 fr. 50

Nouveau Dictionnaire anglais-français et français-anglais, contenant tout le vocabulaire de la langue usuelle, et donnant la *prononciation* figurée de tous les mots anglais, et celle des mots français dans les cas douteux, par M. CLIFTON. 1 vol. 4 fr. 50

Nouveau Dictionnaire allemand-français et français-allemand du langage littéraire, scientifique et usuel, contenant, à leur ordre alphabétique, tous les mots usités et nouveaux de ces deux idiomes; les noms propres, etc.; la grammaire et les idiotismes, et suivi d'un Tableau des verbes irréguliers, par E. ROTTECK (de Berlin). 1 fort vol. . . . . 4 fr. 50

Nouveau Dictionnaire de poche français-espagnol et espagnol-français, avec *la prononciation* dans les deux langues, rédigé d'après les matériaux réunis par D. VICENTE SALVA et les meilleurs dictionnaires parus jusqu'à ce jour. 1 fort vol. . . . . . . 5 fr.

Dictionnaire italien-français et français-italien, contenant tous les mots de la langue usuelle et donnant la prononciation figurée des mots italiens et des mots français, dans les cas douteux et difficiles, par C. FERRARI. 1 fort volume. . . . . . 4. fr. 50

Nouveau Dictionnaire français-portugais et portugais-français, contenant tout le vocabulaire de la langue usuelle, et donnant la *prononciation* figurée de tous les mots portugais et celle des mots français, par SOUSA PINTO, 1 vol. . . . . 6 fr.

Diccionario español-inglés é inglés-español portátil con la pronunciacion en ambas lenguas. Formado con presencia de los mejores diccionarios ingleses y españoles por Don Corona Bustamente, y el mas completo de los publicados hasta el dia. 1 tomo.

Diccionario español-italiano é Italiano-español con la pronunciacion en ambas lenguas. Compuesto por D. J. CACCIA con areglo á los mejores diccionarios, y el mas completo de los publicados hasta ahora. 1 tomo. 5 fr.

Reliure percaline, tr. jaspée, de chacun de ces quatre dictionnaires... 60 c.

Les dictionnaires en petit format publiés jusqu'à ce jour sont plutôt des vocabulaires, souvent très-incomplets, qui ne contiennent aucune des indications nécessaires pour aider un commençant à traduire correctement d'une langue dans une autre.

Dans ces dictionnaires, que nous recommandons à l'attention du public ami des lettres:

1° Tous les mots, sans exception, sont à leur ordre alphabétique; pas de liste particulière de noms propres, de mots géographiques, etc.

2° Les diverses acceptions de chaque mot sont indiquées par des numéros. Le premier numéro donne le sens le plus conforme à l'étymologie; les numéros suivants présentent successivement les sens dérivés, détournés ou figurés. Enfin différents signes typographiques et de ponctuation viennent encore guider l'étranger dans le choix des mots.

3° La prononciation a été figurée avec le plus grand soin et à l'aide des moyens les plus simples.

On voit que nous n'avons rien négligé pour rendre cette publication aussi utile et pratique que possible. Si l'on considère encore que nous donnons également la solution des difficultés grammaticales, relatives, par exemple, à la conjugaison des verbes, des prépositions, etc., on sera forcé de convenir que jamais on n'a présenté autant de matières sous un aussi petit volume.

GRAND DICTIONNAIRE
ESPAGNOL-FRANÇAIS ET FRANÇAIS-ESPAGNOL

ec la prononciation dans les deux langues, plus exact et plus complet que tous ceux qui ont paru jusqu'à ce jour, rédigé d'après les matériaux réunis par D. VICENTE SALVA, et les meilleurs dictionnaires anciens et modernes, par F. DE P., NORIÉGA ET GUIM. 1 fort vol. gr. in-8 jésus, d'environ 1,600 pag., à 5 col. . . . . 18 fr.

GUIDES POLYGLOTTES

anuels de la conversation et du style épistolaire, à l'usage des voyageurs et des écoles. Grand in-32, format dit Cazin, papier satiné, élégamment cartonnés. Prix du vol. . . . . 2 fr.

- ançais-anglais, par M. CLIFTON, vol.
- ançais-italien, par M. VITALI, 1 vol.
- ançais-allemand, par M. EBELING, 1 vol.
- Français-espagnol, par M. CORONA BUSTAMENTE, 1 vol.
- Espanol-francés, por CORONA BUSTAMENTE. 1 vol.
- English-french, by CLIFTON, 1 vol.
- Hollandsch-fransch, van A. DUFRICHE, 1 vol.
- Espanol-inglés, por CORONA BUSTAMENTE y CLIFTON, 1 vol.
- English and italian. 1 vol.
- Espanol-aleman, por CORONA BUSTAMENTE EBELING, 1 vol.
- Deutsch-englisch, von CAROLINO DUARTE, 1 vol.
- Espanol-italiano, por M. CORONA BUSTAMENTE y VITALI, 1 vol.
- Italiano-tedesco, da GIOVANNI VITALI e Dr EBELING, 1 vol.
- Portuguez-francez, por M. CAROLINO DUARTE y CLIFTON, 1 vol.
- Portuguez-inglez, por DUARTE y CLIFTON, 1 vol.

GUIDE EN SIX LANGUES. Français-anglais-allemand-italien-espagnol-portugais. 1 fort in-16 de 550 pages. . . . . 5 fr.

GUIDE EN QUATRE LANGUES, français-anglais-allemand-italien, 1 vol. 4 fr.

Nous appelons d'une manière toute spéciale l'attention sur nos *Guides polyglottes* Le soin intelligent et scrupuleux qui en a dirigé l'exécution leur assure, parmi les livres de ce genre, une incontestable supériorité. Le texte original a été fa et préparé, avec beaucoup d'adresse et d'habileté, par un maître de conférences l'Ecole normale supérieure. Les besoins de la conversation usuelle y sont très-heureusement prévus. Les dialogues, au lieu de se trainer dans l'ornière des banalités ennuyeuses, ont un à-propos, une vivacité, un sel, qui amusent et réveillent le lecteur. Les traducteurs se sont acquittés de leur tâche avec exactitude et fidélité.

Guide français-anglais, manuel de la conversation et du style épistolaire, avec la *prononciation figurée de tous les mots anglais*, à l'usage des voyageurs, par CLIFTON. 1 vol. in-16. 4 fr. | Polyglot guides, manual of conversation with models of letters for the use of travellers and students. English and French with the figured pronunciation of the French, by CLIFTON. 1 volume in-16. . . . . 4 fr.

CODES ET LOIS USUELLES

Classés par ordre alphabétique, 4° édition sans supplément, contenant la législation jusqu'à 1870 collationnée sur les textes officiels, contenant er note sous chaque article des codes ses différentes modifications, la corrélation des articles entre eux, la concordance avec le droit romain, l'ancienne législation française et les lois nouvelles, précédée de la constitution de l'Empire français et accompagnée d'une table chronologique et d'une table générale des matières, par M. A. ROGER, avocat à la Cour impériale de Paris, et M. A. SOREL, avocat à la Cour impériale de Paris. 1 beau v. gr. in-8 raisin de 1,200 pages. Prix, br. . . . . 15 fr.

LE MÊME OUVRAGE
Édition portative, format gr. in-32 jésus, en deux parties :
Ire Partie. Les *Codes*. . . . 4 fr. | IIe Partie. Les *Lois usuelles*. 4 fr.

GÉOGRAPHIE UNIVERSELLE
Par Malte-Brun. Description de toutes les parties du monde sur un nouveau plan, d'après les grandes divisions du globe; précédée de l'histoire de la géographie chez les peuples anciens et modernes, et d'une théorie générale de la géographie mathématique, physique et politique. 6e édition revue, corrigée et augmentée, mise dans un nouvel ordre et enrichie de toutes les nouvelles découvertes, par J.-J.-N. Huot. 6 beaux vol. gr. in-8, ornés de 41 grav. sur acier. . . . . 60 fr.
Avec un superbe Atlas entièrement établi à neuf. 1 vol. in-folio, composé de 72 magnifiques cartes coloriées, dont 14 doubles. . . . . 80 fr.
On peut acheter l'Atlas séparément. . . . . 20 fr.

DICTIONNAIRE DE LA CONVERSATION ET DE LA LECTURE.
52 vol. grand in-8 de 500 pages à 2 col., contenant la matière de plus de 300 vol. . . . . 208 fr.

SUPPLÉMENT AU DICTIONNAIRE DE LA CONVERSATION ET DE LA LECTURE
Rédigé par tous les écrivains et savants dont les noms figurent dans cet ouvrage et publié sous la direction du même rédacteur en chef. 16 vol. in-8 de 500 pages, pareilles à celles des 52 vol. publiés de 1833 à 1839. 80 fr.
Le *Supplément*, aujourd'hui terminé, se compose de *seize volumes* formant les tomes 53 à 68 de cette Encyclopédie si populaire.
Le *Supplément* a réparé toutes les erreurs, toutes les omissions qui avaient échappé dans le travail si rapide de la rédaction des 52 premiers volumes. Tous les *renvois* que le lecteur chercherait vainement dans l'ouvrage principal se trouvent traités dans le *Supplément*.

COURS COMPLET D'AGRICULTURE
Ou Nouveau Dictionnaire d'agriculture théorique et pratique, d'économie rurale et de médecine vétérinaire, sur le plan de l'ancien Dictionnaire de l'abbé Rosnier, par MM. le baron de Morogues, membre de l'Institut; Mirbel, Héricart de Thury, président de la Société impériale d'agriculture; Payen, professeur de chimie agricole; Mathieu de Dombasle, etc., etc. 4e édition, revue et corrigée. 20 vol. br. en 19 gr. in-8 à 2 col., avec environ 4,000 sujets grav. . . . . 112 fr.

DICTIONNAIRE D'HIPPIATRIQUE ET D'ÉQUITATION.
Ouvrage où se trouvent réunies toutes les connaissances équestres et hippiques, par F. Cardini, lieutenant-colonel en retraite. 2 vol. grand in-8. ornés de 70 figures; 2e édition, considérablement augmentée. . . 20 fr.

NOUVEAU DICTIONNAIRE COMPLET DES COMMUNES DE LA FRANCE
De l'Algérie et des autres colonies françaises, contenant la Nomenclature de toutes les communes, leur division administrative, leur population d'après le dernier recensement; les bureaux de poste; leur distance de Paris; les stations de chemins de fer; les bureaux télégraphiques; l'industrie; le commerce; les productions du sol; les châteaux et tous les renseignements relatifs à l'organisation administrative, ecclésiastique, judiciaire, universitaire, financière, militaire et maritime de la France, avant et depuis 1789, par A. Gindre de Mancy. 1 fort vol. gr. in-8 d'environ 1,000 p. à deux colonnes, avec une carte des chemins de fer, par Charle, géographe. 12 fr.

DICTIONNAIRE PORTATIF DES COMMUNES DE LA FRANCE, DE L'ALGÉRIE ET DES AUTRES COLONIES FRANÇAISES
Précédé de tableaux synoptiques, et accompagné d'une carte de la France, par M. Gindre de Mancy. 1 fort vol. in-32 de 750 pages . . . . 5 fr.

CHEFS-D'ŒUVRE DE LA LITTÉRATURE FRANÇAISE

Format in-8 cavalier

24 volumes sont en vente à 7 fr. 50

Cette collection, imprimée avec luxe par M. Claye, sur magnifique papier des Vosges fabriqué spécialement pour cette édition, est ornée de vignettes gravées sur acier, d'après les dessins de Staal.

On tire de chaque volume de la collection 150 *exemplaires numérotés* sur papier de Hollande, avec figures sur chine avant la lettre, au prix de 15 fr. le vol. (Molière est épuisé; ne se vend qu'avec la collection).

Œuvres complètes de Molière, nouvelle édition très-soigneusement revue sur les textes originaux, avec un nouveau travail de critique et d'érudition, aperçus d'histoire littéraire, examen de chaque pièce, commentaire, biographie, etc., etc., par M. Louis Moland. 7 vol.

Chefs-d'œuvre littéraires de Buffon, avec une introduction par M. Flourens, membre de l'Académie française, etc. 2 vol.

Histoire de Gil Blas de Santillane, Par le Sage, avec les principales remarques des divers annotateurs, précédée d'une notice par Sainte-Beuve, les jugements et témoignages sur le Sage et sur *Gil Blas*. 2 vol. illustrés de 6 belles gravures sur acier d'après les dessins de Staal.

L'Imitation de Jésus-Christ. Traduction nouvelle avec des réflexions par M. l'abbé de Lamennais. 1 vol.

Œuvres de Jean-Baptiste Rousseau, avec un nouveau travail de Antoine de Latour. 1 vol.

Essais de Michel de Montaigne, nouvelle édition, avec les notes de tous les commentateurs, choisies et complétées par M. J. V. Le Clerc, ornée d'un magnifique portrait de Montaigne, précédée d'une nouvelle étude sur Montaigne, par M. Prévost-Paradol, de l'Académie française. 4 vol.

Œuvres complètes de Boileau Despréaux, avec un nouveau travail et un commentaire, par M. Géruzez. 4 v.

Œuvres choisies de Marot, accompagnées de notes philologiques et littéraires et précédées d'une étude sur l'auteur, par M. d'Héricault. 1 vol.

Œuvres complètes de Racine, avec un travail nouveau, par M. Saint-Marc Girardin, de l'Académie franç. 1er, 2e v.

Œuvres complètes de la Fontaine, avec un nouveau travail de critique et d'érudition, par M. Louis Moland.

Nous avons promis, dans le prospectus de *Molière*, de chercher à remettre en honneur les belles éditions de nos auteurs classiques. Les volumes qui ont paru permettent de juger si nous avons tenu parole.

Notre collection contiendra la fleur de la littérature française. Elle se composera d'une soixantaine de volumes environ, et sera digne de tenir une place d'honneur dans les meilleures bibliothèques.

BIBLIOTHÈQUE AMUSANTE

Contenant les meilleurs romans du xviie et du xviiie siècle, et quelques-uns des principaux du xixe. Le volume, grand in-8 cavalier, 3 grav. sur acier d'après Staal. . . . . 7 fr. 50

Œuvres de madame de la Fayette. 1 vol.

Œuvres de mesdames de Fontaines et Tencin. 1 vol.

Gil Blas, par le Sage. 2 vol.

Diable boiteux, suivi de *Estévanille Gonzalès*, par le Sage. 1 vol.

Histoire de Guzman d'Alfarache, par le Sage. 1 vol.

Vie de Marianne, suivie du *Paysan parvenu*, par Marivaux. 2 vol.

Œuvres de madame Riccoboni. 1 v.

Lettres du marquis de Roselle, par madame Elie de Beaumont; Mademoiselle de Clermont, par madame de Genlis, et la Dot de Suzette, par Fiévée. 1 vol.

Chefs-d'œuvre de madame de Souza. 1 vol.

Corinne, par madame de Staël. 1 vol.

HISTOIRE DE FRANCE PAR ANQUETIL
Avec continuation jusqu'en 1852, par BAUDE, l'un des principaux auteurs du *Million de faits* et de *Patria*. 8 demi-vol. gr in-8, illustrés de 120 gravures, renfermant la collection complète des portraits des rois.. . . . 50 fr.

HISTOIRE DE FRANCE D'ANQUETIL
Continuée depuis la Révolution de 1789, par LÉONARD GALLOIS. Edition ornée de 50 gravures en taille-douce. 5 vol. gr. in-8 jésus à 2 colonnes, contenant la matière de 40 vol. in-8 ordinaire, 62 fr. 50; net.. . . . . 50 fr.

HISTOIRE DES DEUX RESTAURATIONS
Jusqu'à l'avènement de Louis-Philippe (de janvier 1813 à octobre 1830); par ACHILLE DE VAULABELLE. Sixième édit. 8 v. in-8, à. . . . . 5 fr.

1815 — LIGNY — WATERLOO
Par A. DE VAULABELLE, ancien ministre de l'instruction publique. 1 volume grand in-8 jésus, illustré de 40 belles gravures sur bois d'après les dessins de M. WORMS. . . . . 1 fr 50

CAMPAGNE DE RUSSIE (1812)
Par ALFRED ASSOLLANT. Illustré de 40 gravures, par J. WORMS, d'après les documents authentiques. 1 vol gr. in-8 jésus. . . . . 1 fr. 60

LORD MACAULAY
Histoire d'Angleterre sous le règne de Jacques II. traduit de l'anglais par le comte JULES DE PEYRONNET Deuxième édition, revue et corrigée. 5 vol. in-8. Chaque volume . . . . 5 fr.
Histoire du règne de Guillaume III pour faire suite à l'Histoire du règne de Jacques II. traduit de l'anglais par AMÉDÉE PICHOT. Deuxième édition revue et corrigée 4 vol in-8. Prix de chaque volume. . . . . . 5 fr.

ŒUVRES COMPLÈTES DE CHATEAUBRIAND
Nouvelle édition, précédée d'une étude littéraire sur Chateaubriand, par M. SAINTE-BEUVE, de l'Académie française. 12 très-forts volumes in-8, sur papier cavalier vélin, ornés d'un beau portrait de Chateaubriand et de 42 gravures exécutées spécialement pour cette édition, et avec le plus grand soin, par MM. F. DELANNOY, G. THIBAULT, OUTHWAITE, MASSARD, etc., d'après les dessins originaux de STAAL, de RACINET, etc. Le vol. à 6 fr.

ON VEND SÉPARÉMENT AVEC UN TITRE SPÉCIAL

Le Génie du christianisme. 1 vol. orné de 5 grav. sur acier.

Les Martyrs. 1 vol. orné de 5 grav. sur acier.

L'Itinéraire de Paris à Jérusalem. 1 vol. orné de 6 gravures.

Atala, René, le Dernier Abencérage, les Natchez, Poésies. 1 vol. orné de 4 grav. sur acier.

Voyage en Amérique, en Italie et en Suisse. 1 vol. orné de 4 gravures.

Le Paradis perdu. 1 vol. orné de 4 grav. sur acier.

Histoire de France. 1 vol. orné de 4 grav. sur acier.

Études historiques. 1 vol. orné de 4 grav. sur acier.

Le prix de chaque volume, avec 3, 4 ou 5 gravures, est de   6 fr.
Sans gravures. . . . .   5 fr.

CHATEAUBRIAND ET SON GROUPE LITTÉRAIRE
Sous l'Empire, par M. SAINTE-BEUVE, de l'Académie française. 2 volumes in-8. . . . . 12 fr.

NOUVEAU TRAITÉ DE BLASON
Ou science des armoiries, d'après le P. MÉNÉTRIER, d'HOZIER, SÉGOING, SCOHIER, PALLIOT, H. DE BARA, FAVIN, par VICTOR BOUTON, peintre héraldique et paléographe. 1 vol. in-8 de 500 pag. 460 blasons, 800 noms de familles.   10 fr

ABRÉGÉ MÉTHODIQUE DE LA SCIENCE DES ARMOIRIES

Suivi d'un glossaire des attributs héraldiques, d'un traité élémentaire des ordres modernes de chevalerie, et de notions sur l'origine des noms de familles et des classes nobles, etc., par M. MAIGNE. 1 vol. gr. in-18 jésus, orné d'environ 300 vignettes dans le texte, grav. par M. DUFRÉNOY. 6 fr.

NOBILIAIRE DE NORMANDIE

Publié par une Société de généalogistes, avec le concours des principales familles nobles de la Province, sous la direction de E. DE MAGNY. 2 vol. très-grand in-8.. . . . . 40 fr.

LE HÉRAUT D'ARMES

Revue illustrée de la noblesse, par le comte ALFRED DE BIZEMONT et VICTOR BOUTON. 1re année (novembre 1861, à janvier 1863), 30 fr.; net.. . 5 fr.

L'ITALIE CONFÉDÉRÉE

Histoire politique, militaire et pittoresque de la campagne de 1859, par AMÉDÉE DE CÉSENA. 4 beaux vol. gr. in-8. . . . . 24 fr.

Illustrée de très-belles gravures sur acier, parmi lesquelles un magnifique portrait de l'EMPEREUR et de l'IMPÉRATRICE, de vingt types militaires coloriés, d'une excellente carte du nord de l'Italie, par VUILLEMIN; des plans de bataille de Magenta et de Solferino, des plans coloriés de Venise, de Mantoue et de Vérone.

CAMPAGNE DE PIÉMONT ET DE LOMBARDIE

Par AMÉDÉE DE CÉSENA. 1 vol. gr. in-8 jésus, 20 fr.; net.. . . . . 10 fr.

HISTOIRE DES DUCS DE BOURGOGNE

Par M. DE BARANTE, membre de l'Académie française; 7e édition. 12 vol. in-8, caractères neufs, imprimés sur papier vélin satiné des Vosges, ornés de 104 gravures et d'un grand nombre de cartes. Prix du volume.. . 5 fr.

HISTOIRE UNIVERSELLE

Par le comte de SÉGUR, de l'Académie française; contenant l'histoire de tous les peuples de l'antiquité, l'histoire romaine et l'histoire du Bas-Empire. 9e édition, ornée de 50 gravures sur acier, d'après les grands maîtres de l'école française. 5 vol. gr. in-8.. . . . . 37 fr. 50

On peut acheter séparément chaque volume, qui forme un tout complet.

LAMARTINE

Histoire de la Révolution de 1848. Nouvelle édition, complétement revue par l'auteur. 2 vol. in-8, papier cavalier vélin. . . . . 12 fr.
Raphaël. Pages de la vingtième année. 1 v. in-8 cavalier vélin.. . . 5 fr.
Histoire de Russie. Paris. Perrotin, 1856. 2 vol. in-8, 10 fr.; net. . 6 fr.

ŒUVRES D'AUGUSTIN THIERRY

5 vol. in-8 cavalier, papier vélin glacé, le volume. . . . . 6 fr.
Histoire de la Conquête de l'Angleterre. 2 vol.
Lettres sur l'Histoire de France. — Dix ans d'Études historiques. 1 vol.
Récits des Temps mérovingiens. 1 vol.
Essai sur l'Histoire du Tiers-État. 1 vol.

GALERIES HISTORIQUES DE VERSAILLES

(Édition unique). Ce grand et important ouvrage a été entrepris aux frais de la liste civile du roi Louis-Philippe, et rédigé d'après ses instructions. Il renferme la description de 1,200 tableaux, des notices historiques sur plus de 676 écussons armoriés de la salle des Croisades. 10 volumes in-8 imprimés en caractères neufs sur beau papier; accompagnés d'un atlas de 100 grav. in-folio. . . . . 100 fr.

ALBUM seul (formant un tout complet) de 100 gravures avec notice chronologique.. . . . . 50 fr.

SOUVENIRS INTIMES DU TEMPS DE L'EMPIRE

Par Émile Marco de Saint-Hilaire. Illustrés de nombreuses gravures par les premiers artistes. 3 forts volumes, grand in-8 jésus. . . . . 40 fr.

ŒUVRES COMPLÈTES DE BUFFON
(OUVRAGE TERMINÉ)

Avec la nomenclature linnéenne et la classification de Cuvier ; édition nouvelle, revue sur l'édition in-4 de l'Imprimerie impériale ; annotée par M. Flourens, membre de l'Académie française, secrétaire perpétuel de l'Académie des sciences, professeur au Muséum d'histoire naturelle. Les *Œuvres complètes de Buffon* forment 12 vol. gr. in-8 jésus, illustrés de 165 planches, 800 sujets coloriés, gravés sur acier, d'après les dessins originaux de M. Victor Adam ; imprimés en caractères neufs, sur papier pâte vélin, par la typographie J. Claye. 120 fr.

M. le ministre de l'instruction publique a souscrit pour les bibliothèques à cette magnifique publication (aujourd'hui complétement achevée), reconnue par les hommes les plus compétents comme une édition modèle des œuvres du grand naturaliste. Le nom et le travail de M. Flourens la recommandent d'une façon toute particulière et lui donnent un cachet spécial.

ŒUVRES DE P. ET TH. CORNEILLE

Précédées de la Vie de P. Corneille, par Fontenelle, et des Discours sur la poésie dramatique. Nouvelle édition, ornée de gravures sur acier. 1 beau vol. gr. in-8, même format que le Racine et le Molière. . . . . 12 fr. 50

ŒUVRES DE J. RACINE

Avec un essai sur la vie et les ouvrages de J. Racine, par Louis Racine; ornées de 13 vignettes, d'après Gérard, Girodet, Desenne, etc. 1 beau vol. gr. in-8 jésus. . . . . 12 fr. 50

ŒUVRES COMPLÈTES DE BOILEAU

Avec une notice par M. Sainte-Beuve, et les notes de tous les commentateurs ; illustrées de gravures sur acier. Nouv. édit. 1 vol. gr. in-8. . . 12 fr. 50

MOLIÈRE

1 beau vol gr. in-8, pareil au *Corneille*, au *Racine* et au *Boileau*, orné de charmantes gravures sur acier, par F. Delannoy, d'après les dessins de Staal, et accompagné de notes explicatives. . . . . 12 fr. 50

MOLIÈRE

Œuvres complètes, précédées d'une notice sur la vie et les ouvrages de Molière, par M. Sainte-Beuve, illustrées de 800 dessins, par Tony Johannot. Nouvelle édit. 1 magnifique vol. gr. in-8 jésus. . . . . 12 fr. 50

ŒUVRES COMPLÈTES DE CASIMIR DELAVIGNE

Comprenant le *Théâtre*, les *Messéniennes* et les *Chants sur l'Italie*. Nouvelle édition. 1 beau vol. gr. in-8 jésus, illustré de 12 belles vignettes de A. Johannot. . . . . 12 fr. 50

FABLES DE LA FONTAINE

Illustrations de Grandville. 1 splendide vol. grand in-8 jésus, sur papier glacé, satiné, avec encadrement des pages et un sujet pour chaque fable. Édition unique par les soins qui y ont été apportés. . . . . 18 fr.

LES FLEURS ANIMÉES

Par J. J. Grandville. Ouvrage de luxe. Texte par Alph. Karr, Taxile Delord. Nouvelle édition avec planches très-soigneusement retouchées pour la gravure et le coloris, par M. Maubert, peintre d'histoire naturelle. 2 vol. gr. in-8 jésus. . . . . 25 fr.

LES MÉTAMORPHOSES DU JOUR

Par GRANDVILLE. 70 gravures coloriées, accompagnées d'un texte par MM. ALBÉRIC SECOND, TAXILE DELORD, LOUIS HUARD, C. MONSELET, JULIEN LEMER, et précédées d'une Notice sur GRANDVILLE, par CHARLES BLANC. Nouvelle édition augmentée de culs-de-lampe, têtes de pages, pour le texte par M. JULES JANIN. 1 magnifique vol. grand in-8 jésus, d'environ 550 pages. . . 18 fr.

LES PETITES MISÈRES DE LA VIE HUMAINE

Illustrées par GRANDVILLE de nombreuses vignettes dans le texte, et de 50 grands bois tirés à part. Texte par OLD-NICK. Un magnifique volume gr. in-8 jésus, papier vélin des Vosges, enrichi d'un beau portrait de Grandville, gravé sur acier. 15 fr.

CENT PROVERBES

Par GRANDVILLE. Nouvelle édition, revue et augmentée, pour le texte, par M. QUITARD, auteur du Dictionnaire des proverbes, etc., — illustrée de 50 gravures à part, coloriées pour la première fois avec le plus grand soin, et de nombreuses vignettes dans le texte. Un magnifique volume grand in-8 jésus. . . . . 15 fr.

GRANDVILLE

ALBUM de 120 sujets tirés des Fables de la Fontaine. 1 v. gr. in-8. . . 6 fr.

Cette charmante collection de gravures, contenant une partie des illustrations du célèbre artiste, peut convenir à tous ceux qui n'ont pas la magnifique édition du *La Fontaine* de *Grandville*.

ENCYCLOPÉDIE THÉORIQUE ET PRATIQUE DES CONNAISSANCES UTILES

Composée de traités sur les connaissances les plus indispensables, ouvrage entièrement neuf, avec environ 1,500 gravures intercalées dans le texte, par MM. ALCAN, L. BAUDE, BELLANGER, BERTHELET, DELAFOND, DEYEUX, DUBREUIL, FOUCAULT, H. FOURNIER, GÉNIN, GIGUET, GIRARDIN, LÉON LALANNE, ELIZÉE LEFÈVRE, HENRI MARTIN, MARTINS, MATHIEU, MOLL, MOREAU DE JONNÈS, LUDOVIC LALANNE, PÉCLET, PÉRSOZ, LOUIS REYBAUD, L. DE WAILLY, WOLOWSKI, etc. 2 vol. grand in-8. . . . . 25 fr.

ROBERTSON

Œuvres complètes, avec notice, par BUCHON. 2 vol. grand in-8 jésus. Nouvelle édition. Paris, 1867, 20 fr.; net. . . . . 15 fr.

MACHIAVEL

Œuvres complètes, avec notice, par BUCHON. 2 vol. grand in-8 jésus. Nouvelle édition. Paris, 1867. 20 fr.; net. . . . . 15 fr.

RUBENS ET L'ÉCOLE D'ANVERS

Par MICHIELS. 1 beau vol. in-8, suivi du Catalogue des tableaux de Rubens. 6 fr.; net. . . . . 4 fr.

UN MILLION DE FAITS

Aide-mémoire universel des sciences, des arts et des lettres, par MM. J. AICARD, DESPORTES, LÉON LALANNE, LUDOVIC LALANNE, GERVAIS, A. LE PILEUR, CH. MARTINS, CH. VERGÉ et JUNG. 1 fort vol. portatif, petit in-8 de 1,720 col. orné de gravures sur bois. 12 fr.; net. . . . . 9 fr.

BIOGRAPHIE UNIVERSELLE

BIOGRAPHIE PORTATIVE UNIVERSELLE, contenant 29,000 noms, suivie d'une table chronologique et alphabétique, où se trouvent répartis en cinquante-quatre classes différentes les noms mentionnés dans l'ouvrage, par L. LALANNE, L. RENIER, TH. BERNARD, CH. LAUMIER, E. JANIN, A. DELLOYE, etc. 1 vol. de 2,000 col., format du *Million de faits*, contenant la matière de 17 vol. 12 fr. net. . . . . 7 fr. 50

ŒUVRES COMPLÈTES DE BÉRANGER

5 vol. in-8, format cavalier, magnifiquement imprimés, papier vélin satiné, contenant :

Les Œuvres anciennes, illustrées de 55 gravures sur acier d'après CHARLET, JOHANNOT, RAFFET, etc. 2 vol. . . . . 28 fr.

Les Œuvres posthumes. Dernières chansons (1834 à 1851), illustrées de 14 gravures sur acier, de A. DE LEMUD. 1 vol. . . . . 12 fr.

Ma biographie, avec un appendice et des notes, illustrée de 9 gravures et d'une photographie. 1 vol. . . . . 12 fr.

Musique des chansons, airs notés anciens et modernes. Nouvelle édition revue par F. BÉRAT, illustrée de 80 gravures sur bois, d'après GRANDVILLE et RAFFET. 1 vol. . . . . 10 fr.
   MÊME OUVRAGE, sans gravures. . . . . 6 fr.

Correspondance de Béranger. Édition ornée d'un magnifique portrait gravé sur acier. 4 forts volumes contenant 1,200 lettres et un catalogue analytique de 1,500 autres. . . . . 24 fr.

Outre le portrait inédit qui orne cette édition, les éditeurs offrent aux Souscripteurs qui prendront l'ouvrage entier un exemplaire du **GRAND PORTRAIT DE BÉRANGER**, gravé sur acier par Lévy, et haut de 36 cent. sur 28 cent. de large. Ce portrait se vend séparément.

CHANSONS DE BÉRANGER
(ANCIENNES ET POSTHUMES)

Nouvelle édition populaire, illustrée de 161 dessins inédits de MM. ANDRIEUX, BAYARD, CRÉPON, DARJOU, FÉRAT, GODEFROY DURAND, PAUQUET, etc., vignettes par M. GIACOMELLI, gravées par ANSSEAU, COSTE, HILDEBRAND, KOCH, LEFÈVRE, PANNEMAKER, etc., avec un beau portrait de l'auteur tiré à part. 1 vol. grand in-8 jésus sur deux colonnes, imprimé par J. BEST. . . . 8 fr. 50

LETTRES CHOISIES DE MADAME DE SÉVIGNÉ

Avec une magnifique galerie de portraits sur acier, représentant les personnages principaux qui figurent dans la correspondance. 1 très-beau vol. gr. in-8. 20 fr.

LES FEMMES D'APRÈS LES AUTEURS FRANÇAIS

Par E. MULLER. Ouvrage illustré de portraits des femmes les plus illustres gravés au burin, d'après les dessins de STAAL, par MASSARD, DELANNOY, REGNAULT et GEOFFROY. 1 vol. gr. in-8 jésus. . . . . 20 fr.

Ce livre, imprimé avec luxe et orné de très-belles gravures sur acier, contient la fleur de tout ce que les prosateurs et les poètes français ont écrit de plus original et de plus piquant sur un sujet qui excite éternellement la curiosité.

HISTOIRE DE FRANCE

Depuis la fondation de la monarchie, par MENNECHET, illustrée de 20 gravures sur acier, d'après les grands maîtres de l'école française, gravées par F. DELANNOY, MASSARD, OUTHWAITE, etc, 1 vol. gr. in-8 jésus. . . . 20 fr.

L'ESPACE CÉLESTE ET LA NATURE TROPICALE

Description physique de la Terre et des divers corps que renferme l'espace céleste, d'après des observations personnelles faites dans les deux Hémisphères, par M. EMM. LIAIS, illustré de nombreuses gravures d'après les dessins de YAN' DARGENT. 1 magnifique volume gr. in-8 jésus. . . 20 fr.

LA FRANCE GUERRIÈRE

Récits historiques d'après les chroniques et les mémoires de chaque siècle, par CHARLES D'HÉRICAULT et LOUIS MOLAND. Ouvrage illustré de nombreuses et très-belles gravures sur acier, la plupart reproduisant les tableaux des grands maîtres. 1 vol. grand in-8 jésus. . . . . 20 fr.

GALERIE DE FEMMES CÉLÈBRES

Tirée des *Causeries du lundi*, par M. Sainte-Beuve, de l'Académie française. 1 beau vol. gr. in-8 jésus, orné de 12 magnifiques portraits dessinés par Staal, et gravés sur acier par Massard, Thibault, Gouttière, Geoffroy, Gervais, Outhwaite, etc. . . . . 20 fr.

NOUVELLE GALERIE DE FEMMES CÉLÈBRES

Tirée des *Causeries du lundi*, des *Portraits littéraires*, des *Portraits de femmes*, par M. Sainte-Beuve, de l'Académie française. 1 vol. gr. in-8 jésus, semblable au précédent, et illustré de portraits inédits. . . . . . . 20 fr.

Ces volumes se complètent l'un par l'autre et se vendent séparément. Ils contiennent la fleur des *Causeries du Lundi*, des *Portraits littéraires* et des *Portraits de femmes*.

LES CONTES DE BOCCACE

(LE DÉCAMÉRON). Édition illustrée par MM. H. Baron, T. Johannot, H. Émy, Célestin Nanteuil, Grandville, Ch. Pinot, K. Girardet, Holfeld, etc., de 52 grandes gravures tirées à part, et d'un grand nombre de dessins dans le texte. Un magnifique volume grand in-8 jésus. . . . . 15 fr.

PERLES ET PARURES

Première partie. Les Joyaux. Fantaisie. — *Deuxième partie*. Les Parures. Fantaisie. Dessins par Gavarni, texte par Méry, illustré de 30 gravures sur acier par Ch. Geoffroy; les 2 vol. brochés. . . . . 20 fr.

CORINNE

Par madame la baronne de Staël. Nouvelle édition, richement illustrée de 250 bois dans le texte, et de 8 grands bois, par Karl Girardet, Barrias, Staal. 1 magnifique vol. gr. in-8 jésus. . . . . 10 fr.

LES MILLE ET UNE NUITS

Contes arabes, traduits par Galland, illustrés par MM. Francis, Baron, Wattier etc., etc.; revus et corrigés sur l'édition princeps de 1794, augmentés d'une dissertation par S. de Sacy. 1 vol. gr. in-8 de 1,100 pag. . . . . 15 fr.

ŒUVRES CHOISIES DE GAVARNI

Revues, corrigées et classées par l'auteur; notices par MM. de Balzac, Th. Gautier, Léon Gozlan, Jules Janin, Alph. Karr. etc. 2 vol. gr. in-8, renfermant chacun 80 grandes vignettes. Prix de chaque vol. . . 10 fr.

Le Carnaval à Paris. — Paris le matin. — Les Étudiants. 1 vol.
La Vie de jeune homme. — Les Débardeurs. . . . . . 1 vol.

COLLECTION DE 30 BEAUX VOLUMES ILLUSTRÉS
Grand in-8 raisin, à 10 fr.

Prix de la reliure des trente volumes ci-dessous :
Demi-reliure, maroquin, plats toile, doré sur tranche, le vol. 4 fr.

Cette charmante collection se distingue par un grand nombre de gravures sur bois dans le texte et hors texte, exécutées par les premiers artistes. Jamais livres édités à ce prix n'ont offert autant de belles illustrations.

Fabiola ou l'église des Catacombes, par S. Ém. le cardinal Wiseman, archevêque de Westminster, traduit de l'anglais par Mlle Nettement; illustrations de Yan' Dargent. 1 vol.

La Tirelire aux Histoires. Lectures choisies, par Mme L. Sw. Belloc, auteur de la bibliothèque de famille. Illustrations de Staal. 1 vol.

Les Mille et une nuits des Familles. Contes arabes, traduits par Galland. Nombreuses illustrations de MM. Français, H. Baron, Ed. Wattier, Laville, etc., etc. 1 vol.

La Cassette des sept amis, par S. Henry Berthoud. 1 vol. in-8 raisin illustré par Yan' Dargent de 125 vignettes dans le texte et hors texte.

www.ingramcontent.com/pod-product-compliance
Lightning Source LLC
Chambersburg PA
CBHW060236230426
43664CB00011B/1667